새뮤얼 러더퍼드의 편지

세계
기독교
고전

43

LETTERS OF SAMUEL RUTHERFORD

유배지에서 보내는 믿음의 글들

새뮤얼 러더퍼드의 편지

새뮤얼 러더퍼드 | 이강호 옮김

CH북스
**크리스천
다이제스트**

세계 기독교 고전을 발행하면서

한국에 기독교가 전해진 지 벌써 100년이 넘었습니다. 그동안 수많은 기독교 서적들이 간행되어 한국의 교회와 성도들에게 많은 공헌을 해 왔습니다. 그러나 기독교 역사 100년을 넘어선 우리의 교회와 성도들에게 더 큰 영적 성숙과 진정한 신앙을 심어주기 위해서는 가치있는 기독교 서적들이 많이 나와야 한다고 생각합니다. 그리하여 영혼의 양식이 될 수 있는 훌륭한 기독교 서적들이 모든 성도들의 가정뿐만 아니라 믿지 아니하는 가정에도 흘러 넘쳐만 합니다.

믿는 성도들은 신앙의 성장과 영적 유익을 위해서 끊임없이 좋은 신앙 서적들을 읽고 명상해야 하며, 친구와 이웃 사람들의 구원을 위하여 신앙 서적 선물하기를 즐기고 읽도록 권해야 할 것입니다. 이것은 하나님의 백성으로서 살기 원하는 사람은 누구나 마땅히 해야 할 의무라고도 하겠습니다.

존 웨슬리는 "성도들이 책을 읽지 않는다면 은총의 사업은 한 세대도 못 가서 사라져 버릴 것이다. 책을 읽는 그리스도인만이 진리를 아는 그리스도인이다"라고 말했습니다. 우리는 이제 한국에서 최초로 세계의 기독교 고전들을 총망라하여 한국의 교회와 성도들에게 소개하고자 합니다. 전세계의 기독교 고전은 모든 기독교인들에게 영원한 보물이며, 신앙의 성숙과 영혼의 구원을 위하여 이보다 더 귀한 것은 없을 것입니다.

이러한 취지로 어언 2천여 년의 세월이 지나는 동안 세계 각국에서 저술된 가장 뛰어난 신앙의 글과 영속적 가치가 있는 위대한 신앙의 글만을 모아서 세계 기독교 고전 전집으로 편찬하고자 합니다.

우리는 이 세계 기독교 고전 전집을 알차고, 품위있게 제작하여 오늘날 한국의 교회와 성도들에게 제공하고 후손들에게도 물려줄 기획을 하고 있습니다. 우리는 다시 한번 다니엘 웹스터가 한 말을 깊이 생각해 보아야 할 것입니다.

"만약 신앙 서적들이 우리 나라 대중들에게 광범위하게 유포되지 않고, 사람들이 신앙적으로 되지 않는다면, 우리나라가 어떤 나라가 될지 걱정스럽다 … 만약 진리가 확산되지 않는다면, 오류가 지배할 것이요, 하나님과 그의 말씀이 전파되고 인정받지 못한다면, 마귀와 그의 궤계가 우세할 것이요, 복음의 서적들이 모든 집에 들어가지 못한다면, 타락하고 음란한 서적들이 거기에 있을 것이요, 우리나라에서 복음의 능력이 나타나지 못한다면, 혼란과 무질서와 부패와 어둠이 끝없이 지배할 것이다."

독자들의 성원과 지도 편달을 바라마지 않습니다.

CH북스

발행인 박명곤

새뮤얼 러더퍼드 서한집 차례

✳ ✳ ✳

새뮤얼 러더퍼드의 생애

새뮤얼 러더퍼드(Samuel Rutherford)는 1600년에 태어났다. 그의 부친은 훌륭한 농부였던 것으로 알려져 있다. 그에게는 제임스(James)와 조지 (George), 두 형제가 있었다. 그의 출생지는 그가 후에 일한 곳에서 가깝지는 않다. 테비옷(Teviot)에 가까운 럭스버러셔(Roxburghshire)의 크레일링 (Crailing) 교구의 한 마을인 니스벳(Nisbet)이 그의 출생지인 것이 거의 확실하다. 러더퍼드라는 이름이 그곳의 묘비에 자주 등장한다. 그리고 거기에 새뮤얼이 아주 어렸을 때 목숨을 잃을 뻔했던 마을 우물이 있었다. 그가 몇 명의 친구들과 놀다가 우물에 빠졌고 친구들은 그를 남겨 둔 채 달려가서 도움을 구했다. 그들이 그 지점에 되돌아왔을 때 그는 추워하며 물을 떨어뜨리고 상처를 입지 않은 채 둔덕에 앉아 있었다. 그는 사람들에게 말했다. "흰옷을 입은 아름다운 사람이 와서 우물에서 나를 건져 주었어요!" 천사가 자기를 구해 주었다고 생각했는지 그렇지 않은지는 우리가 말할 수 없지만 여하튼 그의 어렸을 적의 생각은 이미 하늘의 영역을 맴돌고 있었던 것이 분명하다.

지드버러(Jedburgh)는 니스벳에서 삼사 마일 떨어진 마을로 새뮤얼은 그곳에 있는 학교를 걸어서 통학했거나 아니면 잠시 동안 그 마을에 거주했을 것 같다. 당시 그 학교는 고대 수도원 자리에서 모였는데 래티너스의 앨리(Latiner's Alley)라고 불렸다. 1617년에 우리는 그가 집에서 멀리 떨어진 에든버러로 옮긴 것을 발견하는데 그곳에 아직 종합대학은 아니었지만 그 전신인 단과대학이 40년 전부터 자리잡고 있었다. 1621년에 그는 문학석사 학위를 취득했다.

얼마 안 있어, 세 명의 경쟁자가 있었지만 그는 인문학 교수로 지명을 받는다. 그의 재능이 많은 사람의 이목을 집중시켰던 것이다. 그러나 근거가 있는 것인지 없는 것인지 지금은 거의 확인할 수 없지만 그가 문란하다고 하는 소문이 있었고 그는 1625년에 직무를 그만두고 신학 강의를 들으며 신학 연구에 몰두하며 조용히 지낸다.

그 소문이 심각한 것이 아니라는 것은 치리(治理)의 고삐가 느슨한 손에 쥐어져 있지 않았던 당시였지만 교회의 어느 치리회도 그 일을 언급하지 않은 사실로부터 추정할 수 있을 것이다. 그러나 그가 한 편지에서 "저는 이생에서 어떤 사람이 웃거나 즐기는 것을 보고 이상해 했던 한 사람을 알고 있습니다"라고 했던 것이 바로 이때와 전혀 무관하지는 않을 것이다. 그때 하나님께서 값없이 주신 일을 알도록 성령에 의해 인도를 받았던 것이다. 그가 어린 시절에 회심했다는 증거는 없고 오히려 그렇지 않다는 증거가 있다. 그는 편지에서 "바보같이 저는 저의 태양이 하늘에 높이 떠오르도록 내버려 두었고 그리고 오후 가까이 이르러서야 비로소 그 문을 잡았습니다."

1627년에 그는 솔웨이(Solway)지방 커쿠브리(Kirkcudbright)의 스튜어트리(Stewartry)에 자리잡은 한 교구인 앤워스(Anwoth)에 정착했다. 그 교회는 넓은 골짜기에 서 있었다. 숲에 둘러싸여서 인근 마을에서 오는 연기나 소음이 없었으니 그곳은 전원적인 시골 교회의 이상적인 장소로서 틀림없이 낭만적인 곳이었다. 이 당시 스코틀랜드에서 주교정치가 강제로 시행되기 시작했고 많은 신실한 목사들이 그러한 의식들과 예배들을 거부하였기 때문에 고난을 당하고 있었지만 그는 주교에게 지시대로 따르겠다는 승인이나 어떤 약속을 하지 않고도 그의 직무를 수행하도록 허용이 된 것 같다. 그는 요한복음 9장 39절을 본문으로 목회를 시작했다.

이곳에서 그의 사역의 처음 몇 년 동안 그의 아내의 심한 질병이 자신에게 쓰디쓴 괴로움이었다. 그녀의 고통이 아주 심했다. 그는 이렇게 적고 있다. "그녀는 밤낮으로 신음하고 있습니다. 제 인생이 제게 쓰기만 합니다. 그녀는 전혀 잠들지 못하고 아이를 낳느라 고생하는 여인처럼 울부짖습니다. 제 인생에 이토록 힘겨운 적이 없었습니다." 그녀는 일 년 일 개월

앤워스의 옛 교회

이상 이런 상태를 지속하다가 세상을 떠났다. 이 일 외에도 그의 두 아이
가 죽었다. 그러한 일은 그가 목사의 직무를 위해서 훈련을 받은 훈련 과
정이었고 또한 그러한 일로 인하여 목자의 참된 동정심이 그에게 주어졌
다.

　앤워스 교구는 교회 가까이에 큰 마을이 없었다. 사람들은 산이 많은
지역에 걸쳐 흩어져 있었고 아주 시골티 나는 양 떼였다. 그러나 그들의
목자는 목자장께서 그들을 돌볼 만하다고 여기고 계신다는 것을 알고 있
었다. 그는 자신의 학식과 재능이 외지고 알려지지 않은 영혼들을 구원하
기 위해 드려지기에는 너무 아깝다고 생각하는 그런 종류의 사람이 아니
었다. 그가 심방하려고 나서는 것을 보라! 자기 양 떼에게 가려고 학문적
인 책에서 방금 손을 놓았던 것이다. 어떤 오두막집을 가는 길에 그의 민
첩한 눈이 때때로 주변의 사물들을 보지만 마치 하늘을 응시하고 있는 것
처럼 대부분 얼굴을 위로 향하고 먼 들판을 지나서 언덕을 오르는 그를

보라. 그에게 심방할 시간이 있었으니 아침 3시에 일어나 이른 시간에 기도와 묵상으로 하나님을 뵙고 나머지 시간은 연구에 사용하기 때문이었다. 교리문답을 가르치는 데 여러 날을 쓰기도 한다. 자기 교우들의 병상에서 그를 만나지 못하는 일은 없었다. 사람들이 그에 대해 말했다. "그는 항상 기도하고, 항상 설교하고, 항상 병자를 심방하고, 항상 교리문답을 가르치고, 항상 쓰고 연구합니다." 그는 밤에 그리스도에 대해 말하면서 잠들고 자면서까지 그리스도에 대해 말한다고 알려졌다. 정말로 직접 그리스도에 대하여 꿈을 꾼 것을 말한다.

그의 설교는 주의를 끌지 않을 수 없었다. 그의 언변은 좋지 않았고 그의 목소리는 좀 날카로웠지만 그럼에도 불구하고 그는 "자기 시대에 아니, 아마 교회의 모든 시대를 걸쳐서 가장 감동적이며 애정어린 설교자 중의 한 사람이었다." 그의 한 친구는 말한다. "강단에서 그는 이상한 말투, 곧 내가 전혀 들어보지 못한 종류의 날카로운 소리를 냈다. 그가 예수 그리스도에 대해 말하게 되었을 때 강단에서 떨어질 것이라고 여러 번 생각했다." 논쟁이 그를 심히 혼란스럽게 하고 그의 마음을 짓눌렀을 시절이었음에도 한 영국 상인이 그에 대해 다음과 같이 말했다. "내가 어바인(Irvine)에 갔을 때 호감 있게 보이는 수염이 덥수룩한 정중한 노인(David Dickson)이 설교하는 것을 들었는데 그 사람은 내게 내 마음을 그대로 보여 주었다네. 그리고 나서 내가 세인트 앤드루스(St. Andrews)에 갔는데 그곳에서 다정하고 위엄 있게 보이는 사람(Robert Blair)이 설교하는 것을 들었는데 그는 내게 하나님의 위엄을 보여 주었지. 그 사람 다음으로 작고 아담한 사람(Rutherford)이 설교하는 것을 들었는데 그는 내게 그리스도의 사랑스러움을 보여 주었다네."

앤워스가 러더퍼드에게 귀했던 것은 자기의 수고한 열매를 보았기 때문이 아니라 자신의 주인이 지정해 준 영역이었기 때문이었다. 그곳에 자리잡은 지 2년 후 그는 말한다. "나는 내 목회의 아주 작은 열매를 보고 있습니다. 제가 그리스도의 날에 기쁨과 즐거움의 면류관이 될 수 있는 한 영혼이 있다면 기쁘겠습니다." 그의 교구민들은 "불에서 나오면 식어 버리

는 뜨거운 철과 같았다." 이가서 2장 8절을 본문으로 한 설교에서 앤워스
가 영적으로 겨울인 것을 탄식했다. 그는 묵묵히 희망을 가지고 수고했고
때때로 힘에 지나도록 수고했다. 한때 그는 말한다. "저는 저의 소명 안에
서 매일 아픈 마음을 가지고 있습니다." 다른 때에 그는 자기의 일을 마친
주일 저녁에 있었던 아픈 가슴에 대해 언급한다. 그러나 적어도 자기 영혼
이 새롭게 되는 때가 있었으니 특별히 주의 만찬이 베풀어질 때였다. 이
절기에 관해 그는 자주 언급한다. 친구인 마리온 맥노트(Marion M'
Naught)에게 "그리스도께서 자기 친구들과 즐기시곤 했던 날 중의 하나
인" 그때를 위하여 기도로 자기를 도와달라고 요청한다. 특별한 열심으로
그가 하나님 아버지께 "저 큰 떡인 그리스도를 그의 가족의 자녀들에게"
나눠 주시기를 구한 때가 바로 그때였다.

또 하나의 교회가 가득 찼지만 모두가 교구민들만은 아니었다. 많은 사
람들이 먼 거리에서 왔다. 교구민이 아닌 사람들 가운데 몇 명은 17년 전
아일(Ayr)의 존 웰쉬(John Welsh) 밑에서 회심했던 사람들이었다. 그의 전
임자의 사역의 열매였던 그 교구의 상당수의 경건한 사람들이 했던 것처
럼 이들은 기도로 그를 도왔다. 하지만 구원 받지 못한 사람들을 향하여
그는 아주 부드럽게 동정했다. 어느 때에 우리는 그의 말하는 소리를 듣는
다. "제가 저의 가장 좋아하는 기쁨을 여러분과 영원한 멸망 사이의 간격
에 놓고 싶습니다." 다른 때에 이렇게 말한다. "나의 증인이 하늘에 계시거
니와 여러분의 천국은 제게 갑절의 천국이요, 여러분의 구원은 제게 갑절
의 구원입니다." 그는 자기 교우들에게 호소하곤 한다. "저의 한낮의 생각
이나 저의 밤중의 생각은 여러분에 관한 것입니다." 그는 하나님께 호소할
수 있었다. "오, 나의 주님이시여, 저의 목회가 제게 귀하지 않은지 판단해
주소서. 비록 저의 주님 그리스도만큼 많이 귀하지는 않을지라도."

앤워스의 모든 계층의 사람들이 그의 관심의 대상이었다. 그는 상당히
높은 지위에 있는 사람들과 친밀한 교제를 유지했고 그의 편지의 상당한
양이 그 같은 사람들에게 보내졌다. 그는 보통 사람에게보다는 훨씬 더 주
변에 있는 귀족들에게 대단한 칭찬을 받았던 것같이 보인다. 당시에 앤워

스의 수 마일 주변에 있는 거의 모든 귀족 가문에서 그리스도의 친구 몇 명씩은 찾을 수 있었다.

그러나 목동들이 그의 특별한 관심을 받지 못한 것은 아니다. 애버딘에 있을 때 그는 그들에 관해 언급하면서 외친다. "오, 제가 당신에게나 당신의 목동들에게 저의 존귀한 주인에 대해 말할 수만 있다면!" 그는 모든 계층의 젊은이들을 마음에 두었으니 한 친구의 두 자녀들에 대하여 말한다. "제가 그들을 위해 이름을 부르며 기도합니다." 그리고 시간을 내어 한 아이를 언급한다. "당신의 딸이 성경과 긴 옷을 가지고 싶어합니다. 저는 딸아이가 성경을 잘 사용하기를 바라며 그렇게 하면 긴 옷도 곧 주어질 것입니다." 그는 젊을 때에 "호산나"를 외치는 사람이 적은 것을 인하여 몹시 탄식했다. "그리스도는 젊은이들에게 알려지지 않은 그리스도입니다. 그들이 그리스도를 알지 못하기 때문에 그를 찾지 않는 것입니다."

그는 교구민 개개인에게 아주 친밀하게 그리고 아주 개인적으로 대하였으니 이 문제에서 그는 진실함으로 그들에게 호소할 수 있었다. 그들 중의 한 사람인 진 맥밀런(Jean McMillan)에게 그는 말한다. "당신이 그리스도의 손 안에 붙잡혀 있도록 하기 위해 제가 할 수 있는 것을 다했습니다. 제가 당신에게 그리스도의 언약과 마지막 유언을 솔직하게 말씀 드렸습니다." 그렇게 그는 그들을 자기 마음 속에 (흉패에 12지파 족장 이름을 새겨서 지니고 다닌 제사장처럼) 간직하고 다녔기에 카도니스의 고든(Gordon of Cardoness)에게 주장할 수 있었다. "당신의 영혼에 관한 생각이 제가 잠자는 중에도 떠나지 않습니다." "다른 사람이 잘 때에 제 영혼은 어떻게 하면 그리스도를 이 땅의 그곳에 있는 신부에게 결혼시킬까 궁리하고 있습니다." 곧 앤워스를 두고 하는 말이다. 그는 그들을 향하여, 그들을 위하여 기도하여 이렇게 말하기를 주저하지 않는다. "거기서 제가 천사와 씨름하여 이겼습니다. 숲과 나무와 목장과 언덕이 제가 그리스도와 앤워스가 아름다운 혼인을 맺게 했다는 증인들입니다."

앤워스에 있을 동안 한때 그의 수고는 13주간 일을 못하게 했던 열병 때문에 방해를 받았다. 회복이 되고 있는 중에도 그는 오랫동안 주일에 설교를 한 번만 할 수 있었다. 심방과 문답교리 교육은 중단되었다. 이런 일이 1630년에 그의 아내가 죽기 직전에 있었는데 그는 그러한 상황 중에서 다음과 같이 말한다. "어서 오라, 그리스도의 십자가여, 만일 그리스도께서 그 속에 계시다면 어서 오라." "고난을 받는 삶은 바로 천국에 이르는 길처럼 보입니다." 그로부터 몇 년이 지나고 그의 어머니가 중한 병에 들었을 때 그는 그의 편지 수신자 중 한 사람에게 적어 보낸다. "제 어머니가 약하고 저는 홀로 남게 될 것 같습니다. 그러나 제가 혼자 있는 것이 아닙니다. 그리스도의 아버지께서 저와 함께 계시기 때문입니다."

그의 여가 생활은 어떠했을까? 앤워스의 목사관은 여러 친구들의 방문이 잦았으니 그들은 러더퍼드와 교제하면서 "그 그늘 아래 거하는 자가 돌아올지니라. 저희는 곡식같이 소성할 것이며"라는 말이 성취되는 것을 느꼈다. 주님께서 그를 풍족하게 대해 주셨기 때문에 의인들이 그의 주위를 둘러쌌다. 그의 편지는 사방으로부터 경건한 사람들이 그의 사귐과 상담을 구했다는 것을 보여 주는 것으로 가득하다. 방문객 중에는 커쿠브리에 사는 그의 친동생 조지(George)가 있었다. 이 착한 사람은 그 마을의 교사였는데 새뮤얼과 의논하려고 앤워스를 자주 들렀다. 그리고 함께 의논하고 네덜란드에 군인으로 파견된 그들의 유일한 또 다른 형제인 제임스(James)를 위하여 기도했다. 제임스는 그들과 견해를 같이 했고 훗날 새뮤얼에게 우레트(Urecht) 대학 교수가 되어 달라는 초청장을 가져왔다. 근처에 사는 친구들의 방문이 잦았으니 고든 가(家) 사람들, 켄무어 자작과 그의 아내, 마리온 맥노트 등이었다. 때때로 앤워스 목사관은 예기치 못했던 손님들의 방문을 받았다. 어셔 대주교(Archbishop Usher)가 갤러웨이를 지나면서 어느 토요일 러더퍼드와 뜻이 맞는 사귐을 가지려고 앤워스에 들렀다는 이야기가 있다. 하지만 그는 가장을 하고 들어가서 나그네로 영접을 받았으며 그날 저녁 늘 하던 대로 그 집의 다른 사람들이 교리문답을 할 때 자리를 잡았다. "계명이 모두 몇입니까?" 낯선 손님이 질문을 받았다. 그의 대답은 "열하나"였다. 목사는 그의 잘못을 고쳐 주었으나 그 손님은 "새 계명을 너희에게 주노니 서로 사랑하라"는 주님의 말씀을 인용하며 자기 주장을 고집했다. 모든 사람들이 그 낯선 손님에게 관심을 가지면서 잠자리에 들어갔다. 안식일 아침이 밝아왔다. 러더퍼드가 일어나서 그의 습관대로 묵상을 위하여 언덕에 자리잡은 산책길로 들어섰을 때 그는 기도소리를 듣고 놀랐으니 그것은 진정 마음에서 우러나오는 기도였으며 그날 모이는 사람들의 영혼을 위한 기도였던 것이다. 그가 다른 사람이 아닌 바로 저명한 어셔 대주교였던 것이다. 러더퍼드는 자기가 부지 중에 천사를 대접했을지도 모른다고 의심하고 있던 차였기에 그들은 이내 알게 되었다. 상호간에 큰 사랑으로 두 사람은 대화했고, 러더퍼드의 요청에 따라 대주교는 강단에 올라가 장로교회 목사의 통상적인 예배를 인도했고 "새 계명"에 대해 설교했다.

그는 수고하는 일뿐 아니라 연구하는 일에서 놀라운 성과를 얻으며 꾸준히 힘을 기울였다. 그는 다른 세대의 축적된 학식을 사용하는 일에 대단한 신속함과 동시에 철학적인 사고를 가졌다. 경건이 항상 건강하고 진취적인 곳에서는 거의 예외 없이 그리스도의 교회 안에 그것에 동반하는 학식을 발견하는 반면에 연구의 태만은 조만간 활력 있는 경건의 쇠퇴가 따라오는 이유를 알아보는 것은 유익할 것이다. 그러한 시대에 모든 사람이 박식한 것은 아니지만 주님이 사용하시는 사람들의 집단에는 항상 그런 종류의 요소가 있었다. 영혼 속에서 하나님의 지식으로 말미암아 분출하는 에너지는 진리를 방어하고 선포하는 일에 유익하다고 생각되는 모든 분야에 대한 연구를 하도록 이끈다. 반면 침체가 퍼져 있고 무력함이 보편화되었을 때 태만과 안일이 슬며시 기어들어와 신학적인 학식은 흥미 없고 무의미한 것으로 홀대하게 된다. 새뮤얼 러더퍼드와 그의 동시대 인물들에게서 우리는 생명력이 있고 유례없는 깊은 경건과 동시에 학식을 발견한다. 길레스피(George Gillespie), 헨더슨(Alexander Henderson), 블레어(Robert Blair), 딕슨(David Dickson)과 다른 이들은 잘 알려진 본보기들이다. 러더퍼드는 시대상황을 이끄는데 적잖이 뛰어났으니 1636년에 그는 아르미니우스주의를 반대하여 은혜를 변호하는 책을 라틴어로 출판하였다. 그 책은 *Exercitationes de Gratia*였다. 그 책은 출판된 곳인 암스테르담에서 아주 높이 평가되어 같은 해에 재판이 찍혔고 곧 이어 저자에게 네덜란드에 와서 신학교수직을 맡아달라는 초청장이 오게 했다.

얼마 안 있어 "그리스도의 왕적 지위"에 대한 갈등이 점점 심각해지고 첨예화 되기 시작했다. 러더퍼드에게 그것은 작은 문제가 아니었다. "제가 저의 고통으로 이 땅에서 그리스도의 왕직에 진전이 있다는 것을 안다면 제 십자가에 몇 파운드의 무게를 더하고 싶습니다." 1636년 7월 27일은 그의 주장이 시험을 받은 날이었다. 그는 주교정치의 법령들을 따르지 않는 것 때문에 그리고 아르미니우스주의를 반박하는 그의 저서로 인하여 고등재판위원회(High Commission Court)에 소환되었다. 법정은 갤러웨이의 주교인 시드서프(Sydserf)가 주도했고 해협을 건너 앤워스에서 10마일 떨어진 위그턴(Wigton)에서 개정됐다. 그는 그곳에 혼자 출두했고 홀로 항변했다. 론 경(Lord Lorn)이 그를 위하여 여러 가지로 힘을 썼지만 결과는 명백했다. 앤워스에서 9년간 힘을 쏟아왔던 목사직을 박탈당하고 애버딘(Aberdeen)으로 추방되었다. 다음날 저녁에 그 일을 언급하면서 그는 자기의 판결문을 말하고 그것을 "지난 16년간 기도하여 왔던 명예"라고 부른다. 그는 "나는 내 몸의 권세를 소유한 왕에게 복종하기로 결심합니다"라는 말을 준수하면서 곧바로 앤워스를 떠나기로 결심했는데 우리는『법이 왕이다』(Lex Rex)의 저자에게 있는 복종에 놀라워 한다. 그의 유일한 불안은 그의 양 떼로부터 떨어지는 것이, "제가 그리스도의 양 떼들을 돌보느라고 잠이 제 눈에서 떠났던 제 목회의 첫 두 해만큼 충성하지 못했기 때문에" 그를 향한 주님의 징계일지도 모른다는 것이었다.

앤워스를 떠나면서 그는 어바인(Irvine)으로 발길을 직행하였는데 거기서 자신의 가장 사랑하는 친구인 데이비드 딕슨과 함께 하룻밤을 지냈다. 그것이 어떠한 밤이었겠는가! 이 두 사람이 진지하게 대화하는 것을 들을 수 있다면! 한 사람은 다른 한 사람처럼 아마 하프를 잘 켤 수 없을지 모른다. 왜냐하면 데이비드 딕슨은 자신의 이름을 스코틀랜드에서 유명하게 만들었던 "오, 어머니, 사랑하는 예루살렘이여"와 같은 선율로 자신의 간절한 소원과 위로의 소망을 표현할 수 있었기 때문이다. 그렇지만 러더퍼드는 어느 시인이든지 자신과 충분히 공감할 수 있는 시적 감동과 탁월한 열정을 자기 영혼에 많이 지니고 있었다. "애버딘에 있는 그리스도의 궁전으로부터" 보낸 많은 편지는 정말로 시의 선율이다. 독수리의 날개를 타고 올라서 그가 다음과 같이 외칠 때 그것은 바로 그러한 탄성이 아니고 무엇이겠는가? "오, 온전히 그리스도의 것이 되고, 온전히 그리스도 안에 있는 것이 얼마나 감미로운지요. 성령의 바람 외에는 아무 바람도 불지 않고, 보좌와 어린양으로부터 흐르는 깨끗한 생명수 외에는 아무 바다나 호수도 흐르지 않으며, 달마다 열두 가지의 과실을 내는 생명수 외에는 아무런 식물이 없는 임마누엘의 높고 복된 땅에 거하며 그 아름다운 대기에 사는 것이 얼마나 감미롭겠습니까! 우리가 여기서 죄를 짓고 고생하는 것 외에 무엇을 합니까? 오, 언제나 이 밤이 지나며 그림자가 달아나며 구름이 없고 밤이 없는 그 오래, 오래 기다리던 날의 아침이 동터올까요? 성령과 신부가 말합니다. '오라!' 오, 언제 어린양의 신부가 준비를 마치며 신랑이 말하기를 '오라!' 하실까요?" 그런 영감을 데이비드 딕슨의 찬송과 비교하는 사람은 누구든지 그들의 감정과 소망과 그들이 느끼고 바라는 것의 표현 양식까지 비록 한 사람은 산문을 사용하고 다른 사람은 좀 더 기억할 만한 구절을 썼지만 서로가 얼마나 뜻이 맞았을까 알게 될 것이다.

러더퍼드를 따라서 북부의 수도인 애버딘까지 가자. 앤워스의 사랑하는 교우들의 대표가 그를 동행했으니 그들의 동행으로 그는 길의 멀고 지루함을 잊었을 것이다. 그는 1636년 9월에 이곳에 도착했다. 당시에 이 도시는 주교정치와 아르미니우스주의의 요새였고 신앙적인 상태는 아주 침체되어 있었다. 사제들과 학자들은 그가 지지하는 은혜의 특별한 교리에 대해 일련의 공격을 개시하려고 러더퍼드가 도착하기를 기다리고 있었다. 그러나 논쟁으로 그는 그들을 물리쳤다. 많은 사람들이 그의 진지한 처우와 개인적인 권면의 결과로 그에게 호감을 가지자 그를 그 도시에서 떠나게 해야 한다는 제안이 형성되었다. 그는 말한다. "북쪽의 사랑은 아주 차갑습니다." 그러나, 사울에게 "네가 왜 나를 핍박하느냐?"고 말씀하신 분과의 연합을 깊이 느끼면서 그는 덧붙인다. "그리스도와 저는 그것을 감당해

낼 것입니다." 때때로 그는 거리에서 "추방된 목사"라고 지목을 받는다. 이런 소리를 들으면서 그는 주장한다. "저는 저의 화관이 부끄럽지 않습니다." 그에게 오크니(Orkney)나 카이스네스(Caithness)로부터 방문객들이 있었으니 이 일은 핍박자들을 대단히 노하게 했다.

어떤 사람들은 그를 "지혜롭지 못하다"고 비난했다 그러나 그는 답한다. "그것이 그리스도를 위해 고난을 받는 사람들의 십자가의 한 부분이 되어야 하는 것은 당연한 것입니다." 여전히 그는 홀로 거하면서 때때로 경건한 사람들의 방문을 즐겼으니 그들 중에는 피츠리고 부인(Lady Pitsligo), 라르그스의 버넷 부인(Lady Burnet of Largs), 앤드루 캔트 (Andrew Cant), 제임스 마틴(James Martin)이 있었다. 그의 가장 깊은 고통은 앤위스에 있는 그의 양 떼로부터 떨어진 것이었다. 아무것도 그 양 떼에 대한 그의 다정한 근심을 넘어서지는 못한다.

"금화(金貨)는 사람들에게 짓밟힐지라도 금화이며 거기에 왕의 인장이 찍혀 있는 것입니다"라고 그가 말한 적이 있는데 이 말은 자신에 대해 진리였다. 그러나 그는 시련으로부터 그슬리지 않았을 뿐 아니라 애버딘에서 보낸 여러 편지들이 보여 주는 것과 같이 모든 은혜에서 크게 성숙하였다.

그러나 우리가 만일 그가 주님에 대한 황홀한 즐김을 경험한 것이 애버딘에 있을 때뿐이었다고 생각하면 잘못이다. 그는 그와 같은 경험을 가지고 다녔다. 그의 편지에 담겨 있는 어조가 1644년 런던 하원에서 한 설교에서 보이기 때문이다. 그는 외친다. "오, 그를 바라보고 그의 얼굴의 한 모습을 즐기는 영원의 여유여! 그의 곁에 서서 그를 즐기는 끝없는 세대의 긴 여름날이여! 오, 시간이여, 죄여, 길을 비켜라! 오, 날이여, 가장 아름다운 날들이여! 밝아 오라!"

그는 2년의 기간 동안 비록 감옥은 아니었을지라도 엄격하게 그 도시에 갇혀 있었다. 하지만 1638년의 사회적인 일들이 새로운 전환을 맞이했다. 주님께서 스코틀랜드 백성들의 마음을 움직이셨고 언약이 그 땅에서 다시 승리하기 시작했다. 러더퍼드는 앤위스로 급히 돌아갔다. 한 교구민이 말하기를 그가 없는 "18개월 동안 우리 교회에서는 하나님의 말씀이

들리지 않았다"고 했다. 참새들은 두 여름을 아무런 방해를 받지 않고 거기다 자기들의 보금자리를 지었다.

그의 편지들은 1638년의 글래스고 총회(Glasgow Assembly)의 진행에 대한 언급을 하지 않는다. 그러나 그가 거기서 일어난 일의 무관심한 구경꾼이 아니고 참여하여 여러 위원회의 일원으로 당시 교회의 중요한 업무를 수행했다는 것은 분명하다. 그 총회에 의해 장로교회가 완전히 회복되자마자 그렇게 재능 있는 사람은 더 중요한 위치로 옮겨야 한다는 의견이 있었다. 그는 교회에 의해서 개혁과 언약의 뜻을 장려하도록 여러 지역에 파송을 받았다. 마침내 무엇보다도 앤워스에 있는 시골의 양 떼인 자신의 양 떼를 사랑하기 때문에 내키지 않음에도 불구하고 형제들의 연합된 의견에 따라서 그는 1639년에 세인트 앤드루스로 교수직을 맡아 옮겼으며 뉴 칼리지(New College)의 학장이 되었다. 그는 주님을 위해 말할 수 있는데 침묵해야 한다는 것을 참아낼 수가 없기 때문에 새로운 곳에서 매 주일 정기적으로 설교할 수 있어야 한다는 조건을 붙였다. 그는 주변의 교구교회에서 기회가 주어지는 대로 설교했던 것 같다.

그의 일손은 필연적으로 새 방면에서 일로 가득 찼지만 여전히 연구하는 일에 그의 부지런함은 전혀 느슨해지지 않았다. 그는 예전의 은혜에서 아무것도 부족하지 않았다. 여기서 그 영국 상인이 그가 그리스도의 사랑스러우심에 대해 감동적으로 설교하는 것을 들었던 것이다. 또한 교수로서도 그의 성과는 대단하여 "대학이 온 땅에 하나님의 집을 세우는 데 사용될 목재를 길러내는 레바논이 되었다."

1640년에 그는 둘째 아내인 진 맥마스(Jean McMath)와 결혼했다. 어떤 사람은 그녀에 관해 말한다. "나는 남자들 가운데 그보다 나은 사람을 알지 못하며 여자들 가운데 그녀보다 나은 여인을 알지 못한다. 그들 중에 누가 말하거나 기도하는 것을 들은 사람은 자신의 무지를 한탄하게 될 것이다. 오, 나는 그들을 보면서 하나님 앞에서 진실치 못함과 대화에서 불결함의 악을 얼마나 자주 깨닫게 되었는지." 그들은 7명의 자녀를 두었으나 아버지 생전에 하나만 살아 남았으니 작은 딸인 아그네스(Agnes)는 경건한 어머니에게 위로가 되었다고는 보기 어렵다.

1643년에 웨스트민스터 총회(Westminster Assembly)가 개시되었고 그는 그곳에 스코틀랜드 교회의 대표 중 한 사람으로 파송되었다. 러더퍼드의 자필로 된 "소요리문답"의 초고가 에든버러 대학 도서관에 원고 형태로 보존되어 있는데 지금의 소요리문답과 그 소요리문답이 매우 비슷하여 이것으로 보아 그가 총회를 위해 소요리문답을 작성하는 데 중요한 역할을 했다고 추정된다. 그는 이 유명한 대회에 4년간 지속적으로 참석해서 그들의 협의에 큰 도움이 되었다. 그가 얼마나 중요한 역할을 했는지 저 유명한 밀턴(Milton)이 글로써 공격하는 데 그를 지목했다. "장기회의(Long Parliament)에서 양심을 강요하는 자들에 관하여" 밀턴은 그를 자신의 분파적이고 독립적인 원리의 적으로 알고서 "단지 A. S와 러더퍼드"에 의해서 제안된 논평을 꾸짖었던 것이다. 하지만 밀턴이 그 사람의 영혼을 알았더라면 때때로 자신의 높은 시감에 근접하는 생각과 감정의 고결함을 그의 대적에게서 발견하지 않았을까?

런던에서 거주할 동안 그는 많은 고난을 받았다. 가족 중에 여럿이 죽었다. 자신의 건강도 쇠약해져서 그와 그의 동료 목사인 조지 길레스피는 엡섬(Epsom)에 물을 마시러 갔었다. 하지만 그런 시련과 시대의 혼잡 속에서도 그는 의무감을 가지고 『장로회의 정당한 권리』(*The Due Right of Presbyteries*), 『법이 왕이다』(*Lex Rex*), 『믿음의 시련과 승리』(*Trial and Triumph of Faith*)를 썼으니 그 인물의 놀라운 정신이 그와 같았다. 그는 논쟁으로 까다로워지지 않았다. 그의 논쟁적인 작품 중의 한 책의 서문에서 그는 자기가 그곳에서 본 것에 관하여 넓은 마음의 사랑과 남자다운 공평성을 드러내 보인다. 그는 말한다. "나는 잉글랜드에서 주님께서 나라를 아버지께 바칠 때에 그리스도 옆에 서게 될 많은 이름과 아름다운 친구들을 가지시며 이 유명한 땅에 지혜롭고, 당당하고, 관대하고, 고상하고, 영웅적이고, 충실하고, 경건하고, 은혜롭고, 학식 있는 각 층의 사람이 있다고 생각합니다."

세인트 앤드루스로 돌아오자마자 그는 예전의 열심을 가지고 대학에서 강단에서 수고를 다시 시작했다. 1644년에 라나크 노회(Larnark Presbytery)에 목사가 없는 곳이 생겼을 때 만장일치로 러더퍼드를 라나크에 청빙하도록 결의한 것이 그 노회의 오래된 기록문서에 나타난다. 그는 가고자 했지만 세인트 앤드루스의 노회는 그를 놓아 주기를 거절했다. 그는 자주 라나크에서 설교했다. 그는 교수직을 맡아 달라는 네덜란드로부터 온 두 번의 초대를 거절했다. 하나는 1648년에 하더웍(Harderwyck)에서 왔고 다른 하나는 1651년 우레트(Urecht)에서 왔는데 앞의 것은 신학과 히브리어 두 분야의 교수직을 제안했던 것이다.

그가 『하나님의 섭리에 관하여』(De Divina Providentia)라는 예수회, 소지니주의자, 아르미니우스주의자들을 비판한 저술을 발표한 것은 1651년이었다. 리처드 백스터(Richard Baxter)는 (아르미니우스주의 신학에 약간 물들어서) 이 논문에 대해 언급하면서 주장하기를, "자신이 읽은 것 중에서 그의 편지는 최고의 작품이며, 이 책은 최악의 작품이었다"고 평했다고 워드로(Wodrow)는 전한다. 물론 그 책이 대단한 실력을 갖춘 작품이었으므로 이 말은 논쟁의 어투였다. 외국의 대학들에서 여러 초청장을 받게 한 것은 이 작품이었다. 이어지는 10년간은 크롬웰(Cromwell)과 공화정(Commonwealth)의 때요, 항의파(Protesters)와 결의파(Resolutioners)의 시대가 되어 많은 혼란의 때였다. 1651년 스코틀랜드는 스콘(Scone)에서 찰스 2세(Charles II)를 합법적인 왕으로 왕관을 씌우기로 결의하였다. 그 일을 바라보면서 그 젊은 왕이 세인트 앤드루스에 있을 때 대학을 방문하였다. 그때에 러더퍼드가 왕 앞에서 설교할 차례였고 그는 자신이 잘 다룰 수 있는 주제인 애국자와 그리스도인으로서 "왕의 의무"에 관해 라틴어로 설교했다.

1653년 9월 27일자 라몬트의 일기(Lamont's Diary)에는 세인트 앤드루스에서 모인 파이프의 지방대회(Provincial Synod of Fyfe)에서 새뮤얼 러더퍼드 목사가 목회의 죄들에 대해 관련된 안건을 제출했는데 받아들여지지 않았다는 언급이 있다. 그것이 거절되자 공적인 업무에 관하여 러더퍼드와 로버트 블레어와 의장간에 몇 마디 대화를 주고 받았다. 회의가 끝날 즈음에 두 사람의 영국 관원이 들어와서 자기들이 회의에 참석하여 의견을 나눌 수 있는지를 물었다. 그들은 말했다. "안됩니다. 단지 공화정에 위반하는 어떤 것을 결정하는지만을 살피시오." 당시는 악했고 러더퍼드는 이제 조용한 일을 원하고 있었다. 그는 남은 여생을 위한 항구를 갖고 싶다는 소원을 종종 나타냈다. 다만 "쓰러지는 것이 섬기는 것이다"(failing is serving)고 하며 그는 마지막까지 자신의 주님을 섬기기를 즐거워했다. 그의 친구 맥워드는 편지의 초기 편집본들의 서문에서 "하나님의 환상을 이해할 수 있는" 이 참된 스가랴가 자기의 인생의 마지막 기간 동안 그의 남은 시간을 쏟았던 이사야 주석을 잃은 것에 대해 몹시 안타까워하고 있다. 그러나 이 모든 원고는 압수되어 돌아오지 못했다.

찰스 2세의 왕정복고가 완전히 실현되고 독선적인 법안들을 적용하기 시작할 때 러더퍼드의 책인 『법이 왕이다』가 정부에 의해 주시를 받았고, 백성들의 자유를 두둔하는 그 책의 원리가 설득력이 있었으니, 차츰차츰 잔혹과 사망의 행동으로 진행하고 있는 통치자들에게는 그 책의 자유의 정신이 받아들여질 수 있는 것이 아니었다. 정말로, 그들에게 그 책이 얼마나 미운 것이 되었는지 1661년에 교수형 집행인에 의해 에든버러에서 태워 버렸고 며칠 후에 바로 저자의 대학인 세인트 앤드루스 대학의 창문 아래서 악명 높은 샤프(Sharpe)의 손에 의해서 태워졌다. 이어 그는 모든 공직에서 쫓겨났고 마지막에는 극심한 반역의 죄명으로 다음 의회에 출두하라는 소환명령이 내려졌다. 그러나 소환이 너무 늦었다. 그는 이미 임종에 임박해 있었고 그것을 듣고 자기는 더 높은 재판장과 법정 앞에 서라는 다른 소환장을 받았다고 조용히 말했다. 그는 전갈을 보냈다. "저는 저의 첫 소환에 응해야 합니다. 그리고 여러분의 날이 오기 전에 저는 왕들이나 귀족들이 거의 올 수가 없는 곳에 있게 될 것입니다."

우리는 그의 마지막 병이 질질 끄는 질병이었다는 것을 제외하고는 어떤 것인지 모른다. 그가 죽기 몇 주전에 딸이 죽었다. 그의 임종에 관해 우리에게 들리는 모든 것은 그의 사람됨을 보여 준다. 한때 그는 "흰돌"과 "새 이름"에 대해 많이 말했다. 그가 영원 불멸의 면류관을 받으려고 영광의 문턱에 있을 때 그는 말했다. "지금 제 장막은 약하고 저는 그 뜻을 위해 에든버러나 세인트 앤드루스의 십자가에서 제 생명을 드리는 것이 더 영광스럽게 집에 가는 길이라고 생각합니다. 그러나 저는 주님의 뜻에 따를 것입니다." 블레어를 보며 "나는 만나를 먹습니다. 천사의 음식을 먹습니다. 나의 눈이 나의 구속자를 볼 것입니다. 나는 그가 마지막 날에 땅 위에 서실 것을 압니다. 그리고 나는 공중에서 그를 영접하려고 사로잡혀 올라갈 것입니다." 그리스도를 어떻게 생각하느냐고 질문을 받고 그는 답했다. "나는 살아서 그를 찬양할 것입니다. 나의 창조자와 구속자에게 영원토록 영광, 영광을 돌립니다. 영광이 임마누엘의 땅에서 빛납니다." 같은 날 오후에 그는 말했다. "나는 그리스도 안에서 잘 것입니다. 그리고 내가 깰 때 그의 형상으로 만족할 것입니다. 아, 팔로 그를 안을 것입니다!" 그리고 그는 큰 소리로 외쳤다. "아, 아름다운 선율의 하프여!" 이 마지막 표현은 마치 이미 자기의 금거문고를 손에 잡고 구속 받은 자들의 새 노래에 참여하는 것 같이 한 번 이상을 말했다. 또한 다른 때에 "그가 '이리로 올라오라'고 말씀하시는 것을 듣습니다"라고 말했다. 11살인 그의 작은 딸 아그네스가 그의 침상 옆에 서 있을 때 그 아이를 쳐다보고 말했다. "나는 이 아이를 주님께 맡겼습니다." 주님 안에 있는 자신의 기업을 상당한 유산으로 그렇게 많이 증거할 수 있었던 그는 그렇게 말할 만했다.

그를 보기 위해 찾아온 형제들에게 그는 말했다. "나의 주님과 주인은 천천 만만 사람 중에 최고입니다. 하늘이나 땅에 아무도 그에게 비할 만한 이가 없습니다. 사랑하는 형제들이여, 그를 위해 모든 것을 하십시오. 그리스도를 위해 기도하십시오. 그리스도를 위해 설교하십시오. 그리스도를 위해 모든 것을 하시고 사람을 즐겁게 하는 일을 하지 않도록 조심하십시오. 목자장이 곧 나타나실 것입니다." 그가 환희에 차서 "내가 빛날 것입니다. 내가 그의 계신 그대로 그를 뵐 것입니다. 내가 그가 다스리는 것과 그와 함께 있는 그의 아름다운 친구들을 볼 것입니다. 나는 큰 몫을 가질 것입니다"라고 말하는 동시에 힘주어 말했다. "나는 주님께서 내게 원하신 것이나 행하게 하신 모든 것을 내 자신에게서 온 것으로 추하고 불완전한 것으로 여겨 버립니다. 칭의와 마찬가지로 성화에 대한 것을 나는 주님께 맡겼습니다." 고린도전서 1장 30절을 암송하면서 그는 말했다. "나는 그것을 받아들입니다. 그가 그렇게 하시기를 바랍니다. 그는 나의 전부요, 모든 것입니다." "그가 나를 만 번이나 죽이실지라도 나는 그를 의지할 것입니다." 그는 자기의 떠날 시간을 알고 있었던 것 같았다. 자신의 생애의 마지막 날 오후에 그는 말했다. "이 밤이 문을 닫을 것이며 내 닻을 휘장 안에 붙들어 맬 것이니 나는 아침 5시에 잠을 잘 것입니다." 그리고 그대로 되었다. 그는 그 시간에 임마누엘의 땅에 들어갔고 지금 (늘 자신이 말한 대로) 주님 오실 때까지 전능하신 이의 품에 자고 있다.

그의 마지막 말들을 첨부한다. "이제 나와 구속자 사이에는 '오늘 네가 나와 함께 낙원에 있으리라'는 것 외에는 아무것도 없습니다." 그는 그의 목회를 칭찬하는 사람의 말을 가로 막았다. "나는 그 모든 것을 버립니다. 제가 들어가고자 하는 항구는 그의 피로 말미암은 죄의 구속과 용서입니다." 그의 전기를 쓴 두 사람은 마치 그가 그 산꼭대기의 광경을 본 것처럼 그의 마지막 말이 "영광, 영광이 임마누엘의 땅에 거합니다!"였다고 전한다.

1661년 3월 30일 그가 사망한 곳은 세인트 앤드루스였고 거기에 그는 매장되었다. 라몬트의 일기는 말한다. "그는 3월 30일에 평범한 매장지에 묻혔다." 그가 몇 주 더 살았더라면 그가 편지로 격려했던 친구인 제임스 거스리가 당했던 잔혹한 죽음을 그도 당했을 것이다. 의회가 통과시킨 판결은 그가 죽어가고 있다고 전해졌을 때 그에게 아무런 해도 끼치지 못했다. 그들이 러더퍼드가 대학 내에서 죽을 수는 없다고 가결했을 때 버레이 경(Lord Burleigh)은 일어나서 말했다. "여러분이 그를 천국 밖으로 쫓아내도록 결정할 수는 없습니다."

그의 죽음은 온 나라가 슬퍼했다. 오늘날까지 그렇게 잘 알려지고 사랑을 많이 받는 사람은 몇 사람 안 된다. 경건한 사람들 중에 몇 사람은 이 하나님의 사람에 대한 존경심이 얼마나 컸던지 이 사람의 시신이 묻힌 곳에 자신들이 묻히게 해 달라고 요청하였다. 이것은 토머스 핼리버튼

(Thomas Halyburton)이 죽으면서 한 요청이었다. (그의 출생지인 니스벳에 속한) 크레일링(Crailing)의 교구에 사는 한 노인은 현재의 로디안 후작(Marquis of Lothian)의 증조부가 그에게 가졌던 존경을 기억하고 있다. 이 훌륭한 후작은 러더퍼드가 태어났던 초가가 서 있는 지점을 지나갈 때마다 자기 모자를 들어 올렸다고 한다.

그의 초상화가 있었는지는 지금 아는 바가 없다(후에 러더퍼드의 초상화는 런던에서 발견되었다 — 역자 주). 때때로 그의 것이라고 하는 초상화들은 모두 상상화이다. 우리는 그의 영혼의 모습에 아주 친근하다. 레기우스 탑의 문 반대쪽 벽 안에 있는 교회 마당에 있는 그의 묘비의 비문에 눈에 띄는 한 줄의 표현이 있다.

> "어떤 혀나 어떤 붓이나 사람의 재주가
> 유명한 러더퍼드를 기릴 수 있으랴!
> 그의 학식은 정당히 그의 명성을 높였고
> 진정한 경건은 그의 이름을 장식했다네.
> 그는 위에 있는 것과 사귀었으니
> 임마누엘의 사랑에 친숙했다네."

편지들이 쓰여진 순서대로 읽으면서 때때로 달필의 작가의 펜은 놀라운 속도로 달아나는 것을 느낄 수 있을 것이다. 그의 마음이 흘러 넘칠 때 그는 하루에도 여러 편지를 썼다. 주님께서 그에게 모든 것을 가르치는 기름부음을 쏟으실 때 쓰는 일이 어렵지 않았다. 그는 편지를 더 쓸 수도 있었지만 사람들이 그를 올려다보고 자기의 편지를 지나치게 칭찬한다는 것을 들었던 것이다. 애버딘에 갇혀 있는 동안 그는 220통의 편지를 썼다.

이 서간문의 토로에는 얼마의 진부한 표현들, 곧 모든 것을 영적인 목적에 적용하려고 하는 환상의 불꽃들이 있다. 하지만 담고 있는 생각에는 허무맹랑함 같은 것은 전혀 없다. 일부 사람이 비판하는 감정의 무절제는 바로 바울의 것이니 그가 그리스도의 사랑의 높이와 깊이와 길이와 넓이를 알라고 말할 때 그러했다. 또한 솔로몬의 것이니 성령께서 그에게 아가서를 쓰도록 영감을 주셨을 때였다. 리처드 세실(Richard Cecil)은 러더퍼드에 대해 말한다. "그는 나의 고전중의 하나이다. 그는 독창적이다"(original). 오래 전의 리처드 백스터(Richard Baxter)는(그의 신학적인 경향이 약간 그를 손상시켰지만) 이 편지에 대해 말했다. "성경을 빼고는 세상이 그런 책을 본 적이 없다."

그의 편지 수신자들은 주로 앤워스가 있던 갤러웨이에 거주하거나 아일셔에 거주하는 사람들이었다. 이 두 지방은 당시에 상당한 지위가 있는 경건한 사람들이 많았다.

그의 펜은 자주 몇 번의 강한 필치로 심오하고 인상적인 것들을 제시한다. 교회의 불멸성을 표현하는 그의 말, "가시떨기는 오천 년 동안 타고 있었으나 아무도 그 불의 재를 본 사람이 없습니다"에는 잊혀질 수 없는 무엇이 있다. "그리스도를 위한 손해는 그리스도 안에 있는 은행에 보관한 보물입니다"라는 말은 상당한 진리를 담고 있다. "지붕 꼭대기에 있는 곡식은 농부의 기도를 받지 못한다"(사 37:27). "자기의 집에 대야와 칼을 세셔서 둘째 성전에 안전하게 다시 가져오신 그는"(스 1:9)이라고 말할 때처럼 성경을 재치 있게 사용하는 것이 때때로 독자들을 즐겁게 한다.

이 편지는 다음의 사람들에게 보배로울 것이다.

1. 자신과 교회의 퇴조와 부패를 느끼고 있는 모든 사람. 상처와 치료가 그 안에 충분히 드러나있다. 자아(自我), 특별히 영적인 자아가 드러난다. 그는 당신에게 말할 것이다. "죄를 살펴보아야 하는 것처럼 은혜를 살펴볼 필요가 있습니다." 그는 자아에게 빼앗긴 자리를 차지하기 위해 그리스도 안에 있는 하나님을 당신에게 보여 줄 것이다. 죄의 교묘함, 우상, 덫, 시험, 자기기만이 때때로 끌려 나와 보일 것이다. 더욱 좋은 일은 그리스도의 줄들이 이 쓴 식물의 뿌리를 감아서 그 뿌리를 뽑아 내게 할 것이다.

공적인 것과 교회 안에서의 부패에 관련하여서도 예외는 아니다. 단순히 공공연한 오류의 부패만이 아니라 숨겨진 쇠퇴의 "흰머리"도 포함된다. 그의 외치는 소리를 들어보라. "하나님을 두려워하는 모든 사람들에게 보편적인 죽어 있음이 있습니다. 오, 자기의 숨은 자들을 때때로 새롭게 했던 하늘로부터 오는 살게 하는 숨결과 영향은 어디 있습니까?" 그리고 그는 성도의 이름으로 탄식한다. "우리는 우리의 말라 있음을 반쯤은 만족하고 있고 '나를 살리소서' 하고 여덟 번 청원(시 119)을 했던 그의 애씀과도 상관이 없습니다." "우리는 우물에서 멀리 떨어져 살고 있으며 우리의 말랐음을 냉랭하게 탄식하고 있습니다."

2. 보증인의 전가된 의를 즐거워하는 모든 사람. 만일 우리 자신 안에서 죄의 몸을 철저하게 알면 우리는 우리 대신 다른 몸, 우리의 죄 있는 몸의 자리에 하나님이신 동시에 사람인 분이 필요하다는 것을 느낄 수밖에 없다. "한 아들을 우리에게 주신 바 되었는데." 단순히 구원만이 아니라 구주가 필요하다. "그가 우리를 위하여 자신을 주셨다."

이 편지들은 항상 우리를 보증인과 그의 의로 이끌고 있다. 그 눈은 보증인과 그의 의를 떠나서 다른 어떤 것에 머물 시간을 결코 허락하지 않는다. 우리를 다시 방주로 이끌기 위해서 마르지 않은 홍수를 보여 준다. "만일 부족과 가난이 저를 모든 것이 있는 창고로 내몰지 않았더라면 저는 쓰러졌을 것입니다."

3. 값없는 은혜의 복음을 기뻐하는 모든 사람. 켄무어 경(Lord Kenmure)이 "죄가 자기와 같은 사람을 향한 그리스도의 사랑을 의심하게 합니다"라고 그에게 말했을 때 그는 답한다. "각하, 예수 그리스도를 의심하지 마시고 자신을 의심하십시오." 그의 책 『믿음의 시련과 승리』에서 그는 말한다. "거룩한 행실이 우리에게서 오는 것이라면 그것은 진정한 평안의 근거가 아닙니다. 신자들은 자주 그리스도 안에서 찾아야 할 것을 자신 안에서 찾습니다." 그의 친구에게 자신을 들여다보는 것을 포기하고 그리스도의 마음을 바라보게 하려는 뜻에서 그는 한 편지에서 다음과 같이 말한다. "당신의 마음은 그리스도께서 항해하실 때 사용하시는 나침반이 아닙니다." 그가 구원의 전체 짐을 주님께 맡기며 받아 주실 것 외에는 우리에게 아무것도 남기지 말라는 것이 바로 이 말의 의미이다. "스스로에게 평안히 하시고 그분으로 모든 것을 지시게 하십시오." 완전한 구속의 보증으로 살

아나신 그리스도를 가리키며 "그리스도께서 노래하시니 믿음이 춤을 춥니다." "믿음은 용서를 얻으나 값을 한 푼도 지불하지 않습니다." 다른 편지에서도 그는 다른 것을 덧붙이거나 섞지 말라고 한다. "복음은 넓이가 없어서 둘로 나눌 수 없는 작은 머리카락과 같습니다." 그는 하나님 앞에서 아주 낮게 겸손하게 되는 방법으로서 확신에 대해 가르친다. "불평하는 것은 그리스도께서 영혼 안에서 하시는 새 일에 대한 험담이나 비방입니다." "확신을 많이 이루십시오. 그것이 당신의 돛을 단단히 붙들어 매는 것입니다." 그의 책 『믿음의 시련과 승리』에서 우리에게 교훈하기를 "우리로 그리스도께 달아나도록 하는 예민한 깨어 있음은 아무리 바랄지라도 부족하지 않습니다. 그리스도께서 좋게 생각하시는 대로 저를 가르치기를 바랍니다. 그는 일곱 눈을 가지셨고 저는 하나만 가졌는데 그것도 아주 흐립니다"라고 한다. 같은 어조로 그는 말한다. "율법은 그리스도의 은혜로 말미암아 저의 재판관이 될 수 없습니다. 복음에서 저를 겸손하게 하고 낙심하게 하도록 하는 확실한 판결을 찾게 될 것입니다. 신자보다 더 겸손한 영혼이 있을 수가 없습니다. 물에 빠지는 사람이 바위를 붙잡는 것은 자만이 아닙니다." 여기에 얼마나 많은 진리가 있는가!

4. 거룩함 속에서 성숙하기를 구하는 모든 사람. 성령께서 우리에게 예수님의 얼굴에 있는 영광스러운 신성을 보여 주시기를 기뻐하신다. 이것은 이 편지에 자주 나오는 주제이다. "칭의와 마찬가지로 성화를 위해 그리스도를 잡으십시오." 다른 사람들이 용서와 평안을 구하는 것처럼 끊임없이 간절하게 거룩함을 위해서 싸워온 것처럼 보이는 사람을 우리는 그에게서 발견한다. 그에게서 "여호와께 성결"은 마음의 모든 애정에 그리고 새롭게 솟아나는 생각에 쓰여져 있는 것 같다.

살아 계신 하나님과의 교제는 성령으로 말미암아 주신 거룩함 속에 있는 뛰어난 양태이다. 우리는 한 성령으로 말미암아 그를 통하여 아버지께 나아간다. 러더퍼드는 때때로 말한다. "제가 그에게 아주 가까이 다가가 보았기 때문에 저는 '이분이 바로 주님이시구나'라는 보증서를 가졌습니다." 그는 경험으로부터 선언한다. "우리가 좀 더 수고를 해야 하지만 저는 수

확 전에 성도들이 물 건너 이편에서 가질 수 있는 감미로운 보증과 감미로운 푸른 곡식단의 길이와 큼을 알지 못한다고 단언할 수 있습니다." "저는 모든 면에서 당신의 처지에 있었으니 다른 사람처럼 마음이 굳어 있었고 죽은 사람 같았지만 이제는 자면서도 그리스도께 말씀을 드립니다." 이 모든 것이 형이상학자요, 변론가요, 교회 지도자요, 고대와 스콜라철학의 가르침에 정통한 학자였던 사람의 펜에서 온 것이다. 지금은 왜 이렇게 은혜롭고 또 위대한 인물이 없는 것인가?

5. 모든 고난 받는 사람들. 여기서 그는 바로 "지친 자에게 때에 맞는 말을 하는 학자의 혀를" 가진 사람이었다. 슬퍼하는 자들을 부드럽게 그리스도의 가슴으로 인도하면서 얼마나 깊은 동정으로 말하는지! 그는 자신이 나그네였으므로 나그네의 마음을 알고 있었다. "저 이후에는 아무도 십자가를 인하여 그리스도를 탓하지 마십시오." 그리스도에게 사랑을 가장 많이 받는 자들이 때때로 그리스도에게 시련을 가장 많이 받는다고 그는 말한다. "새 예루살렘의 들보와 기둥들은 벽에 쓰는 보통 돌보다 하나님의 망치와 연장들의 때림을 많이 맞아야 합니다." 모욕과 중상에 관하여서 그는 주장한다. "나는 그리스도의 가장 나쁜 모욕들을 좋아합니다."

"어떤 사람이 제가 십자가를 아마 너무 즐거워하는 것 같다고 써 보냈습니다. 하지만 저는 십자가를 뛰어넘어 그리스도께 매이고 머무는 것입니다"라고 젊은 순교자의 삼촌인 휴 맥케일(Hugh M'Kail)에게 써 보냈다. 거기서 그는 마르지 않은 위로의 우물을 찾았던 것이다.

6. 그리스도의 품성을 사랑하는 모든 사람들. 우리는 너무 자주 사색적인 진리와 추상적인 교리를 만족해 한다. 러더퍼드는 진리를 우리 앞에 더 정확하게 더 호감이 가는 방식으로 생명과 따뜻함이 가득하게 제시한다. 자신의 교회를 위해 자신을 주신 분의 품성이 놀라운 매력으로 드러난다. 그에게는 성취하신 사역이 성취하신 그 자신과 언제나 같았다. 아니 하나가 다른 것과 떨어져 있을 수가 없었다. 바울처럼 그는 그의 부활의 권능뿐 아니라 그를 알기를 사모했다.

한번은 켄무어 경이 그에게 "그리스도께서 오실 때에는 어떤 모습일까요?" 하고 물었을 때 그의 답변은 "전체가 사랑스럽습니다"였다. 이것은 어디서나 그가 즐기는 주제였다. 때때로 그는 자신의 사랑에 대해 말한다. "그의 사랑이 나를 포위하고 삼켜 버렸습니다." "만일 그의 사랑이 하늘에 없었다면 저는 거기에 가고 싶지 않았을 것입니다." 자주 그는 자신의 펜으로 그리스도 자신에 대해 말하라고 종용한다. "어서 오라, 어서 오라, 감미롭고 감미로운 그리스도의 십자가여!" 그리고 나서 어조를 바꾸어 "어서 오십시오. 아름답고 사랑스럽고 왕 같은 왕이여, 당신의 십자가와 함께." "오, 만일 제가 그의 사랑에 빠진 것처럼 그에게 빠질 수 있다면." "제가 그분보다 그의 사랑을 더 좋아할까봐 걱정입니다." "저는 그리스도와의 교제에서 우리가 한 분이 아닌 여러 신들을 만들 수 있다는 것을 알고 있습니다." 이것은 우리가 즐거움 자체를 우리의 신으로 만들 수 있다는 것을 의미한다. 특권과 기쁨과 친교를 지나쳐서 하나님 자신에게 나아가려고 하는 것이 그의 일상적인 목표였다. "저는 친히 저를 가지시도록 이 일을 그리스도께 맡겼습니다." "저는 그의 기쁨보다는 더 안에 들어가서 그리스도께, 사랑과 기쁨이 안에 머무는 곳 안으로, 그의 심장 옆에 있고 싶습니다." "보좌에 앉으신 분은 그분 홀로도 충분한 천국입니다." "저는 그분이 천국의 아주 좋은 반쪽이라고 확신합니다."

한마디로 그가 적고 있는 살아 계신 분에 대한 그의 진실한 관점은 이와 같다. "거룩함이 그리스도가 아니며, 생명나무의 꽃과 화초들도 아니며, 나무 자체도 아닙니다." 그는 진정한 샘을 발견했고 모든 시온의 여행자들을 그리로 인도하려고 한다. 이분을 한 번 시험해 보시오. 성령께서 사람을 이분에게 인도하시게 하시오. 그러면 분명코 그의 말대로 "온 사람 치고 아무도 다윗의 샘에서 목마른 사람이 없게" 될 것이다.

7. 축복된 소망과 우리의 크신 하나님 우리 구주의 영광스러운 나타나심을 사모하는 모든 사람들. 우리가 그리스도를 사랑할수록 우리는 그의 오심을 더욱 사모해야 한다. 우리가 이 두 애정을 품을수록 우리는 더욱 거룩해질 것이다. 러더퍼드는 그날에 대한 대망으로 가득 찼다. 1637년에 애버딘에 유배되어 있을 때 그는 말한다. "오, 언제나 우리가 만나게 될까요! 오, 혼

인날이 밝아오는 데까지 얼마나 멉니까! 오, 감미로운 예수여, 큰 걸음을 취하소서! 오, 나의 주님, 단 걸음에 산을 넘어오소서! 오, 나의 사랑하는 이여, 베데르의 산에 노루와 젊은 사슴같이 달려오소서." 때때로 그는 이스라엘이 그들의 주님께 회복되고 이방인의 충만한 수가 돌아오는 일에 대한 강한 소망을 표현하는 말을 한다. 그러나 훨씬 자주 그는 주님께 가기를 소원한다. "오, 사람의 아들들 중에 가장 아름다운 이여, 어찌하여 그리 오래 떨어져 계십니까? 오, 하늘이여, 빨리 움직이거라! 오, 시간이여, 달리고 달리라, 혼인 날을 서둘러라!" 켄무어 부인에게 "주님께서는 자신이 오시기 전에 당신이 해야 할 일을 가르치셨습니다. '기다리라, 주의 오심이 가까움이라.' 베드로 사도는 말합니다. 그림자가 달아날 그 아침이 동터올 것을, 그날이 밝아올 것을, 인자의 오심을 그리워하며 사모하십시오. 지친 야경꾼과 함께 동녘 하늘이 밝아오기를 기다리십시오." 세상의 적대감과 교회의 불완전함을 아주 절실하게 느끼는 그런 성도들은 자기들의 주님의 나타나심을 가장 열렬하게 사랑할 사람들이다. 다니엘이 우라이 강 언덕에서 요한이 밧모 섬에서 그와 같았다. 새뮤얼 러더퍼드의 그날에 대한 가장 강렬한 대망은 애버딘에서 뿜어져 나왔다.

어떤 때에 자신에 대해 "때때로 어린양의 혼인 만찬을 기다리느라 지치고 배고픈 사람"으로 묘사했다. 이제 그는 "몰약과 향기의 동산"으로 갔다. 거기서 그는 틀림없이 그리스도의 열려진 적이 없는, 측량할 수 없는 보화를 보고 놀라고 있을 것이다. 그러나 아, 그의 그리스도를 향한 만족할 수 없는 소원이여! 온종일 그리스도 외에 믿을 것을 찾지 않고, 잘 때에도 꿈 속에서 그리스도를 좇고, "그의 형상으로 깨어나기를" 간절하게 바라는 사람 ― 오, 그 빈자리를 채울 수 있는 열 사람만 스코틀랜드에 있다면!

— 앤드류 보나르

1 한 여성 그리스도인에게 – 딸이 죽었을 때
우리를 향한 그리스도의 동정, 우리 안에 있는 그리스도의 자산, 포기의 이유들

>

부인, 그리스도 안에 있는 사랑으로 인사 드립니다. 부인께서 딸이 죽은 후 무척 힘들어 하시는 그런 특별한 때에 제가 당신에게서 떠나게 된 것을 진실로 마음 아프게 생각합니다. 하지만 당신에게 지워진 그리스도의 십자가의 가장 무거운 끝은 당신의 강하신 구주께 얹혀 있다는 것을 알고 계시리라고 저는 확신하고 있습니다. 선지자 이사야가 하나님께서 "그들의 모든 환난에 동참"(사 63:9) 하셨다고 말하고 있기 때문입니다. 오, 당신과 함께 고난 받으시는 복되신 제2위여! 활활 타는 풀무 속에서라도 당신의 영혼이 하나님의 아들이신 인자 같은 이와 함께 걷게 되니 즐거워하실 수 있는 것입니다. 힘을 내십시오! 마음을 강하게 하십시오! 부인께서 지치시면 그가 당신과 당신의 짐을 함께 짊어지실 것입니다(시 55:22). 잠깐 있으면 당신은 하나님의 구원을 볼 것입니다.

딸의 나이가 몇 살이었는지 그리고 당신이 그 아이를 빌린 기간이 얼마나 길었는지를 생각하십시오. 그 아이가 열여덟, 열아홉, 아니 스무 살이었는지 저는 잘 모릅니다. 하지만 그 아이의 때가 왔고 당신의 임대계약이 끝이 난 것을 볼 때에 제가 확신하기로는 가난한 농부가 임대기간이 끝나서 주인이 자기 땅을 도로 찾는 것을 불평할 수 없는 것처럼 자신의 것을 정한 날짜에 가져간다고 당신의 크신 상전께 시비를 걸 수는 없는 일입니다. 선한 부인이여, 만일 그리스도께서 자신의 죽음으로 당신의 것이 되게 한 천국의 상속재산을 당신에게서 취하시려고 하는 것을 당신이 받아들이기를 즐거워하지 않으신다면 그리스도의 상속재산과 성취의 일부인 당신의 딸을 당신이 그에게 즐거이 드리기를 거절하므로 동일한 그리스도께서 당신에 대해 무정하다고 생각하시지 않으시겠습니까? 제가 기도하는 것은 주께서 당신의 모든 소유는 당신에게 주시고 또 하나님의 것은 인내로 하나님께 드릴 수 있는 은혜를 당신에게 입혀 주시는 것입니다. 빌려온 것을

원한으로 갚는 사람은 못된 빚쟁이일 것입니다. 진실로 은혜의 상속자요, 그리스도의 지체인(저는 그렇게 믿습니다.) 그렇게 좋은 딸을 오랫동안 빌려 주셨으니 그가 단지 자기의 소유를 가지고 싶어할 때 당신이 슬퍼하고 불평하는 것보다 당신의 채권자의 돌봄에 많은 감사를 드려야 마땅한 일입니다. 당신에게 빌린 돈을 불평하는 자세로 갚으려고 하는 이들을 감사할 줄 모르는 이웃이라고 당신은 판단하시리라고 믿습니다.

하지만 무슨 말씀입니까? 그 아이가 전능하신 분의 품에서 자고 있는 것을 당신은 잃어버렸다고 생각하십니까? 그렇게 좋은 친구의 집에 있는 아이를 없어졌다고 생각하지 마십시오. 그리스도께서 찾으신 아이가 당신에게는 잃어버린 것입니까? 당신이 딸아이를 다시 볼 수는 없지만 그 아이가 좋은 친구와 함께 있다면 그 아이에 대한 염려는 적을 것입니다. 오, 이제 딸아이는 좋은 친구와 함께 있지 않습니까? 부활의 때에 아이가 몸에 열병이 들거나 쓰러지는 일이 없을 그때에 당신이 그 아이를 다시 보게 된다는 분명한 소망 가운데 더 높은 곳으로 가지 않았습니까? 부인이 무신론자가 된다든지 아니면 무신론자로 여김을 받게 되신다면 섭섭해 하실 것입니다. 하지만 죽은 자를 인하여 지나치게 슬퍼하는 이들을 소망 없는 무신론자들이라고(살전 4: 13) 생각한 것은 제가 아니고 사도입니다. 그러나 이렇게 말씀 드리는 것은 제게 의심이 있어서가 아닙니다. 다만 부인의 연약함을 염려하기 때문입니다. 당신의 딸이 당신의 일부였고 그러므로 말하자면 당신의 본체가 잘려 반이 된 것처럼 되었으니 진심으로 슬퍼할 일입니다.

그러나 당신이 즐거워하셔야 하는 것은 당신의 일부분이 땅에 있고 당신의 커다란 부분이 천국에서 영화롭게 되었다는 것입니다. 그 아이를 따르되 질투하지는 마십시오. 진실로 주님 안에서 죽은 자들을 인하여 슬퍼하게 하는 것은 우리 속에 있는 자기연민이기 때문입니다. 왜 그렇습니까? 그들을 위하여 우리가 슬퍼할 수 없는 것은 그들이 죽었을 때에 진정 행복하기 때문입니다. 그러므로 우리의 사사로운 관심 때문에 슬퍼하는 것입니다. 당신의 딸을 인해 슬퍼하심으로 당신의 감정을 나타내는 일에 자기

연민에서 오는 당신 자신을 위한 슬픔이 되지 않도록 주의하십시오.

주님께서 그 일로 무엇을 하고 계시는지를 생각하십시오. 당신의 딸은 불 속에서 꺼내어졌고 모든 수고를 그쳤습니다. 그리고 그 일로 당신의 주님께서는 당신을 시험하시며 불 속에 던지신 것입니다. 모든 불을 통과하여 당신의 안식으로 나아가십시오. 그리고 하나님의 눈이 불이 붙었으나 사라지지 않는 떨기나무를 보고 계시다는 것과 이제 당신과 같은 연약한 여인이 사탄을 멀리 쫓아내고 그의 계획을 무산시켰다는 것을 주님께서 만족하실 것을 기억하십시오. 이제 하나님을 영화롭게 하십시오. 그리고 당신이 연약하게 보일 때 저 울부짖는 강한 사자를 부끄럽게 만드십시오. 당신과 같은 이들이 역경의 날에 쓰러져야 하겠습니까? 옛 시대를 생각해 보십시오. 주님은 여전히 살아 계십니다. 그가 당신을 죽이실지라도 그를 의지하십시오. 믿음은 대단히 관대하여 하나님께 대하여 악을 믿지 않습니다. 지금 주님께서 저울의 한 쪽에 그의 은혜로운 뜻을 따르려고 하는 당신의 진정한 마음을 올려놓으시고 다른 쪽에는 딸에 대한 당신의 사랑과 애정을 놓고 저울질하고 계십니다. 이 둘 중에 당신은 어느 쪽을 택하시겠습니까? 그러므로 지혜로워지십시오. 제가 믿는 것은 부인께서 죄 많은 한 여인보다 주님을 더 사랑하리라는 것이니 당신의 딸을 지나서 주님의 막대기에 입맞추십시오. 사람들이 나무들을 더 높이 커다랗게 자라게 할 목적으로 자기들의 나무에 붙어 있는 가지들을 잘라냅니다. 주님께서 이런 방식으로 당신을 주님의 백향목처럼 높이 자라게 하시고 당신의 마음을 그리스도께서 계신 저 높은 곳 하나님의 오른편에 두시려고 당신에게서 여러 자녀들을 데려 가심으로 당신의 가지를 치신 것입니다.

당신의 주님께서 가지들을 잘라내셨으니 이제 줄기를 자르실 차례가 아니면 무엇이겠습니까? 이제 자신을 준비하십시오. 당신은 어제보다 오늘 당신의 딸에게 더 가까이 있습니다. 당신이 딸을 슬퍼하느라고 시간이 아까운 줄 모르고 써 버리는 동안 당신은 그 아이를 빨리 뒤쫓고 있는 것입니다. 인내로 당신의 경주를 달리십시오. 하나님께서 자신의 소유를 가지시도록 하십시오. 당신에게서 데려가신 딸 대신에 믿음의 딸인 인내를 달라고 하나님께 구하십시오. 인내로 당신의 영혼을 지키십시오. 당신의 머리를 드십시오. 당신의 구속이 얼마나 가까이 왔는지 당신은 알지 못합니다. 당신을 능히 세워 주실 수 있는 주님께 당신을 부탁드리며 이만 줄입니다.

1928년 4월 23일, 앤워스, S. R.

2 켄무어 자작 부인에게 — 병들고 영적인 침체상태에 있을 때
하나님의 의도에 잠잠히 따름, 믿음의 실행, 질병과 죽음을 대비한 격려, 공적인 일들

>

부인의 약함과 질병에 관한 소식을 염려하며 들었습니다. 하지만 저는 부인께서 "그는 주님이시니, 그가 보시기에 선하신 대로 하시기를 바랍니다"라고 말씀하는 것을 배우셨다고 믿습니다. 타락한 천사들이 자기들의 뜻이 이루어질지 아니면 창조주의 뜻이 이루어질 것인지 문제를 제기한 후 많은 세월이 흘렀으며 그 이후로 고집 센 인생들은 매일 하나님의 뜻에 대들면서 그들과 함께 똑같은 고발장으로 하나님을 거슬러 항상 항변하려고 법정에 나타나고 있습니다. 하지만 당사자이시며 재판장이신 주님은 판결을 받아내셨으니 이렇습니다. "나의 모략이 설 것이니 나의 모든 기뻐하는 것을 이루리라"(사 46: 10). 그렇다면 우리가 믿음의 순종과 거룩한 복종으로 그의 전능하시고 의로운 권능의 법이 우리를 향하여 가지게 될 그것을 하나님께 맡겨 드리는 것이 최선입니다. 그러므로, 부인, 주님께서 당신에게 바라시는 것은 인생의 모든 여건 하에서 "뜻이 하늘에서 이루어진 것 같이 땅에서도 이루어지이다"라고 말씀하시는 것입니다. 그 안에서 당신이 위로를 가지게 될 것은 당신의 모든 잘못을 완전히 파악하시고 당신의 본성의 기질과 체질 그리고 당신의 영혼에 무엇이 가장 유익한지를 아시는 그가 고난의 잔을 일일이 당신의 머리까지 자신의 은혜로운 손으로 붙들어 주신다는 것입니다. 당신의 위장의 힘을 알고 계시는 온유한 마음을 가지신 당신의 구주께서 약간의 독이라도 그 잔에 넣으시리라고는 아

예 생각하지 마십시오. 그러므로 성도의 인내로 들이켜십시오. 그러면 인내의 하나님께서 당신의 약을 축복하실 것입니다.

부인께서 영혼의 죽어 있음과 생명을 분발하게 하는 하나님의 힘이 없다고 탄식하신다고 저는 들었습니다. 하지만 힘을 내십시오! 에덴동산을 걸으시며 아담이 자신의 목소리를 듣도록 시끄러운 소리를 내신 그가 때때로 당신의 영혼 속을 걸으시며 당신에게 훨씬 부드러운 말씀을 듣게 하실 것입니다. 하지만 그가 걸으실 때 당신이 항상 그의 시끄러운 발자국 소리와 쿵쿵 소리를 듣지는 못할 것입니다. 그럴 때에 당신은 요셉이 살아 있는데 죽었다고 생각하며 슬퍼하는 야곱과 같을 것입니다. 둘째 아담의 형상인 새로운 피조물이 당신 속에 살아 있지만 당신은 당신 속에 계신 그리스도의 생명이 죽은 줄 알고 슬퍼하고 있는 것입니다. 에브라임이 하나님께서 멀리 떠나 계셔서 듣지 아니하신다고 생각할 때 슬퍼하며 탄식했습니다만(렘 31 : 18) 하나님께서는 단지 얇은 벽 뒤에 서서 귀를 기울이고 있는 신랑과 같으시니(아 2:9), 그가 친히 말씀하시기를 "에브라임이 스스로 탄식함을 내가 정녕히 들었다"고 하셨습니다.

부인, 저는 당신의 영혼이 산으로 들로 다니며 찾고 계시는 그리스도 예수께서 당신 속에 계신다고 굳게 믿습니다. 하지만 당신의 머리 밑에 베개를 놓거나, 죄를 지어 그리스도를 잃어버리거나 혹은 그를 노엽게 하고 "사랑하는 자가 원하기 전에" 그를 흔들어 깨울지도 모른다는 거룩한 염려를 그만두시라고 이 말씀을 드리는 것이 아닙니다. 제가 아는 것은 마귀가 다른 모든 선한 일들 속에서 행하는 것처럼 영적인 확신 속에 들어와서 소리치기를 "반은 내 것이다" 하면서 당신의 영혼이 사랑하는 그가 문 두드리는 일을 그만두고 문에서 떠나실 때까지 당신으로 두려운 잠에 빠지게 하려고 애를 쓴다는 것입니다. 그러므로 이곳에서는 하나님의 성령께서 그리스도의 팔을 굳게 의지하는 것과 육신의 안락한 침대에서 염치없이 꾸벅거리며 자는 것 사이의 경계선에서 당신의 영혼의 발을 붙들어 주셔야 하는 것입니다. 그러므로 귀한 부인이여, 당신의 연약함과 죄스러운 졸음을 인하여 당신 자신을 작게 여김으로 변할 수 없는 자비를 나타내시는 하나님을 또한 작게 여기지 마십시오. 많은 그리스도인들이 배와 자신들이 움직이고 있는데 해안과 온 땅이 움직이고 있다고 생각하는 풋내기 선원들과 같습니다. 마찬가지로 적잖은 사람들이 자기들의 변덕스러운 영혼이 항해하며 밀물과 썰물에 따라 끌려 다니고 있으면서 하나님께서 움직이고 항해하며 장소를 바꾼다고 상상하고 있습니다. 그러나 "주의 터는 견고하게 서" 있습니다. 하나님께서는 당신이 자신의 소유인 것을 알고 계십니다. 애쓰며, 싸우며, 전진하고, 깨어있고, 두려워하며, 믿으며, 기도하십시오. 그럴 때에 당신은 그리스도의 택함을 입은 자들 가운데 한 사람이라는 모든 분명한 증거들을 당신 안에 가지는 것입니다.

부인, 지금 당신은 병이 들었습니다. 그리고 그 후에는 죽음이 있습니다. 그러므로 이제 여행을 위한 음식을 장만하십시오. 하나님께서 당신에게 질병과 죽음을 꿰뚫어 보며 죽음 저 너머에 있는 것을 보는 눈을 주시기를 바랍니다. 제가 의심하지 않는 것은 부인께서 그리스도께 도착하기 전에 당신이 건너야만 하는 강으로서 지옥이 당신과 그리스도 사이에 있다고 할지라도 강이 아주 깊은 곳에서는 그가 친히 오셔서 자신의 손을 내미시리라는 소망을 가지고 그와 함께 있기 위하여 당신이 기꺼이 발을 내딛고 나아가시리라는 것입니다. 이제 당신의 지옥이 말라 버려서 당신은 질병과 사망이라는 이 두 개의 얕은 개울만 건너면 된다고 저는 믿습니다. 또한 당신은 그리스도께서 당신을 만나 주실 뿐만 아니라 그가 친히 오셔서 한 걸음, 한 걸음 당신과 함께 가시며 그의 팔로 당신을 안아 주시기까지 하신다는 약속을 가지고 있습니다. 오, 그때! 오, 그때를 생각하십시오! 당신 앞에 놓여 있는 기쁨을 위해, 당신을 환영하려고 해안에 서 계시는 (영원히 찬양 받으실 하나님이시기도 한) 인자(人子)의 사랑을 위해서, 인내로 당신의 경주를 달리십시오. 주님께서 당신과 함께 가십니다. 당신의 주님은 당신이나 자신에게 속한 어느 종도 더 나쁘게 되도록 하시지 않을 것입니다. 죽음은 본래 몸의 죽음과 영혼의 죽음을 가지고 있습니다. 하지만 하나님의 자녀들에게는 죽음의 영역과 한계가 줄어들어 아주 작은 범위로 오그라듭니다. 그리하여 당신이 죽을 때 죽음의 한 조각만이 당신을 붙잡을 것이며 당신의 가장 작은 부분이 죽을 것이니 그것은 몸의 해체입니다. 그리스도 안에서 당신은 둘째 사망에서 해방되었기 때문입니다. 그러므로 하나님에게서 태어난 자로서(살면서 죄를 범하지 않을 수 없지만) 죄를 범하지 마십시오. 그리하면 저 뱀은 당신의 땅에 속한 부분만을 먹을 것이니 당신의 영혼은 죽음의 법을 벗어났기 때문입니다. 그러나 죄에게 빚쟁이가 되고 종이 되는 것은 두렵고도 위험한 일입니다. 그리스도께서 당신을 위해 셈하시고 대신 갚아 주시는 것 말고는, 죄에 대한 셈에서 당신은 하나님 앞에서 제대로 해낼 수 없기 때문입니다.

부인, 당신께서 이 쇠퇴해 가는 교회의 현재의 처지를 주님께 아뢰는 일에 관심을 가지시리라고 저는 믿고 있습니다. 교회에 관하여 의회에서 결정될 일은 주님만이 아십니다. 제가 확신하기로는 천국에 있는 가장 두려운 의회의 법령이 이 땅의 죄들로 인해 발표될 시점에 있다는 것이니 우리가 주님의 법을 버렸고 이스라엘의 거룩한 이의 말씀을 멸시했기 때문입니다(사 5:24). "공평이 뒤로 물리침이 되고 의가 멀리 섰으며 성실이 거리에 엎드러지고 정직이 들어가지 못하는도다"(사 59:14). 보십시오! 마치 그 선지자가 우리와 우리의 교회를 보고 있었던 것처럼 정의가 우리 도시의 성문 밖으로 쫓겨난 원수처럼 다루어지고 있다고 비유하고 있습니다[정말 정의가 쫓겨났습니다]. 진리가 집에 이르기 전에 거리에서 처참하게 기진한 상태로 쓰러져 버린 허약한 병든 사람에 비유되고 있습니다. "너희는 정도에서 떠나 많은 사람으로 율법에 거치게 하도다. 나 만군의 여호와가 이르노니 너희가 레위의 언약을 파하였느니라"(말 2:8). "그러나 그 결국에는 너희가 어찌 하려느냐?"(렘 5:31). 그러므로 시온을 위하여 주님께서 쉬시지 못하게 하십시오. 당신의 남편과 형제들과 그리고 당신이 사랑하고 믿는 모든 사람들이 바알을 대항하며 주님 편에 서도록 분발하게 하십시오. 저는 당신의 남편이 시온의 평화와 번영을 사랑하리라는 좋은 기대를 가지고 있습니다. 이 땅에 힘 있는 목회 사역을 세우는 일에 관련하여 그가 계획한 일들을 위하여 하나님의 평강이 그와 함께 하시기를 바랍니다. 더 이상 부인을 귀찮게 해 드리고 싶지 않습니다. 이제와 영원토록 당신을 능히 지켜 주시고 넘어지지 않게 하실 하나님의 은혜와 사랑에 당신을 부탁 드립니다. 주 예수께서 당신과 함께 하시기를 기원합니다.

1628년 7월 28일, 앤워스, S. R.

3 마리온 맥노트에게 —
자신의 아내가 병들었다고 전함
외적인 시련에서 오는 내적 갈등

>

사랑하는 귀한 자매여, 만일 당신이 저를 즐겁게 하려고 한 적이 있다면 제게 이렇게 위로가 없고 마음이 무거워서 더 이상 짐을 견뎌낼 수 없을 때, 주님께 저를 위해 간청해 주십시오. 전능하신 이가 저에게 채찍질을 갑절이나 더하셨으므로 제 아내가 밤낮으로 심하게 고통을 받고 있으니 주님께서 왜 그렇게 더디신지 모르겠습니다. 제 생명이 제게 쓰기만 하고 주님께서는 저의 반대편이신 것 같습니다. 하나님께서 자기 자녀들을 시험하시기 위해 자신을 숨기시는 그런 때에 폭풍 속에서 하나님을 계속 바라본다는 것은 (제가 체험으로 지금 아는 것처럼) 어려운 일입니다. 만일 그가 자신의 손을 거두시면 제가 이제까지 해 온 것보다 더욱 그를 찾을 의향이 있습니다. 자기들의 영혼을 숨길 수 있는 사람들은 복이 있습니다. 저는 그의 심판이 두렵습니다. 죽음이 있고 천국이 있는 것을 인하여 하나님을 찬양합니다. 그리스도께서 마신 잔을 마시는 것이 얼마나 쓴지 만일 그 잔에 독이 없다는 것을 제가 몰랐더라면 그리스도인이 되기를 다시 시작하는 것을 꺼려 했을 것입니다. 우리가 다시 토해낼 때까지는 하나님께서 그 잔을 우리에게 주시지 않습니다. 하나님의 약이 듣지 않는 것은 우리가 병든 영혼을 가지고 있기 때문입니다. 하나님께서 제 아내를 시험에 들지 말게 하시도록 기도해 주십시오. 제 마음이 슬프기 짝이 없는 것은 저의 소명에서 사탄의 나라를 대항하여 한 일이 거의 없다는 것입니다. 사탄은 제게 하나님을 정면으로 모독하게 하기를 시도하곤 했습니다. 자신의 일을 하게 하신 그분의 힘을 의지하여 제가 믿고, 또 믿는 것은 사탄은 자기가 구하는 일에 실패할 것입니다. 위로는 여기에 있으니 저의 대장이신 그리스도께서 자신이 세상과 싸워서 반드시 이길 것이며 약하며 패배했으며 무기도 없는 악마에 대해 "이 세상 임금이 올 것이지만 저는 내게 관계할 것이 없으리라"(요 16:33; 14:30)고 말씀하셨다는 것입니다.

시온을 기억하십시오. 당신이 가진 것을 굳게 잡으시고 누구라도 당신에게서 면류관을 빼앗지 못하도록 하십시오. 주님 예수께서 당신과 함께 하시기를 기원합니다.

1629년 11월 17일, 앤워스, S. R.

4 켄무어 부인에게
성령의 보증, 그리스도와의 친교, 약속들을 믿음

>

부인, 부인의 삶과 건강, 그리고 하나님의 은혜 안에서 성숙하여 계신다는 소식을 간절히 듣고 싶습니다. 인편을 만날 기회가 없어서 이제까지 편지를 드릴 수가 없었는데, 지난번 사람을 통하여 부인에게 안부를 전할 수도 있었는데 그렇게 성급하게 떠날 줄은 미처 생각하지 못했습니다. 부인, 당신의 현재 입장에 대해 몇 줄이라도 써 보내 주실 것을 부탁 드립니다. 당신이 슬퍼하며 괴로워하고 계신 줄 제가 압니다. 그리고 만일 그렇지 않으시다면 당신의 길이 주님께서 말씀하신 것처럼 새 예루살렘으로 향하는 길과 같지 않기 때문에 두려워하셔야 합니다. 제가 확신하기로는, 만일 당신이 당신 앞에 무엇이 있는지를 아셨거나 그 광경을 얼마라도 보셨다면, 당신은 그 땅에 가고 싶어서 팔을 쭉 내밀어 현재의 고난의 홍수를 기쁘게 헤엄쳐 나아갈 것입니다.

만일 하나님의 원금을 지불하는 보증으로서 하나님께서 당신에게 성령의 보증을 주신 것이라면 당신은 즐거워해야 합니다. 왜냐하면 우리 주님은 그의 보증을 떼이도록 하지 않으실 것이며, 물러서지도 않으실 것이며, 자신의 거래를 후회하시지도 않을 것이기 때문입니다. 만일 어느 때에 당신이 하나님을 뵙는 것을 사모함이 있으면 비록 그 잔치가 일 년에 한 번 오는 유월절 같을지라도 그 모습을 뵐 것을 확신하며 기뻐하십시오. 양심의 평안, 기도의 특권, 영혼을 위해 열려 있는 하나님의 보물의 문들, 내다보시며 웃는 얼굴로 "고난 받는 이여, 내게 오라"고 말씀하시는 그의 분명한 모습, 이것이 그가 때때로 주시는 보증인데, 마음을 기쁘게 하는 것이며 또한 그 거래가 계속 유효하다는 증거입니다. 그러나 이 보증을 얻기 위해서는 당신께서 기도하는 일과 말씀을 듣는 일로 자주 하나님과 대화를 나누는 것이 좋습니다. 이곳이 당신의 가장 사랑하는 이를 만나는 잔칫집이기 때문입니다. 여기가 그가 자기의 입맞춤으로 당신에게 입맞추는 곳이며 그의 옷들의 냄새를 맡을 수 있는 곳이니 그것은 정말로 아주 향기롭고 영화로운 냄새를 가지고 있습니다. 당신이 그를 사모해야 하고 그와 자주 교제해야 하는 것은 그의 입술은 감미로운 냄새를 가진 몰약을 떨어뜨리는 백합과 같으며 그가 그 입술을 움직임으로 당신의 슬픔을 누그러뜨리시는 것입니다. 당신을 구원하시는 그리스도는 말씀하시는 그리스도이기 때문입니다. 교회는 그의 목소리로 그를 알며(아 2:8) 일천 개의 소리 가운데서도 그의 목소리를 분별해 낼 수 있습니다. 제가 이 말씀을 드리는 이유는 당신이 계신 곳의 교회가 당신의 영혼이 사랑하는 그리스도에게 덮어 씌운 비기독교적인 의식들의 벙어리 가면들을 사랑하지 말라는 것입니다. 그러나 우리 주님이 오실 때면 그는 복음의 단순함으로 마음에 말씀하십니다.

저는 그리스도 안에 있는 그러한 행복을 당신에게 표현할 만한 혀나 펜을 갖고 있지 못합니다. 당신이 가지고 있는 모든 것을 팔아 이 진주가 있는 밭을 사셨다면, 당신은 괜찮은 거래를 했다고 생각할 것입니다. 왜냐하면 당신이 그분 안에 있다면, 그의 모든 것이 당신의 것이며, "이는 내가 살았고 너희도 살겠음이라"(요 14:19) 하셨기 때문에 당신이 그 분 안에 있는 것입니다. 마치 하나님의 아들이 "나의 구속을 입은 자들이 나와 함께 하지 않는다면 나는 천국을 가지지 않겠다. 그들과 나는 떨어져 살 수 없다. 내 안에 거하라. 그러면 나도 너희 안에 거하리라"고 말씀하신 것이 아니라면 그것이 무슨 뜻이겠습니까? 오, 그리스도와 우리가 서로 통하여 이제 둘이 아니니 감미로운 교통이여! "아버지여, 내게 주신 자도 나 있는 곳에 나와 함께 있어 … 내게 주신 나의 영광을 그들로 보게 하시기를 원하옵나이다"(요 17:24). 아멘, 예수여, 당신의 말씀대로 되기를 바랍니다. 만일 당신이 이 진리를 믿으신다면 당신의 마음이 항상 낙심이 되어 있어야 하는지 의문입니다. 그러한 영광스러운 약속들을 가지고 있으면서 그를 위해 40년의 고난을 견뎌내려고 하지 않는 저와 그들은 그리스도께 자격이 없습니다. 그러나 바보 같은 우리들은 영혼의 불멸에 관한 플라톤의 글을 읽은 사람처럼 그 약속들을 믿고 있습니다. 곧 책이 자기 손안에 있는 한 모든 것이 사실이고 영혼은 죽지 않는다고 믿습니다만, 책을 놓자마자 영혼은 연기나 숨을 내쉴 때 사라지는 증기와 같이 없어진다고 생각하기 시작합니다. 이와 같이 우리도 처음에는 그 아름답고 고귀한 약속들을 받아들이지만 하나님의 책을 놓으면 모든 것을 의심하기 시작합니다. 진실로 표적 없이 믿으며, 이 일에 마음을 일정하게 유지하며, 의심이 생길 때 율법과 언약으로 달려가 거기 머무는 것이 믿음입니다. 부인, 여기에 굳건히 머무십시오. 여기에 당신의 아버지의 유언(언약)이 있습니다. 그것을 읽으십시오. 그 안에 그가 당신에게 죄의 사함과 영생을 남기셨습니다. 만일 당신이 여기서 가지는 모든 것이 십자가와 고난과 실망과 버림받음과 주님의 떠나 계심일지라도 주님께서 당신과 결혼하기 위해 구혼하고 계시니 용기를 가지십시오! 구애자이며 구혼자인 그는 당신과 그가 그의 아버지의 나라에 함께 있게 될 때까지는 당신에게 한 식구처럼 되지는 않을 것입니다. 그가 당신에게 나중에 유익하게 하시며(신 8:16) 환난의 날에서 벗어나게 하사 평안을 주시려고(시 94:13) 계획하셨습니다. "사람이 젊었을 때에 멍에를 메는 것이 좋으니"(애 3:27). "갇혀 있으나 소망을 품은 자들아 너희는 요새로 돌아올지니라"(슥 9:12). "이 묵시는 정한 때가 있나니 그 종말이 속히 이르겠고 결코 거짓되지 아니하리라. 비록 더딜지라도 기다리라. 지체되지 않고 정녕 응하리라"(합 2:3). 그가 말씀하시는 것을 들으십시오. "내 백성아 갈지어다(기뻐하십시오, 그가 당신을 부르십니다!)

네 밀실에 들어가서 네 문을 닫고 분노가 지나가기까지 잠깐 숨을지어다"
(사 26:20). 그러니 믿으십시오. "믿으라. 그리하면 구원을 얻으리라." 만일
당신이 원하는 것이나 즐거움을 이 생애에서 얻지 못한다고 하여도 괴로
워하지 마십시오. 하나님께서는 오직 당신이 그분만을 기뻐하는 것을 바라
십니다. 당신이 그리스도의 십자가 외에는 어느것도 즐거워하는 것을 하나
님이 금하십니다(갈 6: 14).

부인, 우리의 교회가 약해져 가고 있습니다. 에브라임의 전병과 같습니
다(호 7:9). "백발이 얼룩얼룩 할지라도 깨닫지 못하는도다." 교회가 늙고
백발이 되었으며 무덤에 가까우나 마음에 이것을 생각하는 이가 없습니다.
그 포도주는 시었고 상했습니다. 지금 브니야의 처가 살아 있더라면 그녀
는 해산의 고통을 당하며 하나님의 궤가 빼앗기고 영광이 우리의 이스라
엘에게서 떠난 것, 신앙의 능력과 생명이 떠난 것을 보고 죽었을 것입니다.
"아하, 아깝다. 날이 기울어 저녁 볕 그늘이 길었구나"(렘 6:4). 부인, 시온
은 당신을 가나안까지 실어다 주는 배입니다. 그 배가 조난을 당하면 당신
은 갑판에서 떨어져 부서진 나무판자를 붙잡고 생사를 무릅쓰고 육지까지
헤엄쳐 가셔야 합니다. 우리가 기도로 우리의 선장 예수님을 조르며 "주여,
구원하소서, 우리가 죽겠나이다"라고 외쳐야 할 때입니다.

은혜, 은혜가 당신과 함께 하시기를 기원합니다. 당신을 여기서 보는
것이 교회에 축복이라고 생각합니다만 우리의 죄는 우리에게서 좋은 것들
을 빼앗아 갑니다. 언약의 큰 사자께서 당신의 몸과 영혼을 지켜 주시기를
기원합니다.

1630년 2월 1일, 앤워스, S. R.

5 마리온 맥노트에게
순종, 인내, 그리고 열심을 권장함

>

그리스도 안에서 사랑하는 귀한 자매에게,

제 아내의 병 때문에 이제까지 답장을 드릴 수가 없었습니다. 아직도

아내는 심한 고통을 받고 있습니다. 제가 바라는 것은 모든 일이 하나님의 은혜 속에서 마쳐지는 것입니다. 고난을 받는 삶이 바로 천국으로 향하는 길과 같다는 것을 저는 압니다. 왜냐하면 사도가 선을 그어 "하나님 나라에 들어가려면 많은 환난을 겪어야 할 것이라"(행 14:22; 살전 3:4)고 왕도(王道)를 말했기 때문입니다. 주님께서 하나님의 전신갑주를 우리에게 주실 것입니다.

부인께서 당신 주변 사람들의 마음이 당신이 알고 있는 그 사람에 대해 어떻게 기울어져 있는지 저들의 의향과 당신 자신이 누구를 진정으로 원하시는지에 관하여 제게 적어 보내셨습니다. 그 사람은 옮기는 일에 관한 주님의 부름을 기쁘게 받을 것입니다. 그가 하나님의 손으로 심으신 모든 하나님의 식물은 잘 자란다는 것을 알고 있기 때문입니다. 만일 그 일이 하나님의 것이라면 하나님께서는 그 일을 성취해 나가시는 일에 악마 자체도 디딤돌을 만드실 수 있습니다. 당신을 위하여 제가 당신께 권하는 것은 복종하는 마음을 하나님께 구하라는 것입니다. 당신의 상급은 주님께 있을 것입니다. 비록 선지자가 말한 것처럼 사람들이 모이지 않고 말씀이 번성하지 않는다고 생각될지라도 하나님께서는 당신을 "파괴된 곳의 보수자"로 여기실 것입니다. 그리고 그리스도를 담보로 가지십시오. 당신의 상을 잃지 않을 것입니다. 손에 쥔 것을 단단히 잡으십시오. 만일 당신이 천국에 있는 영화롭게 된 이들의 생각을 아신다면 그들이 사십 년 혹은 오십 년 하나님과 씨름하며 천국을 얻었다고 할지라도 그들은 천국이 아주 쉬운 거래로 자기들의 것이 되었다고 생각할 것이라는 것입니다. 당신이 그곳에 이를 때 당신은 생각할 것입니다. "내가 행한 모든 것은 지금 내가 값없는 은혜를 누리고 있는 나의 풍족한 상급에 비할 때 너무 보잘것없다." 그러므로 지금, 당신의 길 끝에 경주자들에게 줄 상과 면류관을 손에 들고 서 계시는 당신을 구원하신 주님의 사랑을 인하여 앞으로, 앞으로 낙심하지 말고 나아가십시오. 당신이 이끌 수 있는 만큼 많은 사람들을 천국으로 데리고 가십시오. 당신과 함께 가는 이가 많을수록 당신 자신이 환영하는 자가 될 것입니다. 하나님의 은혜에 인색한 자나 구두쇠가 되지 마시고 당신에 대해 선한 말을 하는 사람이 매우 적은 지금, 당신이 사는 곳에서 정직한 목회 사역을 세우는 일에 모든 노력을 기울이십시오.

저는 저의 소명 안에서 매일 많은 비통한 마음을 가지고 있습니다. 만일 제가 왕께서 계시는 내전에 그 모든 일을 그에게 보여 드리기 위하여 들어갈 수 없었더라면 저는 망했을 것입니다. 악마는 자기 방앗간에서 물 긷는 것을 보고 격분하여 날뜁니다. 하지만 우리가 하나님의 아들의 집을 세우는 일에 주님의 도구가 될 수 있기를 바랍니다.

저를 위해 기도해 주십시오. 만일 주님께서 그 집을 짓도록 레바논에서 새로운 목재를 공급해 주시지 않는다면 그 일은 중단될 것입니다. 저에게 선한 일을 시작하신 그분을 바라봅니다. 저는 그의 서명을 가지고 있으니 그는 변하지 않으실 것입니다. 당신의 딸이 건강하고 성경을 사랑하기를 바랍니다. 주님께서 당신을 평강으로 세우시기를 바랍니다. 주 예수께서 당신과 함께 하시기를 기원합니다.

앤워스, S. R.

6 켄무어 부인에게

하나님께서 자기 백성을 다루시는 일은 이해할 수 없지만 잘 준비된 것임, 그리스도를 따름, 교회의 혼란, 러더퍼드의 아내의 죽음

>

부인, 은혜와 사랑과 평안이 당신에게 넘치시기를 바랍니다. 제가 부인의 편지를 받고 그 안에서 이 세상에서의 부인의 처지가 고난 중에 계신 하나님의 아들과 교제하며 친교한다는 냄새를 맡을 수 있었습니다. 부인은 "고난으로 말미암아 온전케 되신"(히 2: 10) 그분보다 여기서 더 즐겁고 더 안락한 여건을 가지실 수 없으며 또 가져서도 안됩니다. "하나님께서 안락하고 순탄하게 우리를 천국에 데려 가실 수는 없을까?"라고 우리는 생각할 수 있습니다. 하나님께서 그렇게 하실 수 있다는 것을 누가 의심하겠습니까? 그러나 그의 무한한 지혜는 반대의 것을 생각하시고 작정하십니다. 우리는 그 이유를 알 수 없지만 그는 아주 정당한 이유를 가지고 계

십니다. 우리의 영혼을 우리의 눈으로 결코 본 적이 없지만 우리에게는 영혼이 있습니다. 여러 강들을 우리가 보지만 그들의 첫 샘과 원천을 알지 못합니다. 그러나 그것들은 시작이 있습니다.

부인, 당신이 물 건너편에 이르러 영광스러운 영원의 해안에 당신의 발을 내딛고 물과 당신의 곤한 여정을 되돌아보며 끝없는 영광의 맑은 유리로 하나님의 지혜의 바닥까지 보게 될 때, 당신은 그때 이렇게 말 할 수밖에 없을 것입니다. "만일 하나님께서 내게 달리 행하셨더라면, 내가 이 영광의 면류관을 즐길 수 있는 곳에 결코 이르지 못했으리라."

이제 믿고 참으며 바라고 기다리는 것이 부인의 하실 일입니다. 제가 무엇을 쓰는지, 무엇을 생각하고 있는지를 아시는, 모든 것을 꿰뚫어 보시는 분 앞에서 단언하는 것은 제게 있어서 모든 쓰라린 고난에는 하나님의 위로의 감미로운 체험들이 결코 부족하지 않았습니다. 아니, 하나님께서 자기 자녀들에게 매를 들고 오시든 아니면 면류관을 가지고 오시든, 그가 그것을 가지고 친히 오시면 좋습니다. 어서 오십시오, 예수여, 어떤 식으로 오시든지 우리가 당신을 뵐 수만 있다면 환영합니다! 제가 확신하는 것은 그리스도께서 침대 곁에 오셔서 커튼을 제치고 말씀하시기를 "힘내라, 내가 너의 구원이다"라고 말씀하신다고 생각한다면 힘이 넘치고 거세어 건강을 즐기며 하나님의 방문을 전혀 받지 못하는 것보다는 병든 것이 훨씬 낫다는 것입니다.

사랑하는 귀한 부인이여, 그리스도의 능력으로 싸워 승리하십시오. 지금 당신은 홀로 있지만 간구함으로 아버지와 아들과 성령을 당신의 친구로 항상 모실 수 있습니다. 그들이 당신에게 가까이 계심을 저는 믿습니다. 이스라엘이 포로생활을 할 때와 같이 당신은 생생한 목회의 위안을 빼앗겼지만 그들에게 주셨던 하나님의 약속을 들으십시오. "그런즉 너는 말하기를 주 여호와의 말씀에 내가 비록 그들을 멀리 이방인 가운데로 쫓고 열방에 흩었으나 그들이 이른 열방에서 내가 잠깐 그들에게 성소가 되리라 하셨다 하라"(겔 11:16). 성소를 보십시오! 성소는 예루살렘 성전의 처소에 계시는 하나님 자신입니다! 제가 하나님을 믿는 바, 부인께서 이 성전을 가지고 다니시면 당신은 그의 집에서 여호와의 아름다움을 보게 될 것입니다.

우리는 하나님의 교회에 다가오는 크고 두려운 시련으로 인해 심히 두려워하고 있습니다. 탄식하는 예루살렘의 재 위에 자기들의 집과 보금자리를 지으려는 이 사람들이 청교도들이라고 불리는 사람들을 뿌리뽑으려고 그들을 대적하는 엄하고도 위험한 결정으로 우리 왕을 끌어들이고 있습니다. 사제들이 (주님께서 이 못된 문지기들에게서 자기 집의 열쇠를 빼앗으실 것입니다!) 그것을 따르지 않는 자에게는 투옥과 성직박탈이 있다고 우리를 설득시키고 있습니다.

예수의 신부는 항상 불 속에 있을 것입니다. 그러나 떨기나무 가운데 계시는 분의 선한 뜻 때문에 그녀가 타지 않을 것이라고 저는 믿습니다. 그가 선한 뜻으로 그 중에 계시기 때문입니다. 모든 종류의 울부짖는 죄악이 거침없이 이 땅에 넘치고 있습니다. 주님의 영광이 이스라엘을 떠나고 있습니다. 혹시 "주님, 기다려 주십시오"라고 말하는 사람이 있는가 주님께서 어깨너머로 뒤돌아보시지만 그에게 머물러 달라고 요구하는 사람이 아무도 없습니다. 부패하고 거짓된 교훈이 이 땅의 우상의 목자들에 의해서 공공연히 가르쳐지고 있습니다. 저로서는 하나님의 말씀에 대한 불순종과 멸시로 인하여 매일 탄식하고 있습니다. 저는 고등재판위원회에 소환되어 이 교구의 한 부랑자에 의해 근친상간으로 고소를 받았습니다. 이 사건에 알렉산더 콜빌 씨가 저의 좋은 친구였으며 아주 친절한 격려의 편지를 제게 보냈습니다. 주님께서 그날에 그에게 자비를 베푸시기를 바랍니다. 제가 재판정에 서는 날 바다와 바람이 세인트 앤드루스의 주교에게 길을 내주지 않았습니다. 부인께서 알렉산더 콜빌 씨에게 몇 마디 적으셔서 보내주시기를 부탁 드립니다.

저의 아내는 일 년 일 개월 동안 질병과 고통을 받은 후 이 세상을 떠났습니다. 주님께서 하신 일이니 그의 이름을 찬양합니다. 저는 13주 동안 심한 열병을 앓았고 아직도 그 병에 시달리며 주일에 한 번 아주 힘들게 설교하고 있습니다. 교인들을 방문하거나 살펴볼 수가 없습니다. 주님께서 당신과 함께 하시기를 바랍니다.

1630년 6월 26일, 앤워스, S. R.

7 마리온 맥노트에게 ─ 그녀의 신앙적인 결의로 인하여 비난에 직면하게 될 때

고통을 받을 때 인내의 본이신 예수

>

사랑하는 자매여, 제가 자매를 떠난 이후 당신의 대적들의 자만과 악의에 대해 줄곧 생각해 왔습니다. 당신은 (시편을 자주 보셨으니) 이런 일을 힘들게 여기지 않으실 줄 압니다. 다윗의 원수들이 그를 비웃으며 자만한 마음으로 "주는 감찰치 아니하리라"(시 10: 13)했기 때문입니다. 그러므로 제가 그리스도의 심장으로 자매에게 간청하는 것은 욕을 받으셨으나 대신 욕하지 않으셨고, 고난을 받으셨으나 위협하지 않으셨으며, 자신을 의롭게 심판하는 자에게 맡기셨던(벧전 2:23) 앞서 가신 이인 예수의 인내를 당신의 눈 앞에 두라는 것입니다. 당신의 구속자이신 주님께서 인내로 자신의 영광스러운 등에 많은 가혹한 채찍과 믿지 않는 세상의 많은 수난을 받으시고 자신에 관해 말씀하십니다. "나를 때리는 자들에게 내 등을 맡기며 나의 수염을 뽑는 자들에게 나의 뺨을 맡기며 수욕과 침 뱉음을 피하려고 내 얼굴을 가리우지 아니하였느니라"(사 50:6). 그를 따르시고 주님과 함께 매맞는 것을 괴로운 일로 여기지 마십시오. 예수와 함께 그 고난에 참여하시고 그리스도의 흔적들을 자랑하십시오. 이 폭풍이 지나면 당신은 새로운 고통을 대비해야 합니다. 왜냐하면 주님께서 오천 년 전에 여자의 씨와 뱀의 씨 사이에 치열한 전쟁을 선언하셨기 때문입니다. 한 마을이 하나님의 자녀와 마귀의 자녀들을 함께 용납하지 못한다고 이상하게 여기지 마십시오. 한 뱃속에 야곱과 에서가 함께 있지 못했고(창 25:22) 한 집에 약속의 아들인 이삭과 종의 아들인 이스마엘이 평화롭게 지내지 못했습니다(창 21: 10). 그리스도의 편에 서시고 인생이 어떻게 하든지 상관하지 마십시오. 당신이 괴로운 일을 당해도 그리스도와 그를 따르는 사람들

곁에 굳건히 서십시오. "잠시 후에 악인이 없어지리니." 고린도후서 4장 8, 9절을 보십시오. "우리가 사방으로 우겨 쌈을 당하여도 싸이지 아니하며 답답한 일을 당하여도 낙심하지 아니하며 핍박을 받아도 버린 바 되지 아니하고 거꾸러뜨림을 당하여도 망하지 아니하고." 만일 당신이 인내로 영혼을 지키고 있으면 그들의 날이 올 것입니다.

사랑하는 귀한 자매여, 고난 속에서 자신을 지탱해 나가는 법을 배우십시오. 당신이 미움을 받고 모욕을 받을 때 주님께서 당신에게 이것을 보여주고 계십니다. "이 모든 일이 우리에게 임하였으나 우리가 주를 잊지 아니하며 주의 언약을 어기지 아니하였나이다"(시 44:17). "주의 법이 나의 즐거움이 되지 아니하였더라면 내가 내 고난 중에 멸망하였으리이다"(시 119:92). 시련들 속에서 하나님의 언약을 지키십시오. 그의 복된 말씀으로 당신을 붙드시고 죄를 짓지 마십시오. 분노나 미움이나 원한이나 시기나, 초조를 피하십시오. 당신의 동료 하인의 백 데나리온을 용서하십시오. 주님께서 당신에게 일만 달란트의 빚을 탕감해 주셨기 때문입니다. 제가 주님을 의지하여 당신에게 확증하는 것은 만일 당신이 고난 중에 죄를 짓지 않고 당신의 주님을 훼방하지 않는 한 당신의 원수들은 당신에게서 어떤 이익도 얻지 못할 것입니다.

그러나 승리에 이르는 길은 인내로 대적들을 용서하고 그들을 위해 기도하는 것입니다. 그렇게 함으로 당신은 그들의 머리 위에 숯불을 쌓는 것이며 당신의 주님은 당신이 고난을 받는 중에 당신을 위해 문을 여실 것입니다. 파수꾼이 아침을 기다리듯 주님을 기다리십시오. 그가 지체하지 않으실 것입니다. 망루에 올라가서 내려오지 마시고 기도와 믿음과 소망으로 기다리십시오. 바닷물이 가득 차면 물이 빠지기 시작합니다. 악한 자들이 교만의 꼭대기에 이르러 높고 강하게 되면 그때 그들의 내리막길이 다가오고 있는 것입니다. 믿는 자는 급절하게 되지 않습니다.

시온을 기억하여 잊지 마십시오. 대적들이 많고 나라들이 그를 대항하려고 함께 모였기 때문입니다. "그들이 여호와의 뜻을 알지 못하며 그 모략을 깨닫지 못한 것이라. 여호와께서 곡식단을 타작 마당에 모음같이 그들을 모으셨나니 딸 시온이여, 일어나서 칠지어다"(미 4: 12, 13). 보십시오. 하나님께서 그의 원수들을 곡식단을 타작마당에 모음같이 다 모으고 계십니다. 이 약속들에 머물러 기다리십시오. 이제 다시 제가 우리 주님 안에서 믿는 것은 당신이 믿음으로 자신을 잘 지켜내며 주님 안에서 자신을 위로하고 그의 능력으로 강하여 지리라는 것입니다. 당신이 우리 주님의 십자가 아래 있을 때 당신은 천국에 이르는 잘 다져진 바른 길에 있기 때문입니다. 금면류관보다 그것 안에서 당신은 기뻐해야 할 이유를 가지신 것입니다. 그리스도의 능욕을 지는 것을 기뻐하며 즐거워하십시오. 당신과 당신에게 속한 모든 사람들을 영원토록 하나님의 은혜와 사랑에 부탁드리며 이만 줄입니다.

1631년 2월 11일, 앤워스, S. R.

8 마리온 맥노트에게 — 성찬을 앞두고
예수 안의 풍성함, 유대인의 회복, 하나님의 적들

>

주 안에서 사랑하는 분이여,

부인께서 우리의 성찬일을 모르시지 않을 것입니다. 그래서 그 큰 일을 위해 부인께 기도로 도와주시기를 부탁 드립니다. 그날은 우리의 잔칫날이며 거기서 우리의 가장 사랑하는 이인 예수께서 기뻐하시며 그의 친구들과 즐기는 것입니다. 우리는 그의 사랑에 놀랄 만한 상당한 이유를 가지고 있으니 그가 죽으신 날은 자신에게 아주 비통한 날이었고, 그의 어머니인 교회가 그에게 가시면류관을 씌웠으며, 많은 사람이 그를 대적하였고, 그는 그들 모두를 대하여 많은 사람 앞에 홀로 서신 날이었지만, 그래도 그는 우리와 함께 그날을 기억하시기를 즐거워하십니다. 그를 사랑하며 그의 구원을 기뻐하며 즐거워합시다.

저는 당신이 그날에 하나님의 아들을 보시리라고 확신하며 그의 잔치에 그의 이름으로 당신을 초대합니다. 여러 번 당신은 그의 집에서 환대를 받으셨으니 그는 자기의 친구들에 대해 변하지도 않으시며 너무 큰 친절을 받았다고 내몰지도 않으십니다. 하지만 제가 이 말씀을 드리는 것은 아무것도 가진 것이 없는 저를 위한 기도를 그만두시라는 것이 아니고 자신의 아버지로 말미암아 넘쳐흐르는 샘이 되신 그에게서 제가 매일 받고 있는 것처럼 저와 다른 사람들이 목마른 영혼들을 가지고 그에게 와서 빈 그릇들을 채우게 하려는 것입니다. 오랫동안 이 샘은 우리에게 열린 채로 있었습니다. 주 예수여, 그것을 우리에게 다시 덮지 마옵소서. 황폐해진 우리의 교회를 인하여 저는 탄식하고 있습니다. 하지만 여기에 하나님의 잃어버린 돈의 약간이라도 있는 한 그분은 촛불을 끄지 않으시리라고 저는 믿지 않을 수 없습니다. 주님께서는 자기 집에 있는 촛대들을 아름답게 하시고 어두운 촛불들은 옮기실 것입니다.

요즈음 저는 유대인 교회가 들어오는 것에 대해 많은 것을 생각합니다. 그들을 위해 기도해 주십시오. 그들이 주님의 집에서 자신들의 아버지의 팔 아래 있었을 때 그들은 작은 누이인 이방인의 교회가 들어오기를 기다리고 있었습니다. 그들이 주님께 말했습니다. "우리에게 있는 작은 누이는 아직도 유방이 없구나. 그가 청혼함을 받는 날에는 우리가 무엇을 할꼬?"(아 8:8). 그들을 만나 주십시다. 우리의 큰 누이인 유대인들을 위해 무엇을 해야 하겠습니까? 주 예수여, 그들에게 유방을 주시옵소서. 그리스도께서 식탁 머리에 계시고 그들과 우리가 함께 한 식탁에 앉는 날을 보는 것은 기쁜 일이 될 것입니다. 그때 주님은 그의 큰 궁전을 차지하시려고 자기의 아름다운 친위대와 함께 곧 오실 것입니다.

사랑하는 자매여, 주님을 위하여 당신이 악한 자들에게서 받는 모든 학대를 참으십시오. 주님께서 당신의 대적들에 대한 당신의 소원이 이루어지는 것을 보게 하실 것입니다. 그들 중 얼마는 잘려 버릴 것입니다. "포도열매가 익기 전에 떨어짐 같고 감람 꽃이 곧 떨어짐 같으리라"(욥 15:33). 하나님께서는 하나님의 진노의 폭풍으로 나무를 흔들어 그들을 익지 않은 신포도같이 되게 하실 것입니다. 그러므로 그들을 불쌍히 여기시며 그들을 위해 기도하십시오. 또 그들 중에 얼마는 당신을 훈련시키기 위해 남아 있어야만 합니다. 하나님께서 그들에 대해 말씀하시기를 가라지는 추수 때까지 자라도록 버려두라고 하십니다(마 13:30). 그러한 일이 당신이 주님의 알곡이라는 것을 증명하는 것입니다. 인내하십시오. 그리스도께서 많은 부당한 대우를 받으신 채 천국에 들어가셨습니다. 그의 외모와 얼굴이 사람들의 아들들보다 아주 심하게 상했습니다. 당신이 당신의 주님보다 더 나을 수는 없는 것입니다. 많은 심한 매질을 순전하신 그리스도께서 받으셨지만 그는 보상을 받지 않으셨고 모든 것이 바로잡히게 될 큰 재판의 날에 그 모든 것들을 넘기셨습니다.

하나님께서 당신의 아이들의 기쁨을 당신에게 주실 것입니다. 제가 그들의 이름을 부르며 기도합니다. 우리 주님을 의지하여 저는 당신과 당신의 남편 그리고 아이들을 축복합니다. 은혜, 은혜와 사랑이 당신에게 넘치기를 기원합니다.

1631년 5월 7일, 앤워스, S. R.

9 마리온 맥노트에게 — 국교의 예배지침서를 강제로 시행하려고 할 때
교회의 시련들, 개인적인 부당한 대우들

>

사랑하는 자매여, 주님 안에서 저의 사랑을 전합니다. 에든버러에서 온 편지를 받았는데 영국교회의 예배, 오르간, 제임스 왕의 시편을 우리의 교회에 강제로 부과하며 주교들이 총회를 관할하게 된다고 알려 주었습니다. A. R. 씨도 그 소식을 확인해 주면서 자신이 그 일을 시행하기 위한 왕의 보증을 가지고 온 윌리엄 알렉산더 경과 이야기했다고 말합니다. 수신된 편지에서 그 폭풍에 대하여 제 주위의 가장 가까운 사람들에게 알리기를 바란다고 했습니다. 그러므로 제가 당신에게 주님의 이름으로 간청하며 부탁드리는 것은 기도하시라는 것입니다. 제가 당신을 만날 때까지는 아무에게도 이것을 알리지 마십시오. 그것을 생각하면 제 마음이 무너집니다. 그것이 제가 두려워한 일이었으니 저지난번에 제가 당신께 쓴 편지에 답변한 것입니다.

사랑하는 자매여, 낙심하지 마십시오. 주님의 비둘기들인 우리에게는 다른 무기가 없으니 날개를 펴고 바위구멍으로 피합시다. A. R. 씨가 말한 것처럼 영국에서 가장 훌륭한 사람들, 열여섯 명 내지 열일곱 명의 탁월한 복음 설교자들이 쫓겨났거나 함구령이 내려졌다고 하니 박해가 이미 시작된 것입니다. 눈물이 흐르지 않은 얼굴로 이 편지를 쓸 수 없습니다만 저는 그리스도와 그의 편이 승리하리라는 것을 주님의 권능 안에서 굳게 믿습니다. 당신도 확신하게 될 것입니다. 만약 그렇지 않다면 교회는 교회가 아닙니다.

사랑하는 우리의 남편이 그 교회에 구혼하면서 심한 매를 맞으신 것처럼 그의 신부도 그에게 청혼하면서 많은 매를 맞는 것이며 이 청혼에는 양쪽 모두에게 매맞음이 있습니다. 그렇게 되게 하십시오. 마귀는 이 결혼을 물리게 하거나 이 혼약을 파기할 수도 없으니 마지막은 사랑일 것입니다. 하지만 모든 일이 이러함에도 불구하고 우리는 모든 적법한 수단들을 버리라는 하나님의 승인을 가지고 있지 않습니다. 제가 교회에 대항하는 사람들의 속마음과 뜻을 당신에게 적어 보내드렸습니다만 그들은 미가 선지자가 말한 것처럼 여호와의 뜻을 알지 못하고 있습니다. 세상의 위인들이 시온을 향해 맹렬한 풀무를 준비할 수 있지만 그들이 불을 피워 오르게 할 수 있다고 당신은 믿으십니까? 아닙니다! 불을 만드신 이가 그들의 뜻에 아멘이라고 말씀하시지 않을 것입니다. 하나님께서 그들의 청구서에 서명하지 않으셨으며 그들의 모든 결정들은 아직 우리 크신 왕의 옥새를 받지 못했다는 것을 저는 주님 안에서 믿습니다. 그러므로 만일 당신이 선하게 생각하신다면 먼저 당신 자신이 주님께 아뢰고 그리고 A. R. 씨에게 당신이 알고 있는 일에 관하여 알려 주십시오.

노회에서 저는 아주 부당하게 다루어졌습니다. (마치 제가 이방인이며 심판 때에 그들과 함께 자리에 앉을 사람이 아닌 것처럼) B. A. 씨를 반박하는 증인으로 제가 그들의 명령에 불려나갔던 것입니다. 그러나 그들은 그 문제에서 어떤 이익도 얻지 못했습니다. 다른 자세한 것들은 하나님께서 허락하시면 만나서 듣게 될 것입니다.

당신과 J. E. 씨 사이에 관한 문제에 관해서는 제가 하나님께 그것을 아뢰었습니다. 주님 안에서 당신에게 간청하니 하나님의 뜻에 따르십시오. 그들의 거만이 높이 오르면 오를수록 그들의 몰락이 가깝습니다. 주님은 점점 더 그 사람을 드러내실 것입니다. 당신의 남편이 판단하는 모든 일에서 가난하고 어려운 사람들과 눌린 사람들을 보호하며 그 도시에 평등과 정의를 지속함으로 그리스도의 편을 택하도록 하십시오. 그리고 두려워하지 마십시오. 그가 당신의 편을 취하실 것이니 그때 당신은 아주 강하게 될 것입니다. 무엇이라고요? 당신이 주님을 위하여 모욕을 받을지라도 그렇게 되라고 하십시오. 그가 천국에서 그의 거룩한 손을 당신의 얼굴에 대시고 당신의 얼굴을 씻어 주시고 당신의 두 눈에서 눈물을 닦아 주실 때, 그때 당신이 기뻐할 이유가 없을지를 생각하십시오. 다른 특별한 일에 관해 당신이 제게 상의하고 싶으시면 칼튼에서 다음 주 초 삼 일 중 어느날이든지 정하여 당신이 바라는 것들을 제게 알려 주십시오. 그리고 하나님께 저를 위해 기도해 주시고 당신의 남편에게 저의 진정한 사랑을 전해 주십시오. 시온을 위해 가만히 계시지 마십시오. 우리 주 예수 그리스도의 은혜가 당신과 당신의 남편과 아이들에게 함께 있기를 기원합니다.

1631년 6월 2일, 앤워스, S. R.

10 마리온 맥노트에게 ― 교회의 전망에 대해 낙심이 될 때
아르미니우스주의, 기도를 요청함, 그리스도 외에는 도움이 없음

>

사랑하는 자매여, 주님 안에서 저의 진정한 사랑으로 인사를 드립니다. 주님의 교회의 불쌍한 처지로 인하여 제가 심히 괴로워하고 있다는 것을 알려 드립니다. 버튼 박사가 감옥에 갇히게 된 이유가 아르미니우스주의를 반박하는 글과 강연을 했다는 것이라고 들었습니다. 그러므로 저는 저와 주님의 소망의 포로들과 시온을 위하여 당신의 기도의 도움을 간청합니다. 주님께서 저에게 아르미니우스주의와 그의 추종자들이 하나님의 백성의 등에 얼마나 깊은 골을 냈는지 (그러나 우리 주님은 악한 자들의 줄을 끊

으실 것입니다!) 보여 주셨으며 매일 분명하게 보여 주고 계십니다.

"오직 시온이 이르기를 여호와께서 나를 버리시며 주께서 나를 잊으셨다 하였거니와"(사49: 14). "슬프다, 이 성이여, 본래는 거민이 많더니 이제는 어찌 그리 적막히 앉았는고. 본래는 열국 중에 크던 자가 이제는 과부 같고 본래는 열방 중에 공주 되었던 자가 이제는 조공 드리는 자가 되었도다. 밤새도록 애곡하니 눈물이 뺨에 흐름이여. 사랑하던 자 중에 위로하는 자가 없고 친구도 다 배반하여 원수가 되었도다"(애 1:2). "네 은은 찌끼가 되었고 너의 포도주에는 물이 섞였도다"(사 1:22). "슬프다 어찌 그리 금이 빛을 잃고 정금이 변하였으며 성소의 돌이 각 거리 머리에 쏟아졌는고. 시온의 아들들이 보배로와 정금에 비할러니 어찌 그리 토기장이의 만든 질항아리같이 여김이 되었는고"(애 4: 1, 2).

이제 시온의 티끌을 사모하는 주님의 은밀한 백성들은 "주여, 언제까지입니까?"하고 외치며 자기들의 망루에 올라가 거기서 머물며 묵시가 이루어질 때까지 내려오지 말아야 할 때입니다. 묵시는 이루어질 것이기 때문입니다(합 2:3). 반면에 의인은 믿음으로 살 것입니다. 기다리며 싫증내지 맙시다. "여인이 어찌 그 젖 먹는 자식을 잊겠으며 자기 태에서 난 아들을 긍휼히 여기지 않겠느냐? 그들은 혹시 잊을지라도 나는 너를 잊지 아니할 것이라. 내가 너를 내 손바닥에 새겼고 너의 성벽이 항상 내 앞에 있나니"(사 49: 15, 16)라고 하신 이 말씀 외에는 제가 매달려 의지할 실이 없습니다. 모든 외부적인 도움이 쓸모가 없기 때문입니다. 그러므로 주님의 그릇들인 우리 자신이 안전한 곳에 단단히 박힌 못에 우리 자신을 걸어야 할 때입니다. 우리 자신이 단단하게 한 막대기들을 만들 수는 있지만 그것은 부러질 것입니다. 우리 주님께서 자신의 못에 시온을 거실 것입니다. 한 줌의 야곱의 씨를 대항하여 에돔은 우리 안에서 분주하고 바벨론은 우리 밖에서 분주합니다. 흔히 말하는 것처럼 그리스도의 대적들이 검불을 가지게 될 것이니 우리가 그리스도의 편에 있으면 좋은 것입니다. 우리의 가장 큰 어려움은 핍박의 바람과 파도가 그렇게 높고 거셀 때 저 바위에 도달하는 것일 것입니다. 감미로운 예수께서 손으로 우리를 잡으시도록 하십시다.

다른 것이 있으리라고 생각해서는 안될 것입니다. 제단 아래 있는 영혼들에게 말했기 때문입니다. "저희 동무 종들과 형제들도 자기처럼 죽임을 받아"(계 6: 11). 진실로 그날까지 길지 않을 것입니다. 아니, 그가 말씀하시는 것을 들으십시오. "보라, 내가 오리라. 나의 사랑하는 신부여, 오래 걸린다고 생각하지 마라. 내가 곧 너에게 갈 것이다. 내가 듣고 있으며 가리라." 아멘, 주 예수여, 그렇게 오시고, 빨리 오소서. 소망의 죄수들은 왕의 사신이 왕의 보증과 열쇠를 가지고 오는지 보려고 감옥의 창문을 내다보고 있기 때문입니다. 저는 지금 상상으로 당신에게 쓰는 것이 아닙니다. 왜냐하면 오래 전에 자기들의 남편의 옷이 그랬던 것처럼 그리스도의 신부의 옷들이 다시 한 번 피로 물들어야 한다는 것을 당신에게 말씀 드리는 증거를 제가 가지고 있기 때문입니다. 그러나 성부께서 그의 피 흘리는 아들을 보고 계십니다. 제가 당신에게 쓰는 것을 I. G. 에게 보여 주십시오. 은혜, 은혜, 은혜와 긍휼이 당신과 당신의 남편과 아이들에게 있기를 바랍니다.

앤워스, S. R.

11 켄무어 부인에게
영광을 바라보며 믿음에 풍성할 것을 격려함, 그리스도의 변하지 않으심

>

부인, 주 예수 안에서 문안 드립니다. 마침 인편을 만나는 기회가 있어서 전에 쓴 것 외에 달리 새롭게 드릴 말씀은 없지만 부인에게 다시 편지를 드리는 것이 제가 할 도리라고 생각했습니다. 당신의 길은 멀고 당신의 날은 짧으니 본향을 향하여 계속 전진하시라고 자주 일깨워 드리는 것이 괜한 일이 아닐 것입니다. 주님께서 부인에게 요구하시는 것은 당신이 나이가 들며 영원을 향해 천천히 다가가는 동안 당신의 믿음이 자라서 주님의 추수에 맞게 익는 것입니다. 위대하신 농부가 자기의 과실들에게 절기를 주시는 것은 그것들이 결실하여 열매로 나무를 가득 채움으로 흔들어 따서 모아서 쓰시려고 하는 것입니다. 반면에 악한 자들은 나무에서 썩을 것이며 그들의 가지는 푸르지 못할 것입니다. "포도 열매가 익기 전에 떨어

짐 같고 감람 꽃이 곧 떨어짐 같으리라"(욥 15:33).

부인, 하나님께서 당신에게 이 쓴 세상의 것을 물릴 정도로 실컷 배 불릴 만큼 주시는 것은 당신이 기꺼이 그것을 버리시되 마치 배가 불러 만족하는 잔치 손님처럼 상을 물리기를 간절히 바라도록 하시기 위함이니 그것이 하나님의 자비인 것입니다. 그리고 마침내 해와 달 아래 있는 모든 썩은 쾌락들을 발로 밟으며, 기쁜 자들은 기쁘지 않은 자같이 하며, 매매하는 자들은 없는 자 같이 하여(고전 7:30), 낡아 부서진 배처럼 당신이 주님의 항구에 도착하여서 당신의 영혼이 영원, 영원토록 형용할 수 없는 삼위일체의 영광스러운 모습을 즐기며 잔치할 그곳을 사모하기 때문에 땅에서 한 발을 떼고 살아왔던 사람들 중의 한 사람처럼 환영을 받으시는 것입니다. 그곳에서 당신은 한때 당신을 위하여 사람의 아들 중 어느 얼굴보다 더 상하셨고 침과 피로 뒤범벅이 되었던 그 아름다운 얼굴, 사람 예수의 빛나는 얼굴을 보게 될 것입니다.

당신과 그의 영광 사이에 있는 강물을 그의 손을 꼭 붙잡고 헤쳐 나가시는 것으로 만족하십시오. 그가 강의 여울을 잘 아시기 때문입니다. 당신이 물에 잠길 수는 있어도 그가 동행하시니 물에 빠져 죽는 일은 없을 것입니다. 당신은 영광에 이르는 모든 길에는 앞서 가신 그분의 피가 묻어 있는 것을 알게 될 것입니다. 그러므로 당신이 어둡고 사나운 죽음의 강에 이르렀을 때에도 발을 딛고 그를 따라 헤쳐 나가기를 두려워하지 마십시오. 물살이 아무리 강해도 당신을 물 아래 지옥으로 끌어내릴 수는 없습니다. 하나님의 아들의 죽음과 부활이 당신에게 디딤돌들이며 받침돌이니 믿음으로 이 돌들 위에 당신의 발을 내려놓고 마른 땅처럼 걸어가십시오. 만일 그가 당신을 위해 예비하신 것을 아셨다면 당신은 아주 기뻐하셨을 것입니다. 당신이 하나님과 어린양의 보좌에서 나오는 생명수의 깨끗한 강물에서(계 22:1) 마시고 또 풍족히 마시게 될 때까지는 하나님께서 가득 찬 물잔을 당신에게 주시지 않을 것입니다.

부인, 피곤해 하지 마시고 싫증내지 마십시오. 제가 감히 하나님의 아들을 보증인으로 세워 당신에게 말씀 드리는 것은 당신이 거기에 이르러서 당신의 눈으로 황금으로 된 그 도시와 달마다 열두 가지 열매들을 맺는 결코 시들지 않는 생명 나무를 보게 될 때 당신은 그때 이렇게 말하게 될 것입니다. "이곳에서 24시간 머무는 것으로 땅에서 70년 동안 괴로워한 가치가 있다." 만일 당신이 그곳에 이르게 되기를 진심으로 사모하노라고 말할 수만 있다면(당신의 영혼에 그 소원을 가지게 하신 영광을 욕되게 여겨 그를 부인할 수 없으리라고 믿습니다) 그때 주님께서 당신에게 보증을 주신 것입니다.

그리고 부인, 우리 주님께서 마치 그가 거짓말할 수 있는 사람이나 마치 후회할 수 있는 사람의 아들처럼 자신의 보증을 떼이고 그 거래를 후회하실 것이라고 당신은 믿으십니까? 아닙니다. 그는 변하실 수 없으시니 작년에 그러하신 것처럼 올해도 똑같으십니다. 땅에 계실 때에 세리와 죄인들과 함께 먹고 마시며 간음자들과 창기들에게 말씀하시고 대화하시며 거룩한 손을 들어 문둥병자의 더러운 손을 만지셨으며 이제는 영광 중에 계신 하나님의 아들 예수는 여전히 같은 주님이십니다. 천국에서의 그의 영광이나 그의 큰 궁정이 그로 하여금 땅에 있는 그의 불쌍한 친구들을 잊게 하지 못했습니다. 그분에게는 명예가 태도를 변하게 하지 못합니다. 그는 여전히 당신의 친구가 되기를 원하십니다. 그를 절친한 그리스도로 받아들이시고 그에게 여전히 친절함을 요구하시며 말씀하십시오.

"예, 그렇습니다. 그는 변하지 않습니다. 다만 제가 변했습니다." 아니, 당신이 그를 버리거나 팔 수 없는 것이 새 언약의 조항이며 그의 변할 수 없는 사랑의 일부입니다. 그는 은혜 언약으로 우리 멋대로 그에게서 도망하도록 우리를 잡았다 놓았다 하신 적이 없습니다. 그의 사랑은 그것보다 더 확실한 거래를 이루셨으니 보증인이신 예수님은 우리를 위해 묶이신 것입니다(히 7:22). 그가 나라를 아버지께 바치실 때 아버지께 돌려드려야 할 당신을 파산하여 잃어버린다는 것은 그의 명예에 어울리는 일이 아닙니다. 그 약속들에 동의하시고 아멘 하십시오. 그러면 하나님은 참되시고 그리스도는 당신의 것이라고 당신이 도장을 찍은 것입니다. 이것은 쉬운 거래입니다. 당신은 믿음으로 바라보기만 하십시오. 그리스도께서 모든 것을 당하시고 모든 것을 갚으셨습니다.

부인, 부인을 지루하게 할까 염려되어 부인께서 건강하시고 산을 향하여 얼굴을 계속 드신다는 소식을 항상 듣게 되기를 바라면서 이만 줄이겠습니다. 부인, 우리를 위해, 당신도 지체로 있는 시온을 위해 기도해 주십시오. 시련이 옵니다. 이 땅에 있는 하나님의 알곡들은 사탄의 체를 통과해야 하지만 그들의 믿음은 떨어지지 않을 것입니다. 저는 아직도 주님의 일로 씨름하고 있으며 복음을 빗나간 시선으로 보는 형제들에게 시련과 시험을 받고 있습니다. 자, 그날까지 당신을 능히 지켜 주실 분께서 당신의 영혼과 몸과 혼을 지켜 주시며 당신을 점 없고 흠 없는 신랑과 함께 그 얼굴 앞에 나타나게 하시기를 바랍니다.

1631년 11월 26일, 앤워스, S. R.

12 켄무어 부인에게
시련 아래서 그리스도의 사랑에 대한 확신, 그리스도의 풍성하심, 영광의 소망

>

부인, 이 땅에 하나님 안에서 당신을 사랑하는 사람들이 당신을 잊어버렸다고 부인께서 생각하시거나 그렇게 생각할 만한 이유를 가지셨으니 저는 몹시 안타깝게 생각합니다. 부인, 저로서는 당신 속에 있는 주님의 풍성하신 은혜를 인하여 (주님 앞에서 제가 그의 진리를 설교하고 있으니 저는 담대하게 그것을 말합니다) 부인에게 저의 높은 존경을 드리는 바입니다.

성찬식은 지루하게 비가 많이 오는 추수기가 끝날 때까지 연기되었으며 노회의 일이 저로 당신을 뵙지 못하게 했습니다. (불속에서 나오면 식어 버리고 어떤 일에도 쓸모없는 뜨거운 쇳덩이 같은) 교인들을 위하여 밖으로 나가는 것을 자제하였으며 부인께서 이곳을 떠나신 이후로 약 2년 전 한 번을 제외하고는 그들을 떠난 적이 없습니다. 하지만 제 마음에 잘못이 없더라도 그것을 잘한 일이라고 말씀 드리는 것은 아닙니다. 제가 부인을 섬길 수 있게 되는 대로 곧 다시 찾아 뵐 수 있으리라고 믿습니다.

부인, 제가 필요하다고 생각한 (아니, 주님께서 그렇게 생각하십니다)

그 한 가지 일, 곧 당신이 택하신 마리아의 좋은 편(눅 10:42)에 관한 것이 아니라면 당신에게 새롭게 드릴 말씀이 없습니다. 부인, 하나님께서는 자신이나 피조물이나 친히 가지신 모든 것을 아담의 자손들에게 분배하시고 나누어 주십니다. 아무리 가난한 사람이라 하여도 하나님을 향하여 "하나님께서 우리에게 아무것도 주시지 않았습니다"라고 말할 수 있는 사람은 없습니다. 그러나 친자식들과 사생자들에게 주는 선물 사이에는 적잖은 차이가 있습니다. 당신이 구하시는 일에 탐을 낼수록 그는 후하시다고 듣는 것을 좋아하시며 더욱 주시려고 하십니다. 부인께서 하나님 자신도 포함된 가장 분명한 유산에 대한 확신을 가지도록 힘쓰시기를 바랍니다. 당신이 기독교 신앙에서 아시게 될 것은 하나님께서 자기 자녀들을 다루시는 모든 일에서 그들이 세상을 경멸하며 세상과 지독한 원수가 되게 하시고, 그리스도께 아주 높은 값을 부르며, 금으로도 살 수가 없으며 싸워서라도 얻을 만한 분으로 생각하도록 이끄신다는 것입니다. 부인, 주님께서 다른 사람들에게나 주시는 어린애 장난감들이나 세상에 속한 즐거움들을 당신에게서 가져가시는 것은 당신을 완전히 자신의 것으로 소유하시는 것 외에 다른 이유가 없습니다. 그러므로 주님을 당신이 풀무에 있을 때 당신에게 결혼하자고 구혼하러 오신 이처럼 생각하십시오. 그는 당신이 고난 중에서 "그리하실지라도 저는 그를 영접합니다"라고 말하는지 알고 싶어하시며 당신의 답변을 기다리고 계십니다. 부인, 명랑하게 이 답변을 그에게 드리시고 마음으로 은밀하게 못마땅해 하거나 불평하지 마십시오. 그가 사랑으로 당신을 치실 때, 되돌려 치지 않도록 주의하십시오. 그것은 위험한 일입니다. 다시 되돌려 치는 사람들은 마지막 일격을 받을 것이기 때문입니다.

만일 제가 엉뚱한 소리를 하고 있다면 그것은 제가 부인의 현재의 처지를 잘 알지 못해서 그런 것입니다. 하지만 저는 부인이 사람들 앞에서 웃으면서 좋은 얼굴 모습을 보이며 다니실지라도 큰 괴로움을 지니고 계신다고 알고 있습니다. 부인, 슬픔의 치료자가 될 수 없는 그들로 당신의 슬픔의 목격자들이 되지 않게 하신다면 잘 하시는 것입니다. 당신의 사랑하는 주님을 향하여 아주 관대해지십시오. 나쁜 생각으로 대하고 싶지 않은 세상의 친구들도 있는데 당신의 사랑하는 친구요, 저 사랑스럽고 아름다운 분이신 예수 그리스도에 대해서는 더욱 선하시다고 믿어야 할 것입니다. 가시는 땅이 산출하는 가장 사납고 험하고 심술궂은 잡초의 하나이지만 그것에서 땅이 가진 꽃 중에서 가장 감미로운 향기를 내며 보기에 가장 즐거운 꽃의 하나인 장미를 피워올리는 것입니다. 당신의 주님은 당신의 고통으로부터 기쁨과 즐거움을 만들어내실 것이니 그의 장미들은 모두 향기로운 냄새를 가졌기 때문입니다. 그분의 거룩한 손이 그것들을 당신의 코에 대실 때를 기다리십시오. 만일 당신이 십자가 아래서 현재의 위로를 받고 싶으시면 기도에 힘을 기울이십시오. 바로 그때에 당신의 믿음이 그리스도께 입맞추고 그는 영혼에 입맞추는 것입니다. 오! 그분의 거룩한 입의 숨결이 얼마나 감미로운지요! 적은 경험이나마 제가 감히 보증하건대 당신은 속지 않을 것입니다. 세상은 (예, 적지 않은 하나님의 자녀들도) 신성(神性)이라는 것이 무엇인지 잘 알지 못하기 때문입니다. 그러나 부인, 신성에 가까이 가십시오. 그 우물의 바닥까지 내려다보십시오. 그분 안에 많은 것이 있으니 그러한 우물에 빠져 죽어도 좋을 것입니다. 당신이 언제나 즐겁게 하며 아주 복된 신성을 묵상하는 일에 열중하시지 않으면 당신의 슬픔이 당신의 마음에서 멋대로 일할 것입니다. 만일 당신이 받으실 상품 옆에 당신이 제시하는 (단지 몇 년간의 고통과 근심뿐인) 값을 내놓는다면 그것들은 저울에 올려놓을 만한 것도 못 된다는 것을 알게 될 것입니다. 그러나 당신이 내놓는 것을 당신이 바라보게 하는 것이 본성이며 당신이 차지하게 될 것을 당신으로 보지 못하게 방해하는 것이 믿음의 연약함입니다. 당신의 소망을 바로잡고 당신의 신실하신 주님을 잠시 후에 뵐 것을 믿으십시오. 새 언약으로 그분 자신이 당신의 채무자가 되셨습니다. 그는 정직하시니 그의 말씀을 잡으십시오. "재난이 다시 일어나지 아니하리라"(나 1:9). "이기는 자는 이것들을 유업으로 얻으리라"(계 21:7). 그러므로 부인, 당신이 이 생에서 원하는 모든 것 중에서 당신이 요한계시록 3장 5절과 21절에서 가지는 것이 믿어지지 않는다면 저는 아무것도 말할 수 없습니다. "이기는 자는 이와 같이 흰 옷을 입을 것이요. 이기는 그에게는 내가 내 보좌에 함께 앉게 하여 주기를 내가 이기고 아버지 보좌에 함께 앉은 것과 같이 하리라." 부인, 비록 당신이 지금 저 높은 곳에 계시지 않으며 또 우리 주님의 궁전으로 아주 가까이 나아가도록 허락을 받지 못했을지라도 사랑스러운 그리스도의 바로 옆에 흰 옷을 입고 보좌에 앉을 때를 생각하십시오. 오, 자기들 앞에 나라가 있는 줄을 모르고 요람에서 울고 있는 갓난 왕자들과 같은 우리는 얼마나 못난 바보들입니까! 그러므로 주님의 자비로운 손이 우리를 자르고 망치질하여 자만과 자기사랑과 세상 숭배와 불신앙의 매듭을 떼어냄으로 그의 아버지 집에 돌과 기둥이 되게 하시도록 하십시오(계 3:12). 부인, 저 아름다운 모퉁잇돌이신 예수께 연합되는 것이 무엇을 생각하게 하십니까? 주님께서 당신에게 당신의 날이 다가온다는 것을 믿고 바라볼 지혜를 주시기를 바랍니다. 제가 당신의 슬픔을 들은 자요 본 자였던 것처럼 당신의 기쁨의 증인 되기를 소망합니다. 고통의 경험을 가지셨고 슬픔과 친숙하셨던(사 53장) 면류관을 쓰신 상속자를 따르기 위해 많이 생각하시겠지요? 왕의 아들보다 앞서려고 하는 것은 자만일 것이며 우리가 어떤 식으로든지 영광에 있어서 동등한 존재들이라는 것도 주제넘은 일입니다.

이제 하나님의 가장 귀한 은혜와 사랑에 당신을 부탁드리며 이만 줄입니다.

1632년 1월 4일, 앤워스, S. R.

13 켄무어 부인에게
자기부인(自己否認), 그리스도의 오심에 대한 소망, 하나님을 위하여 하나님을 사랑함

>

부인, (지난번 편지를 쓴 지 얼마 안 되어) 이번에 인편이 있다는 것을 알고서 우리의 일생 동안 자주 일러 주어도 부족한 (우리의 교훈은 많이 배워도 충분하지 않습니다) 같은 말을 여전히 귀찮게 되풀이할지라도, 부인에게 하나님 나라로 가는 길로 나아가며, 세상을 멸시하며, 자신을 부인하며, 주님의 십자가를 질 필요성이 우리에게 매일의 양식만큼이나 필요하다

는 것을 알려 드릴 기회를 놓치고 싶지 않았습니다.

우리가 천국을 향하여 여행을 하고 있으며 항해 중이라는 여러 표지들 가운데 하나는 이것이니 하나님의 사랑이 우리 마음에 가득 채워져서 우리가 다른 것들을 사랑하기를 잊어버리고 그런 것들을 가졌든 안가졌든 별로 상관하지 않는 것입니다. 마치 한 강렬한 불이 다른 것을 태워 버리는 것과 같습니다. 부인, 이것으로 당신의 영혼이 그리스도와 결혼하기로 약혼한 것이니 그때 당신은 다른 모든 구애자나 구혼자들을 대수롭지 않게 여기며, 그리고 그때 당신은 (손에 가진 것은 없어도 소망으로 풍족히 가지며) 어린 상속자처럼 그의 소망이 유산에 있기 때문에 그가 어리고 약할 동안에 종들처럼 거칠게 다루어지고 까다롭게 처우를 받는 것을 만족하며 사는 것입니다. 이런 연유에서 하나님의 자녀들은 자신들의 재산을 잃어버리는 것도 잘 받아들이는 것은 그들이 하늘에 더 낫고 영구한 산업 (히 10:34)을 가지고 있다는 것을 스스로 알기 때문입니다. 땅과 거기 있는 모든 일이 불에 탈 그날에(벧후 3:10) 당신의 감추어졌던 소망과 생명이 나타날 것입니다. 그러므로 이제 당신의 끝없는 영원까지 당신이 많은 햇수를 가지지 않았고 얼마나 빨리 당신의 머리 위에 있는 하늘이 갈라지며 인자가 하늘 구름을 타고 나타나실지 모르니 당신의 한 발은 이곳에 두고 다른 한 발은 다가올 생명에 두어 주님과 당신이 만날 때에 채워지게 될 부족들을 사랑하며 사모하며 탄식하는 일을 버리겠다고 생각하는 것보다 당신이 더 낫고 지혜로운 길을 택할 수 있겠습니까? 만일 당신의 손실이 채워지지 않는다면 전능하신 분을 의심할 여지가 있겠지만 그럴 일은 결코 없을 것입니다. 그때 당신은 말로 표현할 수 없는, 영광으로 가득 찬 기쁨으로 기뻐할 것이며 아무도 당신에게서 기쁨을 빼앗아 갈 수 없을 것입니다(벧전 1:8; 요 16:22). 주님께서 당신에게 큰 것들을 약속하셨으니 오직 그것들을 베풀어 주실 시간은 그의 재량에 맡기시는 것으로 족합니다. 시간의 창조자께 시간을 정해 드리는 것은 우리의 일이 아닙니다. 그와 우리가 다른 것은 단지 지불하는 시간인 것입니다. 그가 지불을 약속하셨으므로 우리는 그것을 믿는 것이며 그것은 그리 대단한 문제가 아닙니다. 우리는 그의 뜻에 맡기는 것이니 마치 판매자가 요구하는 것에 가까이 이른 솔직한 구입자가 마침내 그 차이를 판매자의 뜻에 맡겨버리고 서로간에 흥정하던 일을 그만두는 것과 같습니다. 부인, 당신의 기쁨을 성취하는 때에 관하여 솔직한 마음을 가지신 은혜로우신 주님과 흥정하지 마십시오. 그것이 이루리라고 하나님께서 말씀하셨습니다. 그의 추수를 기다리며 그의 계산날을 기다리십시오. 그의 날이 당신의 날보다 낫습니다. 그는 곡식이 익어 여물 때까지 낫을 대지 않으십니다. 은혜의 큰 사자께서 나팔이 울리고 대천사의 소리가 죽은 자들을 깨울 때까지 당신의 친구가 되어 주실 것입니다. 이생에서 당신의 마음의 평안을 방해하여 거스르는 어떠한 상황 아래서도 오직 하나님을 위하여 하나님을 사랑하는 것 외에는 아무것도 그것들 자체를 사랑하지 않는 것이 당신의 유일한 행복이라는 것을 알게 될 것입니다. 팔찌나 귀고리나 반지를 그것을 보낸 애인보다 더 사랑하는 것은 창기들의 비뚤어진 사랑입니다. 하나님은 그렇게 사랑을 받으실 수 없습니다. 왜냐하면 이러한 것들이 사라질 때 사랑도 없어지는 것은 창녀같이 행동하는 것이지 정결한 신부 같아 보이지 않습니다. 그를 향한 우리의 사랑은 천국에도 있을 것이지만 땅에서 시작되어야 하는 것입니다. 마치 신부가 자신의 결혼예복을 대하기를 자기 신랑을 향하여 즐거워하는 것의 천분의 일도 하지 않는 것처럼 우리도 다가오는 생에서 예복을 입은 것처럼 영광을 입을 것이지만 신랑의 기뻐하는 얼굴과 임재 만큼이나 우리를 감싸는 영광이 그렇게 감동스럽지는 못할 것입니다. 부인, 당신이 만일 여기까지 이르실 수 있다면 싸움은 이긴 것입니다. 그리고 당신의 마음은 어떠한 부족한 것에도 아니, 주님께서 당신에게서 어떤 것을 가져가셔도 곧 가라앉고 평안해질 것입니다. 주님께서 오셔서 담보를 풀고 안타깝게 여기시고 당신에게서 가져가신 모든 것에 대해 일 원에 만 원씩 갚아 주실 때까지 그를 담보로 취하시고 가지고 계십시오. 하나님께 기꺼이 빌려드리는 것이 나쁜 것이 아니니 그렇지 않으면 그는 당신의 뜻을 거슬러서 가져가시며 그렇게 하실 수도 있습니다. 하나님과 고리대금업자 노릇을 하며 백의 십 대신에 십의 백을, 때로는 하나에 백을 가지시면 잘

한 것입니다.

부인, 당신을 지루하게 할까 염려하여 당신에게 관련된 모든 것, 당신 자신과 당신의 짐을 함께 져 주실 수 있는 전능하신 분에게 부탁드리며 여기서 마치겠습니다. 당신을 언젠가 웃게 하실 분께 당신을 위해 기도합니다. 말로든 행위로든 당신이 주님의 외로운 시온을 위해 하실 수 있는 것은 무엇이든지 당신이 하실 것이라고 저는 기대합니다. 시온은 당신의 어머니입니다. 그녀를 잊지 마십시오. 주님께서 이 땅을 녹이시며 시험하려고 하시기 때문입니다. 우리 모두 서서 그리스도께 우리가 가진 것이 어떤 것인지 알아보아야 할 때입니다. 신랑을 빼앗기면 그때는 우리가 슬퍼해야 할 때입니다. 사랑하는 예수님, 떠나지 마십시오. 그렇지 않으면 우리를 데려가십시오!

은혜, 은혜가 영원토록 당신에게 있기를 바랍니다.

1632년 1월 14일, 앤워스, S. R.

14 존 캐네디에게
조난에서 구조됨, 죽음의 위협에서 구조, 시련의 유익함, 친구를 기억함

>

그리스도 안에서 사랑하며 가장 사랑하는 형제여, 하나님 아버지와 주 예수 그리스도로부터 오는 은혜와 사랑과 평안으로 당신에게 인사를 드립니다.

제가 편지를 드리겠다고 약속한 지가 오래 되었습니다만 이제야 드릴 수 있게 되었습니다. 당신이 바다에서 죽을 뻔한 큰 위험에 대해 듣고 탄식했는데 은혜로운 구조를 듣고 기뻐했습니다. 형제여, 제가 확신하기로는 사탄이 굴리지 않은 채 내버려 둔 돌이 없다는 속담처럼 당신을 당신의 반석으로부터 떼어내려고 했거나 적어도 흔들어서 혼란하게 하려 했던 것이 분명한 것 같습니다. 왜냐하면 같은 시간에 육지에서는 악한 사람들의 입들이 열려 당신에 대해 가혹한 말들을 했고 바다에서는 공중의 권세를 가진 자가 당신에게 격노했기 때문입니다. 그때 단번에 두 막대기로 당신

을 치려고 했던 저 사악한 살인자에게 당신이 얼마나 시달렸는가를 생각해 보십시오. 그러나 하나님을 찬양합니다. 그의 팔이 짧습니다. 만일 바다와 바람이 사탄에게 순종하였더라면 당신은 육지로 되돌아오지 못했을 것입니다. 하나님께 감사 드리시기 바랍니다. "내가 사망과 음부의 열쇠를 가졌노라"(계 1:18). "내가 죽이기도 하며 살리기도 하며"(신 32:39). "여호와는 음부에 내리기도 하시고 올리기도 하시는도다"(삼상 2:6). 만일 사탄이 간수이고 사망과 무덤의 열쇠를 가졌었더라면 그것들은 더 많은 죄수들로 채웠을 것입니다. 당신이 이 검은 문들을 두드렸을 때 문이 닫힌 것을 발견했던 것입니다. 우리는 당신이 돌아오신 것을 크게 환영하는 바입니다.

당신이 우리에게 다시 보내진 일이 결코 헛된 일이 아니라는 것을 아시리라고 저는 믿습니다. 당신이 당신의 여행에 필요한 어떤 것을 잊었다는 것을 주님께서 알고 계셨던 것입니다. 곧 당신의 갑옷이 죽음의 공격을 견뎌낼 만큼 두껍지 못하다는 것입니다. 이제 예수님의 능력으로 당신의 일을 신속히 마치십시오. 빚은 면제되는 것이 아니라 기록되는 것이며 죽음이 당신에게 작별을 고한 것이 아니라 단지 잠시 당신을 남겨두었을 뿐입니다. 밤이 당신에게 이르기 전에 당신의 여행을 마치십시오. 당신이 저 검고 사나운 요단 강을 건너야 할 때를 대비하여 모든 준비를 갖추십시오. 예수, 그 깊은 곳들과 바위들과 해안들을 잘 아시는 예수님을 당신의 선장이 되게 하십시오. 마지막 조수는 당신을 한 순간도 기다리지 않을 것입니다. 바닷물이 가득 차고 당신의 한 발을 배에 올려놓을 그때는 당신이 무엇을 잊고 온 것이 있어도 가지러 되돌아갈 시간이 없습니다. 하나님께서 여러 개의 태양으로 당신에게 떠오르게 하신다면 오늘 당신의 인생에 잘못하는 것을 내일 고칠 수도 있고 당신은 많은 새 생명을 가질 수 있을 것입니다. 그러나 당신은 한 번 죽기 때문에 당신이 그 일을 그르치거나 망가뜨렸다면 그 부분을 고치려고 다시 되돌아올 수는 없습니다. 어떤 사람도 병들어 죽는 일에 두 번 죽지 않으며 우리가 한 번 죽는다면 우리가 병들거나 건강하거나 한 번 죽는 것입니다. 당신의 달 수가 하나님의 책에 기록되어 있는 것과 주님의 품꾼의 하나처럼 당신은 저녁 그림자가 당신에게 이르기까지, 마지막 모래 알갱이가 당신의 모래시계에서 떨어질 때까지 일해야 한다는 것을 아십니다. 선악간에 양심 외에 우리가 무덤에 가져가는 것이 없으니 기쁨으로 당신의 길을 마치십시오. 이 폭풍이 지나고 맑은 하늘이 오겠지만 구름들이 또 다른 폭풍을 일으킬 것입니다.

당신이 처음 그리스도를 따르기 시작할 때 그의 십자가를 지겠노라고 그리스도와 언약을 맺으신 것으로 저는 믿고 있습니다. 인내로 그 언약에서 당신의 의무를 이행하시고 예수 그리스도와의 언약을 깨뜨리지 마십시오. 형제여, 그와의 거래에 정직하십시오. 왜냐하면 자녀들을 양육하는 법을 누가 우리 하나님보다 더 잘 알겠습니까? (알아낼 수 없는 그의 지식을 고려하지 않고서라도) 그는 지난 오천 년 동안 자신의 상속자들을 기르시는 일에 몸담아 오셨고 그의 아이들은 모두 잘 자라서 그들 중에 많은 이들이 이제 집에 이른 정직한 사람들이니 천국에 있는 자신의 집에 오른 것이며 자기 아버지의 상속을 받으려고 상속자로 들어간 것입니다. 그의 기르시는 방법은 벌하시고 때리시며 타이르고 먹이시는 것인데 그의 자녀들 가운데 누구든지 예외가 있나 살펴보십시오(계 3: 19; 히 12:7, 8). 없습니다! 그의 맏아들이요, 상속자인 예수님도 예외가 아니었습니다(히 2: 10). 우리가 감당하여야 합니다. 하나님께서 우리가 태어나기 전에 정하신 일이니 그의 작정을 바꾸는 것보다는 감당하는 것이 더 쉬운 일입니다. 양심의 두려움이 우리를 실망시키는 것이 사실이지만 양심의 두려움이 없이는 우리는 다시 일어나려고 하지 않을 것입니다. 두려움과 의심이 우리를 흔들지만 두려움과 의심이 없으면 우리는 곧 잠들어 그리스도를 잡은 손을 놓을 것입니다. 곤란과 시험들이 우리를 거의 뿌리까지 흔들어 놓지만 곤란과 시험이 없다면 비가 없이 채소나 곡식이 자라지 못하는 것 이상으로 우리가 자라지 못할 것입니다. 죄와 사탄과 세상은 우리 귀에 말하며 외치기를 우리가 심판 때에 셈해야 할 어려운 것들이 있다고 합니다만 만약 그들이 거짓말을 하지 않는다면 셋 중 어느 것도 우리의 죄가 새 언약의 방침을 변경시킬 것이라고 우리 앞에서 말하지는 못할 것입니다.

그러므로 사랑하는 형제여, 전진하여 당신이 붙잡은 것을 잃지 마십시오. 진리를 꼭 붙잡으십시오. 어린 선원들이 그들의 나침반을 구름에 맞추는 것처럼 많은 사람들이 시대의 흐름으로 진리를 재고 있는 이때에 하나님의 진리를 조금이라도 팔지 마십시오. 지금의 악한 우리 시대의 사고와 행동 속에서는 세태가 진리에게 부모 노릇을 하고 있기 때문입니다. 진리의 하나님께서 우리를 세워 주시니 아! 지금은 소망의 죄수들, 시온에서 우는 자들을 위로할 이가 아무도 없기 때문입니다. 차꼬에 매여 있는 요셉을 위해 기도하고 우는 것 외에 지금은 우리가 할 일이 없습니다. 지금 자기들의 날에 예루살렘을 잊어버리는 이들의 혀가 그들의 입천장에 달라붙을 것입니다. 주님께서 에돔을 기억하셔서 우리에게 행한 대로 그에게 갚으시기를 바랍니다.

형제여, 이제 당신을 지치게 하고 싶지 않습니다만 당신에게 부탁드리는 것은 제가 조금 알고 있는 데이비드 딕슨에게 저의 진정한 사랑을 전해 주십시오. 그가 우리의 죽어가는 교회를 위해 기도하고 행하는 것을 인하여 하나님을 찬양합니다. 주님 안에서 사랑하는 존 스튜어트 씨에게 제가 항상 그를 잊지 않으며 만나고 싶다고 사랑의 안부를 전해 주십시오. 그가 이미 그리스도 안에서 강한 사람이지만 더더욱 주님께서 강하게 세워 주시기를 바랍니다. 주님 안에서 저의 진정 사랑하는 윌리엄 로저, 그를 위해 제가 하나님께 기도한다고 인사를 전해 주십시오. 그와 당신, 그리고 그 지역에서 같은 구주를 사랑하는 모든 이들로부터 제가 듣고 싶은 첫 소식은 그들이 하나님의 아들을 사랑함으로 서로 연합하고 연결되고 묶여서 이렇게 말하는 것입니다. "자, 만일 우리가 그리스도의 손을 빠져 나가려고 하여도 사랑이 우리를 아주 단단히 묶어서 우리 손을 다시 풀 수가 없다. 그가 우리의 마음을 사로잡으셨으니 그의 꼭 쥐신 것을 푸는 일은 없을 것이다. 영혼을 사로잡는 그의 사랑의 사슬이 너무 강하여 무덤도 죽음도 그것들을 끊을 수 없으리라."

형제여, 저로 자신의 일을 하게 하신 분 앞에서 제가 생각하고 또 의심하지 않는 것은 당신께서 제가 주님의 포도원인 저의 양 떼에게 처음 들어가도록 힘쓰셨다는 것입니다. 주님께서 아시거니와 처음 당신을 본 이후에 저는 당신을 생각해 왔습니다. 마리온 맥노트 여사도 진심으로 당신과 존 스튜어트 씨에게 사랑의 안부를 전합니다. 그리스도께 등을 돌리는 사람들이 많은 이때에 하나님의 은혜 안에서 자신의 생명보다 예수님을 더욱 귀히 여기는 그러한 여인을 이 땅에서 보게 되니 하나님을 찬양합니다! 선한 형제여, 지금 그리스도 안에서 주무시는 당신의 귀하신 아버님을 생각해 보십시오. 그분이 행하셨던 습관처럼, 죽어가고 있으며 숨이 끊어지고 있는 교회를 위해 쉬지 말고 기도하며 애를 쓰십시오. 존 스튜어트 씨에게 불쌍한 시온을 잊지 말라고 말해 주십시오. 시온은 친구가 거의 없으니, 그에게 좋은 말 한마디 해 줄 사람도 거의 없습니다.

이제 당신이 우리 주님이신 예수님을 위하여 살고 죽고 일어서고 넘어지기를 바라면서 당신과 당신의 혼과 몸과 영을 주 예수 그리스도와 그의 지키심에 맡깁니다. 주 예수님께서 친히 당신과 함께 하시기를 바랍니다.

1632년 2월 2일, 앤워스, S. R.

15 켄무어 부인에게
그리스도께 정혼한 것을 생각하라는 권면, 환난은 그 나라를 위한 준비임, 마지막의 영광

>

부인, 제가 여러 편지로 괴롭게 해 드릴지라도 부인께서 싫증 내시거나 화를 내지 않으리라고 믿습니다. 부인에게 진 사랑의 빚에 대한 기억이 그렇게 하는 이유입니다.

부인의 현재의 처지를 모르기 때문에 제가 쓰고 있는 것이 좀 주제넘을 수도 있습니다만 들리는 모든 것 중에서 윌리엄 달그레이시 목사에게서 제가 듣기는 부인께서 당신의 감미로운 주이신 그리스도와 그를 섬기는 일에 변하지도 않았고 또 지치시지도 않았다는 것입니다. 사랑 속에 안식하시는 그분에 대해 변하신다면 그것은 당신의 할 일이 아닐 것입니다. 당신은 지위가 높은 친구들과 관심과 호감을 살 만한 사람들 사이에 계십니다. 그러나 부인, 부인의 소유를 생각하면서 너무 늦게 와서 신부를 구하지 못한 무모한 구혼자가 있다는 생각을 합니다. 왜냐하면 그녀가 이미 정

혼을 하고 다른 사람에게 가기로 약속했기 때문에 ("나 외에 누가 있으랴?"하며 당신에게 다가오는) 그 구혼자의 당돌함과 용감이 헛된 것입니다. 이 분주한 구혼자의 외적인 화려함인 현혹하는 세상이 부인께서 여러 해 전에 그리스도께 당신의 영혼을 드리기로 약속을 했는데도 뒤늦게 이제 당신의 영혼을 유혹하려고 오고 있는 중입니다. 부인, 당신께서 이 나중 온 구혼자에게 적합하게 어떤 대답을 하실지 저는 압니다. "너무 늦게 오셨습니다. 신부인 저의 영혼은 이미 떠났습니다. 그리스도와의 혼약이 이루어졌고 이제 선택의 여지가 없습니다. 다만 저는 그분에게 정직하고 충실할 뿐입니다." 존경하는 부인이여, 당신의 첫사랑을 지키십시오. 모든 사람의 아들들보다 아름다우신 우리의 감미롭고 감미로운 예수, 그의 아버지의 정원에서 "샤론의 장미"요, 가장 아름답고 가장 향기로운 냄새를 가진 장미이며, 영혼을 즐겁게 하는 사랑스러우신 신랑과의 첫 혼사를 유지하십시오. 그와 같은 이가 없습니다. 저는 그의 사랑스러운 얼굴의 미소 하나를 여러 나라들과 바꾸지 않을 것입니다.

부인, 다른 사람들에게 이생에서 자기들의 어리석고 보잘것없는 천국을 가지라고 하십시오. 그들을 시기하지 마십시오. 말하자면 짜증을 내는 버릇없는 아이가 오직 하나 외에는 장난감을 집어서 아무데나 내던지며 그것들을 무시하는 것처럼 당신의 영혼이 그리스도가 아니면 아무것도 없다라고 하십시오. 부인의 가장 사랑하시는 예수께서 당신이 여기서 경건하게 도도한 것과 그분 외에는 모든 남자들을 우습게 여기는 자같이 좋아하지 않으시는 것을 만족해 하실 것입니다. "그 왕의 아들이 아니면 전혀 신랑감이 아니다." 이것은 겸손하고 가치 있는 야심입니다. 당신이 음탕하고 어리석은 세상과 놀아나야 할 이유가 무엇입니까? 질투심이 많은 당신의 남편은 당신이 그를 옆에 두고 다른 사람을 보는 것을 좋아하지 않으실 것입니다. 그는 정말로 질투심이 많아서 만일 당신이 그분 외에 다른 이와 입을 맞춘다면 화를 내실 것입니다.

부인, 어떤 괴로움들이 당신을 누르고 있는지 제가 알지 못합니다만 저는 당신이 어렸을 때부터 주님께서 당신의 방황하는 애정들이 그분에게서 떨어져 나와 방황하지 못하도록 울타리를 치셨던 것은 큰 사랑이라고 생각합니다. 만일 부인이 그의 버린 자식이었다면 그분이 그렇게 당신을 기르시지 않았을 것입니다. 만일 도살을 위한 것이었다면 살찌도록 했을 것입니다. 그러나 당신이 주님의 밭에서 자라는 그의 알곡인 것을 만족해 하십시오(마 13:25, 38). 그리고 만일 알곡이라면 주님의 집에 좋은 떡이 되기 위해서 주님의 타작마당에서 그의 타작기계를 통과하여야 하며 그의 체를 지나서 구원의 주이신 예수께서 하셨던 것처럼(사 53:10) 그의 방아를 지나 부서져야 합니다. 주 예수께서 그 영적인 농사를 축복하셔서 바람을 견디낼 수 없는 쭉정이들에게서 당신을 골라내시기를 바랍니다. 당신의 모래시계가 조금씩 줄어들고 있다는 것과 만일 당신 앞에 누가 계신지를 알았다면 고난 중에서 즐거워하셨으리라는 것을 저는 확신합니다. 하나님과 어린양의 보좌 앞에 서는 것과 흰 옷을 입고 어린양의 혼인 잔치에 부름을 받은 것과 생명수의 샘으로 인도되는 것과 하나님 자신인 원천에 이르러 그 맑고 차고 달고 시원한 생명수를 왕의 친 우물에서 흡족하게 마시는 것과 당신의 죄 많은 손으로 모든 하나님의 천국 낙원에서 가장 감미로운 사과인 당신의 생명이요 주님이신 예수 그리스도를 따서 먹는 것을 작은 일로 여기십니까? 마음을 강하게 하십시오! 기뻐 소리치십시오! 당신의 왕께서 자기 아버지의 집에 데려가시려고 당신을 부르러 오십니다.

부인, 저는 아주 심하게 괴로워하고 있습니다. 하나님께서 저를 이같이 훈련시키는 것이 제 영혼에 가장 좋다고 생각하셔서 저를 다른 사람을 향한 자신의 입으로 만드시는 것 같습니다. 저는 국내외적으로 단지 탄식과 실망 외에 보고 듣는 것이 없으니 그것이 정말로 제 인생을 괴롭게 합니다. 그리고 저는 이 세상에서 저의 원하는 바를 얻지 못하리라고 하나님 안에서 생각하고 있습니다. 그리고 머지않아 하나님의 교회에 불 같은 시련이 오리라고 생각합니다. 잉글랜드와 스코틀랜드에서 아주 많은 사람들이 그리스도의 많은 거짓 친구들이며, 많은 사람들이 그리스도의 머리에서 면류관을 벗기려고 당겼다 밀었다 하고 있으며, 사람들이 우리의 사랑하는 이가 (마치 그의 자리가 그분 자신보다 더 사모할 만한 것처럼) 우리 가운데 머무실까봐 염려하여 그분에게 나가서 다른 자리를 찾아보라고 내몰고 있기 때문입니다. 부인, 만일 당신이 어리석고 무정한 시온에 지분이 있다면 시온을 위하여 하나님과 사람에게 말 좀 해 주십시오. 만일 아무것도 할 것이 없다면 예수께 말하십시오. 그리함으로 당신은 이 쇠퇴하는 시대를 대항하는 증인이 되실 것입니다. 저의 진정한 마음으로 당신을 주님께 맡기며 당신의 기도에 한 부분을 바라며 당신의 몸과 영과 모든 필요한 것들을 우리 주님의 손에 넘기며 이만 줄입니다.

1632년 2월 13일, 앤워스, S. R.

16 켄무어 부인에게
그리스도에 대한 사랑과 그의 십자가를 따름, 신자들은 보호를 받음, 천국의 낙원

>

부인, 하나님 아버지와 우리 주님 예수 그리스도에게서 오는 은혜와 사랑으로 인사를 드립니다. 부인을 뵙기를 바라며 어떻게 지내시는지 소식을 듣고 싶습니다.

부인을 지켜 주실 수 있으시며 그의 얼굴 앞에 기쁨으로 흠 없이 서게 하실 분에게 부인과 부인의 필요한 것들을 아뢰며 맡깁니다. 그리고 주님께 대한 저의 기도는 부인께서 당신을 사랑하여 죽으신 그분을 (당신의 구주 예수님을 말하는 것입니다) 사랑하여 병이 드는 것입니다. 오, 그를 위하여 마음에 병이 든다면 그 병은 감미로울 것입니다! 영혼의 애인인 저 예수를 사랑하는 불 속에서 죽는다면 그것은 살아 있는 죽음일 것입니다! 부인, 만일 당신이 그를 사랑하면 그의 계명을 지켜야 합니다. 그리고 당신의 몫을 즐거워하면서 자원하여 예수 그리스도의 멍에 아래에 놓이는 이것은 가장 작은 자의 일이 아닙니다. 부인께서 처음 하나님의 아들과 약정하며 계약하실 때 그의 은혜로 역경을 참으며 그리스도의 군사로 고난을 견디겠다는 약정서에 동의하신 것으로 저는 믿고 있습니다. 주님을 위하여 매를 맞으려고 하지 않는 사람들은 예수님께 합당하지 않습니다. 우

리의 영광스러운 화해자로 말하자면 그가 하나님과 우리 사이에 화목을 세우시기 위해 오셨을 때 하나님께서는 그를 상하게 하며 때리셨고, 죄 많은 세상 또한 그를 때리며 십자가에 못을 박았으니, 그는 양 쪽으로부터 공격을 받으셨지만 (우리의 주님 예수께 영광을!) 그 모든 일에도 불구하고 양쪽에 화해를 이루기까지 그 자리를 떠나지 않으셨습니다. 제가 확신하기로는 당신의 고난이 비교할 수 없을 정도로 작고 가볍지만 당신의 구주의 것과 닮았으니 그것은 "발꿈치의 상함"(창 3:15)이라고 불리며 가슴으로부터는 멀리 떨어진 상처입니다.

당신의 생명은 하나님 안에 그리스도와 함께 감추어져 있습니다(골 3:3). 그러므로 빼앗길 수 있는 것이 아닙니다. 아버지들이 아이들의 짧은 손이 닿지 않는 곳에다 보물들을 감추어 둠으로 아이들이 손을 올려 그것들을 끌어내려 곧 잃어버리지 않게 하듯이 우리의 주님께서도 우리에게 그렇게 하십니다. 그와 같이 우리 주님께서 우리의 영적인 생명을 다루십니다. 예수 그리스도는 주님께서 우리의 생명을 그 안에 감추어 놓은 높은 곳에 있는 보물단지입니다. 어린아이들인 우리는 그 생명을 끌어내어 잃어버리기에는 너무 높아서 우리의 팔이 능히 닿을 수 없는 것입니다. 그것은 그리스도의 손에 있습니다. 오, 예수께서 오래도록 우리 생명의 보존자이신 주님이기를 바랍니다.

사도와 함께(딤후 1:12) 예수의 손에 담보로 자기 영혼을 드릴 수 있는 사람들은 복이 있습니다. 그분은 그날까지 그분에게 담보로 드린 것을 끝까지 지키실 수 있기 때문입니다. 그러므로 부인, 이 생명이 다치지 않는다면 다른 모든 괴로움은 발꿈치를 상한 것 정도인 것입니다. 당신께서 곧 나으시리라고 저는 믿습니다. 부인, 왕들은 자기 궁정에 자기들의 손에 당장의 급료를 받지 않고 소망으로 살아가는 종들이 있다는 것을 아실 것입니다. 왕들의 왕께서도 자기 궁정에 현재로서는 거의 아무것도 받지 않거나, 그리스도의 무거운 십자가와 밖으로는 시험이요 안으로는 두려움 외에는 아무것도 받지 않고 소망으로 살아가는 종들을 가지고 계십니다. 그러나 상속을 나눌 때가 되면 그들은 그 집에서 상속자들로 남아 있는 것입니다. 현재의 급료나, 이 생에서 지분이나, 이 세상에서 상속을 (제가 셋방이라고 해야 할 것을 상속이라는 이름으로 높여 부르는 것을 하나님께서 용납하여 주시기를 바랍니다!) 받고서 나중에는 "너는 너의 위로를 받았으니 더 이상 받지 못하리라"는 말과 함께 하나님의 집에서 쫓겨나는 것보다는 그러한 것이 더 낫습니다. 아, 그들이 무엇을 받겠습니까? 탐욕스러운 부자의 천국입니다(눅 16:25). 아, 그러나 우리 주님께서(눅 16장) 그것을 불쌍한 천국으로 만드셨습니다! 그가 잘 먹고 매일 풍족하게 즐겼다고 주님께서 말씀하십니다. 아! 이제는 없다고요? 불쌍한 천국입니다! 그가 자줏빛 옷을 입었다는 것과 그것이 다였다는 것 외에는 정말 아무것도 없습니다.

부인, 제가 확신하는 것은 주님께서 당신의 영혼에 더욱 은혜롭게 대하셨다는 것을 생각하면 기쁨을 가지게 될 것입니다. 당신은 이생에서 적게 가지셨으니 정말로 그러합니다. 첫 열매를 약간 맛보는 것과 당신이 사랑하는 그분의 몇 번의 입맞춤 외에는 더 가지신 것이 없기 때문입니다. 그러나 저는 다가올 것이 무엇인지 말씀 드릴 수가 없습니다. 단지 주님께서 그것에 대해 말씀하신 것만 말할 수 있습니다. 그 성의 바닥은 순금이요 수정처럼 맑습니다. 열두 대문은 값진 돌들로 세워져 있습니다. 과수원과 강들이 땅의 토질을 자랑한다면, 거기에는 달마다 열두 가지의 열매를 맺어 해마다 일백사십사 가지의 수확을 내는 생명나무가 자라는 낙원이 있습니다. 그리고 하나님과 어린양의 보좌에서 흐르는 생명수의 맑은 강이 있습니다. 그리고 그 성은 해나 달이나 등불 빛이 필요하지 않으니 전능하신 주 하나님과 어린양이 그 빛이 되시기 때문입니다. 부인, 당신이 이것을 보고 누리실 때까지 믿고 바라십시오. 예수께서는 복음서에서 "와서 보라"고 말씀하십니다. 그는 진리의 수레를 타고 내려오시니 그 안에서 사람들의 영혼을 얻으시려고 세상을 달리시며 이제 세상에서 말씀하십니다. "누가 나와 함께 가려는가? 네가 가려는가? 내 아버지께서 너를 환영하시리니 너에게 집을 주실 것이다. 왜냐하면 내 아버지 집에는 거할 곳이 많기 때문이다." 부인, 그와 함께 가겠다고 동의하십시오. 당신을 하나님의 귀한 긍휼에 맡기며 이만 줄입니다.

앤워스, S. R.

17 켄무어 부인에게
지위와 번영이 진보를 방해함, 깨어 있음, 친척들의 처지

>

부인, 부인을 뵈어야겠다고 결심하고 기대했지만 팔의 통증으로 그렇게 할 수 없었습니다. 부인께서 그것을 당신에 대한 경우를 모르는 잊어버림으로 여기지 않으실 줄 아오니 부인으로부터 제가 이곳에 처음 부름을 받아 들어올 때와 그 이후 고난 받을 때에 잊을 수 없는 큰 은혜를 입었고 하나님의 은혜를 힘 입어 제게 가능한 방식으로 갚아 드리려고 힘쓸 것입니다. 그것은 그의 오시는 날까지 당신을 능히 지켜 주시며 그의 얼굴 앞에 기쁨으로 능히 서게 하여 주실 그분에게 제가 당신의 영혼과 몸과 집과 당신의 모든 필요한 것들을 기도로 아뢰는 것이니 저는 당신이 그분의 것이라는 것을 믿습니다.

부인께서 주님과 아버지의 본가(本家)와 나라를 향하여 시작된 여행을 계속 진행하고 계시다는 것을 저는 확신합니다. 하지만 안으로 밖으로 시험들이 없는 것은 아닙니다. 그러면 성도들 중에 누가 칼을 맞지 않고 저 성을 차지한 사람이 있습니까? 그 집의 가장이며 우리의 맏형이신 우리 주님 예수께서도 예외는 아니었으니 그는 날 때부터 자격이 있으셨지만 많은 피를 흘리고 많은 때림을 받으시고 자신의 집과 본가를 차지하셨습니다. 부인께서 더더욱 자신을 살펴보셔야 할 필요가 있는 것은 주님께서 부인을 다른 사람들보다 더욱 높이 두셨고 천국에 이르는 당신의 길은 당신의 동료 여행자들의 길보다 더욱 거칠고 황폐한 사막을 지나도록 하셨으니 이 괴로움 많은 세상의 가시덤불 숲 한가운데를 지날 뿐 아니라 그것의 헛된 영광이라는 위험한 길도 지나야 하기 때문입니다. 이러한 생각들은 저로 하여금 자주 당신의 영혼과 당신의 존경하는 고귀한 남편의 영혼에 대해 동정을 가지게 합니다. 작은 범선은 해안을 따라서 항해하므로

폭풍들의 영향에 별 상관없이 항구에 조용히 들어올 수 있지만 넓은 바다에 있어 거대한 짐을 실은 큰 배들과 같은 당신은 천국에 이르기 위해서 할 일이 더 많습니다. 그런 이유로 당신이 많은 일을 하고 계신 것이며 요란한 일과 들끓는 시험 중에 계실지라도 당신의 영혼 속에서 그리스도 예수께 판단을 맡기며 마땅한 자리를 드리셔야 할 것입니다.

제가 알고 또 확신하는 것은 저 사랑스런 분이신 예수께서 많은 나라들보다 당신에게 귀하며 당신이 그를 당신의 가장 사랑하는 분으로, 만 사람에 뛰어난 분으로(아 5: 10) 여기시리라는 것입니다. 그리고 온 세상 앞에서 그분이 당신의 영혼의 중심과 상좌(上座)를 차지하게 하신다는 것은 그분에게 참으로 적합한 것입니다. 저는 고난의 풀무 속에서 당신과 함께 하시는 그분을 보았고 알았습니다. 그곳이 그분이 당신에게 구혼하시며 당신을 자신의 것으로 삼으신 곳입니다. 이제 그분은 당신의 사랑 외에 아무런 대가도 당신께 요구하시지 않으시며 당신을 못마땅하게 여길 어떤 이유를 가지고 계시지 않습니다. 그러므로 사랑하는 귀한 자매여, 짠 바다에서 자신의 신선한 맛을 가지고 있는 싱싱한 강처럼 되십시오. 이 세상은 당신의 영혼에 유익이 없습니다. 그리스도께서 그것과 겨루게 될 때 그것에게 아는 척도 하지 마십시오. 낯선 나라에 있는 사람처럼 되십시오. 본향뿐입니다! 멈추지 마십시오. 해가 낮게 기울어 산꼭대기에 가까워 그림자가 길게 늘어졌습니다. 도중에 머뭇거리지 마십시오. 세상과 죄가 당신을 계속 쫓아오며 곁길로 가게 하려고 할 것입니다. 그들에게 길을 내주지 마십시오. 그러면 주님 예수께서 오고 계실 것입니다!

부인, 많은 눈이 당신을 보고 있습니다. 부인께서 그리스도인됨을 망가뜨리며 진실한 신자됨을 훼손하면 많은 사람이 좋아할 것입니다. 주 예수여, 저들의 경건치 못한 소원들을 무너뜨리시고 양심을 흠 없이 온전하게 지켜 주옵소서! 만일 그 안에 구멍이 있다면 물이 새어 흐르고 다시 고치기에 많은 어려움이 있을 것입니다. 그것은 귀중품이고 아름다운 작품이고 당신을 지으신 이의 빼어난 작품입니다. 그러므로 부드럽게 다루시고 완전하게 잘 보존하십시오. 그리함으로 이 세상의 영광 속에서 부인이 그리스도를 모시는 것을 배우게 되는 것입니다. 부인께서 찾으시는 어떤 피조물에게서든지 그분의 냄새를 맡을 수 없다면 그것은 부인에게 계란 흰자위보다 더 좋은 맛을 내지는 못할 것입니다.

부인, 존경하는 당신 남편의 귀에 계속하여 영원과 심판, 죽음, 지옥, 천국, 영예로운 신앙고백, 그리고 조상들의 죄에 대하여 말을 흘리는 것은 당신이 고백하는 진리의 한 부분입니다. 그가 자기 아버지의 빚에 대해 하나님께 계산해야 합니다. 계산을 잊어버리는 것이 빚을 갚는 것이 아닙니다. 아니, 잊어버렸던 채권의 이자가 하나님께 이자에 이자가 붙어 불어납니다. 저는 그가 본향을 바라보는 것과 진리를 사랑한다는 것을 압니다만 그에게 많은 시험들이 있기에 저의 마음으로 그를 동정하는 것입니다. 사탄은 짐 위에 근심의 무거운 짐을 사람들에게 지우고 그들이 완전히 이 세상에 빠졌을 때 영혼들을 짐을 싣는 말로 만들어 버립니다. 마귀가 그러한 일을 하지 못하게 해야 합니다. 그러한 짐을 수렁에 던져 버리고 우리의 모든 근심을 하나님께 맡기는 것이 지혜입니다.

부인, 아이가 이제 없는 것을 생각해 보십시오. 주님께서 그 아이를 데려가시면 그 아이가 주님의 것이 될 것이라는 당신의 주님의 언약에 서명하십시오. 그러면 그의 거룩하신 이름에 드리는 감사와 찬양과 영광이 그 아이를 일 년간 빌려 준 것에 대한 이자가 될 것입니다. 십자가들을 찾으십시오. 날씨가 좋을 때 배의 돛들을 수선해야 합니다.

저의 진부함을 용서하시기를 바라며, 당신의 영혼과 당신 자신을 아름다우신 우리 주님 예수의 은혜와 사랑에 부탁드리니 저는 그분 안에 있습니다.

1633년 11월 15일, 앤위스, S. R.

18 켄무어 부인에게
기도의 연합을 권장함

>

부인, 이 땅의 훌륭한 몇 명의 목회자들이 보낸 서신 한 통을 받고서 그

내용을 시온의 아름다움을 사랑하며 숲속에서 나온 사나운 보아 뱀들에게 짓밟혀 황폐하게 된 주님의 포도원을 보고 괴로워하고 있는 이 지역에 사는 제가 아는 신앙인들에게 전하고 싶던 차에, 나머지 사람들과 동참해 주시라고 부인에게 도움을 요청하지 않을 수 없었으니 부인의 남편인 자작님께도 전해 주시기 바랍니다. 혹시 필요하다고 생각하시면 조지 길레스피 씨가 제안한 대로 제가 각하께 서신을 드리겠습니다.

그러므로 이와 같은 때에 그 일에 가장 크게 책임을 느낀 목회자들이 진리를 사랑하는 모든 사람들은 함께 동참하여 기도해야 하며 겸비와 금식으로 하나님께 부르짖는 것이 마땅하고도 절실한 일이라고 생각했다는 것을 전해 드립니다. 합의한 시간은 오는 2월 첫 두 주일과 이 두 주일 사이에 있는 6일간으로 형편대로 실시하되 매 삼 개월마다 첫 주일에 가지기로 했습니다. 제게 서 보낸 이유들은 이렇습니다.

해외에 있는 개혁 교회들의 고난 외에 이 땅에 넘치는 부정(不淨)과 불경건과 불의(不義)의 많은 죄들과 이 땅에 임한 현재의 심판과 우리에게 걸려 있는 많은 심판들이 있는데 그것을 인식하는 사람이 거의 없으며 있다고 하여도 그것들의 바르고 참된 이유를 알지 못한다는 것입니다.

교리와 성례와 치리에서 (그렇게 짧은 시간에 그렇게 많은 약정들을 깨뜨리며) 영광스러운 교회가 한탄스럽고 가련한 처지가 되었으니, 충성스러운 목회자들과 신자들이 개인적으로 심하게 핍박을 받으며, 하나님의 집의 문이 불량배 문지기들에 의해 굳게 닫혀 있어 일을 잘 감당할 훌륭한 일꾼들이 문에서 제지를 당하고 있으며, 통치자들은 신앙을 정치로 바꾸며, 일반 대중들은 권세자들을 따라 어떤 신앙이든지 받아들이려고 한다는 것입니다.

우리 자신을 낮춤으로 하나님의 진노를 가볍게 하며 진실하게 새롭게 순종하기로 하나님께 맹세할 필요가 우리에게 있다는 것 외에 진리를 은밀하게 도둑맞도록 내버려 두거나 공공연하게 우리에게서 빼앗아 가도록 한 몇몇 가장 훌륭한 목사들에게 있는 연약함과 냉랭함과 침묵과 미지근함과 그리고 신자들의 죽어 있음을 회개하여야 합니다.

무신론과 우상숭배와 불경건과 허영 등을 회개하여야 합니다. 왕의 마음을 하나님께 드리도록, 그리고 하나님께서 귀족들과 백성들을 그들의 악한 행위에서 돌아서도록 감동하시기를 하나님께 간절히 구해야 합니다.

우리의 교회가 넘어지려고 하는 이러한 절박한 때에 이와 같은 일이 소홀하게 되지 않도록 부인께서 다른 이들과 함께 동참하시기를 바라면서 저는 은밀함과 지혜 가운데 계신 주님께서 부인을 능하게 하셔서 해방이 올 때에 부인께서 주님의 백성들과 함께 기뻐하시도록 부인이 도와주실 것을 믿고 있겠습니다. 참되고 진실한 겸손은 항상 하나님께 신속하게 응답되기 때문입니다. 권세자들과 왕과 재판관들과 종교인들이 진리를 반대하는 이때에, 기도와 믿음 외에 우리에게 어떤 무기가 있겠습니까? 그러므로 우리가 그분과 함께 싸운다면 소망의 근거가 있으니 그 무거운 돌을 (슥 12:3) 그 본래 장소에서 옮기려 하는 자들은 자기들의 등을 다칠 뿐이요, 돌은 움직이지 아니할 것이며 적어도 없어지지는 않을 것이라는 것입니다.

빛 가운데 있는 성도의 기업으로 당신을 부르신 분에게서 은혜, 은혜가 당신에게 있기를 기원합니다.

1634년 1월 23일, 앤워스, S. R.

마리온 맥노트에게
교회의 상태와 전망, 사탄

>

부인, 그리스도 안에 있는 사랑으로 인사를 드립니다. 저는 이 시대의 위험으로 인하여 지금 바짝 다가오는 주님의 이 일을 인하여 근심하며 두려워하고 있습니다. 제가 주님의 집이 타고 있는 것을 보고 있는데 저의 영혼이 "불이야, 불이야!" 소리지르지 아니하고 침묵하고 있을 수가 없습니다. 그러므로 주님의 진리를 거침없이 말하기 위해 컴컴한 술책이 아닌 영적인 지혜를 주님께로부터 구하십시오. 저는 낙심이 되어 그날에 제가 철문을 부수고서라도 왕께 나아가 알현하고 싶었습니다. 부인께서 저를 잊지 않으시리라고 믿습니다. 진 브라운과 토머스 카슨과 마리온 카슨에게 저를 도우라고 전해 주십시오. 잘 요리된 음식과 "내 아버지의 이름으로 환영하노라"고 기뻐하시면서 말씀하시는 다정하신 구주를 위하여 기도하십시오.

저는 시온이 잘 되리라는 것을 확신합니다. 떨기나무는 불이 붙어도 떨기나무에 계셨던 분의 선한 뜻으로 인하여 타지 않을 것입니다. 그러나 주님께서 납과 놋을 녹이고 용광로에서 예쁘고 아름다운 신부를 나오게 하시려고 예루살렘에 불을 지피시고 풀무로 바람을 일으키시고 계시니 새로운 혼인 약정서가 다시 쓰여질 때 그 신부는 새 남편에게 재혼하게 되며 그녀가 젊었을 때처럼 노래하게 될 것입니다. 그러나 저는 아이를 가진 여인을 쫓는 용으로부터 신부가 잠깐 동안 숨겨지게 될까봐 염려합니다. 그러나 우리가 잠시 동안 광야에 가서 숨는다 할지라도 무슨 상관이 있겠습니까? 주님께서 자기 교회를 광야에 데리고 가서 그녀에게 다정하게 말씀하실 것입니다.

주님께서 목자들의 장막을 무너뜨리시고 은밀한 곳에서 자기 양 떼를 먹이시지는 않을까 염려하는 것만큼 저를 낙심하게 하는 것이 없습니다. 그러나 일이 어떻게 되든지 신부의 일은 신랑에게 넘겨 드립시다. 정사(政事)가 그의 어깨 위에 있으니 그가 능히 우리 모두를 충분히 감당하실 것입니다. 무저갱의 주인인 저 타락한 별은 자기가 형벌 받을 때가 가까운 줄 알고 해 질 녘 황혼의 끝에 한두 번 싸워 이기려고 자기의 군대들을 모았습니다. 주님께서 프랑스와 독일 그리고 보헤미아에서 자기 포도원에 물을 주고 계신데 만일 우리가 그분과 같거나 우리의 큰누이들 같지 않다면 어떻게 우리 자신을 그리스도의 누이라고 생각할 수 있겠습니까? 땅 끝이 그리스도께 주어졌으며(시 2:8), 스코틀랜드가 땅 끝인 것을 알 때에 우리가 양도계약서 안에 있으니 주께서 자기 소유를 지키실 것이라고 저는 생각하지 않을 수 없습니다. 우리는 약속과 법으로 그리스도께 넘겨졌습니다. 제가 이렇게 말할 수 있다면 그분은 자신의 이마에 흘린 땀으로 우리를 차지하셨고 그의 아버지께서는 스코틀랜드의 모든 권리를 그에게 주시겠다고 약속하셨습니다. 우리 왕께 영광, 영광을! 그분이 영원토록 왕관을 쓰시기를 바랍니다. 오 주님, 우리가 결코 다른 왕을 찾지 않게 하시옵소서! 오, 주님께서 새로 깎은 잔디에 비처럼 오시기를 바랍니다!

지난 토요일 아침에 부인을 위하여 오래 기도했고 하나님께 기도할 때에 세 번 당신을 기억하며 기도하게 되었습니다. 은혜, 은혜가 당신의 소유가 되기를 바랍니다.

1634년 3월 2일, 앤워스, S. R.

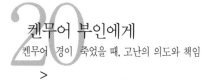

20 켄무어 부인에게
켄무어 경이 죽었을 때, 고난의 의도와 책임

>

존경하는 귀한 부인,

이곳 낯선 땅에서 친구도 없는 처량한 나그네였던 저 자신이 성경에 말하는 것과 같이 주께서 제 눈의 기쁨(겔 24:16)을 빼앗아 가셨을 때에 (아직도 그 상처가 완전히 치료되고 회복된 것은 아니지만) 부인으로부터 받았던 위안을 자주 떠올리곤 합니다. 부인의 사랑하시는 주님께서 부인을 미망인이 되게 하신 이때에 그 일을 기억하시고 위로를 주시리라고 저는 믿습니다. 지금 부인은 부인에게 결혼하자고 구혼하시는 그리스도를 위한 자유로운 여인이 되신 것입니다. 그러므로 당신이 홀로 침대에 누워 있을 때 주님께서 밤새도록 당신의 품에 누워 자는 몰약향낭같이 되도록 하십시오(아 1:13). 그러면 당신의 침실은 이전보다 더욱 가득할 것입니다. 주님의 말씀으로 언급한 모든 십자가 중에서도 이것이 하나님을 부인의 남편으로 삼는 특별한 권리를 부인에게 준다는 것을 (당신의 남편이 살아 있는 동안에는 하나님께서 그렇게까지 당신의 소유가 되지 못했습니다) 생각할 때 이 재난으로부터 하나님의 자비를 읽으십시오. 얼마의 경험으로 제가 말씀 드리는 것은 당신이 젊었을 때의 남편을 위한 슬픔이 하나님의 입의 말씀으로도 가장 무거운 근심(욜 1:8)이라고 하셨다는 것입니다. 그리고 이것이 당신의 등에 얹힌 가장 무거운 짐이라고 할지라도 (자리가 비고 당신의 남편이 주님 안에서 자고 있을 때) 자기 얼굴을 잠깐 감추신 그분을 의지하신다면 빈자리를 채우는 것과 과부에게 남편이 되는 것이 하나님의 명예와 진리에 속한다는 것을 당신이 아시게 될 것입니다.

그렇다면 당신이 잃은 것이 무엇인지 그것이 얼마나 적은 것인지를 곰 곰이 생각해 보십시오. 부인, 그러므로 제가 그리스도 예수의 심장으로, 그 의 성령의 위로로, 그 앞에 당신이 나타나실 것을 빌어 당신께 청하오니, 하나님과 사람들과 천사들에게 당신 속에 들어 있는 것이 무엇인지 보여 드리십시오. 주님께서 통을 찌르셨습니다. 그러면 거기에 포도주가 들어 있는지 물이 들어 있는지 드러납니다. 당신의 유일한 첫사랑과 마지막 사 랑이 그리스도였다는 것이 알려지도록 당신의 믿음과 인내를 보이십시오. 그러므로 이제 당신의 모든 사랑을 그분에게 쏟으십시오. 그분만이 당신의 사랑과 당신의 모든 애정을 받으시기에 적합한 상대입니다. 하나님께서는 당신의 남편을 데려가심으로 당신의 사랑의 한 줄기를 마르게 하셨습니다. 이제 그 강줄기를 그리스도께 넘쳐 흐르도록 하십시오. 당신의 애인이신 주님께서 당신의 이름과 당신의 남편의 이름을 켄무어 가(家)에 대하여 죄를 응징하는 세상의 두려운 심판자의 의뢰에 따라 제기된 소환장에서 은혜롭게 빼어내신 것입니다. 제가 감히 말씀 드리는 것은 하나님께서 부 인이 어렸을 때부터 망치질을 하신 것은 단지 부인을 저 높은 곳에 있는 새 예루살렘의 성전에 아로새긴 아름다운 돌이 되게 하려는 것입니다. 당 신의 주님께서 이 세상의 겉만 번지르르한 영광을 당신에게 줄 만한 선물 이라고 생각하신 적이 결코 없습니다. 그래서 주님께서 더 좋은 몫을 선물 하고 싶으시기 때문에 그것을 당신에게 주고 싶지 않으신 것입니다.

떠날 것들은 가라고 하십시오. 유산은 당신의 것입니다. 당신은 그 집 의 자식이고 기쁨이 당신을 위해 준비되어 있습니다. 오는데 좀 오래 걸려 도, 그리 나쁜 것은 아닙니다. 제가 지금 당신에게서 보기를 기대하며 또 당신을 충분히 잘 알았던 이후에 기쁨과 위안을 가지고 당신에게 바랐던 것은 부인께서 온 힘을 이스라엘의 거룩하신 이에게 두심으로 모든 어려 움과 싸우는 것이며 당신의 영혼이 비록 포위될 수는 있어도 함락될 수는 없는 성이 되는 것입니다. 당신이 여기서 무엇을 해야 합니까? 이 세상은 당신에게 친구가 아니었습니다. 당신이 그것을 사랑해야 할 이유가 없습니다. 항상 당신에게 신 식초 같았습니다. 당신이 그것에게 청혼한다고 하여도 그것은 짝이 되지 않을 것입니다. 그러므로 차가운 얼음 아래서 따뜻한 불을 찾지 마십시오. 이곳은 당신의 행복이 자라는 밭이 아닙니다. 그것은 저 위에 있습니다. 거기에는 각 나라와 족속과 민족과 방언 가운데 아무도 헤아릴 수 없는 많은 사람들이 보좌 앞과 어린양 앞에 손에 종려나무 가지를 들고 흰 옷을 입고 서 있습니다(계 7:9). 당신이 여기서 찾을 수 없었던 것들을 거기서 찾을 것입니다. 게다가 이 모든 시련 가운데서 (정말로 시련이 많았습니다) 주님께서 어떻게 모든 멸망하는 것들로부터 뿌리를 흔들어 당신을 떨어지게 하시고 당신의 영혼을 잡으려고 당신을 쫓아가시는지를 기억하십시오. 부인, 하나님의 아들을 위하여 그가 붙잡으신 것을 놓지 않도록 해야 하고 사도 유다가 말한 것처럼 하나님의 사랑 안에 머물러 사셔야 합니다(유 21절).

이제 부인께서 제 말을 좋은 뜻으로 받으시기를 소원하며 분에 넘치는 당신의 사랑과 호의를 입은 것에 대해 제가 해야 할 도리를 다하지 못하고 부인께 모자라며 못 미치는 것에 대해 넓은 용서를 구합니다. 당신의 구속의 날이 가까이 오고 있으니 당신의 머리를 드시라고 간청하고 싶습니다. 갤러웨이에서 비친 저 별은 지금 다른 세상에서 빛나고 있다는 것을 기억하십시오. 이제 하나님께서 그 자신의 방법대로 당신의 영혼에 응답하시며 당신에게 모든 위로의 하나님이 되시기를 기도하며 이만 줄입니다.

1634년 9월 14일, 앤워스, S. R.

21 켄무어 부인에게
러더퍼드 목사가 앤워스를 떠나야 할 전망이 있던 때에

>

부인, 주님께 대한 저의 겸손한 순종으로 인사 드립니다. 모든 정황을 살펴볼 때 이곳 하나님의 집에서의 저의 수고가 이제 마칠 때가 된 것을 주님께서 제게 보여 주셨다는 것을 부인에게 알려드립니다. 이제 고난 받는 것을 배워야 할 터인데 그 일에서 저는 둔한 학생입니다. 이상한 섭리로 제가 이 시대의 부패함에 대해 쓴 얼마의 글이 왕의 손에 들어갔습니다. 슬기 있고 호의를 가진 사람들에 의해 지혜롭지도 못하고 신중하지도 못했다고 비난을 받을 것이라는 것을 압니다만 그것이 주를 위하여 고난을 받는 사람들의 십자가의 한 부분이 되어야 하는 것은 당연한 일입니다. 하지만 저는 그 도구를 사랑하며 용서할 것입니다. 이 일이 왕으로 인하여 제게 닥쳤지만 제 생명을 그에게 맡길 것입니다. 그러나 저는 그보다 더 높은 곳을 바라봅니다. 저를 도와주시려고 할 수 있는 무슨 일이든지 하시려고 하는 부인의 사랑과 관심에 대해서는 제가 전혀 의심하지 않으며 또 부인께서 모든 고난 중에서 제가 잘 있기를 바라실 것이라고 확신하고 있습니다. 제가 오직 바라는 것은 증언을 함으로 주께서 저로 말미암아 영광을 받으시는 것입니다. 저는 그분을 좀 더 섬기고 싶었습니다만 그분이 더 이상 저의 수고를 받지 않으시려고 하는 것과 이 땅이 저를 밖으로 밀어내는 것을 보면서, 만일 제가 주님과 함께 면류관을 쓰게 될 사람들의 그 놀라운 표지에 이토록 못난 이름을 드릴 수만 있다면 저는 비참과 친숙해지기를 배우도록 은혜를 주시라고 기도할 것입니다. 아마 그 일에 제가 약한 마음을 가진 지혜롭지 못한 사람으로 드러난다고 할지라도 저는 다른 것을 의도하노라고 감히 말할 것입니다. 그리고 저는 신앙의 바람이 없는 곳이나 양지바른 곳으로 가서 저와 폭풍 사이에 진리를 놓지는 않을 것입니다. 자신의 고통으로 언덕의 바람 부는 쪽을 택하신 저의 구주께서 저를 위해서 그렇게 하시지 않으셨습니다. 이만 줄이며 하나님의 아들이 당신과 함께 하시기를 바랍니다.

1634년 12월 5일, 앤위스, S. R.

22 얼스터 장로에게
그리스도를 위한 고통이 보상 받지 못하는 일이 없음, 어린아이들을 잃음, 그리스도의 섭리

>

존경하는 분께, 당신을 거스르는 대적들의 생각과 악의에 대해 들었습니

다. 그들은 자기들이 가진 법을 자기들의 마음의 열의대로 길고 넓게 늘일 것 같습니다. 그러나 대의가 당신의 것이 아니라 당신이 섬기는 주님의 것이라는 것이 당신의 영광의 큰 몫입니다. 저는 그리스도께서 자기의 연약한 종을 후원하시는 것을 자기의 명예로 여기시리라는 것을 의심하지 않습니다. 그분께서 그의 거룩하신 이름에 관련하여 당신과 같이 가난한 사람의 소유를 공유하시며 또한 당신이 그분을 위해서 드리고서 아무것도 되받은 것이 없다는 것은 그분에게는 수치가 될 것입니다. 당신의 상전이신 그리스도를 위한 비용을 기록하시고 이름이든 돈이든 재물이든 생명이든 당신이 드린 것들의 기록을 보관하시고 저녁이 가까울 때까지 셈하는 것을 보류하십시오. 그리스도의 비천하고 나약한 종이 당신에게 쓰는 바 당신이 당신의 소득과 당신의 손실에 대한 담보로서 왕이신 그리스도를 가지게 된다는 것을 잊지 마십시오. 아침나절부터 셈하지 마십시오. 몸과 생명과 재산이 당신의 주님이신 그리스도께 드려질지라도 그리고 당신이 그분을 위해 머리를 잃게 될지라도 "너희 머리털 하나도 상치 아니하리라. 너희의 인내로 너희 영혼을 얻으리라"(눅 21: 18, 19)는 하나님의 말씀을 당신의 담보와 그리스도의 담보권으로 가지십시오.

당신이 갤러웨이에서 그리스도의 이름을 위하여 소환되어 심문을 받는 첫 사람이기 때문에 그분이 증인들 중에 있게 정하신 한 사람처럼 그분의 눈이 당신을 보고 계셨습니다. 그리스도께서 말씀하십니다. "알렉산더 고든이 바른 신앙을 고백하는 무리를 이끌리라." 그러므로 그분께서 먼저 자신을 위한 고난의 화관을 당신의 머리에 씌우신 것입니다. 당신 자신이 그분에게 많은 은혜를 입었다고 생각하시고 두려워하지 마십시오. 그가 자신의 오른손을 당신의 머리에 얹으셨기 때문입니다. 죽었다가 살아나신 이가 당신의 입장을 변호하실 것이며 처음부터 끝까지 진행을 주의 깊게 살펴보실 것이며 영광의 영이 당신에게 머물 것입니다. "네가 장차 받을 고난을 두려워 말라. 볼지어다. 마귀가 장차 너희 가운데서 몇 사람을 옥에 던져 시험을 받게 하리니 너희가 십 일 동안 환난을 받으리라. 네가 죽도록 충성하라. 그리하면 생명의 면류관을 네게 주리라"(계 2: 10). 이 사랑스러운 분이신 예수님도 당신을 위하여 매를 맞으시려고 사람의 아들이 되었으니 십자가를 달게 하며 영혼을 격려하시는 의미를 가진 말씀을 당신의 마음에 쓰시는 것입니다!

스코틀랜드의 십 일 간의 환난의 이 덜커덩거리는 바퀴들은 일곱 눈을 가지신 그의 감시 아래 있습니다. 저 위에 있는 집을 취하시고 믿음으로 폭풍이 지나기까지 그리스도의 날개 아래 숨어 들어가십시오. 그들이 우리를 삼켜버릴 때 예루살렘이 혼취케 하는 잔이(슥 12:2) 되리라는 것을 기억하십시오. 그들은 성도들을 토하여 낼 것입니다. 유다가 나무 가운데 화로 같고 곡식단 사이에 횃불 같아서 그 좌우에 둘러싼 모든 국민을 사를 것이기 때문입니다(슥 12:6). 시온의 원수들에게 화가 있을 것입니다. 그들은 가장 나쁜 것을 가진 것이니 우리는 승리에 대한 보증서를 가지고 있기 때문입니다.

선생이여, 당신이 지금처럼 명예로울 때가 없었습니다. 그리스도께서 자신과 어린양의 피에 자기 옷을 빨아 희게 한 큰 환난에서 나온 나머지 증인들과 함께 당신을 등록시키셨다는 이것이 당신의 영광입니다. 당신이 청교도들의 머리요, 좋아하는 자며, 그 분파의 지도자라고 적그리스도의 종들이 당신을 대놓고 책망할 것을 인하여 낙망하지 마십시오. 만일 당신이 할 수 있고 또 해야 할 만큼 그리스도를 충분히 섬기지 못했기 때문에 당신의 양심이 "소리만 컸지 한 일이 너무 없다"고 말한다면 그 같은 시험에서 용기를 가지십시오. 왜냐하면 당신의 주님 그리스도께서 당신의 굶주린 소원인 그런 자책을 당신이 행한 것보다 더 많이 행한 것으로 여겨 주시며 그 공백을 채워 주시고 당신이 그와 같은 것을 행한 것으로 받으실 것이기 때문입니다. 만일 상관들이 당신에게 친절하다면 당신이 그들에게 깊이 상관하지 마시기 바랍니다. 만일 그들이 당신에게 미소를 짓는다면 그리스도께서 자신의 고난을 받는 종에게 그들을 통해 미소를 보내시려고 그들의 얼굴을 빌리신 것뿐입니다. 물의 원천(源泉)을 아십시오. 그리고 무엇보다도 그 우물 자체로 가는 길을 배우십시오. 당신이 밖에 나가 있을 때에 그리스도께서 당신의 집에 오셔서 당신의 자녀 중 몇을 데려가셨음을 감사하십시오. 주님께서는 당신이 넘어지지 않게 하시려고 당신을 사랑하여 많은 것을 생각하신 것입니다. 그분이 나머지 자녀들도 취하실 수 있었지만 당신을 잘못되게 하실 수는 없으셨습니다. 그들이 금과 같은 자녀들일지라도 당신께서 그분께 드린 것을 잘했다고 생각하시리라고 저는 의심하지 않습니다.

당신에게 내린 이 두 가지 징계들을 잘 이해하십시오. 곧 안으로는 당신의 집에 하나요, 다른 것은 밖으로 당신 자신에게 입니다. 사랑은 악을 생각하지 않습니다. 만일 당신이 그분의 집에 떡이 되도록 지정된 그리스도의 알곡이 아니었다면 그분이 당신을 빻지는 않았을 것입니다. 그러나 가볍게 여기지도 말고 낙심하지도 말고 중간 상태를 유지하십시오(히 12:5). 하늘에 계신 아버지께서 당신에게 다정하시다는 것을 당신이 알고 계십니다. 아버지의 때림은 친근과 관심을 나타내는 것이니 그렇게 받으십시오. 제가 바라기는 주님께서 당신에게 자신을 나타내시며 이것들, 아니 당신을 향한 그분의 처우에 더 좋은 훌륭한 생각들을 나타내시는 것입니다. 우리는 왕께서 우리를 들으시고 인자께서 당신과 함께 나란히 손에 손을 잡고 풀무 속에서 다니시며 당신이 지치고 낙심이 될 때 당신의 믿음 없는 마음을 살리시고 격려하시기를 기도합니다. 선생이여, 제 믿음이 지금 저의 펜과 같이 가고 있는 바 그리스도의 영광을 위하여 말씀드립니다. 저는 지금 그리스도께서 당신을 나오게 하시리라고 믿고 있습니다. 스코틀랜드 안에서 진리는 명명백백하고 공적으로 드러날 것입니다. 성도들은 사람을 두려워함이나 부끄러워하는 일이 없이 정오에 신앙을 있는 그대로 보게 될 것입니다. 우리는 세겜을 나눌 것이며 야곱의 높은 곳을 타고 다닐 것입니다. 켄무어 부인과 그의 예쁜 아이에게 저의 존경과 사랑을 전해 주십시오.

1636년 7월 6일, 앤워스, S. R.

23 켄무어 자작 부인에게 — 애버딘으로 추방되기 전날 저녁에

자신의 유일한 후회, 말할 수 없이 감미로운 십자가, 자신의 목회를 되돌아봄

>

택하심을 입은 존귀한 자매여,

저의 친애하는 주님께서 주님의 뜻에 순종하여 제가 지난 16년간 기도하여 왔던 명예를 이제 내려 주셨으니 저의 고귀하고 당당하신 왕 예수님과 그분의 왕관과 그분의 아버지께서 그분에게 주신 그분의 나라의 자유를 위해 고난을 받게 하신 것입니다. 금단의 귀족들이 저에게 성직박탈과 함께 애버딘에 감금을 선고했습니다. 그들이 제시한 대로 저는 왕의 명령으로 8월 20일까지 그곳에 들어가서 왕이 원할 때까지 머물도록 명령을 받았습니다. 저와 다른 많은 사람에게 있었던 감미롭고 평안했던 많은 아름다운 날들과 그리스도 안에 있는 어린 것들을 젖가슴으로부터 떼어내야 하는 것과 하나님의 유산이 황폐하게 되는 것을 생각하노라면 제게 새로 지워진 그리스도의 생경한 십자가는 좀 무겁게 느껴집니다. 하지만 저 감미로운 냄새와 향기가 발라진 그리스도의 십자가는 왕의 입맞춤으로, 성령의 기쁨으로, 주님께서 죄수의 신음소리를 들으신다는 믿음으로, 분명히 저의 주님이 살아계시거니와 이 밤이 지나면 빛을 볼 것이며 그리스도의 하늘은 저와 그의 불쌍한 교회 위에서 다시 환히 맑아지리라는 의심 없는 소망으로, 그리고 그분이 낯선 땅, 낯선 얼굴들 사이에서 저 사랑스러운 분, 저 왕이신 분, 영혼의 위로자이신 예수님을 사랑할 수밖에 없는 자신의 핍박 받는 비천한 종에게 사람들 앞에서 은총을 베푸시리라는 것으로 감미로운 새 기운을 동반합니다. 만일 제가 죄책이나, 소명에 대한 태만이나, 제가 진정 사랑하는 분의 면류관과 영광과 나라를 위하여 말한 것이 너무 적다는 과거의 자책들만 없었더라면 모든 것이 좋았을 것입니다. 오, 왕 예수님을 위하여 변호하는 성도들의 총회로 모이는 날이여! 만일 주님께서 이제 시비를 가리시면 저는 죽고 그것을 견뎌내지 못할 것입니다. 그러나 그에게서 평강을 바라는 것은 제가 사람의 반목은 견딜 수 있어도 주님의 반목은 견딜 수 없다는 것을 그가 아시기 때문입니다. 이것이 저의 유일한 일이니 목회하면서 제대로 한 것이 거의 없다는 염려입니다. 하지만 저는

혼인에 참여할 자녀들을 사랑했고 결혼이 잘 되는 것과 그의 나라가 오는 것을 위하여 기도하고 사모했다고 감히 말할 수 있습니다.

언약의 어김을 인하여 주님께서 갤러웨이와 이 나라 전체에 반드시 심판과 재앙을 내리실 것으로 알고 있습니다. 그러나 저나 저와 같은 어느 사람에게 놓여질 수 있는 것은 그리스도에게는 너무 가벼운 것입니다. 그리스도는 더한 것을 지실 수 있고 제가 지금 고난을 받는 것보다 더욱 영광스러운 대의를 위하여 자신의 살아 있는 종들 안에서 죽음과 산 채로 불타는 것도 감당하시려고 하십니다. 하지만 저의 모든 푸념에도 불구하고 (제가 지금 감히 숨기지 않는다는 것을 그가 아시거니와) 그가 지금보다 더 감미롭고 더 친절하신 적이 없었습니다. 지금 한 번의 입맞춤이 예전의 열 번의 긴 입맞춤보다 더 감미롭습니다. 그의 십자가는 달고 답니다. 그의 멍에는 가볍고 가벼우며 쉽습니다. 오, 저 알려지지 않아서 반만큼도 사랑을 받지 못하는 저 명예로운 식물(Plant of Renown), 순(筍)이라고 불리는 사람, 만 사람에 뛰어난 분, 사람의 아들들 가운데 가장 아름다운 분의 진리와 대의를 위해서 열 번이라도 죽어서 아버지의 집에 올라갈 수만 있다면 얼마나 아름다운 걸음이겠습니까! 오, "그리스도의 남은 고난"(골 1:24)에는 보이지 않는 얼마나 놀라운 기쁨들이 있으며 마음을 불태우는 사랑이 얼마나 많이 숨겨져 있는지요!

존경하는 부인이여! 제 손으로 부인에게 써 보내드리니 저의 손만이 아니라 저의 마음이 쓰는 것입니다. 어서 오라, 어서 오라, 감미롭고 감미로운 그리스도의 영광스러운 십자가여, 아름다운 예수여, 가벼운 당신의 십자가와 함께 어서 오십시오. 주님은 이제 제게서 모든 사랑을 얻으셨고 가지셨으니 주께서 얻으신 것을 가지고 계시기 바랍니다. 단지 화, 화로다, 나여, 나의 두고 떠난 양 떼여, 예수의 어린양들이여, 그들이 말라버린 젖을 빨게 될까봐 걱정입니다. 이만 줄이겠습니다.

부인, 제게 주어진 시간이 많지 않아서 부인을 뵙는다는 약속을 감히 할 수 없습니다. 저는 제 몸에 대한 권리를 가진 왕에게 복종하려고 합니다. 왕들에게 불복하는 것이 그리스도의 일꾼들에게 적합하지 않기 때문입니다. 마르 부인에게 제 처지를 알려 주십시오. 부인과 그 선한 부인이 저의 뜻을 위해서가 아니라, 복음을 위해서 그리스도의 죄수의 하나님께 아뢰어 주시기를 기대합니다. 부인, 할 수 있는 대로 저를 잊지 마시고 당신의 오빠인 론 각하께 낯 모르는 불쌍한 이방인인 저를 위해 해 주신 일에 대해 감사의 편지를 보내 주십시오. 제가 사는 동안 그의 집과 그를 위해 기도할 것입니다. 잘못 대접을 받으시며 핍박을 받는 주이신 예수 그리스도를 위하여 큰 거리에서 입을 연다는 것은 그의 명예입니다.

이제 부인과 귀여운 아이를 저의 주 예수님의 부드러운 자비와 떨기나무 가운데 계셨던 분의 선한 뜻에 맡깁니다.

1636년 7월 28일, 에든버러, S. R.

24 쿨로스 부인에게 — 자신이 애버딘으로 추방될 때
양심의 도전들, 짐이 아닌 십자가

>

부인, 부인의 편지가 지금 그리스도의 죄수요, 복음을 위해 갇혀 있는 저에게 알맞은 때에 도착했습니다. 저는 성직박탈과 함께 애버딘 지역에 감금을 선고 받았습니다. 그러나 아, 저의 죄와 젊은 날의 어리석은 행위들과 저의 소명에서 특별히 저의 존귀하시고 고상하신 왕 예수님과 그리스도의 나라와 면류관과 홀을 위하여 더 많이 가르치지 않은 나태함이 저를 정면으로 노려보고 있으니 하나님의 사랑하는 성도들에게 기쁨의 면류관이 되는 그것 안에 노함이 있다는 것을 깨달았습니다. 이것이 세 번의 여러 날에 걸친 저의 법정출두가 있기 전에 저를 괴롭혔는데 지금은 더욱 무겁게 만듭니다. 그럼에도 불구하고 그리스도와 그로 인해 화해를 이루신 하나님께서 벌린 팔로 저를 만나 주셨고 자상하게 법정의 문에 들어갈 때에 만나 주시겠다고 약속해 주셨으며 제가 답변하도록 도와주셨으니 유리한 쪽은 저들이 아니고 그리스도의 편입니다. 아! 제가 자책들로 이와 같이 짓눌리는 것은 이상할 것이 못됩니다. 세상은 저를 오해하고 있고 저로 눈을 붙이지 못하게 하고 마음을 무겁게 하는 어떤 죄책이 제 속에 있는지 아무도 알지 못하니 이 두 가지 곧 저의 마음과 양심, 그리고 저의 마음보다 크신 주님을 두고 말하는 것입니다.

당신의 오빠가 망루에 있을 때에 자신의 어머니를 위해 간절히 빌며 이 땅을 위해 간절히 빌기를 금단의 귀족들이 왕이신 주님의 머리에서 벗긴 주 예수의 아름다운 면류관을 위하여 부르짖는 것을 아끼지 말아 달라고 그에게 저의 말을 전해 주십시오. 만일 제게 자책들과, 제 영혼 속에 대법정이 없었다면 저의 사랑하고 사랑하는 이인 예수님과 그분의 진리를 위하여 열 번을 죽어서라도 아버지 집에 가려고 꿈쩍거리지도 않았을 것입니다. 하지만 지금 저는 힘들게 지내고 있습니다. 친애하는 부인이여, 만일 부인이 저와 제 안에 계신 그리스도를 사랑하신다면, 주님과 저 사이에 지난 것들은 지나간 것이 되게 하시고 주님의 대법정의 소환을 면하게 하시고 오직 그가 저를 위해 하실 것과 제 속에서 행하실 것 외에는 저로부터 아무것도 구하시지 말아달라는 이것을 위하여 기도해 주시고 기도해 주십시오. 만일 부인께서 저 자신처럼 저를 아셨더라면 이렇게 말하셨을 것입니다. "불쌍한 사람, 무서워하지 말아요." 이 십자가를 저에게 만들어 준 것은 제 판단이 아니니 그것은 아주 진실되며 또한 진지하고 분명한 근거들이 있습니다. 그러나 제가 이렇게 지쳐있을 때 하나님께서 저로부터 유익을 얻으시리라고 저는 믿을 수가 없습니다. 고난에 고난을 더하는 것을 금하시는 분이 그렇게 하시겠습니까? 어찌하여 그분이 마른 풀과 검불을 쫓으시겠습니까? 지금 그분에게 저를 아껴 달라고 전해 주십시오. 또한 그리스도와 제가 그의 연회장에서 가졌던 아름다운 잔칫날들과 한때 제게 맡겨졌지만, 제가 주님의 양들을 돌보는 데 사로잡혀 잠이 제 눈에서 떠났던 처음 두 해처럼 끝까지 충실하지 못했기 때문에, 그에 의해 지금 제 손을 떠난 저 흩어진 양 떼들에 대한 기억이 저의 괴로움에 괴로움을 더합니다.

이제 저의 주님께서 오직 이것을 저에게 말하라고 하시니 지금 제 손으로 씁니다(부인이 주님의 종의 증인이 되어 주십시오). 어서 오라, 어서 오라, 감미롭고 감미로운 그리스도의 십자가여. 어서 오십시오. 아름답고,

아름다우며, 사랑스럽고, 존귀하신 왕이시여. 왕의 십자가와 함께 어서 오십시오. 우리 셋이 모두 천국까지 함께 가게 하여 주소서. 스코틀랜드의 남쪽에서 북쪽으로 가는 것과 제가 사랑할 이유가 별로 없는 이 나라의 한 곳에서, 낯선 사람들 사이에서 그리스도의 죄수가 되는 것은 크게 염려할 일은 아닙니다. 그리스도께서 애버딘을 즐거움의 동산으로 만들어 주실 것을 저는 압니다. 제가 진심으로 확신하고 있는 것은 스코틀랜드가 안팎으로 "애가와 애곡과 재앙"(겔 2:10)이라고 쓴 에스겔의 책을 먹을 것이지만 성도들은 그것을 떠나서 새 예루살렘 거리를 통과하는 우물의 물을 마시리라는 것입니다. 그리스도의 비천한 죄수를 당신께서 기억해 주시기를 바라면서 은혜, 은혜가 당신과 함께 하시기를 기원합니다.

1636년 7월 30일, 에든버러, S. R.

25

로버트 커닝햄에게 ―
아일랜드의 할리우드 교회에 있는 교회 목사
고난 당하는 형제를 위로함, 자신의 목사직 박탈, 그리스도를 위해 고난 받을 만함

>

사랑하고 존경하는 형제에게,

은혜와 사랑과 평안이 당신에게 있기를 바랍니다. 그리스도 안에서 친분이 있으므로 당신에게 편지를 드리는 것이 좋은 일이라고 생각했습니다. 추수하는 주님께서 잠시 우리의 손에서 낫을 가져가시고 더 명예로운 일을 우리에게 맡기셨으니 곧 자신의 이름을 위해 고난을 받는 일을 좋게 여기신 것을 보면서 우리가 편지로 서로 위로하는 것은 좋은 일일 것입니다. 제가 당신을 얼굴로 보고 싶었지만 그리스도의 죄수가 된 지금 그것은 가능한 일이 아닙니다. 저는 높으시고 존귀하신 당신의 상관이신 예수 그리스도 우리 주님을 위한 당신의 꿋꿋한 정신에 대하여, 그리고 당신과 함께 남아있는 사랑하는 형제들에게 있는 하나님의 은혜에 대하여 듣고서 크게 위안을 받았습니다.

당신께서 저의 고난에 대해 들으셨을 것입니다. 우리의 아름다우신 주

예수께서 자신의 집에 이 금단의 사제들을 풀어놓아 앤워스에서 저의 사역을 빼앗고 그곳에서 160마일 떨어진 애버딘에 저를 가두어(전에 누구에게도 그렇게 한 적이 없습니다), 반역이라는 협박 아래 이 나라 안에서는 그리스도의 이름으로 말하는 것을 전혀 금지하도록 하셨습니다. 그들의 미움을 산 원인은 아르미니우스주의자들을 반박하는 저의 책이었는데 그들이 그것을 빌미로 고소하여 저는 3일간 그들 앞에 섰습니다. 그러나 시온에 계신 왕관을 쓰신 우리 왕께서 다스리실 것입니다! 그의 은혜로 손해는 그들의 것이고 이익은 그리스도와 진리의 것입니다. 비록 이 정직한 십자가가 얼마간 저를 이기고 저의 근심과 양심의 내적인 자책들이 얼마 동안 심했지만 이제 여러분 모두의 격려에 힘입어 저는 감히 말하며 제 손으로 이렇게 씁니다. "어서 오라, 어서 오라, 감미롭고 감미로운 그리스도의 십자가여." 제가 진심으로 확신하는 것은 주 예수의 사슬들은 모두 순금으로 입혀 있고, 그의 십자가는 향기가 발라져서 그리스도의 냄새를 발하고, 승리가 어린양의 피와 그의 진리의 말씀으로 이루어질 것이며, 그의 연약한 종들과 핍박 받는 진리 사이에 반듯하게 누워 계신 그리스도는 원수들의 등을 타실 것이며, "그의 노하시는 날에 열 왕을 쳐서 파하실 것"(시 110:5)입니다.

그분께서 웃으실 때가 우리의 웃는 때입니다. 지금은 주님께서 그러한 불법들을 잠시 묵인하기를 원하시니 그 분께서 원수들로 자기들의 주리고 야위고 빈약한 낙원을 즐기라고 내버려 두실 때까지 우리가 침묵하는 것이 바람직한 것입니다. 우시는 그리스도와 함께 매를 맞기를 족히 여기는 사람들은 복이 있습니다. 믿음은 주님을 의지하며 서두르지 않고 억지를 부리지 않습니다. 믿음은 겁에 질려 시험에게 알랑거리지도 않을 뿐만 아니라 십자가를 뇌물로 매수하려고 하지도 않습니다. 어린양과 그를 따르는 자들은 보석금을 얻을 수도 없을 것이고 십자가와 휴전할 수도 없는 것이 대수롭지 않은 일이니 아버지의 집에 올라갈 때까지 그럴 것입니다.

많은 애인들과 창녀놀음을 한 어머니를 인하여 저의 마음이 참으로 고통스럽습니다. 그 남편이 그 가증스러운 범죄들을 인하여 그녀를 팔 생각을 가지고 있으니 이 타락한 나라에 대해 주님의 손이 무거울 것입니다. 우리의 시온의 길들은 슬퍼하며 금은 빛이 바래졌으며 나실인의 흰옷은 석탄처럼 검습니다. 남편과 그 아내인 어머니가 하나되지 못했는데 아이들이 어찌 울지 않겠습니까? 하지만 저는 스코틀랜드의 하늘이 다시 맑게 갤 것을 믿습니다. 그리스도께서 야곱의 무너진 옛 처소들을 다시 쌓을 것이며 우리의 죽어 말라 버린 뼈들이 살아 있는 사람의 군대가 되며 우리의 사랑하는 이가 "날이 기울고 그림자가 갈 때"(아 4:5, 6)까지 양 떼를 먹이실 것입니다.

사랑하는 형제여, 기도로 우리 서로 도웁시다. 왕께서 자기의 원수들을 쓰러뜨리고 피로 물든 붉은 옷을 입으시고 보스라에서 오실 것입니다. 우리를 위로하시려고 그가 나타나서서 그의 아내를 헵시바라 그의 땅을 뷸라(사 62:4)라 부르실 것입니다. 왜냐하면 그는 우리를 기뻐하시고 우리와 결혼하실 것이니 그때 스코틀랜드는 "내가 우상과 무슨 상관이 있으리요?"라고 말할 것이기 때문입니다. 오직 검불을 타고서라도 지옥을 건너실 수 있으며 그의 말이 결코 넘어지지 않는 그에게 충성하십시다. 그와 그의 높고 거룩한 이름이 제 안에서 영광을 받으실 수만 있다면 저를 물 위의 다리로 만드셔도 좋습니다. 감미로우신 중보자의 손으로 때리시는 것은 아주 감미롭습니다. 그가 항상 제 영혼에 감미로우셨습니다만 제가 그를 위해 고난을 받은 이후에는 그의 숨결이 이전보다 더욱 감미롭습니다. 오, 제가 머리의 모든 머리카락과 몸의 모든 지체와 모든 뼈들이 그를 향한 아름다운 고백을 증언하는 사람이라면 얼마나 좋겠습니까! 저는 그를 너무나 보잘것없이 여겨왔습니다. 제가 수평선 저 너머 죽음을 넘어서 저 세상의 웃는 면을 바라보노라면 비록 지치고, 마음이 죽고, 겁먹고, 때로 쓰러지고, 어린양의 혼인잔치를 기다리느라고 굶주릴지라도 저는 승리하며 야곱의 높은 곳을 타고 다니는 것입니다. 그러나 굶주림으로 우리를 먹이시고 궁핍과 버림받음으로 우리를 살찌우시는 것이 주님의 지혜로운 사랑이라고 저는 생각합니다. 사랑하는 형제여, 우리의 귀한 형제들이 해외로 갈 것인지 아닌지 저는 잘 모릅니다. 그들이 제 마음에 있고 제 기도 속에 있습니다. 그들이 아직 당신과 함께 있다면 저의 친한 친구인 존 스튜어트에게 안부 전해 주시고 주 안에서 사랑하는 형제들인 해밀턴, 리빙스턴, 맥렐란드 씨 등에게 안부 전해 주시며 저의 괴로움을 그들에게 알려 주시고 고난 받는 그리스도의 불쌍한 죄수를 위해 기도해 달라고 간청해 주십시오. 그들은 제가 사랑하는 분들입니다. 저의 양 떼를 위해 당신과 그들의 기도를 요청합니다. 그들을 생각하면 제 마음이 상합니다. 저는 그 사람들과 그리스도 안에서 친분이 있는 다른 사람들을 하나님 안에 있는 사랑으로 그리고 하나님께서 그들을 사랑하시는 것처럼 사랑하기를 소원합니다. 저를 남서쪽으로 보내셨던 분이 북쪽으로도 보내신다는 것을 저는 압니다. 저는 제 영혼에게 그를 믿고 기다리라고 타이를 것이며 그의 섭리를 따라 가되 앞질러 가지도 않을 것이며 뒤에 처지지도 않을 것입니다.

자, 사랑하는 형제여, 글로써 작별을 고하며 당신을 그의 모든 은혜의 말씀에, 성령의 일하심에, 당신을 우리 주 예수 그리스도의 날까지 흠 없이 지켜 주시기를 오른손에 일곱 별을 잡고 계신 이에게 부탁 드립니다.

애버딘에 있는 그리스도의 궁전으로 여행하면서 어바인에서,

1636년 8월 4일, S. R.

알렉산더 고든에게
애버스를 떠나는 심정

>

매우 존경하는 분에게,

의회 기간이 끝나면 바로 저는 애버딘으로 가려고 합니다. 주님께서 저와 함께하시니 사람이 무엇을 하든지 상관하지 않습니다. 저는 아무에게도 짐을 지우지 않고 아무것도 모자라는 것이 없습니다. 어떤 왕도 저보다 더 잘 갖출 수는 없을 것입니다. 감미롭고, 감미로우며 쉬운 것이 주님의 십자가입니다. 제가 대면하는 사람은 모두 (어떤 교파에 속하든지, 귀족이든 가난한 사람들이든, 친한 사람이든 낯선 사람이든) 제게 다정합니다. 저의 가장 사랑하는 이는 보통 때보다 더욱 친절하시고 더 따뜻하시고 제 영혼에

찾아오시고 들르십니다. 저의 사슬들은 금으로 입혀져 있습니다. 오직 앤 워스에서 그리스도와 함께 했던 아름다운 날들과 저의 사랑하는 양 떼들 (그들의 처지가 제 마음의 슬픔입니다)에 대한 기억이 제 달콤한 포도주에 초(醋)일 뿐입니다. 하지만 단 것과 신 것이 제 영혼을 기릅니다. 어떤 붓으로도, 어떤 말로도, 어떤 기술로도, 저의 유일하고 유일한 주님 예수의 사랑스러우심을 당신에게 표현할 수가 없습니다. 이렇게 서둘러서 애버딘에 있는 저의 궁전으로 향하며 당신과 당신의 아내, 장남과 다른 아이들을 축복합니다. 은혜, 은혜가 당신과 함께 하시기를 바랍니다.

1636년 9월 5일, 에든버러, S. R.

27 윌리엄 풀러턴에게 — 커쿠브리의 시장
그리스도를 위하여 고난 받으라고 권면함

>

사랑하며 존경하는 각하, 은혜와 사랑과 평안이 당신에게 있기를 바랍니다. 제가 이 낯선 땅에 그리스도와 그의 진리를 위한 죄수로 남아 있으면서 좋은 상태에 있으니 주님을 찬양합니다. 저는 그의 십자가가 부끄럽지 않습니다. 저의 영혼은 그의 감미로운 임재의 위안으로 위로를 받았으니 저는 그를 위하여 고난을 받고 있는 것입니다.

제가 진심으로 당신에게 권하는 것은 당신의 명예와 권세를 그리스도께 그리고 그리스도를 위하여 드리시고 당신이 주님을 위하며 그리고 그의 진리와 대의를 위하는 동안 혈육을 인하여 낙심하지 말라는 것입니다. 우리가 당분간 진리가 나쁜 쪽에 놓이는 것을 볼지라도 그리스도는 진리의 친구가 되실 것이요, 그와 그의 영광을 위하여 자기들이 가진 모든 것을 희생시키려고 하는 사람들을 위하여 일하실 것입니다. 각하, 우리의 아름다운 날이 오고 있으며 법정이 변할 것이고 악한 자들이 정오가 지나면 울게 될 것이니 아침에 우는 하나님의 자녀들보다 심하게 울 것입니다. 하나님의 구원을 믿고 바라봅시다.

각하, 지금 저와 같이 하나님의 진리를 위하여 괴로움을 겪고 있는 제 동생에 대한 당신의 친절과 사랑을 부탁드리는 일은 당신께 적어 보낼 필요가 없으리라고 봅니다. 동생과 저에 대한 당신의 사랑을 인하여 저 자신이 당신과 당신의 귀하며 친절한 아내와 자녀를 위해 기도의 빚을 지고 있다고 생각합니다. 그리스도 안에서 저희를 위한 당신의 수고가 헛되지 않으리라고 봅니다. 하나님의 부드러운 자비와 인자하심에 당신을 부탁드리며 이만 줄입니다.

1636년 9월 21일, 애버딘, S. R.

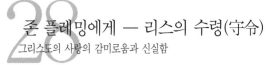

존 플레밍에게 — 리스의 수령(守令)
그리스도의 사랑의 감미로움과 신실함

>

존경하는 친구여, 은혜와 자비와 평안이 당신에게 있기를 바랍니다. 당신의 편지를 받았습니다. 예수 그리스도로 인하여 주를 찬양하며 "내가 고난의 풀무에서 너를 택하였노라"(사 48: 10), "환난 때에 내가 저와 함께 하여"(시 91: 15)라는 그의 말씀이 좋다는 것을 알았습니다. 오직 많은 선함과 위로 외에 그리스도의 손에서 아무것도 바라지 않았었고 이제 실망하지 않습니다. 주님의 십자가는 위로들로 도금이 되어 있고 기름이 칠해져 있다는 것을 알았습니다. 저의 주님께서 이제 그의 십자가의 흰쪽을 보여 주셨습니다. 저는 감옥에서의 저의 울음을 그들의 주리고 빈약한 기쁨 속에 있는 십사 인의 사제들의 웃음과 바꾸고 싶지 않습니다. 이 세상은 그리스도의 사랑의 감미로움을 알지 못하니 그들에게는 비밀인 것입니다.

제가 처음 여기에 왔을 때 아주 힘들었던 것은 특별히 사제들이 이 도시의 목사들에게 이전의 제 고통에 (그 일이 자기들에게는 부드럽기 때문에) 저에게 설교할 자유를 금지하게 하는 이 점잖은 잔인함을 더하려고 했던 것이었습니다. 저는 말했습니다. 내가 그리스도를 섬기는 것이 무엇이 잘못인가? 그러나 저는 바보였으니 그가 저와 친해지시려고 자신을 치셨던 것입니다. 만일 당신과 하나님의 자녀들인 다른 사람들이 보잘것없는 사람들을 자신의 증인들로 만드시는 그의 높으신 이름을 찬양하신다면 저의 침묵과 고난이 제 혀가 설교하는 것보다 더 많이 설교하리라는 것입니다. 만일 그의 영광이 저로 말미암아 드러난다면 저는 만족할 것입니다. 그리스도로부터 친절함이 전혀 부족하지 않기 때문입니다. 그리고 선생이여, 저는 그의 너그러우심을 숨길 수 없습니다. 제가 당신에게 쓰는 것은 당신으로 찬양하게 하기 위함이며 당신의 형제와 다른 사람들도 이 일에 저와 함께 참여하게 해 달라는 것입니다.

이 땅이 황폐해질 것입니다. 우리의 범죄가 가득 찼습니다. 우리가 마시며 토하며 쓰러지리라고 주님이 말씀하십니다. 당신의 친절한 아내에게 인사를 전해 주십시오. 은혜가 당신에게 있기를 바랍니다.

1636년 11월 13일, 애버딘, S. R.

29 켄무어 자작 부인에게
애버딘에서 그리스도를 즐거워함. 그리스도를 보는 것이 듣는 것보다 나음. 어떤 이들은 그리스도와 그의 것을 부끄러워함

>

경애하며 사랑하는 부인, 은혜와 사랑과 평안이 부인에게 있기를 바랍니다. 부인과 그 귀여운 아이를 잊을 수가 없습니다. 주님께서 부인과 그 아이에게 어떻게 해 주시는지 듣고 싶은데 제게 편지를 보내 주신다면 고맙겠습니다. 주님께서 애버딘에서 저를 만나 주시기로 약속하셨고 저의 대적들이 저의 고상하시고 높고, 높으시며 존귀하신 왕인 예수님과 사랑의 연회를 즐기라고 저를 여기로 보냈다는 것을 제 친구들에게 써 보내지 않을 수 없습니다. 부인, 왜 제가 그리스도의 정직하심을 못 본 체해야 합니까? 저는 그가 제 영혼에 잘 대해 주신 것을 숨길 수 없습니다. 제가 여기에 처음 왔을 때 그는 제게 멀게, 낯설게 보였습니다. 하지만 저는 그의 겉모습보다는 그분 자신을 믿습니다. 이제 저는 그리스도께서 찡그리신다고 그분과 다투지 않을 것입니다. 이제 그가 얼굴에서 가면을 벗으시고 말씀하시기를 "네 맘껏 입맞추라"고 하십니다. 제 작은 팔로 커다란 천국을 안았는데 제가 더 이상 무엇을 가질 수 있겠습니까?

오, 그리스도를 위한 그리스도의 고난들은 얼마나 감미로운지요! 그리스도의 십자가에 대해 못된 소문을 퍼뜨리는 사람들을 하나님께서 용서하시기를 바랍니다. 우리를 잘못되게 하는 것은 단지 어두운 쪽만 바라보는 우리의 약하고 침침한 눈입니다. 저 울퉁불퉁한 나무를 자기 등에 당당하게 지고 신중하게 붙들어 매는 사람은 그것이 새에게는 날개와 같고 배에는 돛과 같은 짐이라는 것을 알게 될 것입니다. 부인, 더 좋은 편을 택하신 것에 대해 후회하지 마십시오. 제 구원을 걸고서 말씀 드리는 것은 제가 고난을 받는 이것이 그리스도의 진리를 위한 것입니다. 만일 제가 고난을 받으면서 실망을 했더라면 저는 다른 사람들에게 속지 말라고 했을 것이며 당신에게도 솔직하게 말했을 것입니다. 그러나 진리는 그리스도의 면류관이요 그의 홀(笏)입니다. 그의 나라의 자유가 지금 문제시 되고 있는 것은 그리스도께서 땅의 방백들에게 조공을 바치고 머슴이 되어야 한다는 것을 우리가 허락하지 않았기 때문이며 그래서 우리의 어머니의 아들들이 우리에게 분노하고 있는 것입니다. 그러나 그리스도께서 어떤 사람을 위해 말고삐를 잡으시게 하는 것은 온당치 못한 일입니다. 높으시고 존귀한 왕이신 예수님의 영광을 위해 죽는 것은 아름답고 영예로운 죽음이 될 것입니다. 그의 사랑이 세상에게는 비밀입니다. 지금처럼 그리스도 안에 그렇게 많은 것이 있으리라고는 제가 믿지 못했습니다. "와서 보라"는 탁월함과 영광 중에 계시는 그리스도를 알게 합니다. 그의 숨결이 얼마나 감미로운지 이 나라 전체가 알았으면 좋겠습니다. 그림으로 세상을 보듯이 책으로 그리스도를 보는 것은 아무것도 아닙니다. 사람들이 책과 혀로 그리스도를 말하고는 그만입니다. 그러나 그리스도께 가까이 가서 그의 손을 잡고 그를 끌어안는 것은 다른 것입니다.

부인, 그리스도께서 당신을 영예롭게 하신 그 영예로운 고백 안에서 당신의 명예와 당신의 격려를 위해 편지를 씁니다. 당신은 언덕의 양지바른 쪽, 그리스도의 좋은 것들의 최고의 것을 가지셨습니다. 그는 당신에게 서자의 몫을 주신 것이 아닙니다. 비록 당신이 당신의 주님에게서 때림과 냉랭한 모습들을 받을지라도 이 세상은 진실된 당신의 것으로부터 아무것도 빼앗아 갈 수가 없고 죽음도 당신에게 해를 입히지 못할 것이니 당신 자신의 느낌보다 그의 사랑을 더욱 신뢰하십시오. 당신의 반석은 당신의 바다처럼 밀물이나 썰물이 없습니다. 그리스도께서는 말씀하신 것을 지키실 것입니다. 그가 당신의 스승이 될 것입니다. 당신은 천국의 헌장을 가지고 놀려고 해서는 안됩니다. 당신은 그리스도께 돈을 잃고 자유의지라고 하는 주인이 당신의 스승이 되지 않도록 하는 것이 좋습니다. 당신을 천국에 데려가는 일을 그리스도께서는 당신에게나 어떤 대리자에게 맡긴 것이 아니며 오직 그분 자신이 친히 맡으실 것입니다. 당신의 스승을 찬양합니다. 당신의 신랑이요 당신의 머리이신 주님이 나타나실 그때는 당신의 날이 밝을 것이며 오후도 저녁 노을도 다시는 없을 것입니다. 당신의 아이가 그리스도의 소유가 되게 하십시오. 하나님께서 원하시면 기꺼이 다시 드리려고 하는 당신의 보증으로 당신 옆에 늘 있도록 하십시오.

부인, 여기 사는 사람들이 제게 친절하다는 것을 알았습니다만 오직 밤에만 조심스럽게 그렇습니다. 주님의 대의는 부끄러움이나 두려움이 없이 당당하게 드러나야 합니다. 다른 이들은 자기 방식대로 친절합니다. 많은 사람이 저를 이상한 사람으로 생각하고 저의 뜻이 옳지 않다고 여기지만 저는 사람들의 생각이나 인정에 그리 관심을 두지 않습니다. 이 도시의 설교자들은 큰 사랑을 가진 체 하지만 주교들이 이 도시의 강단에서 제가 설교를 하지 못하도록 하는 점잖은 잔인함을 다른 것에 더하였습니다. 사람들이 그것을 불평하며 소리를 높입니다. 다른 면에서는 그리스도께서 제게 아주 관대하시지만 진실을 말한다면 주님의 날에 저를 침묵케 하심은 저로 터무니없이 자신을 높이지 못하도록 하시며 주님의 사랑의 열기에 깜짝 놀라지 못하게 하시는 것입니다. 어떤 사람들이 제게 영향을 주기 때문에 여기의 설교자들이 저의 감금을 다른 곳으로 옮길 계획을 가지고 있다고 들었습니다. 북쪽의 사랑은 매우 차갑지만 그리스도와 저는 견뎌낼 것입니다. 오랫동안 저는 이러한 비통한 침묵과 씨름해 왔습니다. 저는 말했습니다. 그리스도께서 나의 섬김을 싫어하시는가? 그리고 저의 영혼이 그리스도께 떼를 쓰며 가부간의 답을 구했습니다. 하지만 저의 혀가 했던 것보다 저의 고통이 더 많이 설교하리라는 것을 생각하며 저는 그를 따르기로 했습니다. 갑절로 주신 것에 대해 저는 조금도 그리스도께 드리지 않았기 때문입니다. 한마디로 저는 바보요, 그는 하나님이십니다. 이제부터 저는 잠잠할 것입니다.

부인과 부인의 사랑스러운 아이에 대한 소식을 전해 주십시오. 부인을 염려하는 그리스도의 죄수를 위해 기도해 주십시오. 선한 마르 여사에게 저의 빚진 마음을 전해 주십시오. 은혜, 은혜가 당신과 함께 하시기를 바랍니다. 편지를 쓰며 당신의 예쁜 아이에게 축복을 기원합니다.

1636년 11월 22일, 애버딘, S. R.

30 켄무어 부인에게
설교를 금지 당한 시련, 마귀, 그리스도의 친절한 사랑, 진보

>

부인, 은혜와 사랑과 평안이 당신에게 있기를 바랍니다. 부인의 편지를 받았습니다. 그 편지는 제가 힘든 중에 기운을 얻게 했습니다. 그리스도의 죄수의 축복과 기도가 부인에게 있으시기를 바랍니다. 제가 여기로 온 이후에 저의 형제인 얼스턴과 그의 아들이 써 보낸 것을 빼고는 갤러웨이가 한마디도 써 보내지 않았습니다. 부인, 무슨 말을 해야 할지 모릅니다만 그 길을 가지신 분의 친절함이 제게 부족하지 않았습니다. (그리스도께서 제가 태어난 이후 저를 위해 더 이상 아무것도 아니하셨다고 하여도) 그리스도께서 이곳 나그네 집에서 저의 마음을 사로잡으셨고 저의 찬양을 차지하셨습니다. 저의 가장 사랑하는 분께서 비천한 죄수와 함께 먹는 것을 즐거워하시며 왕의 감송(甘松)은 향기로운 냄새를 발합니다. 단지 저 혼자만 잔치를 즐기며 그의 성도들을 돌보지 못한다는 것 외에는 아무것도 저를 슬프게 하는 것이 없습니다. 오, 이 나라가 그분과 저 사이가 어떤지를 알며 아무도 그리스도의 십자가에 대해 험담하지 않는다면 얼마나 좋겠습니까! 저의 침묵이 저를 삼켜 버리지만 그분은 제가 매일 설교하는 것 이상으로 제게 고마워하노라고 말씀하셨습니다. 제가 그것을 얼마나 좋아하

는지를 그분이 아십니다. 그러므로 저의 급여는 마치 제가 아직도 설교하고 있는 것처럼 위에 있는 천국에 있는 급여대장에 기록될 것입니다. 지휘관들이 병상에 있는 병사들에게 비록 그들이 진군할 수도 없고 무기를 나를 수도 없지만 정한 대로 급료를 지불합니다. "나는 여호와의 보시기에 존귀한 자라. 나의 하나님이 나의 힘이 되셨도다"(사 49:5). 저의 화관인 "추방된 목사"라는 애버딘에서 쓰는 이 말은 저를 부끄럽게 하지 않습니다. 저는 그리스도의 십자가의 밝은 쪽을 보았습니다. 그분은 자기의 고통받는 종에게 얼마나 사랑스러우신지요! "압박 당하는 자를 위하여 공의로 판단하시며 주린 자에게 식물을 주시는 자시로다. 여호와께서 갇힌 자를 해방하시며, 여호와께서 객을 보호하시며"(시 146:7, 9) 만일 십자가들을 바꾸게 되는 일이 있다면 저는 제 십자가를 다른 것과 바꾸지 않을 것입니다.

저는 그리스도를 아주 기뻐하며 그분은 저를 기뻐하시니 다른 사람들이 우리를 엿듣지 않기를 바랍니다(잠 14: 10). 이 모든 것에도 불구하고 저는 고난 당하는 제 형제의 처지를 인하여 많은 눈물로 음식을 삼고 하루에도 일곱 번씩 올라갔다 내려갔다 하며 자주 근심하며 낙심하는 것이 사실입니다. 하지만 주님께서 당신의 종들의 보증이 되실 것을 바라봅니다. 그러나 이제 얼마의 아주 약한 경험으로 저는 으르렁거리며 날뛰는 마귀를 아주 좋아하기에 이르렀습니다. 성도들을 깨어 있게 하는 마귀가 우리에게 있어야 한다는 것을 생각하면 저는 안일하고 잠만 자는 놈보다 성가시게 하는 마귀를 원합니다. 제가 처음 여기에 올 때에 저는 그리스도께 시큰둥했고 그분에게 반항하는 마음이 일어났습니다. 그분이 저를 포도원의 담 너머로 마른 가지처럼 던져버리셨다고 생각했습니다. 그러나 제가 아는 것은 불이 그 마른 가지를 태워버리지 못한 것이 그분의 긍휼이었다는 것입니다. 마치 (주님의 기대를 저버린) 제가 아니라 주 예수께서 그 잘못을 범하신 것처럼 그분이 먼저 친히 고치시고 저를 나무라는 한 말씀도 하지 않으시고 다시 오셔서 그분의 임재로 제 영혼을 힘있게 하신 것입니다. 아니, 이제 저는 주 예수 그리스도의 십자가의 면역지대(免役地

代)와 재난들과 그것에 동반되는 위로들이 세상의 무상임대보다 훨씬 좋은 것이라고 생각합니다. 오, 우리 왕의 집에는 얼마나 풍족한 품꾼이 많은지요! 제가 지금 고난 받는 것이 그리스도의 진리를 위한 것이라고 저는 확신하며 거기에 저의 구원을 담보로 놓고자 합니다. 저는 그분의 위로가 꿈이 아니라는 것을 압니다. 그분은 빈 종이에 자신의 도장을 찍지 않으실 것이며 그분을 의지하는 자신의 고난 받는 자들을 속이지 않으실 것입니다.

부인께서 제게 적어 보내시기를 당신이 아직 부진한 학생이라고 하셨습니다. 부인, 당신은 손에 책을 들고 계속 배우시면서 천국 문에 이르러야 합니다. 부인은 고난의 커다란 몫과 갑절의 지분을 가지셨습니다만 그것은 당신의 아버지께서 당신을 서자로 여기시지 않는다는 것을 말하고 있는 것입니다. 친자식들이 징계를 받습니다(히 12:8). 저는 당신의 아이에 대해 듣고 싶습니다. 제가 그에게 그리스도의 죄수의 축복과 하나님의 자비에 관해 적어 보냈습니다. 그가 당신에게 그리스도의 것과 당신의 것이 되게 하십시오. 하지만 그리스도께서 주도권을 가지게 하십시오. 그분이 빌려 주는 자가 되게 하시고 당신은 빌리는 자가 되어 주인이 되지 않도록 하십시오.

부인, 그리스도께서 계속 부인에게 은혜를 주실 것이라고 제가 적어 보내드린 지가 오래 되지 않았습니다. 저는 여전히 같은 생각을 가지고 있으며 이제 제 손으로 적습니다. 그분을 진심으로 사랑하십시오. 그분을 뵙기를 사모하십시오. 그분 안에는 당신이 결코 보지 못했던 것들이 있습니다. 그분이 아주 가까이 계십니다. 그분은 생명나무인데 여름과 겨울에도 푸르고 꽃이 만발합니다. 기독교 신앙에는 그곳에 오는 사람은 누구든지 다른 사람들이 알 수 없고 자신만이 보고 느낄 수 있는 부분이 있습니다. 저는 당신에게 그분에게 가시라고 새롭게 초대합니다. "와 보라"는 제가 할 수 있는 것보다 더 좋은 것을 알려 줄 것입니다. "더 가까이"는 많은 것을 알려 줄 것입니다. 하나님께서 이 세상을 당신에게 줄 만한 몫이라고 생각하신 적이 없습니다. 그분께서 당신에게 더러움과 진흙의 선물을 주려고 하시지 않습니다. 아니, 그분은 당신에게 에서의 몫을 주고 싶어하지 않으시며 야곱의 유산을 당신을 위해 예비하셨습니다. 이제 당신은 결혼을 아주 잘하신 것이 아닙니까? 이제 당신에게 좋은 남편이 있지 않습니까?

저의 마음이 제 백성의 처녀 딸을 위해 얼마나 슬픈 밤들을 가지는지 말로 표현할 수 없습니다. 화로다, 나여, 내 때가 오고 있도다. "볼지어다. 그날이로다. 볼지어다, 임박하도다. 정한 재앙이 이르렀으니 몽둥이가 꽃 피며 교만이 싹 났도다. 포학이 일어나서 죄악의 몽둥이가 되었은즉"(겔 7: 10, 11). 마른 바람이 스코틀랜드에 불고 있으니 키질을 위함도 아니고 정결하게 함도 아닌 바람입니다. 의심할 것 없이 주님께서 토벌하실 때에 레바논의 다시 나는 싹들이 번성할 것입니다. 그들이 우리 산에 포도원을 가꿀 것이고 구름이 성전을 덮을 것입니다. 우리의 사랑하시는 주님의 축복과 자기 형제들에게서 떨어졌던 분의 축복이 당신에게 있기를 바랍니다.

애버딘, S. R.

31 휴 맥케일에게 ― 어바인의 목사
시련 속에서 믿어야 할 그리스도

>

존경하며 사랑하는 형제여, 편지를 보내 주셔서 감사드립니다. 제가 그리스도께로부터 풍성한 선함과 친절만을 바랐었는데 그분이 저의 나그네 된 집에서 그것을 발견하게 하셨다는 것을 당신에게 알려드리지 않을 수 없습니다. 형제여, 저를 믿으십시오. 제가 직접 제 손으로 써서 당신에게 보내는 것은 누구든지 그리스도의 십자가의 밝은 쪽을 바라보고 믿음과 용기로 그것을 당당하게 짊어지는 사람은 그것이 배에는 돛과 같고 새에게는 날개와 같은 짐이라는 것을 알게 된다는 것입니다. 저의 주님께서 그 검은 나무를 기쁨과 위로로 도금을 하시고 향을 칠하셨으며 기름을 바르셨다는 것을 알았습니다. 바보처럼 저는 한때 그리스도께 투덜대고 따졌으며 불친절하다고 다른 사람들에게 그를 원망했습니다. 그러나 저는 하나님을 신뢰하며 그의 찌푸리심을 불친절이라고 다시 말하지 않을 것입니다.

그가 제게서 베옷을 가져가셨기 때문입니다. 정말로 (제 어머니의 자식들이 화를 냈던) 불쌍하게 팔린 요셉인 죄수가 이제 그 친절하신 그리스도에 대해 지금 무슨 생각을 하고 있는지를 말씀 드리지 않을 수 없습니다. 그가 저의 지나간 잘못들을 면해 주시리라는 것을 생각하면 더 이상 탓할 수가 없으니 저는 비천할 뿐입니다.

이 사나운 일기 속에서 배운 것은 제가 그리스도의 바람부는 곳으로 가서 폭풍과 나 사이에 그를 세우고 저는 양지바른 언덕을 걷는 것입니다. 제가 이것을 쓰는 것은 당신이 저를 대신해서 다른 사람들에게 주님을 찬양하라고 말해 주셔서 저의 매임이 설교하게 해 달라는 것입니다. 오, 만일 온 스코틀랜드가 주교들이 제게 보내 준 잔치들과 사랑의 일견과 체험들을 알았다면 얼마나 좋겠습니까! 바보처럼 제가 그에게 탓을 돌렸던 것을 완전히 취소하며 이에 더하여 그분에게 용서를 구할 것입니다. 제가 시험받을 때 다시 잘못된 쪽에 이르지 않도록, 그리고 제가 열병 중에 저의 의사에게 다시 헛소리를 발하지 않도록 하나님께서 은혜 주시기를 바랍니다!

형제여, 당신이 시간이 있을 때에 당신의 어머니를 위해 간구하십시오. 설교단이 제게는 최고의 잔치였습니다만 저는 이렇게 하신 분을 대항하여 한마디도 하지 않을 것입니다. 저는 아직 그 집을 떠난 것이 아닙니다. 그들의 집단이 저를 밖으로 강제로 내쫓을지라도 저의 인자하신 주님은 그의 팔 아래에 제가 거처를 가질 것이라고 하십니다. 제게 편지를 써 보내 주시는 것이 저를 사랑하시는 일입니다. 은혜가 당신과 함께 하기를 바랍니다. 저를 위해 기도해 주십시오.

1636년 11월 22일, 애버딘, S. R.

32 윌리엄 고든에게
시련이 어떻게 잘못 이끄는지, 그리스도의 무한한 가치, 무시된 경고들

>

사랑하는 형제여, 은혜와 사랑과 평안이 당신에게 있기를 바랍니다. 우리

가 여기에 사는 동안 병사의 야간경비나 전장에서 싸우는 생활을 하고 있는 우리의 처지를 생각할 때마다, 저는 재판관에 의해서 죽는 날까지 해나 달이나 촛불의 빛을 보지 못하도록 선고를 받아 지하감옥 안에 있는 죄수들보다도 우리가 불쌍히 여김을 전혀 받지 못하거나 아니면 많이 불쌍히 여김을 받지는 못할 것이라고 말할 수밖에 없습니다. 왜냐하면 그들은 자기들의 생활을 싫증을 내며 자기들의 감옥을 혐오하지만 우리는 잘 보이지 않는 우리의 감옥에서 우리의 빈약한 꿈을 꾸며 밤의 환락을 취하도록 마시고 있기 때문입니다. 우리는 이것보다 더 좋은 삶이 없다고 사모합니다. 그러나 마지막 나팔소리와 천사장의 외치는 소리에 하나님께서 기울어져가는 이 세상의 목자의 장막을 거두실 때 우리가 지금 짓고 있는 모든 꿈에게서는 물 한 모금도 얻는 것이 없을 것입니다. 아! 우리가 이 생에서 마주쳤던 얼굴과 허리를 때린 사납고 매서운 폭풍은 우리로 하여금 죄의 죽임을 배우게 하지 못하며 세상에 대해 죽도록 하지 못한다는 것입니다! 우리가 근심을 사며 그것을 위해 비싼 값을 지불하고 있으니 우리의 사랑과, 우리의 기쁨과, 우리의 소망들과, 우리의 믿음을 시간이 녹여 없애 버릴 한 줌의 눈과 얼음조각을 위하여 다 써버리고 모든 것이 끝날 때는 술취한 여관에서 목마른 채 쫓겨날 것입니다. 아! 우리가 깨끗한 샘을 찾지 않고 있으니 잠자리에 들 때까지 어리석게도 더럽고 썩은 흙탕물을 마시게 되는 것입니다. 그러므로 우리가 깨어나는 부활의 때에는 어젯밤의 쉰 음료와 추잡한 찌꺼기들을 토해 낼 것이니 그때에 많은 영혼들이 메스꺼워 구역질을 할 것입니다.

온전한 샘은 하나밖에 없다고 저는 알고 있습니다. 천국밖에는 살 만한 것이 없다고 저는 알고 있습니다. 제 생각은 만일 그리스도나 천국 중에서 우열이 가려져야 한다면 제가 저의 복과 천국을 팔아서 그리스도를 사겠다는 것입니다. 오, 만일 제가 그리스도를 위해 장사를 하되 백 원에 만 원씩 장사를 하고, 사람들이 그리스도를 생각하는 것보다 일만 달란트 만큼 사람들의 생각에 그리스도를 높일 수만 있다면 얼마나 좋겠습니까! 하지만 저들은 그를 깎아 내리며 헐뜯고 자기들의 쓸모없는 동전으로 값을 매긴다든지 아니면 이 헛된 세상의 쓰러진 낡은 집과 그리스도를 바꾸거나 교환하려고 합니다. 또는 그들은 이자를 얻으려고 그를 빌려 그리스도를 가지고 이자놀이를 하고 있습니다. 그들이 그리스도를 믿는다고 고백하고 그리스도께서 자기들의 보물이요 재산이라고 사람들 앞에 큰소리치는 한편 사람들의 칭찬이나 명예나 안락이나 복음의 화창한 날이 그들이 탐내는 이자입니다. 그래서 시련이 오면 그들은 이자를 받으려고 원금을 버리고 모든 것을 잃어버리는 것입니다. 오직 그리스도만을 위해서 그리스도를 가지며 하나님께서 오셔서 그들에게 계산해 주실 때까지 그리스도를 깨끗이 온전하게 가지고 있는 사람들은 복이 있습니다. 저는 오랫동안 당신의 힘들고 괴로운 시련들 속에서 당신이 그리스도에 대해 좋게 그리고 높이 생각하셨다는 것을 알고 있습니다. 그렇지만 정말로 어느 십자가든지 우리에게 낡은 것은 없습니다. 세월이 우리와 그것 사이에 끼어 있다고 그것들을 잊어서는 안 되며 우리가 낡은 옷들을 버리듯이 그것들을 제쳐 버려서는 안됩니다. 우리는 시간적으로는 오래된 십자가를 새롭게 사용하여 그 시작에서처럼 열매를 맺을 수 있습니다.

우리에게 어떤 변화가 일어났든 7년 전에 어디에서 어떠하셨든 하나님은 변함이 없으십니다. 제가 이런 말씀을 당신에게 드리는 것은 마치 당신이 오래 전에 하나님께서 당신의 사랑을 가지려고 하신 일을 당신이 잊었다고 생각해서가 아니라 이 잠자는 시대에 당신을 깨워서 불과 물을 가지고 당신의 사랑에 대한 그리스도의 첫 구애와 구혼을 풍성하게 기억하게 하며 혹 그분께서 자신의 답을 가지셨는지 그리고 당신이 여전히 그분에게 당신의 사랑을 드리고 있는지를 확인하도록 하려는 것입니다. 제 자신이 발견한 것은 우리들의 경계심이 물이 체를 빠져나가는 것보다 더 빨리 우리에게서 빠져나간다는 것입니다. 저는 주님께서 제게 보내신 많은 부르심을 잃어버리고 밀쳐 버렸었습니다. 그러므로 주님께서 제가 하나님을 믿는 바 저를 갈라내지 못하게 할 갑절의 책임을 주셨던 것입니다. 제가 그의 크신 이름을 찬양하는 바 그분은 제게 지워진 십자가들을 붙들어 주시는 데에 인색하지 않으시며 그분께서 저를 이 멸망하는 세상에서 구원하시려고 자기의 막대기를 아낌없이 쓰고 계십니다. 풍성하신 하나님께서 이러한 방식으로 많은 사람들에게 하나님의 무정한 긍휼의 하나로 인하여 높임을 받으십니다. 하지만 그리스도의 십자가는 가혹한 것도 아니고 무정한 긍휼도 아니며 단지 아버지의 사랑의 표지입니다. 우리의 행복을 위하여 우리의 사랑을 가지려고 쫓아오는 애인에게서 도망쳐서도 안되고 피해서도 안 된다고 저는 확신합니다. 하나님은 제게 그리스도의 성화된 십자가가 예시하는 것보다 더 나쁜 긍휼을 보내시지는 않으실 것이며 저는 행복하며 복될 것을 확신합니다.

제가 주님의 집에서 그의 이름으로 말할 자리를 찾도록 저를 위해 기도해 주십시오. 당신의 부인께 그리스도 안에서의 제 사랑을 전해 주십시오. 은혜, 은혜가 당신에게 있기를 바랍니다.

1636년, 애버딘, S. R.

33 보이드 부인에게
애버딘, 자신의 슬픈 체험, 앞으로 전진함

>

부인, 은혜와 사랑과 평안이 당신에게 있기를 바랍니다. 주님께서 저를 애버딘에 데려오셨는데 이곳 사람들에게서 거의 하나님을 볼 수가 없습니다. 이 도시는 교황주의자들이나 갈리오의 헛된 신앙을 가진 사람들로 구성되어 있어서 저를 위해 의도적으로 선택이 되었습니다. 대체로 추방된 목사를 만나지 않는 것이 지혜라고 여기고 있습니다. 그러나 저는 그리스도께서 낯설지도 무정하지도 않으시다는 것을 알게 되었으니 제가 여기로 온 이후 많은 얼굴들이 저를 보고 웃는 것을 보았기 때문입니다. 제가 괴롭고 슬픈 것은 주님과 제 영혼 사이가 어떤 관계인지 그분 외에는 아무도 알지 못한다는 것입니다. 사람들이 저를 오해하고 있다는 것을 알았습니다. 제가 지금 보고 있듯이 거짓을 곱게 실을 자아서 그럴듯한 직물로 보이게 하고 시장에 내듯이 사람들에게 성자처럼 보이지만 아무도 보지 않는 가운데 슬며시 지옥으로 빠져 들어가는 일이 특별한 재주가 아닌 것입니다.

그와 같이 사람들을 속이는 것은 쉬운 일입니다. 기독교라는 이름의 글자 외에 기독교의 어떤 것을 안 적이 있었는지 진지하게 숙고했습니다. 사람들은 단지 사람들처럼 봅니다. 열을 스물이라고 하며 스물을 백이라고 합니다만 오, 마음으로 그리고 진실함으로 하나님께 인정을 받는다는 것은 보통 일이 아닙니다. 제가 강단을 가지고 있었을 때의 저의 태만과 말하기 부끄러운 다른 일들이 지금 저를 마주치니 하나님께서 정직한 십자가를 저의 매일의 근심이 되게 하십니다. 수치와 훼방을 염려하여 저는 법의 변론하는 이날을 숨겨야 했습니다. 저는 제 영혼 안에 있는 이 법정이 그리스도의 이름으로 개정이 된 것인지 모르겠습니다. 하나님께서 아시거니와 만일 구원의 확실성을 살 수 있는 것이라면 제가 열 개의 지구를 가지고 있어서 그것을 모두 드릴지라도 아까워하지 않았을 것입니다. 바보처럼 저는 그리스도를 위하여 고난을 받으면 제 자신이 그리스도의 보물들의 열쇠를 가지고 있어서 제가 원하는 대로 위로들을 꺼내 먹고 배부를 수 있으리라고 믿었습니다. 그러나 이제 그리스도를 위하여 고난 받는 자는 자신을 알게 되며 다른 불쌍한 죄인들과 마찬가지로 문간에 서서 아이들과 함께 곁상에서 먹기를 사모해야 하며 또 그렇게 하는 것을 즐거워해야 한다는 것을 알았습니다. 이것을 알게 한 그리스도의 십자가를 찬양합니다!

오, 하나님의 나라를 위하여 우리가 수고할 수 있다면 얼마나 좋겠습니까! 그러나 우리는 하나님의 자녀로서의 아주 평범한 몇 개의 표지들을 가지고 주저앉아서는 버림받은 자들로부터 자신을 구별시킬 수 있는 만큼 충분히 가졌다고 생각하고는 외칩니다. "방학이다!" 그와 같이 마귀는 우리의 불에 물을 끼얹고 우리의 열심과 관심을 무디게 합니다. 그러나 저는 천국이 문 앞에 있지 않다는 것을 압니다. 비록 제 자책이 많지만 저는 그리스도를 위해 고난을 받고 거기에 저의 구원을 감히 거는 것은 때때로 주님께서 오셔서 아름다운 시간을 가지게 하시기 때문입니다. 아! 오직 그의 사랑만이 감미롭고 즐겁고 평안이 넘칩니다. 반쪽 입맞춤도 감미롭습니다만 우리의 반해 버린 사랑은 우리가 완전히 소유하지 않으면 그리스도에 대한 권리만으로는 만족하지 않습니다. 마치 사람들이 자기가 땅을 샀다는 권리로 만족하지 않고 자기 등에 밭고랑과 밭을 짊어지고 집으로 오는 것과 같습니다.

어떠하든지 그리스도는 지혜로우시고 우리는 손바닥 안에 담보물을 넣고 그것을 만지작거리고 싶어하는 바보들입니다. 믿음으로 의지하며 사는 것이 우리를 만족하게 할 것입니다. 부인, 저는 부인이 이러한 것을 아시리라고 믿고 그것이 저로 담대히 편지를 쓰게 했으니 다른 사람들이 진리를 위한 저의 매임으로 얼마간 열매를 거두기를 바라는 것입니다. 주님께서 단지 저를 물위에 걸쳐 있는 다리로만 쓰실지라도 저의 주님께서 칭송을 받으시고 영광을 받으시는 것이 제가 원하고 바라는 바입니다. 부인과 당신의 아들과 아이들을 예루살렘에 사는 사람들 사이에서 이름과 거처를 내려 주신 그분의 은혜에 부탁 드립니다. 은혜가 당신과 함께 하시기를 기원하며 이만 줄입니다.

애버딘, S. R.

34 마거릿 발란틴에게
영혼의 가치와 구원의 긴급성

>

부인, 은혜와 사랑과 평안이 부인에게 있기를 바랍니다. 부인께 제가 편지를 드렸어야 할 때가 많이 지났습니다만 제가 부인의 영혼으로 걸음을 재촉하며 천국의 본향을 향하여 더 빠르게 가시도록 도울 수 있다면 좋은 때입니다. 진실로 남아 있는 당신의 짧은 날이 신속히 흘러갈 것이니 당신은 급히 서두르셔야 할 필요가 있습니다. 우리가 자든지 깨어 있든지 우리의 모래시계는 흐르기 때문입니다. 때는 아무도 기다려 주지 않습니다. 당신의 구원의 문제에서 속는 것을 조심하십시오. 그 상급을 잃는 사람들에게는 영원토록 화, 화가 있습니다. 영혼을 일단 잃어버리면 죄인들이 하루나 이틀 동안 자기들의 흙집 덩이를 자기들의 좋아하는 불로 덥게 하며 마침내는 번민 중에 누우며 영원히 지속되는 수치를 당하는 것 외에 남은 것이 무엇이 있겠습니까! 저는 하나님의 공의의 가르침과 하나님의 모든 것을 삼키는 진노와 불과 유황의 강과 못에서 죄인들이 그 영혼과 몸이 타는 영원한 불꽃을 진정으로 확실하게 믿는 것 외에 새로 시작하는 믿음의 다른 기준을 찾지 않을 것입니다. 그때 그들은 자기들의 혀를 식힐 차가운 우물물의 천분의 일보다 더 좋은 것을 바라지 않을 것입니다. 그때 그들은 창조 후에 하나님께서 만드신 빗방울만큼 많은 햇수 동안 고통과 번민을 견디고서라도 죽음을 사려고 할 것입니다. 그러나 거기에는 생명이나 죽음을 사고 팔 시장이 없습니다. 아! 이 세상의 대부분의 사람들이 뛰놀고 춤추고 먹고 마시고 잠자며 저 번민의 장소로 달려가고 있습니다. 당신에게 제가 드리는 말씀은 늦기 전에 그리스도를 따르는 일을 시작하시라는 것입니다. 만일 당신이 빨리 출발하시면 그리스도께서 당신 앞에 멀지 않은 곳에 계시니 당신이 곧 그를 따라잡을 것이기 때문입니다. 오, 주 하나님, 무엇이 이 "구원, 구원!"만큼 절실하겠습니까! 구원을 위해서 아무것도 내놓으려고 하지 않는 이 정죄 받은 어리석은 세상이여, 불쌍한지고! 오, 만일 하나님의 나팔소리가 죽은 자들을 깨울 그날에 열리는 구원의 자유시장이 있더라면 얼마나 많은 사람들이 그때 구원을 사려고 하겠습니까! 하나님께서 제게 눈먼 세상이 자기들의 손가락 사이로 자기들의 영원한 저주로 흘려버린 그 구원 외에 더 큰 행복을 주시지 않으실 것입니다. 그러므로 당신께서 (이사야 선지자가 말한 것처럼; 사 55:2) 양식을 위하여 돈을 드리고 있는지 살펴보시고 그리스도와 그의 피를 천국을 위한 담보로 놓으십시오. 에서가 여기서 사냥하고 있는 것은 마르고 굶주린 아이들의 양식 조각입니다. 저는 많은 사람이 그와 같은 것들을 쫓아서 그 사냥을 따라가고 있는 반면 그들이 복을 잃고 있다는 것을 알고 있습니다. 모든 것이 끝날 때 그들은 저녁식사를 위해 요리할 아무것도 얻지 못하고 주린 가운데 누울 것입니다. 이에 더하여 그들이 침대에 가서 죽을 때 촛불이 없을 것이니 하나님께서 그들에게 말씀하십니다. "너희가 내 손에서 얻을 것이 이것이라. 너희가 슬픔 중에 누우리라"(사 50:11). 진실로 이것은 사람들이 결코 눕고 싶지 않은 잘못 만들어진 침대와 같습니다. 근심으로 자기의 베개를 삼는 사람이 깊이 잘 수 없고 달게 쉴 수 없기 때문입니다. 그러므로 당신의 영혼을 깨우고 깨우십시오. 그리스도와 당신의 영혼이 어떻게 같이 만났는지를 물어보십시오. 그리스도를 인하여 마음의 중심에서 한 번도 앓아본 적이 없었던 사람들은 그리스도를 가진 적이 없다고 저는 확신합니다. 그리스도가 없어서 괴로운 밤을 지낸 적이 없는 아주, 아주 많은 사람들이 그리스도를 만났다고 생각하고 있습니다. 그러나 아! 사람들이 어젯밤에 많은 금을 갖는 꿈을 꾸었는데 아침에 깨어보니 그것이 꿈인 줄 알았다면 그들이 무슨 부자이겠습니까? 하늘과 땅이 불에 타서 올라가게 될 그날에 세상에 있는 모든 죄인들은 속임을 당한 꿈꾸는 자들이 아니면 무엇이겠습니까? 모든 사람들이 자신의 사냥과 자신의 성취에 대해 말할 것입니다. "이런, 꿈이었네!" 각 사람이 그날에 자기의 꿈을 드러낼 것입니다.

주 예수 안에서 제가 당신에게 간청하오니 당신의 구원의 문제에서 바르지 못한 일을 주의하시고 주의하십시오. 당신은 그리스도가 없어서는 안되며, 없을 수도 없으며, 없게 할 수도 없습니다. 그러므로 이날 이후로는 당신의 모든 애인들을 당신의 영혼 앞에 소집하여 그들에게 떠나라고 하십시오. 그리스도와 손을 잡으시고 그 이후로는 그리스도 밖에는 당신에게 다른 행복이 없게 하시고 그리스도 밖에는 아무것도 쫓아가지 마시고 그리스도 없이는 죽음이 올 때 잠자리에 들지 마십시오. 그리스도, 그리스도뿐이니, 그리스도 외에 누가 있습니까! 제가 그리스도에 대하여 이것을 상당히 알고 있으니 그는 찾는 데 까다롭지 않고 그의 사랑은 거만하지 않습니다. 만일 그리스도께서 제게 까다로우셨더라면 진노는 영원토록 제 몫이 되었을 것입니다. 그러나 하나님께 감사드립니다. 저는 그리스도를 위해 드린 것이 아무것도 없습니다. 이제 제가 사람들과 천사들 앞에서 단언하는 것은 그리스도께서는 교환이 될 수 없고, 그리스도께서는 팔릴 수 없으며, 그리스도께서는 저울에 달릴 수 없다는 것입니다. 천사들이나 온 세상이 그리스도를 달 만한 저울을 어디서 구하겠습니까? 당신이 그리스도 옆에 서게 되면 모든 애인들은 부끄러워할 것입니다! 그리스도의 사랑 외에 모든 사랑에게 화 있을지어다! 그리스도 없는 모든 천국에 영원토록 주림, 주림이 있을지어다! 그리스도의 영광이 없는 모든 영광에 영원토록 수치, 수치가 있을 것입니다. 그리스도의 생명이 없는 모든 생명에 죽음, 죽음이 있을 것이라고 저는 외칩니다. 오, 우리 사이를 떨어져 있게 하는 것이 무엇입니까? 오, 한 번이라도 우리가 멋진 만남을 가진다면!

이와 같이 그리스도를 당신께, 당신을 그리스도께 영원토록 추천하면서 저는 이만 줄이겠습니다. 은혜가 당신과 함께 하시기를 바랍니다.

1637년, 애버딘, S. R.

35 존 매인 2세에게
체험, 인내하며 기다림, 성화(聖化)

>

사랑하는 귀한 형제여,

은혜와 사랑과 평안이 당신에게 있기를 바랍니다. 답신이 너무 늦었습니다만 다른 일들이 많았습니다. 저는 여기서 혹시 순풍이 스코틀랜드에 그리스도의 항해를 일으키지 않을까 그리고 해방의 날이 이 구름 덮이고 캄캄해진 교회에 밝아오지는 않을까 기다리고 있습니다. 오, 우리가 그러한 일이 일어나도록 기도와 간구로 우리 주님과 겨룰 수만 있다면! 그리스도께서 이 땅에 그의 마지막 판결을 공포하지 않으셨다는 것을 저는 압니다. 탄식하며 사모하며 소원하는 것들 외에는 제가 이 감옥에서 그리스도에 대해 가진 것이 거의 없습니다. 그리스도에 대한 저의 소유는 그를 위한 약간의 굶주림인데 그것에도 제가 부자라고 할 수는 없습니다. 저의 믿음과 소망과 새로운 순종의 경건한 실천은 말할 만한 것이 못 됩니다. 그러나 저같이 가볍고 모자라고 못되고 쓸모없는 사람을 붙잡아 주신 저의 주님을 찬양합니다.

제가 아는 것은 그리스도께서 제게 까다롭게 대하시거나 머뭇거리시지 않으실 것이며 구속을 입은 불쌍한 자를 자신의 것으로 삼으시려고 격의 없이 소탈하게 오시리라는 것입니다. 오, 제가 그의 숨결과 입맞춤과 포옹을 먹고 살 수 있으며 사랑의 편지들이 오가지 않을 때는 그가 직접 사신이 되어 저와 그가 만나리라는 소망을 먹고 살 수 있다면! 그러나 천국에서 햇과일이 우리를 위해 익을 때까지 우리에게 요구되는 인내가 있는 것입니다. 봉오리가 생겼지만 추수가 오기 전에 해야 될 일이 많습니다. 우리는 그것을 싫어하며 우리의 종이 얼굴을 그리스도의 폭풍들 중의 하나에게 대며 젖은 발과 아픔과 근심을 가지고 천국에 가는 것을 거의 감당하려고 하지 않습니다. 우리는 천국까지 천국을 가지고 가기를 좋아하며 한 해에 두 여름이 있고 적어도 두 천국이 있기를 바랍니다. 그러나 이런 일은 우리에게 없을 것입니다. 하나, 오직 하나면 우리에게 충분한 것입니다. 사람이신 그리스도께서 단지 하나를 가지셨는데 우리는 두 개를 가져야 한단 말입니까?

당신의 아버님께 그리스도 안에 있는 사랑으로 안부를 전해 주십시오. 기도로 저를 도와 주십시오. 만일 당신이 깊이 있는 신자가 되기를 원하시면 저는 당신에게 성화(聖化)를 추천합니다. 그를 두려워하십시오. 그러면 그가 자신의 언약을 당신에게 나타내실 것입니다. 은혜가 당신에게 있기를 바랍니다.

1637년 1월 5일, 애버딘, S. R.

36 존 고든에게 — 카도니스의 장로
모든 위험을 무릅쓰고 그리스도를 얻음, 그리스도의 아름다움, 어린이에 대한 조언

>

경애하는 분께, 은혜와 자비와 평안이 당신에게 있기를 바랍니다. 당신에게서 소식을 들으며 당신의 영혼의 상태와 당신과 함께 있는 사람들의 상태를 알고 싶었습니다.

제가 당신의 귀한 영혼의 구원과 하나님의 자비하심을 의지하여 당신에게 간청하는 것은 당신의 구원의 일을 바르게 확실하게 이루시라는 것이며 어떤 기초 위에 당신이 세우셨는가를 시험해 보시라는 것입니다. 경애하는 분이여, 만일 당신이 세운 것이 가라앉는 모래 위라면 죽음의 폭풍과 강풍이 그리스도와 당신을 떼어놓아 그 바위로부터 완전히 당신을 씻

겨버릴 것입니다. 오, 주님을 위하여, 그 일을 엄밀하게 살펴보십시오!

하나님의 대낮과 해의 빛으로 당신의 인생을 읽어 보십시오. 구원은 모든 사람의 문에 던져진 것이 아닙니다. 당신이 배에 오르기 전에 나침반과 모든 필수품이 있는지 살피는 것이 좋습니다. 어느 바람도 당신을 다시 돌아오게 불지 않을 것입니다. 경주가 끝나고, 경기에 이기거나 지며, 당신이 시간의 먼 가장자리와 경계에서 영원의 접경 안에 당신의 발을 들여놓게 되며, 이 짧은 밤의 꿈 같은 당신의 모든 것이 가시나무나 지푸라기가 타고 남은 재 같이 보이고, 당신의 불쌍한 영혼이 "하나님이여, 거할 곳을 주소서, 거할 곳을 주소서"라고 외치게 될 때, 그때는 당신의 영혼이 세상의 권리를 영원토록 세 곱절이나 가진 것보다 주님의 사랑스럽고 다정한 미소를 더욱 기뻐하실 것입니다. 쾌락과 이익, 세상에 대한 의지와 소망을 압류되어 손 댈 수 없는 물건처럼 하나님의 손에 넘겨드리십시오. 당신께서 당신의 잔에서 찌꺼기를 마시며, 시간의 마지막 고리의 가장 끝에 있으며, 늙은 나이가 죽음의 그림자처럼 당신의 날들을 덮어씌울 때, 그때는 이 헛된 삶을 쫓을 때가 아니며 거기에 사랑과 마음을 두실 때가 아닙니다. 밤참 때가 가깝습니다. 하나님 안에서 그리스도를 통하여 당신의 영혼을 위한 안식과 평안을 찾으십시오.

그리스도께 바르게 처신하며 그와 긴밀한 관계를 유지하고 온전한 삶으로 그를 사랑하고 그리스도와 건전하고 견고한 매일의 교통을 지속한다는 것은 힘든 싸움이라는 것을 깨달았다는 제 말을 믿으십시오. 시험들이 매일 그런 과정의 실을 끊고 있으며 다시 매듭을 짓는다는 것이 쉽지 않습니다. 그리고 많은 매듭은 고역이 됩니다. 오, 한 시간 지나서 바다 밑에 가라앉아 있을 많은 배들이 바람 앞에 얼마나 아름답게 떠다니고 있는지요! 마치 많은 신자들이 자기들이 순금인 양 금과 같은 빛을 발하지만 껍질과 가리개 속에는 얼마나 천하고 쓸모없는 쇳덩어리인지요! 얼마나 많은 경주자들이 숨을 죽이고 먼 거리를 달려가지만 상과 월계관에는 도달하지 못하는지요! 사랑하는 분이여, 만일 제가 하나님께 대한 당신의 일이 거짓이라는 것을 안다면 제 영혼이 당신을 인하여 은밀히 슬퍼할 것입니다. 당신으로 그리스도께 단단히 붙잡아 매도록 하려는 사랑이 저에게 당신의 흔들림과 실족을 염려하게 만듭니다. 깨달은 양심의 바탕에서는 나타나지 않는 거짓된 뱃바다 물은 위험하며 종종 빛을 거슬러 넘어지며 죄를 짓는 것입니다. 죄로 인하여 양심에 탄식하는 밤이나 낮을 가져본 일이 없는 사람들은 피부 밑에서 썩으며 육체를 상하게 하며 비참한 전쟁에서 죽음으로 마치는 그런 종류의 평안을 하나님에게서 가지게 될 수밖에 없다는 이것을 아십시오. 마치 영혼이 치료되고 고쳐진 것처럼, 많은 사람들이 옛 죄들을 덮는 거짓된 눈가림으로 속임을 당한다는 것은 얼마나 두려운 일인지요!

사랑하는 분이여, 저는 항상 당신 안에서 본성이 강하고 거세고 고집스럽고 굳다는 것을 보았습니다. 그래서 당신은 죄에 대해 죽고 세상에 대해 죽는 일이 다른 평범한 사람들보다 더 어려운 것입니다. 당신은 낮은 물과 깊은 골과 긴 창을 가지고 구원에 이르는 겸비함으로 당신의 고통의 바다으로 가서 당신을 그리스도를 위해 잡힌 것이 되게 하셔야 합니다. 겸손해지시고 부드럽게 행하십시오. 사랑하는 귀한 형제여, 하나님을 위하여 중간 돛으로 낮추고 낮추십시오. 구푸리고 구푸리십시오! 천국의 문에 들어가는 입구는 낮습니다. 당신이 다루어야 할 상대편에는 무한한 공의가 있습니다. 그분의 본성은 범죄자나 죄인을 무죄방면 하는 법이 없습니다. 하나님의 법은 죄인에게서 한푼이라도 잃는 법이 없습니다. 하나님께서는 보증인과 죄인을 잊지 않으시니 사람마다 지불해야만 하는데 자신이 직접 하든지 (오, 주님께서 당신을 그러한 지불의무에서 건져 주시길 바랍니다!) 아니면 그의 보증인인 그리스도께서 하든지 해야 합니다. 사람이 거룩해지고 그리스도의 발 앞에 엎드리며 의지와 쾌락과 세상을 사랑함과 세상의 소망과 이 겉만 칠하고 겉만 꾸민 세상을 쫒은 열망을 버리고 그리스도께서 모든 것을 짓밟는 것으로 만족해 하는 것은 부패한 본성에 강권력입니다.

나아가십시오, 그리스도께 나아가십시오. 당신에게 부족한 것이 무엇인지 알아보고 그분에게서 찾으십시오. 그분이 우리가 일상 말하는 대로 당신의 모든 짐을 벗을 수 있는 첩경이요 가장 가까운 길입니다. 당신은 그분에게 진심으로 환영을 받게 될 것이라고 저는 감히 보증하며 제 영혼은 당신이 그분 안에서 가지게 될 기쁨에 즐거이 참여할 것입니다. 천사들의 펜이나 천사들의 혀나 아니, 모든 바다들과 지구의 샘들과 강에 있는 모든 물방울 만큼의 많은 천사들의 세상도 당신에게 그리스도를 생생하게 표현해 주지 못할 것이라고 저는 감히 말합니다. 제가 죄수가 된 이후에 그분의 감미로움은 제게 커져서 두 개의 하늘 크기만큼이나 되었다고 저는 생각합니다. 오, 영혼이 그분의 사랑을 담을 수 있도록 모든 것을 담고 있는 가장 높은 하늘 꼭대기만큼 넓었으면 좋겠습니다! 하지만 저는 조금밖에 담을 수 없습니다. 오, 세상이 놀랄 일이여! 오, 만일 제가 그의 사랑의 냄새를 맡는 것 외에 더 이상 얻을 수가 없다면 제 영혼이 오직 그것의 냄새 속에 머물기를 바랍니다! 하지만 제가 그리스도의 사랑의 자유로운 세상을 가질 그날까지는 멀기만 합니다. 저 천국에, 새로운 낙원의 아름다운 동산에 올라가서 저 아름다운 꽃과 저 사시사철 푸른 생명의 나무를 보고, 냄새를 맡고, 만지고, 입맞추는 것은 얼마나 아름다운 광경이겠습니까! 단지 그분의 그림자라도 제게는 과분합니다. 그분의 모습이 제게는 천국의 보증입니다. 아, 우리가 사랑을 우리 곁에서 녹슬도록 내버려두고 더더욱 못된 것은 혐오스러운 것들에 낭비하며 그리스도는 홀로 계시도록 버려두다니, 불쌍하고 불쌍하여라 우리여! 죄가 그렇게 많은 미친 사람들을 만들며, 그리스도를 제쳐두고 그리스도를 떠나서 바보의 낙원을 찾으며 얼음 밑에서 불을 찾고 어떤 선하고 좋은 것들을 찾고 있으니 화, 화로다, 나여! 그리스도, 그리스도, 오직 그리스도만이 우리의 사랑의 불길을 고요하게 식힐 수 있습니다. 오, 목마른 사랑이여! 생명의 우물이신 그리스도께 너의 머리를 대고 실컷 마시지 않겠는가? 마시고 아끼지 말라. 사랑을 마시고 그리스도에게 취하여라! 아! 우리와 그리스도의 떨어져 있음이 죽음입니다. 오, 우리가 서로의 팔로 꼭 끌어안을 수 있다면! 하늘이 갈라져 우리를 떼어 놓기까지는 우리는 다시 헤어질 수 없습니다. 그렇게 될 리가 없습니다.

당신의 자녀들이 주님을 찾기를 바랍니다. 그리스도를 인하여 그들이 복을 받고 행복하기 위해 그리스도께 와서 그리스도와 그분과 함께 모든 것을 가지기를 제가 바란다고 전해 주십시오. 그들이 유리 같고 미끄러운 젊음, 어리석은 젊은 생각들, 세속적인 정욕들, 거짓된 이익, 나쁜 친구, 욕설, 거짓말, 불경건, 어리석은 말을 조심하게 하십시오. 그들이 성령으로 충만하게 하시고 매일의 기도와 지혜와 위로의 저장고인 하나님의 선한 말씀에 친숙하도록 하십시오. 가난한 사람들의 영혼을 도와주십시오. 오, 저의 주님께서 저를 다시 보내셔서 그들에게 그리스도의 신기하고 위대한 이야기들을 말할 수 있게 하신다면! 그들에게 다른 교훈을 가르치는 낯선 사람을 받아들이지 마십시오.

소망의 죄수인 저를 위해 기도해 주십시오. 저는 쉬지 않고 당신을 위해 기도합니다. 저의 축복, 진지한 기도, 하나님의 사랑, 그리스도의 감미로운 임재를 당신과 당신의 사람들에게 적어 보냅니다. 은혜, 은혜가 당신에게 있기를 바랍니다.

1637년, 애버딘, S. R.

37 엘리자베스 케네디에게
형식주의의 위험, 온전히 사랑해야 할 그리스도, 사랑의 다른 대상들

>

부인, 은혜와 사랑과 평안이 부인에게 있기를 바랍니다. 오랫동안 부인에게 서신을 드릴 뜻을 가지고 있었으나 방해를 받았습니다. 진심으로 제가 부인에게 바라는 것은 본향을 마음에 두시고 당신의 영혼이 어느 방향으로 그 얼굴을 향하고 있는지를 깊이 생각하라는 것입니다. 왜냐하면 자기의 얼굴을 천국으로 향하고 있다고 생각한 사람들이 모두 밤에 집에 도착하는 것이 아니기 때문입니다. 죽어서 천국에 이르지 못하고 밤에 그리스도와 함께 쉴 방을 얻지 못하는 것은 비참한 일입니다. 마치 여행자들이 들에서 밤을 지새워야 할 때 고약한 여행이 되는 것처럼 말입니다. 제 자신이 확신하는 것은 수많은 사람들이 자기의 소망에 대하여 속고 부끄러

움을 당하게 되리라는 것입니다. 왜냐하면 자기들의 돛을 가라앉는 모래에 다 던졌으니 그들은 넘어질 수밖에 없는 것입니다. 저는 이제까지 집에 도 착하는 데 고통이나 수고나 어려움이 있을 것이라고는 전혀 생각하지 못 했습니다. 이전까지는 "의인이 겨우 구원을 받으리라"는 말씀이 무엇을 뜻 하는지도 제대로 이해하지 못했었습니다. 아, 얼마나 많은 불쌍한 신자들 의 촛불이 꺼져 버리고 다시는 붙여지지 않습니까! 대강의 신앙고백과 하 나님의 자녀들의 부류에 끼었다는 것과 사람들 사이에 좋은 평판을 가진 것이 신자들로 하여금 천국에 충분히 데려다 줄 것으로 여기게 한다는 것 을 알았습니다. 그러나 분명한 것은 평판은 평판뿐이며 하나님의 폭풍의 몰아침을 결코 당해내지 못한다는 것입니다. 제가 당신께 권고하는 것은 당신이 불을 견뎌내고 폭풍을 이겨낼 어떤 것을 얻을 때까지 당신의 영혼 이나 그리스도로 하여금 쉬지 못하게 하고 당신의 눈이 잠들지 않게 하시 라는 것입니다. 만일 저의 한 발이 천국에 있을 그때 그분이 "힘을 써라, 내가 더 이상 너를 잡아줄 수가 없다"고 하신다면 저는 더 이상 나아가지 못하고 즉시 죽은 몸의 여러 조각으로 무너질 것입니다.

머리 꼭대기까지 그리스도의 사랑에 잠겨 있고 그리스도를 사랑하는 상사병 외에 병을 알지 못하고 떠나시거나 숨으신 가장 사랑하는 이를 인 한 고통 외에는 고통을 알지 못하는 사람들은 영원토록 행복합니다. 우리 는 죽음의 이쪽 편에 있는 이 생에서 약간의 피조물을 얻으려고 우리의 한낮 꿈을 쫓아서 달리고 질주하느라고 우리의 영혼에 숨을 몰아 쉬게 하 며 지치게 하고 있습니다. 우리는 강물 이편에서 가만히 머물러서 우리 자 신을 위해 천국을 짜기를 바라고 있으니 근심과 결핍과 변화와 십자가와 죄는 이 잘못 자아진 피륙의 씨줄과 날줄인 것입니다. 아, 저 위에 있는 것 들에게 항상 머물러 있는 생각들은 얼마나 감미롭고 귀한 것입니까! 그리 고 자기 모래시계에 모래가 얼마 남지 않고 시간의 실이 끊어지기를 사모 하며 그리스도께 "주 예수여, 다 됐습니다. 오셔서 지친 나그네를 데려가소 서!"라고 외칠 수 있는 사람은 얼마나 행복합니까! 우리의 본향을 향한 우 리의 생각들이 지금보다 좀 더 빈번하기를 저는 소원합니다. 오, 천국만이 멀리 떨어져 있는 영적인 후각을 가진 사람들에게 감미로운 향기를 보냅니다! 하나님께서 많은 아름다운 꽃을 만드셨지만 그 모든 것 중에 가장 아름다운 것은 천국이요, 모든 꽃 중의 꽃은 그리스도입니다. 아! 어찌하여 우리는 저 아름다우신 이에게로 날아오르지 않는 것입니까? 우리 모두 중에서 그리스도를 향한 사랑도 그렇게 적고 사랑하는 사람도 그렇게 적다니 안타깝기 짝이 없는 일입니다! 좋은 금, 좋은 집, 좋은 땅, 좋은 쾌락, 좋은 명예, 좋은 사람들과 같은 좋은 것들을 사랑하면서 그리스도를 사랑함으로 그리워함이 없고 녹아 버리지 않는 우리는 불쌍하고 불쌍합니다! 하나님을 위하여 제가 더 많은 사랑을 가질 수 있도록 하나님께 구합니다! 제가 그를 위하여 저와 천국 사이에 놓을 수 있을 만큼 가질 수만 있다면! 제가 모든 사람으로 아름답고, 아름다우며 유일하게 아름다우신 그리스도에게 나아가게 하려고 온 땅과 천국 그리고 천국의 천국과 만 개의 세상을 두루 다닐 수만 있다면! 그러나 저는 그를 위해 가진 것이 없지만 그는 저를 위해 가진 것이 많습니다. 저의 작고 빈약한 한 뼘과 손바닥 넓이의 사랑을 받으시는 것이 그리스도께는 도움이 되지 않습니다.

만일 사람들이 (보트 안에서 노를 가진 사람처럼) 죄 많은 헛된 것들을 따라서 항상 오르락 내리락 하는 자기들의 마음과 생각에 관련된 무엇인가를 가지려고 한다면 그리스도께 자기들의 생각들을 쓰는 것이 벅차고도 감미롭다는 것을 발견하게 될 것입니다. 만일 우리의 거품 같고, 요동하며, 들떠 있는 마음들이 모두 그리스도께만 향하여 그의 사랑을 들여다보되 끝이 없는 사랑까지, 자비의 깊은 곳까지, 그의 은혜의 측량할 수 없는 풍성함까지 보고 그리스도 안에 있는 하나님의 아름다움을 연구하고 찾아본다면, 그것들은 그의 선함의 깊음과 높음과 길이와 넓음에 삼켜버릴 것입니다. 오, 사람들이 휘장을 걷고 그 궤의 속을 들여다보며 어떻게 신성의 충만함이 그분 안에서 육체로 거하시는지 볼 수 있다면! 오! "내가 죽어 그의 모습을 볼 수 있다면 열 번이라도 죽게 해 주십시오!"라고 말하지 않을 사람이 있겠습니까? 만 번의 죽음도 그분을 위해서 드리기에는 대단한 값이 아닙니다. 제가 확신하는 것은 사모하며 연모하는 사랑이 시장을 달

구며 그를 위해 값을 갑절로 올린다는 것입니다. 그러나 아! 사람들과 천사들은 경매되고 아주 비싼 값에 팔릴지라도, 그들은 그리스도에 대해서는 하룻밤의 사랑도 아니, 이십사 시간 동안 그리스도를 보는 것도 전혀 사려고 하지 않는다는 것입니다! 오, 아무것도 지불하지 않고 그리스도를 사는 사람들은 얼마나 행복합니까! 하나님께서 제 낙원의 지분으로 그리스도 외에는 아무것도 보내지 마시기를 바랍니다. 그리스도께서 저의 천국이라면 진실로 저는 충분히 부한 것이며 그들 중의 최고처럼 천국이 되는 것입니다.

만일 당신이 그리스도를 장부에 넣으신 적이 있다면 다시 그리스도를 집어서 세어보고 또 세고, 그리고 그를 달아보고 또 달고, 그런 다음 그리스도 외에는 아무도 당신의 사랑을 기웃거리지 못하게 하며 당신의 영혼의 즐거움을 탐하지 못하게 하시라고 당신에게 바라는 것보다 더 좋은 것을 써 보낼 수는 없습니다. 비록 그것이 당신을 땅에서 하늘들의 하늘의 가장 높은 끝까지 오르게 할지라도 그분은 당신의 모든 사랑을 받으실 만한 분이신 것을 알게 될 것입니다. 주 예수님과 그의 사랑에 당신을 부탁드립니다.

1637년, 애버딘, S. R.

38 재닛 케네디에게
모든 희생을 각오하고 모셔야 할 그리스도, 비할 데 없는 그의 사랑스러움

>

부인, 은혜와 사랑과 평안이 당신에게 있기를 바랍니다. 부인께서 그의 풍성한 은혜를 상당히 입으셨으니 그가 정죄 되고 죄가 가득한 세상에서 자신을 위하여 당신을 구별하여 내셔서 빛 가운데 있는 성도의 약속된 유산에 참여하게 하신 것입니다. 그리스도를 꼭 붙드시고 그를 위해 싸우십시오. 그리스도에게 가서 붙들고 당기는 것은 정당한 다툼입니다. 그리고 일단 그리스도를 붙잡으셨다면 악마가 죽지 않는 한 그리스도를 평안하게 모신다는 것은 불가능한 일입니다. 구원을 받기 위하여 사탄의 북풍과 폭풍을 대항하여 당신의 얼굴을 돌리시는 것이 당신의 결심이 되어야 합니다. 본성은 우리가 침대에서 자는 동안 천국이 우리에게 내려오기를 바랍니다. 우리는 모두 우리 자신이 값을 정하여 그리스도를 사려고 합니다. 그러나 그리스도는 당신이나 제가 그에게 드릴 수 있는 것보다 많은 피와 생명들을 가지고도 살 수 없습니다. 우리가 본향에 이르러 우리의 맏형의 아름다운 나라의 유업에 들어갈 때, 우리의 머리들이 영광의 영원한 면류관의 무게를 느끼게 될 때, 우리가 고통과 괴로움을 되돌아보게 될 때, 그때는 우리가 생명이나 근심이 감옥에서 영광으로 올라가는 한 계단이나 한 걸음도 되지 않으며 일생의 고통의 그 짧은 것이 천국의 첫날 밤의 환영만큼의 가치도 없다는 것을 깨닫게 될 것입니다. 오, 그때 그리스도의 입맞춤의 하나하나의 무거움이 어떻겠습니까! 오, 그리스도의 사랑의 미소의 하나하나가 얼마나 무게 있고 가치가 있겠습니까! 그가 지친 나그네의 머리를 자신의 복된 가슴에 안을 때, 그리스도의 한 번 입맞춤이 그 비천한 영혼이 그리스도를 따르느라고 가졌던 사오십 년의 젖은 발, 모든 아픈 가슴, 가벼운 고통(고후 4:17)이 완전히 갚아졌다고 생각할 것입니다! 자기들의 마음이 죄의 비참한 인생의 꿈과 그림자와 부질없는 것들과 한낱 허영과 한낱 환상에 매혹되어 흘려버린 눈 뜬 장님들이여! 죽은 흙 조각의 빌린 것을 좋아하고 사랑하느라고 차꼬에 매여 앉아 있는 우리여, 불쌍한지고! 겉칠한 것들과 이 세상의 좋은 일기와 부드러운 약속들과 썩고 벌레 먹은 소망들에 미혹된 불쌍한 바보들이여! 마귀가 우리들이 우리의 영혼을 내놓고 단지 죄의 썩고 위조된 쾌락을 사들이는 것을 보고 웃지 않겠습니까?

오, 영원한 영광을 한 번이라도 보고 어린양의 혼인잔치를 조금 맛볼 수만 있다면! 저 위에 있는 잔칫집에서 그리스도의 손에서 받은 위로의 포도주반 모금이나 한 방울이 비천한 인생의 누런 빵과 신 음료를 우리의 위장으로 하여금 싫어하게 할 것입니다. 우리 자신이 만든 저주 받은 행복을 쫓아서 우리들의 영혼이 숨이 끊어질 때까지 안달하고 쫓아가고 달려가니 우리는 얼마나 지혜가 없는 사람들입니까! 우리는 우리 자신의 빛에 멀리 앉아서 그것을 어린애 장난으로 만들고 그리스도께서 땀을 흘려 얻으신 낙원과 천국을 일순간의 연기와 에서의 조반(朝飯)을 위하여 삼켜 버리고 있는 것이 아닙니까? 오, 우리가 자신을 버리고 이 세상에 대해 죽으며 이 세상은 우리에 대해 죽고 십자가에 못 박혔으면 좋겠습니다! 오, 우리가 어떻게 해서든지 변장하고 겉칠한 애인의 사랑이나 속임수에서 완전히 벗어나게 될 때, 그리스도께서는 우리 마음의 속 중심에서 자신을 위하여 거처를 잡으시고 승리하시게 될 것입니다. 그때는 그리스도께서 우리의 밤의 노래와 아침의 노래가 되실 것입니다. 그때 주님이 오시면서 우리의 가장 사랑하는 분의 발자국 소리와 저벅저벅 소리와 문에서 그의 첫번 두드리는 소리와 쿵쿵 두드리는 소리가 우리에게 갑절의 천국 소식이 될 것입니다. 아, 우리의 눈과 우리의 영혼의 후각은 이 시들고 햇빛에 그을린 꽃들에 불과한, 겉치장하여 겉만 화려한 세상을 쫓아가고 있으면서, 저 이새의 꽃, 명예로운 식물, 하나님께서 심으신 것 중에 최고의 것이며, 가장 아름답고 가장 감미로운 장미인 예수님을 보고 냄새 맡을 눈과 코를 가지고 있지 않은 것입니다! 오, 우리 중에 얼마는 그의 향기를 맡다가 죽어도 좋을 것입니다! 저의 흔들리는 영혼을 그리스도에게 단단히 맬 수 있다는 것을 생각하면 제가 부패한 세상의 제 지분을 영원토록 잃어버리고 팔려도 괜찮습니다.

때때로 "주님, 그리스도를 위하여 무엇을 받으시겠습니까?"라는 생각이 들 때가 있습니다. 하지만, 주여, 주께서 뇌물을 받으시거나 다른 선물과 그리스도를 교환하실 수 있으시겠습니까? 오, 주여, 그리스도께서 팔리실 수 있습니까? 오히려 가난하고 불쌍한 죄인이 아무것도 드리지 않고 그를 소유할 수 있는 것 아닙니까? 오, 만일 제가 더 이상 가진 것이 없다면 그분을 사모하는 것으로 영원토록 고통을 받게 해 주소서! 그리스도를 연모하는 즐거움이 영원토록 저의 천국이 될 것입니다. 아, 저는 사람들과 그리스도를 함께 모을 수가 없습니다! 그러나 저는 그의 나라가 올 것을 바라며 제가 확실하게 그렇게 하시리라고 바라는 대로 그리스도께서 말라버린 스코틀랜드에 새로 깎은 잔디에 내리는 비처럼 오실 것입니다. 오, 왕께서 오셔야 합니다! 그의 나라가 임해야 합니다! 그가 다시 오셔서 스코틀랜드에서 통치하시고 다스리시는 것을 받아들이려고 하지 않는 사람들은 그들의 눈이 눈구멍 속에서 썩을 것입니다(슥 14: 12).

은혜, 은혜가 당신에게 있기를 바랍니다.

1637년, 애버딘, S. R.

로버트 블레어에게
하나님의 작정은 때로 신비롭다

>

존경하고 사랑하는 형제여, 은혜와 사랑과 평안이 하나님 우리 아버지와 주님 예수 그리스도로부터 당신에게 있기를 바랍니다. 사랑하는 형제여, 당신이 잠깐 괴로움을 당하며 하나님께서 주님이 되시는 백성들과 함께 머물기를 바라는 당신의 소원과 뜻을 거슬러 하나님의 뜻이 당신을 떠나라고 하는 것은 크게 놀랄 일이 아닙니다. 이 일로 당신에 대한 하나님의 섭리가 무엇을 말씀하는지 묻고자 하는 이유가 당신에게 있다는 것을 저는 부인하지 않겠습니다. 그러나 하나님의 지시하시며 다스리시는 의지는 아무리 좋은 논리를 가지고도 섭리의 사건들로부터는 결론지을 수 없습니다. 주님께서 자신의 복음 전파를 위하여 바울에게 여러 가지 심부름을 보냈는데 그는 가는 도중에 사자들을 만났습니다. 거룩한 땅에 관한 약속이 하나님의 백성들에게 약속되었지만 많은 나라들이 중도에서 방해하며, 싸움을 걸며, 약속을 가진 그들을 죽이려고 했거나 그들의 주 하나님께서 그들에게 주신 좋은 땅을 소유하지 못하도록 방해했던 것입니다. 당신이 순종하는 마음으로 잘 대처하시리라고 믿습니다만 저는 당신이 처한 어떠한 상황에서든지 그 안에서 만족하기를 배워서 "주님의 뜻은 선하시니, 그대로 이루어지기를 바랍니다"라고 말씀하리라고 확신합니다.

주님께서 바람을 받으시려고 가끔 갈짓자 모양으로 배를 모시며 (제 자신의 경험으로부터 아는 바) 당신에게 슬픔이 되는 당신의 고난과 침묵으로부터 은혜를 가져오시려고 의도하신다고 저는 믿습니다. 우리가 자원하여 그를 섬기려고 하는 마음을 그가 아신다고 생각할 때, 병사가 병들어 침대에 눕게 되어 다른 병사들과 함께 전투에 나가지 못하더라도 월급을 받는 것처럼 우리의 급료와 연금이 하나님께 계산될 것입니다. "나는 여호와 보시기에 존귀한 자라 나의 하나님이 나의 힘이 되셨도다"(사 49:5). 모든 일이 마쳐지기 전에 그렇게 될 것이라고 우리는 믿어야 합니다. "나와 내 육체에 대한 잔학이 바벨론에 돌아가기를 원한다고 시온 거민이 말할 것이요. 내 피 흘린 죄가 갈대아 거민에게로 돌아가기를 원한다고 예루살렘이 말하리라"(애 51:35). 그리고 "보라, 내가 예루살렘으로 그 사면 국민에게 혼취케 하는 잔이 되게 할 것이라. 예루살렘이 에워싸일 때에 유다에까지 미치리라. 그날에는 내가 예루살렘으로 모든 국민에게 무거운 돌이 되게 하리니 무릇 그것을 드는 자는 크게 상할 것이라. 천하 만국이 그것을 치려고 모이리라"(슥 12:2, 3). 그들이 우리를 먹고 삼켜 버린다면 구역질이 나서 산 채로 다시 토해 낼 것입니다. 마귀의 위(胃)는 하나님의 교회를 결코 소화해 낼 수가 없는 것입니다. 고난은 아무리 힘든 것일지라도 우리의 사역의 다른 반쪽입니다. 우리 왕이신 예수께서 공적인 선포를 행하시며 십자가들을 깎아 내리고 기쁨이나 안락이나 명예나 평안을 추켜세우셨더라면 우리가 좋아했겠지만 그럴 수는 없기 때문입니다. 많은 고난을 통과하여 우리가 하나님의 나라에 들어가게 되는 것입니다. 그것들에 의해서 뿐만이 아니라 그것들을 통과하여야만 되는 것입니다. 잔꾀가 십자가를 비껴 지나가게 할 수는 없습니다. 아무 상처도 입지 않고 슬그머니 천국에 들어갈 수 있다고 생각하는 것은 어리석은 짓입니다.

저에 관하여 말씀 드리자면 여기 애버딘에 유배된 죄수로 있습니다만 카이드네스로 보낼 것이라고 협박을 받고 있으니 제가 이 도시에서 가르치기를 원하기 때문이라는 것입니다. 제가 듣는 데서 강단에서 저를 공개적으로 공격하는 설교를 하며 학자들과 특별히 로버트 바론 박사와 논쟁을 하도록 유혹하고 있습니다. 하지만 저는 주 예수와 그의 화관, 그의 면류관을 부끄러워하지 않습니다. 저는 저의 울음을 14인의 사제들의 색칠한 웃음과 바꾸지 않을 것입니다. 제가 처음 여기 올 때에 그리스도께 심술을 부렸고 불친절하다고 탄원했습니다. 저는 저의 주님께 시비를 걸었고 그가 저를 사랑하는지 아닌지 의심에 시달렸습니다. 그가 제게 행한 모든 것에 대해 계속 따졌으니 그의 말씀은 제 가슴에 갇혀 있는 불이었고 참는 일에 싫증이 났으며 제가 주님의 유산에서 쫓겨났다고 생각했기 때문이었습니다. 그러나 제가 바보였다는 것을 이제 알았습니다. 주님께서는 모든 것을 모르는 체하셨고 저의 어리석은 시기를 참아 주셨으며 제가 그의 사랑에 못되게 한 것도 모르는 체하셨습니다. 그리고 그는 이제 자신의 날개 아래 긍휼을 가지고 다시 찾아오십니다. 저는 이제 저의 무지한 탄원에서 벗어났으니 그는 하나님이시고 저는 사람인 것입니다. 이제 제 영혼에 대한 자신의 사랑을 새롭게 하여 주시고 자신의 불쌍한 죄수를 다독거려 주시기를 즐거워하십니다. 그러므로 사랑하는 형제여, 저를 도와주셔서 제가 찬양하며 당신과 같이 있는 하나님의 백성들에게 주님께서 제 영혼에게 해 주신 것을 알려서 그들이 기도하고 찬양하도록 해 주십시오. 제가 그리스도의 이름으로 당신에게 부탁드리니 그것을 잊지 마십시오. 이러한 뜻으로 인하여 저의 고난이 저의 존귀하신 왕 예수님을 영화롭게 하며 아일랜드에 있는 그의 교회를 힘 있게 하기 위하여 제가 당신에게 편지를 드리는 것입니다. 어떻게 그리스도의 사랑의 불씨 중 하나가 저의 감힘으로 그의 영광을 전하려는 열망으로 제 영혼을 불태우고 있는지를 그가 아시니 저는 지금 그의 십자가를 지고 있는 것입니다. 만일 당신이 그렇게 하지 않아도 하나님께서 당신을 용서하실 것입니다만 제가 소망하는 것은 주님께서 당신의 마음을 움직이셔서 저를 대신하여 저의 존귀하신 왕의 감미로움과 탁월함과 영광을 전파하는 것입니다. 그리스도의 십자가에 대해 중상모략을 일으켜온 것은 단지 우리의 연약한 몸일 뿐이며 저는 지금 십자가의 밝은 쪽을 보고 있으니 주님의 사슬들은 모두 금이 입혀져 있습니다. 오, 스코틀랜드와 아일랜드가 제 잔치의 얼마를 가졌으면 좋겠습니다! 하지만 많은 매를 당하는 것이 없이는 음식을 얻지 못합니다. 여기에는 제가 말을 시킬 사람이 없으니 저는 게달의 장막에 살고 있습니다. 편지를 써보내 주셔서 저를 힘 있게 해 주십시오. 그리스도와 저 사이가 어떤지를 아는 사람이 거의 없습니다.

사랑하는 형제여, 저의 구원을 걸고 드리는 말씀은 우리가 고난 받는 이것이 그의 진리를 위한 것입니다. 그리스도께서는 헛된 약속을 하시지 않습니다. 용기, 용기를 가지십시오! 영원토록 기뻐하며 기뻐하십시오! 오, 말할 수 없는 영광스러운 기쁨이여! 영원토록 저의 왕관 쓰신 왕을 높이도록 도와 주십시오! 전체가 사랑스러우신 이를 사랑할 수 있다면! 많은 물로도 끌 수 없고 홍수도 잠겨버릴 수 없는 사랑을 위하여!

당신을 잊지 않으며 제 마음에 당신의 이름을 새겨 그리스도께 아뢸 것입니다. 제가 부탁드리는 것은 그의 고난 받는 죄수를 잊지 말아 달라는 것입니다. 은혜와 사랑과 평안이 당신에게 있기를 기원합니다.

1637년 2월 7일, 애버딘, S. R.

40 존 리빙스턴에게
맡김, 즐김, 교회의 상황

>

경애하는 형제여, 은혜와 사랑과 평안이 당신에게 있기를 기원합니다. 당신에게서 오는 소식을 들으며 아일랜드에 있는 주님 예수의 신부가 주는 위로로 기운 얻기를 사모합니다. 뉴 잉글랜드에 가고자 했던 당신의 소망이 최근에 만난 방해를 인하여 당신과 함께 안타까움을 나눕니다. 하지만 자기 자녀들을 양육하는 재능을 가지신 우리 주님께서 그것이 당신에게 가장 좋은 것이 아니라고 생각하셨다면 그런 일이 당신에게 일어나지 않았을 것입니다. 잠잠하며 이스라엘의 거룩하신 분에게 자신을 맡기십시오. 그분께서 당신의 소원을 거슬러서 말씀하시는 것을 들으십시오. 그분은 자기 백성들에게 평안을 말씀하실 것입니다.

저는 그리스도의 증거를 인하여 저의 양 떼로부터 옮겨져서 입이 봉해진 채 여기 애버딘에 감금되어 있습니다. 그리고 정신적으로도 버림받음과 자책들로 갇혀 있었습니다. 저를 마른 가지처럼 포도원의 담장으로 내던지며 그리스도의 유업에서 떼어내려고 하셨던 것 같이 보이는 그리스도를 대항하여 저는 시비를 가리며 불친절하다고 고발하는 청원서를 제출했었습니다. 하지만 시온에 계시며 왕관을 쓰신 우리 왕께 높고 높은 큰소리로 찬양을 드리는 것은 그분께서 마른 가지를 태워 버리지 않으셨다는 것입니다. 저는 살아서 그의 영광을 볼 것입니다.

당신의 어머니인 교회가 음행을 인하여 버려질 것처럼 보입니다. 남편과 아내 사이에 있는 그런 다툼을 보고 아이들이 마음으로 괴로워하고 있습니다. 우리의 목회자들은 루터교회와 화해하려고 하며, 학자들은 책을 쓰며 주의회의 명령대로 공동의 신앙고백서를 작성하고 있습니다. 예배서가 나팔소리와 함께 선포됩니다. 밤이 선지자들에게 오고 있습니다! 스코틀랜드에 재앙의 날이 오고 있습니다. 그리스도께서 다른 아내를 택하신다고 말씀하시는 동안 신부는 울어야 할 때입니다. 그러나 우리의 하늘은 다시 개일 것입니다. 레바논의 잘린 마른 가지는 다시 싹이 나고 영화로울 것이니 그들이 우리의 산에 포도나무를 심을 것입니다.

사랑하는 형제여, 이제 당신에게 편지를 보내는 것은 당신이 제가 찬양하도록 도와주시라는 것이며 또 당신과 함께 있는 다른 사람들의 도움을 구하여 저의 간힘으로 하나님께서 영광을 받으시도록 해 달라는 것입니다. 저의 주님 예수께서 시들고 말라 버린 나그네요 마음이 상한 자기의 죄수를 데리고 자신의 연회장으로 들어가셨습니다. 당신이, 온 스코틀랜드가, 당신과 함께 있는 우리의 형제들이 제가 얼마나 즐기고 있는지를 아셨으면 좋겠습니다! 그리스도의 송이 꿀이 위로를 떨어뜨립니다. 그분이 죄수와 함께 잡수시니 그의 향이 향기를 발합니다. 마귀는 우리가 그리스도의 눈동자요, 왕과 입법자로서 왕의 권세들을 위해 고난을 당하고 있다는 것을 부인하도록 할 수 없습니다. 겁내지 말고 낙심하지 맙시다. 그가 그의 복음을 스코틀랜드에 다시 울려 퍼지게 하실 것이니 그 일이 "그리스도께서 스코틀랜드에서 왕관을 쓰신 왕이 되소서"라고 말하는 소리를 듣게 될 것입니다. 적그리스도가 꼬리를 휘젓는다는 것이 사실입니다. 그러나 전투하는 교회는 자기를 괴롭히는 악마가 없을 수 없고 없어서도 안되기 때문에 저는 음흉스럽고 잠자는 마귀보다는 시끄럽고 사나운 마귀가 교회 안에 있는 것을 좋아합니다. 그리스도께서는 칼을 맞지 않고 신부를 취하신 적이 없습니다. 이제 신랑이 자기 방에 들어갈 때가 가깝습니다. 깨어서 그와 함께 들어갑시다.

제가 그리스도의 문에 당신의 이름을 올려놓습니다. 바라건대 사랑하는 형제여, 저를 잊지 마십시오. 편지로 당신에게서 소식을 듣게 해 주십시오. 당신에게 부탁드리니 저에 대한 그리스도의 풍성하심을 묻어 두지 마십시오. 저의 나그네의 집에서 그분에 대해 제가 발견한 것을 지금 쓰고 있는 것입니다. 그곳에 있는 모든 우리의 형제 자매에게 저의 사랑을 전해 주십시오.

포도원을 지키시는 분이 포로가 된 자신의 도성(都城)과 당신을 돌보시기를 기원합니다.

1637년 2월 7일, 애버딘, S. R.

로버트 고든에게
그리스도의 방문, 고난이 가르치는 것들

>

사랑하는 귀한 형제여,

은혜와 사랑과 평안이 당신에게 있기를 바랍니다. 만일 온 갤러웨이가 저를 잊어버린다고 할지라도 저는 당신으로부터 오는 편지를 이제까지 기다렸을 것입니다. 하지만 저는 그것을 저를 잊어버린 탓으로 돌리지는 않으려고 합니다.

사랑하는 형제여, 그리스도와 저 사이가 어떤지 당신에게 보여 줄 수가 없습니다. 저의 주님께서 하루에 일곱 번씩 방문하고 계십니다. 그의 방문들은 짧습니다만 빈번하고 감미롭습니다. 저는 제 자신의 생명을 위하여 주님에 대해 못된 생각을 품을 수는 없습니다. 저 시험하는 자와 제 육신으로부터 그리스도에 대한 나쁜 이야기와 좋지 못한 소문을 듣고 있습니다만 사랑은 악을 믿지 않습니다. 그들이 거짓말쟁이라는 것과 염려가 저를 향하신 그리스도의 정직하고 변할 수 없는 사랑에 대해 거짓말하고 있다는 것을 저는 단정코 말할 수 있습니다. 저 자신이 말라 버린 나무라고 한다든지 포도원에 제가 일할 자리가 전혀 없다고는 말할 수 없습니다만 제가 쫓겨난 곳인 앤위스에서 하나님의 집을 들락거리는 참새들은 복이 있다는 생각을 자주 합니다.

죽어 넘어져서 누웠다고 생각했던 시험들이 다시 일어나 저에게 되살아 옵니다. 정말이지 제가 살아 있는 동안 시험들은 죽지 않으리라는 것을 저는 알았습니다. 마치 마귀가 저보다도 그리스도께 더 많은 친분을 가진 것처럼 그리고 마치 자기가 저의 목회에 마법을 걸어 망쳐 버려서 제가 더 이상 드러나게 선한 일을 할 수 없을 것처럼 마귀는 허풍을 떨고 자랑하는 듯이 보입니다. 그러나 그의 바람은 어떤 알곡도 흔들어 떨어뜨리지 못합니다. 그리스도께서 저를 친히 가지려는 의도를 보이셨고 저를 위해 그렇게 많은 수고를 하시고서 자신이 가지신 것을 그렇게 쉽사리 흘려버리시고 자신이 성취하신 일의 영광을 잃어버리시리라고는 저는 믿지 않습니다. 아니, 애버딘으로 온 이후에 저는 사로잡혀 올라가 새 땅과, 어린양의 아름다운 궁전을 본 일이 있습니다. 그런데 그리스도께서 제 마음을 아프게 하려고 천국을 보여 주시고는 제게 그것을 주시지 않으신단 말입니까? 주 예수께서 거짓 보증금을 주셨다거나, 그의 도장을 백지에다 찍으셨다거나, 거짓된 약속으로 저를 떼어 버리려고 하셨다고 저는 생각할 수 없습니다. 전에 제가 결코 잘 알지 못했던 것을 이제는 알게 되었습니다.

1. 좋은 날에는 믿음의 필연성이 제대로 알려질 수가 없다는 것을 알았습니다. 지금 저는 믿음만큼 귀중하게 여기는 것이 없습니다. 제 속에 있는 굶주림은 아름답고 감미로운 약속들로 달려갑니다만 도달하여 보면 저는 치아가 없는 굶주린 사람이거나, 고기를 보는 것만으로도 배가 부른 예민한 식욕을 가진 허약한 위와 같거나, 또는 물 속에서 땅으로 나오고 싶으나 냉기로 마비되어 그에게 던져진 어떤 것도 잡을 수 없는 사람과 같습니다. 그리스도의 입맞춤을 받으며 그의 무릎에 앉기를 좋아하지만 저는 저의 발로 땅에 설 수가 없으니 고난들이 저의 믿음에 족쇄를 채웠기 때문입니다. 제가 할 수 있는 것이라고는 마치 거지가 팔이나 다리 대신에

의족을 내밀고 "주 예수여, 기적을 행하소서!"라고 외치는 것처럼 그리스도께 절름발이 신앙을 내미는 것입니다. 오, 단단히 쥐어서 그리스도의 목을 끌어안을 수 있고 저의 청구가 진정한 소유로 온전하게 이루어지도록 하는 손과 팔을 가지기 위해 제가 무엇을 드릴 수 있단 말입니까! 그리스도에 대한 저의 사랑이 넉넉히 발을 가지게 하여 재빨리 그에게 달려가게 하지만 그를 붙잡을 손과 손가락이 없습니다. 아침마다 제가 사랑과 배고픔을 가지고 있는 것만큼 믿음을 주시도록, 적어도 사랑이나 배고픔보다 믿음을 더 사모하도록 그리스도께 소원을 드리려고 생각합니다.

2. 죄를 죽이는 것과 세상에 대해 십자가에 달리는 것을 마땅히 해야 할 만큼 우리가 크게 생각하지 않는다는 것을 알았습니다. 오, 이 세상의 감미로운 음악에 대하여 죽으며 벙어리와 귀머거리가 된다는 것은 얼마나 천국적인 일입니까! 왕께서 저에게 이 세상을 자기 짝으로 연애하는 아이들에 대해 비웃도록 하셨다고 저는 고백합니다. 귀족들이 왕궁에서 하는 것처럼 사람들이 세상 주위에 맴도는 것을 보며 그들이 거기서 모두 무엇을 하는지 모르겠습니다. 지금 저로서는 그런 허약하고 보잘것없는 공주에게 구애하는 것이나 무릎을 한 번 꿇는 것으로 세상의 환심을 사려고 하는 일을 경멸할 것입니다. 이제 겨우 이 세상이 제게 주려고 하는 것이 무엇인지 보고 또 들을 수 있게 되었는데 이 세상은 제게서 빼앗아 갈 것도 없고 제게 줄 수 있는 것도 없다는 것을 알았습니다. 무엇보다도 죄를 죽이라고 당신에게 권고합니다. 아, 우리는 단지 공중에 날아다니는 깃털들을 쫓고 있으며 죽어가는 생명의 거품과 겉만 칠한 진흙덩이를 위해 우리의 영혼을 피곤하게 하는 것입니다. 주님께서 이 짧은 기간에 제게 보여주신 것의 한 장면이 세상의 세상 만큼의 가치가 있습니다.

3. 주님을 위해 고난을 받을 때에 제 발로 일어서는 것이 용기라고 생각했습니다. 의도가 바르다고 생각하는 것 자체로 충분할 것이라고 생각했습니다. 저는 바보였습니다. 이제는 제가 하나의 미소를 얻으려고 야단법석을 피웁니다. 하지만 기쁨은 천국에서 자라며 우리의 짧은 팔이 거기에 미치지 못한다는 것을 깨달았습니다. 그리스도 자신이 청지기이시며 분배

자가 되시니 그분 외에는 아무도 없습니다. 그러므로 이제 저는 영적인 조금의 기쁨이라도 소중하게 생각합니다. 이제 그리스도의 얼굴에 하나의 미소가 제게는 천국과 다름없으며 그분은 위로에 있어서 구두쇠가 아닙니다. 놀랍게도 저와 같은 마른 광야에 강물이 흐르게 하셨으며 제가 쇠약해질 때 저의 머리를 드시며 큰 포도주 병이 제게 있게 하시고 사과로 저를 힘있게 하셨으니 정말로 제가 가난에 찌들었다든지 그리스도의 위로가 말라버렸다고 말할 이유가 없습니다. 저의 집과 침대는 사랑의 입맞춤으로 온통 뒤덮여 있습니다. 저와 함께 찬양, 찬양합시다. 온 스코틀랜드가 그리스도를 땅에 내던질지라도 당신과 제가 우리 사이에 그를 그분의 보좌에 높이 올릴 수 있기를 바랍니다!

제 동생의 처지가 걱정이 됩니다. 당신이 그에게 친절하게 대해 주시기를 바라며 좋은 의견을 그에게 주시기를 바랍니다.

당신의 형제와 아내에게 그리고 G. M. 씨에게 저의 사랑을 전해 주십시오. 그가 충성하며 자신의 위선을 회개하도록 바라 주시고 제가 당신에게 쓴 것을 전해 주십시오. 그가 구원 받기를 바랍니다. C. E. 씨와 C. Y. 씨 그리고 그의 아내들과 I. G. 씨 그리고 저의 교구의 다른 사람들에 관한 당신의 의견을 제게 적어 보내 주십시오. 그들 중에서 제가 잊혀질지도 모르지만 저는 그들을 잊을 수가 없습니다.

죄수의 기도와 축복이 당신에게 임하기를 바랍니다. 은혜가 당신에게 함께 있기를 기원합니다.

1637년 2월 9일, 애버딘, S. R.

42 알렉산더 고든에게
괴로운 체험들로 더 귀해진 그리스도, 마음의 추구, 교회를 위한 염려

>

존경하는 분께, 은혜와 사랑과 평안이 당신에게 있기를 바랍니다. 당신의 편지를 받고 힘을 얻었습니다. 당신의 아들과 제 동생으로부터 받은 것 말고는 제가 아는 그 지역의 사람으로부터 편지를 거의 받지 못했고 그것이

저를 근심하게 합니다. 그렇지만 우리 모두에게 친절하라고 가르치시며 그것에 이르는 바른 방법을 가지신 주님과 같은 친구가 제게 있습니다. 현재로서는 제가 매일 일곱 번씩 오르락 내리락 할지라도 저의 왕, 저의 사랑하는 이와 함께 충분히 위로를 받으며 날마다 즐기고 있습니다. 그가 쓸쓸한 죄수요 외로운 나그네를 찾아오시고 함께 식사를 해 주시기를 즐겨 하시니 향기를 발합니다. 하지만 저의 단 것에 얼마의 쓴 것이 섞여 있으니 저는 그 점에서 잠잠할 것입니다. 그것들이 진귀한 것들이니 그의 위로들이 아주 헐값일 이유가 없기 때문입니다. 왜 그가 그것들을 자신의 뜻대로 할 수 없겠습니까? 그러나 저는 이제 그리스도께서 제가 전에 도달해 보지 못한 기독교 신앙의 어떤 지점까지 저를 끌어올리셨다고 생각합니다. 이전의 모든 것은 단지 어린아이 같은 것이며 아이들의 장난이었습니다. 당신을 떠난 이후에 지옥 불의 연기가 제 목구멍으로 들어와서 제가 데임을 당했을 때 저는 천 년간의 지옥의 고통을 받아서라도 평안을 사려고 했습니다. 그리고 이 깊은 절망과 괴로움이 있은 후에 하나님 아버지의 내전, 크신 왕의 연회장 안에 있는 어린양의 보좌 앞에 올라 갔습니다. 그리고 그리스도께서 저를 사랑의 가리개로 덮으셨습니다. 그는 제 영혼 속에 숯불 하나를 던지셨는데 그것이 지푸라기 사이에서 연기를 내며 주위를 덥게 하고 있습니다. 제가 전에 어떠했었는지를 돌아보며 제가 아이였을 때 지은 모래집들을 보고 이제 웃습니다.

처음에는 여러 사람 앞에서 주 예수님과 함께 했던 많은 아름다운 잔칫날들이 이제 침묵의 안식일들로 변해 버렸다는 것을 생각하는 것이 거대한 폭풍을 일으켰고 (이렇게 말할 수 있다면) 악마로 저의 영혼에서 소란을 일으키게 했습니다. 마귀가 들어와서 저를 충동하여 그리스도께 시비를 걸며 그를 몰인정한 주인이라고 비난하라고 했습니다. 그러나 이제 그런 짙은 안개들이 사라졌고 저는 모든 불평들에 대해 입을 다물게 되었을 뿐만 아니라 완전히 만족하고 있습니다. 이제 저는 어느 살아있는 사람이 세상에 대해 비웃어 버리며 마음으로부터 안녕이라고 말할 수 있다는 것이 놀랍습니다. 주 예수께서 제가 그렇게 하도록 이끌어 주셨으니 지금 저의 처지로서는 하룻밤이라도 이 세상에 다시 얽매이고 싶지 않습니다. 그리스도께서 저에게 좋은 친구가 되어 주십니다. 제가 보지 않는 때에 그분이 제 어깨에서 십자가를 들어 올려 주심으로 저를 편하게 해 주셨으니 저는 그것이 깃털인가 생각하고 있습니다. 왜냐하면 영원하신 팔이 그 아래에 있기 때문입니다. 제가 십자가들을 팔거나 바꾸거나 하는 일은 결코 없을 것이니 저의 십자가가 제게 너무 감미로워 그와 같은 것을 어디서 살 수 있는지를 모르기 때문입니다. 그리스도의 송이 꿀이 풍족하게 떨어져서 저의 쓴 것을 달게 합니다. 오직 예루살렘의 딸들에게 신랑의 영광에 대해 말할 수 없다는 것 외에는 아무것도 제 마음을 상하게 하는 것이 없습니다. 제가 그리스도의 이름으로 당신에게 청하는 것은 당신이 만나는 모든 사람에게 그것을 말해 달라는 것입니다. 하지만 그것은 말로 표현할 수 없고 이해할 수 없는 것입니다. 온 나라가 저의 갇힌 것을 빼고는 모두 저와 같았으면 좋겠습니다! 그들은 저의 유일하신 주 예수께서 총애하는 죄수에게 허비하신 사랑의 입맞춤을 알지 못합니다. 저의 구원을 걸고 말씀 드리는 것은 이것이 새로운 도성에 이르는 유일한 길입니다. 그리스도께서는 벙어리 도장들이 없다는 것을 제가 압니다. 그의 옥새를 빈 종이에다 찍으시겠습니까? 그는 자신의 위로들로 저의 고통에 도장을 찍으셨습니다. 당신을 굳건히 하려고 이것을 씁니다. 제가 보고 들은 것을 지금 쓰는 것입니다. 종종 저의 침묵이 저의 영혼에 불을 일으키나 그리스도는 말씀하십니다. "너의 급료는 하늘에 이자와 함께 쌓였으니 마치 네가 설교하고 있는 것이나 마찬가지다." 왕의 입으로 하신 이 말씀이 제 마음을 즐겁게 합니다. 다른 때에는 제가 게달의 장막에 거하여 슬퍼합니다.

이 도시에 제가 말을 할 만한 사람이 오직 두 사람밖에 없습니다. 주님께서 제 형제들과 친구들을 저로부터 멀리 떼어 놓으셨습니다. 주님께서 저를 선을 행하는 도구로 삼으신 그곳에서 제가 잊혀질지도 모릅니다. 그러나 이것이 제 안의 허영이라고 생각합니다. 그것으로 구원을 이루시기만 한다면 그분께서 기뻐하시는 대로 제게 행하시기를 바랍니다.

제가 당신께 바라는 것은 편지를 보내 주시라는 것입니다. 당신께서 또한 저의 고난 받는 형제에게 잘 대해 주시기를 바랍니다. 당신의 아내에게 안부를 전해 주십시오. 그리스도의 죄수의 기도와 축복이 당신에게 임하기를 바랍니다. 기도와 하나님과의 교제를 위한 모임을 자주 가지십시오. 그것들이 제게 또한 아름다운 모임이 될 것입니다.

1637년 2월 16일, 애버딘, S. R.

43 알렉산더 콜빌에게
그리스도의 사랑이 증진하는 체험, 성도들과 함께 계시는 하나님

>

존경하는 분께, 은혜와 사랑과 평안이 당신에게 있기를 바랍니다. 여기에 있는 배달인 R. F. 씨가 제게 아주 친절합니다. 그에게 감사하다고 전해 주십시오. 그러나 저의 유일하고 존귀하신 왕과 주인만큼 친절한 분은 없으니 그분의 십자가가 저의 화관입니다. 왕이 자신의 죄수와 함께 식사를 즐기시니 그분의 향기가 향내를 발합니다. 주님께서 제가 전에 알지 못했던 그분과의 즐거운 교제의 상승 지점까지 저를 끌어 올리셨습니다. 제가 지나간 일들을 살펴볼 때 저는 그리스도께 '가나다'를 배우는 어린애였다고 생각합니다. 존경하는 분이여, 제가 당신에게 숨기지 못하는 것을 용서하시기 바랍니다. 제 가슴에 불 같은 것이 있습니다. (저를 보시는 그분 앞에서 제가 말씀 드리는 것입니다!) 저는 그리스도를 사랑함으로 아파하며 아파하고 있습니다. 그가 저를 힘들게 하며 상하게 합니다. 그리스도를 향한 갈증은 믿음을 앞서갑니다. 저는 사랑만큼 믿음이 없습니다. 오, 이 세 나라가 와서 볼 수 있다면 좋겠습니다! 오, 제 영혼을 향한 그분의 친절하심을 그들이 알게 된다면 좋겠습니다! 그분이 저를 여기에 데려오시는 것을 즐거워하셨으니 저는 이 세상을 향하여 항해하지도 않을 것이며 거기에 알랑거리지도 않을 것이며 바보들이 예배하는 이 진흙 신을 숭배하지도 않을 것입니다. 이제 저는 그것과 어떤 거래도 하지 않을 생각입니다. 그러나 저는 그리스도에게서 영양분 있는 음식을 얻을 것이니 저는 하루에도 일곱 번씩 오르락 내리락 하기 때문입니다. 저의 벙어리 안식일들이

저의 심장을 누르고 피를 흘리게 합니다. 때때로 그리스도께서 저를 마른 나무처럼 포도원의 담장 밖으로 내던졌다는 그리스도의 사랑에 대한 두려운 의심들과 미움들이 제게 전혀 없는 것은 아닙니다. 그러나 이것이 저의 연약함입니다. 그의 은혜로 저는 이 격랑 속에서 자신을 추스릅니다. "믿음과 사랑이 함께 앓는 것은 괜찮은 것이다. 그리스도와 가장 즐거운 교제를 사모하는 열병은 괜찮은 것이다."

이 나라의 통치자 앞에서 공개적으로 그리스도를 증거하는 당신은 복이 있으니 그분의 눈이 당신을 보고 계십니다. 그분을 높여 그분의 보좌에 앉으시게 하며 그분의 행렬을 따르며 그분의 왕의 옷자락을 들어올리는 것은 당신의 영광입니다. 그분은 알렉산더 콜빌을 위하여 폭풍을 피할 피난처를 가지고 계십니다. 앞으로 나아가시고 사람이 무슨 일을 하든지 두려워하지 마십시오. 염려가 그리스도와 그의 사랑에 거짓말을 할 수 있기 때문에 성도들이 나쁜 것만 가지게 되는 것 같지만 그렇지가 않습니다. 섭리는 울퉁불퉁하고 찌그러진 바퀴를 따라 구르지 않습니다. 하나님을 사랑하는 자에게는 모든 것이 합력하여 선을 이루며 그의 뜻에 따라 부름을 받습니다. 오래지 않아 우리는 하나님의 섭리의 밝은 쪽을 보게 될 것입니다.

제 동생의 처지가 적잖이 저를 염려하게 합니다. 그가 제게 당신의 관심과 친절을 적어 보냈습니다. 형제여, 제가 믿기로는 죄수의 축복과 기도가 당신을 비켜 지나가지는 않을 것입니다. 당신을 지켜 주시고 기쁨으로 그의 얼굴 앞에 서게 하실 수 있는 분이 그리스도의 사랑 안에서 당신의 마음을 굳게 세워 주시기를 바랍니다.

1637년 2월 19일, 애버딘, S. R.

44 윌리엄 고든에게
그리스도의 길들이 잘못 이해됨. 그의 친절이 커짐, 영적인 진귀함, 세상에 대한 죽음의 어려움

>

존경하며 사랑하는 형제여, 은혜와 사랑과 평안이 당신에게 있기를 바랍니

다. 당신의 편지를 받고 힘을 얻었습니다.

재판이 종료된 것을 하나님께 감사 드리며 제가 한 일을 부끄럽게 생각합니다. 저는 이제 그리스도이신 저의 주님을 불친절하다고 비방했던 저의 옳지 못한 탄원들에서 벗어났습니다. 그분은 제가 생각해 왔던 그러한 주님과 주인이 아니십니다. 정말로 그는 하나님이시고 저는 티끌과 재입니다. 저는 그리스도의 찌푸리심이 진노를 말하는 성경과 같은 것으로 여겼습니다. 하지만 이제 저는 그리스도의 다른 면과 그의 십자가의 밝은 쪽을 보았습니다. 그리스도의 외모보다는 그의 약속들을 믿어야 한다는 것과 마귀가 그리스도의 찌푸리심을 가지고 연약한 사람에게 거짓을 말하게 할 수 있다는 그리스도 안에 있는 새로운 비밀을 배우기 위해서 제가 애버딘에 올 수밖에 없었던 것입니다. 아니, 정말로 저는 전에 아이였습니다. 모든 지나간 것들은 어린아이의 장난일 뿐입니다.

저는 정말 진지하게 그리스도인이 되는 것을 시작할 수 있기를 바랐습니다. 만일 그렇지 못하더라도 제가 그리스도를 탓할 수 없는 것은 그분이 애버딘에서 제게 천국과 지옥을 보여 주셨기 때문입니다. 그러나 저의 고초에도 불구하고 사실은 그리스도께서는 제게 빚진 것이 없으니 위로들이 저를 새롭게 했습니다. 자신의 감미로움 가운데 계신 그분을 보고 들었을 때 제가 만나기를 기대했던 이는 그가 아니라고 거의 소리칠 뻔했습니다. 그는 여전히 같은 분이셨지만 더욱 환하게 웃으시며 그의 입맞춤들은 제가 전에 보았던 그의 입맞춤들보다 더욱 감미롭고 영혼을 새롭게 합니다. 더구나 왕께서 제가 전에 결코 이르지 못했던 저의 신랑과의 기쁨과 교통의 수준까지 저를 끌어올리셨으니 저는 더 이상 이 세상과는 상관을 하지 않겠다고 자주 다짐하곤 합니다. 제가 전에 그랬던 것처럼 십자가들을 외면하거나 십자가들을 벗어나게 해 달라고 알랑거리지도 않을 것입니다. 모든 십자가여, 오라, 환영하고 환영하노라! 그리하여 제가 저의 주님께 진심어린 마음을 가지기를 바랍니다. 제가 그분에게 얼마나 가까이 있었는지 저는 말했습니다. "이분이 그 주님이시라는 증거문서로 가지겠습니다. 제가 이것을 잊지 않도록 흔적을 남겨 주십시오."

그리스도께서 자신의 불쌍한 죄수 중의 하나에게 더 이상 무엇으로 달래 주실 수 있겠습니까? 그러므로 사랑하는 이여, 제가 주 예수의 이름으로 부탁하오니 저와 함께 찬양하며 그분이 제게 하신 일을 다른 사람들에게 알려 주십시오. 이것이 저를 대신하여 그리스도의 이름이 이 나라에서 널리 퍼지기를 바라는 제 고통의 열매입니다. 하나님 안에서 제가 바라는 것은 다시 그분을 훼방하지 않는 것입니다. 하지만 이 일에서 제 잔치에 쓴 것을 섞은 것이 전혀 없는 것은 아닙니다. 옛 의심들이 전혀 없는 것도 아닙니다. 그분이 저의 사랑하는 이들과 친구들을 제게서 멀리 옮기셨고 저의 교인들로 황폐하게 하셨고 저의 면류관을 가져가셨기 때문입니다. 그리고 저의 벙어리 안식일은 날개를 가진 새의 발에 묶인 돌과 같아서 "주 예수님, 잘하셨습니다"라고 말할 수밖에 없지만 그것들이 저로 날지 못하게 방해하는 것처럼 보입니다.

일이 잘될 때에는 우리 스스로를 뽐내며 그리스도께 아주 거만해집니다. 예, 그를 나무라기까지 할 정도로 오만해집니다. 하지만 물 속에서는 한마디도 못합니다. 저는 섭리가 머리카락을 상하게 할 때에 그것을 오해하며 그리스도를 탓하며 나무랐던 저의 한때의 건방짐을 이제는 이상하게 생각합니다. 지금은 물 속을 헤엄치면서 저의 의지가 물 밑바닥에 떨어졌다고 생각하기 때문입니다. 제가 그것을 잃어버렸습니다. 저는 그리스도께서 홀로 주관하시고 만일 그리스도께서 제게 웃으시기만 하신다면 그분이 무엇이든지 원하시는 것을 제게 하시도록 허락하여 드리고 싶다고 생각합니다. 정말로 우리가 자신을 망가트리고 제멋대로 만들거나 우리의 의지를 우상으로 만드는 것이 얼마나 나쁜 일인지 모르고 있습니다. 저는 한때 고급 요리가 없으면 먹지 않으려고 했습니다. 이제는 그분의 식탁에서 떨어지는 부스러기나 껍질이라도 불평하지 않습니다. 저는 한때 만일 세상이 제가 좋아하는 대로 만들어져 있지 않거나 맞추어져 있지 않은 것을 보면 온 집을 소란스럽게 한 적도 있습니다. 이제는 하나님께서 하인들을 말 위에 태우시고 멸망의 자식들을 살찌우고 먹이시는 것을 보고도 아무 말도 하지 않습니다. 저는 하나님께 제 의지를 다시 찾지 못하게 해 달라고 기도합니다. 오, 만일 그리스도께서 저의 의지를 그의 뜻에 복종하게 하시고 그것을 자신의 발로 밟으시며 그 무법인 주인에게서 저를 해방시켜 주신다면 얼마나 좋겠습니까!

자, 사랑하는 분이여, 당신이 젊을 때 서두르십시오. 당신의 해가 신속히 중천에 떠오르고 그리고는 기울 것입니다. 은혜를 탐내십시오. 사랑하는 형제여, 무엇보다도 당신의 정욕을 죽이기를 힘써 배우십시오. 아, 젊음의 자랑, 허영, 정욕, 세상을 우상화함, 매혹적인 쾌락은 뿌리를 뽑는데 오랜 시간이 걸립니다! 당신이 천국으로 향하는 길에서 멀리 진행할수록, 당신이 그리스도께 더 가까울수록, 죄를 죽이는 길에서 당신이 이룬 진전이 더 많을수록, 당신이 아주 뒤떨어져 있다는 것과 당신 앞에 할 일이 아주 많다는 것을 알게 될 것입니다. 저는 저의 정욕과 이 세상에 대해 죽는 일이 그렇게 어려운 일이라고 결코 생각하지 못했습니다. 재앙의 날이 다가오고 당신의 절친한 옛 우상들이 울며 당신을 바짝 따라올 때 당신의 마음을 상하게 하지 않으려면 대단한 어려움이 있을 것입니다. 당신이 부름을 받았을 때 이 세상에 속한 당신의 지분들은 물 한 잔이나 아무것도 아닌 것처럼 버릴 수 있을 만큼 그것들을 늦기 전에 포기하는 것이 최선입니다. 정말로 저는 이 세상의 가장 좋은 것들이 좀이 먹고 닳아서 올이 드러난 옷과 같은 것을 보았습니다. 이제 낡아서 구멍이 숭숭 뚫어졌으니 저는 버리려고 합니다. 오, 손으로 짓지 아니한 위에 있는 나의 집이여!

그리스도의 죄수를 위해 기도해 주시고 제게 편지를 보내 주십시오. 저의 사랑을 당신의 어머님께 전해 주십시오. 주님의 때가 어머니를 기다리지 않을 것입니다. 어머니께서 떠날 준비를 하시고 천국에 마음을 두시며 어머니의 마음이 자주 그곳에 있도록 하시기를 제가 바란다고 전해 주십시오. 은혜가 당신에게 있기를 바랍니다.

1637년 2월 20일, 애버딘, S. R.

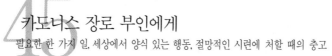

45 카도너스 장로 부인에게
필요한 한 가지 일, 세상에서 양식 있는 행동, 절망적인 시련에 처할 때의 충고

>

주님 안에서 진심으로 사랑하며 흠모하는 부인, 은혜와 사랑과 평안이 당신에게 있기를 바랍니다. 당신의 영혼이 어떻게 번성하는지, 그리스도의 나라가 당신 안에서 어떻게 번영하는지 듣고 싶습니다. 제가 그리스도의 심장으로 당신에게 권하고 바라는 것은 낙심하지 말고 싫증내지 마시라는 것입니다. 천국만큼 절실하게 필요한 것이 없으니 당신이 그것을 가지셔야만 합니다. 집이나 땅이나 아이들이나 남편이나 친구나 나라나 돈이나 건강이나 부나 명예 같은 다른 모든 것들은 없어도 됩니다만 천국은 당신에게 필요한 유일한 것이요 빼앗길 수 없는 좋은 편입니다. 당신이 진주가 있는 밭을 산 것인지 확인해 보십시오. 모든 것을 팔아 구원을 사들이십시오. 그것이 쉬운 일이라고 생각하지 마십시오. 영원한 영광에 이르는 길은 가파른 오르막길이기 때문입니다. 안심하다가 쓰러진 많은 사람들이 길가에 죽어 넘어져 있습니다.

지금 저는 예전의 일을 거의 생각하지 않을 만큼 저의 주님 예수께서 저를 기독교 신앙의 높은 수준까지 이끌고 계십니다. 오, 저는 얼마나 가진 것이 없는지요! 제가 얼마나 없는지! 얼마나 많은 것들이 없는지 도대체 제가 무엇을 가지고 있는지 물어보고 싶을 정도입니다. 모든 사람이 어려운 시련의 날에 자기 지갑을 꺼내서 돈을 세어보고 자기 주머니가 얼마나 빈약하고 가벼운지 알기 전까지는 자신에게 은혜가 풍족하다고 생각합니다. 저는 제 비용을 감당할 수 없다는 것을 깨달았고 만일 결핍과 가난이 저를 모든 것이 있는 곳간으로 달려가게 하지 않았더라면 쓰러졌을 것입니다.

당신에게 간청하는 것은 당신의 길을 바르게 하시라는 것입니다. 당신의 소작인들에게 친절하게 선한 양심대로 대하십시오. 작은 틈이나 구멍을 메우면 양심에 더 큰 틈새를 만들지 않습니다. 당신의 영혼에 풍족한 사랑이 있기를 바랍니다. 세상으로 서자들의 소유가 되게 하시고 당신의 것이 되지 않게 하십시오. 마지막 나팔이 불 때면 세상과 그 모든 영광이 타서 재가 된 낡은 집과 같고 지붕이 없는 쓰러진 성과 같을 것입니다. 자기 스스로를 세상에게 빚쟁이라고 생각하는 바보들인 우리여, 불쌍하고 불쌍하여라! 저의 주님께서 저를 여기까지 데리고 오셨으니 저는 이 세상의 친절을 얻으려고 냉수 한 모금도 주고 싶지 않습니다. 사람들이 이 깃털들을 사모하고 사랑하고 관심을 두는 것이 이상합니다. 그것은 제게 아주 낯선 세상입니다. 사람들이 죽은 흙과 한덩어리가 되려고 그렇게 야단이라는 것을 생각해 보십시오! 양심을 내어 주고 진흙을 다시 사들이니 이상한 거래입니다!

저의 마음을 당신의 남편에게 자세히 적어 보냈습니다. 그의 처지를 제게 다시 적어 보내 주십시오. 기도할 때 그를 잊을 수가 없으니 저는 위를 바라보고 있습니다(시 5:3). 그리스도께서 그에 대한 어떤 요구를 가지고 계십니다. 저의 권면은 열정이 그를 사로잡을 때 당신이 그를 참아내시라는 것입니다. "유순한 대답은 분노를 사라지게 하느니라." 그가 말한 대로 응답하시고 하나님을 두려워하는 가운데 그에게 자신을 잘 적응시키십시오. 그렇게 하시면 당신의 무거운 십자가의 무게가 한 근이나 줄어들 것이니 그리하여 그것이 가벼워질 것입니다.

그리스도께서 자신을 숨기실 때는 기다리시며 그가 돌아오실 때까지 큰 소리로 부르십시오. 그때는 태평스럽게 참아야 할 때가 아닙니다. 그가 웃음을 숨기실 때 저는 탄식하기를 좋아합니다. 어두울 때 참고 기다리면서 그의 사랑을 믿으십시오. 그분의 임재의 느낌이 당신의 턱을 들어올릴 만큼 당신과 함께 하지 않을 때 물 위로 머리를 들고 헤엄치기를 배워야 합니다. 저는 하나님께서 당신의 배를 육지에 안전하게 데려다 주시리라고 하나님을 믿습니다. 거룩함을 배우시기를 바라며 이 세상에 대해 죽으시기를 바랍니다. 노브렉스에게 친절하십시오. 그와 친함으로 유익을 얻도록 힘쓰십시오. 그 사람은 그리스도와 친합니다.

당신의 기도의 도움을 청하오니 저는 당신을 잊지 않을 것입니다. 당신의 남편에게 저의 기쁨을 성취하며 주님의 얼굴을 찾으라고 전해 주십시오. 그에게 저의 기쁨과 소원이 그가 주님 안에 있다는 것을 듣는 것이라고 제 뜻을 알려 주십시오. 하나님께서 가끔 그를 제 마음에 두시니 저는 그를 잊을 수가 없습니다. 그리스도께서 그와 함께 하는 어떤 일이 있기를 바랍니다. 존을 축복합니다. 그와 당신의 남편과 남은 자녀들에게 축복을 전합니다. 안식일 지키는 것을 게을리함으로 "나는 네 집에 있지 않다"는 말씀을 듣지 마십시오.

1637년 2월 20일, 애버딘, S. R.

46 카도니스 장로 부인에게
그리스도와 그의 뜻을 장려함, 천국을 향한 마음, 순응에 대한 주의, 교회에 대한 염려

>

주님 안에서 경애하는 분께, 은혜와 사랑과 평안이 당신에게 있기를 바랍니다. 당신의 영혼이 어떻게 번성하고 있는지 알려고 편지로 당신에게서 소식을 기다립니다. 저의 간절한 소망은 당신이 진리 안에서 행하시며 또한 멸시를 받으셨으나 가장 사랑스러우신 하나님의 아들을 따르는 일을 즐거워하신다고 듣는 것입니다.

제가 당신에게 그분을 당신의 남편으로, 당신의 가장 사랑하는 이로, 당신의 자산으로, 당신의 위로와 당신의 기쁨으로 삼으시기를 추천합니다. 그 사랑스러우신 분에 관하여 이렇게 말씀 드리는 것은 제가 (우리가 쓰는 말대로) 그 시내를 좋아하고 자랑하기 때문입니다. 그는 자신의 감미로운 위로들로 핍박 받는 죄수를 적셔 주십니다. 그는 항상 제 영혼에 친절하셨습니다만 제가 가장 힘들 때인 지금처럼 친절하신 적은 없었습니다. 저는 그리스도와 먹고 마십니다. 그는 한밤중에도 사랑의 방문으로 제 영혼을 찾으십니다.

이것이 천국에 이르는 길이며 저는 지금 그의 진리를 위하여 고난 받는다고 확신합니다. 그리스도의 이름으로 당신에게 권하는 것은 제가 당신에게 전해 준 진리 속에 계속 머물라는 것입니다. 그리스도께서 당신의 영혼에 분명하도록 하십시오. 당신의 날이 끝이 가까워 오고 있기 때문입니다. 그리스도의 친구처럼 보였던 많은 이들이 지금 넘어지고 있고 그에게 진실하지 못한 것이 드러나고 있습니다. 그러나 당신은 죽기까지 충성하십시오. 그러면 생명의 면류관을 얻을 것입니다. 이 한 뼘 길이의 당신의 날

은 (하나님의 성령께서 말씀하셨습니다. 시 39:5) 짧은 시간 안에 손가락 넓이 만큼이 되고 그리고는 마침내 아무것도 남지 않을 것입니다. 오, 당신의 안근이 풀어지고 얼굴이 창백해지고 호흡이 차가워지며 당신의 불쌍한 영혼이 당신의 죽어가는 몸의 흙집 창으로 탄식하며 다가가서 밖으로 나가기를 갈망하며 간수에게 죄수를 놓아주도록 문을 열어 달라고 할 때 선한 양심의 잔치가 당신에게 얼마나 감미롭고 위안이 넘치겠습니까! 당신은 물가에 가까이 이르렀습니다. 당신의 장부를 보시고 당신의 인도자께 건너편으로 데려가 달라고 요청하십시오. 세상이 당신의 재산이 되지 말게 하십시오. 죽은 흙덩이를 가지고 무엇을 하시겠습니까? 당신은 사생아가 아닙니다. 정당하게 출생한 자식입니다. 그러므로 당신의 마음을 유산에 두십시오. 미리 올라가서 당신의 거할 곳을 둘러보십시오. 천국에 있는 당신의 아버지 집들을 모두 살펴보십시오. 당신의 아버지의 집에는 거할 곳이 많습니다. 사람들은 토지를 사기 전에 그것의 모양을 봅니다. 그리스도께서 이미 거래를 끝냈다는 것을 저는 압니다. 당신이 가시게 될 집에 익숙하게 하시고 자주 들러 보십시오. 위에 있는 것들에 마음을 두십시오. 거기는 그리스도께서 하나님 오른 편에 계십니다.

당신의 남편을 일깨워 본향에 있는 집에 관심을 두도록 하십시오. 그의 지시를 받는 하나님의 불쌍한 백성들에게 자비롭게 대하라고 말씀 드리십시오. 그들은 그리스도의 것이지 그의 것이 아닙니다. 그러므로 그들에게 자비로운 처우와 친절을 나타내며 그들의 영혼들에게 선대하라고 그에게 전해 주십시오. 당신께서 제게 편지를 써 보내시기를 바랍니다. 제 교우들이 저를 잊었는지도 모릅니다. 그러나 저의 증인이 하늘에 계시거니와 저는 그들을 잊을 수도 없고 잊지도 않았습니다. 그들이 밤의 제 탄식이며 낮의 제 눈물입니다. 저는 제 자신이 젊을 때의 아내를 빼앗긴 남편이라고 생각합니다. 저의 목회가 그들에게 하나님의 아들을 남겨 두었으며 그리고 그들이 그리스도 안에서 행한다면 얼마나 큰 기쁨이 제 영혼에 있게 되겠습니까! 오 주님, 제 재판관이 되어 주십시오. 당신의 딸과 아들에게 제 사랑을 전해 주십시오. 그들이 젊을 때 주님을 찾으며 그들의 인생의 아침을 그리스도께 드리기를 제가 바란다고 전해 주십시오. 하나님의 말씀과 기도를 가까이 하게 하십시오.

은혜가 당신에게 있기를 바랍니다. 그리스도의 죄수를 위해 기도해 주십시오. 제 마음에서 당신을 잊지 않았습니다.

1637년 3월 6일, 애버딘, S. R.

47 켄무어 자작 부인에게
그리스도를 아는 일에 수고함, 그의 사랑을 특별히 즐김, 그리스도인이 되는 것이 쉽지 않음, 친구들이 잘못 이끌면 안됨

>

부인, 은혜와 사랑과 평안이 당신에게 있기를 바랍니다. 편지를 받고 힘을 얻었습니다. 죽음에서 벗어남을 주관하시는 이의 오른 손이 그 예쁜 아이를 사랑스럽게 대해 주셨습니다. 저의 기도 속에서 그 아이와 부인을 잊을 수도 없고 잊지도 않았습니다.

부인, 당신에 대해 먼저 말씀드립니다. 저는 실천이 수반된 탄식을 좋아합니다. 마치 "나는 병들었어"라고 말하면 병이 낫거나 하는 것처럼 많은 사람이 탄식하는 것으로 충분히 거룩하다고 여기고 자신들은 아무것도 하지 않는 것을 보았기 때문입니다. 그들은 탄식을 죄책에 대한 적당한 주문(呪文)으로 생각합니다. 사람들이 그리스도를 위해서는 입과 발과 팔을 못 쓰는 이 죽어 있는 세대에 부인께서 힘쓰시며 분투하시기를 바랍니다. 부인, 부인께 그리스도와 더 친밀한 교통과 성숙하는 교통을 강청합니다. 그리스도 안에서 열려지는 휘장들이 있는데 그것은 우리가 전혀 보지 못한 것들이며 그 안에는 사랑의 새로 접은 것들이 있습니다. 제가 언제까지나 그 사랑의 저 끝까지 이르리라고는 단념했으니 그 안에는 그렇게 많은 겹겹이 있습니다. 그러므로 깊이 파십시오. 그를 위해 땀을 흘리며 애쓰며 수고하십시오. 할 수 있는 대로 그를 위해 낮 동안에 많은 시간을 할애하십시오. 수고로 그를 얻게 됩니다.

그의 추방된 죄수인 저는 그를 찾았고 그분은 자신을 위하여 하시듯

저를 위하여 측은히 여기시며 슬퍼하시니 제가 그리스도께 어떻게 해 드려야 할지 모르겠습니다. 그의 사랑이 저를 사로잡았으며 저를 압도했습니다. 그것으로 제가 그것에 눌렸습니다만 오, 그 짐은 얼마나 감미롭고 사랑스러운지요! 그것을 제 속에 가둘 수가 없습니다. 제가 그분의 사랑에 얼마나 빠졌는지 만일 그의 사랑이 천국에 있지 않다면 저는 그곳에 가지 않을 것입니다. 오, 그리스도의 사랑 안에 있는 것이 얼마나 소중하며 얼마나 자랑스러운지요! 저는 이제 그리스도의 십자가와 그것에 동반하는 사랑의 소나기를 잃어버릴까봐 걱정하는 것만큼 염려하는 것이 없습니다. 그분께서 식탁의 상좌(上座)에 노예와 같은 자를 자신의 팔 밑에 두기로 하셨으니 놀랍기만 합니다. 오, 저의 검은 입을 그리스도와 같이 아름답고, 아름답고, 아름다운 얼굴에 댈 수 있다니! 그러나 저는 사랑 받기를 거절하지 않을 것입니다. 그분이 제게 뇌물이나 대가를 받으신 일이 없기 때문에 그분이 저를 돌아보시고 저를 사랑하시는 이유는 제게 있지 않습니다. 제게서 든 비용이 전혀 없으니 싸고도 좋은 사랑입니다. 오, 그의 사랑의 육중한 무게 아래 제가 즐겁게 눌려 있는 것입니다!

부인, 이제 제가 당신에게 분명히 말씀 드리는 것은 대부분의 사람들이 단지 기독교놀음을 하고 있다는 것입니다. 그들은 쉽게 던져버립니다. 저는 그리스도인이 된다는 것은 쉬운 일이며 하나님을 찾는 일은 아주 가깝다고 생각해 왔습니다. 하지만 오, 그분이 저로 지나게 했던 꼬불꼬불함과 돌아감과 오름과 내림이여! 아직도 개울까지는 길이 많이 남아 있음을 저는 압니다. 밤중에는 그분이 제 마음에 말씀하시고 아침에 깨면 그가 제게 쏜 사랑의 화살들이 제 가슴에 박혀 있는 것을 발견합니다. 누가 제가 찬양하는 것을 도와주시겠습니까? 누가 저와 함께 일어나서 그의 크신 사랑을 높이겠습니까? 하지만 의심의 번개가 한여름에 찾아오며 저에게 시비한다는 것을 발견합니다. 그러나 그것은 단지 죄인을 안정시키는 것뿐입니다.

친구들에 관하여 말씀드립니다. 만일 그 우물이 마르지 않는다면 세상은 세상이 아닐 것이라고 저는 생각합니다. 저는 하나님 안에서 노련하고 슬기로운 주인이 못된 하인에게 하듯이 세상을 사용하라고 하신 것을 믿습니다. 주인은 그러한 종에게 (적어도 하나님께서는 제게 그렇게 할 수 있는 은혜를 주십니다!) 물건이나 돈을 주지 않고 시시한 심부름을 맡겨 못된 일을 하지 못하게 하는 것입니다. 제가 저의 기쁨과 위로와 확신의 신뢰를 세상에게 주지 않도록 저는 하나님께 기도합니다. 그것은 그리스도를 그의 직무에서 몰아내는 것이 될 것입니다. 아니, 제가 작은 경험으로 부인에게 권하는 것은 그리스도께서 큰 봉인을 가지도록 하시고 크고 작은 당신의 그릇들을 그에게 매달기 위하여 그에게 맡기시고 당신의 짐들을 다윗의 집에 단단히 박힌 못에(사 22:23) 거십시오. 만일 항상 그들이 제게 위로를 가르쳤더라면 저는 잘 있지 못할 것입니다. 나를 넘어지게 하고 그런 다음 그리스도께서 저를 향해 "당연하지, 믿기 전에 다시 해 봐." 비웃도록 하게 하려는 무책임한 선생들아, 멀리, 멀리 떠나라! 아, 나의 창녀 어머니인 스코틀랜드 교회를 인해 내게 화로다! 오, 누가 저를 위해 울 것인가!

언약의 큰 사자의 함께 하심이 당신과 귀여운 아이에게 있으시기를 바랍니다.

1637년 3월 7일, 애버딘, S. R.

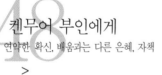

48 켄무어 부인에게
연약한 확신, 배움과는 다른 은혜, 자책

부인, 훌륭한 배달인을 만나게 되었으니 부인의 편지에 있는 항목들에 대하여 답신을 드릴 기회를 놓치지 않으려고 합니다.

첫째로, 그리스도에 관한 선한 것들을 종이 위에 기록하는 것이나, 그리스도와 함께 있고 싶어 하는 단순한 소원들로 영혼을 배 불리는 것은 대수롭지 않다고 생각합니다. 소원은 단지 부서진 반쪽만의 사랑이기 때문입니다. 하지만 진실로 "와 보라"에 순종하는 것은 훨씬 어려운 일입니다! 아, 그러나 그분에 대하여 제가 가지고 있는 것은 불이 아니라 연기요, 분명한 확신들보다는 추측일 뿐입니다. 제가 그분의 눈에서 은총을 발견한 사람이라는 것은 말할 필요가 없습니다만 저로 그리스도를 변해 버린 주님이라고 모욕하며 잘못 부르게 하는 열렬하고도 무례한 굶주림이 있는 것입니다. 아! 그러나 그것은 전혀 가당치 않습니다. 저는 보증이 없이는 믿지 못합니다. 마치 그리스도께서 자신의 가치를 잃어버리고 팔아서 저의 회계장부에 책임을 지지 않으며 끝까지 감당하지 않으실 것처럼 저는 보증이 없이는 하나님의 말씀을 받을 수가 없습니다. 그러나 이것은 저의 방식일 뿐입니다. 그분의 방식은 이렇기 때문입니다. "너희가 믿는 고로 약속의 성령으로 인쳤느니라"(엡 1: 13).

둘째로, 당신은 적어 보내시기를 제가 지식이 넘쳐서 이러한 경계들이 필요하지 않으리라고 하셨습니다. 그러나 분명코 어려운 지경에 이르면 저의 빛이 흐려진다는 것입니다. 얼마나 많은 사람들이 가득 찬 돈궤들을 가지고 있으면서 배를 곯리고 있는지요! 빛과, 구원에 이르도록 빛을 사용하는 것은 아주 다른 것입니다. 오, 저의 꺼져 버린 불에서 재를 불어낸들 무슨 소용이 있겠습니까! 제가 학식을 갖춘 사람이면서 그리스도의 도리에는 바보이며 멍청이일 수가 있는 것입니다! 학식이 그리스도를 현혹하도록 해서는 안됩니다. 성경이 바리새인들을 현혹시켰고 아마 저도 그렇게 잘못 끌릴 수 있습니다. 그러므로 야경꾼들이 서로간에 말을 시켜서 서로 깨어 있도록 붙들어 주듯이 우리도 서로서로 서 있도록 붙잡아 줄 필요가 있습니다. 잠이 잠을 쫓는 빛인 경계의 빛을 훔쳐갑니다. 만일 사람들이 천국이 옆집에 있다고 믿지만 않았더라도 더 많은 사람들이 천국에 도착했을 것은 의심의 여지가 없습니다. 세상의 부정적인 거룩함, 곧 "간음자도 아니고, 살인자도 아니고, 도둑도 아니며, 사기꾼도 아니다"는 것이 사람들로 하여금 자기들이 이미 영화롭게 된 그리스도인들이라고 믿게 만듭니다. 하지만 히브리서 6장은 우리 모두를 떨게 하니 사람들이 성령의 은사와 일반적인 은혜들과 다가올 세상의 능력을 맛보고도 그것들과 함께 지옥으로 간 사람들이 있다고 듣습니다. 여기 왕의 형상과 글이 새겨져 있는 듯 보이지만 쓸모없는 동전이 있습니다!

셋째로, 당신이 자신에 대하여 한탄하고 계시다는 것을 알았습니다. 죄인이 그렇게 하는 것은 어울리는 일입니다. 그 일에 당신을 반대하지 않겠습니다. 죽음에 대한 느낌이 생명에게는 가까운 친구요 친척입니다. 더욱 많이 느낄수록 생명이 있습니다. 죄에 대하여 더 많이 느낄수록 죄를 더 적게 범합니다. 저의 고통과 괴로움 그리고 저의 상처들을 제가 사랑하고자 하는 것은 비록 이들이 저의 밤잠을 빼앗아 가지만 고통이 없는 상처보다 훨씬 낫기 때문입니다. 오, 그리스도께 자기의 부러진 팔과 다리와 부러진 뼈들을 드린다는 것은 얼마나 아름다운 일입니까!

넷째로, 은혜가 적다고 염려하지 마십시오. 그리스도께서는 살아있는 씨를 심으십니다. 그리고 자기의 씨를 잃어버리지 않으실 것입니다. 만일 그분이 저의 소유와 형편을 관리하시면 결코 잘못되는 일이 없을 것입니다. 우리의 망쳐버린 일들, 손해, 죽은 것 같음, 냉랭함, 불쌍함 등은 선한 농부께서 일하시는 밭입니다.

다섯째로, "그리스도에 대한 당신의 봉사가 잘못된다 하여도 그의 불쌍히 여김은 없어지지 않을 것이다"라고 쓰셨습니다. 거기에 답합니다. 하나님께서 그리스도와 우리 사이에 사고 파는 일이나 거래를 계획하는 것조차 영원토록 금하십니다. 그렇게 된다면 값없는 은혜는 놀이가 되며 구주는 벙어리가 되며 그리스도는 잠자게 되기 때문입니다. 그러나 우리와 그의 모든 아이들은 가벼운 어깨로 천국에 가는 것이며 우리가 가진 크고 작은 그릇들은 단단한 곳에 박힌 못(사 22:23, 24)에 걸려 있는 것입니다. 한 가지 위험한 일은 하나님께서 주신 은혜에다가 우리가 무엇을 더하려고 하는 것이니 곧 그것은 그의 은혜를 헛된 것으로 바꾸는 것입니다.

여섯째로, "당신의 죄책감을 아는 사람이 별로 없고 제게나 많은 사람에게 자유로울 수 없다"고 쓰셨습니다. 제가 답합니다. 그리스도와 우리가 사람의 법정에서 말하게 되지 않으리라는 것을 인하여 하나님을 찬양합니다. 바로 모든 탄원들이 사라지는 것이 그와 우리 사이에 멀지 않습니다.

은혜가 당신과 함께 하시기를 바랍니다.

애버딘, S. R.

49 보이드 부인에게
결점에 대한 인식이 그리스도를 알지 못한다는 논리가 되지 않음, 추방의 체험

>

부인, 하나님 아버지와 주 예수 그리스도로부터 은혜와 사랑과 평안이 당신에게 있기를 바랍니다. 부인의 편지가 저를 힘있게 하였으니 부인께 감사 드리지 않을 수 없습니다. 저와 똑같은 의도를 가지고 새롭게 출발한 저의 고난 받는 형제에 대한 부인의 사랑으로 여러 가지 면에서 제가 많은 사랑을 입었습니다. 그의 주님께서 그를 진리의 편에 세우시기를 기뻐하셨습니다. 부인께서 그가 나그네로 있는 그 지역에서 좋은 말씀과 권면으로 그에게 친근히 대해 주시리라고 기대합니다. 그리스도의 사람들에 대한 부인의 친절함은 그의 장부에 기록되리라는 것을 부인께서 걱정하실 필요가 없으십니다.

이제 부인의 처지에 대하여 말씀드립니다. 빛들의 아버지께서 부인에게 기독교 신앙의 어떤 경지를 보여 주셔서 부인이 그곳에 이르려고 애쓰시되 오른 눈과 오른 손을 버리고서라도 하나님의 아들을 가지려고 하신다는 것을 저는 아주 기뻐합니다. 부인께서 그분을 당신의 화관으로 삼으시기를 바랍니다. 두려워하지 마십시오. 그리스도께서 당신의 꺼져가는 불에 물을 붓지 않으실 것입니다. 그리고 만일 그분이 "안돼"라고 말씀하신다면 어느 누가 감히 그렇게 하겠습니까? 부패함을 후회하시고 안심하지 마십시오. 그놈은 당신과 함께 당신의 어머니 뱃속에 누워 있었고 생명의 호흡처럼 당신에게 어렸을 적 동무들과 같았습니다. 그리고 그리스도께서 다른 방식으로는 그것을 취하실 수 없으셨을 것입니다. 왜냐하면 그리스도께서 넘어진 아이들을 일으키시며 깨어진 이마들을 즐거이 고쳐 주시기 때문입니다. 상처를 싸매시는 것이 그의 일입니다(사 61:1).

첫째로, 제가 기뻐하는 것은 그리스도께서 당신 안에서 그의 부름의 일을 가지시게 될 것이라는 것입니다. 당신보다 더 심하게 병들었던 많은 영혼이 건강하게 되어 천국에 있습니다. 당신이 부러진 팔과 다리를 그의 무

룩에 올려 놓아서 그가 맞추시도록 하신 것을 그는 만족해 하십니다. 둘째로, 자신의 얼굴을 숨기시는 것이 지혜로운 사랑입니다. 그의 사랑은 어리석거나 맹목적이거나 이치가 없는 것이 아니어서 당신이 천국 문에 이를 때까지 당신의 머리를 위하여 다른 베개를 주시지 않고 오직 그의 품에 두고 그의 가슴에 기대도록 하시는 것입니다. 아니, 그의 자식들은 때때로 언덕의 서리가 낀 차가운 쪽을 택해야 하며 맨발로 가시덤불을 디뎌야만 합니다. 그의 사랑은 눈을 가지고 있어서 그동안에 줄곧 보고 계십니다. 우리의 자만은 그것을 썩일 겨울 날씨가 있어야 합니다. 그러나 당신과 그리스도 사이에 있는 일은 아무도 들을 수 없을 것입니다. 당신은 단지 혼잣말로 그것을 속삭이고 또 그렇다고 할 것이기 때문입니다. 왜냐하면 그의 닻줄은 보이지 않는 곳에 단단히 묶여 있고 그 끝은 그리스도의 열 손가락 안에 있기 때문입니다. 그가 잡고 계시다면 누가 끌어당길 수 있습니까? "나 여호와 너의 하나님이 네 오른 손을 붙들고 네게 이르기를 '두려워 말라. 내가 너를 도우리라' 할 것 임이니라. 지렁이 같은 야곱아, 너희 이스라엘 사람들아, 두려워 말라"(사 41:13, 14). 뱃멀미하는 승객들이 땅에 도착할 것입니다. 그리고 그리스도께서는 육지에서 당신을 제일 먼저 맞이하실 것입니다. 부인께서 왕도(王道)를 지키시기를 바랍니다. 마치 도중에 여관 주인들과 이야기할 여유가 없는 사람처럼 주님의 힘을 의지하여 서둘러 나아가십시오. 강 건너편에서 당신을 만나기를 기다리시는 분에게는 시간이 많이 지났습니다.

　부인, 충실하지 못한 제 자신에 대하여 한 말씀 드리고자 합니다. 제가 이곳에 처음 올 때에 마귀가 저의 주 예수님에 대해 시키먼 거짓말을 많이 했으니 판결이 변했으며 그가 화가 났고 못된 종을 중도에 그만두게 했다는 것입니다. 그러나 그분은 저의 직무를 버리지 말라고 제게 은혜를 베푸셨습니다. "마른 나무는 담 너머로 버릴 것밖에 무슨 쓸모가 있으리요?"라고 제시하고 말했지만 저는 그 소환을 버티고 앉아 있으리라고 작정했었습니다. 하지만 이제, 그의 추방된 가련한 죄수처럼 푸짐한 대접을 받은 사람이 누가 있습니까? 높으신 왕의 연회장이요, 훌륭한 통치자의 식탁에 저의 검은 손이 닿는다는 것이 식탁 주인의 수치요 최고의 혼란이라고 생각합니다. 그러나 저는 그것을 바꿀 수가 없습니다. 그리스도께서는 자신의 뜻대로 하실 것입니다. 단지 때로 그의 사랑으로 저를 아프게 하여서 정중함을 잃고 소리를 칠 뻔했습니다. 그분이 불이 붙어 연기가 나는 숯불을 제 마음에 두시고 문으로 친히 가시더니 그것과 저를 함께 두고 떠나셨습니다. 하지만 그것이 버린 것은 아니었습니다. 그것이 무엇인지 저는 모르지만 지금처럼 그를 사모한 적은 없었습니다. 천국을 인하여 더 이상 가진 것이 없어도 저는 감히 주님을 탓하지 않을 것이니 그것은 십자가입니다. 그가 저와 함께 놀거나 사과를 굴리는 것이 아닌 다른 하실 일이 있으시다는 것과 이 잔치가 끝나리라는 것을 저는 압니다. 오, "네 하나님이 어디 있느냐?"고 제 속에 있는 가까운 동무와 시비를 거는 마귀가 말할 때 "이분이 그분이다"라고 말하며 사용할 수 있는 하나님의 이름으로 된 보증서여! 그것이 지속되지 않으리라는 것을 알기 때문에 저는 먹다 남은 음식만이라도 가지기를 마다하지 않습니다. 그러나 제 뒤에 오는 누구도 십자가를 인하여 그리스도를 모욕하지 말기를 바랍니다.

죽은 자들 가운데서 자기 양의 큰 목자를 일으키신 언약의 위대하신 주께서 영원한 언약의 피로 당신을 굳게 세워 주시고 그가 나타나실 때까지 당신과 당신의 사람들을 지켜 주시기를 기원합니다.

1637년 3월 7일, 애버딘.

50 데이비드 딕슨에게
하나님의 다루심, 쓴 것이 달게 됨, 성경에 관한 해설

>

존경하며 사랑하는 형제여,

주 예수께서 저의 갇힘을 통해 영광을 받으시는 것 외에 제가 천국 문 밖에서 어떤 기쁨을 가지겠습니까? 사랑하는 형제여, 불쌍한 빚쟁이인 제가 원금을 갚을 수는 없으니 이자만이라도 갚도록 저를 도와주시기 바랍니다. 헛소리나 농담이 제가 쓰고 있는 것을 시킨 것이 아닙니다. 제가 지

금 도달한 그리스도와의 교제의 경지에 이전에는 이른 적이 결코 없었습니다. 저 자신의 확고함에 대해서는 지난 두세 안식일에 하나님의 이름으로 확실한 증거를 받았으니 주 예수와 제가 저의 나그네 집인 애버딘에서 서로 입을 맞춘 것입니다. 심령을 다하여 섬기는 이가 아시거니와 제가 구하는 것은 저를 즐겁게 할 놀잇감이 아니라 인침입니다. 오직 담보를 구하며 저녁 만찬 때까지 영광을 보류하고 미루는 것에 저는 만족합니다. 이 세상이 제게 언제나 지속되지는 않을 것입니다. 저의 달빛은 정오의 빛이며 저의 새참은 제가 그의 팔에 자주 안겼던 설교자로 있을 때의 잔치들보다 훨씬 좋습니다. 그리스도께서 (제가 이렇게 말할 수 있다면) 자신의 백마에 저를 태워 자신의 뒤에 앉히시거나 사랑으로 장식한 마차에 태우시고 물을 지나게 하신다고 누가 그분을 탓할 수 있겠습니까? 아버지가 자기의 귀여워하는 자식을 자기 팔로 안고 도랑이나 수렁을 건너지 않습니까? 저의 짧은 다리로는 이 늪과 이 가라앉는 수렁을 건널 수 없었습니다. 그러므로 주 예수께서 저를 업고 건너실 것입니다.

그가 제 믿음을 흠과 틈이 없도록 지켜 주실 것이기 때문에 만일 변화가 일어나고 어두운 날이 오며 천국에 이를 때까지 제가 더 얻는 것이 없을지라도 저는 그를 탓하지 않을 것입니다. 그러나 약제는 단 것을 넣어 먹게끔 되어 있는 것을 당신이 아시는 것처럼 저의 믿음이 지쳐 늘어져 있을 때 그리스도께서 축 처진 사람의 머리를 붙들어 주셨습니다. 정말로 저는 갓난아이들의 맘마를 달라고 기도하지 않을 것입니다. 시든지 달든지 상관하지 않고 그것이 정말 그리스도이기만 하다면 제가 그리스도를 받으리라는 것을 그가 아십니다. 지금 제 앞에 있는 것이 껍질 벗긴 사과나 설탕 바른 음식이 아닙니다만 그런 것을 주신다고 그분을 탓하지 않을 것입니다. 입을 넓게 벌려 커다란 입을 만들 것입니다. 그리스도께서는 기쁨을 가두어 두실 수가 없기 때문에 멀리 떠나 있지 않으려고 하는 이들을 환영하실 것입니다. 저는 그가 영광을 받으시는 것 외에는 다른 열매를 구하지 않을 것입니다. 제가 그의 이름을 높이기 위해 힘든 일도 마다하지 않으려 한다는 것을 그가 아십니다.

당신의 의견에 감사드립니다. 믿음으로 살면서 턱밑에 커다란 기쁨이 받쳐 주지 않아도 헤엄을 치며 제가 물 속으로 들어가는 한이 있을지라도 적어도 헤쳐 나가기를 바랍니다.

이제 저의 처지에 대해 말씀드립니다. 회의가 열리겠지만 결과는 하나님께 달려 있다고 생각합니다. 본분은 우리 것이고 결과는 하나님의 것입니다.

시간이 있으면 언약에 관한 당신의 글을 자세히 읽고 그것에 대한 저의 생각과 성부와 성자 사이의 언약에 대한 아르미니우스주의자들의 견해에 관해 적어 보내 드리려고 합니다. 제가 당신에게 간청하는 것은 당신께서 성경 전체를 다루시는 것입니다. 히브리서에 관한 당신의 책은 그리스도의 언약을 아는 모든 이들에게 대단한 호응을 얻고 있습니다. 하나님이 허락하시면 제가 호세아서에 관해 쓰려고 하며 여기서 출판할 수 있다면 그렇게 할 생각입니다.

저의 형제에게 그렇게 친절하게 대해 주셔서 크게 힘을 얻었습니다. 당신의 충고가 그에게 도움이 되기를 바랍니다.

은혜, 은혜가 당신에게 있기를 바랍니다.

1637년 3월 7일, 애버딘, S. R.

51 존 퍼거실에게

하나님의 자녀들을 때리는 매, 그리스도의 사랑을 느끼는 아픔, 그의 임재는 시련을 감당하게 함, 그분만을 만족함

>

주님 안에서 존경하고 매우 사랑하는 이에게,

당신의 편지를 받고 힘을 얻었습니다. 당신의 아내에게 있는 그 지루하게 오래 지속되는 고통에 대해 들으니 안타깝습니다. 하지만 저는 당신께서 그것을 사생자가 아닌 친자식의 표지로서 하늘에 계신 당신의 아버지의 채찍을 맞는 줄로 여기시리라 믿습니다. 당신이 천국에 들어갈 때까지 사나운 일기만 있을 것이니 한 번의 소나기가 그치면 다른 것이 내립니다.

새 예루살렘의 들보나 기둥은 벽에 쓰이는 보통 돌들보다 더 많이 하나님의 망치질을 받아야 합니다. 만일 하나님의 책에 당신을 위하여 스무 개의 십자가가 기록되어 있다면 열아홉 번째에 이를 것이고 그리고 마침내 마지막 한 개에 이를 것이며 그 후에는 없을 것입니다. 그러나 당신의 머리는 그리스도의 가슴에 놓일 것이며 그의 부드러운 손이 당신의 얼굴을 닦아 주시며 모든 눈물을 씻어 주실 것입니다. 그의 진리를 위한 공적인 고난을 인하여 당신의 주께서 이러한 것들을 주선해 주실 것입니다. 위로하시고 건져 주시는 것이 그의 일이니 그분이 하시도록 맡겨 드립시다. 그리스도의 십자가의 찌푸림은 십자가 자체보다 나쁜 것입니다.

저는 그가 제 영혼을 위하여 하신 일을 헤아릴 수가 없습니다. 사랑하는 형제여, 그리스도를 찬양하고 그를 높이도록 제가 당신에게 도움을 받을 수 있겠습니까? 그가 자기의 사랑으로 저를 아프게 하셨고 제 마음에 사랑의 화살을 남기셨으니 그것이 상처를 만들고 소원으로 가득 채워서 제가 완전한 사로잡힘이 없는 것을 탄식하도록 하게 합니다. 사랑은 사랑하는 대상의 동반을 소원합니다. 저의 가장 큰 고통은 그가 함께 계시지 않음을 인함이니 그의 기쁨이나 위로들이 없어서가 아니라 친밀한 교통과 교제가 없기 때문입니다.

제가 지금 고난 받는 이것이 그의 진리를 위한 것이라는 것을 저는 확신하게 되었으니 그리스도께서 자신의 감미로운 위로들을 저의 영혼에 주심으로 그것에 대해 친히 증인이 되셨기 때문입니다. 제가 그를 거짓 증인이라고 생각할 수 있습니까? 그가 빈 종이에다가 서명을 하시겠습니까? 저는 그가 주신 그의 높고 두려우신 이름을 인하여 감사를 드립니다. 저는 그가 오셔서 친히 그 담보를 푸실 때까지 그의 날인과 담보를 가지고 있기를 바랍니다. 저는 그것을 빼앗으려는 지옥과 싸울 것입니다. 그러나 그는 그리스도이시고 자기의 죄수를 만나 주셨습니다. 저는 그것이 그분이었다는 것과 그분 만을 위한 것이었다는 그의 손으로 쓴 보증서를 가졌습니다. 악마가 주님의 땅에서 불량배의 법정을 세우고 거짓 소환장을 제게 주었지만 그렇게 아름답고 큰 도장이 찍힌 후에 제가 믿지 않는다면 수치는 제 몫이 될 것입니다. 하지만 사탄과 저의 염려는 때때로 그리스도께서 저를 미워하시는 것처럼 그리스도에 대해 거짓말을 늘어놓습니다. 그러나 저는 그리스도에 대한 어떤 악도 믿지 않을 것입니다. 만일 그분이 진실로 함께 하심과 제가 그분에게 사로잡히게 됨으로 그분을 향한 제 사랑의 열병을 식히신다면 저는 부자가 될 것입니다. 그러나 그리스도의 문에서 구걸하는 것이 부끄러움은 아니지만 저는 철없이 굴거나 그런 일로 더 구하지 않을 것입니다. 저의 원수들이 불쌍합니다. 주님께서 그들에게 새 화로를 주시고 제게는 낡은 것을 주신다고 해도 불평하지 않을 것입니다. 집주인이 개한테 뼈를 던져 준다고 제가 화를 내야 하겠습니까? 부서진 돛단배가 항구에 이르며 주님께서 뱃멀미 하는 승객들을 부두에서 맞이해 주실 것이 저를 기쁘게 합니다. 우리는 다가오는 이 시련의 날을 대비하여 큰 비축이 필요합니다. 스코틀랜드에서 쭉정이든지 알곡이든지 물론하고 조만간 하나님의 체를 통과해야 할 것입니다. 찬양하며, 찬양하며 저를 위해 기도해 주십시오. 저도 당신을 잊지 않을 것입니다. 당신이 제 고난 받는 형제에게 친절히 대해 주실 것을 믿습니다. 저와 같은 뜻을 가지고 그는 이제 일을 시작했습니다. 그에게 당신의 충고와 위로를 주십시오.

그리스도의 사랑으로 당신의 아내에게 안부를 전해 주십시오. 그녀가 건강하게 될 것이고 그녀의 구원이 졸지 않을 것입니다. 당신이 그리스도의 죄수의 기도와 축복을 가지시게 되기를 바랍니다. 빨리 심으십시오, 넉넉하게 먹을 것을 나누어 주십시오. 오래지 않아 곳간이 닫힐 것입니다. 은혜, 은혜가 당신에게 있기를 바랍니다.

1637년 3월 7일, 애버딘, S. R.

52 로버트 더글러스에게
그리스도를 위해 고난 당하는 자들에게 나타내시는 그의 사랑의 풍성함

>

존경하며 사랑하는 형제여, 은혜와 사랑과 평안이 당신에게 있기를 바랍니다. 편지로 당신을 만나고 싶었습니다. 제가 지금 고난 당하는 것이 그리스

도의 진리를 위한 것이라는 것을 당신에게 적어 보내지 않을 수 없습니다. 왜냐하면 그리스도께서 저의 고난에 말할 수 없는 영광스러운 즐거움으로 도장을 찍어 주셨기 때문입니다. 저는 그가 백지에다 도장을 찍지 않으실 뿐 아니라 거짓의 증인이 되지 않으시리라는 것을 압니다. 사랑하는 형제여, 당신에게 간청하오니 제가 그리스도를 찬양하며 세상의 방백들보다 그를 그 보좌 위로 높이도록 도와달라는 것입니다. 저 같은 죄인에게 보이신 그의 친절하심이 얼마나 큰지 놀라서 어찌할 바를 모르겠습니다. 그리스도와 제가 결코 짝이 될 수 없다는 것을 압니다. 저는 그에게 빚진 채로 죽게 될 것입니다. 그가 제 마음에 화살을 쏘셨으니 진정한 사로잡힘이 없는 것이 아프게 합니다. 지옥이 하나님께서 일으키신 이 불꽃을 끌 수가 없습니다. 저로 인하여 그리스도나 그의 십자가를 욕하는 사람이 아무도 없기를 바라는 것은 제가 그를 칭송할 많은 이유를 가지고 있기 때문입니다. 그는 제가 전에 알지 못했던 그와의 교제의 경지와 수준으로 저를 인도하셨습니다. 주님의 십자가에 대한 소음과 찌푸림이 십자가 자체보다 더 두렵고 힘듭니다. 그는 자기의 아이들이 깊은 물에 이르면 자기 팔로 아이들을 안으시고 적어도 그들이 헛디뎌 헤엄칠 수밖에 없다면 그들의 턱 밑에 자기 손을 대십니다.

당신의 기도로 제가 도움을 입기를 바랍니다. 당신의 친절한 아내에게 제 사랑을 전해 주십시오. 은혜가 당신에게 있기를 바랍니다.

1637년 3월 7일, 애버딘, S. R.

53 알렉산더 헨더슨에게
그리스도의 머리되심이 실현되지 않은 슬픔. 십자가가 동반되는 그의 대의. 신자는 모든 사람에게 보인다.

>

사랑하고 존경하는 형제여,

당신의 편지들을 받았습니다. 그것은 제게 금사과와 같았습니다. 저의 감미로운 잔치에(그것은 저 같은 죄인에게는 과분하고, 높고, 측량하기 어렵습니다) 저를 가라앉히고 누르는 슬픔이 제게 있었습니다. 자신의 어리석은 아이를 가르치는 것을 택하시는 것이 그의 무한한 지혜입니다. 위를 실컷 배불리는 것이 우리의 위장에 가장 좋은 것이 아니라는 것을 그가 알고 계십니다. 어떻든지 그리스도의 십자가에 대한 소란과 소음과 찌푸림이 십자가보다 더욱 무겁습니다. 저의 증인이 하늘에 계시거니와 저의 고난으로 그리스도께서 이 땅에서 자신의 왕적인 직분에 진전이 있으리라는 것을 알면 저는 제 십자가에 몇 파운드의 무게를 더하기를 바랐을 것이라고 당신에게 단언할 수 있습니다. 그가 비천하고 나약한 벌레들을 타시고 그들 안에서 승리하시니 그의 영광에 비교할 때 제 육신이 무엇이며, 주님과 그의 사랑하는 신부의 눈동자와 그의 귀한 진리와 그의 높은 특권과 대적들을 몰아치는 명백한 공의의 영광과 그를 영화롭게 하는 신실한 종들의 증거에 비할 때 저의 손실들과 저의 비통한 마음이 무엇이란 말입니까! 당신이 기도해 주기를 바라는 것은 제가 정직함으로 이 풀무 속에서 나오는 것이며 그리고 제가 발견한 대로 그리스도의 진리를 손상시키지 말고 보존하는 것이며 그리고 이러한 가장 명예로운 뜻이 더럽혀지거나 약해지지 않는 것입니다.

저의 존경하고 사랑하는 형제여, 당신의 입장에 관해 말씀드립니다. 당신은 사방의 화젯거리요 마치 당신이 수정유리인 것처럼 모두 들여다보고 있습니다. 당신의 흠과 티끌은 신속하게 전파되고 당신의 실수에 나팔이 울릴 것입니다. 하지만 당신은 능하신 분에게 도움을 입는다는 것을 저는 압니다. 당신의 위안을 사람의 가볍고 거품투성이의 박수갈채에 맡기지 마시고, 경건을 비아냥대는 조롱자들과 비난하는 자들의 혀에 당신의 낙심한 모습을 올려놓지 마십시오. "속이는 자 같으나 참되고, 무명한 자 같으나 유명한 자요"(고후 6:8, 9). 하나님께서 당신을 그리스도의 편에 부르셨습니다. 이땅에서 바람이 그리스도의 얼굴에 있습니다. 당신이 그와 함께 있는 것을 안다면 당신은 언덕의 바람 없는 쪽이나 양지바른 쪽을 기대하지 말아야 합니다. 그러나 당신이 어떠한 경우에라도 그리스도를 따르기로 결심했다는 것을 압니다. 당신의 의지가 미움을 받으며 편견들이 그것을 대항하여 일어날지라도 당신이 후회하지 않으시기를 바랍니다. 세상의 방백들은 우리 주님을 귀찮은 물건으로 여기며 그가 너무 시끄러운 소리를 내며 그의 굴레와 멍에가 자기들의 목에 물집이 생기게 하며 깊은 자국들을 만든다고 합니다. 그래서 그들은 발길질합니다. "이 사람은 우리를 다스리지 못할 것이다"라고 말합니다.

서로를 위해 기도합시다. 당신을 그의 전통에 특별한 화살로 삼으신 분께서 그의 손바닥에 감추시기를 바랍니다!

1637년 3월 9일, 애버딘, S. R.

54 윌리엄 달그레이시에게
그리스도의 친절하심, 섭리에 의존함, 논쟁

>

사랑하며 존경하는 형제여, 은혜와 사랑과 평안이 당신에게 있기를 바랍니다. 저는 잘 있습니다. 저의 주님 예수께서 예전보다 제게 더욱 친절하십니다. 자신의 고난 받는 죄수와 먹고 마시기를 기뻐하십니다. 왕께서 제게 잔치를 베풀어 주시며 그의 향기는 감미로운 냄새를 냅니다. 그리스도의 사랑을 시험해 보시고 그 위에 우리 짐들을 올려놓으십시오. 그러면 정말로 사랑을 드러낼 것입니다. 우리가 그의 사랑을 사용하지 않기 때문에 그것을 모르는 것입니다. 진실로 저는 이 세상의 반들거리는 색칠한 영광보다 저의 주님의 고통을 더 소중하게 여깁니다. 저의 주님께서 저의 슬픔을 그의 기쁨으로, 저의 손해를 자신의 오심으로 완전히 갚아 주셨다는 것을 말하지 않을 수 없습니다. 저의 근심들을 그리스도의 기쁨으로, 저의 고난들을 제가 그와 함께하는 감미로운 평안으로 맞바꾼다는 것은 감미롭고도 풍족한 일이라는 것을 알았습니다.

형제여, 제가 지금 이렇게 고난 받는 것이 그의 진리를 위함입니다. 그가 저의 고난을 자신의 위로로 도장을 찍어 주셨으니 저는 그가 자신의 도장을 백지에 찍지 않으신다는 것을 압니다. 그의 도장은 벙어리도 아니고 속임수도 아니어서 상상이나 거짓을 도모하지 않습니다. 사랑하는 형제여, 주님의 능력 안에서 벌레인 사람이나 죽고 마는 사람의 아들을 두려워하지 말고 나아가십시오. 섭리는 일천 개의 열쇠를 가지고 있어서 '모든 것이 끝장이다'고 할 때에 자기 사람들을 구원하기 위해 일천 개의 다른 문을 엽니다. 충성합시다. 그를 위하여 행하며 고난 받아야 할 우리의 임무는 우리가 힘을 다하고 그리스도의 임무는 그리스도께 맡기고 손을 뗍시다. 임무는 우리의 것이고 행사는 주님의 것입니다. 우리의 믿음이 행사에 참견하게 되고 (이렇게 말할 수 있다면) 하나님의 섭리에 대해 재판하며 "당신이 어떻게 이렇게 저렇게 하실 수 있습니까?"라고 말하기 시작할 때 우리는 진 것입니다. 거기서 우리는 어떻게 할 도리가 없습니다. 전능하신 이가 자신의 일을 수행하시도록 맡겨 두고 그의 키를 조종하도록 하게 하는 것이 우리의 본분입니다. 어떻게 우리가 그에게 칭찬을 받느냐를 아는 것과 선을 행하는 가운데 어떻게 우리 약한 영혼의 무게를 전능하신 하나님이신 그에게 옮겨 놓느냐는 것 외에 우리에게 주어진 일이 없습니다. 우리가 그렇게 시도한 것이 잘못될 때, 그것은 우리의 죄도 아니고 십자가도 아닙니다.

형제여, 주님께서 베드로에게 하신 말씀을 기억하십시오. "시몬아, 네가 나를 사랑하느냐? 내 양을 먹이라." 그의 양들을 정성스럽게 충성스럽게 먹이는 것보다 그리스도께 대한 우리의 사랑을 더 크게 증거하는 것은 없습니다.

예전보다 지금 여기 있는 목사들보다 더 좋은 이웃은 없습니다. 그들은 누가 저에 대해서나 제게 말하는 것을 참아내지 못합니다. 한편으로 이와 같이 제가 침묵하고 있으니 이것이 저의 가장 큰 괴로움입니다. 바론 박사가 자주 저와 논쟁을 했는데 특별히 아르미니우스 논쟁과 예식에 관한 것이었습니다. 세 번의 격론이 있었고 그 이후로는 그에게 괴롭힘을 받지 않습니다. 이제 그는 증인들 앞에서 논쟁을 하자고 합니다. 그리스도와 진리가 스스로 일하시리라고 저는 믿습니다.

형제여, 당신이 저의 사람들을 도와주시기를 바랍니다. 주교가 그들에게 어떻게 하는지 당신이 들으면 제게 편지를 보내 주십시오. 은혜가 당신과 함께 하시기를 바랍니다.

애버딘, S. R.

55 휴 맥케일에게
그리스도의 풍성한 처우, 십자가를 통한 그리스도 안에 있는 기쁨

>

편지를 보내 주셔서 감사합니다. 그는 깎은 잔디에 내리는 비처럼 오시며 저의 말라 버린 뿌리를 되살리시니 그는 풀잎의 이슬입니다. 저는 이 감옥 안에서 아주 안전합니다. 구원이 그 안에 있는 벽들로 싸여 있으니 이 벽들에 대해 당신은 어떻게 생각하십니까? 그는 마른 풀을 백합처럼 움이 돋게 하시며 레바논 꽃처럼 만발하게 하십니다. 위대한 농부의 복이 의의 나무들 위에 내리고 있습니다. 사랑하는 형제여, 그의 추방된 비천한 나그네요 죄수인 제가 이것을 말하지 않는다면 누가 말하겠습니까? 온 세상이 잠잠할지라도 저는 가만히 있을 수 없습니다. 오, 저의 나그네 집에서 그리스도와 저는 얼마나 많은 검은 계좌들을 잘라 버렸는지요! 그리고 어떻게 그가 그의 기름진 소유로 굶주린 영혼을 먹이시는지요! 저는 다른 누구로부터 한꺼번에 점심과 저녁을 얻어 먹는 것보다 오히려 그리스도의 새참을 먹을 것입니다. 그의 하시는 일과 판단의 길은 알 수 없습니다. 어떤 설교도, 어떤 책도, 어떤 학문도 저를 이 도시에 오도록 하여 얻게 한 것을 저에게 줄 수는 없을 것입니다. 하지만 만일 제가 어떻게 감사를 드리며 어떻게 영원토록 그가 찬양을 받으시도록 해 드려야 할지를 당황하지 않고 어쩔 줄 몰라 하지 않고 놀라지 않을 수만 있다면 얼마나 좋겠습니까! 더구나 그는 자신의 사랑으로 저를 아프게 하셨으니 저의 고통은 진정한 사로잡힘이 없는 것 때문에 커집니다.

어떤 이들이 제가 십자가를 너무 좋아하는 것 같다고 편지를 보냈지만 저의 기쁨은 십자가를 뛰어 넘어 그리스도께 매이고 거기서 머무는 것입니다. 해가 구름에 가리고 빛이 없어지며 다시 그늘 속을 걸어야 될 것을 제가 압니다만 그리스도께서는 알맞다고 생각하실 때 마음대로 오시고 가

실 것입니다. 제게는 그가 오시는 것이 가시는 것보다 더욱 환영을 받으시
리라고 생각합니다. 이와 같이 기진맥진할 때에 그가 제게 사과를 던져 주
심으로 저를 불쌍히 여기시고 용납하시기를 바랍니다. 거룩하시고 복되신
그의 이름이여! 그의 입에 입맞추게 하는 것은 그리스도에 대한 저의 알
랑거림이 아니었습니다. 그러나 그가 저를 이 고통의 광야에 정탐꾼으로
보내셔서 땅을 돌아보고 개울을 살펴보라고 하셨으니 저는 그리스도의 십
자가에 대해 거짓말을 할 수 없습니다. 저는 다른 사람들이 실망하지 않도
록 그와 십자가가 모두 선하다는 것을 보고할 수밖에 없습니다. 제가 바라
는 것은 변화가 일어나서 한밤중이 될 때에 그분이 이 대낮에 제게 가르
쳐 알게 한 반석 위에다 제가 닻을 던지는 것이며 또한 어둠 속에서 책 없
이 저의 배운 것을 알고 믿어야 할 때 제가 그리로 달려가는 것입니다.

그리스도의 좋은 음식을 놓고 뿌루퉁해지거나 "오, 사랑하는 자여, 실
컷 먹고 마시라"고 말씀하실 때 먹지 않으면 그것은 죄라고 저는 확신합
니다. 만일 그가 저를 등에 업으시거나 팔로 안아 이 물을 건너가신다면
은혜가 길이 좋아질 때 마른 땅 위에 저의 발을 내려놓으실 것입니다. 하
지만 이곳은 미끄러운 땅입니다. 주님께서는 제가 가장 사랑하는 이의 어
깨에 기대어 그분을 붙잡고 가는 것이 좋다고 생각하셨습니다. 항상 그에
게 붙들려 있는 것이 좋습니다. 제가 바라는 것은 그가 저를 그의 무릎에
올려놓고 이리저리 흔들며 어르신 것에 대해 찬양의 열매를 받으시는 것
이며, 제가 감사의 어음을 드리고 그리스도의 상환어음을 받아서 제가 풀
려남으로 그에 대한 저의 서원들을 갚도록 그의 힘 있는 은혜로 강하여지
는 것입니다.

정말로 우리가 우리 대적에 대하여 유리한 고지를 차지하고 있음을
알았습니다. 우리는 우리를 사랑하시는 이로 말미암아 정복자들보다 나은
자들이니 그들은 우리의 힘이 어디에 있는지 알지를 못합니다.

저를 위해 기도해 주십시오, 은혜가 당신과 함께 하시기를 바랍니다.

애버딘, S. R.

56 매튜 모워트에게

그리스도의 사랑의 넘침, 은혜를 바르게 사용할 필요성, 구속자이신 그리스도, 그의 복음을 전파할 소망, 모자람과 고난

>

경애하는 형제여, 저는 아주 잘못 알려진 사람입니다. 만일 다른 이들이 저의 소유가 얼마나 빈약한지를 알았다면 그들은 저를 동정하는 것 외에 그와 같이 생각하지 않았을 것입니다. 저는 엄격한 스승 밑에 보호를 받는 사람과 같고 저는 저의 스승이 허락한 것보다 더 많이 가지고 싶어합니다. 그러나 어린아이의 지능이 저의 주님을 관할하는 규칙이 아니라는 것이 좋습니다. 그가 원하시는 것을 주시기 바랍니다. 그것이 언제나 상급이나 그것을 얻기 위한 제 능력보다는 훨씬 낫습니다. 저는 천국이 제 소유가 되기까지는 그리스도의 손에서 매일 빌려오는 돈으로 생계를 유지하는 것보다 더 좋은 소유를 원하지 않습니다. 정말로 흘러 넘치는 사랑이 (사람과 천사들의 헤아리는 재주를 시험하게 할 저 크고 거대하고 끝없는 그리스도의 사랑이여!) 제가 가장 손에 쥐고 싶어하는 유일한 것입니다. 저는 단지 그 사랑에 대한 사랑을 약간만 가졌고 만일 제가 그 영원하고 지속적인 사랑을 즐기는 것 외에 다른 천국을 결코 가지지 않는다면 아주 행복할 것이라는 것을 그가 아십니다. 그러나 제 소원이 빈약하여도 그는 빈약하지 않으십니다. 그리스도는 사시사철 감미로움을 비처럼 내리십니다. 제가 그릇들을 가졌다면 다 채웠을 것입니다. 하지만 저의 낡고 갈라지고 새는 접시는 제가 우물가에 있어도 조금밖에 담지 못하는 것입니다. 오직 영광만이 우리의 틈이 나고 갈라진 그릇들을 단단하게 조일 것입니다. 아! 제가 가져온 것보다 더 많은 그리스도의 은혜와 사랑과 믿음과 겸손과 경건한 근심을 흘려버렸습니다. 아이가 자기 손에 바닷물을 얼마나 담을 수 있겠습니까! 저의 큰 바다, 저의 끝없이 흘러 넘치는 그리스도 예수님에게서 제가 가져올 수 있는 것은 지극히 적습니다.

저는 그리스도를 은행에 넣고 그로 저 자신을 부하게 하는 바른 방식

을 알지 못했습니다. 저 비할 데 없는 진주요, 저 천국의 보석이요, 성부의 즐거움의 보석에 대한 저의 비뚤어지고 어리석은 거래는 저에게 막대한 손실을 가져왔습니다. 오, 그가 저와 제 소유를 빌리시고 저의 모든 어음에다가 자기의 이름을 적으시고 제가 가진 가난하고 천한 소유의 상속자가 되시며 친히 그 돈을 다 갚으려고 하시는 것입니다! 기꺼이 저는 모든 것을 맡으시라고 제 자리에 그리스도를 모셔 들이며 저는 단지 심부름하며 그의 지시대로 행하는 종이 되고 싶습니다. 저는 그의 유보된 상속자가 되기를 바랍니다. 주 예수님, 저의 보잘것없는 것에 일하소서. 그리하여 제자의 찬양을 받으시기를 바랍니다. 오, 저의 구원의 이 일이 그리스도께 법적으로 단단히 붙잡아 매도록 된 것을 얼마나 기뻐하는지요! 고아에게 주기로 되어 있는 저의 주 예수의 상환채권이 저의 행복이 될 것입니다. 그리스도께 의지함이 저의 가장 안전한 길입니다. 그리스도께서 저의 토대라면 저는 아주 안전한 것입니다. 은혜를 좌우하는 일이 큰 재능이 필요한 것이 아니고 제가 선택하는 대로 된다고 생각했습니다. 그러나 만일 모든 것을 그리스도께 맡기지 않았더라면 저는 저의 구원을 잃어버렸을 것입니다. 저는 그 감미로운 언약에 단지 이름만 빌려 주었을 뿐입니다. 그리스도께서 앞뒤에서 양쪽에서 모든 것을 견고하게 하십니다. 하나님께서는 아르미니우스 보증을 받지 않으실 것입니다. 자유의지는 우리에게 뱀의 혀에 따라 돌아가는 풍향계요, 첫 조상 아담을 넘어뜨린 선생이니 집을 무너뜨리고 땅을 팔고 아버지와 어머니와 모든 자녀들을 떡을 구하라고 온 땅으로 보냈던 것입니다. 복음에 있어서 본성은 부도난 어음일 뿐입니다. 저의 주님께서 죄인들이 구속자를 따라가도록 몰아가시는 데에 은혜를 드러내시고 값없는 공로와 하나님의 피로 그리스도 예수를 최우선으로 놓으신 것은 제 영혼에게 영원토록 잘된 일입니다!

파산자에게 은혜와 영광을 위한 속전을 주어 갚음으로 사고 파는 방식으로 하신 것은 얼마나 감미로운 거래방식입니까! 오, 제가 종이와 잉크로 그 가치와 탁월함을 말하게 하여 형제 구속자에게 드리는 높고 큰 찬양을 우리 주님께 드릴 수 있다면! 그 구속자는 저의 보고가 필요하지 않습니다만 오, 그분께서 그것을 받으시고 사용하신다면! 옷이 피로 젖고 물들여졌던 저 구속자의 높으심, 영원토록 높으심, 그리고 영광스러우심, 영원토록 영광스러우심에 대한 선포와 외침과 사랑의 편지를 이 세상에 전파하는 심부름을 단지 몇 년 만이라도 한다면 저는 얼마나 행복하겠습니까!

비록 제가 그 모든 것을 행한 다음 제 영혼과 몸이 그것을 지으신 분이 처음에 그들을 데려온 저들의 어머니인 무(無)로 돌아간다고 할지라도 말입니다. 그러나 왜 저는 소원들로만 갈망하며 저 자신을 아프게 해야 합니까? 아니, 오히려 그리스도께서 어머니의 아들들에 의해서 집에서 쫓겨난 주인 없는 몸인 저 같은 부랑자를 고용하시며, 그리스도와 그의 물건을 평범한 구매자들에게 설명하고, 그들의 삶이 그리스도를 받아들이기 힘든 불쌍한 영혼들에게 그리스도를 추천하며 그를 사라고 계속 졸라대는 그런 일자리와 소명을 제게 주시리라고 믿어서는 안 됩니까?

당신은 "그리스도를 위한 고난에 실천과 모험의 부족함"을 깊이 한탄하셨습니다. 당신은 최고의 것들을 많이 가지셨습니다. 우선, 제가 당신에게서 비천하다는 인식을 벗겨드리고 싶습니다. 계속 나아가십시오! 그리스도께서 탄식하여 괴로워하는 아이를 치신 적이 결코 없습니다. 그러한 탄식의 많음이 당신으로 물품과 그리스도를 위한 적합한 전리품을 획득하게 합니다. 아! 고난을 무릅쓰는 일에 저는 그러한 것을 얼마나 적게 가지고 있는지요! 제가 그리스도의 싸움터에 이르렀을 때 칼 하나 사기에 충분한 돈도 없었습니다. 그리스도께서 그런 병사를 비웃지 않으신 것이 놀라울 뿐입니다. 아직도 저는 나은 것이 없습니다. 하지만 믿음은 살며 모든 것을 갚으실 수 있는 대장이 책임져 주실 것을 의지하고 쓰는 것입니다. 우리는 그를 동정할 필요가 없으니 그는 넉넉한 부자입니다.

당신은 제게 "가면을 쓰신 그리스도를 오해하지 말라"고 부탁하셨습니다. 그것을 인해 당신께 고맙고 하나님께 감사를 드립니다. 그러나 아! 가면을 쓰시든지 벗든지, 입을 맞추시든지 찌푸리든지 저는 그를 오해합니다. 예, 가면이 벗어졌을 때에도 저는 그를 오해합니다. 그때 제가 그의 감미로움을 가지고 놀려고 하기 때문입니다. 저는 잘 장식된 책을 가지고 리

본과 장식과 첫 페이지의 그림을 보고 장난하며 그 내용을 읽지 않는 어린아이와 같습니다. 확실히 만일 저의 가장 사랑하는 이를 위한 제 소원이 성취된다면 저는 악마들과 십자가들과 세상과 시험들을 들로 몰아낼 수 있을 것입니다. 하지만 저의 비천한 약함은 저를 수풀 뒤에 구푸리고 숨게 합니다.

각하께 대한 저의 섬김과 축복을 전해 주십시오. 할 수 있는 대로 그분에 대하여 생각합니다. 한 죄수가 각하께서 선하신 주님을 찾아 뵙고 그의 사랑의 향기를 맡게 되시기 바란다고 전해 주십시오. 그가 어릴지라도 그리스도를 자신의 화관으로 삼는 것은 그에게 아주 좋은 일입니다. 그가 그리스도를 인한 상사병에 드는 것보다 더 좋은 처지를 바랄 수 없습니다.

저의 매임을 기억하십시오. 주 예수께서 당신의 영혼과 함께 하시기를 바랍니다.

1637년, 애버딘, S. R.

57 윌리엄 할리데이에게
구원을 확보하기 위해 부지런함

>

사랑하는 친구여, 당신의 편지를 받았습니다. 당신이 구원을 위해 힘쓰시기를 바랍니다. 착각한 은혜, 회심이 아닌 회심 같은 것들은 세상에서 가장 슬프고 우울한 일입니다. 구원에 대해 확신을 가지도록 하시고 기초를 든든히 놓으십시오. 많은 사람이 속고 있습니다. 세상의 진흙에 헐 값을 매기시고 그리스도에게 높은 값을 매기십시오. 유혹들이 올 것입니다만 만일 당신이 그것들을 받아들이지 않는다면 당신은 가장 좋은 것을 차지하게 될 것입니다. 당신 자신과 자신의 마음에 대해 경계하시며 하나님과 좋은 관계를 유지하십시오. 하나님께서 당신을 연약하고 나약한 군사로 가지지 않으시도록 하십시오. 그리스도를 지지하기를 두려워하지 마십시오. 그는 정복하시며 승리하실 것이기 때문입니다. 아무도 그리스도를 보고 놀라지 않게 하십시오. 저는 그의 십자가에 대하여 아무 꺼리는 것이 없으니 그리스도와 그의 십자가는 머무시게 할 만한 좋은 두 손님들입니다. 사람들이 그리스도를 거저 가지기를 원하지만 값은 내려가지 않을 것입니다. 당신 자신을 기도에 친숙하게 하십시오. 그리스도를 당신의 대장과 무기로 삼으십시오. 아무도 당신을 보지 않을 때 바르게 하십시오. 은혜가 당신에게 있기를 바랍니다.

애버딘, S. R.

58 어떤 부인에게 ─ 그녀의 남편이 죽은 후에
세상적인 소유의 헛됨, 충분한 분깃인 그리스도, 고난의 의도

>

사랑하는 자매님, 당신이 감미로운 본향을 생각하며 당신의 유배지인 당신의 여관을 당신의 본가로 여기지 않으실 줄을 믿습니다. 이 생은 당신의 주님 예수께서 당신을 위하여 진땀을 흘리셨고 당신을 위하여 예비하신 낙원의 이엉이나 외벽만큼의 가치도 없습니다. 만일 우리의 소망이 물 건너 우리의 최고의 유산을 바라볼 수 없고, 만일 우리의 소망이 우리의 흙집 문 앞에서만 가까이 맴돌고 있다면 그것은 짧고 어리석고 캄캄할 것입니다.

사랑하는 자매여, 당신이 축복으로 여겼던 옛 씨름이 없어지고 이제는 당신이 그러한 것을 찾을 수 없다고 한탄하시는 것이 이상한 일이 아닙니다. 아이들은 처음 학교에 들어가서 자기들의 학습을 배우도록 되어 있습니다. 그리고 경주하는 사람은 출발점에서만 금메달을 보고 그가 결승점에 이르러 자기 손바닥에 금메달을 쥘 때까지 아마 거의, 아니면 전혀 그것을 보지 못합니다. 우리 주님은 자기 백성들을 위하여 자신의 감미로운 선물과 사랑의 방문의 귀중품과 진미를 만드십니다. 하지만 베일에 가린 그리스도의 사랑도 사랑입니다. 만일 당신이 그리스도를 가지셨다면 그를 소유하신 방식이 감미롭고 즐겁지 아니할지라도 괜찮은 것입니다. 가장 사랑하는 이는 우리의 방식을 따르지 않으시기 때문입니다. 그는 친히 자신의 길을 택하셔야 합니다. 천국으로 향하는 당신의 길에 목장들과 꽃들이 있다

고 생각하면 세상적인 일들은 지나가는 길에 냄새로 족한 것입니다. 삼사백 마일의 여정에서 자기 길에 있는 모든 돌들을 세어보고 관찰하며 길에서 자라는 모든 풀과 꽃들을 노트에 기록하는 사람은 여행을 마치지 못할 수도 있습니다. 시간이 짧은데 이 헛된 세상에 마음을 빼앗겨 당신의 날을 잃어버리도록 지체해서는 안 됩니다. 당신이 죽음의 물가에 이를 때를 대비하여 당신의 장부들을 읽으시고 당신의 일을 준비하는 것이 당신의 지혜일 것입니다. 거처가 빼앗길 것을 저는 압니다. 당신을 앞서 가신 이가 그것을 잊지 않으셨습니다. 그러므로 당신이 없어서는 안 될 당신의 "한 가지"에 마음을 두십시오.

주님께서 당신의 남편을 데려가신 일로 주님은 자신을 위한 자리를 만드신 것이라고 저는 압니다. 그가 피조물에 대한 당신의 사랑을 끊어 버리시고 하나님께서 죄를 빼놓고는 당신의 사랑과 근심과 손해와 슬픔과 죽음과 가장 나쁜 일의 진정한 소유자이신 것을 당신이 배우도록 하시는 것입니다. 하지만 그리스도께서 그것들로 무엇을 만드실지를 잘 아시고 자기 백성들을 십자가의 공유지에 두셔서 우리가 고난으로 덕을 입게 하시고 우리를 그리스도께로 끌어당기는 그런 거친 친구와 우리가 친하게 되는 것을 가르치신 하나님께 감사하게 될 것입니다. 당신은 당신의 악들로부터 당신의 커다란 유익을 만들고 시련들로부터 위안과 평안과 기쁨과 그리스도와의 친교를 엮어내는 것을 배워야 합니다. 그들은 당신을 위하여 그에게 말하도록 보내진 그리스도의 구애자들입니다. 우리 주님으로부터, 나아가 다양한 시험과 같은 그런 거친 부관으로부터 좋은 말씀과 위로의 전언을 듣는 것은 흔히 있는 일입니다. 십자가들을 인하여 하나님께 감사합시다! 우리가 하나님을 찾는 데에 우리의 손실들을 계산하고 셈할 때 우리는 경건이 큰 이익이라는 것을 발견하게 됩니다. 배에 가득 실은 금에 큰 지분을 가진 사람들은 배가 항구에 들어오는 것을 보고 기뻐합니다. 분명코 우리는 우리 주님 예수와 함께 귀향하는 배에 가득 실은 금을 가지게 될 것이니 우리의 금은 그 배에 있습니다. 어떤 이들은 이 세상을 사랑하느라고, 아니 탐하느라고 그 배에 대한 지분을 보잘것없는 것을 위하여 팔고 있습니다. 제가 당신에게 권고하는 것은 소망을 사고 그것을 팔지 말며 당신의 십자가들을 아무것도 아닌 것을 위하여 내어버리지 마시라는 것입니다. 그리스도의 십자가의 내부는 회고도 즐거우며 그 검은 십자가의 맨 끝은 화려하고 영광스러운 안락의 천국입니다. 그리스도께서 천국을 십자가의 맨 끝에 단단히 매셨고 그가 친히 그 매듭을 풀지 않으실 것이고 (그리스도께서 매듭을 만드셨으니 온 세상이 그것을 풀 수 없기 때문에) 아무도 풀 수 없는 것을 생각하며 우리가 여러 가지 시험을 만날 때 그것을 온전히 기쁘게 여깁시다.

당신을 우리 주님의 부드러운 긍휼과 은혜에 부탁드리며 이만 줄입니다.

애버딘, S. R.

존 고든 1세에게
영혼에 대하여 진지해야 되는 이유와 포기의 이유

>

친애하는 형제여,

제가 최근에 당신에게 편지를 보냈습니다. 많은 편지들이 제게 짐이 됩니다. 당신의 편지를 받고 힘을 얻었습니다.

그리스도의 심장으로 당신께 권고하는 것은 당신의 영혼을 위해 힘쓰시라는 것입니다. 이것들을 신중하게 받아들이고 진지하게 생각하십시오.

캄캄한 어둠 속에서 울며 이를 갈든지 아니면 천국의 기쁨을 누리는 것. 당신이 죽어 있고, 차갑고, 검은 진흙처럼 눕게 될 때에 한 시간 동안 당신이 무엇을 하고 싶은지를 생각하십시오. 당신의 모래시계에 아직 모래가 남아 있고 당신의 해가 아직 지지 않았습니다. 그리스도를 섬기는 일에 어떤 기쁨과 평화가 있을지를 생각해 보십시오.

천사들, 세상, 생명과 죽음, 십자가들, 그리고 악마들을 마치 왕의 대신들과 하인들처럼 모두 당신을 위하여 당신의 일을 하도록 가지게 되는 것이 어떤 유익이 될지 생각해 보십시오. 당신의 자손이 자비를 입으며 당신의 집에 축복이 임하는 것. 땅에서 진정한 명예와 감미로운 향기를 발하는 참 이름을 가지는 것. 그리스도께서 당신의 머리를 그의 턱 아래로 내리셔서 그의 가슴에 놓으시며 당신의 얼굴을 말려 주시고 영광과 행복으로 들이실 때 당신이 얼마나 기뻐하실지, 죄지은 양심이 어떤 고통과 괴로움이 될지 생각해 보시고 마귀의 거짓된 짐들을 나르는 것이 얼마나 굴욕적일지 생각해 보십시오.

죄의 쾌락은 단지 꿈이요, 생각이요, 증기요, 상상이요, 그림자일 뿐입니다. 하나님의 아들이 되는 놀라운 특권. 시험과 세상과 죄를 정복하고 다스림. 당신의 원수들은 꼬리가 되고 당신은 머리가 되는 것.

지금 안식을 누리고 있는 당신의 아이들에 대해 말씀드립니다. 저는 당신과 당신의 아내에게 이것을 말하고 있으며 당신의 아내로 하여금 이것을 읽게 하십시오. 저는 천국에 있는 바바라의 영광에 대한 증인입니다. 제가 분명히 말씀 드리는 것은 아이를 낳지 않은 태와 젖 먹이지 않은 유방과 아이를 갖지 않은 부모들이 복이 있다고 말하는 때가 스코틀랜드에 오고 있습니다. 다른 아이들에 대해서 말하자면 그들은 폭풍이 오기 전에 항구의 안전지대에 있는 것입니다.

천국에 있는 그리스도의 보물 속에 쌓여 있는 그들은 당신에게 잃어버린 것이 아닙니다. 부활의 때에 당신은 그들을 다시 만날 것입니다. 그들은 그곳으로 부르심을 입은 자들이지 쫓겨난 자들이 아닙니다. 당신의 주님께서 당신을 사랑하시니 그는 주고 받으며 빌리고 빌려 주는 일에 익숙하십니다. 아이들이 당신의 우상이 되지 않도록 하십시오. 왜냐하면 하나님께서 질투하시고 그 우상을 취하여 가실 것이니 그가 당신의 사랑을 몹시 탐내시기 때문입니다.

당신과 당신의 아내, 그리고 아이들을 축복합니다. 은혜가 영원토록 당신과 함께 있기를 바랍니다.

애버딘, S. R.

60 마리온 맥노트 부인에게

박해 중에서 본분에 집념함, 그리스도의 사랑의 힘

>

사랑하는 귀한 자매여,

　은혜와 사랑과 평안이 당신에게 있기를 바랍니다. 부인의 편지는 제 영혼에 힘을 주었습니다. 저는 당신에게 그 지역을 서둘러 떠나시라는 권면을 드릴 수가 없습니다. 만일 당신이 커쿠브리에서 떠나시면 그들이 쉽게 모든 것을 망쳐놓을 것이기 때문입니다. 당신은 그곳에서 하나님의 일을 하고 계시며 하나님의 길을 걷고 계십니다. 주님 안에서 강하십시오. 마귀가 당신보다 약한 것은 당신 안에 계신 이가 세상에 있는 이보다 강하시기 때문입니다. 그리스도의 죄수인 제게 보여 주신 당신의 염려와 사랑은 당신을 위해 천국에 쌓여 있으니 당신은 하나님 앞에서 그것이 기억되는 것을 아시게 될 것입니다.

　저의 버려진 양 떼들을 위해 기도, 기도해 주시고 그들 중에 아무라도 만나시면 격려해 주십시오. 이리가 제가 수고한 곳에 들어오는 것을 들으면 제게 큰 슬픔이 될 것입니다만 만일 주님이 그것을 허락하신 것이라면 저는 잠잠할 것입니다. 그리스도께서 저의 머리를 그의 가슴에 놓으시고 거기에 기대도록 허락하셨으니 저의 하늘은 맑게 갤 것입니다. 저는 그의 사랑이 그렇게 큰지 전에는 결코 알지 못했습니다. 만일 그가 저를 떠나시면 저는 고통 중에 있게 되고 사랑으로 병이 나지만 저의 병듦은 저의 생명이요 건강입니다. 제 안에 불이 있으니 거기에 물을 부으려고 하는 지옥의 모든 악마들과 스코틀랜드의 모든 사제들과 싸울 것입니다.

　저는 당신의 용기와 믿음을 기뻐합니다. 마치 제가 여행에서 돌아와 당신의 목사가 될 것처럼 계속 기도하십시오. 어떤 철문과 빗장이 그리스도를 대항하여 설 수 있겠습니까? 그가 숨을 내쉬면 그것들이 열릴 것입니다.

　당신의 남편을 위해 기도합니다. 은혜, 은혜가 당신에게 있기를 바랍니다.

61 진 브라운에게
우리의 시련 가운데 그리스도의 지혜, 환난 속에서 즐거워함

>

부인, 은혜와 사랑과 평안이 당신에게 있기를 바랍니다. 당신이 이 어둡고 구름 낀 날에 그리스도의 편에 머무는 것이 저는 기쁩니다. 그를 위해 모든 다른 것들은 파는 것이 좋은 일이니 이 모든 날이 끝날 때, 우리가 그리스도의 편을 취한 것이 좋았다는 것을 알게 될 것입니다. 확실히 제가 믿는 것은 그의 원수들이 그의 발등상이 될 것이며 그는 싱싱한 꽃들을 시들게 하여 마른 건초가 되게 하실 것이니 영화와 영광이 그들에게서 떠나가고 바람에 떨어진 푸른 풀의 꽃처럼 될 것입니다. 그리스도와 복음이 우리의 난로 곁에 가까이 다가와 앉을 것이라고 생각하는 것은 지혜가 아닐 것입니다. 아니, 우리가 따뜻한 집 밖으로 나가서 그리스도와 그의 복음을 찾아야 합니다. 우리가 바라보아야 할 곳이 그리스도의 양지바른 곳이 아니며 또 그런 것이 없다고 그리스도를 떠나서도 안됩니다. 오히려 그와 우리가 가시덤불과 엉겅퀴를 통과하여 마른 땅에 닿을 때까지 진행하는 중에 우리에게 마주치는 것들과 얼굴을 맞대야 합니다. 우리의 부드러운 본성은 그리스도의 팔 안에서 이 비천한 생애의 괴로움들을 감당할 수 있으며 그의 아이들은 젖은 신발과 찬 발로 천국에 가는 것이 우리의 체질을 아시는 그의 지혜입니다. 오, 우리의 마음을 그 짐에 짜맞추며 주님의 뜻을 법으로 만들어서 우리의 짐들을 가볍게 하는 것을 배운다는 것은 얼마나 아름다운 일입니까!

저는 그리스도와 그의 십자가가 사람들이 말하는 것처럼 즐기기에 그렇게 나쁘지 않고 성가신 손님들이 아니라는 것을 알았습니다. 아니, 인내가 주님께서 우리에게 주신 물로 좋은 포도주가 되게 하며 그의 찌끼로 훌륭한 금속이 되게 한다는 것을 알았습니다. 우리가 기다려야 할 이유가

있는 것은 머지않아 주님께서 이 온 세상을 해와 환한 빛 앞에 그들의 검은 것들과 흰 것들을 드러내실 것이기 때문입니다. 깨어 있는 것으로 드러나는 사람은 복이 있습니다. 우리의 모래시계는 우리가 지칠 만큼 길지 않을 것이고 시간은 우리의 괴로움과 근심을 먹어 버리고 뿌리 뽑을 것입니다. 우리의 천국은 봉오리가 올라오고 추수할 만큼 자랄 것입니다. 우리의 한 뼘 길이의 시간이 한 치가 될 것을 알면서 왜 뒤따라 가지 않으려고 합니까? 그러므로 저는 그리스도를 당신에게 언제나 살아 있는 남편으로, 아주 오래 살아 있는 남편으로, 노년의 지팡이로 추천합니다. 이제 그가 당신의 남은 날들을 가지시게 하십시오. 그리스도께서 운행하시는 배에 폭풍이 많으리라고 생각하지 마십시오. 어느 승객도 배에서 떨어지는 사람이 없을 것이며 요동하는 배와 뱃멀미하는 승객들이 안전하게 육지에 도달할 것입니다.

불쌍한 죄수가 할 수 있는 것만큼 저는 그리스도와 친밀한 교제를 나누고 있으며 단지 제가 아파하는 것은 그는 아주 아름답고 아름다우나 나는 사랑이 적고, 그는 큰 권능과 사랑이 있으나 나는 믿음이 적으며, 그는 많은 빛을 가지고 있으나 나는 침침한 눈을 가지고 있다는 것입니다. 오, 저는 그의 사랑의 감미로움 속에서 결혼예복을 입으신 그를 보고 저 고상하신 이, 그리스도 예수 저의 주님과 사랑에 빠져 머리꼭대기까지 잠겼던 것입니다! 아, 저의 깨진 접시와 새는 그릇은 그리스도 예수를 많이 담을 수가 없습니다!

제가 기뻐하는 것은 이것이니 그리스도의 유산이 사람들의 정한 결정에 달려 있다는 것에 따르기보다는 오히려 죽음을 즐거이 택하겠다는 것입니다. 오, 이 땅은 그리스도를 싸구려 시장에 내놓으며 "더 원하는 사람 없습니까!" 하기까지 합니다. 그의 머리에 왕관을 붙잡아 드리며 자신의 손해로 그리스도의 명예를 사려는 사람들은 복이 있습니다.

당신의 아들 존이 그리스도를 만나고 그의 사랑을 맛보는 것을 들으니 기쁩니다. 그가 자기의 수고를 잃지 않으며 그 선택을 후회하지 않기를 바랍니다. 당신에게 여러 번 말씀 드린 것처럼 제가 존 브라운 씨에게 큰 애착이 있는 것은 다른 그의 형제들에게서보다 제가 그 안에 계신 그리스도를 보았기 때문입니다. 그에게 저의 주님 곁에 서라고 편지를 보내고 싶습니다. 그리고 그에게 제 편지를 읽어 주시기를 바랍니다. 그가 저의 주 예수님과 나란히 서게 된다면 저는 아주 기뻐할 것입니다. 은혜가 당신에게 있기를 바랍니다.

1637년 3월 13일, 애버딘, S. R.

62 진 맥밀런 여사에게
들어가기를 힘쓰라

>

사랑하는 자매여, 은혜와 사랑과 평안이 당신에게 있기를 바랍니다. 제가 당신을 권면하려고 당신에게 갈 수가 없으며 설사 간다 하더라도 당신과 함께 머물러 있을 수가 없습니다. 하지만 제가 당신에게 간청하는 것은 그리스도를 떠나지 말라는 것이니 당신이 그의 잡힌 바 된 상태에 있도록 제가 당신에게 할 수 있는 것을 했기 때문입니다.

당신에게 그리스도의 언약과 유언에 대해 자세히 전했고 저의 주님께서 제게 주신 것을 숨기지 않았으며 선한 뜻으로 그리스도를 당신에게 제시했습니다. 제가 당신을 위해 기도하는 것은 그를 당신의 소유로 만드시고 제가 당신에게 가르친 진리에서 털끝만치도 물러서지 말라는 것입니다. 당신이 그것을 따르면 구원을 얻을 것입니다. 구원은 쉬운 일이 아니며 빨리 얻어지는 것도 아닙니다. 여러 번 제가 말씀 드렸듯이 적은 사람이 구원을 얻고 많은 사람이 버림을 받을 것입니다. 당신의 불쌍한 영혼이 구원에 대해 확신하며 천국을 찾는 일을 매일의 일과로 삼으시기 바랍니다. 만일 당신이 죄로 인하여 신음하는 밤과 아파하는 영혼을 가진 일이 없다면 당신은 아직 그리스도를 깨달은 것이 아닙니다. 그리스도와 가까워졌다는 바른 표지를 찾아보십시오. 만일 당신이 세상보다 그를 더 사랑하고 그를 위하여 모든 세상을 포기하려 든다면 그 일이 잘 되고 있음을 말해 주는 것입니다. 오, 만일 당신이 예수의 아름다움을 보고 그의 사랑의 향기를 맡았다면 불과 물을 지나서라도 그에게로 달려가지 않겠습니까? 하나님께서 당신에게 그를 보내실 것입니다.

저를 위해 기도해 주십시오. 저도 당신을 잊을 수가 없습니다. 은혜가 당신에게 있기를 바랍니다.

1637년, 애버딘, S. R.

존 이워트에게
십자가는 짐이 아님, 확고한 토대가 필요함

>

사랑하는 귀한 친구여, 당신의 사랑을 나타내 주신 일에 깊이 감사를 드리지 않을 수 없습니다. 저에 대한 당신의 사랑과 관심이 제게 큰 위안이 됩니다.

제가 그의 높고 영광스러운 이름을 찬양하는 것은 권세 있는 사람들의 위협이 제가 하나님의 아들을 공적으로 변호하는 일을 하지 못하도록 협박하지 못했다는 것입니다. 아니, 그의 십자가는 제가 졌던 짐 중에서 가장 감미로운 것입니다. 그것은 새의 날개와 같고 배의 돛과 같아서 저의 항구로 저를 실어 나르는 그런 짐입니다. 저는 세상과 사랑에 빠질 큰 이유를 갖지 않습니다만 제가 오히려 바라는 것은 홍수 위에 앉으신 이가 저의 부서진 배를 육지까지 데려다 주시고 이 위험한 때에 저의 양심을 안전하게 지켜 주시는 것입니다. 주님께로부터 오는 진노가 죄가 넘치는 이 땅에 오고 있습니다.

폭풍이 오기 전에 우리 소망의 죄수들이 달려갈 요새가 있다는 것은 좋은 일입니다. 그러므로, 형제여, 제가 하나님의 자비와 성령의 위로와 구주의 피와 세상의 죄를 응징하시는 심판자 앞에 당신이 설 것을 빌어 당신에게 간청하는 것은 당신의 옷을 깨끗이 보존하시고 당신이 고백하는 그리스도의 진리를 위해 일어서십시오. 당신의 눈꺼풀이 내려지고 얼굴이 창백해지고 숨이 차가워지며 이 진흙 집이 무너지며 당신의 한 발이 영원 속으로 나아갈 때 당신의 이름을 그리스도께 드린 것이 큰 위안과 기쁨이 될 것입니다.

대부분의 세상 사람들은 천국이 이웃에 있고, 기독교 신앙이 쉬운 일이라고 생각합니다만 그들은 속을 것입니다. 귀한 형제여, 제가 당신에게 간청하오니 확실한 구원의 일을 이루어 내십시오. 제가 경험으로 깨달은 것은 시련의 날에 제가 할 수 있었던 모든 것이란 큰 소란만 피웠다는 것입니다. 그러므로 다가올 날을 대비해 굳건한 기초를 세우십시오.

저에게 그리고 지금 고난을 당하는 저의 형제에게 대한 당신의 분에 넘치는 호의에 보답할 수가 없습니다. 하지만 하나님께 당신을 위해 기도할 것입니다. 당신의 친절한 아내에게 제 마음으로부터의 인사를 전해 주십시오.

1637년 3월 13일, 애버딘, S. R.

64 윌리엄 리빙스턴에게
젊은이에게 주는 권면

>

사랑하는 형제여, 그리스도께서 당신의 젊은 사랑을 취하여 가신 것과 당신이 이른 아침에 그렇게 좋은 주님과 혼인하신 것을 들으니 무척 기쁩니다. 왜냐하면 젊은 사람은 종종 마귀가 들어와 살도록 꾸며놓은 거처가 되기 때문입니다. 겸손하며 은혜에 감사하십시오. 그리스도께서 당신의 연기 나는 숯불에 결코 물을 붓지 않으실 것입니다. 그는 의의 태양으로 불이 붙여진 희미한 촛불을 결코 끄신 적이 없습니다.

제가 당신에게 기도와 젊은 날의 죄를 경계함을 추천합니다. 마귀와 젊은 혈기 사이에 밀약의 편지들이 오간다는 것을 제가 알기 때문입니다. 사탄은 젊은이의 마음의 궁정에 친구를 가지고 있으며 거기서 자만, 사치, 정욕, 복수심, 하나님을 잊어버림 등이 그의 대신들로 고용되었습니다.

만일 그리스도께서 그 집을 다스리시고 친히 열쇠들을 가지시고 모든 것을 주관하시면 당신의 영혼은 복이 있습니다. 그리스도를 모시고 그를 영접하십시오. 그의 은혜를 즐거워하시고 당신의 숯불에 바람이 불게 하며 그가 당신을 가르치시도록 하십시오.

저에 대해 말씀드립니다. 저는 주님과 완전히 하나가 되었다는 것을 아십시오. 그리스도께서 아버지와 저를 서로의 팔로 안도록 하셨습니다. 그가 전에 감미로운 거래를 많이 하셨고 다른 사람들 중에서도 이렇게 하고 계십니다. 왕처럼 저는 저의 십자가들 위에 군림합니다. 저는 시험에 아첨하지도 않을 것이며 마귀에게 좋은 말을 하지도 않을 것입니다. 저는 지옥의 철문에 도전합니다. 하나님께서는 이곳에 제가 들어올 때 그에게 시비를 건 것과 다툰 것을 그냥 지나치셨으며 이제 저를 먹이시고 즐겁게 해 주십니다.

저와 함께 찬양, 찬양합시다. 우리 함께 그의 이름을 높이십시다.

1637년 3월 13일, 애버딘, S. R.

65 윌리엄 고든에게
시련으로 잃은 것이 없음, 그리스도의 사랑 때문에 그리스도를 사모함

>

귀한 형제여, 은혜와 사랑과 평안이 당신에게 있기를 바랍니다. 저는 주님의 죄수와 환자로 여기에 있습니다. 마치 제가 치료중인 환자처럼 저의 의사가 부드럽게 저를 다루어 주십니다. 저는 주님께 심한 말을 했고 그에게 항변하였으니 못된 쪽은 저였습니다. 그의 사랑하시는 아들 그리스도를 멸시하고 저를 버렸다며 변해 버린 주님이라고 모욕한 저 같은 자를 참아 주시다니 기적과 같은 일입니다. 그러나 불신앙은 그리스도에 대해 좋은 말을 하지 못합니다. 의심과 참지 못함과 불신앙과 섭리에 대하여 잠을 자면서 제 고초는 아랑곳하지 않는다고 투덜거림과 같은 제 십자가의 불순물들이 불 속에서 염려의 찌끼로 모였습니다. 그러나 저의 대장장이이신 그리스도께서 그 찌끼를 떼어내어 불속에서 태워 버리셨습니다. 저의 연단하는 자를 찬양합니다. 그가 저를 더 나은 금속이 되게 하셨고 새로운 은혜를 첨가하셔서 무게를 유지하도록 하셨습니다. 주님께서 그의 종들을 달굼으로 약간의 무게라도 잃지 않으리라고 봅니다.

이제 제 마음에 있는 그의 사랑이 강렬한 열을 발산합니다. 제가 그와 함께 있으려는 소원이 저를 아프게 한다는 것을 그가 아십니다. 가장 사랑하는 이를 향한 사랑의 열병과 신음하는 밤이 제게 있었습니다. 아무것도 함께하심이 없는 것처럼 저를 힘들게 하는 것이 없습니다. 낮까지는 너무 길다고 생각합니다. 저로부터 저의 유일하고 유일하게 아름다운 이, 저의 사랑, 저의 가장 사랑하는 이를 떼어놓는 시간을 그 걸음걸이가 너무 느리다고 나무랍니다. 오, 한 번만이라도 우리가 함께 있을 수만 있다면! 저는 여러 폭풍을 견디고 항구의 안전지대에 머물기를 바라며 새로운 폭풍을 무서워하는 낡고 부서진 배와 같습니다. 제가 천국에 아주 가까이 있어서 천국의 그림자가 폭풍의 세력을 물리치고 그 부서진 배가 육지에 도착했으면 좋겠습니다. 저의 주님의 태양은 제 영혼에 사랑의 열과 빛의 광채를 발산합니다. 저는 그리스도의 감미로운 십자가를 매일 세 번씩 찬양합니다. 저는 저의 화관인 "추방된 목사"를 부끄러워하지 않습니다. 사랑, 사랑이 비난들을 극복합니다. 그리스도의 사랑은 꿰뚫을 수 없는 갑옷의 비늘이어서 화살이 피를 흘리게 하지 못합니다.

우리는 우리를 사랑하시는 이의 피로 말미암아 넉넉히 이기는 자들입니다(롬 8:37). 악마와 세상은 그리스도의 사랑을 상하게 할 수 없습니다. 제가 이곳으로 올 때보다 태만의 습관에 굴복하는 일에서 많이 벗어났습니다. 고통은 사랑의 불붙는 날을 무디게 하지 못합니다. 사랑을 지옥의 홍수에 던져 보십시오. 위로 떠오를 것입니다. 그것은 세상의 꾸미고 회칠한 제안에 관심을 두지 않습니다. 마치 싸움에서 이미 이기고 제가 시간의 저편에서 세상의 금을 입힌 쾌락과 아담의 자손들이 예배하는 이 더러운 우상을 비웃고 있는 것처럼 주님께서 제 마음을 주님 예수를 사랑하는 것으로 맞추어 놓으셨습니다. 이 벌레 먹은 신과는 제 영혼이 절교했습니다.

형제여, 한때 당신은 제게 말씀을 들었습니다. 이제는 제가 당신과 당신의 아내로부터 소식을 듣고 싶습니다. 축복으로 부인과 자녀들에게 안부를 전합니다. 여러분이 그리스도에게 붙잡혀 있는 것이 기쁩니다. 여행을 계속 진행하시며 힘으로 그 성을 차지하십시오. 여러분의 옷들을 깨끗이 하십시오. 남편이신 어린양에게 정결한 처녀들이 되십시오. 세상은 당신을 천국 문까지 따라올 것입니다만 당신이 그것을 데리고 들어가고 싶지는 않을 것입니다. 그리스도의 사랑을 굳게 지키십시오. 제가 당신을 위해 기도하듯이 저를 위해 기도해 주십시오.

주 예수께서 당신의 영혼과 함께 하시기를 기원합니다.

1637년 3월 13일, 애버딘, S. R.

66 조지 길레스피에게
그리스도의 사랑에 대한 의심이 사라짐. 세 가지 소원

>

존경하며 사랑하는 형제여, 당신의 편지를 받았습니다. 형제여, 제 처지에 관하여 말씀 드리자면 저의 손실들은 저의 이익이며, 저의 감옥은 궁전이며, 저의 슬픔은 기쁨이니, 그의 영광스러운 이름을 찬양합니다.

제가 처음 들어올 때 저의 판단이 제 십자가들에 작용을 하여 그리스도에 의하여 제가 포도원에서 쫓겨났다고 그의 사랑을 의심하게 했고, 대개 녹은 금이 더러운 찌끼를 들어내는 것처럼 큰 자책을 받게 했고, 사탄과 우리의 부패함이 그 무거운 십자가가 말하는 첫마디를 만들었으니 이르기를 "하나님이 노하셨고 너를 사랑하지 않는다"는 것이었습니다. 그러나 우리의 판단은 성경이 아닙니다. 그것은 하나님과 그리스도의 사랑에 대해 거짓말을 지어냅니다.

그러나 저의 마음이 안정되고 흙탕물이 우물 바닥으로 가라앉은 다음에 저는 그리스도가 하고 계시던 일을 더 잘 보게 되었습니다. 이제 주님께서 자신의 날개 아래에 구원을 가지고 돌아오셨습니다. 이제 저는 천국의 반을 가진 것처럼 모자라는 것이 없고 그리스도께서 얼마나 감미롭고 사랑스럽고 친절하신지를 매일 느끼고 있으니 오직 세 가지 일들이 저를 괴롭힙니다. 첫째, 제가 어떻게 감사를 드려야 할지 그리고 엎드려졌던 자들을 일으키시는 저 높으신 왕을 찬양하려면 도움을 어떻게 받아야 하는지를 모른다는 것입니다. 둘째, 그의 사랑이 저를 아프게 하고 제 영혼을 상하게 하여 그의 진정한 함께하심이 없는 것을 인하여 제가 열병을 앓는다는 것입니다. 셋째, 제가 지금 고난 받는 이유가 바로 그리스도와 그의 진리를 위한 것이라는 하나님의 이름으로 된 보증서를 가지려는 지나친 열망입니다. 예, 그리스도의 영광의 눈동자요, 우리 왕이시며 입법자이신 그리스도의 주권과 높으신 특권들을 위해서 말입니다. 그러므로 아무도 그리스도의 십자가에 대해 겁내지 않게 하시고 그리스도나 십자가에 대해 나쁜 소문이 나지 않게 하십시오. 그가 십자가를 진 자와 십자가를 함께 짊어지시기 때문입니다.

저는 이곳에서 기독교 의식과 아르미니우스 논쟁으로 유명한 학자들에게 시달림을 받았습니다. 여기는 모두가 부패했기 때문입니다. 그러나 진리에 어떤 손상도 입히지 않았고 저의 신앙에도 수치가 되지 않은 것을 인하여 하나님께 감사드립니다. 그러므로 그리스도께서 저만큼 약한 사람으로 승리하실 수 있다는 것을 알았습니다. 그리고 누가 저보다 더 약할 수 있단 말입니까? 그러나 그의 은혜는 제게 충분합니다.

형제여, 우리의 옛 언약을 생각하십시오. 저를 위해 기도해 주시고 당신의 처지를 제게 적어 보내 주십시오. 주 예수님께서 당신에게 함께하시기를 바랍니다.

1637년 3월 13일, 애버딘, S. R.

67 존 고든에게
천국으로 전진함, 그리스도인이 되는 것은 쉽지 않은 성취, 피하여야 할 죄들

>

빠르게 흘러내리는 당신의 짧은 모래시계를 낭비하지 마시고 늦기 전에 주님을 찾으십시오. 당신에게서 하나님의 은혜로 하나님과 동행하는 새로운 삶을 시작한다는 것을 하나님께 약속하는 것으로 당신의 손으로 쓴 편지를 제가 받게 해 주십시오. 천국은 바로 이웃집이 아니며 그리스도인이 되는 것은 어려운 일이라는 것을 저는 알았습니다. 천국문에서 들어가려고 밀치며 떠미는 일이 적잖습니다. 그것은 힘으로 빼앗는 성입니다. "들어가

기를 구하여도 못하는 자가 많으리라."

　주님 안에서 제가 당신께 간청하며 탄원하는 것은 급하고 격렬한 욕설들, 맹렬하고 순간적인 복수심, 밤에 술을 마심, 무익한 친구관계, 안식일을 범하는 것, 말이나 행위로 당신 아래 있는 사람들에게 해를 입히는 것, 당신의 원수들을 미워하는 일로 양심에 거리낌이 없게 하시라는 것입니다. "너희가 하나님의 나라를 어린아이같이 받들지 아니하면" 곧 갓난아이같이 온유하고 침착하지 않으면 "결단코 하나님 나라에 들어가지" 못합니다. 이것이 당신을 건드리며, 당신을 구푸리게 하며, 당신을 엎드리게 하며, 당신의 기운을 떨어뜨리게 할 수 있는 말씀입니다. 이것이 쉽게 이루어지지 않는다는 것을 제가 알면서도 제가 당신에게 추천하는 것은 당신께서 하나님의 나라에 당신의 지분을 가지시라는 것입니다.

　형제여, 제가 새로운 경험으로 그리스도에 대해 당신께 말씀 드리고자 합니다. 오, 제가 그 안에서 보는 것을 당신이 볼 수 있었더라면 얼마나 좋겠습니까! 제가 당신과 헤어진 후 하나님의 보이지 않는 기쁨의 강물이 둑을 넘고 넘어 제 영혼으로 흘러들어왔습니다. 제 것을 나누어서 당신도 소유하게 되고 당신의 영혼이 그리스도를 사랑함으로 병이 들거나 아니면 물릴 정도가 되었으면 좋겠습니다. 그때 이 흙덩어리 우상인 세상은 당신에게 하찮은 무화과 한 개의 가치도 없게 보일 것이며 시간이 그것을 가지지 못하도록 당신을 떼어 버릴 것입니다. 안근이 풀어지고 호흡이 차가워지고 갇혔던 영혼이 흙집의 창문을 내다보며 영원으로 뛰어나가려고 할 그때에 등에 기름을 채우기 위해 당신이 무엇을 할 수 있겠습니까? 오, 지금 그것을 준비하십시오.

　저는 당신의 영향력이 그 교구에 미치는 한도에서 욕설, 맹세, 거짓말, 술 취함, 안식일 범함, 주일에 교회에 나가지 않고 빈둥거리며 지내는 것 등을 고치고 재갈을 물리시기를 바랍니다.

　듣는 바로는 제가 하나님의 권리를 가지고 있는 그 지역에 한 사람이 보내질 것이라고 합니다. 그 일에서 저는 당신께서 하나님의 말씀으로부터 목소리를 들어야 한다고 생각합니다(행 1:15-26; 6:3-5). 어떤 사제가 당신에게서 땅의 소유권을 빼앗는 것을 당신이 싫어하실 것입니다. 그것은 당신의 권리입니다. 제가 당신께 쓴 것은 당신의 아내에게도 쓰는 것입니다. 은혜가 함께 하기를 기원합니다.

1637년 3월 14일, 애버딘, S. R.

 68 할힐 여사에게
그리스도의 십자가가 애굽의 보화보다 낫다

>

친애하는 그리스도인 부인, 은혜와 사랑과 평안이 당신에게 있기를 바랍니다. 부인께 편지를 드리려고 많이 별러왔는데 주님께서 이제 알맞은 기회를 주셨으니 놓치지 않으려고 합니다. 저는 저의 나그네된 이 집에서 그리스도께서 제게 친절히 대해 주신 것을 부인에게 알려드리지 않을 수 없으니 이는 부인께 그가 선하시다는 것을 아시도록 하려는 것입니다. 왜냐하면 이 시련에 처음 들어설 때 (그의 사랑에 대한 회의와 의심들로 낙심이 되어 괴로워하였으니 제가 지금 갇혀서 그의 이름과 증거를 감당하고 있습니다.) 제가 마른나무처럼 포도원의 담 너머로 던져졌다는 것보다 두려운 것이 없었기 때문입니다. 그러나 그의 크신 이름을 찬양하는 것은 마른나무가 불 속에 있었으나 타지 않았고 그의 이슬이 내려와 시든 식물의 뿌리를 살려냈던 것입니다.

이제 그가 기쁨을 가지고 다시 찾아오셔서 추방되어 고난 받는 죄수를 자신의 위로의 기쁨으로 즐겁게 해 주고 계십니다. 지금 저는 울지만 슬프지 않으며 징계를 받지만 죽지 않으며 손실이 있지만 아무것도 부족한 것이 없습니다. 이 물이 저를 삼킬 수 없고 이 불이 저를 태울 수 없는 것은 가시떨기에 계셨던 분의 선한 뜻 때문입니다. 그리스도의 가장 나쁜 일들, 그의 능욕들, 그의 십자가들이 애굽의 보화보다 더 나은 것입니다. 그가 자기의 문을 여시고 불쌍한 죄인을 잔칫집으로 데리고 들어가시며 주 예수께 대한 사랑으로 병이 들게 하셨으니 만일 그리스도께서 천국에 계시다는 것을 제가 확신하지 못하고 천국을 제 처분대로 할 수 있다면 저는 그리스도를 위해서 천국을 바칠 것이며 천국에 가는 것도 만족하지 않을 것입니다. 저는 사제들의 벨벳과 저의 갇힘을, 그들의 마차와 저의 감옥을, 온 세상의 웃음과 저의 한숨들을 바꿀 생각이 전혀 없습니다.

이 흙덩어리 우상인 세상은 제 영혼에 별로 큰 자리를 차지하지 못합니다. 그리스도께서 제게 오셔서 저의 마음과 저의 사랑을 취하여 천국으로 가셨으니 이제는 마음도 사랑도 제 것이 아닙니다. 하나님께 기도하기는 그리스도께서 물리지 마시고 그 둘을 모두 지켜 주시라는 것입니다. 지금의 제 생각으로는 만일 이 세상의 진흙에 속한 제 소유가 시장에 내놓아 팔린다고 하여도 저는 그것을 물 한잔 정도밖에 치지 않을 것입니다. 제가 알기로 그리스도의 사랑은 왕 같아서 견줄 상대가 없고 영혼에서 홀로 왕좌를 차지하셔야만 합니다. 벌레 먹은 사과가 아이들을 속인다는 것을 저는 압니다. 좀이 먹은 이 세상의 쾌락은 아이들에게 열이 백이라고 믿게 하지만 여기에 있는 모든 것은 단지 그림자일 뿐입니다. 만일 그들이 그리스도와 자신들 사이에 놓인 휘장을 걷는다면 하나님의 아들을 그렇게 오랫동안 오해하고 있었던 자신들을 바보로 여길 것입니다. 천국 다음으로 저는 그리스도께서 그의 죄수로 인해 영광을 받으시는 것과 많은 사람들이 죄수의 한숨을 들으시는 그의 높고 영광스러운 이름을 저를 대신하여 찬양하는 것 외에 더 바라는 것이 없습니다.

대지주인 당신의 남편과 저의 친구인 당신의 아들에게 저의 안부를 전해 주십시오. 제가 바라는 것은 그리스도께서 그의 젊은 사랑을 가지시며, 세상이 알지 못하고 그러기에 찾지 않는 그 문을 향하여 그가 아침에 출발하는 것입니다. 우리 주님 예수 그리스도의 은혜가 당신과 함께 하시기를 바랍니다.

1637년 3월 14일, 애버딘, S. R.

토머스 가벤에게
죄수의 기쁨, 그리스도의 사랑, 좋은 편, 보이는 천국

>

195

존경하며 사랑하는 형제여, 당신의 편지를 인하여 감사드립니다. 그것은 새로 깎은 잔디에 내리는 비였습니다. 주님께서 학자의 혀를 당신에게 주셨습니다. 열매를 많이 맺으며 겸손하십시오.

당신이 저와 같거나 비슷한 처지가 될 수도 있습니다. 하지만 알려진 것처럼 물이 그렇게 깊은 것도 아니며 물살이 그렇게 센 것도 아닙니다. 저의 불이 그렇게 뜨겁지 않으며 저의 물은 마른 땅이며 제 손실은 풍족한 손실이라고 생각합니다. 만일 제 감옥의 벽이 높고 넓고 크고 장소가 아름답다고 제가 당신에게 말한다면 어떤 말씀을 하시겠습니까! 아무도 그것을 모릅니다. 정말이지 아무도 그리스도와 저만큼 알지 못합니다. 저의 주님께서 제 마음에 인쳐 주신 것만큼 아무도 그것을 있는 그대로 적어낼 수가 없습니다. 저의 비천한 자산이 제가 애버딘으로 온 후에 커졌으니 만일 어떤 사람이 자신의 사랑을 제게서 거두지 않으신 그리스도와 같이 정직한 애인을 의심하여 제가 범한 그 과실을 알았더라면 그들은 그것의 더 많음을 생각했을 것입니다. 그러나 그는 자비에 있어서 저보다 항상 앞서신다는 것을 저는 압니다. 저는 결코 그와 다투지 않을 것입니다. 그에게 갚겠다고 생각하는 것은 어리석은 일입니다. 만일 제가 찬양하기 위하여 창조 이후에 떨어진 빗방울처럼 아니, 지구의 모든 숲에 있는 나뭇잎처럼 아니, 하늘의 별들처럼 많은 천사들의 혀를 가지고 있다고 하여도 저의 주님은 제게서 마땅히 받으셔야 할 만큼은 받지 못하실 것입니다. 우리는 우리의 회계장부를 결코 맞출 수가 없을 것입니다. 용서가 셈을 마감해야 합니다. 이러한 영광스러운 뜻에서 그가 제게 주신 위로는 제가 우리 사이에 있는 일을 모든 사람에게 알게 하지는 못할지라도 공손함의 경계를 넘어서게 만들어 버렸습니다. 사랑, 사랑이 (그리스도의 사랑을 말하는 것입니다) 제가 만져 본 것 중에 가장 뜨거운 숯불입니다. 오, 그 연기조차도 뜨겁습니다! 모든 바닷물을 거기다 부어 보십시오. 바닷물이 탈 것입니다. 지옥이 그것을 끄지 못합니다. 많고도 많은 물이 사랑을 끌 수 없습니다. 그리스도께서 사랑의 큰 덩어리로 그의 불쌍한 죄수에게 굴러오셨습니다. 저와 같은 낭비벽이 있는 자에게 그렇게 많은 사랑을 낭비하시니 놀랄 뿐입니다. 하지만 그는 낭비하는 분은 아니며 다만 사랑에 풍족하십니다. 그는 주시려고 할 때 구두쇠의 동냥으로 하지 않으십니다. 오, 저는 모든 나라가 그를 사랑하도록 초청할 수 있으면 좋겠습니다! 값없는 은혜는 알려지지 않은 일입니다. 이 세상은 그리스도의 겉 이름만 들었을 뿐이고 그 이상은 모릅니다. 그의 사랑에는 성도들이 결코 열지 못하게 될 무한한 겹겹들이 있습니다.

형제여, 당신은 그리스도와 함께 기업을 얻는 좋은 편을 택하셨습니다. 당신은 그가 싸움에 이기실 것을 알게 되며 그가 나누시는 전리품의 일부를 얻게 되실 것입니다. 우리를 비웃는 사람들은 바보들입니다. 그들은 달의 뒷면만 봅니다. 하지만 우리의 달빛이 그들의 정오의 태양보다 낫습니다. 우리는 새 하늘과 그것의 보증으로 신랑의 사랑의 반지를 가졌습니다. 결혼식장의 아이들이 껑충껑충 기뻐하며 뛸 이유가 있습니다. 혼인만찬이 가까이 다가오고 있으며 우리는 새참이 감미롭고 위안이 되는 것을 알기 때문입니다. 오, 시간이여, 꾸물거리지 말라! 오, 태양이여, 빨리 달려서 우리의 잔치를 앞당기게 하라! 오, 신랑이여, 산을 넘는 노루와 젊은 사슴같이 되소서! 오, 가장 사랑하는 이여, 빨리 달려서 우리가 다시 만나게 하소서!

형제여, 시간이 없어서 그칩니다. 저를 위해 기도해 주십시오. 저도 당신을 기억할 것입니다. 떨기나무에 계셨던 이의 선한 뜻이, 그리스도 안에서 하나님의 다정한 사랑이 당신을 풍족하게 하실 것입니다. 은혜가 당신과 함께 하시기를 바랍니다.

1637년 3월 14일, 애버딘, S. R.

70 베타이어 애어드에게
시련 아래서의 불신앙, 그리스도의 동정과 사랑

>

귀한 자매여, 은혜와 사랑과 평안이 당신에게 있기를 바랍니다. 당신이 저의 감옥에서 오는 소식을 기다린다는 것을 알고 감옥에서 소식을 드립니다. 제가 처음 여기에 올 때에 그리스도와 저는 잘 맞지 않았습니다. 악마는 그 집에서 소송을 냈고 저는 그리스도께 허물을 돌렸습니다. 제 마음이 자책들로 시달렸고 염려하기를 제가 버림받은 자이며 단지 포도원에서 말라버린 나무일 뿐이며 저의 게으른 그림자가 좋은 나무들에게 햇빛을 가리게 했으므로 저의 주인이 악한 종을 내보내려고 그에게 들판을 준 것이라고 했기 때문입니다. 옛 죄책이 증인처럼 말했습니다. "모두 사실입니다." 제 염려가 믿음 없는 두려움의 아이와 함께 있었고 불신앙은 모든 것에 서명하고 동의했습니다. 저는 자신이 힘든 처지에 있다고 생각했습니다. 어떤 이들이 말하기를 그리스도께서 저를 자신을 위한 증인으로 높이셨으니 제가 기뻐할 이유가 있다고 말했습니다만 저는 마음에 이르기를 "이것은 나의 겉모양만을 보며 내가 거짓 증인인지 아닌지 말할 수 없는 사람들의 말일 뿐이다"라고 했습니다.

만일 그리스도께서 이 문제에서 저와 같이 고집이 세고 성급하셨더라면 제 믿음은 언덕으로 떨어져서 목이 부러졌을 것입니다. 그러나 우리는 잘 만났으니 성급한 바보와 지혜롭고 인내심이 많으며 온유하신 구주가 만난 것입니다. 그는 제 어리석음의 약점을 이용하지 않으셨고 저의 적대감이 가라앉을 때까지, 저의 혼탁하고 요동치는 우물이 잔잔해질 때까지 기다리셨습니다. 그는 시험 당하는 비천한 죄인의 열병이 나서 하는 헛소리에 조금도 화를 내지 않으셨고 다만 자비롭게 용서하시고 아주 그에게 당연하다는 듯이 반대의 것을 받아 마땅한 죄인에게 은혜와 새로운 위안으로 다가오셨습니다. 그리고 이제는 저의 검은 입에 입을 맞추시며 자신의 손을 제게 대시며 열명의 굶주린 영혼들을 먹이시는 것처럼 많은 위안들로 저를 먹이고 계십니다! 하지만 저는 그가 위로의 낭비자라고 말할 수는 없으니 조금이라도 모자랐다면 제가 감당하지 못했을 것이기 때문입니다. 조금만 적었더라도 균형을 잃었을 것입니다.

자, 누가 시온에서 왕관을 쓰신 저 높으신 왕과 같겠습니까! 제가 어디서 그가 앉으시도록 높으신 왕을 위하여 자리를 얻겠습니까? 만일 제가 사람들과 천사들이 생각할 수 있는 높이의 수천만 배보다 높은 하늘만큼 멀리 그를 올려도 저는 그가 너무 낮다고 생각할 것입니다. 사랑하는 자매여, 하나님을 위하여 자매에게 바라는 것은 찬양하도록 저를 도와주시라는 것입니다. 그의 사랑은 끝도 없고 밑도 없으며 그의 사랑은 그 자신과 같으며 모든 본성적인 이해를 넘어섭니다. 제가 팔로 그 깊이에 닿으려고 하지만 그것은 마치 아이가 자기의 짧은 두 팔로 바다와 땅의 지구를 잡으려고 하는 것 같습니다. 그의 이름이 복되며 거룩하십니다! 제가 지금 고난 받는 이것이 그의 진리를 위한 것입니다. 그가 거짓을 향해 웃지 않으실 것이며 헛된 꿈에 자신의 위안으로 증인이 되어 주시지는 않을 것이기 때문입니다.

당신의 기도를 요청합니다. 그리스도의 죄수의 기도와 축복이 당신에게 있기를 바랍니다. 은혜가 당신에게 함께 하시기를 바랍니다.

1637년 3월 14일, 애버딘, S. R.

71 패트릭 카센에게
그리스도께 어릴 때 헌신함

>

사랑하는 친구여, 심부름꾼을 만나는 좋은 기회가 생겨서 제가 그대의 젊은 시절의 사랑을 그리스도께 넘겨 드리며 그대의 해가 높고 그대의 젊음이 그대를 섬기는 이때에 주님과 그의 얼굴을 찾으시라고 권하지 않을 수 없습니다. 하늘 아래 아무것도 그리스도만큼 당신에게 소중한 것이 없습니다. 당신의 낮이 끝나며 죽음의 밤이 이 세상의 환락에서 당신을 부른다는 것을 당신이 모르지는 않을 것입니다. 죽음이 드리워진 운명이 하나님이 사시는 것만큼 영원토록 지속될 것입니다! 젊음은 대개 우체부이며 심부름하려고 대기중인 사탄의 하인입니다. 왜냐하면 젊음은 정욕, 저주, 술 취함, 하나님을 모욕함, 거짓, 자만, 허영의 보금자리이기 때문입니다. 오, 주님을 두려워하며 그를 섬기기 위해 당신의 영혼과 몸을 바치고자 하는 그런 마음이 당신 안에 있기를 바랍니다! 당신의 안근이 풀어지고, 얼굴이 창백해지며, 다리와 팔이 떨고, 숨이 차가워지며, 당신의 불쌍한 영혼이 당신의 진흙으로 된 감옥에서 자유롭게 되는 것을 내다볼 때에 그때는 선한 양심과 주님의 은총이 세상의 모든 영광보다 가치가 있을 것입니다. 그것을 당신의 화관과 면류관으로 추구하십시오.

은혜가 당신에게 있기를 바랍니다.

1637년 3월 14일, 애버딘, S. R.

72 칼튼의 지주에게
그리스도의 사랑에 대한 인식이 증가함, 포기, 땅에 대해 죽음, 시험, 연약함

>

존경하는 각하께, 제게 편지를 보내지 않으신 것을 저를 잊어버리셨다고는 생각하지 않겠습니다. 그러나 제게는 저를 잊지 않으시는 분이 위에 계시니 그는 친절함이 더욱 많으십니다. 거룩하신 왕께서 강단에서 저를 데려다가 추방과 감옥에서 많은 것을 가르치시기로 하셨으니 그것들은 전에 제게 비밀이었습니다.

저는 그의 밑이 없고 한계가 없는 사랑과 친절과 저의 질투와 광란을 보았으니 제가 이 풀무에 처음 들어올 때 진리 자체이신 그리스도께 정면으로 "당신은 거짓말쟁이입니다"라고 말할 정도로 어리석고 건방졌습니다. 저는 잡은 것을 거의 놓칠 뻔하였습니다. 저의 혼란해진 마음의 안개와 연기가 저로 저의 주님이신 예수를 오해하게 하였으니 그가 정말 그리스도인지 아닌지 의심했었습니다. 저의 믿음은 약해졌고 희망은 얼어붙어 냉랭했고, 질투심을 일으켰던 저의 사랑은 약간의 온기와 열과 연기는 있었지만 불꽃은 전혀 없었습니다. 하지만 제가 모든 권리를 잃어버렸을지라도 저에 대한 그리스도의 옛 주장의 선하심을 바라보고 있었습니다. 그러나 시험하는 자가 저의 생각을 크게 사로잡고 있었으며 아직도 저의 숯불에 센 바람을 불어대고 있었습니다. 아! 저의 중보자이시며 변호자이신 그리스도께서 그런 바보짓을 탄원하시고 용서하시는 일에 그렇게 좋은 재능을 가지고 계신 줄은 전에 전혀 몰랐습니다. 지금 그가 자기의 날개로 제 영혼에 돌아오셔서 치료하십니다. 오래 기다림으로 제가 받았던 고통과 그에

200

게 가해진 잘못을 반대하여 입었던 어떤 작은 손실도 그의 임재로 넘치게 갚아 주셨으니 이제 부족한 것이 아무것도 없습니다. 더 이상 자신을 숨기는 것이 주님에게 고통이었다고 저는 믿습니다. 어떤 면에서 그는 자신의 불친절을 탓하고 계셨으며 자신의 찌푸리심을 후회하셨습니다. 지금 그리스도께서 불쌍한 죄수에게 주실 수 있는데 땅에서 제가 무엇이 부족하겠습니까? 오! 지금, 그가 얼마나 감미롭고 사랑스러운지요! 아! 저의 주 예수님을 모든 땅 위에 있는 그의 보좌에 올리도록 저를 도와줄 사람을 찾을 수 없습니다.

둘째로, 이제 저는 순종하는 일에 어느 정도 수준까지 이르렀습니다. 저의 주님 예수께서 제게 하시는 일을 알 때까지 기다리기로 결심했습니다. 모든 것을 보시고 모든 것을 굽어 살피시는 주님의 섭리에 불평한다든지 대항하는 말을 하지 않을 것입니다. 섭리가 부서진 바퀴를 따라 돌지 않는다는 것을 알았습니다. 그러나 저는 바보같이 제 보금자리에서 죽으며, 흰머리가 될 때까지 계속 잠자며, 앤위스에서 목회하다가 언덕 위의 양지바른 곳에 눕겠다고 섭리를 제 편리대로 만들었던 것입니다. 하지만 이제 빌려온 화로나, 타인의 집이나, 저의 아는 사람들과 사랑하는 사람들과 친구들에게서 떨어져 제가 살고 있는 게달의 장막에 대해서도 아무런 불평도 하지 않습니다. 저는 마치 토기장이가 그릇을 자기 물레에 올려 놓듯이 하나님께서 세상을 자기의 수레바퀴 위에서 만드신다는 것을 알았습니다. 섭리 속에 어떤 이상하거나 불규칙한 운동이 있다고 말할 수 없습니다. 주님께서 하신 것입니다. 저는 그리스도와 함께 율법으로 가지 않을 것이니 거기에서는 아무것도 얻을 것이 없기 때문입니다.

셋째로, 저는 죄를 더 많이 죽이는 일과 세상의 말라빠진 젖가슴을 빨려고 탄식하거나 찾지 않는 것을 배웠습니다. 아니, 주님께서 진미로 제게 잔뜩 먹게 하셔서 저는 보통 음식으로는 만족하지 못하는 특별한 연회손님과 같습니다. 무릎을 꿇고 인생들의 큰 우상인 세상을 경배하는 일에 제가 무슨 상관이 있습니까? 제게는 진흙신(神)보다 더 좋은 하나님이 계십니다. 아니, 현재로서는 제 일생 빵과 물을 빌려 쓴 것에 대해서 이 세상에 갚는 일에 별로 관심이 없습니다. 저는 그것이 저의 집도 아니고 저의 아버지의 집도 아니며 단지 그의 발판이며, 그의 집의 바깥채이며, 귀퉁이 밭이며, 버린 땅인 것을 압니다. 서자들에게 그것을 가지라고 하십시오. 명예나 부를 위해서 그런 시시한 것들을 생각하고 싶지 않습니다. 아니, 이제 저는 웃음에게 말합니다. "너는 미쳤다."

넷째로, 지옥에서 나오는 가장 큰 시험은 시험 없이 사는 것이라는 것이 정말 진리라는 것을 깨달았습니다. 물이 멈추어 있으면 썩을 것입니다. 믿음은 자유로운 대기와 사나운 겨울폭풍을 그 얼굴에 맞는 것이 더욱 좋습니다. 역경이 없으면 은혜는 시듭니다. 악마는 무기를 다루는 법을 우리에게 가르치는 하나님의 교관일 뿐입니다.

다섯째로, 그가 자신을 숨기시며 하루에 일곱 번씩 그를 찾는 지금까지는 제 자신이 얼마나 약한지를 전혀 알지 못했습니다. 저는 마르고 시든 가지요, 죽은 시체나 마른 뼈 조각이요, 지푸라기도 넘어갈 수 없습니다. 저의 옛 죄들에 대한 생각들은 저에게 사망의 호출과 같고 죽은 동생에 대한 생각들이 제 마음 속 깊이 괴롭습니다. 저의 상처들이 아물 때, 지극히 적은 불안이 거기에서 다시 피가 흐르게 합니다. 저의 영혼이 얼마나 예민한지 아무것도 만질 수 없는 허약한 사람의 피부 같다고 생각됩니다. 만일 그의 은혜가 제게 풍족하지 않았더라면 저는 그 상을 받기에 얼마나 미치지 못할지 당신이 아십니다.

스코틀랜드의 날을 인해 나에게 화로다! 화로다, 저의 창녀 어머니를 인하여 저에게 화가 있으니 판결문이 선포되었습니다! 이 땅의 여인들이 자식이 없거나 유산한 태가 복이 있다고 할 것입니다. 주님의 진노가 공포되었으니 스코틀랜드를 향하여 자신의 마음의 뜻을 이루시기까지는 물러서지 않을 것입니다. 하지만 그는 스코틀랜드를 산을 타작하는 이를 가졌거나 언덕을 쭉정이처럼 까불리는 새로운 날카로운 기계로 만드실 것입니다. 죄수의 축복이 당신에게 있기를 바랍니다.

1637년 3월 14일, 애버딘, S. R.

73 버스비 여사에게

가장 고귀하신 그리스도, 우리가 낮을 때 최선이심, 죄가 넘치는 이 땅, 기도

>

부인, 그리스도께서 시온에서 어떤 일을 하고 계시는 것과 그리고 시온을 미워하는 자들이 우리의 잔의 바닥과 지난 여러 해 동안 우리가 시련을 받았던 풀무의 타는 숯불을 가지고 있다는 것을 부인께서 때때로 생각하시리라고 믿습니다. 오, 스코틀랜드에 그리스도를 위한 새로운 장막을 세워 달라고 이 민족이 깨어 일어나 하나님께 힘있게 울부짖을 수 있으면 좋겠습니다. 오, 이 나라가 그리스도께서 그의 지위에 있어서 얼마나 존귀하신지를 알았으면 좋겠습니다! 그의 가치는 사람의 헤아림을 항상 웃돌았습니다.

저 자신에 관해 말씀 드리자면 제가 자신을 떠나서 그리스도 안에 완전히 들어가도록 맡기지 못한 것을 발견하고 마음으로 탄식하고 있습니다. 아, 그리스도에 비하여 우리 자신은 아주 약간이어야 하는데 우리 자신과 우리의 안락과 재물과 쾌락을 위해서는 아주 많은 자유와 넓은 광장을 허용하며 모든 사랑을 받아 마땅하신 그리스도께는 아주 좁은 귀퉁이를 드리고 있습니다! 오, 그리스도께서 우리를 소유하시기 전에 어떤 수고와 부담이 그리스도께 지워졌습니까! 모든 일이 성취되었을 때 우리는 가지실 만하지 못했습니다. 그가 우리와 같은 사람들을 찾으셨다는 것이 놀라울 뿐입니다. 그러나 사랑은 검음과 무가치함을 간과합니다. 만약 그렇지 않았더라면 그리스도께서 우리와 은혜언약과 같은 아름답고 복된 거래를 하시지 않으셨을 것입니다. 그리스도께서는 우리의 모든 고난에 경계를 정하셔서 우리 각자가 "이것은 제 것이고 저것은 주님의 것이다"라고 말하게 하시고 또한 사람들은 자기들의 십자가로 인하여 본성이 시련 속에서 얼마나 연약한 바탕 위에 서 있는지를 알게 되는 것입니다. 그리고 우리의 고난으로 주님께서 바라시는 목적은 우리에게 은혜에 대한 호감과 요청을 가져오시는 것입니다. 만일 저를 지탱하는 것이 단지 저의 힘뿐이라면 저

는 쓰러져서 천국에 이르지 못할 것입니다. 만일 그리스도께서 제게 "행하든지 죽든지 하라"고 하셨다면 제가 어떻게 될지 결정되는 것은 쉬웠을 것입니다. 만일 그리스도께서 좁은 마음으로 지나쳐 버리시면 저는 죽을 수밖에 없으니 그 선택은 간단했을 것입니다. 그때 누가 우리를 그 곤경에서 건져내겠습니까? 우리가 가장 약할 때에 그리스도는 그의 사랑으로 가장 친절하시며 우리가 슬플 때에 그리스도께서 지척에 계시지 않았다면 물이 우리 영혼을 잠기게 했을 것이라고 말할 수 있습니다. 그의 자비는 정한 시기가 있고, 또한 고난의 바다가 어디까지만 흘러야 할지 또한 그 파도가 어디에서 잔잔해져야 할지 그 장소를 지정하십니다 우리가 얼마만큼의 고통과 근심을 가져야 할지 그 무게와 양을 처방하십니다. 그러므로 당신은 다른 모든 애인들에게서 당신의 사랑을 거두어 그리스도께 드려야 할 이유가 있습니다. 당신의 모든 고난 속에서 고난을 받으신 그분은 당신이 슬퍼하는 시간에 무정한 마음과 젖지 않은 눈으로 당신을 구경하고 있는 것이 아닙니다.

　주님의 모든 성도들은 멸망하는 이 세상에 바쳐진 것은 잃어버린 사랑이라는 것을 알게 될 것입니다. 죽음과 심판이 사람들로 하여금 자기들의 잘못된 마음이 자기들의 사랑을 거짓된 외모와 헛된 꿈에다 탕진해 버렸다고 탄식하게 할 것입니다. 아! 그리스도께서 평안과 복음을 함께 태우시려고 자신의 선하심을 인하여 아주 힘든 것을 겪으셔야 했으며 우리는 그분의 정하신 의식(儀式)에서 그의 가치를 제대로 헤아린 적이 없습니다. 지금 우리는 물의 단맛을 맛보기 전에 우물을 빼앗긴 것과 같습니다. 눈물이 젖은 눈과 젖은 얼굴과 지친 발로 그를 찾으나 만날 수 없을지도 모릅니다. 오, 이 땅이 늦기 전에 겸손해지고 말하자면 그리스도께서 우리에게 등을 돌리시고 문지방으로 가셔서 한 발을 문 밖에 내놓으신 이때에 기도와 간구와 겸비함으로 그를 교회 문으로 다시 모셔 들였으면 좋겠습니다! 그의 떠남은 우리가 받아 마땅한 일이라고 저는 확신합니다. 우리의 범죄들로 불러온 일입니다. 주님의 친 자녀들이 잠에 빠졌기 때문입니다. 아! 신자들은 모두 겉모양과 외식뿐이고 자신들을 다시 돌이키려고 애쓰지 않고 있습니다. 모든 사람은 자기가 정한 믿음과 거룩함을 가지고 있으며 마치 그것이 자기들을 천국에 데려다 주기에 충분한 것처럼 약간의 경건을 가지고 만족합니다. 우리의 은사들과 빛이 증가함에 따라 하나님의 소득과 그의 달란트의 이자도 함께 늘어나야 한다는 것과 우리가 7년 전에 드렸던 옛 습관대로 하나님께 갚을 수는 없다는 것을 잊어버리고 있습니다. 이것은 주님을 조롱하는 것이며 우리 멋대로 값을 정하는 것이 되기 때문입니다. 오, 우리의 신앙 여정에 얼마나 많은 어려움이 있습니까! 우리는 그리스도께서 받으셔야 할 것에 얼마나 빈번히 수천 가지의 일에서 모자라는지요! 사랑하는 주님에게서 우리는 얼마나 많이 떨어져 있는지 생각하지 않습니다.

부인, 핍박을 받는 나그네인 제 동생을 향한 당신의 친절함에 대하여 제가 어떻게 감사를 드려야 할지 모르겠습니다. 그러나 제가 할 수 있는 대로 주님께 당신을 위해 기도하겠습니다. 당신에게 간청하는 것은 그분의 죄수인 저를 생각하시고 주님께서 제게 그분의 백성들에게 그분의 이름으로 말할 수 있는 기회를 허락하시도록 기도해 주십시오.

은혜, 은혜가 당신에게 있기를 바랍니다.

1637년, 애버딘, S. R.

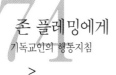

존 플레밍에게
기독교인의 행동지침

>

주님 안에서 존경하고 매우 사랑하는 분이여, 은혜와 사랑과 평안이 당신에게 있기를 바랍니다. 당신의 편지를 받았습니다. 제가 당신을 위하여 기독교인의 행동규범을 작성하여 달라는 당신의 소원을 만족시킬 수 있기를 바랍니다. 하지만 저 앞서서 박식한 분들이 제가 할 수 있는 것보다 더 현명하게 작성했으니 특별히 로저스, 그린햄, 퍼킨스 등이 있습니다. 그럼에도 불구하고 의도한 것만큼 항상 미치지 못하지만 저 자신이 해왔던 것들을 당신에게 알려드리고자 합니다.

● 하루의 몇 시간을 다소간에 말씀과 기도를 위해 하나님께 드리시되 짧은 시간이 될지라도 열두 시든지 한낮이라도 아끼지 마십시오.

● 세상의 업무 속에서도 하나님께 드리는 한두 마디의 즉흥기도와 함께 죄와 심판과 죽음과 영원에 대하여 생각해야 합니다.

● 혼자 기도할 때에 마음이 방황하지 않도록 조심하십시오.

● 기도를 마쳤을 때 기쁨의 느낌이 없다고 후회하지 마십시오. 낙심과 죄책감과 굶주림이 때로 우리에게 아주 좋을 때가 있습니다.

● 주일은 아침부터 저녁까지 항상 개인적인 예배나 공적인 예배에 사용해야 합니다.

● 말한 것은 지키고 방황하거나 헛된 생각은 피해야 하며 진리를 따른다고 할지라도 순간적인 분노와 복수심은 경계해야 합니다. 우리는 종종 우리의 열심과 자신의 사나운 불과 함께 섞습니다.

● 알고 있거나, 발견했거나, 밝혀진 죄들은 양심을 거스르는 것으로서 마음의 강팍함에 이르는 가장 위험스러운 조짐으로 알고 삼가야 합니다.

● 사람들을 대함에서 계약이나 거래할 때에 신용과 진실이 존중되며 우리가 모든 사람을 신실하게 대하며 쓸데없는 말이나 거짓말을 경계하여야 하며 우리의 몸가짐을 보는 사람들이 우리의 선하신 주님과 신앙에 대해 칭찬하도록 처신해야 합니다.

● 제게 많은 자책들이 있었습니다. 1) 모든 것을 긍극적인 목적으로 하나님께 관련시키지 않는 일입니다. 곧 하나님을 위하여 먹고, 마시고, 자고, 여행하고, 말하고, 생각하지 않는 것입니다. 2) 좋은 친구로 도움을 주지 못한 것과 본성적이고 악한 사람들에게 그들의 방종한 자세에 대해 무언의 증인이 되었거나 제가 모든 친구들에게 선을 행해야 한다는 의도가 없어서 그들에게 있는 불경스러움을 꾸짖어서 잘못을 깨닫게 하는 말을 남기지 않은 것입니다. 3) 교회와 특별한 신자들의 재앙과 재난들이 제게 아무런 느낌을 주지 않았다는 것입니다. 4) 다윗, 바울, 그리고 그들과 같은 인물들의 생애를 읽으면서 그것이 저를 겸손하게 할 때 저들의 거룩함에 훨씬 못미치는 제가 하나님의 은혜의 분량을 따라 그들을 닮으려고 멀

리서나마 애쓰지 않았습니다. 5) 회개하지 않은 젊은 시절의 죄를 살펴보지 않고 슬퍼하지 않았습니다. 6) 자만, 정욕, 복수심, 명예욕의 갑작스러운 분출을 억제하지 않고 슬퍼하지 않았습니다. 7) 저의 사랑이 식었습니다. 8) 이러저러한 특별한 경우에 하나님께서 제 기도를 들어주신 경험들이 쌓였음에도 새로운 시련 속에서는 마치 제가 가, 나, 다부터 다시 시작해야 하는 것처럼 항상 (적어도 한 번은) 저의 믿음이 구하도록 했습니다. 9) 공적인 교회 모임이나, 식탁에서나, 일반 회의석상에서 진리를 거슬러 말하는 대적들에게 좀 더 담대하게 반박하지 못했습니다. 10) 일의 결과가 "모든 것이 은혜였다"고 말함에도 불구하고 큰 시련 중에서 제가 그리스도의 사랑에 대한 잘못된 소문을 받아들이고 징계하실 때 그를 오해한 것입니다. 11) 일이 잘 될 때에 엄청난 무게의 힘든 십자가가 제게 지워졌을 때처럼 하나님께 기도하는 일에 힘쓰지도 않았고 세상에 대해 죽지도 않았고 그리스도를 위한 사랑에 굶주리거나 병들지도 않았으며 천국을 사모하지도 않았다는 것보다 저를 상하게 하고 제 영혼을 괴롭히는 것이 없습니다. 12) 십자가가 새로운 순종의 서원을 강청했지만 안락이 바람 앞의 겨처럼 불어 버렸습니다. 13) 실천은 짧고 좁았지만 깨달은 것은 길고 넓었습니다. 14) 죽음을 자주 묵상하지 않았습니다. 15) 다른 사람을 그리스도께 인도하는 일에 관심이 없었습니다. 16) 저의 은혜와 은사들이 거의 또는 전혀 감사를 맺지 못했습니다.

또한 제가 도움을 입었던 몇 가지 일들이 있습니다.

● 혼자 긴 여행을 할 때 그 시간을 기도하는 일에 드려서 유익했습니다.

● 금식으로 여러 날들을 하나님께 드린 것입니다.

● 다른 사람들을 위해 기도한 것입니다. 그들을 위해서 하나님께 심부름을 하여 저 자신이 좋은 것을 얻었습니다.

● 특별한 여러 경우에 하나님께서 기도를 들으신다는 것을 분명히 확신하게 되었으므로 아무리 사소한 것일지라도 무엇에든지 기도하게 되었습니다.

● 조롱을 받고 모욕을 당하는 이 길이 천국에 이르는 유일한 길이라는 것을 그가 저로 의심하지 않게 하셨습니다.

● 이러한 것들과 당신의 생활에서 일어나는 많은 일들을 신중히 살펴셔야 합니다.

● "만일 하늘에 하나님이 계시다면?"과 같은 무신론적인 생각을 경계해야 합니다. 이런 것은 때때로 가장 훌륭한 사람들도 괴롭히고 공격할 것입니다.

● 무엇보다도 은혜 안에서 자라는 것에 관심을 기울여야 하며 우리의 첫사랑에서 멀어지는 것을 슬퍼해야 합니다.

● 소경이 된 대적들을 위해 기도하기를 잊지 말아야 합니다.

저와 저의 형제를 돌봐 주신 것에 대해 깊이 감사를 드립니다. 그 일이 당신을 위해 하늘에 쌓이고 잊혀지지 않을 것입니다. 저 같은 죄인에 대한 그리스도의 친절함에 저는 계속 부끄러워할 뿐입니다. 그가 제 마음에 불을 던지셨으니 지옥이 물을 부어 그것을 끄거나 사라지게 할 수 없습니다. 당신이 죄수의 축복과 기도를 가지고 있으니 제가 찬양하도록 도와주시고 저를 위해 기도해 주십시오. 당신의 아내에게 안부를 전해 주십시오.

은혜가 당신과 함께 하시기를 바랍니다.

1637년 3월 15일, 애버딘, S. R.

75 존 스튜어트에게 — 아일의 시장
사업상의 재난, 예배지침서, 시련의 복됨

>

경애하는 이에게, 은혜와 사랑과 평안이 당신에게 있기를 바랍니다. 저는 지금 양 떼로부터 떨어져 그리스도의 죄수로 애버딘에 있으면서 당신에게서 오는 소식을 기다리고 있습니다. 뉴 잉글랜드로 향하는 당신의 여행이 그러한 어려움을 만난 것을 이상하게 여기지 마시기 바랍니다. 진정 그 일이 제 마음을 무겁게 했습니다만 저는 그 일이 벙어리 섭리가 아니라 비록 현재로서는 당신이 그가 말씀하시는 것을 잘 이해할 수 없을지라도 주님께서 그 일을 통하여 당신에게 말씀하고 싶어하시는 섭리라고 생각합니다. 그것이 어떻든지 홍수 위에 좌정하신 이가 큰 심연 속에서 자신의 놀라운 친절하심을 당신에게 보이신 것입니다. 당신의 손해가 크고 당신의 소망이 당신을 등지고 멀리 사라졌다는 것을 제가 압니다. 그러나 당신에게 부탁드리는 것은 주님께서 길에 여러 방해물을 놓으신 것을 바르게 이해하시라는 것입니다. 목자들의 장막 옆에서 먹이며 당신의 영혼이 사랑하는 분 곁에 머물기 위해 당신의 마음이 양 떼의 발자국을 따르고 있다는 것과 여인이 용을 피한 곳인 광야에 머무는 것이(계 12:14) 당신의 소원이라고 저는 확신하고 있습니다. 이것이 당신의 소망일진대, 그리스도의 비천한 죄수가 당신에게 이르는 말을 기억하십시오. 그 유산(流産)된 당신의 여행은 사랑과 위로의 자식을 낳을 것이며 주님께서 관여하시는 순산(順産)을 이룰 것입니다. 기다리십시오. "믿는 자는 급절하게" 되지 않습니다(사 28:16).

　　당신의 돌아온 일에 관련하여 주님의 뜻이 무엇인지 그리고 앞으로 그의 뜻인지 어떠한지 당신이 알고 싶어하시리라고 생각이 됩니다. 사랑하는 형제여, 하나님께서 당신에게 원하시는 것을 하시도록 맡기십시오. 하나님께서 모든 것을 위로로 마무리하시며 당신의 고통으로 영광을 이루실 것이니 당신이 더 좋은 일을 바랄 수 있겠습니까? 이 물은 천국에 이르는 당신의 길에 있었고 당신의 주님의 책에 적혀 있었으니 당신이 건너야 했습니다. 그러므로 그의 지혜롭고 틀림이 없는 섭리에 입을 맞추십시오. 일의 겉모양만 보며 그것을 거의 제대로 보지 못하는 사람들의 비난이 당신의 용기와 주님을 기뻐함을 감소시키지 못하게 하십시오. 당신의 믿음이 섭리의 어두운 면만 볼지라도 그것은 더 좋은 면을 가지고 있으니 하나님께서 그것을 당신에게 보여 주실 것입니다. 그리스도의 때림보다 그리스도를, 그의 찡그림보다 그리스도 자신과 그의 약속들을 더 믿는 것을 배우십시오. 훼방과 실망들은 권위 있는 성경이 아닙니다. 약속된 땅을 위하여 싸우는 것이 하나님의 약속에 대해 "당신은 속이셨습니다"라고 외치는 것 같았기 때문입니다. 우리 주님께서 지푸라기를 타실지라도 그의 말(馬)은 넘어지거나 쓰러지지 않을 것입니다. "하나님의 사랑하는 자 곧 그의 뜻대로 부르심을 입은 자들에게는 모든 것이 합력하여 선을" 이룰 것입니다(롬 8:28). 그런고로, 조난이나 손실 등이 하나님을 사랑하는 자들의 유익을 위해 합력할 것입니다. 그러므로 손해나 실망이나 비난이나 친구와 집과 나라를 잃어버림이 당신이 당하는 모든 일로부터 당신에게 선을 이루게 하려고 배치된 하나님의 일꾼들이라고 저는 생각합니다. 주님의 처분이 즐거운 것이 아니고 사납고 거칠고 무정한 것이라고 보지 마십시오. 주님의 복된 뜻이 당신의 소망을 마주쳐 볼 때에 겸손하게 그에게 돛을 내리며 주님께서 기뻐하시는 어느 곳이든지 이끌리기를 바라는 것이 최선입니다. 마치 당신이 의지를 가지고 있지 않고 그것의 자유로운 처분을 하나님께 맡기며 하나님께 팔아 넘긴 것처럼 되는 것이 자기를 부인하는 것의 핵심이며 그의 의지를 당신의 것으로 삼는 것이 진정한 성결이요 당신의 안락과 평안입니다. 주님께서 이것으로 무엇을 이루어 내시는지를 당신은 모르시겠지만 이후에는 아시게 될 것입니다.

제가 당신에게 쓰는 것은 당신의 아내에게도 쓰는 것입니다. 그녀의 처지를 동정합니다만 그녀에게 부탁하는 것은 두려워하거나 낙심하지 마시라는 것입니다. 이 여행은 천국과 약속의 땅에 이르는 그녀의 광야의 일부이며 몇 마일 남지 않았습니다. 그녀가 스코틀랜드를 떠났을 때보다 그날의 밝아옴이 그녀에게 훨씬 가까워진 것입니다. 당신과 당신의 아내가 주님 안에서 위로와 용기를 가졌다는 것을 들으면 제가 기쁘겠습니다.

이제 교회에 관한 일입니다. 예배지침서가 공개적인 선포와 나팔소리로 전국의 모든 교회에서 시행하도록 제정되었습니다. 사제들이 이번 달 왕이 승인한 문서를 다루며 우리와 루터교와 화해를 위하여 모인다고 합니다. 애버딘 대학 교수들이 통일된 고백서를 작성하도록 책임을 맡았습니다만 천주교와의 화해를 하려는 것입니다. 이날은 야곱의 재앙의 날이니 시온의 길들이 탄식하고 우리의 금은 희미해지고 해는 선지자들에게 기울었습니다. 곡식을 불리거나 정결하게 하는 것이 아닌 마른 바람이 이 땅에 불어오고 있으며 우리의 모든 질병이 이 땅의 넘치는 모든 범죄들로부터 그리고 우리 가운데 있는 바벨론의 친구들과 애인들로부터 오고 있습니다. "나와 내 육체에 대한 잔학이 바벨론에 돌아가기를 원한다고 시온 거민이 말할 것이요 내 피 흘린 죄가 갈대아 거민에게로 돌아가기를 원한다고 예루살렘이 말하리라"(렘 51:35).

이제 저에 대해 말씀드립니다. 삼 일 동안 저는 고등재판위원회에 소환되어 왕에게 거슬리는 설교를 한다고 반역죄로 고발되었습니다. 한 목사가 증인이 되어 그것을 맹세하기까지 했습니다. 하나님께서 그들의 악의에서 저를 건지셨습니다. 첫째로, 그들은 저의 목회 사역의 권리를 박탈했습니다. 둘째로, 저의 입을 다물게 했으니 이 나라에서 목회에 관련된 어느 일도 제가 해서는 안되며 반역의 죄로 처벌한다는 것입니다. 셋째로, 저의 몸을 애버딘 지역에 감금시켰고 여기서 사람들이 격려하느라고 제게 드나들기 때문에 그들로부터 멀리 떨어진 카이트네스나 오크니에 저를 가두려고 목사들이 애를 쓰고 있다는 것을 저는 압니다.

이곳에 제가 처음 올 때 제 안에 심한 자책이 일어나 법정이 열렸으니 저의 주님께서 더 이상 저의 섬김을 받지 않으려 하시며 저에 대해 싫증을 내신다는 주장이 제기되었습니다. 바보같이 또한 저는 그리스도께서 불친절하다고 고발했습니다. 제 영혼이 기진맥진하여 위로를 거절하며 "내가 그의 집에서 충성하기를 바랐는데 도대체 그리스도께서 내게 왜 이러시는 거야?"라고 말했습니다. 그와 같은 저의 방황과 오해에도 불구하고 저의 주 예수께서는 모든 성도들 중에 가장 작은 자보다 더 작은 저를 불쌍히 여기셨습니다. 저는 티끌에 누워 그리스도를 반박하는 구실을 사탄에게서 샀고 사탄은 그것을 팔면서 좋아라 했습니다. 그러나 마침내 그리스도께서 제게 친하게 대해 주셨고 긍휼로 저를 용서해 주시며 제가 한 일을 너그럽게 지나치셨으며 오직 재판이 자신의 경계 안에서 자신의 허락이 없이 열리게 된 것만을 나무라셨습니다. 지금 법정에서 저는 빠져 나왔으며 그리스도께서는 마치 자신이 잘못하신 것처럼 수습을 하시고 제 영혼에게 돌아오셨습니다. 그리하여 이제 그의 비천한 죄수는 사랑의 잔치를 먹고 있습니다. 저의 대적들은 저의 높으신 왕께 지금 제가 어떠한 신하로 있는지를 알지 못하니 저는 그의 왕관을 위해 고난을 받고 있는 것입니다. 그리스도의 십자가에 대해 나쁜 소문을 일으킨 것은 우리의 연약하고 게으른 육신입니다. 오, 그의 멍에는 감미롭고 감미롭습니다! 그리스도의 사슬들은 순금으로 만들어졌고 그를 위한 고난은 향기가 발라져 있습니다. 저는 열네 명의 사제들의 웃음을 사려고 저의 울음을 주지 않을 것이며 저의 슬픔을 세상의 기쁨과 바꾸지 않을 것입니다. 오, 사랑스럽고 사랑스러운 예수여! 당신의 십자가들이 그렇게 아름다운 향기를 내니 당신의 입맞춤은 분명코 얼마나 감미로울까요! 오, 만일 이 세 나라 모두가 저의 사랑의 잔치와 사랑을 입은 죄수의 위로를 조금이라도 가진다면 얼마나 좋겠습니까!

사랑하는 형제여, 제가 당신에게 부탁하는 것은 저를 위해 찬양하며 그곳에 우리가 아는 이들의 도움을 청하여 저로 찬양하도록 도와달라는 것입니다. 어떻게 제가 저를 향한 그리스도의 정직하심을 묻어버릴 수 있겠습니까? 저의 마음이 사로잡힌 것이 이것이니 곧 저의 침묵과 고난이 설교하는 것입니다. 그리스도의 심장으로 부탁드리니 제가 찬양하도록 도와주십시오. 당신의 아내와 블레어, 리빙스턴. 커닝햄 씨에게 사랑의 안부를 전해주십시오. 제가 무엇을 해야 할지를 알고 싶으니 당신이 소식을 전해주십시오. 만일 뉴잉글랜드로부터 부름이 있으면 따를 예정입니다. 은혜가 당신과 함께 하시기 바랍니다.

1637년, 애버딘, S. R.

76 존 스튜어트에게 — 아일의 시장
입이 봉해진 목사의 짐, 영적인 모자람

>

그리스도 안에서 사랑하고 존경하는 분이여, 하나님 우리 아버지와 주 예수 그리스도께로부터 은혜와 사랑과 평안이 당신에게 있기를 바랍니다.

당신이 죄수에게 보내는 편지의 위로를 지금까지 기대했습니다. 각하, 지금 저는 제 짧은 시간을 잠깐 벗어나서 여기에 있습니다. 아침에 일어났을 때는 먼저 (항상 큰 무거움과 애통이 있습니다.) 이런 생각이 마음에 떠오릅니다. "내가 하나님을 섬기는 것인가? 혹 아닌가?" 제가 관여하고 있는 이 영광스러운 대의를 가진 진리를 의심해서가 아닙니다. 타고난 왕이신 저의 주님께서 땅의 방백들이나 질그릇 조각들에게 조공을 바치셔야 한다는 것을 받아들일 수가 없기 때문에 제가 지금 진리를 위해 고난을 받고 있다는 것을 영원으로 나아가 저의 심판자 앞에서 증언할 수 있습니다. 오, 저의 죄 많은 팔로 저의 높으신 왕의 머리에 왕관을 씌워드리다가 넘어지며 어깨뼈가 부서져도 좋을 것입니다. 하지만 저의 봉한 입과 벙어리 안식일들과 앤위스의 아름답고 아름다웠던 많은 날 동안에 주님과 교제했던 기억들이 제 믿음을 거의 두 조각 낼 뻔했으니 저의 주님께서 예전과 같이 지금 제 입의 섬김을 받지 않으시기 때문입니다. 그러나 그의 노하심을 깊이 헤아려보는 중에 제가 틀렸다는 것을 먹구름 사이로 깨달았습니다. 그분께서 제 영혼을 사랑하셔서 믿음과 염려 사이에 논쟁을 일으키셨으니 판결이 그리스도 쪽으로 유리하게 났고 저는 그 판결에 동의했습니다. 주님은 동일하게 행하시지만 저의 죄책이 종종 저의 믿음을 눌러버립니다. 저는 제대로 잘 알지 못한 적이 많으니 드러나게 죄를 범한 것을 빼놓고는 유다나 가인이 가졌던 것에 부족하지 않습니다. 단지 그가 사랑으로 저를 기꺼이 막아 주셨고 그를 향한 사랑의 열병에 저를 던지셔서 그의 부재(不在)가 저의 열병을 가장 아프게 합니다. 그리고는 그가 제 영혼에 찾아오시며 자신의 위로로 적셔 주십니다. 하지만 제가 가지고 싶은 것을 가지지 않았으니 진정 깊은 사로잡힘(possession)이 없는 것이 저의 유일한 죽음입니다. 그리스도께서 이 일에 저를 불쌍히 여기신다는 것을 제가 압니다.

그 유명한 사람들, 저를 위해 일했던 친구들은 겨울 시냇물처럼 말랐습니다. 모두 말합니다. "그 사람에게는 대책이 없어. 나라를 떠나는 것이 상책이야." 그래서 그들이 저를 꺼려 한다는 것을 알았습니다. 하지만 저를 믿으십시오. 저는 그리스도께서 저의 모든 우상을 산산조각 내시는 것을 가장 즐겁게 만족하고 있습니다. 그것은 그리스도께 대한 무뎌진 저의 사랑에 새로운 날을 세우게 했습니다. 그가 저의 사랑을 질투하셔서 모든 것을 자기에게로 가져가시리라는 것을 저는 압니다. 한마디로 이 여섯 가지가 저의 짐입니다.

1) 다른 사람들과 같이 제가 포도원에 있지 않다는 것입니다. 그리스도께서 제가 말라버린 나무인지라 자리를 차지할 가치가 없다고 생각하시기 때문일 수도 있습니다. 하지만 그럴 수는 없습니다!

2) 화, 화, 화가 창녀인 저의 어머니인 이 변절자 교회에 오고 있습니다! 우리가 피하여 숨기 위하여 비둘기 날개를 사모해야 하는 때가 오고 있습니다. 오, 이 땅의 황폐함이여!

3) 저의 사랑하는 주님 예수께서 (말하자면) 홀로 베옷을 입고 탄식하시며 가시는 것을 저는 봅니다. 그의 연약한 친구들이 왕 예수께서 전투에 지지나 않을까 걱정합니다만 그는 반드시 승리하십니다.

4) 저의 젊었을 때의 죄책과 죄들이 저를 대항하여 들고 일어나서, 저의 고난 중에 하나님의 심판을 받을 만한 이유들이 있다고 고소하지만 저는 그들에게 결코 여지를 주지 마시라고 그리스도를 의지하여 하나님께 기도합니다.

5) 저의 높고, 두렵고, 능하시고, 영광스러우신, 온 땅의 왕들의 왕을 높여드릴 수 없는 것이 제게 화입니다. 사랑하는 분이여, 당신께서 이 일에 저를 도와주시고 불쌍히 여겨 주셔서 당신의 무릎을 꿇고 그 이름을 찬양하며 다른 이들도 그렇게 하게 하여 저의 고통으로 제 주변에 있는 무신론자들과 교황주의자들과 대적들이 "하나님께서 이 죄수와 함께 계신 것 같다"고 말하게 해 달라는 것입니다. 그리스도와 저의 아버지이신 그의 아버지께서 저의 고통으로 인해 존귀하게 되신다면 지옥과 지옥의 권세가 풀어놓아져서 저를 대항하여 자기들의 가장 사악한 것을 행하라고 하십시오.

6) 그리스도의 사랑이 저를 아프게 합니다. 그의 함께하심이 저를 부끄럽게 하고 저를 빚에 허우적거리게 할지라도 그를 향한 저의 사랑이 불타오를 때에 종종 멀리 떠나시기 때문입니다. 그는 사랑으로 죽어가는 불

쌍한 짝을 돌보지 않으려고 하는 거만한 구혼자 같이 보입니다. 저는 그가 도도하다고 말하지는 않을 것입니다. 그러나 그가 어린아이와 어리석은 자들에게 지혜롭게 자신을 숨기셔서 그들이 그리스도의 입맞춤의 하나를 우상이나 하나의 신으로(그것은 우상숭배입니다) 만들지 못하도록 하신다는 것을 저는 압니다. 그의 위로들을 그분 자신보다 제가 더욱 좋아할까 두렵고, 생명나무보다 생명의 열매들을 더 사랑할까 두렵습니다.

사랑하는 분이여, 제게 편지를 보내 주십시오. 당신의 아내에게 안부 전해 주십시오. 긍휼이 그녀의 자산입니다. 은혜가 당신과 함께 하기를 바랍니다.

1637년, 애버딘, S. R.

77 존 스튜어트에게 — 아일의 시장
지난 시련에 대한 견해, 그리스도에 대한 거친 생각들, 십자가, 소망

>

주님 안에서 존경하고 사랑하는 이여, 은혜와 사랑과 평안이 당신에게 있기를 바랍니다. 당신의 편지를 받고 힘과 평안을 얻었습니다. 당신을 위로하려고 제가 무엇을 써 보냈는지 기억이 나지 않습니다만 사랑이 귀항(歸航)하게 했다고 믿습니다. 당신을 도와드려서 자신의 성도들의 발걸음을 지키시고 당신의 모든 걸음을 헤아리시는 크고 거룩하신 그 이름을 찬양하게 하고 싶습니다. 우리의 가장 사랑하는 주님께서는 우리가 그의 영광을 목표로 할 때 우리의 거짓 없는 오류나 실수는 용서하시며 간과해 주실 것입니다. 하지만 당신은 결코 우리에게 다시 돌아온 당신의 놀라운 귀향의 그 다른 쪽, 감추어진 쪽을 보지 못했으리라는 것입니다. 당신께서 하나님의 사랑이 당신의 항해를 아일랜드로 다시 되돌린 것이라고 말씀하게 되리라고 저는 믿습니다.

존경하고 사랑하는 이여, 저의 현재의 상황을 당신에게 설명하지 않을 수 없으니 당신이 저를 위해 저의 높으시고 존귀하신 주님께 심부름을 해 달라는 것입니다. 저는 그를 온종일 자랑합니다. 그의 사랑이 제게 아주 자

랑스러우니 마치 어떤 가난한 사람이 세상의 왕궁이나 나라에 대해 자랑하는 것과 같습니다.

첫째로, 저는 빈번히 특별히 저의 벙어리 침묵의 안식일에는 제 십자가의 양쪽을 왔다 갔다 합니다. 제가 주님의 사랑에서 어떤 잘못이나 흠을 찾아내기를 바라서가 아니라 다만 저의 사랑이 공상과 두려움으로 병이 났기 때문입니다. 주님께서 제가 아직 잘 알지 못하는 저의 죄를 책망하시는 절차를 밟고 계시는지 또는 그렇지 않은지 저는 잘 모릅니다. 제가 바라는 것은 (만일 제가 주님을 경외함으로 이런 말을 사용할 수 있다면) 저의 가장 사랑하는 주님의 얼굴에 말발굽으로 흙탕물을 튀게 하지 않는 것입니다. 하지만 죄책에 대한 두려움이 그리스도와 저 사이에 고자질쟁이가 되어 주님에 대한 나쁜 소문을 계속 속삭이며 저의 믿음을 약하게 합니다. 저의 믿음이 상했다기보다는 이런 말들로 인하여 구름이 저의 위로를 덮어 버리게 했던 것입니다. 만일 주님께서 저로부터 해를 받지 않으신다면 제게 무슨 일이 일어날지라도 상관하지 않는 은혜를 진심으로 저는 기대하기 때문입니다. 저의 근심에게 믿음이나 신뢰를 두고 싶지 않은 것은 그것이 저의 가장 좋은 친구이신 그리스도에 대해 거짓말할 수 있기 때문입니다. 그리스도에 대해 나쁜 말을 하는 모든 자에게 화, 화가 있으라! 이런 생각들이 아침에 저와 함께 일어나고 함께 잡니다. 아, 벙어리된 몸이 그리스도의 집에서 무슨 봉사를 할 수 있겠습니까? 저는 하나님의 말씀도 또한 갇혔다고 생각합니다! 저는 마른 나무입니다! 저는 심지도, 물을 주지도 못합니다! 오, 시온 산에 있는 자신의 콩팥두렁을 기름지게 하고 비옥하게 한다면 주님께서 저를 거름으로 만드셔도 좋습니다! 제가 서너 명의 목동들에게라도 저의 존귀하신 주님에 대해 말할 수만 있다면 이 땅의 모든 목사들 중에서 제일 보잘것없고 가장 무시당하는 사람이 된다 할지라도, 그리스도의 제일 허름한 행랑채 중의 어느 곳에 살아도 저는 만족할 것입니다! 그러나 그가 말씀하십니다. "여보게, 나는 자네를 보내지 않을 것이네, 나는 자네에게 시킬 일이 없네." 그를 섬기고 싶은 제 열망은 행여 그가 제게 일을 시키고 싶지 않으실까봐 병이 났습니다.

둘째로, 다른 것이 이것에 합세합니다. 오! 앤워스에서 제가 했던 모든 일과 저의 상전께서 거기서 시작하셨던 그 아름다운 일은 껍데기 속에서 죽어가는 새와 같습니다. 포도원의 주인이 일꾼들을 불러서 품삯을 주시는 때, 그분 앞에 제가 서야 하는 날, 그때에 제가 무엇으로 제 수고한 것들을 그에게 보일 수 있겠습니까?

셋째로, 그러나 진실로 그리스도의 감미로운 바람이 순조로울 때, 저는 회개하며 주님께서 시비를 거는 저의 믿음 없는 슬픔과 괴로움에 대해 법적인 보장을 해 주시기를 기도합니다. 주님, 저 같이 비천한 종과 그의 선한 주인 사이에 못된 짓을 하는 자들을 꾸짖어 주십시오. 그때 저는 검은 십자가가 원하든지 말든지 손과 발로 기어서라도 저의 주님께 올라가리라고 말할 것입니다. 저의 감미로우신 주님 예수께 있던 진노를 생각할 때 제가 저의 죽은 옛 남편인 율법을 좋아했던 것을 이제 진심으로 후회하고 있습니다. 자신이 공공연한 빚쟁이라고 생각하기 때문에 하나님의 은혜를 간청할 사람이라도 고용해야 했습니다. 사실은 그의 사랑과 긍휼에 대한 여러 의무감에 허덕이며 머리꼭대기까지 잠겨 버렸습니다.

그가 때때로 저를 이렇게 대해 주시니 저는 새참 이상 바라는 것을 부끄럽게 여기며 어린양의 혼인잔치 향연 때까지는 그가 주시는 것으로 만족하며 살 것입니다. 하지만 사랑을 즐기는 것이 얼마나 탐욕스럽고 얼마나 못되게 하는지 모릅니다. 저의 주님 예수께서 저의 머리를 그의 가슴에 대며 그의 집의 기름진 것으로 먹이지 않으시면 의자에 앉으려고 하지 않는 못된 습관을 들이게 하여, 아니 마치 그리스도께서 당연히 그러셔야 하고 저는 그를 위한 저의 고난에 대한 상급을 요구할 수 있는 것처럼 십자가 아래서 저를 그의 팔로 안아 주시지 않으면 아무것도 하려고 하지 않을 정도로 제가 성질이 급하며 까다롭고 못되게 자란 것입니다. 그러나 이제 소원하는 것은 제 발로 걸어가기를 배우며 그의 위로들이 없어도 행하기를 배우는 은혜와, 태양이 저의 하늘에 없을 때와 저의 가장 사랑하는 이가 외출하였을 때에도 감사 드리며 믿을 수 있는 은혜를 제게 주시라는 것입니다. 오, 그리스도께서 저를 잡으시고 제가 이끌릴 때, 제가 올라가고 그가 내려오실 때, 제가 그를 잡고 그를 안을 때, 그리고 그가 잡으신 것을 풀고 저로부터 달아나려고 하시는 것 같을 때, 얼마나 감미로운 평안을 제가 가지는지요! 저는 그의 시험하시는 불친절함 속에서도 믿음과 만족과 평안의 감미로운 기쁨이 있다고 생각합니다. 왜냐하면 저의 믿음이 "그리스도께서 제게 본심으로 그러시는 것이 아니며 단지 그의 밝은 얼굴에 대해서 뿐 아니라, 그를 덮은 가면과 구름에 대해서도 내가 다정할 수 있는지 시험하시는 것뿐이다"라고 말하기 때문입니다. 저는 하나님께서 더 나은 것을 보내실 때까지 그의 얼굴을 가린 그의 가면을 사랑하는 것을 인하여 그의 크신 이름을 찬양합니다.

믿음은 하나님께서 죄인에게 "자녀들과 함께 떡 먹을 자격이 없는 개"(마 7:27, 28)라고 별명을 부르실 때 하나님의 시험하시는 모욕들에 입을 맞출 수 있기 때문입니다. 그리스도께서 저에게 별명을 부르시고 모욕하시는 것을 저는 명예로운 일로 여깁니다. 만일 다른 것이 아주 친숙하다면 제가 잘 감당하려고 하지 않겠지만 저는 그에게서 그러한 것을 좋게 받을 것입니다. 제가 그의 것이기 때문에 (하나님께 감사드립니다) 그가 원하시는 대로 저를 사용하실 수 있는 것입니다. 성도들은 자신들과 그리스도 사이에 멋진 삶을 가진다고 저는 말해야 겠습니다. 그와 그들의 사이에 아름다운 사랑의 위로가 많으니 그는 백합화 가운데 먹이시며 자기 정원에 오셔서 꿀송이로 잔치를 베푸시고 자신의 포도주와 젖으로 먹이시며 말씀합니다. "나의 친구여, 먹으라. 나의 사랑하는 사람들아, 마시고 많이 마시라." 오, 이러한 수고의 한 시간이 한 배 가득 실은 세상의 술 취하고 더러운 기쁨보다 가치 있습니다. 아니, 천국에 이르는 길은 언덕의 양지바른 쪽이며 세상의 최고의 정원입니다. 이 세상 사람들은 자기들의 세례 받지 않은 저속한 십자가들을 가지고 있습니다. 그들과 그들의 버림받은 십자가들 모두에게 화가 있을 것입니다. 왜냐하면 그들의 악은 하나님의 진노로 소금 치듯 할 것이며 우리의 악들은 우리의 아버지의 축복으로 양념이 될 것입니다. 그래서 그리스도를 택하며 그를 위하여 자기의 모든 소유를 파는 사람은 바보가 아닙니다. 그것은 어린애 장난도 아니며 속아서 산 것도 아닙니다. 우리가 얻은 것과 우리가 준 것을 우리는 잘 알고 있습니다.

어느 다른 나라로 가고자 하는 결심에 대해서는 제가 한마디도 말할 수 없습니다. 잘 되리라는 기대는 희박하고 제 주인의 망가진 포도원에 다시 들어가리라는 희망은 더욱 희박합니다. 제게는 제 믿음이 순전히 전능하심과 하나님의 거룩하신 팔과 선한 뜻밖에는 앉을 의자가 없습니다. 하나님께서 다시 좋은 날씨를 보내시고 저의 창녀 어머니인 그의 집에 돌려보내실 때까지 여기서 머물러 정박하여 겨울을 나려고 합니다. 오, 그녀의 남편이 얼마나 다정한지 가서 창기의 집에서 그녀를 데려오며 그녀의 애인들은 산으로 쫓아 버리시는 것입니다! 하지만 그때가 이르기 전에 슬픈 날들이 있을 것입니다. 저의 갇힘을 기억해 주십시오.

은혜가 당신과 함께 하시기를 바랍니다.

1637년, 애버딘, S. R.

니니안 무어에게
젊은이에게 주는 권면

>

사랑하는 친구여, 당신의 편지를 받았습니다. 지금 당신이 인생의 아침에 주님과 그의 얼굴을 찾기를 간절히 바랍니다. 당신의 영혼에게 위태로운 때인 위험한 젊은 시절의 어리석음을 조심하십시오. 세상을 사랑하지 마십시오. 모든 계약과 거래에 진실과 진리를 지키십시오. 하나님과 동행하십시오. 그가 당신을 보고 계십니다. 당신의 안근이 풀어지고 호흡이 식어갈 그때 당신이 할 수 있고 또 하고 싶은 것 외에는 아무것도 하지 마십시오.

사랑하는 이여, 당신은 저로부터 하나님의 진리를 들었으니 그것을 따르시고 버리지 마십시오. 그리스도와 구원을 모든 세상보다 높이 여기십시오. 체면이나 세상 다른 사람들의 길을 쫓아 사는 것이 당신을 천국에 데려다 주지 못할 것입니다. 그리스도에 대한 믿음과 회개 없이는 하나님을 볼 수 없습니다. 구원을 위해 힘쓰십시오. 위에서 부르신 상의 목표를 향하여 매진하십시오. 만일 밤낮으로 당신을 포위하고 있는 악들을 경계하지 않으면 당신은 뒤로 처질 것입니다. 거짓말, 맹세, 불결, 육신의 일의 나머지들을 경계하십시오. 왜냐하면 "이런 것들로 인해서 하나님의 진노가 불순종의 아들들에게" 임하는 것입니다. 지금은 그것들이 아주 아름답게 보일 수 있겠지만 이러한 행위들의 결과는 하나님의 영원한 진노이며 완전한 어둠이며 거기서 슬피 울며 이를 갊이 있을 것입니다.

은혜가 당신과 함께 있으시기를 바랍니다.

1637년, 애버딘, S. R.

카도니스 1세에게
선한 양심, 고난 받는 자들에게 다정하신 그리스도, 책임, 젊음

>

사랑하는 분에게, 당신의 영혼이 잘 되는 것을 듣고 싶습니다. 당신이 제게 편지를 보내지 않는 것이 이상합니다. 성령께서 저의 증인이 되시거니와 위대하신 목자의 피로 구속 받은 당신과 당신에게 있는 사람들을 저는 잊을 수도 없고 감히 잊지도 않았고 그럴 수도 없다는 것입니다. 당신은 제 마음에서 야경(夜警) 가운데 있습니다. 당신은 그리스도의 날에 저의 기쁨이며 면류관입니다. 오, 주님, 천국 밖에서 제 영혼이 당신의 구원보다 더 사모하는 것이 있는지 제게 증인이 되어 주십시오. 하나님께서 저를 저울에 올려놓아 이것에 대해 시험해 보셔도 좋습니다.

천국을 사랑하십시오. 당신의 마음이 그곳에 있게 하십시오. 위로, 위로 올라가 새 땅에 이르러 그 아름다운 성과 흰 보좌와 그 위에 앉으신 어린양, 곧 신랑의 옷을 입고 있는 신부의 남편을 보십시오. 당신의 영혼이 자신과 자신의 모든 짐을 그리스도께 던져야 할 때입니다. 당신의 구속자의 상처와 그 앞에 당신이 나타날 것과 당신의 영혼의 구원을 빌어 당신에게 간청하오니 더 이상 시간을 낭비하지 마십시오. 늦었으니 빨리 달리십시오. 세상과 시간을 만드신 하나님께서 친히 맹세하시기를 더 이상 시간이 없으리라고 하셨습니다(계 10:6). 당신은 지금 다른 생명의 경계선까지 와 있습니다. 주님께서 당신에게 경고하시지 않았다고 주님을 탓할 수는 없습니다. 제가 그리스도의 진리를 당신에게 가르쳤고 하나님의 모든 뜻을 당신에게 전했습니다. 그리고 제가 당신을 위해 주님 앞에 서 왔고 계속 설 것입니다. 일어나, 깨어 일어나 바르게 행하십시오. 다른 사람을 억압하거나 당신 아래 있는 사람들에게 가혹하게 함으로 당신의 집에 쌓여 있는 짐들과 빚들이 가벼워지리라고 생각하지 마십시오. 이 점에서 제가 당신에게 본을 보여 당신 앞에서 어떻게 힘써 행했는지를 기억하십시오. "내가 여기 있나니 여호와 앞과 그 기름 부음을 받은 자 앞에서 내게 대하여 증거하라. 내가 뉘 소를 취하였느냐? 뉘 나귀를 취하였느냐? 누구를 속였느냐? 누구를 압제하였느냐? 내 눈을 흐리게 하는 뇌물을 뉘 손에서 취하였느냐? 그리하였으면 내가 그것을 너희에게 갚으리라"(삼상 12:3). 제가 그리스도의 양들을 먹이느라고 이 몸을 어떻게 허비했는가를 생각할 때 제 영혼이 얼마나 선한 양심으로 즐거워하는지 누가 알겠습니까?

제가 여기 처음 들어올 때에 주님께서 마른 나무처럼 저를 포도원의 울타리 너머로 던져 버리시고 더 이상 저의 섬김을 원하지 않으셨기 때문에 제가 주님을 향하여 노염을 탔었다는 것을 인정합니다. 저의 벙어리 안식일들이 저의 마음을 상하게 했고 위로 받기를 거절했습니다. 하지만 지금 저의 영혼으로 사랑하는 이가 다시 오시며 자신의 사랑의 입맞춤으로 저에게 잔치를 베풀어 주십니다. 왕이 저와 함께 잡수시니 그의 향기가 감미로운 향내를 토합니다. 제가 지금 당신에게 저의 마음을 적고 있는 것에 대해 위에 계신 주님께서 저의 증인이십니다. 그리스도의 사랑이 그렇게 많은지 9년간의 설교로도 제가 결코 알지 못했던 것을 애버딘에 6개월간 갇혀 있음으로 제게 가르치셨습니다. 그리스도의 이름으로 당신에게 부탁드리는 것은 찬양하도록 저를 도와주시고 제 영혼에 대한 주님의 사랑 넘치는 친절하심을 사람들과 그 지역에 알려 주셔서 제가 잠잠할 때 저의 고난이 어떤 식으로든지 그들에게 설교하게 해 달라는 것입니다. 세상에 대해 십자가에 못 박히는 것이 무엇인지를 예전보다 지금 더 잘 알게 해 주셨습니다. 지금 저는 세상의 모든 친절함에 냉수 한 모금도 주고 싶지 않습니다. 저는 그것에게 진 빚이 없으며 육신의 빚쟁이도 아닙니다. 저는 저의 한숨을 원수들의 웃음과 바꾸고 싶지 않습니다. 사랑하는 이여, 제가 지금 고난 받는 것이 그리스도의 진리를 위한 것이며 그가 성령의 위로로 제 영혼에 저의 고난을 인(印)치셨다는 것을 당신이 아시도록 일러 주려고 이 편지를 쓰는 것입니다. 그리고 저는 그가 빈 종이에 자신의 도장을 찍지 않으시리라는 것을 압니다.

사랑하는 이여, 제게 땅에 속한 위로는 없지만 제가 중매를 서서 그 교회에서 신부 한 사람을 그리스도께 드리게 될 것을 믿습니다. 주님께서 당신에게 많은 것을 주셨으니 그러므로 많은 것을 당신에게 요구하실 것입니다. 당신의 달란트들을 세어 보시고 얼마나 돌려 드려야 하는지를 확인해 보십시오. 당신의 시간이 짧다는 것이 충분한 변명이 되지 못할 것입니다. 당신에게 부탁하는 것은 제게 편지를 보내어 하나님을 두려워하는 가운데 당신의 구원이 확실해졌는지 아닌지 제게 솔직히 알려 주시기 바랍니다. 저는 확신하면서 최선을 바라지만 당신이 심판자와 청산해야 할 것이 많고 깊다는 것을 저는 압니다. 사랑하는 이여, 속지 말고 오직 한 가지 일(빌 3:13), 당신이 한 가지 필요한 일(눅 10:42), 빼앗기지 말아야 할 좋은 편에 소홀히 하지 마십시오. 시간 저편을 바라보십시오. 여기의 일들은 달빛일 뿐입니다. 그림자를 좋아하고 공중에 날아다니는 깃털에 속는 사람들은 어린아이의 지능만을 가진 것입니다.

당신의 자녀들로 하여금 자기들의 인생의 아침에 시작하여 주님을 찾고 젊을 때에 자신들의 창조자를 기억하며(전 12:1) 하나님의 말씀을 따라(시 119:9) 그것에 주의를 기울여서 자기들의 행위를 깨끗하게 하라고 하십시오. 젊음은 유리 같은 시절입니다. 사탄은 대개 젊은이들 속에서 청소된 방을 찾고 자기와 자신의 부하들을 위하여 꾸며진 거처를 발견합니다. 주님께서 그들의 인생의 꽃을 가지시도록 하십시오. 최선의 희생이 그에게 드려져야 합니다. 그들에게 영혼이 있고 이생은 영원에 비해 아무것도 아니라는 것을 가르치십시오. 이 세상에서 대부분의 사람들이 부딪혀 깨지는 바위들을 피하여 지나가기 위해서는 그들에게 하나님의 이끄심이 많이 필요합니다. 하지만 무엇보다도 죽음의 시간이 다가와 그들이 그리스도 앞에 설 때 더욱 필요합니다. 오, 자기를 사랑하고 경외하는 자들을 위해 큰 일들을 예비하신 크고 두려우신 하나님의 이름을 경외하는 마음이 그들에게 있기를 바랍니다! 하나님이 그들의 재산이 되기를 기도합니다. 저의 교회의 다른 교우들에게 저의 진심어린 안부와 자신들의 합법적인 목사의 축복을 그들에게 적어 보낸다고 알려 주십시오. 제가 그들에게 가르친 우리 주님과 구주 예수 그리스도의 교훈을 잘 지켜서 그들이 영생을 얻으며 복음의 신앙을 위해 함께 힘쓰며 자신들에게 확실한 구원을 이루기를 그리스도의 심장으로 제가 그들에게 부탁한다는 것을 전해 주십시오.

사랑으로 행하며 의를 실천하십시오. 평안을 구하며 서로 사랑하십시오. 우리의 상관이시며 심판자의 오실 것을 기다리십시오. 제가 여러분에게 가르친 것과 상반되는 어떤 교훈도 받아들이지 마십시오. 만일 여러분이 타락하여 그것을 잊어버리며, 또한 제가 여러분에게 가르친 문답교리를 잊어버리고 여러분 자신의 은혜를 저버렸다면, 주님께서 여러분과 저 사이에 재판장이 되실 것입니다. 그러한 이들이 영원토록 멸망할 것이라는 것을 제가 하늘과 땅으로 증인을 삼습니다. 그러나 만일 그들이 주님을 섬긴다면 그들과 제가 우리의 심판자 앞에 설 때 그들의 상이 클 것입니다. 하나님을 만나기 위해 산으로 나아가십시오. 구주께서 당신을 부르고 계시니 올라가십시오. 제가 당신에게 멀리 떨어져 있을 때 하나님께서 당신을 당신의 안식에 부르실 수도 있을 것입니다. 그러나 당신은 저의 사랑과 당신의 영혼이 잘되기를 바라는 제 마음의 소원들을 가지고 있습니다. 당신을 넘어지지 않게 지키실 이는 거룩하시니 그가 영광스럽게 나타나실 때까지 당신을 세워 주실 것입니다.

1637년, 애버딘, S. R.

80 보이드 부인에게
고난의 학교에서 배운 교훈

>

하나님 아버지와 주 예수 그리스도께로부터 은혜와 사랑과 평안이 부인에게 넘치시기를 바랍니다. 당신의 아들과 많은 대화를 나누었습니다. 귀족들이 복음의 양지바른 곳만 아주 좋아하며 그리스도께는 군사들이 모자라고 그를 위해서 싸울 수 없을 것이라고 염려하는 이때에 당신의 아들이 얼굴을 바른 쪽을 향하고 있는 것을 보게 되어 기쁩니다.

부인, 그리스도께 우리가 감당해야 할 빚들이 적지 않습니다. 은혜와 구원의 해방은 사람과 천사에게 기적입니다. 하지만 주님 안에 있는 자비는 대가를 거절합니다. 지금 흰옷을 입고 나오는 마귀와 화려한 치장으로 꾸민 현 세대의 우상과 거짓을 분별할 눈을 주신 그리스도를 당신이 높이셔야 할 의무가 있습니다. 하지만 그 피부는 검고 물은 더럽습니다. 검은 악마를 씻겨서 희게 만드는 일은 대단한 재주라고 생각합니다.

저는 이상하게 왔다 갔다 하며 하루에도 일곱 번 넘어집니다. 자주 헤엄을 치게 되기도 하며 다시 저보다 높은 바위 위에 저의 발을 올려 놓습니다. 전에 결코 보지 못했던 네 가지 일들을 이제 제가 보게 되었습니다.

첫째로, 이 험난한 광야에서의 새참이나 간식도 그렇게 감미로운데 저 위에 있는 거대한 연회실에서 영광의 존귀하신 왕과 함께 하는 만찬이 대단한 즐거움이 될 것이라는 것입니다. 그가 시온에서 마음이 상하여 우는 비천한 자들에게 멀리 떨어진 곳에서 입맞춤을 보내시며 우리가 만날 때까지 단지 진심어린 좋은 말씀을 제게 보내시는 데, 사람의 아들들 중에 가장 아름다운 이께서 왕의 아름답고 부드러운 뺨을 비천한 죄인들의 죄 많은 뺨에 대시는 때가 있을 것이라는 것을 생각하면 놀람으로 황송하여 어찌할 바를 모르겠습니다. 오 세월, 세월이여, 빨리 가거라. 그날이여 서둘러 오라, 아름다운 주 예수여, 속히 오시옵소서! 노루와 어린 사슴 같이 작은 산을 빨리 넘어 오소서. 우리는 시간을 조심스럽게 알아보며 해가 어느 정도로 기울었는지 자주 살펴보아야 합니다. 사랑은 "흥!"이라고 하지 않으니 사랑하는 상대에게 잡힐 때까지는 본래 고통스럽고 고통스러운 것입니다.

둘째로, 그리스도의 없음이 사랑의 병이고 사랑의 죽음인 것을 알았습니다. 주 예수께서 통치하시는 곳의 대기에서 불어오는 바람은 그의 부재로 타버린 영혼에게 향기로운 냄새를 발하며 부드럽고 기쁘고 다정합니다. 사랑으로 병든 영혼에게는 부재와 지연과의 싸움이 고통스러운 전투입니다. 그리스도의 "아직은 아니다"는 영혼의 모든 팔다리와 관절에 일격을 가합니다. 가면을 쓰시고 그의 머리를 한 번 끄떡이심이 담보의 절반은 됩니다. "어리석은 자여, 무엇이 문제냐? 그가 오고 계신다"고 말하는 것은 죽은 사람에게 생명이 될 것입니다.

셋째로는 저의 가증스러운 비열함을 보았습니다. 제가 만일 제대로 알려진다면 이 나라에 제가 어떠냐고 묻는 사람이 없을 것입니다. 사람들이 저의 열을 가지고 백이라고 합니다. 저는 모든 믿는 사람보다 더 심각한 위선자요 더 얄팍한 신자입니다. 제가 속이지 않는다는 것을 하나님께서 아십니다. 하지만 저의 형벌이 큰 글자로 한쪽에 적혀 있고 그러한 쓸모없고 비천한 파산자를 향한 그의 사랑이 다른 쪽에 적혀 있으니 놀랍기 그지 없습니다. 만일 저의 손가락 끝을 완전한 확신에 댈 수만 있으면 제가 꽉 잡을 것이라고 믿습니다. 하지만 저의 잔에는 쓴 것이 없지 않습니다. 그리고 저에 관하여는 만일 이 땅에 있는 어느 사람이라도 저의 속을 들여다본다면 실망하는 것을 거의 피할 수 없을 것입니다. 그러나 제가 값없는 은혜를 위하여 큰 매매와 돈 없이 장사를 한 사람 가운데 하나라는 것을 압니다. 만일 제가 구원을 받았다면 그리스도의 피와 그의 값없는 은혜와 그의 자비의 마음이 일하시도록 넓은 자리를 드린 것뿐이라는 것이 확실하다고 저는 기꺼이 믿습니다. 그리고 그리스도께서 자신의 재능을 드러내신 것입니다. 저는 끝까지는 감히 말할 수 없지만 (그가 원하시면 그의 긍휼의 넓음에 관련하여 모든 악마들과 버림받은 자들도 용서하실 수 있기 때문입니다) 적어도 상당한 정도까지는 말할 수 있습니다.

넷째로, 저는 감사하지 않음에 대한 걱정으로 짓눌려 있습니다. 이 거짓된 교회는 많은 애인들과 창녀노릇을 했습니다. 그들은 저의 사랑스러운 왕의 얼굴에 침을 뱉으며 그를 조롱하고 있는데 저는 그것을 고칠 수가 없습니다. 그들이 그리스도로부터 무리를 지어 달아나고 있는데 저는 그것을 인해 애통해 하며 슬퍼할 수가 없습니다. 저는 그리스도께서 사람들이 떠나버린 낡은 무너진 성과 같다는 생각이 듭니다. 모든 사람들이 지금 그리스도로부터 달아나고 있습니다. 진리, 순전한 진리가 손에 베옷과 재를 꼭 쥐고 울면서 가고 있습니다. 화, 화로다, 스코틀랜드의 처녀 딸을 인하여 나에게 화로다! 이 땅의 거주자들에게 화, 화로다! 그들이 영원한 타락으로 물러났기 때문입니다. 이러한 일들이 저를 완전히 사로잡았기 때문에 빌린 침대와 다른 사람의 화롯가와 제 얼굴에 부는 바람은 (저의 사랑하는 자들과 귀한 친구들과 저의 불쌍한 양 떼에서 쫓겨난 저이지만) 저의 근심에 어떤 자리도 찾지 못합니다. 제게 이것들을 위하여 아끼거나 남긴 근심이 없습니다만 오직 자기 보금자리를 앤워스의 교회에 짓는 참새와 제비가 복된 새들이라고 생각할 뿐입니다. 아무것도 저의 봉해진 입이 다시 열릴 때까지 그것보다 저의 믿음을 더 세게 밀어내는 것은 없습니다. 그러나 저 혼자만 비참하게 하시기를 바랍니다. 하나님께서 저의 사랑하는 형제들에게 그러한 일을 하지 마시기를 바랍니다. 제가 잠잠히 있을 것은 아무리 찬양하고 찬양해도 부족할 뿐인 저의 높으신 왕께서 그의 죄 많은 죄수에게 돌아오실 때 저는 야곱의 높은 곳을 탈 것입니다. 저는 세겜을 나눌 것이며(시 60:6) 그의 힘으로 승리할 것입니다. 만일 이 나라가 저를 대신하여 주님을 영화롭게 할 수만 있다면 좋겠습니다! 만일 제가 제 품삯이 완전히 지불되었다고 생각하지 않는다면 이 점에서 제가 하나님의 저울에 달리기를 바랍니다. 저는 더 이상 그리스도께 고용해 달라고 떼를 쓰지 않을 것입니다.

부인, 이 일에 저를 불쌍히 여기시고 제가 그를 찬양하도록 도와 주십시오. 제가 죄인들의 괴수나 악마의 하나이거나 가장 죄 많은 악마라고 할지라도 제가 고난 받는 것이 교회의 머리로서 그리스도의 눈동자인 그의 명예와 영광을 위한 것이며 영원까지 이렇게 갈 것입니다. 저는 M. M. 씨를 무척 사랑하니 그에게 하나님의 형상이 인친 것을 봅니다. 부인의 아들 보이드 경이 잘 되기를 바랍니다. 부인과 아이들을 위해 죄수가 기도합니다. 은혜가 당신에게 있기를 바랍니다.

1637년 5월 1일, 애버딘, S. R.

81 데이비드 딕슨에게
그리스도의 무한한 풍성함

>

경애하며 친애하는 형제여, 당신께서 저를 결코 제대로 알지 못하셨으리라고 봅니다. 만일 당신이 제 속을 들여다보셨더라면 저를 불쌍하다고 생각하시며 저에게 더 이상 사랑이나 관심을 기울이고 싶지 않으셨을 것입니다. 사람들은 하늘 전체의 길이 만큼이나 저를 잘못 봅니다. 저의 죄들과 죄책에 대한 두려움이 저를 이깁니다. 그리스도와 제가 진심으로 교제를 나눈 적이 있는지 자주 묻곤 합니다. 저의 잔칫날들이 모두 가버렸다는 것이 아니라 제가 곤경에 처해졌다는 것입니다. 저는 당신에게 입이 봉해지는 비참하고 두려운 체험이 없기를 하나님께 기도합니다. 만일 그렇게 된다면 어바인의 교회당 위에서 노래하는 참새들이 복 있는 새들이라고 당신은 생각하게 될 것입니다. 하지만 당신이 아일랜드에서 핍박을 받아 쫓겨난 하나님의 사람들이 일할 수 있도록 주선해 주심으로 아무리 찬양을 드려도 다함이 없는 찬양의 주님을 위한 당신의 열심과 용기를 듣고서 제 영혼이 새 힘을 얻고 단비를 맞았습니다. 오, 제가 당신을 견고하게 할 수 있기를 바랍니다! 하나님 앞에서 저는 감히 말씀드립니다. "이 일이 당신의 고난을 결코 재촉하지 못할 것이며 오히려 데이비드 딕슨의 잔치와 생생한 기쁨이 되리라. 그가 시간과 여유가 있었을 때 많은 이들로 일하게 하여 자신의 감미로운 주이신 예수님을 하늘 높이 올렸네." 오, 하나님의 사람이여, 전진, 전진하십시오. 저 명예의 식물을 위해, 만인 중에 최고인 분을 위해, 땅의 임금들의 주를 위해 용감하십시오. 제가 하나님에 대해 아는 것은 심히 적지만 담대히 이렇게 적습니다. 스코틀랜드가 좋아지지 않을지라도 그리스도께서는 데이비드 딕슨 안에서 영광을 받으시리라.

제가 괴로워하며 괴로워하는 것은 저의 아름다우신 신랑에게 더 드릴 것이 없다는 것입니다. 제게 주신 그의 위로들은 구두쇠의 손으로 준 것이 아닙니다만 저는 위로나 느낌이나 기쁨이나 감미롭고 절절한 임재를 우상으로 삼는 것을 배우고 싶지 않습니다. 이 모든 것들은 단지 피조물들이며 신랑의 왕복(王服)이요 금반지와 팔찌일 뿐입니다. 신랑 자신이 그 모든 장신구보다 훨씬 낫습니다. 이제 저는 하나님 자신 만큼, 그리스도를 향한 사랑에 잠겨 버리는 것 만큼 이런 것들을 가지고픈 생각이 전혀 없습니다. 우리는 그리스도와의 교제를 즐기면서 하나가 아닌 여러 신들을 만들기도 한다고 생각합니다. 그러나 이제까지 모든 것은 그리스도와 저 사이에 어린애 장난일 뿐이었습니다.

만일 어떤 사람이 제게 힘주어 말하였더라도 그리스도 안에서 그러한 것들을 발견할 수 있으리라고 저는 믿지 않았을 것입니다. 제가 감옥에 있을 때 저의 고통을 깊이 헤아려 주셔서 당신이 친히 저를 도우시며 다른 이들로 저를 돕게 하여 저의 크신 왕께 진 찬양의 빚을 약간이라도 갚을 수 있게 해 주시기 바랍니다. 많은 마음들이 그리스도 안에서 견고하여지고 그의 사랑으로 커지며 많은 입들이 높으시고 존귀하신 저의 가장 사랑하는 분을 높이는 것이 제 영혼에 감미로운 안락과 위로가 되지 않는지 하나님께서 저의 심판자와 증인이 되시기를 바랍니다. 오, 저의 고난이 그러한 왕께 찬사를 드릴 수 있기를 바랍니다! 그리스도께서 제가 어떤 사람에게도 드러낸 적이 없는 놀라운 일을 제게 나타내셨으므로 저는 그의 사랑에 놀라 마음을 온통 빼앗기고 말았습니다. 그는 죄인의 우두머리인 저에게 은총을 베푸시는 자신의 영광스러운 부르심을 위한 아름답고 풍족한 일, 감미로운 매매, 훌륭한 시장을 여신 것입니다.

모든 사람들은 저의 빈번하게 어처구니없이 어긴 언약들에 대해 제가 아는 것 만큼 알지 못합니다. 죄를 짓고 있는 바로 그 행위 속에서도 역사하는 빛을 대항하는 저의 죄들이 경이로운 사랑을 만난 것입니다. 그런데 아! 그가 가련한 배은망덕함 외에는 아무것도 돌려 받지 못하시는 것입니다. 만일 그리스도께서 저의 죄 다음으로 제 안에 있는 어떤 것을 불쌍히 여기신다면 그것은 믿음과 사랑과 시작된 결실로 그를 향한 한 아름 진심어린 사랑의 고통이라고 저는 확신합니다. 저의 번민은 스코틀랜드에서 그리스도를 티끌에서 들어올려 모든 하늘들보다 높이, 하늘들의 하늘보다 더 위로 모시지 못하는 것입니다.

1637년 5월 1일, 애버딘, S. R.

82 칼튼의 지주에게
하나님의 일은 이해할 수 없음, 그리스도의 충만에서 조금이라도 사모함

>

존경하는 각하, 은혜와 사랑과 평안이 당신에게 있기를 바랍니다. 당신의 서신을 받았습니다. 주님께서 이 핍박을 받고 있는 비천한 교회의 분명한 구원을 위해 일하시기 시작하신 것을 저는 진심으로 기뻐합니다. 오, 구원이 시온에 임하기를 바랍니다!

저는 현재 저의 주님께서 제게 일하실 것과 혹시 저의 감미로우신 주인께서 저를 다시 여러분에게로 보내시고 저의 불쌍한 백성들과 양 떼로부터 삯꾼을 쫓아내시지는 않을까 기다리면서 소망에 매달려 있습니다. 제가 본향에 이를 때까지 얼마의 사람들을 모아 그리스도께 드리는 일에 이 생을 쓸 수 있다면 그것이 저의 천국일 것입니다. 이 땅에 이렇게 추수할 것이 많고 쌓여 있는데 저는 침묵하며 시장에 억지로 가만히 서 있어야 한다는 것이 제게 큰 괴로움입니다. 그러나 그것을 행하신 그의 판단들은 알 수가 없다는 것입니다. 저는 그의 모든 신비로운 길들과 깊고도 찾아낼 수 없는 섭리의 과정들에서 주님을 따라잡을 만한 지식이 없습니다. 주님은 앞에 계시나 저는 안개 속에 있어 그를 따라갈 수가 없고, 뒤에 계셔서 바로 저를 쫓아오시나 그를 알아채지 못하며, 위에 계시나 그의 영광이 제 짧은 지식의 여명을 눈부시게 하여 제가 그를 바라볼 수가 없습니다. 그가 제 오른편에 계시나 제가 그를 보지 못하며, 왼편에 계시고 제 안에 계셔서 오시고 가시나 그의 오심과 가심은 제게 꿈과 같으며, 제 주위에 계시며 저의 모든 걸음을 앞지르시나 여전히 저는 그를 찾고 있습니다. 저의 짧고 희미한 빛 그 좁고 얕은 손바닥 넓이로는 따라잡을 수 없을 만큼 어디서나 그는 더 높고, 더 깊고, 더 넓으십니다. 그러므로 저는 저의 마음이 잠잠하여 사람과 천사들이 이해할 수 없는 주님을 향해 놀라움으로 앉아

있게 할 것입니다. 그를 대면하여 보는 가장 높은 천사들의 한낮의 빛도 그의 무한의 끝까지는 볼 수 없다는 것을 저는 압니다. 그들이 가까이서 하나님께 접근할 수 있지만 하나님을 완전히 이해할 수는 없는 것입니다. 그러므로 즐거워해야 할 분의 분명한 모습이 없어도 멀리 떨어져서 보며, 주님의 등쪽으로 다가가며, 저의 어두운 촛불을 그의 밝음에 비추며, 저 자신 나그네의 빛으로 앉아서 만족한 것이 저의 행복입니다. 저의 본향에 이르를 때까지는 나타나시고 믿어지시는 신성(神性)의 가장 아름다운 얼굴에 있는 광채의 반쪽 번쩍임이나 반쪽 모습과 황홀한 작은 미소로서 말라버린 영혼에 물을 적시거나 뿌리는 것 이상 저는 바라지 않을 것입니다. 하나님의 작은 것이 제 영혼을 범람하게 만듭니다. 오, 그리스도에게서 떨어지는 부스러기라도 제가 가질 수 있다면! 그가 사랑의 광선과 사랑의 광채의 가장 미천한 것을 그에게서 떨어뜨리셔서 제가 그것들을 모아 가지고 다닐 수 있게만 하여 주신다면! 저는 그리스도와 그리스도의 가려진 모습들을 즐기는 것을 꺼려하지 않을 것입니다. 또한 저는 그를 보거나 즐기는 데에 까다롭게 굴지도 않을 것입니다. 그의 어깨 너머로 불어오는 그리스도의 입맞춤이나, 천국에 있는 그의 식탁에서 떨어지는 영광의 껍질과 부스러기나, 그의 사랑의 가느다란 오월의 안개 같은 보슬비가 영원한 영광의 여름 태양이 동틀 때까지 저를 푸르게 하며 촉촉하게 하며 즐겁게 할 것입니다(아 2: 17). 오, 제가 그리스도에게 속한 어떤 것이라도 가질 수만 있다면! 오, 제가 그리스도, 저 사랑스러운 이의 감미로움과 탁월함의 손에서 떨어지는 한 모금, 아니 반 방울이라도 가질 수 있다면! 오, 저의 주님 예수께서 저에 대해 미안스럽게 여기시고 깊이 믿어지는 구원의 가장 미천한 동냥이라도 주신다면! 오, 저와 같은 작은 그릇 수천만 개를 채우는 것이 저 무한한 사랑과 기쁨의 샘에 얼마나 작은 일이겠습니까! 그리스도의 신성의 냄새를 반 정도 알아챈 한 불쌍한 영혼이 (위에 계신 그리스도와 함께 있고 싶은 열망으로 마음이 간절하고 상하여) "그가 없음을 인한 이 깊은 상처를 가지고 누워 스무 번을 죽느니 차라리 그리스도에게서 아무것도 느끼지 못했더라면 더 좋지 않았을까?"라고 때때로 생각하게 하는 소원을 가지는 것이 사실이라고 생각합니다. 아, 그가 어디 계십니까? 오, 가장 아름다운 이여, 어디 사십니까? 다함이 없는 칭송을 받으실 신성이시여! 진흙이 어떻게 당신에게 이를 수 있습니까? 어떻게 어제의 피조물이 당신을 즐길 수 있습니까? 오, 사랑하며 사모할 주님과 (온 세상보다 주님과 함께 머물고 싶어하는) 그리워하며 사랑에 병든 영혼 사이에 시간과 죄가 천리만리가 되게 하였으니 그것은 얼마나 고통스러운 일인가요? 오, 우리의 사랑의 편린(片鱗)과 천국을 사모함의 한 뼘 길이의 짧은 것이 주님의 무한한 사랑을 만나기를 바랍니다! 오, 제가 가진 적은 것이 그리스도 안에 있는 탁월함의 무한함에 삼켜 버렸으면! 오, 우리 작은 자들이 가장 크신 주님 예수 안에 있다면! 우리의 부족이 그의 충만에 곧 삼켜져 버릴 것입니다.

은혜, 은혜가 당신에게 있기를 바랍니다.

1637년 5월 10일, 애버딘, S. R.

로버트 고든에게
그리스도의 영광을 사모함, 죄책감, 그리스도의 사랑을 사모함, 거룩해짐

>

사랑하는 형제여, 은혜와 사랑과 평안이 당신에게 있기를 바랍니다. 에든버러에서 온 당신의 편지를 받았습니다. 제가 제 천국을 얻을 때까지 불쌍한 저 자신과 유대인과 이방인의 교회와 저의 바짝 마르고 햇볕에 그을린 어머니인 스코틀랜드 교회와 그 자매들인 영국과 아일랜드의 교회들에게 태양의 빛과 같은 새 달과, 칠 일의 빛 같은 새 해가 비치고 이것이 이루어진 후 우리의 위대하신 왕을 높이는 것 외에는 다른 천국을 보고 싶지 않을 것입니다. 만일 이렇게만 된다면 제가 그리스도에게서 떨어져 지옥에서 만 년 동안 고통을 맛보게 될지라도 상관이 없습니다. 오, 복된 귀족들이여! 오, 영광스럽고 명예로운 신분들이여! 오, 저의 주님 예수의 우시는 얼굴을 닦아 드리며 그리스도의 허리에서 베옷을 벗겨내고 그에게 왕의 옷을 입혀 드리는 이 땅에 있는 사람들은 복된 것입니다! 오, 전능하신 분

께서 그것이 이루어지도록 저의 천국 이상 내기로 걸지 않으신다면! 하지만 제 염려는 한 번 스코틀랜드에 진노가 더 있지 않을까 하는 것입니다. 그러나 제가 아는 것은 그의 날이 밝아 올 것이며 영광이 산꼭대기에 있을 것이며 다시 한 번 결혼한 여인의 떠드는 소리에 기뻐할 것입니다. 오, 우리 주님께서 스코틀랜드에서 잃어버린 우리 남편의 유산을 회복하도록 우리가 싸우며 간청하며 기도와 눈물로 애쓰도록 하게 하시기를 바랍니다.

사랑하는 형제여, 저는 현재 깊은 죄책감과 저의 가장 사랑하는 이의 사랑을 연모함과 열병 사이에서 적잖은 싸움을 하고 있습니다. 아! 그리스도의 사랑이 제게 구두쇠 노릇을 하는 것 같습니다. 저는 그것이 사랑이 적어서 그런 것이 아니라는 것을 압니다. 그에게는 넉넉함이 있습니다. 하지만 저의 굶주림이 그리스도에게 억제함과 아낌이 있다고 말하고 있으니 제가 그를 약간 가지고 있으며 그의 감미로움을 약간 가지고 있기 때문입니다. 그것이 제게 아름다운 여름입니다. 하지만 그리스도를 위한 열망과 굶주림의 일에는 큰 기쁨이 있어서 제가 자주 이런 상태에 있으며 만일 그리스도를 향한 지속적인 굶주림 외에 다른 천국이 제게 없다고 하여도 그러한 항상 일하는 굶주림의 천국은 여전히 제게 천국이 될 것입니다. 그리스도의 사랑은 가혹하지 않으며 진정 후회하며 불쌍히 여기며 마음이 녹는 사랑이라고 저는 확신합니다. 그러나 사랑의 멈춤은 반 지옥이며 그것의 결여는 전체 지옥보다 더한 것이라고 생각합니다.

제 죄를 돌아볼 때 제 구원이 하늘에서나 땅에서나 우리 주님의 가장 큰 기적들 가운데 하나라고 여깁니다. 더 큰 이적을 제게 보이라고 어느 사람에게나 저는 도전할 수 있다고 확신합니다. 그러나 제가 그리스도를 위해 재산이나 일이나 돈이 없는 것을 볼 때 그리스도는 틀림없이 모자람과 비천과 부패로 저를 가지신 것이며 그렇지 않았으면 저는 버려졌을 것입니다. 오, 그가 그를 향한 저의 사랑에 애타는 열병에 동정하시며 불쌍히 여기는 마음을 가지시든지 아니면 하나님께서 저와 그를 만나게 하실 때까지 제가 가지고 있을 그의 손으로 쓴 참 증표를 제게 주셨으면 좋겠습니다! 그러나 저는 아직 아무것도 갖지 못했습니다. 떠나 계신 그는 가혹하거나 무정하지 않으시지만 그의 부재는 가혹하고 무정합니다. 그의 사랑은 그 자체와 같습니다. 그의 사랑은 그의 사랑입니다. 그러나 그의 사랑의 덮음과 구름과 가리개와 가면은 제 판단으로 감히 말한다면 다정하다는 것보다는 지혜롭다고 해야 합니다. 이제는 그리스도의 사랑을 중단함이나 지체함을 고소하는 절차를 밟지 않습니다. 하루가 열 개의 천국이며 그리스도의 사랑이 감미롭게 실현될 때까지 저는 온 마음으로 맡기고자 합니다. 확실히 저는 그리스도의 말씀에 많이 의지할 수 있다고 생각합니다. 그러나 저의 간절한 청원은 그의 사랑에 대한 친밀하고도 뿌리가 박힌 확신에 관한 것입니다. 오, 만일 그가 자신의 사랑을 향한 저의 간절함을 완전하게 충족시키시는 것에 대해 제게 확답하여 주신다면 그 지불 날짜를 그의 처분에 따라 하실 것입니다. 그러나 헛소리치는 불신앙은 죄와 이 부패한 몸을 보면서 자기 멋대로 말한다는 것입니다. 오, 이 오래된 썩은 시신. 죽은 몸을 가지고 다닌다는 것이 얼마나 혐오스럽고 거추장스러운지요! 구주께서 죄인을 그 사슬과 차꼬를 풀어내는 일은 얼마나 적합한 일인지요!

제게 새로운 질문이 생겼으니 그리스도께서 성화(聖化)를 주신 것과 값없는 칭의(稱義)를 주셨는데 이 둘 가운데 어느 것 때문에 그가 더 사랑을 받으셔야 하는가 하는 것입니다. 그리고 제가 지지하는 것은 그는 성화 때문에 더욱 사랑을 많이 받으셔야 한다는 것입니다. 의롭게 하는 것보다 거룩하게 하는 것이 어느 정도 그 안에 있는 더 큰 사랑입니다. 왜냐하면 그는 우리를 거룩하게 하심으로 자신의 진정한 초상과 모양으로 자신을 닮도록 만드시기 때문입니다. 칭의는 단지 우리를 행복하게 할 뿐이니 그것은 천사와 같이 되는 것입니다. 형벌 받은 사람으로 있거나 용서 받지 못한 죄책 아래서 죄를 섬기고 악마의 일을 하는 것만큼 비참한 일은 없습니다. 그러므로 성화는 돈으로 살 수 없다고 저는 생각합니다. 값을 계산할 수가 없습니다. 그리스도께서 성화에 대한 완전한 값이 되셨던 것을 하나님께 영원토록 감사드려야 합니다. 만일 하나님께서 한 죄인을 진실로 거룩하게 하신다면 그에게 지옥에 영원히 누워 있으라고 해 보십시오. 그곳에서 하나님께 대한 사랑으로 불타며, 성령으로 기뻐하며, 믿음과 소망으로 그리스도께 매달려 누워 있게 하십시오. 그것은 지옥의 한가운데서도, 지옥의 밑바닥에서도 천국입니다!

아! 저는 여기서 수확이 너무 적은 것을 봅니다. 구원 받는 사람이 너무 적습니다. 은혜, 은혜가 당신과 함께 하기를 바랍니다.

1637년, 애버딘, S. R.

84 존 클라크에게
그리스도인과 버림 받은 자들 사이의 차별의 표지

>

사랑하는 형제여, 흔들리지 말고 그리스도를 꼭 붙잡으시고 믿음을 위해 싸우십시오. 그리스도는 쉽게 얻어지는 것도 아니며 지닐 수 있는 것도 아니기 때문입니다. 나태한 신자는 천국을 바로 이웃에다 두고 자기 침대에서 꿈을 꾸면서 천국으로 날아간다고 생각합니다. 하지만 많은 사람들이 믿는 것처럼 그것이 그리 쉬운 일이 아닙니다. 그리스도 자신도 친 상속자이셨음에도 불구하고 그가 이 성을 얻기 전에 땀을 흘리셨습니다. 사랑하는 이여, 온 세상에 당신 옆에 살면서 당신을 눈여겨보는 한 사람의 남자나 여자가 없다고 상상할지라도 하나님 앞에서 진실하고, 거짓이 없고, 정직하고, 올바른 마음을 가지며, 하나님을 위하여 살며 그를 섬기는 이것이 기독교신앙입니다. 당신이 가진 은혜가 아무리 작은 것일지라도 그것이 바르고 참된 것인가를 확인하십시오. 만일 다음과 같은 표지를 가지고 있다면 당신은 버림받은 자들과 당신 사이에 차별을 둔 것입니다.

- 당신이 모든 것을 팔아 그리스도를 사며 그의 진리를 위해 고난을 받을 정도로 그리스도와 그의 진리를 소중하게 여길 때.
- 율법이나 지옥에 대한 두려움보다 그리스도에 대한 사랑이 당신으로 하여금 죄를 짓지 못하게 할 때.
- 당신이 겸손하며 자신의 의지, 재능, 재물, 안락, 명예, 세상과 그 허영과 자랑을 부인할 때.

- 당신의 신앙고백이 속 빈 것이 아니고 선한 행위가 있어야 합니다.
- 모든 일에 하나님의 영광을 목표로 삼아야 합니다. 하나님께서 영광을 받으셔야 한다는 마음가짐에서 먹고 마시고 자고 사고 팔고 앉고 서고 말하고 기도하고 말씀을 읽고 들어야 합니다.
- 당신 자신이 죄에게 원수라는 것을 보이고 술 취함, 욕설, 거짓말 같은 어두움의 일을 책망하되 친구들이 당신을 그렇게 한다고 미워할지라도 그렇게 해야 합니다.
- 제가 가르쳐 당신이 들었던 하나님의 진리를 마음에 지키며 하나님의 집에 들어온 부패와 새로운 속임수들과 상관이 없게 하십시오.
- 계약을 맺거나 사고 파는 일에 당신의 부름에 거리낌이 없게 하십시오.
- 매일 기도에 친숙해 있고, 기도와 간구와 감사로 당신의 길과 행위를 모두 하나님께 맡기며, 조롱을 받는 것도 대수롭게 여기지 마십시오. 그리스도 예수께서도 당신 앞에서 조롱을 받으셨습니다.

이것이 평안과 위로의 길이며 제가 그것을 위하여 고난을 받는다는 것을 명심하십시오. 아마 사람들이 다른 길을 찾을지 몰라도 저는 죽을 때까지 아니, 영원토록 이 길을 갈 것입니다. 당신이 기도할 때 저와 이 핍박받는 교회의 처지를 기억해 주십시오. 은혜가 당신에게 있기를 바랍니다.

1637년, 애버딘, S. R.

85 카도너스 2세에게
구원의 일에 관한 경고와 충고

>

사랑하는 이여, 당신의 영혼이 그리스도께 단단히 묶여 있는지 아닌지 듣고 싶습니다. 시간을 더 이상 버리지 말고 젊을 때의 어리석음을 떠나십시오. 마음의 허리를 동이고 주님을 만날 준비를 하십시오. 제가 자주 당신에게 촉구했던 것처럼 지금 다시 당신의 심판자 앞에 서도록 촉구하니 당신의 인생을 헤아려 보십시오. 시간이 있을 때 당신의 기록들을 살펴보고 당신의 행위들을 심사숙고 하십시오. 오, 당신이 영원의 접경에 이르러 한 발이 시간을 벗어날 때 거리끼는 양심이 당신에게 가져올 것이 무엇인지를 생각할 수 있는 마음이 당신 안에 있기를 바랍니다! 오, 그때 수백만의 눈물 홍수가 이 불꽃들을 끄지 못하며 그 고통으로부터 한 시간의 해방도 얻게 하지 못할 것입니다! 오, 당신은 얼마나 아름다운 날을 지내왔습니까! 그러나 그것은 빠르게 달아나는 좋은 날입니다. 당신이 그날을 어떻게 썼는지 살펴보고 구원의 필요성을 진지하게 생각해 보십시오! 그리고 하나님을 두려워하는 가운데 당신이 그 일이 확실해졌다면 제게 알려 주십시오. 당신이 자신에게 무엇을 말하려고 하는 양심의 문제를 가지고 있다고 저는 확신합니다.

어찌하여 당신은 죽으려고 하며 자신을 멸망시키려고 합니까? 제가 그리스도의 이름으로 당신께 부탁하는 것은 당신의 양심을 일깨워서 당신에게 구원이 시장에 나와 있을 때 늦기 전에 뜻을 가지시고 그리스도와 계약을 맺으시라는 것입니다. 지금이 구원의 날이며 지금이 받으실 만한 때입니다. 상인이 되십시오. 이 일이 마쳐지면 당신은 다른 장날을 기다릴 필요가 없을 것입니다. 그러므로 오늘이라는 당신의 날에 제가 다시 간청하는 것은 당신의 평안에 관한 일들이 당신의 눈에 가려지기 전에 잘 생각해 보시라는 것입니다. 사랑하는 형제여, 제 기쁨을 채워 주시고 주님을 찾을 수 있을 때 찾기 시작하십시오. 속기 쉽고 허황된 젊은 시절의 어리석음을 버리고 영생을 붙드십시오. 음란이나, 과음이나, 안식일을 범하거나, 집에서 기도를 게을리하거나, 제안된 구원을 거절하는 것은 각성한 양심이 당신의 얼굴에서 달아날 때 전능하신 이의 두려움으로 당신의 영혼을 불사를 것입니다. 당신의 아내에게 친절하고 정답게 대하십시오. 그녀를 소중히 여기며 너무 엄하게 대하지 마십시오.

친구여, 당신의 행위를 바꾸고 당신의 마음을 주님께로 돌아가도록 결심한다면 당신을 위하여 당신의 아버지 집에 마련된 영광을 표현할 만한 입이 제게는 없습니다. 당신이 아시다시피 이 세상은 그림자요 시간의 법에 매여 있어 짧은 수명을 가진 피조물입니다. 50년 정도 지나서 그것을 되돌아 보면 당신은 공중에 날아다니는 깃털과 같고, 어린아이들이 물이 들어오는 바닷가에 짓는 모래성같이 사라져 버리는 그것의 헛됨을 보고 비웃을 것입니다. 이 헛된 세상의 꽁무니를 따라다니지 말고 사생아의 사라질 것들을 구하지 말며 천국에 있는 아들의 상속을 구하십시오. 그리스도를 시험해 보십시오. 그를 바라보십시오. 그러면 그의 사랑이 당신을 변화시켜서 당신이 그에게 빠지게 되고 그에게서 결코 떠나려고 하지 않을 것입니다. 저는 여기 저의 나그네 된 이 집에서 그의 감미로우심을 맛보았습니다. 위에 계신 저의 증인이 아시거니와 저는 저의 눈물과 한숨을 저 십사 인의 사제들의 웃음과 결코 바꾸지 않을 것입니다.

그리스도의 감미로우심을 맛보는 것 외에는 진정으로 당신을 그리스도인이 되게 할 것이 없습니다. "와 보라"가 당신의 영혼에 가장 잘 말해 줄 것입니다. 저는 당신이 잘 되는 것을 정말 바랍니다. 상하고 깨진 결심들 때문에 낙담하지 마시고 시도하고 또 시도하십시오. 당신의 영혼이 그리스도께 정결한 처녀로 약혼하기까지 그리스도에게 구애하십시오. 당신의 양심에 유익이 되는 은혜의 수단들을 사용하시되 가족과 함께 기도하고 말씀을 읽으십시오. 제가 당신과 함께 있을 때 주일을 어떻게 지냈는지 기억하십시오. 만일 당신이 주일에 당신의 집 울타리 안에서 행해지던 선한 일을 잊어버린다면, 그리고 이 세상의 유행을 쫓아서 곁길로 간다면, 그리고 믿음의 모든 활동들이 마쳐질 때까지 하나님께 예배 드리는 교회에 참여하려고 제시간에 가지 않으며 거기에 머물러 있지 않는다면 그것이 하나님 앞에서 당신에게 큰 괴로움이 될 것입니다. 아침과 저녁과 오후 시간의 얼마를 하나님께 드리십시오. 그렇게 하심으로 고난 받는 비천한 죄수의 마음을 즐겁게 해 주십시오. 당신의 영혼으로 뉘우치며 진심으로 주님을 두려워하십시오.

이제 영원한 언약의 피로 자기 양의 크신 목자이시며 죽은 자들 가운데서 다시 살아나신 그 분께서 당신의 마음을 그의 은혜로 든든히 세워 주시고 당신을 그의 앞에 기쁨으로 서게 해 주시기를 바랍니다.

1637년, 애버딘, S. R.

86 존 로리에에게
그리스도의 사랑, 그에 대한 바른 평가, 그의 은혜

>

사랑하는 형제여, 당신이나 이 나라에 있는 많은 사람들이 빈 갈대인 저에게 그렇게 많은 것을 기대하고 있다니 안타깝습니다. 진실로 저는 쓸모없는 비천한 몸입니다. 그러나 저의 주님 예수의 다리와 팔에 감긴 사슬들의 뗑그렁 소리가 저의 존귀하신 왕께 올리는 높은 찬양을 울리게 할 수 있다면 그의 죄수인 제게 얼마나 큰 기쁨이 흘러 넘치겠습니까! 만일 주님께서 저의 갇힘으로 한 영혼에게라도 도움을 주신다면 저는 만족할 것입니다. 그러나 그렇게 존귀하고 아름다우신 가장 사랑하는 분을 위하여 무엇을 할 수 있는지 저는 모릅니다. 그에게 해 드려야 할 만큼 저는 미치지를 못합니다. 그의 바람이 저에게 분다고 다른 사람들에게 알리는 것이 제게 고마워해야 할 일이 아니니 저는 단지 시들고 말라버린 뼛조각에 불과합니다. 그러나 당신이 저에게 편지를 보내 달라고 하시니 그의 넘치는 사랑을 인하여 그를 높이도록 저를 도와주십시오. 그 사랑 안에서 그의 감미로운 숨결의 열기가 얼어버린 마음을 녹였기 때문입니다. 그렇게 하지 않으면 당신이 죄수를 위해서 아무것도 하지 않았다고 생각할 것입니다.

제가 지금 고난을 받는 것이 바로 우리의 입법자의 명예를 위한 것임을 저는 전적으로 확신합니다. 주 예수와 그의 십자가를 칭송하게 될 많은 사람들에게 그리스도의 사랑에 대한 추천서를 쓰는 것이 부끄럽지 않습니다. 만일 제가 천국을 향하여 이 해로(海路)로 항해하지 않고 많은 사람이 하듯이 육로를 택했다면 저는 그리스도의 감미로우심을 그렇게 많이 알지 못했을 것입니다. 그러나 사실은 제가 그리스도의 바람을 불도록 한 것이 아니기 때문에 아무도 제게 감사하다고 하지 마십시오. 제가 원하든지 원치 않든지 그의 사랑이 말라버린 미물에게 왔고 오는 것을 제가 환영하도록 하신 것입니다. 무쇠 같은 마음과 철문들이 그리스도를 밖에 세워둘 수가 없었습니다. 저는 그가 자물쇠들을 부수고 들어오시라고 허락했으며 그것이 전부입니다. 이제 사로잡힘이 없는 사랑의 아픔인지 아니면 제가 그에게 감사드릴 수 없음을 인한 근심인지 어떤 것이 저를 가장 아프게 하는지 저는 잘 모르겠습니다만 그 둘이 제게 작용합니다. 앞의 것에 대해서는 오, 그가 오셔서 사모하는 영혼을 만족시키시며 주린 영혼을 좋은 것들로 먹이십니다! 저는 참으로 저의 죄가 그의 길에 방해가 된다는 것을 알고 있습니다. 하지만 그는 하나님이시고 기꺼이 용서하십니다. 그리고 뒤의 것으로는 화, 화로다 나여, 저를 향한 바다처럼 가득 찬 그의 사랑에 대하여 저의 보잘것없는 적은 사랑도 되돌려 드리려는 마음을 찾을 수가 없습니다!

아, 그가 감사의 일을 제게 가르쳐 주셨으면 좋겠습니다! 오, 제가 그분의 얼굴을 보며 그를 찬양하는 노래를 부르도록 문구멍으로 들여다보는 허락을 받을 수 있다면! 아니면 저의 주님께서 더 많은 것을 보내실 때까지 그의 화창한 아름다움을 들여다보도록 그의 방에 난 창문을 뚫을 수 있다면! 그와의 어떤 작은 교제나 그의 사랑의 한 모습이 저의 시작된 천국이 될 것입니다. 그는 거만하지 않으시고 비록 저는 그에게 검고 사랑스럽지 못하고 보잘것이 없지만 신랑의 사랑은 자만하시지도 않는다는 것을 저는 압니다. 오직 저의 사랑을 그를 위해 쓰는 것을 허락해 주실 것과 이에 더하여 은혜를 주실 것만 구합니다. 제가 당신에게 권하는 것은 예전보다 그리스도와 그리고 거저 주시는 값없는 은혜를 더 고귀하게 생각하시라는 것입니다. 그리스도는 우리들에게 알려지지 않았다는 것을 제가 알기 때문입니다. 제가 전에 그리스도를 보았던 것보다 지금 더 많이 본다고 생각합니다. 그렇지만 저는 볼 수 있는 것의 조금만 볼 뿐입니다. 오, 왕께서 휘장을 거두시고 그의 내전과 궁전에서 나오셔서 그를 볼 수만 있다면! 그리스도의 사랑은 어린 영광이며 어린 천국이니 그것으로 가득 채우는 것이 지옥의 고통을 부드럽게 할 것입니다.

만일 제 마음의 소원대로 한 모금의 사랑을 얻을 수 있다면 제가 고난받기를 거절할 수 있겠습니까! 오, 그를 위해 어떤 값을 드릴 수 있는지요. 천사들도 그가 얼마나 중한지 모릅니다. 오, 그의 무거움, 그의 가치, 그의 감미로움, 그의 넘치는 아름다움이여! 만일 사람과 천사가 와서 그 깊고 높으신 분을 본다면 그들의 낮음이 그의 깊이에 이르지 못할 것이며 그들의 좁음이 그의 넓이와 높이와 길이를 파악하지 못할 것입니다. 수천만의 천사들이 지음을 받아도 그들이 모두 그의 아름다움에 놀라 스스로 피곤할 것이며 또 다시 놀라기 시작할 것입니다. 오, 제가 그에게 가까이 다가가서 그의 발에 입맞추고 그의 목소리를 들으며 그의 향 기름의 냄새를 맡을 수 있다면! 그러나 아! 저는 그에게서 조금, 아주 조금만 가졌을 뿐입니다. 하지만 더 가지기를 사모합니다.

저의 매임을 기억하시고 당신의 기도로 저를 도와주십시오. 저의 슬픔의 시간들을 벨벳을 입은 저의 원수들의 웃음과 바꾸지 않을 것입니다.

1637년 6월 10일, 애버딘, S. R.

87 칼튼의 지주에게
그리스도인의 무가치함에 대한 고백, 그리스도의 영광을 사모함, 현 상황

>

존경하고 사랑하는 분께, 은혜와 사랑과 평안이 당신에게 있기를 바랍니다. 제 동생에게서 당신의 서신을 받고 지금 특별히 답신을 쓰고 있습니다.

제 자신에 관하여 두 가지 일을 고백합니다. 첫째로, 사람들이 제 안에 무엇이 있다고 생각하고 있으니 화, 화로다, 나여! 저의 증인이신 그 앞에서 제가 수정유리 같거니와 아주 빈번히 저를 동무로 삼는 은밀한 가신(家臣) 악마들과 제 속에서 발견되는 부패의 찌끼들이 저로 힘겨운 항해를 하게 한다는 것입니다. 만일 제가 보는 것을 다른 사람들이 보았더라면 그들은 저를 지나쳐 버리고 거들떠보지도 않았을 것입니다.

둘째로, 그의 값없는 은혜의 소나기가 제게 부어졌다는 것을 알았습니다. 그렇지 않았으면 저는 말라버렸을 것입니다. 그리고 은혜가 제게 일하게 하며 제가 겸손한 상태에 머물게 하기 위해서 성가시게 구는 마귀가 저에게 필요하다는 것을 알았습니다.

우리의 주님 예수 안에서 사랑하는 귀한 형제여, 당신이 지금 읽고 있

는 것을 저는 마음으로부터 쓰고 있습니다.

첫째로, 그리스도와 그의 십자가 아래서 땀을 흘리며 탄식하는 것은 세상에 있는 모든 나라들이 감미로울 수 있는 것보다 훨씬 더 제게 감미롭다는 것을 저는 감히 주장합니다.

둘째로, 만일 당신이나 그리스도 안에 있는 저의 사랑하는 친구들이 저의 고난으로 어떤 열매를 거둘 수만 있다면 제 기쁨이 충족되지 않는지 하나님께서 저를 저울에 달아보시기를 바랍니다. 제가 무엇이길래 그렇게 위대하신 왕의 흔적들을 가진단 말입니까! 그러나 제가 찌꺼기요, 죄 덩어리요, 불쌍한 죄의 포로이지만 저의 주님 예수께서는 제가 아무리 못되었다고 할지라도 더 못된 재목으로 천국을 만드실 수 있는 것입니다.

셋째로, 제가 그리스도나 진리의 털끝만치도 사람의 타협에 굴복하지 않은 것을 저는 지금 말할 수 없는 영광스러운 기쁨으로 즐거워합니다. 저는 그리스도만을 온전히 가지고 소유하며 또 그리스도께서 저 검은 피부를 가진 로마의 창녀와는 결코 옷깃도 스치시지 말기를 바랐습니다. 이제 저는 완전하게 갚아져서 저의 가장 아름다우신 사랑하는 이에 대한 진정한 사로잡힘의 상사병 외에는 아무것도 저를 괴롭히는 것이 없습니다. 그가 때때로 저의 젖은 뺨에 자신의 거룩한 얼굴을 대시니 저는 저의 믿음과 손으로 백 년 동안 천국을 미루는 저의 서약서를 드리고 싶습니다. 오, 저의 왕께서 저를 향해 생명나무를 흔드시는 것과 저의 나그네 된 집 여기에서 실컷 마시라고 저의 낡은 접시를 들고 생명의 우물가로 가게 해 주시기를 제가 얼마나 사모하는지를 안다면 누가 저를 동정하지 않겠습니까! 아니, 저는 그리스도의 사랑을 버릴 수도 없으며 버리지도 않을 것입니다. 그는 그가 잡았던 곳에 흔적을 남기셨습니다. 그는 떠나 버리시고 저와 그의 불타는 사랑을 남기셔서 서로 싸우도록 하셨으니 그의 떠나 계심으로 인하여 그의 사랑의 음식을 얻기가 어렵습니다. 주님께서 제게 굶주린 반쪽 입맞춤들만 주시니 이것은 고통만 먹이고 배고픔만 더하게 할 뿐 저의 욕구들을 만족시키지 못합니다. 이 경주를 위하여 제 영혼에 주는 그의 음식이 저를 가냘프게 합니다. 저는 진리를 증거하기 위해 그리스도의 십자가의 채찍자국과 최고품, 곧 모든 십자가들의 금 화관을 가진 것입니다. 그리고 그 안에서 저는 자유, 기쁨, 만남, 생명, 위로, 사랑, 믿음, 순종, 인내, 기다리는 가운데 즐거워하는 결심을 찾았습니다. 더구나 제가 달려가고 있는데 그가 가까이 다가오셔서 금과 면류관을 보여 주십니다. 어떤 사람도 그리스도를 위해 고난을 받으면서 그리스도의 손에서 패배하리라고 생각해서는 안됩니다.

넷째로, 현재의 시련들을 말하자면 그것들이 매우 위험하다는 것입니다. 잘 씻어서 흰 피부색을 낸 무관심의 가면으로 사람들이 슬쩍 발뺌을 했기 때문입니다. 그러나 그것이 이 땅에서 활동하고 있는 큰 적그리스도의 힘인 것입니다. 화, 화, 화가 있으리로다, 거짓된 스코틀랜드여! 진노가 있고 전능하신 하나님의 진노의 붉은 포도주 잔이 주님의 손에 있으니 그들이 마시고 토할 것이며 쓰러져서 일어나지 못할 것입니다. "쓴 쑥과 쓸개즙"이라는 별이 샘들과 강들에 떨어졌으니 그것들이 쓰게 될 것입니다. 주님의 칼이 그 땅에 있는 우상의 목자들을 향해 번득이고 있습니다. 여인들은 낳지 못한 태와 물리지 못한 젖을 복이 있다고 할 것이며 모든 마음이 녹으며 모든 무릎이 떨 것입니다. 끝이 오고 있습니다. 표범과 사자가 우리 도시들을 쳐다보고 있습니다. 크고 아름다운 집들이 사는 사람들이 없는 황무지가 될 것입니다. 주님이 말씀하십니다. "이 백성을 위해 기도하지 마라, 내가 그들에게서 내 평안을 빼앗을 것이다." 하지만 삼분의 일은 주님의 보화를 위한 단련된 금처럼 불을 통과할 것입니다. 스코틀랜드의 버림받은 자들이 다시 모일 것이며 광야가 꽃같이 필 것이며 샤론의 장미처럼 움이 돋고 자랄 것입니다. 그리하여 주님의 영광이 스코틀랜드에 크게 임할 것입니다.

다섯째, 저는 여기서 이 나라의 학식 있고 재능 있는 사람들에게 공격을 받고 있습니다. 그러나 모든 영광을 주님께 돌립니다. 진리는 어두워지고 소경이 된 서기관들과 이 세상의 변론가들을 비웃을 뿐입니다. 하나님의 진리는 그들을 어둡게 하며 그리스도께서는 그의 강한 진리로 승리하실 것이니 진리가 스스로 밝혀 줄 것입니다.

여섯째, 주님께서 더 무거운 시련들을 제게 예비하셨다는 것을 의심하지 않습니다. 저는 그가 저를 부르시는 무엇에든지 은혜의 힘으로 주님의 선한 뜻을 따를 각오가 되어 있으니 검은 얼굴을 한 죽음의 사자(使者)가 문을 두드릴지라도 문 밖에 머물러 있게 하지는 않을 것입니다. 만일 주님께서 저와 같은 자에게서 영광을 받으신다면 제 영혼이 얼마나 기쁘고 즐거운 일입니까! 그리스도께서 제게 오셔서 이보다 더 치열한 싸움터로 데려가시라고 하십시오. 저는 어떤 인생도 두려워하지 않을 것입니다. 주님께서 그 싸움에서 승리하실 것과 저의 고난의 훈장을 자신의 손으로 거두실 것을 저는 압니다.

일곱째, 무위로 끝난 저의 석방에 관하여는 제가 주님의 은혜로 손을 제 입에 대고 조용히 기다리고 있습니다. 주 예수께서 저의 석방을 위해 길을 떠나셨습니다. 제가 그에게 바라는 만큼 그가 빨리 달리지 않으신다고 불평하지 않을 것입니다. 흘러 넘치는 강물이 빠질 때까지 강한 술을 먹은 용사처럼 저의 주님께서 일어나실 때까지 기다리는 것이 제게 가장 좋으리라는 것입니다. 저는 아직 피를 흘리기까지 저항하지 않았습니다.

여덟째, 오, 저는 얼마나 자주 티끌에 누우며 변할 수 없는 주님의 사랑을 거역하여 죄를 짓게 하는 (우리의 속은 판단에 자신의 사명을 싣는) 마귀에 끌려 다니고 있는지요! 제가 앤워스 예배당에 보금자리를 지은 참새와 제비, 그리고 저의 벙어리 안식일들을 생각하고 있노라면, 저의 슬프고 침침한 눈은 주님을 흘겨보며 그에게 화를 내보입니다. 하지만 이 시련 속에서 (모든 영광을 높고 귀하신 우리의 왕께 드립니다!) 믿음은 바람 앞에서 중간 돛을 올려 순항하며 승객을 잘 실어 나릅니다. 저의 생각을 억제하여 저의 유일하고 유일한 사랑하시는 자에 대한 어떤 중상모략도 받아들이지 않을 것입니다. 주님의 입으로 "소망이 없다"고 말씀하시라고 하십시오. 그러면 저는 "그렇지 않습니다. 나는 하나님의 구원을 볼 것입니다"라고 감미로운 망상 속에서 죽을 것입니다. 정말로 제가 속으며 마른 땅에 도달하지 못한다고 합시다. 믿음으로 그리스도를 저의 손으로 붙잡고 물속에서 믿으며 죽는 것이 저의 기쁨입니다. 그리스도의 사랑에 관한 생각들이 저를 데리고 무덤까지 그리고 지옥까지 데려가라고 하십시오. 저는 그들을 결코 버릴 수 없으며 버리지도 않을 것입니다. 저는 그리스도의 담보물을 가지고 있을 것입니다. 만일 그가 그것을 풀려고 오시지 않을지라도 그에게 자신의 약속을 보여 드릴 것입니다. 상상은 단단한 것으로 이루어졌다고 하더라도 고된 시련들 속에서 그렇게 의지력이 있지는 못할 것입니다.

자, 그리스도 안에서 저의 사랑하는 이여, 언약의 큰 사자이시며, 오직 지혜로우시고 풍성하신 여호와께서 끝까지 당신을 세워 주시기를 바랍니다. 주님께서 당신의 집에 오셔서 당신의 아내를 그녀의 안식처인 본가(本家)로 부르셨다고 들었습니다. 친구여, 주님께서 당신의 천막의 못들을 뽑으시고 회를 바르고 겉칠한 이 세상으로부터 떠나자고 당신의 사랑을 구애하시며 그러한 방문의 아름다운 열매가 될 당신의 아버지의 나라에 갈 준비를 하라고 당신을 부르시고 계신다는 것을 당신이 아시리라고 저는 믿습니다. "보혜사를 보내리라"는 말씀은 왕께서 하늘에 오르시면서 하신 말씀인 줄 아실 것입니다. 그 약속을 청구하시고 유익을 얻으십시오.

당신의 부친께 그리스도 안에서 저의 사랑을 전해 주십시오. 때가 늦었고 어두운 밤이 그에게 있을 것을 알려 드리십시오. 물가에서 오래 그가 머무는 것은 배에 오르기 전에 자기의 기록들을 점검하고 자신의 재판장이신 주님 앞에서 마지막 답변을 해야 할 시점이라는 것입니다.

온전한 사랑, 온전한 긍휼, 온전한 은혜와 평안, 온전히 흘러 넘치는 구원의 위로, 그리스도 안에서의 온전한 기쁨과 믿음, 은혜의 안정케 하며 견고하게 하는 온전한 능력과 떨기나무에 계셨던 분의 선한 뜻이 당신에게 있기를 바랍니다.

1637년 6월 15일, 애버딘, S. R.

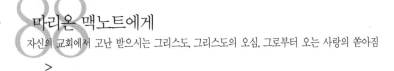

88 마리온 맥노트에게
자신의 교회에서 고난 받으시는 그리스도, 그리스도의 오심, 그로부터 오는 사랑의 쏟아짐

>

주님 안에서 사랑하는 귀한 분께,

주님께서 갤러웨이에 심으신 그 작은 포도원을 제가 언제나 사랑해 왔습니다만 지금 더욱 사랑하는 것은 시온에 불과 예루살렘에 풀무를 가지신 분이 이 나라에 처음으로 여러분 가운데 풀무를 세우기로 하셨다는 것을 들었기 때문입니다. 옛 것을 새것으로 만드시는 이가 스코틀랜드가 낡고 더럽고 녹슨 교회인 것을 보시고 젊고 정숙한 자신의 아내로 삼으시려고 불속에서 그녀를 새롭고 정결한 신부로 만들기 시작하신 것입니다. 이 불은 그리스도께서 불속에서 정결한 신부를 데려오시는 대로 꺼질 것입니다! 그러므로 주님 안에서 사랑하는 자매여, 벌레를 무서워하지 마십시오. "지렁이 같은 너 야곱아, 두려워하지 말라"(사 41:15). 그리스도께서 그 문제를 다루고 계시니 이기실 것입니다. 불신의 마음을 우리의 크고 높으신 임금이신 예수님께 대한 반역의 죄로 여기시고 믿음으로 의지하며 우리의 주님을 잠잠히 기다리십시오. 당신의 내실로 들어가 주변의 문들을 닫으십시오. 소망의 죄수들이여, 여러분의 요새로 빨리 들어가시오. 너희 비둘기들아, 진노가 마치며 폭풍이 끝날 때까지 그리스도의 창으로 날아가거라. 당신의 고난으로 그리스도를 영화롭게 하시며 그의 사랑의 깃발을 들어 당신 위에서 펄럭이게 하십시오. 당신이 주님 안에서 강한 것을 보면 다른 사람들이 당신을 따를 것입니다. 그들의 용기가 당신의 그리스도다운 용모를 보고 생명을 얻을 것입니다. 눈을 들어 오고 계시는 분을 보십시오! 머리를 들어 올리십시오. 그가 구원하시려고 피로 물들인 옷을 입고 오고 계시며 자신의 크신 권능으로 움직이고 계십니다. 그리스도께서 재빨리 당신을 구원하시려고 오시는 것을 보고 저는 웃고, 미소 지으며, 기뻐서 뜁니다. 오, 그리스도께서 그렇게 큰 걸음으로 걸으시다니요! 그에게는 서너 개의 산이 단지 한 걸음밖에 안됩니다. 그는 산들을 훌쩍 넘으십니다.

그리스도께서 자신의 비천하고 약한 성도들과 자신의 원수들과 싸움을 붙이셨습니다. 그는 양쪽에 무기들을 골라 주시며 원수들에게 말씀합니다. "너는 쇠칼, 율법, 권위, 의회, 왕들을 네 편에 가져라. 그것이 너의 무기다." 그리고 성도들에게 말씀합니다. "나는 너에게 쓸모없는 나무칼을 너의 손

에 준다. 그것은 고난과 매맞음과 재산을 잃어버림이다. 너의 나무칼을 가
지고 너는 승리를 얻고 쟁취할 것이다." 그리스도께서 깊은 탄식과 큰 곤
경의 도랑으로 끌려 다니지 않으셨습니까? 그리고 당신의 머리이신 그리
스도께서 상처를 입지 않으신 것은 아니지만 그의 삶으로 승리를 거두셨
습니다. 당신은 그리스도의 지체입니다. 그는 자신의 지체들이 그를 쫓아
서 가시덤불을 지나서 천국에 이르도록 이끄십니다. 언젠가 그리스도는 상
한 발바닥과 같은 것을 가지지 않으시게 될 것입니다. 그러나 저 크고 높
은 성인 새 예루살렘의 문안에 아직 이르지 못한 그리스도의 신비로운 몸
의 많은 부분들과 지체들이 있습니다. 그리고 그리스도의 몸의 한 조각이
나 지체가 천국 밖에 있는 한, 저 큰 용은 그리스도를 칠 것입니다. 제가
당신에게 말씀 드리는 것은 그리스도께서 낡고 버려진 스코틀랜드에서 새
일을 하실 것이니 그의 장막의 낡아 부서진 판자들을 모으시고 그들을 함
께 연결하고 못을 박으실 것입니다. 우리의 청원들과 간구들이 천국에 있
으니 그리스도는 그것들로 가득한 단지들을 가지고 계십니다. 그의 이 십
자가의 다른 쪽에는 긍휼이 있습니다. 우리의 모든 청구에 대한 좋은 응답
이 받아들여졌습니다.

　사랑스러운 예수, 아름다운 예수, 왕이신 예수께서 제 영혼을 위하여
하신 일을 저는 당신에게 말씀 드리지 않을 수 없습니다. 때때로 그는 제
게 간식을 건네시며 벽을 통해서 말씀을 속삭이시니 저는 간접적으로 그
의 친절하심을 즐기고 있습니다. 그의 제안은 언제나 제가 환영하는 바이
니 그대로 될 것입니다. 그러나 다른 때에는 그가 친히 사신(使臣)이 되실
것이니 저는 그의 손에서 구원의 잔을 들고 우리가 팔로 서로 껴안을 때
까지는 쉬지 않을 것입니다. 오, 그의 거룩한 입에서 오는 생생한 입맞춤은
얼마나 감미로운지! 입맞추기 전에 비천한 제 영혼에 다가오는 그의 숨결
은 감미로우며 너무 짧다는 것 외에는 흠이 없습니다. 아버지 집에 올라가
느라고 허리와 등과 어깨와 머리가 깨어져 조각이 날지라도 저는 가만히 여
기에 머물러 있을 수가 없습니다. 주님께서 이 쓸모없는 몸 조각으로 자신의
이름을 위해 길고, 넓고, 높고, 깊은 영광을 만드실 수 있다는 것을 저는 압니

다. 그리스도께서는 어떤 것으로도 영광을 이루실 수 있기 때문입니다.

진심으로 사랑하는 이여, 당신은 자주 저에게 힘을 주셨습니다. 하지만 이것은 그리스도의 회계장부에 기록이 되었으며 당신은 저를 위해 그리스도를 빚쟁이로 가진 셈입니다. 제가 이렇게 어려울 때 저를 위해 당신이 어떤 일을 하실 수 있으시다면 한 죄수가 그리스도의 사랑으로 차꼬에 채이고(주님, 그 차꼬를 절대 풀지 말아 주십시오) 사슬에 묶였다고 저의 사랑하는 친구들에게 말해 주십시오. 그리고 당신과 그들이 저의 주님 예수께 대한 제 진심에서 나오는 찬사들을 받으시고 비천한 사람을 위하여 그에게 감사를 드려 주십시오.

당신의 남편이 이 편지를 읽기를 바랍니다. 죄수의 축복을 그에게 보냅니다. 만일 그분이 주님을 위해 기꺼이 고난을 받는다면 저는 그에게 고마워할 것입니다. 고난을 받는 것은 신자들의 황금옷입니다. 당신은 성찬절기에 그리스도와 저 사이에 있었던 큰 기쁨의 목격자이십니다. 그것에 대한 기억이(저 홀로 즐기고는 있지만) 제 마음에 구멍을 내니 제가 상머리와 왕의 수라상에서 쫓겨나 그의 곁상으로 옮겨졌기 때문입니다. 그의 먹다 남은 음식도 제게는 감미롭습니다. 앤워스와 커쿠브리의 성찬상에서 즐기던 것만큼 빌어온 부스러기를 인하여 주님께 감사드립니다. 제가 오래전에 가졌던 것과 같은 그리스도의 한 날을 공적으로 가질 수 있도록 기도해 주십시오. 오, 저의 주님께서 집을 다시 세우시고 그의 포도주창고의 열쇠들을 제게 맡겨 주시기를 바라며 그때까지는 하나님께서 제게 빌린 잔을 주시기를 바랍니다!

당신과 함께 있는 그리스도의 친족들에게 저의 사랑을 전해 주십시오. 그리스도의 아버지의 복이 그들에게 있기를 기도합니다. 은혜가 당신에게 있기를 바라며 죄수의 복이 당신과 함께 있기를 바랍니다. 제가 쓴 것을 지킬 것입니다. 이 사나운 바람이 지나면 하나님께서 마리온 맥노트 안에서 영광을 받으실 것입니다. 오, 하나님께 사랑을 받는 여인이여, 주님 안에서 믿고 기뻐하며 강해지십시오. 은혜가 당신의 재산입니다.

1637년 6월 15일, 애버딘, S. R.

89 존 고든 2세에게
목회하던 곳의 교인들을 사모함, 그리스도와 그의 나타나심을 즐거워함, 양 떼를 위한 청원

>

주님 안에서 사랑하며 존경하는 분에게, 은혜와 사랑과 평강이 당신에게 있기를 바랍니다. 당신과 주님 사이에 일이 어떻게 진행되어 가는지 그리고 그 교회에서 불과 물의 시련을 견뎌낼 그리스도의 역사하심이 있는지 또는 그렇지 못한지 간절하게 듣고 싶습니다. 당신의 사람들이 얼마나 제게 무겁게 자리잡고 있는지 주님께서 정확한 저울에 저를 달아보시기를 바랍니다. 여러분은 저와 함께 자고 일어납니다. 주님 안에서 가장 사랑하는 여러분의 영혼에 대한 생각들이 잠잘 때에도 저를 떠나지 않습니다. 여러분은 저의 눈물과 탄식과 간구와 기도들의 많은 부분을 차지합니다. 오, 만일 제가 어떤 고통을 받고서라도 여러분의 영혼의 구원을 살 수 있어서 우리가 심판자 앞에 설 때에 무지개 속에서 기쁨으로 만날 수 있기를 바랍니다! 오, 주님, 그날에 제가 여러분을 반대하여 증언하는 그런 괴로운 일이 제게 있지 않도록 막아 주십시오. 오, 죽은 자를 살리시는 이가 여러분 가운데 제가 뿌린 것에 생명을 주시기를 바랍니다! 저 불쌍한 백성들의 영혼들이 안전하며 잃어버릴 모든 위험에서 벗어난다면 죽음의 이편에서 주님 다음으로 제게 더 위로해 줄 만한 어떤 기쁨이 있겠습니까!

선생이여, 사람들에게 이 편지를 보여 주십시오, 당신께 편지를 쓰면서 저는 나이가 많든지 어리든지 여러분 모두에게 쓴다고 생각하고 있습니다. 저의 기쁨을 채워 주시고 주님을 찾으십시오, 한때 제가 사랑스러우시며, 높으시며, 존귀하신 주님 예수를 여러분 모두에게 알게 했습니다. 만일 복음이 여러분에게 생명에 이르는 생명의 냄새가 되지 못하면 화, 화, 화는 영원토록 여러분 모두의 차지가 될 것입니다. 주님께서 그들이 행한 악에 대하여 세상에게 갚으시는 때에 제가 선포한 설교만큼, 제가 언급한 심판들만큼 많은 고발 사항들이 있을 것입니다. 저를 믿으십시오. 천국은 차지하기 어려운 성이라는 것을 저는 알았습니다. "의인이 겨우 구원을 받으리

라.” 오, 천국을 얻으려고 얼마나 구름 떼처럼 몰리고 있습니까! 아, 저는 많은 사람들이 자신들을 속이고 있는 것을 봅니다. 지금 모두들 자기들이 천국에 들어가도록 허락을 받은 것처럼 주장하고 있기 때문입니다! 모든 더러운 개들이 더러운 발을 가지고 새롭고 정결한 예루살렘에 가까운 장래에 들어갈 것이라고 주장하고 있습니다. 자기들이 믿음을 가졌다고 모두 말합니다. 세상의 대부분의 사람들은 자기들의 구원의 문제에서 실패하는 것이 일어날 수 있는 가장 비통한 실패라는 것과 어떤 손실도 이 손실에 비교할 수 없다는 것을 알지 못하고 있으며 생각하려고 하지 않습니다. 그러므로, 오, 당신의 구원의 일에 느슨한 못이 있지 않도록 주의하십시오. 심판자가 그렇게 빨리 오시리라고는 당신은 믿지 못할 것이기 때문입니다. 당신에게는 죽음이 하나님의 명령에 따라서 대기하며 어슬렁거리며 서성거리고 있습니다. 그러므로 당신이 대비하기 위하여 당신의 시간을 재촉하며 영원과 죽음을 당신의 진지한 고려 대상이 되게 하십시오. 이 생에서, 이 땅에서 나가게 될 때의 잘못된 걸음, 잘못된 디딤은 성령을 거스른 죄와 같고 돌이킬 수가 없습니다. 왜냐하면 그것을 후회하여 이미 건넌 물을 당신이 되돌아갈 수가 없기 때문입니다. 당신이 계산할 것이 많고 당신과 주님 사이에 진술하고 제출하고 셈해야 될 일이 있다는 것을 저는 압니다. 당신의 회계 장부들을 잘 맞추어 놓고 정리하십시오. 어떻게 하든지 당신의 귀한 영혼이 상급으로 주어지는 죽음과의 마지막 시합에서 지지 마십시오. 주님을 위하여 그 시합에서 지지 말고 그런 보물을 잃어버리지 마십시오. 제가 당신의 영혼을 향하여 가진 사랑 때문에, 당신이 정직한 셈을 해야 한다는 소원 때문에 제가 자주 개인적으로나 공적으로 당신의 행위에 대해 불쾌감과 싫어함을 표시했던 것을 당신이 아실 것입니다.

제가 지금은 당신의 행위의 증인이 아니지만 당신의 심판자는 항상 당신의 증인이십니다. 하나님의 긍휼과, 당신의 영혼의 구원과, 당신의 눈이 풀어지고 얼굴이 창백하게 되며 영혼이 진흙으로 된 집을 나오려고 애쓸 때 당신의 평안과 두려운 당신의 심판자 앞에서 당신의 설 것을 빌어 제가 당신에게 간절히 호소하오니 이 편지를 본 후에 새로운 인생길을 택하시고 당신의 날 마지막에 천국에 들어갈 확신을 지금 가지시라는 것입니다. 당신이 그리스도 안에서 분명한 보증이 있는지 자신을 살펴보시기 바랍니다. 성령에 참여한 바 되고 하나님의 선한 말씀과 내세의 능력을 맛보고도 그리스도 안에 있는 소유를 전혀 가지지 못하는 사람들이 있는 것입니다. 많은 사람들이 자신들이 믿는다고 생각하면서 결코 떨지 않습니다. 귀신들이 이들보다는 훨씬 앞섰습니다(약 2:19). 당신이 보통 신자들보다 나은지를 확인하십시오. 당신의 한 뼘 길이와 손바닥 만한 날들의 육분의 일이 겨우 당신 앞에 있을 뿐입니다. 서두르고 서두르십시오. 조수가 당신을 기다리지 않을 것입니다. 당신의 모든 장부와 비밀들에 그리스도를 얹으십시오. 이생에서 당신의 계산을 당신의 손에서 그에게 드리는 것이 이생을 끝맺고 그가 그것들을 취해가시는 것보다 훨씬 좋습니다. 제가 당신에게 죄에 대해 설교했지만 애버딘으로 온 이후만큼 죄가 무엇인가를 전에는 결코 잘 알지 못했습니다. 반 시간 동안 지옥불의 연기를 목구멍으로 느끼는 일과 지구보다도 넓은 불과 유황의 강가에 서 있는 일, 그리고 손과 발이 묶여서 그 속으로 신속하게 던져지는 것과 그리고서 하나님께서 감옥 문을 잠그셔서 영원토록 결코 다시 열리지 않는다는 것을 생각해 보십시오! 오, 그것이 생명을 가진 양심으로 얼마나 떨게 하겠습니까! 그리스도와 그 백성들을 한때 아름답게 만나게 했던 저의 수고의 열매들이 저의 슬픈 시간에 지금 저를 만난다는 것을 알았습니다.

제가 하나님의 집으로 들어오는 모든 부패함에 대해 자세한 경고를 한 것이 기쁘고 이제는 많은 감미롭고 감미로우며 부드러운 입맞춤과 많은 향내를 내는 향기로운 입맞춤과 포옹을 저의 주님으로부터 받고 있습니다. 그와 저는 많은 사랑을 함께 나누었습니다. 현재로는 그리스도를 향한 심한 사랑병과 심한 진통으로 수척해진 상태입니다. 오, 그의 가슴에 저의 지친 영혼을 위하여 침대를 만들도록 제가 무엇을 드렸단 말입니까! 제가 이생에서 예수로 가득 차고, 그리스도를 저의 사람들에게 제시하고, 많은 사람들을 그리스도께 중매할 수 있기 위하여 여러 해 동안 천국을 미뤘으면 좋겠습니다. 당신에게 그리스도의 사랑 안에 어떤 감미로운 고통과 즐거운 괴로움이 있는지 말씀드릴 수가 없습니다. 저는 우리 사이를 떼어 놓는 시간을 자주 원망하곤 합니다. 당신에게 제가 고백합니다. 제가 머리꼭대기까지 사랑의 바다에 잠기지 않는 한, 저는 안식도 없고 평안도 없습니다. 만일 저 기쁨의 샘인 그리스도의 사랑이 원하는 만큼 제게 열린다면, 오, 제가 마시고 얼마나 풍족하게 마셨겠습니까! 제 영혼이 이것에 얼마나 취하겠습니까! 저는 그의 떠나 계심을 가혹하다고, 병든 영혼에게서 그렇게 아름다운 얼굴을 숨기는 그리스도의 얼굴에 있는 가면과 가리개를 몰인정한 덮개라고 부를 뻔하였습니다. 저는 그를 탓하지는 않지만 그의 떠나 계심은 제 무거운 마음에 철 덩어리입니다. 오, 언제나 우리가 만날까요? 혼인날이 밝아오기까지는 얼마나 긴가요? 아름다운 주 예수여, 큰 걸음으로 오십시오! 주님, 한 걸음에 산들을 넘어 오십시오! 저의 사랑하는 이는 베데르(분열) 산에 노루와 어린 사슴 같습니다(아 2: 17). 오, 만일 그가 하늘을 낡은 옷처럼 접으시고 시간과 날들을 길에서 퍼내시며 남편을 위하여 어린양의 신부를 서둘러 준비시킨다면! 그가 저를 쳐다본 후에 저의 마음은 저의 것이 아닙니다. 그가 그것을 가지고 하늘로 달아나셨습니다. 제가 공적으로 당신에게 그리스도에 대해 그렇게 많이 좋게 말한 것이 헛된 것이 아니라는 것입니다.

오, 하늘과 하늘들의 하늘이 종이며 바다가 먹물이고 수많은 산들이 놋쇠 붓이라면 제가 그 종이에다 저의 가장 아름답고, 가장 친애하며, 가장 사랑스럽고, 가장 감미롭고, 가장 견줄 데 없고, 가장 비할 데 없이 탁월하신 저의 가장 사랑하는 이에 대한 찬양을 쓸 수가 있으련만! 화로다, 나여, 사람들과 천사들에게 그를 나타낼 수가 없습니다! 아, 그의 비교할 수 없는 탁월함에 대해 사랑의 노래를 노래하는 혀가 그렇게 적습니다! 불쌍한 죄수인 제가 그를 어떻게 높일 수 있겠습니까? 저의 높으시고 사랑스러우신 주 예수를 높이려면 제가 어떤 길을 가야 하겠습니까? 그의 이름을 어떻게 크게 할지 저는 제 지혜의 한계에 이르렀습니다. 이 일에 저를 도와줄 수 있는 사람은 복될 것입니다. 그리스도의 등 쪽이 얼마나 감미롭습니까? 그렇다면 그의 얼굴 쪽은 어떻겠습니까? 그의 얼굴을 한 번 본 사람들이 어떻게 자기들의 눈을 그에게서 다시 뗄 수 있겠습니까! 그를 바라보고 그를 사랑하십시오. 오, 사랑하고 사십시오! 당신이 이 편지를 그 사람들에게 읽어 주시고 그렇게 함으로 그들에게 도움이 된다면 그것은 제게 천국입니다. 오, 제가 사람들이 예수를 사랑함으로 죽게 할 수만 있다면! 저들의 영혼의 구원을 빌어 그들에게 부탁하기를 그리스도의 목에 매달리며 그의 사랑으로 가득 채우며 제가 그들에게 가르친 대로 그를 따르라고 하십시오. 결코 그리스도에게서 떨어지지 마십시오. 당신이 받은 것을 굳게 지키십시오. 한 번 전달된 진리를 지키십시오. 만일 당신이나 저 사람들이 그것을 머리카락 만큼이라도 버린다면 당신은 양심을 두 조각 낸 것이니 누가 그것을 고칠 수 있으며 동여맬 수 있겠습니까? 주님 안에서 매우 사랑하는 이여, 그리스도 안에서 굳게 서시고 믿음을 지키며 그리스도를 위해 싸우십시오. 그를 위해 씨름 하시고 하나님의 화목을 위하여 사람들의 불화를 취하십시오. 이 둘 사이에 비슷한 것이 없습니다. 오, 그리스도께서 저의 기쁨을 이루어 주시고 앤워스에 있는 어린 신부를 그리스도에게 이를 때까지 지켜 주시기를 바랍니다.

자, 제가 떠난 후에 이전에 토한 것에 다시 돌아가는 사람은 그들이 누구이든지 제 주님의 이름과 권세로 그들의 등에 하나님의 오래 지속되는 무거운 진노와 저주를 묶습니다. 주님의 이름으로 그들이 늦기 전에 회개하고 주님께로 돌아가지 않는 한 우리가 함께 그 앞에 설 때에 그리스도께서 승인하시고 좋게 여기시는 검고 섞지 않은 순전한 진노의 판결문을 제가 그들에게 줄 것입니다. 오, 탄식하며 상한 마음을 가진 신자인 당신에게 씁니다. 값없는 구원으로 당신이 원하는 당신이 되십시오. 오, 겸손하고 비천한 신자여, 당신의 상처에 그리스도의 감미로운 향유를, 당신의 눈물 흐르는 뺨에 그리스도의 입맞춤을, 당신의 죄 많은 영혼에 그리스도의 속죄의 피를, 한 번 낙원에서 쫓겨났지만 당신의 비천한 영혼에 그리스도의 천국을 가지십시오. 그러면 저의 주님께서 오래지 않아 저의 말을 참되게 하실 것입니다. 오, 사람들이 지혜롭다면! 오, 사람들이 지혜롭다면! 오, 사람들이 부지런히 그리스도를 찾고 그를 발견할 때까지 쉬지 않는다면! 오,

만일 저의 9년간의 아픈 머리, 아픈 가슴, 쑤시는 등, 탄식하는 마음, 하나님께 개인적으로 공적으로 기도한 모든 것이 그 사람들에게 아무것도 아닌 것이 된다면 제 영혼이 얼마나 은밀하게 탄식하게 되겠습니까! 저의 주님 예수께서 당신의 심판자 앞으로 당신을 소환하는 일만을 위해서 그리고 당신의 소환장을 당신의 집에 전하는 일만을 위해서 저를 보내셨단 말입니까? 제가 당신에 대한 기소장들을 모으는 증인으로만 보내졌단 말입니까? 오, 그러실 수는 없는 것입니다! 자주 저는 당신에게 다가오는 하나님의 바람을 일으키는 풀무에 대해 말했습니다. 저는 당신에게 자주 주님께로부터 진노가 스코틀랜드에 오고 있다고 그 진노에 대해 말씀 드렸습니다. 하지만 저는 저의 주님의 말씀에 머물 것입니다. 깨어진 언약에 대한 다툼 때문에 스코틀랜드의 황폐함이 신속하게 오고 있습니다!

자, 귀한 친구여, 나의 사랑하는 사람들이여, 주님 안에서 나의 기쁨이요, 면류관이여, 주님께서 여러분의 두려움이 되게 하십시오. 주님과 그의 얼굴을 찾으시고 당신들의 영혼을 구원하십시오. 비둘기들이여! 그리스도의 창문으로 달아나십시오. 저를 위해 기도해 주시고 저를 위해 찬양해 주십시오. 저의 하나님의 복과 비천한 죄수인 여러분의 합법적인 목사의 축복이 여러분에게 있으시기를 기원합니다.

1637년 6월 16일, 애버딘, S. R.

90 얼스턴 2세에게
젊음의 위험, 최고의 의사 그리스도, 의심에 대한 네 가지 치유, 그리스도의 영광을 따라감

>

그리스도 안에서 사랑하는 이에게, 은혜와 사랑과 평안이 당신에게 있기를 바랍니다. 당신의 서신이 쓰는 일에 게을렀던 제게 정신이 번쩍 들게 했습니다.

먼저 당신에게 말씀 드려야 할 것은 당신과 천국 사이에 젊음과 같이 유리 같고 얼음 같고 미끄러운 길은 없다는 것입니다. 저는 여기서 그것을 제게 알려 주고 또 제가 주장하는 것을 입증할 체험을 가지고 있습니다.

제 젊은 시절의 죄들의 오래된 재들이 제게 새로운 근심의 불씨입니다. 말하자면 저는 악마가 죽어서 매장되었지만 다시 일어나 전보다 더 악한 악마가 되는 것을 보았습니다. 그러므로 형제여, 어리고 젊은 악마를 조심하십시오. 그놈은 매장된 적이 없습니다. 악마가 한창일 때는 (젊을 때의 뜨겁고 불 같은 정욕과 열정들을 말하는 것입니다) 더욱 두려워해야 할 것이니 늙어서 머리가 희고 기운이 빠지고 말라버린 악마와 멍에를 메는 것이 훨씬 낫습니다. 젊은이에게서 그놈은 마른 장작과 마른 숯 그리고 뜨거운 벽난로 벽돌을 찾아내고는 얼마나 빠르게 자신의 부싯돌로 불을 붙이고 자기의 풀무로 바람을 일으켜 집을 태워버리는지요! 거룩해진 생각들과 거리낌이 없고 두려움으로 시작되며 지켜진 생각들은 타지 않는 푸른 장작이며 사탄의 숯불에 물입니다. 하지만 당신에게 말해야 할 것은 지금 천국에 있는 보좌 앞에 서 있는 승리한 모든 성도들이 단지 그리스도의 비참하고 빈털터리인 빚쟁이라는 것입니다. 그들이 구속을 입은 죄인들의 무리가 아니면 무엇이란 말입니까? 그러나 그들의 구속은 검증을 마쳤을 뿐만 아니라 완성되었고 당신의 것은 아직 돌아가고 있으며 진행 중에 있는 것입니다.

모든 그리스도의 선한 자녀들은 깨진 이마와 절뚝거리는 다리로 천국에 갑니다. 그리스도께서 당신보다 장점을 가지고 계시니 그가 그것을 가지시도록 당신에게 청하는 바입니다. 그러면 그리스도께서 당신 안에 그의 부르심을 위한 일을 찾으실 것입니다. 만일 당신이 적어 보내신 대로 그러한 일이 없다면 은혜가 당신 안에서 거래도 시장도 찾지 못할 것입니다. 하지만 당신은 그리스도께서 어떤 일을 하시도록 맡겨 드리는 것으로 만족해야 합니다. 그가 그런 방식으로 일하시게 된 것을 저는 기뻐합니다. 당신의 피가 흐르는 영혼과 아픈 상처를 이 노련한 의사의 손에 맡기십시오. 젊고 강한 부패들과 그의 값없는 은혜를 함께 멍에를 메게 하고 그리스도와 당신의 죄들로 그들 사이에서 해결하도록 맡겨 버리십시오. 당신이 두려움이나 죽었다는 인식을 벗어버리는 것을 저는 싫어할 것이며 오히려 그것이 더욱 많기를 바랍니다. 본성의 어떤 상처는 유혈이 빨리 멈추지 않습니다. 당신은 그 의사 옆에 집을 잡으셔야 합니다. 만일 당신이 고쳐지지 않은 채 아니, 오히려 그가 당신을 처음 보았을 때보다 더욱 나빠진 상태로 보내진 첫 환자가 된다면 그것은 불가사의한 일입니다. 아니, 그렇지 않습니다. 그리스도께서 정직하시니 그 일에서 죄인들에게 흠을 잡히지 않을 것입니다. "내게 오는 자를 내가 결코 내어쫓지 않으리라"(요 6:37). 그것을 잡으십시오. 당신의 상처가 당신을 고통스럽게 한다는 것을 발견할 때 그것을 당신 자신의 것으로 여기는 것은 상상일 리가 없습니다. 상상은 항상 마음에만 살아있고 꾀병일 뿐이며 단지 모양으로만 신음할 뿐입니다. 믿음은 병에 대한 인식을 가지고 친구처럼 약속을 바라봅니다. 그렇게 그리스도를 바라보면서 잘 아는 얼굴을 보고 기뻐하는 것입니다. 그리스도는 당신이 배고파해야 할 만큼 풍성한 잔치 같습니다. 아니, 그리스도는 배부른 사람이 남긴 찌꺼기란 말이 아닙니다. 그의 자비는 당신의 모든 죄에 대하여 그것들이 일만 번이 넘을지라도 항상 도전장을 보냅니다.

허기진 비천한 사람이 숨겨진 그리스도에게 음식을 얻기란 어려운 문제라는 것을 당신에게 말씀드립니다. 그의 식품창고와 포도주저장고의 열쇠는 하나의 찾음이지 가질 수가 없기 때문입니다. 그러나 갈망은 자물쇠들을 풀어 제치고야 맙니다. 잃어버린 구주를 찾느라고 큰소리를 내며 동네방네 소란을 일으키는 사람을 저는 걱정하지 않습니다. 그가 자신을 숨기실 때 그의 양쪽 귀로 그것을 들으시도록 해야 합니다. 장황하게 늘어놓거나 느긋해 할 시간이 없습니다. 그리스도는 참으로 죄인에게 진귀하고 고상합니다. 그는 찾으며 우는 죄인에게 기적이요, 세상의 경이입니다만 그러한 기적은 와서 보는 이들에게만 보입니다. 구하는 자와 탄식하는 자가 마지막에 노래하는 자와 즐기는 자입니다. 저는 벙어리인 어떤 사람이 그리스도께로부터 도움을 입는 것을 보았습니다. 자기 이야기를 말할 수 있고 애버딘에 편지를 보낸 것처럼 천국으로 그런 편지를 보낼 수 있는 사람은 정말 그리스도와 좋은 관계를 이룰 사람입니다. 죄에 대해 진심으로 한탄하는 것은 하나님의 은혜를 입을 징조입니다. 그리스도께서 "친구여, 너의 청원들과 너의 그칠 줄 모르는 울음을 그치게 할 수 없으니 어떻게 해 주랴?"라고 말할 때까지 그리스도와 씨름을 하십시오. 그리스도의 축복을 기대하십시오. 그의 축복이 열 개의 다른 축복들보다 좋습니다. 자신의 죄책 때문에 부끄러워하지 마십시오. 궁핍은 구걸하는 일을 부끄러워하지 않게 합니다. 그리스도 없는 것이 당신을 힘들게 할 것입니다. 그러므로 게으른 기다림이 하지 못하는 것을 막무가내로 우는 것과 두드리는 것이 해 낼 것입니다.

당신이 주님과 함께 오랫동안 있지 않았기 때문에 의심이 생기면 다음세 가지를 생각하십시오. 첫째, 그리스도께서 당신과 그와의 사이에 맺은 새 언약의 거래에 대해 당신처럼 그렇게 이랬다 저랬다 하는 생각들을 가지실 수가 있겠습니까? 둘째, 당신의 마음은 그리스도께서 항해하실 때 사용하는 나침반이 아닙니다. 그는 당신이 좋아하는 대로 노래하라고 내버려두시지만 당신의 어리석은 장단에 춤을 추지는 않으십니다. 그리스도께서 당신과 그와의 사이에 계약들을 행하실 때 당신과 당신의 생각들을 따르시지 않는 것입니다. 당신 자신의 불신앙이 그것들을 찢어버리지만 그는 천국에 원본을 자신이 가지고 있습니다. 당신의 생각들은 새 언약의 어떤 자리도 차지하지 않으니 꿈들이 그리스도를 변화시킬 수 없습니다. 셋째, 의심하는 일들은 당신의 죄이지만 그것들이 그리스도의 약품이요, 의사께서 당신의 자만을 치료하는 데 사용하는 재료들입니다. 거지가 음식을 보고 "하나님이 우리에게 이 음식을 주는 사람들에게 상을 주시리라" 하는 것이 맞는 이야기가 아닙니까? 그때 그는 그 집에 책임을 맡은 자가 누구인지 안다고 말하는 것입니다. 또한 당신이 체험으로 아셔야 할 것은 믿음이란 본성이 잘못 낳은 사생자가 아니고 하나님의 값없는 은혜의 태에서 길러진 주님의 값없는 선물이라는 것입니다. 이긴 자를 찬양합니다! 넷째, 당신의 청구와 계약이 진행되면서 그것들이 중보자의 승인을 통과하여 결정이 났고 믿음의 조언은 받지 않았습니다. 그리스도의 공로 외에 믿음은 결정권이 없습니다. 오직 피, 당신의 보증인의 거룩한 몸에서 흘러나온 귀한 피가 그 일을 완벽하게 성취합니다.

이제 당신이 믿음에 대해 가지는 사용권은 용서의 사본을 얻는 것이며 그리스도 때문에 당신은 하나님과의 평안을 가지게 되는 것입니다. 믿음은 용서를 가지게 하지만 용서를 위해서는 한 푼도 지불할 수가 없으니 구원이 믿음의 행위에 따라서 살거나 죽거나, 올라갔다 내려가지 않는다는 것이 전혀 놀랄 일이 아닙니다. 그러나 그의 사랑과 신실하심을 믿는 것이 주님의 명예이기 때문에 연약한 신앙이 우리의 구원이 아니라 주님의 영광으로 돌진한다는 것이 주님 안에 있는 무한한 선하심입니다. 그리하여 부족한 사람은 누구든지, 아니 언약을 맺은 비천한 죄인은 부족한 것이 없습니다. 그러나 만일 죄책이 옮겨졌다면 의심은 친구도 생명도 찾을 수 없을 것입니다. 믿음은 그리스도 안에서 죄책이 옮겨졌음을 믿는 것입니다. 당신이 이전보다 적게 받는 것처럼 생각하는 이유는 우리가 처음 회심하였을 때에 주님께서 자신의 손으로 손수 음식을 어린아이들의 입에 넣어 주셨기 때문입니다. 그러나 우리가 어느 정도 건강하게 자라게 되면 우리는 천국을 힘으로 뺏어야 하되 우리가 그리스도로부터 얻을 수 있는 것을 힘으로 빼앗아야 하는 것입니다. 그가 우리를 끌어 주시려고 하기 때문에 그가 붙잡으실 수 있고 또 붙잡으시는 것입니다. 이제는 힘써서 빼앗는 것으로 살아야 된다는 것을 명심하십시오. 게으름은 과거 어느 때보다 지금의 큰 결점입니다. 우리는 우리 입에 맘마가 들어오는 것을 항상 좋아하고 있습니다.

이제 저 자신에 관하여 말씀드립니다. 아! 저는 이 나라에서 관심을 가질 만한 그런 사람이 아닙니다. 사람들은 저를 달 만한 공정한 저울들을 가지고 있지 않습니다. 저는 어리석고 나약한 몸이며 잡초가 웃자랐고 부패가 제 안에 무성하고 기름졌습니다. 제가 만일 이 거룩한 뜻과 제가 지금 위하여 고난을 받는 영광스러우신 주님의 사랑에 부응할 수만 있다면! 만일 그리스도께서 그 문제를 제게 맡기셔야 했다면 저는 저의 구원을 말하기도 부끄러웠을 것입니다. 주님께서 "너는 그것을 위해 그렇게 조금 일하고 천국을 달라니 부끄럽다고 생각하지 않느냐?"라고 말씀하실 것이라는 생각이 듭니다. 제가 자주 그렇게 되어서 물속에 가라앉은 것인지 헤엄을 치는 것인지 모르는 것입니다. 저는 자신이 거품주머니라는 것을 알았습니다. 만일 저의 주님께서 가져온 중량과 금속인 그리스도의 의가 저를 위해 달리지 않았다면 (허영이나 아무것도 아닌 것들이 그리스도의 저울에는 달리지만) 저는 아무 무게도 가지지 못했을 것입니다. 제가 가지고 있는 물건은 제 것이 아닙니다. 저는 다른 사람의 물건을 거래하는 상인일 뿐입니다. 만일 저의 채권자인 그리스도께서 그가 빌려 주신 것을 제게서 가져 가시면 저는 오래지 않아 사람들 앞에 얼굴을 내밀지 못할 것입니다. 하지만 그리스도께서 그것을 제 것과 그의 것으로 삼으셨습니다. 겁쟁이 시늉을 하며 그리스도의 피난처에서 몸을 웅크리는 것이 남자다운 일이라고 생각합니다. 이같이 하여 저의 원수들로부터 건짐을 받았을 뿐 아니라 승리를 얻은 것입니다. 만일 그리스도께서 불쌍한 죄수의 축복을 영원토록 받으시며 자신의 사랑으로 저를 채우신다면 저는 워낙 빈털터리여서 그것은 자선행위라고 생각합니다. 제가 속상해 하는 것은 그리스도께서 오실 때는 항상 불을 가지고 오신다는 것입니다. 그는 언제나 서두르시며 머무르려고 하지 않으십니다. (빈털터리 파산자인) 비천한 저는 겨우 건성으로 들르시는 것과 건성으로 하는 입맞춤을 받으며 단지 나가시면서 "별 일 없나?"하시는 것만 받는 것입니다. 그가 이제 하나님의 오른편에 계신 왕이 되셨기 때문에 거만하다거나 또는 그가 자기의 비천한 친구들을 모른 체하거나 냉담해지셨다고 제가 말하는 것이 아닙니다. 그는 그들의 분량 이상 입맞춤을 더 줄 수 없기 때문입니다. 그러나 저는 그리스도의 사랑을 사랑하는 것을 저의 행복으로 여깁니다. 그가 떠나실 때, 그의 감미로운 임재(臨在)의 기억은 화창한 여름날의 잔치와 같습니다. 여기에 저의 위로가 있으니 저의 수감이 수백 년 연장 된다 할지라도 저의 갇혀 있는 매 시간이 저를 대신하여 그를 찬양하는 천사 같은 입들의 동반이 있기를 저의 영혼이 바란다는 것입니다. 제가 주님의 영광을 가득 찬 강물처럼 흐르게 하며 스코틀랜드, 잉글랜드, 아일랜드의 사면에 강한 바람을 불게 할 수 있는 그런 사람이라면! 제가 그를 찬양하는 책을 쓸 수만 있다면! 사람의 아들들 가운데 가장 아름다우신 이여, 어찌하여 그리 오래 떨어져 계십니까? 오, 하늘이여, 빨리 움직이라! 오, 시간이여, 달리고 달려 혼인날을 재촉하

라! 사랑은 지체함으로 고통을 받습니다. 오, 천사들이여, 오, 그 앞에 서
있는 스랍들이여! 그의 얼굴을 보고 있는 복된 영혼들이여, 그를 높이라!
너희가 그를 찬양하려고 하프를 잡을 때, 그 아름다운 꽃, 향기를 내는 샤
론의 장미를 기리는 냄새를 온 세상에 보내는 모든 것이 너무 보잘것없고
아무것도 아닌 것이리라! 제가 마음으로 그에게 드리는 찬사를 받으시며
제가 사랑하므로 병이 났다고 그에게 말해 주십시오.

　　은혜가 당신에게 있기를 바랍니다.

1637년 6월 16일, 애버딘, S. R.

91

윌리엄 달그레이시에게
목회의 향기, 그의 과거와 현재, 그리고 그의 전망에 대한 평가

>

존경하고 사랑하는 형제여, 은혜와 사랑과 평강이 당신에게 함께 하시기를
바랍니다. 갤러웨이에서 당신이 겪은 시련에 대해 조금 들었습니다. 그 외
진 곳에 당신을 통해 자신을 위하여 새로운 교회를 세우기를 시작하신 주
님을 찬양합니다. 그리스도께서는 당신을 단련시키면서 소란을 피우시지
않으십니다.

　　사랑하는 형제여, 그리스도께 꼭 붙어 있으라고 당신에게 간청하는 바
입니다. 진심으로 사랑하는 형제여, 저의 증인이 위에 계시거니와 당신이
주님을 위하여 하나님의 은혜와 열심이 점점 더해간다는 것을 들었을 때
갇혀 있는 저에게 큰 기쁨을 더해 주었습니다. 설교로 하든지 아니면 고난
으로 하든지 우리의 사역은 온 세상에 천국과 지옥의 냄새를 피울 것입니
다(고후 2:15, 16). 사랑하는 형제여, 천국 밖에서 그리스도 다음으로 목회
보다 제게 더 소중한 것은 없다는 것을 당신에게 말씀드립니다. 그것의 가
치는 제 판단 속에서 점점 커져서 저를 아주 고통스럽게 합니다. 하지만
저는 그것을 주님의 영광을 위하여 포도원의 주님께 다시 넘겨드리게 된
것에 만족합니다. 그것과 저 모두를 그가 선히 여기시는 대로 하시기를 바
랍니다. 저는 그에게 너무나도 보잘것이 없다고 생각합니다.

당신에게 말씀 드리고 싶은 것이 있으니, 그리스도께서 제게 얼마나 다정한 동료 죄수 이신지요! 저의 문을 지나치지 말고 저를 방문할 필요가 있는 이런 종류의 십자가는 길면 길수록 제게 환영을 받는다는 제 말을 믿으십시오. 저의 벙어리 안식일들이 이제까지 그래왔던 것처럼 지금도 반질반질한 얼음 같아서 저의 믿음이 그 발을 그 위에 딛기 어렵게 하고 또 때때로 의심의 폭풍이 저의 등에 불어 제 발을 미끄러지게 하는 것이 사실입니다. 하지만 참으로 저의 간힘은 이럴 때에 그리스도 안에 있는 높고 깊은 사랑의 강하고 진한 냄새를 풍기는 것입니다. 진실로 저는 저의 십자가를 맨 끝까지 꿰뚫어 볼 수는 없지만 제가 그리스도의 책에 있으며, 그의 작정 안에서(아직 제게 열린 것은 아니지만) 홍해 건너편에서 이기며 춤추며 노래하는 한 사람이며 시간, 근심, 성직박탈, 사제들의 분노, 손해, 친구가 없음, 죽음 등을 극복하고 웃으며 어린양을 찬양하는 한 사람인 것을 믿습니다. 천국은 사람들이 불확실한 것을 말할 때 쓰는 말처럼 공중에 날아다니는 새가 아닙니다. 아니, 완전히 지불이 된 것입니다. 시온에서 슬퍼하는 자들을 위한 영광을 그리스도께서 확보해 놓으셨으니 결코 빼앗기지 않을 것입니다. 우리의 상전이요 대장이 오실 때 우리가 그에게 보여 드릴 피, 손실, 상처들이 있다는 것과 우리가 그를 위해 고난 받은 것을 가진 것으로 기뻐하고 즐거워합시다.

사랑하는 형제여, 저는 자주 말하기를 "나는 주님께서 무덤에서 나를 다시 데려오고 싶지 않을 마른 뼈일 뿐이다" 하며 저의 믿음 없는 두려움이 "나는 열매를 맺지 못하는 말라 버린 나무이다. 주님의 집에서 그에게 자녀를 낳아드릴 수 없는 쓸모없는 몸이다"라고 하니 제가 불쌍합니다! 석방의 소망들이 식어지고 불확실하고 멀어진 것처럼 보이고 마치 그 일은 제게 끝이 난 것 같습니다. 그리스도께서 저의 근심과 따지는 마음에 대해 (제가 이렇게 말할 수 있다면) 면책을 취하시니 놀랍습니다. 그리스도의 사랑이 저에게 멋진 일을 했습니다. 저는 전혀 잘못된 것이 없습니다만 아직도 그리스도께 가장하는 거짓된 마음이 제 속에 있는 것입니다. 저는 그리스도께 성가신 이웃입니다. 그가 저 같은 사람 옆에서 사신다는 것이 놀라울 뿐입니다. 하지만 때때로 저는 시험들에 대해 유리한 고지를 차지하며 그때는 시험과 지옥 자체와 그 고약한 냄새와 그 도구들도 경멸하며 저의 명예로우신 주님을 자랑하는 것입니다. 맞바람이 불든지 말든지 저는 그리스도의 항구에 도달하고야 말 것입니다. 그의 사랑을 인하여 주님 예수께 고집을 부리며 물러서지 않는 말다툼은 아주 정당한 것이라고 생각합니다.

때로 제게 주님의 사랑에서 저의 음식을 얻기가 힘들 때가 있습니다. 왜냐하면 저의 믿음이 병들고 소망은 시들고 눈은 점점 희미해지고 또 매정하게 위로를 삼키는 구름들이 아름답고 밝은 해이신 그리스도를 가리기 때문입니다. 그때에 저와 시험이 만나서 그 문제를 다룰 때 우리는 불신앙으로 모두 망쳐 버립니다. 제가 믿음을 늘 활용할 수만 있다면 제 인생은 아름답고, 영원토록 아름다울 것입니다. 그러나 저의 불이 항상 빛을 낼 수 없으리라는 것을 압니다. 그가 떠나시면 저는 "비천한 사람의 험한 세상"을 가질 뿐입니다. 그러나 진실로 제가 여기 들어온 후에 여러 번 저의 아름다운 해가 구름 한 점 없이 환하게 비추었고 그리스도의 사랑은 제게 뜨겁게 타올랐습니다. 저는 그것을 표현할 출구가 없습니다. 그리스도의 영광을 도둑맞고 억누른 소원들로 만족해야 합니다. 오, 그의 사랑은 제가 마땅히 드려야 할 것과 얼마나 거리가 먼가요! 저는 자기 빛의 천분의 일도 갚을 수 없는 사람과 같습니다. 그에게서 취할 수 있는 것은 그분을 붙잡는 것이 전부입니다. 그리스도께서 저를 붙잡아 주시고 신속한 지불을 하셔서 저의 마음과 사랑이 그를 향하도록 하신 것 외에는 제가 그에게 드릴 만한 다른 것이 없습니다. 만일 저의 고난이 쳐다보는 자들에게 도움이 되고, 그의 교회에 유익을 끼치며, 세상에 그리스도의 비할 데 없는 사랑의 가치를 전파할 수만 있다면, 오, 그때는 저의 영혼이 기뻐 뛰며, 저의 슬픈 마음은 위로를 받으며 평안해질 것입니다!

사랑하는 형제여, 제가 저 사람들에게 행한 저의 수고가 어떻게 될지 저는 말할 수 없습니다! 만일 주님께서 저를 통해 세우신 모든 것이 무너지고 제가 그 사람들에게 (주님의 사랑의 가치와 탁월함에 훨씬 못 미칠지라도) 있는 힘을 다해 주님의 사랑을 가르쳤는데 그 교회의 신앙의 기초가 흔들리고 주님 곁에 서는 사람이 아무도 없다면 제가 어떻게 그것을 견딜 수 있단 말입니까! 만일 제가 수고하며 정직하게 씨를 뿌린 곳에서 어떤 다른 사람이 나쁜 수확을 거둘지라도 저는 쉽게 받아들이기 어려울 것입니다. 그러나 그의 하시는 일들은 알아낼 수가 없습니다. 하지만 제 안에도 계시고 제 위에도 계신 저의 증인은 아십니다. 주일 밤에 저의 아픈 가슴, 그 사람들이 그리스도를 두렵고, 다정하고, 감미롭게 받아들이기를 바랐던 저의 소원이 이제 저의 기쁨입니다. 그리스도와 그들이 하나가 되게 하는 것이 저의 소원이며 목표였습니다. 만일 그들이 꽃이 약간 피고 어떤 열매를 맺기 전에, 저의 소망들이 꽃봉오리 상태로 죽는 것을 본다면 저는 탄식하며 죽을 것입니다. 오, 나의 하나님, 저의 형제들이 제게 행한 난폭함을 헤아리지 마시옵소서. 제가 그들의 구원을 바라고 사모합니다. 우리의 심판자 앞에 서는 날 제가 주님께로부터 받은 사역을 방해한 그들이 그 일로 저와 그들 사이에 서로 반대편으로 서지 않기를 기도합니다. 빨리 지나가 버리는 한 치, 한 뼘과 손 넓이의 삼분의 일 길이도 못 되는 시간이 형제들이든지 적이든지 때리는 것도 없고 미치지도 못하는 곳에 저를 데려다 줄 것입니다. 그것은 저에게 그리고 주님의 포도원의 그곳에 있었던 제 고통에 가해진 잠깐 있을 손상입니다. 저의 주님 예수께서는 자신의 손실들을 복구할 여러 방법들을 가지고 계시며 칼과 창의 적대적인 세력 아래서라도 그의 백합은 가시나무 밭에서 자라고 그의 작은 나라가 그를 높이는 그의 영광스러운 목적들을 달성하는 것을 막을 수는 없으니 오, 저의 성직박탈이 사람들에게 얼마나 시시한 이익을 가져다 주겠습니까!

그러나 사랑하는 형제여, 당신이 섬기는 분의 풍성한 은혜의 힘을 의지하여 전진하십시오. 그리스도를 위해 굳게 서십시오. 깨끗하고 더럽지 않은 양심을 가지고 당신의 손으로 주님을 향한 사역으로 복음을 전파하십시오. 주님의 장막에 있는 못 하나라도 빼지 마십시오. 법궤의 판자나 모서리를 쪼는 것 같은 일은 하지 마십시오. 굽을 가진 동물에서든지(출

10:26), 닫힌 창문에서든지(단 6: 10), 또는 당신의 무릎을 꿇고 성전쪽을 바라보는 일에서 어떤 타협에도 참여하거나 거래를 하지 마십시오. 그러나 지금 시온을 망하게 하는 자들을 대항하여 탄식하며 항변하는 증인이 되십시오. 주님께서 갑자기 우리가 알기 전에 우리 모두에게 오실 것입니다. 그날이 우리의 모든 흑과 백을 가릴 것이니 핍박 받는 비천한 시온에 관한 논쟁에 대해 그렇게 하실 것입니다. 마른 풀과 그루터기가 타서 재가 될 때 불을 견뎌 낼 수 있도록 우리의 맡은 일을 잘 이루어 냅시다. 아무것도, 아무것도, 올바른 거룩함 외에는 아무것도, 그리스도의 풀무를 견뎌 낼 수는 없습니다. 제가 가끔 스코틀랜드에 대해 설교했던 저의 증거를 확인합니다. "비탄과 슬픔과 화가 네게 있으리라. 오, 스코틀랜드여! 오 스코틀랜드여! 깨뜨린 언약을 인한 무서운 다툼이 너의 주님으로부터 일어나리라!"

모든 저의 친구들과 교인들에게 사랑을 전해 주시되 마치 제가 그들 개개인의 이름을 부르는 것처럼 전해 주십시오. 제가 당신과 그리스도께서 맡기신 하나님의 백성들을 당신이 의지하는 풍성하신 우리 주님의 풍족한 은혜에 맡깁니다. 저의 매임을 기억해 주십시오. 저를 고통 중에 견디어 내게 하신 저의 주님을 찬양합니다. 당신에게 주신 지혜를 따라 기회가 있으면 주님께서 제 영혼에 하신 일을 우리가 아는 이들에게 알려 주십시오. 진정 제 자신의 칭찬을 얻기 위해 이것을 구하는 것이 아니며 오직 저의 가장 감미로우시며 가장 사랑하는 주님께서 저의 고통으로 높이 여김을 받으시는 것을 바라는 것입니다. 이만 줄입니다.

1637년 6월 16일, 애버딘, S. R.

 마리온 맥노트에게
자신의 직무에 돌아가기를 사모함

>

주 예수 안에서 사랑하는 자매님, 은혜와 사랑과 평안이 당신에게 있기를 바랍니다. 나그네요 죄수인 저의 마음을 아는 사람이 거의 없습니다. 저는 대적들의 손에 있습니다. A. R. 씨와 H. R. 씨가 복직된 지금 저도 저의 직무로 다시 돌아갈 수 있는 올바르고 적법한 수단들이 시행되기를 바랍니다. 이러한 의도로 올바른 수단에 의해서 제가 다시 돌아갈 수 있는지 탄원과 청원을 사용하고 시도하는 것을 갤러웨이에서 당신이 가장 크게 관심을 가지셨습니다. 제 양 떼에게로 복직이 되지 않는다면 저의 자유는 제게 의미가 없습니다. 저의 침묵이 저의 가장 큰 감옥이기 때문입니다. 어떻게 되든지 저는 주님을 기다릴 것입니다. 저의 고통 중에 쇠약해지지 않기를 바랍니다. 주님, 기다리는 순종을 저에게 주시옵소서. 저의 마음이 슬픈 것은 주님의 추수와 멸망하는 사람의 영혼들이 저의 일을 요구하고 있는 이때에 저의 날들은 달아나고 있고 저는 주님의 집에서 그를 섬기지 못하고 있는 것입니다. 그러나 그의 길들은 저의 길들과 같지 아니하고 저는 그의 뜻을 알 수가 없습니다. 오, 그가 제 어두움을 밝히시며 사람들이 제게 펼쳐놓은 두꺼운 구름 아래로 저의 아침 빛을 가져오시기를 바랍니다! 오, 제가 다른 사람들이 잘 때에 그 땅에서 그리스도를 신부에게 약혼시키려고 제 영혼이 몰두하지 않았었는지를 전능하신 이가 저를 저울에 달아 보시기를 바랍니다! 그러나 제 입이 아주 부당하고도 잔인하게 닫혀진 그날, 활짝 핀 꽃들이 제 가지에서 떨어지고 저의 기쁨도 그 꽃이 떨어졌습니다. 그러나 저 자신을 하나님의 발 앞에 던지며, 숨으시고 가리신 주님 아래서 믿으려고 애써 왔습니다. 하지만 제가 도움을 얻지 못하고 쓰러지고 저의 믿음은 이 가혹한 버림받음과 거의 지탱할 수 없는 무거움 아래서 휘어졌습니다. 아, 그것이 부서지지 않기를 바랍니다! 주님께서 저의 촛불을 끄셨고 제 비천한 숯불에 물을 부으시며 제 장막의 말뚝을 부서뜨리셨다고 말할 수는 없습니다만 주님께서 저를 갇히게 하시고 더 이상 말할 수 없게 하신 그날 이후에 저는 쓴 것을 맛보았고 쑥과 담즙을 삼켰습니다. 주님께서 제게 친절하지 않으시기 때문에 이 말을 하는 것이 아니고 마른 땅에 서서 보는 사람들이 제가 겪는 바다의 폭풍을 알지 못하기 때문입니다. 제 슬픈 십자가들의 목격자들은 저의 슬픈 낮들과 밤들에 대하여 이방인일 뿐입니다.

오, 그리스도께서 저를 혼자만 있게 하시고 제게 사랑을 말씀하시며 저에게 가까이 오시며 여름을 가지고 오신다면! 오, 저의 진흙 천막이 어두움으로 옮겨지기 전에 제가 한때 하던 것처럼 그의 아름다움과 영광을 설교할 수 있다면! 오, 제가 땅 위로 그리스도를 높일 수만 있다면! 저의 가지들이 하나님의 이슬로 적셔지고 그의 일을 하는 저의 기쁨이 다시 푸르게 되어 봉오리를 맺고 꽃을 피울 수만 있다면! 하지만 저는 근시를 가진 피조물일 뿐이며 저의 촛불은 먼 곳까지 비추지 못합니다. 제가 더 이상도 아닌 단 하나의 기쁨, 곧 제가 저의 화관으로 여긴 어린 꽃을 가졌을 때 어떻게 그가 단번에 오셔서 저의 꽃을 뿌리째 말리시고 저의 외눈, 유일한 면류관, 화관을 가져가 버리셨는지 제게 이루어진 모든 것을 그가 아십니다. 제가 무엇을 말할 수 있겠습니까? 정말로 저의 죄책이 그분 앞에 기억되었고 그가 저의 돛을 내리려고 하셨고 제 즐거움의 꽃을 도중 하선 시키시며 더 이상 바다에 소용이 없는 부서진 배처럼 해안가에 머물게 하셨습니다. 그러나 저는 이 채찍 자국을 인해 주님을 찬양합니다. 저는 이 풀무를 환영하며 하나님의 지혜가 저를 위해 그러한 일을 선택하셨으니 그것은 그의 특선이라 틀림없이 가장 좋은 것입니다. 오, 이 어두워진 교회의 아침이 동틀 때까지 제가 그를 기다릴 것입니다! 이 고난 받는 불쌍한 교회가 아름다운 아침을 가졌었으나 정오가 되기 전에 밤이 왔으니 그 교회는 여행하는 아침에 집을 구할 수밖에 없는 여행자와 같습니다. 이제 교회의 대적들이 이 땅의 중요인물들입니다. 교회의 길들은 탄식하고 그 문들은 무너지며 그 자녀들은 빵을 달라고 울부짖습니다. 그리고 주님께서 자기 집에 다시 오셔서 자신의 울고 있는 신부의 얼굴을 닦아 주시고 그를 기다리는 시온의 슬퍼하는 자들을 위로하시도록 주님께 가까이 있으려고 하는 사람이 없습니다. 그가 자신의 말라버린 시온 산 꼭대기에서 곡식이 다시 자라도록 하실 것임을 저는 알고 있습니다.

저의 간힘을 기억해 주시고 저를 잊지 마십시오. 오, 주님께서 그리스도의 복음의 풍성함으로 저를 여러분에게로 다시 데려가신다면! 오, 그러나 주님이 명하시는 곳에 저의 소원들을 내려놓기를 바랍니다! 주님 안에서 저의 사랑을 당신의 남편에게, 저의 축복을 당신의 세 자녀들에게 전해 주십시오. 이 교회를 위해 기도하는 일에 낙심하지 마십시오. 저의 목회지에 낯선 자나 침입자를 받아들이지 말라고 저의 교우들에게 전해 주십시오. 저의 주님 예수께서 제게 주신 권리와 위치에 제가 설 수 있기를 바랍니다.

은혜, 은혜가 당신에게 있기를 바랍니다.

1637년, 애버딘, S. R.

93 로버트 스튜어트에게
그리스도는 풀무에서 자기 백성을 택하신다. 깊은 일의 필요, 세상의 신비인 사람이신 하나님

>

사랑하는 귀한 형제에게, 은혜와 사랑과 평안이 당신에게 있기를 바랍니다. 진심으로 저의 고난의 세계에 오신 것을 환영하며 저의 주인의 집에 오신 것을 진심으로 환영합니다. 하나님께서 당신의 새 주인에게 속한 기쁨을 넉넉하게 주시기를 바랍니다. 제가 당신에게 가까이 그 집에 있었더라면 제가 그 집을 악평하고 그 가족의 주님을 혹평하는 불충을 범했을 것입니다. 저는 오히려 하나님의 성령께서 (오 주님, 그 성령을 제게 불어넣어 주소서) 당신에게 그 집의 모양(겔 43:11)을 말해 주시기를 바랍니다. 제가 한 가지 말씀 드릴 수 있는 것은 지속적인 섬김으로 당신이 그 집의 주님께 큰 인물로 성숙되리라는 것입니다. 그리스도에게서 선한 것을 얻을 때까지 꾸준히 매달리십시오. 당신의 모든 짐들과 무거운 것들을 믿음으로 그리스도께 맡기시고 스스로에게 편하게 하고 모든 것을 주님께서 감당하도록 하십시오. 지옥이 당신의 등에 있다 하더라도 그가 당신을 맡아주실 수 있고 그렇게 하고 계시며 또 하실 것입니다. 제가 기뻐하는 것은 그가 오셔서 풀무 속에서 당신을 택하신 것이니 그곳이 그와 당신이 만나기로 정해진 곳입니다. 그것이 그리스도께서 가지신 옛 방식이니 호세아 시대에 있었던 선한 옛 방식을 당신에게 그대로 행하신 것입니다. "그러므로 내가 저를 개유하여 거친 들로 데리고 가서 말로 위로하고"(호 2:

14). 그와 그녀가 아름답고 번창하는 도시에서 안락하게 있었을 때에는 그녀의 마음에 아무 말씀도 하지 않으셨지만 바깥 춥고 배고프고 거친 광야에 있을 때에 그는 그녀를 유인하여 거기에서 그녀의 귀에 복음을 속삭이셨습니다. "너는 내 것이다." 그러한 제안을 당신은 어떻게 생각하십니까? "주님, 동의합니다. 주 예수님, 성사가 된 것입니다. 무르지 마시기를 바랍니다"라고 말하지 않는다면 당신은 잘못하는 것입니다.

당신이 천국으로 가는 길에 있어서 크게 유리한 점을 가졌으니 당신이 아침에 그 길을 향해 출발했다는 것입니다. 어리석게도 저는 저의 해가 중천에 높이 떠오르도록 내버려 두었고 마침내 제가 그 문을 택한 것은 오후가 가까웠을 때였습니다. 당신이 가진 장점을 잘 지키시기를 바랍니다. 사랑하는 이여, 빈둥거리지 마십시오. 마치 마지막 모래알갱이가 당신의 모래시계로부터 떨어지고 있고 죽음이 모래시계를 뒤집으려고 오고 있는 것처럼 손과 발을 써서 언덕을 빨리 올라가십시오. 당신이 걷고 있는 젊음의 미끄럽고 위험한 길에서 당신의 발을 조심하십시오. 마귀와 시험들이 지금 당신의 유리한 고지를 차지하고 있으며 당신의 사방에 자리잡고 있습니다. 마른나무는 곧 쉽게 불붙습니다. 하나님의 은혜를 탐내고 굶주려 하시고 또 오직 십자가로부터 오는 거룩함이 아닌 것을 조심하십시오. 아주 많은 사람들이 그 길에 쓰러져 있기 때문입니다. "하나님이 저희를 죽이실 때에 저희가 그에게 구하며 돌이켜 간절히 하나님을 찾았고," "그러나 저희가 입으로 그에게 아첨하며 자기 혀로 그에게 거짓을 말하였으니" (시 78:34, 36). 우리가 하나님의 손아귀에 잡혀 있을 때는 (제가 그렇게 말할 수 있다면) 하나님께 그럴싸한 좋은 말로 둘러대며 우리가 다시 득의할 때까지 하나님께 아첨하는 것이 우리의 위선의 모습입니다. 어린 경건을 잘 시험해 보고 당신이 그리스도 안에서 사랑하는 것이 무엇인가를 살펴보십시오. 만일 당신이 그리스도의 양지바른 곳만 사랑하고 화창한 날씨와 천국을 향하는 해로(海路)가 아니라 육로만을 가지려 한다면 당신의 신앙이 당신을 넘어뜨릴 것이며 겨울 우물이 여름에 다시 마를 것입니다.

그리스도에 대해 장난하거나 아이들의 놀이를 하지 마십시오. 만일 그리스도께서 오셔서 당신에 대해 불쌍히 여기시고 건져내시지 않았더라면 당신 자신이 어찌할 수 없는 사람이요, 지옥과 죄의 저주 받은 노예요, 자신의 죄로 죽어가는 사람이라고 판단하도록 죄에 대해 바르고 생생한 관점을 가지도록 힘쓰십시오. 그러므로 회개의 일을 분명하고 확실하게 이루십시오. 땅을 깊숙이 파고 전에 거기 있었던 혼돈의 건물, 곧 옛 일을 땅속 깊이, 깊이 묻어버리고 그리스도께서 새 일을 하시도록 하여 당신 안에 새로운 창조를 이루도록 하십시오. 그리스도의 비가 당신의 마른 나무의 뿌리에 내리는지 살펴보시고 당신의 마음이 죄로 인한 탄식으로 피가 흐를 때 그리스도의 사랑이 그것을 감싸 주시는지 그리고 저 사랑스러우신 이인 예수를 인해 숨을 헐떡이며 기진하며 죽을 지경인가를 살펴보십시오. 그리스도께서는 자신이 계신 곳에서 숨겨지지 않으신다는 것을 저는 압니다. 은혜는 항상 그 자신을 드러낼 것이며 선한 일에 열매를 맺게 합니다. 거룩해진 십자가는 열매를 맺는 나무이니 많은 사과를 맺습니다.

만일 얼마의 빈약한 경험으로 제가 그리스도 안에서 발견한 것들을 말해야 한다면 당신이나 다른 사람들이 거의 저를 믿지 않을 것입니다. 아, 저의 생각들이 여전히 그의 가치에 무한히 못 미치지만 그리스도에 대해 제가 지금 생각하고 있는 것의 백분의 일도 예전에는 생각하지 못했습니다. 그를 진정 소유하기 위해 저는 애가 닳고 병이 들고 아파하는 삶을 살며 사랑의 가슴앓이와 사랑의 열꽃으로 시달립니다. 그러나 그것은 감미로운 고통입니다. 예수께 사로잡히는 것을 사는 것이라면 저는 어떤 조건들도 거절하지 않을 것이니 (항상 하나님의 미움을 받을 수밖에 없는) 지옥도 예외는 아닙니다. 그러나 아! 저는 그를 살 만한 돈을 가지고 있는 장사꾼이 아닙니다. 물건을 거저 가질 수 있는 싸구려 시장에 가든지 그렇지 않으면 빈손으로 집에 돌아가야 합니다. 그러나 그리스도께서 친히 저를 가지시라고 저는 이 일을 그리스도께 맡겼습니다. 저는 그의 믿음과, 진리와, 약속을 그의 저당물로 가졌고 저의 굶주린 소원들이 있을 때마다 모두 얻게 될 것이라고 약속 받았습니다. 저는 그것을 저의 행복의 최고로 여깁니다. 그리스도의 십자가, 특별히 모든 십자가들 중의 최고의 화관과 꽃은 그의 이름을 위해 고난을 받는 것인데 저는 그것을 당신에게 편지로 쓰거나 말로 할 수 없는 것으로 귀중히 여깁니다. 제가 손으로 직접 당신에게 쓰는 것은 그것이 우리의 본향으로 올라가는 사다리 계단들의 하나이며 그리스도께서는 여전히 이 검은 나무의 무거운 쪽에 계시며 그래서 그것이 제게 깃털과 같을 뿐이라는 것입니다. 제 등의 짐 때문에 저는 천천히 달릴 수가 없습니다. 저의 등은 그 같은 것을 결코 진 적이 없습니다. 제가 그리스도를 위해 더 무겁게 십자가를 질수록 영혼이 여행하기에는 더욱 가볍습니다.

자, 열심이 식고 마음이 상한 그리스도의 모든 병사들이 다시 그리스도와 그의 사랑을 바라보게 되기를 바랍니다. 그리하여 그들이 볼 때 저는 그들에게 보고 또 보게 하여 그들을 그리스도의 아름다움을 주목하는 것으로 가득하게 하고 싶습니다. 그리고 그때 그리스도께서 많은 사람에게 호의와 요청을 받게 되시리라고 저는 담대히 말합니다. 처녀들이 신랑주위에 바짝 몰려들 것입니다. 그들이 그를 안고 잡으며 떠나지 못하게 할 것입니다. 그러나 제 머리가 깨질 때까지 그에 대해 말한다고 하여도 저는 아무것도 말한 것이 없을 뿐입니다. 저는 다시 시작해야 할 것 같습니다. 신성(神性), 신성은 세상의 경이입니다. 천만의 천사들과 택한 자들의 새로 만든 세상을 두고 그들의 숫자를 십억 배나 늘이고 그의 마음과 혀가 그 앞에 여섯 날개를 가지고 서 있는 스랍의(사 6:2) 마음과 혀보다 천만 배나 빠르고 크게 하여 그들이 모두 주 예수를 영화롭게 하며 찬양하는 말을 한다 하여도 그들은 단지 약간이나 아니면 아무것도 말하지 않은 것입니다. 그의 사랑은 모든 할 수 있는 피조물들로 찬양하도록 할 것입니다. 오, 만일 제가 그의 높으심을 찬양하기 위하여 이 혀를 강단(講壇)에 붙일 수만 있다면! 그러나 저의 매일 불어나는 근심은 이것이니 저는 비할 데 없는 그분의 사랑에 어쩔 줄 몰라 한다는 것이며 그가 제 영혼을 위해 그렇게 큰 일들을 하고 계시나 제게서 말할 만한 어떤 것을 가져가신 일이 결코 없다는 것입니다. 친구여, 제가 당신에게 부탁드리니 그를 찬양하도록 저를 도와주십시오. 그가 저를 위해서 하신 일을 말하고 그리고 제가 그를 위해 한 일을 말하자면 수치스러울 뿐입니다. 제가 확신하는 바는 그리스도 옆에는 천국에서 빚에 빠져 허우적거리는 파산자들이 많다는 것입니다. 사람과 천사가 만나는 그 큰 날, 그 아름다운 마지막 모임에서 우리는 그 앞에 빚에 빠져 허우적대는 파산자일 뿐입니다. 누가 그를 많이 소유했는지 말하는 것은 어렵습니다. 만일 사람들이 더 이상 할 수 없다면 저는 그들을 놀라게 하고 싶습니다. 만일 당신이 그리스도의 사랑으로 채워질 수 없다면 우리는 놀람으로 채워질 것입니다.

선생이여, 그리스도를 더욱 그리워하고 그를 사모하며 그를 위한 사랑으로 아파하라고 제가 당신을 설득하고 싶습니다. 하지만 그것을 할 수 있는 그의 혀는 하늘에 있습니다. 당신을 그와 그의 풍성한 은혜에 맡깁니다.

제가 당신을 위해 기도합니다. 저를 위해 기도해 주시고 찬양하기를 잊지 마십시오.

1637년 6월 17일, 애버딘, S. R.

94 가이트거스 부인에게
항상 즐길 수 없지만 변하지 아니하시는 그리스도, 그의 사랑이 완전히 부어진 적이 없음, 친히 자기 백성의 보증인이 되심

>

부인, 은혜와 사랑과 평안이 당신에게 있기를 바랍니다. 그리스도와 당신의 영혼의 관계가 어떠한지 알고 싶습니다. 시간이 사랑 가운데 계신 그를 변하게 할 수 없기 때문에 당신은 시간이 지나면 지날수록 그분이 더더욱 좋으시다는 것을 깨달으셨을 것입니다. 당신은 썰물이 되었다 밀물이 되고, 올라갔다 내려오고, 찼다가 기울지라도, 당신의 주님은 어제처럼 오늘도 변함이 없으십니다. 당신의 위안은 이것이니 당신의 구원이 당신이 만든 바퀴에 따라 구르지 않으며 당신이 조각한 그리스도와 상관이 없다는 것입니다. 하나님은 한 중보자를 뽑아 세우셨으니(시 89: 19) 강하고 능하신 분입니다. 만일 당신과 당신의 짐이 열 개의 태산이나 지옥처럼 무거울지라도 그는 당신을 능히 지켜 주시며 끝까지 구원하실 수 있습니다. 당신

이 그에게 자주 들르는 것이 결코 그에게 짐이 되지 않습니다. 당신이 털썩 주저앉았을 때와 지쳐있을 때에 그리스도께서 당신을 동정하시며 당신을 인하여 신음소리를 내신다는 것을 저는 압니다. 그러나 그가 때때로 자신을 숨기시는 것이 당신에게 유익합니다. 당신이 그리스도를 볼 수 없도록 그가 휘장이나 베일 속으로 슬쩍 들어가시게 하는 것은 사랑의 얄팍함이나 메마름이나 사랑의 냉랭함이 아닙니다. 다만 당신이 그의 실감나는 사랑의 강풍이나 만월(滿月)이나 만조(滿潮)를 감당해 낼 수가 없고 항상 주 예수를 실감하며 사로잡힌 바 되며 품에 안는 것과 같은 화창한 여름날과 여름 태양을 감당할 수 없다고 주님께서 알고 계시는 것입니다. 가장 사랑하는 자들에 대한 그의 입맞춤과 방문은 드문드문 주어집니다. 그가 자신의 사랑의 강물을 흘려보내실 수 없는 것은 어린 식물에게 뿌리를 흔드는 위험에 처하게 할 수도 있기 때문입니다. 그가 당신에 대해서 이러한 것을 아시는 것입니다. 그러므로 당신은 당신과 그리스도께서 해와 달이 미치지 못하는 곳에 이를 때까지 그 사랑의 실감나는 완전한 실현과 관련된 그리스도의 친절하심을 미루셔야 합니다. 거기가 바로 당신이 여기서 담을 수 없었던 그 큰 사랑을 담을 만큼 커지게 될 나라입니다.

당신의 예쁜 아기들에 관한 짐을 주님께 넘겨드리고 당신의 모든 것을 그에게 맡김으로 마음을 가볍게 하십시오. 주님께서 그들의 하나님이 되실 것입니다. 당신이 산을 향하여 눈을 들고 하나님의 구원을 기뻐하시는 것을 제가 보고 싶습니다. 자신을 그리스도께 맞추시고 그의 십자가에 얼굴을 찌푸리지 마십시오. 저는 그가 아주 감미로우시다는 것을 알았기 때문에 만일 제가 저의 사랑에게 그리스도를 떠나라고 명령하면 저의 사랑은 저를 순종하지 않을 것입니다. 그의 사랑은 강한 손가락을 가지고 계시기 때문에 아이들인 우리를 잡은 것을 놓치지 않으시며 우리는 그리스도에게 붙잡혀서 갈 수밖에 없습니다. 우리 자신의 다리가 없는 것이 우리에게 좋으니 그에게서 빌릴 수 있기 때문입니다. 그리스도께서 천국의 보증인 역할을 하시며 천국에서 우리같이 비천한 사람들을 위하여 주채무자로 이름이 올려져 있는 것이 우리의 복입니다. 제가 당신에게 부탁드리는 것은 지

주인 당신의 남편에게 저를 보살펴 주신 것에 대해 감사를 드려 주십시오. 그가 그리스도의 죄수를 위해 공적으로 변호해 주었습니다. 그와 그에게 속한 이들에게 자비와 평안과 축복이 있기를 기도합니다.

은혜, 은혜가 당신에게 영원토록 있기를 바랍니다.

1637년, 애버딘, S. R.

95 존 퍼거실에게
자신의 처지에 대한 절망적인 관점, 목회에 부지런함, 그리스도의 가치, 자기추구

>

존경하며 사랑하는 형제여, 은혜와 사랑과 평안이 당신에게 있기를 바랍니다. 스코틀랜드에 하늘로부터 내려 온 장막, 곧 다시 새롭게 지어진 그리스도의 장막을 보고자 하는 저의 열망과 간절함이 그리스도께서 자신의 대적들에게 보복하고 계시는 암시를 보고 이제 다시 얼마의 생기를 얻었습니다. 이 땅이 그렇게 크고 놀라운 사랑을 받을 만큼 성숙했는지 저는 모르겠습니다만 제가 아는 것은 그는 그 일을 하셔야 하고 하실 때마다 대가 없이 하신다는 것입니다. 저의 침묵에 대한 슬픔과 그리스도의 집에서 쫓겨났다는 두려움이 제게 솟구쳐 올라오는 것을 발견합니다. 사실 그리스도의 감미로운 사랑과 위로의 조각들로 때때로 달래 주시지 않았더라면 저와 같이 연약하고 어리석은 마음을 가진 사람은 자격이 없다고 알고 있는 이 영광스러운 십자가에 대해 졸렬한 생떼를 부렸을지도 모릅니다. 유약함과 극도로 지나치게 두려워하는 마음과 슬픔과 비탄 외에는 제 안에 가진 것이 없습니다. 때때로 하나님의 무서움이 저를 포위하는 데 비천한 증인이 그리스도를 소유하려고 한다고 그가 저를 곱게 보지 않으시리라는 것 때문입니다. 그리고 저의 아름다우신 주님께 충성하기를 바라는 바, 제가 그를 모욕하지 않고 어떻게 일 년 사 개월의 수감생활을 보낼 수 있었는지 놀랍습니다. 저는 저의 주 예수를 섬기거나 영화롭게 하려는 의향과 시도도 하지 못하고 죽게 될 것이라고 생각합니다. 제가 집안에서는 얼마나 텅 비고 비었는지 아는 사람이 없습니다만 저의 주 예수께서 저를 꾸

짖어 야단치며 거리로 나가시지 않는 것이 혼인의 사랑과 남편의 사랑입니다. 제가 깨닫고 느끼는 것은 단지 은밀하고 숨겨진 분노이며 저에 대한 그의 찡그림은 지붕 아래서만 있는 일이니 그는 그와 저 사이에 어떤 일이 있는지 저의 대적들이 듣지 못하게 하십시오. 제가 그리스도 안에서 진실을 말한다는 것을 믿으십시오. 제 잔의 유일한 쑥과 쓸개즙과, 저를 두려움으로 채우는 것은 해와 달과 주님의 자녀들이 결코 목격자가 될 수 없는 저의 죄들이 벙어리 안식일들로 저를 치시도록 주님에게 작용한 것이 아닌가 하는 것이었습니다. 주님, 제가 여기에 잘못이 있으면 저의 연약한 의심들을 용서하여 주시옵소서.

사랑하는 형제여, 제가 이 일에 위로를 받고 싶어서 당신으로부터 오는 크고도 특별한 편지들을 기대하고 있었습니다. 전에 당신의 말씀이 제게 큰 힘이 되었기 때문입니다. 이 일에 관심을 가져 주시고 또 당신이 가꾸어야 할 주님의 포도원의 한 뙈기나 귀퉁이라도 가졌을 때에 감사하며 힘쓰시라고 당신에게 부탁을 드립니다. 오, 제가 당신을 따라다니며 흙덩어리를 깨도록 허락해 주신다면 좋겠습니다! 하지만 잠잠하며 주님을 기다리라고 제 영혼에게 명할 수 있기를 바랍니다. 그리스도께서 살아 계신 한 저는 충분히 도움을 받으리라는 것을 확신합니다. 그가 저에 대한 친절과 능력을 더해 주시기를 바라나 하나님께 감사하는 것은 제게 그리스도와 그의 진리를 위한 십자가가 결코 나쁘지 않습니다. 만일 그가 하시고자 하셨으면 훨씬 훌륭하고 자격을 갖춘 많은 증인들을 세우실 수 있으셨으리라는 것입니다. 하지만 (설령 제가 지옥의 한 조각으로 만들어졌다고 가정할지라도, 제가 어떤 제목이든지) 저의 주님께서 그의 무한한 기술로 저로부터 자신의 이름의 영광과 그리스도의 나라의 확장을 깎아 만드시는 것 외에 아무것도 바라지 않습니다.

오, 제가 여기에 이르러 그리스도에 대한 저의 지분이 영국 땅에서 그리스도의 보좌를 높이는 데 담보로 놓여질 수 있다면! 주님께서 그 담보를 건져내시기를 바랍니다. 아니, 그가 원하시면 건져내지 못한 채 가라앉아 잠겨 버려도 괜찮습니다. 하지만 제가 그에게 무엇을 더할 수 있겠습니까? 그렇지 않으면 지치고 짓눌린 죄수가 어떤 방식으로 그리스도를 많은 영혼들에게 사랑스럽고 사모할 만한 주님으로 시장에 내놓을 수 있겠습니까? 제가 아는 것은 그가 저의 천박한 생각들이 상상하지 못할 정도로 자신의 영광을 돌아보신다는 것과, 또 이 덜커덩거리는 비천한 교회의 바퀴들과 걸음들이 그의 손에 있다는 것과, 그리스도께서 시키시는 대로 일들이 진행된다는 것입니다. 오직 주님만이 그 문제를 다루셔서 그리스도께서 스코틀랜드에서 다시 가장과 주인이 되시며 애타게 기다리는 그의 감미로운 귀향을 인하여 그의 떠나 계심으로 말미암아 젖었던 얼굴들이 마르도록 하십니다.

우리의 모든 시련 속에서 주님은 우리의 물품과 자신의 은혜를 뒤죽박죽 혼합하지 않으실 것이며 그가 각 사람에게 자기의 것을 알도록 하실 것이니 저와 같은 사람도 고난 속에서 이렇게 말하게 될 것입니다. "이것은 그리스도의 은혜이며, 이것은 나의 조잡한 물건이다. 그리고 이것은 값없는 은혜이고, 이것은 본성이고 이성이다." 마치 우리의 다리(足)가 모든 물을 건너다 줄 것 같이 우리를 희롱하는 것을 우리는 압니다. 주님께서 우리에게서 가질 수 있는 지극히 작은 것은 우리가 은혜의 빚쟁이요 은혜의 파산자라는 것을 아는 것이니 본성은 천한 집안과 혈통 출신이며 은혜는 그리스도의 친족과 혈통으로 신분이 좋고, 훌륭한 가문 출신인 것입니다. 오, 제가 소위 내 자신이라는 저 우상에서 벗어날 수만 있다면, 그리고 그리스도께서 내 자신일 수만 있다면, 그리고 내 자신이 버려진 영(零)이며 무시되고 포기된 것일 수만 있다면! 그러나 내 자신이란 저 자만한 것은 그리스도와 나란히 앉거나 오히려 그분 앞에 자리를 차지하기까지는 가만 있지 않으려고 합니다. 오, (악마들의 대장처럼 악한) 자신이여, 그리스도께 길을 내 드리고 자신의 자리를 취하되 무(無)가 되거나 소멸한 것처럼 낮게 처신할 수 있다면! 오, 하지만 우리가 저 폭군, 저 잔인하고 무법자 주인인 우리 자신에게서 벗어나기 위해서는 그리스도에 의하여 대속을 받고 구속을 받아야 할 필요가 절실합니다. 제가 그리스도를 찾으며 제 자신에서 벗어날 때 곁눈질하는 제 눈의 삼분의 일은 저 헛되고 헛된 자신, 자신, 그리고 저 자신의 어떤 것에 머물러 있습니다. 여기서 줄여야겠습니다.

버림받고 잃어버린 저의 양 떼에게로 돌아갈 수 있는지를 알아보는 일에 당신이 도와주시기를 부탁드립니다. 영주들이 제게 설교할 자유를 확보해 주기만 한다면 일이 어떻게 되든 저는 상관하지 않습니다. 그들은 논리를 가지고 있습니다. 첫째, 반대자들과 저의 대적자들이 저에게 새로운 규칙을 부과했으니 그것 중의 하나는 성직이 박탈된 목사는 추방의 위협과 함께 설교할 수 없다는 것입니다. 둘째, 사제들에 대한 저의 반대가 시이드 셀프로 하여금 저를 반박하도록 격분을 일으킨 특별한 일입니다. 셋째로, 제가 아르미니우스주의자들을 반박하는 책을 써서 법적으로 고발을 당하였고 주교의 종교법 고문관에 의해 잭슨 박사를 반박하는 글을 쓰는 과오를 범했다고 인정하라는 명령을 받았는데 그는 사악한 아르미니우스주의자입니다. 주님의 집에 저의 자리가 주어지도록 기도해 주십시오.

은혜, 은혜가 당신의 재산이 되기를 바랍니다.

1637년, 애버딘, S. R.

96 존 스튜어트에게 — 아일의 시장
스코틀랜드를 향한 소망, 자기복종, 믿음으로 그리스도를 찾음, 구원의 안정성, 그의 길

>

존경하는 분께,

은혜와 사랑과 평안이 당신에게 있기를 바랍니다. 저는 주님의 아름다움을 그의 집에서 보게 될 때를 사모합니다. 또 절뚝발이와 소경과 불구자들이 간구함으로 "울며 그 길을 행하며 그 하나님 여호와께 구할 것이며 그들이 그 얼굴을 시온으로 향하여 그 길을 물으며"(렘 50:4, 5) 시온으로 돌아오는(렘 31:8, 9) 광경을 보거나 해산하느라 진통하는 여인이 복된 개혁이라는 남자아이를 순산하는 것을 보게 된다면 세상에서 어떤 광경을 보는 것보다 기쁠 것입니다. 만일 이 땅이 겸손하여진다면 우리의 하늘이 맑아지고 우리의 날이 다시 동터오는 것을 보게 될 것입니다. 그때 당신은

바다 이편에서 당신의 여정을 지켜 주시고 순전한 의식(儀式) 안에서 자신을 당신에게 주시기를 기뻐하셨던 그리스도를 찬양하게 될 것입니다. 제가 염려하던 대로 그리스도께서 이 땅에 진노를 보내실지라도 그리스도의 자비가 스코틀랜드에 약속으로 보증 되었음을 저는 믿습니다.

저는 석방을 기다리면서 저의 믿음이 휘는 것도 어느 정도 만족하는 것은 주님께서 그것을 구부리시지만 부러지지 않게 지켜 주실 것입니다. 누가 그을림이나 데임을 입지 않고 불을 지날 수 있겠습니까? 주님께서 자기 그릇들에게서 녹을 벗겨내시려고 이 불을 사용하고 계신다고 저는 알고 있습니다. 오, 저의 의지가 잠잠하며 "젖뗀 아이가 그 어미 품에 있음"(시 131편)같이 되었으면! 그러나, 아, 누가 야단을 맞으며 판단을 그리스도께 넘겨 드리며 듣기만 하고 말 대답하지 않을 마음을 가진 사람이겠습니까? 오! (성급한 마음으로 "내가 성내어 죽기까지 할지라도 합당하니이다" 욘 4:9라고 하는) 반발과 대드는 대답들이 심한 부패의 냄새를 강하게 풍기는 것입니다. 오, 자기 의지를 버리고 그 포기를 주님께 드림으로 자기 의지를 죽이고 천국에 가는 사람은 복이 있습니다! 그리스도께서 제 의지를 다스리시는 절대적인 왕이 되시며 제 의지가 "왜 이러십니까?"라고 그리스도께 대들지 않고 모든 십자가들 속에서 고난 받는 자가 된다면 저는 더 이상 바랄게 없을 것입니다. 만일 주님을 완전히 소유하는 것이 주님께서 작은 목자들의 흙 천막의 기둥과 양면을 모두 접으실 때까지 중지되고 미뤄진다면 저의 사랑이 아름다우신 예수님 곁에 서서 그분을 쳐다보며 그분을 향해 불탈 수 있는 은총을 얻는 허락만이라도 가지기를 간절히 소원합니다. 오, 구름에 덮이고 버려진 확신 아래서 그리스도를 사모한다는 것이 얼마나 고통스러운지요! 사랑의 열망과 죽음으로 애가 타고 수척해지고서 진정한 성과와 점유로 인한 그리스도에 대한 확신이 아니라 빈 것과 백지를 가지게 되는 것보다 무엇이 힘들겠습니까! 오, 그리스도께서 친히 손으로 쓰신 확신의 편지 한 줄, 아니 반 글자라도 얼마나 감미롭겠습니까! 그러나 죄책감이 확신을 흐리게 하고 어둡게 하는 이것이 우리의 일과입니다. 믿은 일은 기적입니다. 하지만 죄인이 믿는다는 것은 갑절의 기적입니다. 아, 우리의 거친 판단들이 감미로우신 예수님을 모욕하고 그의 선하신 이름에 거짓말하는 것을 용납하시므로 참아내신 그리스도께 우리는 얼마나 큰 사랑의 빚을 지고 있는지요! 만일 그가 하나님이 아니셨고 또 그의 오래 참으심이 그리스도 자신과 같지 않았더라면 우리는 오래 전에 이미 그리스도의 사랑들을 두 조각을 냈고 우리의 구원에 철빗장을 질러 놓아서 은혜가 그것을 부수거나 뛰어넘지 못하게 했을 것입니다만 하나님의 오래 참으심이 하나님 자신이고 그것이 우리의 구원입니다.

우리의 천국의 안정성은 하나님께 있습니다. "너희 안에 계신 그리스도 곧 영광의 소망이라"(골 1:27)고 (우리의 소망과 그 바닥과 기둥들은 그리스도-하나님이기 때문입니다!) 말씀하신 분은 죄인들이 하나님 안에서 단단히 묶여 있어서 안전하다는 것을 알고 계셨습니다. 그래서 만일 하나님께서 변하지(그것은 불가능합니다.) 않으신다면 저의 소망도 좌절되지 않을 것입니다. 오, 확실한 바탕을 가진 구원의 아름다운 안정성이여! 만약 그렇지 않다면 누가 천국을 얻겠습니까? 만일 하나님께서 하나님이 아니시고, 만일 그가 계신 그대로의 하나님이 아니라면 누가 구원을 받을 수 있겠습니까? 우리의 구원이 육지로 이끌려 도착하고 바람과 폭풍의 주인이신 그리스도께 정박 되었으니 하나님께 감사 드려야 합니다. 어떤 바닷바람이 해안이나 육지를 그 자리에서 불어버릴 수 있겠습니까? 방파제들은 가끔 부서집니다만 해안은 움직이지 않습니다. 우리가 쓰러지고 또 쓰러질 수 있지만 하나님은 회전하시지도 움직이지도 않습니다. 아, 우리는 이 강하고 움직일 수 없는 주님에게서 떠나며 (만일 우리가 그렇게 할 힘이 있다면) 그에게서 우리 자신을 떼어내고 있는 것입니다! 우리의 미숙하고 어린 사랑은 그를 낯설어 하며 그를 붙잡지 않았습니다. 그는 아주 넓고 광대하며 깊고 높고 뛰어난 아름다움을 가지셨으니 우리의 사랑은 그에게 너무 보잘것 없습니다. 그러나 우리의 사랑이 보잘것 없을지라도 그의 크고 거대한 아름다움과 빼어난 탁월함과 연합하는 것입니다! 자신들로부터 벗어나 자신들을 뛰어 넘어 사랑 안에서 그에게 연합되는 그들이여, 세 배나 복되고 영원토록 복되어라!

그리스도의 영광을 그의 백성들 앞에 나타내고 싶은 저의 애절하고 열렬한 소원들에 대한 생각들이 자주 일어났다 가라앉았다 합니다. 그러나 저는 겹겹의 장애를 꿰뚫어 볼 수가 없고 더 높이 바라볼 눈도 없습니다. 그래서 제가 그리스도의 길에 그를 방해하는 많은 것들을 놓았습니다만 그는 단지 웃으며 한 걸음으로 그 모든 것을 뛰어 넘으시리라는 것을 저는 알고 있습니다. 주님께서 저를 자신의 성소로 데려가실지는 잘 모르겠지만 제가 아는 것은 그가 그 집의 안이든 밖이든 제게 자리를 정해 주실 것이며 그가 없이는 아무것도 이루어질 수 없다는 것입니다. 그러나 제가 자주 속으로 생각하고 말하는 것은 저의 날들이 달아나는데 제가 좋은 일을 보지 못하며 그리스도의 일이 번창하는 것도 보지 못한다는 것입니다. 영혼을 구하고 싶은 제 소원들에 대한 응답을 무덤이 앞지를 것 같습니다. 아! 저는 그의 행하시는 일들을 제대로 이해할 수 없습니다. 주님의 섭리를 바르게 쓰지도 못하고 읽지도 못합니다. 저의 생각들은 제가 하나님을 만나지 못할 것이라고 하며 달아납니다. 하나님께서 제가 생각한 길로 오시지 않으실 것 같기 때문입니다. 저는 저의 지혜와 소망을 그를 향하여 십자가에 못박고 그분이 저의 생각을 다스리시는 왕이 되게 하시도록 가르침을 받을 수가 없으니 제가 저의 생각들에 대한 주도권을 가지려고 하며 제가 만든 길로 저를 이끌려고 하기 때문입니다. 여기서 마치겠습니다. 그의 뜻이 이루어지기를 바랍니다.

은혜, 은혜가 당신에게 있기를 바랍니다.

1637년, 애버딘, S. R.

97 칼스루스의 지주에게
구원을 확실하게 하는 것이 필요함, 세상의 헛됨, 오직 그리스도, 시간의 질주

>

존경하는 분이여, 당신의 영혼이 어떻게 번영하는지 듣고 싶습니다. 제가 진심으로 당신에게 바라오니 당신의 영혼과 주님 사이에 일이 어떻게 진행되고 있는지 시험해 보십시오. 천국을 힘으로 빼앗는 것이 쉬운 일이라

고 생각하지 마십시오. 구원이 지금 대부분의 사람들에게 꿈 속으로 오고 있습니다. 보시는 바와 같이 지금은 믿음이 희귀한 때가 아니니 그리스도를 믿지 않는다고 말하는 사람을 만나기가 어려우실 것입니다. 그러나 아! 꿈은 사람의 재산이 될 수 없습니다.

귀한 분이여, 제가 주님 안에서 당신에게 간청하오니 당신이 진정한 확신을 가지며 그리스도의 권리들이 당신의 영혼에 확실해지고 분명해질 때까지 당신의 영혼으로 쉬지 못하게 하십시오. 사람들 사이에 있는 보통 신앙, 한적한 성결, 평상적인 열심은 결코 사람을 천국에 데려다 주지 못할 것입니다. 당신의 구원을 위하여 힘쓰십시오. 오, 그날에 많은 사람들의 수고와 성취와 재물우상이 재가 되어 있는 것을 당신이 보게 되며 땅과 거기에 속한 모든 일들이 불에 타는 그때에는, 당신의 영혼이 그리스도 안에 있는 하나님의 은혜를 위해 드린 것이 얼마나 값진 것이겠습니까! 해가 떠 있을 때 그리스도를 보고 환한 대낮에 당신의 기록들과 영혼의 문서들을 훑어보는 것이 복된 일입니다. 신랑이 자기 방에 들어가고 문이 닫혔을 때는 등불을 달라고 울부짖을 시간이 아닙니다. 이 짧은 한낮의 웃음과 오락을 위해 하나님의 은혜를 잃어버리고 천국을 엎질러 버리며 이 진흙 우상과 더불어 간음을 행하고 이 굶주린 세상에서 가난하고 불쌍하고 굶주린 천국과 굶주린 아침식사와 하루의 양식을 찾고 있는 눈멀고 타락한 영혼들이여, 불쌍하고 불쌍하여라! 이 하늘의 지붕 아래에, 우리와 죽음 사이에, 해와 달 이편에 있는 모든 것은 오직 장난이요 몽상이요 환상이요 그림자요 물거품이요 기껏해야 경건하지 않은 허영이요 어두운 마음이요 한두 시간의 설탕을 바른 짜고 신 재앙이요 부와 명예와 허영과 헛된 애정과 부정한 쾌락의 속임수입니다.

선생이여, 만일 당신이 이 세상의 웃는 쪽과 우는 쪽을 동시에 볼 수 있고 또 만일 당신이 사물의 표면과 색깔뿐만 아니라 그 내부까지 그 화려함의 중심까지 볼 수 있으시다면, 그리스도의 감미롭고 사랑스러운 눈을 한 번 보는 것과 그의 매우 아름다운 얼굴에 한 번 입맞춤이 어리석은 사람의 아들들이 마음을 두는 그런 썩은 것보다 만 배나 가치가 있다는 것을 아시게 될 것입니다. 오, 선생이여, 당신의 마음을 만물의 다른 쪽으로 돌이키고 돌이키셔서 이 함정에서 일단 벗어나 영원과 죽음과 진흙 침대와 무덤과 두려운 심판과 (만일 죽음을 사고 파는 시장이 있다고 하면) 죽음이 온 세상만큼이나 비싼 값을 내야 할 곳인 지옥에서 산 채로 영원히 불타는 것을 생각해 보십시오. 천국과 그 영광을 생각하십시오. 그러나, 아! 왜 제가 사람들의 마음에 생각하고 싶지 않은 이런 일들을 생각하라고 말해야 됩니까? 그리스도 안에 있는 사랑스러움과 감미로움과 아름다움과 탁월함과 영광과 선함과 은혜와 사랑의 (끝없는) 심연을 들여다보십시오. 그때 당신은 온 세상과 그 모든 영광이 한창때일지라도 그것을 향하여 깎아 내리며 소리칠 것입니다. "그리스도여, 일어나소서. 그리스도의 아버지여, 일어나소서. 영원한 영광이여, 일어나시옵소서."

선생이여! 제가 당신을 만났을 때보다 지금 상당히 적은 모래가 남아 있고 당신의 오후는 그때보다 지금 황혼에 가깝습니다. 홍수가 바다로 몰려가는 것처럼 주님의 재빠른 배달부인 시간이 당신과 당신의 인생을 날개에 품어 무덤으로 나를 것입니다. 당신은 먹고 마시고 하실 터이지만 시간은 서 있지 않습니다. 당신은 웃지만 당신의 날은 달아나고 있으며 당신은 잠을 자지만 당신의 시간들은 세어지고 있고 손을 놓게 됩니다. 오, 얼마나 빨리 시간이 이 가난하고 춥고 배고픈 인생의 여관으로부터 당신을 쫓아내고 문을 닫아 버리게 될 것인지요! 그때에 어제의 잠깐 있던 쾌락들이 당신에게 여러 해 전에 녹아버린 눈 덩어리와 같지 않다면 무엇이란 말입니까? 아니면 더욱 나쁜 것이러니 이러한 쾌락들의 기억이 영혼을 더욱 쓴 것으로 채울 것입니다. 시간과 경험은 이것이 사실이라는 것을 증명할 것이며 죽어가는 사람들이 말할 수만 있다면 이것이 옳다고 할 것입니다. 사람들이 질 수 있는 것 이상 그들에게 더 올려놓지 마십시오. 당신의 영혼과 당신의 짐들을 하나님께 내려놓으십시오. 그를 당신의 유일하고 유일한 가장 사랑하는 이로 삼으십시오. 이생에 대한 당신의 심부름은 당신의 영혼에게 영광스러운 영원을 확인시키는 것이며 당신의 영혼이 그리스도와 정혼하는 것입니다. 당신의 사랑이 만일 천사들의 모든 사랑을 하나로 합친 것보다 낫다고 할지라도 그리스도께 드려져야 합니다. 그리스도에 비한다면 다른 모든 가치 있는 것들은 마른 검불이나 냉수 한 모금의 가치도 없습니다. 죽음 속에서 당신은 모든 것들을 아주 분명하게 알게 될 것이며 그때 세상은 지금의 가치 이상 높아지지 못할 것이며 그때 그것이 오므라들고 줄어들어 아무것도 아닌 것이 될 것이라고 저는 조금도 의심하지 않습니다. 그리고 당신은 예전의 그가 어떠하셨던 것보다 그리스도를 더 길게, 더 높게, 더 넓게, 더 깊게 보게 될 것입니다.

오, 모든 것을 잃어버리고 그리스도를 얻은 복된 성취여! 만일 당신이 그리스도를 얻지 못하면 무엇을 가지게 되겠습니까! 오, 만일 그리스도께서 당신의 것이 아니라면 온 땅이 모두 당신의 것이며 어떤 사람과도 그것을 나누지 않는다고 할지라도 당신의 소득은 얼마나 가련한 것이겠습니까! 오, 모든 수단을 동원하십시오. 모든 노를 물에 집어넣고 모든 힘을 쏟으며 모든 노력을 기울여서 모든 것을 버리고 그것들과 헤어짐으로 그리스도를 얻고 즐거워하도록 하십시오. 그의 말씀을 시험해 보고 연구하며 평범한 신자들보다 더 위로 더 멀리 한걸음 나아가려고 힘쓰며 구원을 위해 저들보다 더 많이 땀을 흘리고 더 빨리 달리려고 결심하십시오. 경건에 사람들의 안일무사하고, 냉랭하고, 약삭빠른 행실과, 천국을 향하여 이웃사람 같고, 냉랭하고, 약삭빠른 걸음은 많은 사람들로 밤에 거처가 없게 만들어서 들판에 눕게 할 것입니다. 저는 그리스도와 그의 사랑을 당신이 찾으시라고 추천하며 당신 자신을 주님의 온유한 자비와 풍족한 은혜에 추천하고자 합니다.

당신의 아내에게 그리스도 안에서 저의 사랑을 전해 주십시오. 저는 그녀가 자신의 영혼의 닻을 그리스도 자신에게 굳게 붙들어 매는 것을 배우기를 바랍니다. 적은 사람이 구원을 받습니다. 그리스도께서 그녀의 몸인 진흙 천막을 접으시고 잠시 동안 모두가 부활하는 아침까지 놓아두실 때 그리스도 안에 있는 하나님의 웃음이 어떤 기쁨이 될지, 그리고 감미롭고 감미로우신 예수의 사랑의 입맞춤들과 새 예루살렘으로 들어가며 그리스도의 입으로 환영 받는 것이 그녀의 영혼에 어떠한 일이 될지를 생각하게 하십시오. 저는 하나님과 사람들과 천사들 앞에서 사랑스러운 예수님에 견줄 만한 애인을 본 적도 없고 생각할 수도 없다고 단언하는 바입니다. 열 개의 천국에 그를 내어주거나 그와 바꿀 생각이 전혀 없습니다. 만일 천국에 그가 없다면 우리가 거기서 무엇을 하겠습니까?

은혜, 은혜가 당신에게 있기를 바랍니다.

1637년, 애버딘, S. R.

98 카신카리에의 지주에게
구원에 관한 진지함, 그리스도만을 찾아야 함

>

존경하는 각하, 은혜와 사랑과 평안이 당신에게 있기를 바랍니다. 당신에게 편지를 보낸 지 너무 오래되었습니다. 당신께서 시선이 온통 색칠한 이 세상의 아름다움을 곁눈질하고 좋아하는 데 사로잡혀 겨우 반쪽 눈으로 그리스도를 보고 있는 평범한 신자들보다는 그리스도와 그의 사랑과 은혜를 더욱 소중히 여기는 것을 배우셨으리라고 저는 확신합니다. 이 세상은 그 모든 애인들에게 아름다운 것을 약속하지만 필요할 때 곧 어려움에 처할 때에는 그럴싸한 속임수밖에는 아무것도 줄 수가 없습니다.

사람들이 이 세상에 온 것은 마치 어떤 사람들이 시장에서 하는 것처럼 보고 보이고 또는 사람들이 명절놀이를 구경하러 왔다가 구경만 하고 집으로 다시 가는 것처럼 하려는 것이 아님을 당신은 아실 것입니다. 당신은 여기에 하나님을 만나기 위해, 당신의 영혼이 구원을 받기 위해, 그리스도 안에서 그를 만날 약속을 가지고 그리스도 안에서 당신을 위해 만들어진 화평의 언약 안에서 성내시며 진노하시는 하나님과 화해를 구하기 위해 오셨습니다. 이것은 보통 놀이나 세상 대부분의 사람들이 마음을 쏟는 그런 놀이가 아닙니다. 그러므로 사랑하는 이여, 당신의 영혼의 구원을 빌어, 하나님의 자비하심을 빌어, 그리스도 앞에 당신이 나타날 것을 빌어 제가 당신에게 간청하오니 이 일을 진지한 열심으로 행하시고 구원이 단지 당신의 허드렛일이나 단지 휴가철의 일이나 이래도 좋고 저래도 좋은 일이 되지 않도록 하십시오. 사람들은 이 일이 죽음과 자기들이 손을 맞잡을 때 푹신한 침대에서 삼 일의 기간이면 될 일이며 또한 한두 마디 말로 그들의 영혼의 문제를 바로잡을 수 있다고 생각하고 있습니다.

아! 이것은 우리 구원의 일을 느슨하게 하며 불확실하게 하는 것입니다. 아니, 이 세상과 그 영광을 구하는 것이야말로 사람이 지나칠 수 있는 한가한 시간에 할 만한 하찮은 일이니 그렇게 함으로 우리의 구원을 분명하게 하는 것입니다. 오, 언제나 되어야 사람들이 모든 우상-애인들과 결별하고 자기 영혼을 자유롭게 하여 시간과 날이 있을 때 그리스도를 유일하고 유일한 분으로 여기며 자기의 등불을 손질하고 준비하여 천국으로 향하는 것을 배우게 될 것인가요! 오, 얼마나 빠르게 이 집이 부서지고 비천한 영혼이 머물던 여관이 땅에 무너질 것인가요! 얼마나 빨리 수년이 지나갈 것인가요! 그때 날이 끝나며 이생의 대여 기간이 종료될 때 사람들은 세상의 영광으로부터 꿈과 상상 외에 무엇을 가지겠습니까? 오, 그리스도를 위해 힘쓰고 그를 확신하는 것은 얼마나 복된 일이겠습니까! 늦기 전에 당신이 그를 붙잡고 있는 것과 천국의 권리와 헌장과, 당신이 어떤 약정으로 그리스도와 복음을 가지게 되며, 당신의 어림짐작으로 그리스도가 얼마나 가치가 있는지, 그리고 다른 것을 얼마나 가볍게 여기고 그리스도를 얼마나 소중하게 여기고 있는지 확인하고 시험해 보십시오. 만일 당신이 그의 아름다움과 영광을 보게 된다면 당신은 그가 모든 것이 되신다는 것과 이생의 짧은 몇 년간의 기쁨을 팔고 양도하고 상실한다 할지라도 그가 당신이 찾아야 할 비교할 수 없는 금으로 된 보물이라는 것을 알게 되시리라고 저는 확신합니다. 오, 다가올 저 오래 지속되는 생명과 이생을 바르게 비교할 줄 알며 앞의 것의 무거운 영광과 뒤의 것의 가벼운 금빛의 허영을 저울질할 수 있는 사람은 영원토록 복 있는 사람입니다! 이제 주님의 날이 가깝고 모든 사람들이 자기들의 있는 모습 그대로 흰옷과 검은 옷을 입고 나타날 것입니다.

그리스도께서 그리스도로 불리고 더 이상 별명으로 불리지 않을 그날에는 더 이상 빌린 거짓 색깔이 없을 것입니다. 지금은 사람들이 그리스도와 그의 흰 색깔과 기독교의 광채와 장식을 빌리고 있습니다만 하나님의 날에는 세상과 거기에 있는 모든 일이 불타는 불에 그 많은 위선의 가면들이 불타지 않겠습니까? 비록 그리스도께서 지금 힘든 편을 가지셨을지라도 제가 심령을 다해 섬기는 주님 앞에서 저는 이 세상 사람들의 금목걸이나 상당한 이익이나 웃으며 행복해 보이는 이 세상 사람들의 천국들을 그리스도의 감옥과 간힘과 쇠사슬과 바꾸지 않을 것입니다. 그리스도를 위한 저의 손해나 간힘 때문에 후회할 생각이 전혀 없습니다. 모든 저의 대적들이 저의 간힌 것 외에는 저와 같기를 원합니다. 그리스도께서 영원토록 존귀하시고, 존귀하시고, 존귀하시니 우리가 그를 위하여 지옥의 고통 같은 고통도 감당해야 하는 것은 하나님의 성도들이 이 세상에서 훨씬 짧은 지옥을 가지기 때문입니다. 선생이여, 당신의 영혼이 그리스도의 감미로움에 더욱 친숙해지기를 바랍니다. 은혜, 은혜가 당신에게 있기를 바랍니다.

1637년, 애버딘, S. R.

99 카모니스 부인에게
은혜, 높아져야 할 그리스도의 이름, 하나님 외에 모든 것은 우리를 넘어지게 한다.

>

부인, 주님 예수 안에서 제가 당신에게 간청하는 것은 매일 그리스도에 관한 것이 점점 더 많아지도록 하시고 당신이 하나님의 은혜 안에서 자라고 있는 것과 매일 어느 정도 분명하게 부패를 이기고 있는지 확인하여 보시라는 것입니다. 여행자들이 나날이 조금씩 전진하고 있으며 또 본향에 점점 가까워지지 아니하면 자기들의 여행을 마칠 수 있는 곳으로 가는 것이 아닙니다.

저는 그리스도께서 더더욱 좋으시다고 생각하고 있습니다. 아! 제가 그를 높이 모시기를 몹시 원하는데 어디에다 그를 세워야 할지 저는 잘 모르겠습니다! 제가 헤아리기에 지칠 때까지 하늘들 위에 하늘들을 세우고 그 위의 가장 높은 계단과 가장 높은 층에 그를 세울 수가 없습니다. 하지만 만일 그가 저를 밟고 서시도록 하기 위하여 그의 발바닥 밑에 저의 손실과 고통과 수치를 놓아서라도 제가 그를 온 세상에서 위대하시게 할 수 있으면 좋겠습니다.

당신께서 낙심하지 마시라고 제가 요구합니다. 왜냐하면 이 세상과 당신은 '예와 아니오'의 관계이며 또 여기가 당신을 향하여 웃는 본향이 아니기 때문입니다. 당신을 알고 계시는 지혜로우신 주님께서 그것을 가지고 계실 것이니 그가 당신의 사랑을 붙잡아서 자신에게 가져가시려고 그물을 던지셨기 때문입니다. 그러므로 아이들을 잃어버림과 무거운 짐들과 집 안에 있는 것이든 집 밖에 있는 것이든 다른 불만들을 인내하며 견디십시오. 그러한 것들 속에서 당신의 주님이 당신을 찾고 계시니 당신은 그를 찾으십시오. 당신의 주님 예수 외에는 아무것도 당신의 애인이나 좋아하는 것이거나 즐거움의 꽃이 되지 못하게 하십시오. 당신의 마음을 세상에 두지 마십시오. 하나님께서 세상을 당신의 지분으로 삼지 않으셨습니다. 왜냐하면 그것이 당신에게 갑절의 지분을 얻게 하거나, 갑절로 기쁘게 하거나, 갑절로 행복하게 하거나, 위에 있는 천국과 아래 있는 천국 또한 가지게 할 수 없기 때문입니다. 그리스도이신 우리의 주님과 그의 성도들은 그렇게 하지 않았습니다. 그러므로 이생과 그것의 좋은 것들을 쥐고 있는 손을 놓으십시오. 저는 당신의 천국이 그 근처에서 자라지 않기를 기대합니다. 신랑의 은밀한 미소를 짓고 계시는 그리스도를 소유하며 아쉬워하는 것을 매일 배우십시오. 그는 오셨다 가셨다 하셔야 할 것이니 그의 무한한 지혜가 그렇게 하는 것이 당신에게 가장 좋다고 생각하셨기 때문입니다.

언젠가 우리는 함께 있게 될 것입니다. 우리는 해나 달이나 촛불에게서 빛을 빌릴 필요가 없을 것입니다. 천국에서는 어느 쪽에도 불평이 없을 것입니다. 거기는 그와 우리, 신랑과 신부 외에 아무도 없을 것입니다. 악마들이나 시험이나 시련이나 버림받음이나 손해나 슬픈 마음이나 고통이나 죽음은 모두 사라질 것이고 악마도 시험하는 일을 그만 두어야 합니다. 오, 소망이 그날을 향하여 똑바로 쳐다보는 얼굴을 가진 사람은 복이 있습니다. 여기서 보물을 쌓는 것이 우리의 할 일이 아닙니다. 하늘의 지붕 아래서 우리가 세우려고 하는 어떤 곳이든 단지 좋지 못한 바닥이요 모래터전일 뿐입니다. 하나님을 제외하고 모든 좋은 것들은 바닥이 없으니 홀로 설수가 없습니다. 그렇다면 어떻게 그것들이 우리의 무게를 지탱할 수 있겠습니까? 검불 위에다 짐을 올려놓지 맙시다. 하나님 외에는 저의 무게를 느끼게 하거나 저의 행복을 세울 것이 아무것도 없습니다. 모든 만들어진 권능은 제가 그것을 기대어야 한다면 제 밑으로 가라앉으리라고 저는 알고 있습니다. 그러므로 가라앉거나 넘어지는 것보다 하나님을 의지하는 것이 더 낫습니다. 우리 약한 영혼들은 우리 스스로 설 수가 없기 때문에 바닥이나 기댈 곳이 있어야 합니다. 그러므로 우리의 선택하는 일에 지혜롭게 하시고 우리 자신의 행복을 선택하여 고릅시다. 그것은 주님을 의지하는 것입니다. 우리 각자는 우리의 남편이신 그리스도를 제쳐두고 정부(情夫)와 우상을 가지고 있습니다. 그러나 우리의 좁고 작은 사랑을 나누는 것은 어리석은 일이니 그것은 두 사람 몫이 되지 못합니다. 그러므로 그것을 통째로 함께 가지고 그리스도께 드리는 것이 가장 좋은 것이니 우리가 그것을 그리스도께 빌려 드리고 그리스도께 투자할 때 우리는 갑절의 이득을 볼 것이며 더구나 그 원금은 사라질 수 없다는 것을 우리는 확신합니다.

이제 더 이상 말씀 드릴 수가 없습니다. 저를 기억해 주십시오. 저는 그곳에 있는 사람들에 대한 하나님의 승인을 가지고 있으나 저보다 강한 사람들에 의해 강제로 여러분에게서 추방되어 쫓겨났습니다. 주님께서 그리스도의 날에 여러분에게 긍휼을 베푸시기를 바랍니다. 하나님께서 저의 하늘을 다시 맑게 하실 수도 있습니다. 저의 석방에 대한 작은 징조가 있습니다만 그의 보시기에 좋은 대로 제게 행하시기를 바랍니다. 저는 그의 진흙이니 저의 토기장이가 자기의 원하시는 대로 저를 만드시고 모양을 지으실 것입니다. 은혜가 당신에게 있기를 바랍니다.

1637년, 애버딘, S. R.

100 라지리에 부인에게
사랑의 유일한 대상이신 그리스도, 죽음을 위한 준비

>

부인, 은혜와 사랑과 평안이 당신에게 있기를 바랍니다. 주님 안에서 권하오니 천국을 향한 여행을 지속하며 그리스도와 그를 따르는 자들이 당신 앞서서 중도에 만났던 것과 같은 처지를 만족스럽게 여기십시오. 그들이 항상 얼굴에 바람을 맞았습니다. 주님은 우리의 편리를 위하여 길을 바꿔 주시지 않았지만 우리로 감미로운 인도자를 따라가게 하십니다. 아, 죄가 얼마나 우리의 여정을 방해하며 지체하게 하는지요! 그리스도 외에 우리 영혼에게 다른 사람이나 다른 애인이나 다른 짝을 두려고 하는 우리는 얼마나 바보들입니까! 집에서 최고로 응석을 받는 병든 아이들처럼 우리가 자기 집을 찾으며 여름도 제대로 날 수 없고 겨울도 제대로 날 수 없는 이 땅의 작은 진흙 여관과 우상에 대한 모든 소망을 팔아 버리면 우리에게 좋을 것입니다. 오, 우리의 영혼이 이 세상과 사이가 나빠져서 마치 여행자들이 그것을 대하기를 자기의 보물이 아니라 사용하여 없어질 물 한 모금에게 하듯이 생각할 수 있다면! 십 리의 여행이 그 마신 것을 자기에게 아무것도 아니게 할 것입니다.

오, 우리가 빨리 이 세상과 끝을 내며 세상 사랑하기를 신속하게 그만 둘 수 있다면! 그러나 아이가 자기의 작은 손바닥에 두 개의 사과를 쥘 수 없고 하나가 다른 것의 자리를 밀어내야 하는 것처럼 우리는 두 사랑의 주인이나 지배자가 될 수가 없습니다. 만일 우리가 우리 자신을 저 값을 헤아릴 수 없는 보물인 그리스도의 사랑의 주인이 되게 할 수 있다면, 아니 우리 자신이 그리스도의 사랑에 지배를 받으며 복종하게 되어서 그리스도께서 우리의 모든 것이 되고 모든 다른 것은 우리에게 아무것도 아닌 것과 즐거움의 쓰레기가 된다면 우리는 행복할 것입니다. 오, 주님의 바람과 조수(潮水)가 우리를 부를 때를 대비하여 배에 오를 준비를 합시다! 죽음은 마지막 도둑이니 소음이나 발자국 소리 없이 와서 우리의 영혼을 취해 갈 것이며 우리는 시간과 헤어지고 영원을 만나게 될 것입니다. 사람이 밤에 자기의 옷을 개듯이 우리의 주님은 이 흙으로 된 장막의 양쪽을 함께 모아 놓고 우리를 접어 간직하시되 우리의 반쪽은 흙 집인 캄캄한 무덤에 다른 반쪽은 천국이나 지옥에 넣으실 것입니다. 평안 가운데 당신의 주님을 뵙기를 구하시고 당신의 버릴 짐을 모으시고 당신의 영혼을 정돈하십시오. 그리스도께서 우리의 작은 모래시계에 눈꼽만큼의 시간도 더하지 않으실 것입니다.

시온을 위해 그리고 그의 죄수인 저를 위하여 기도하여 주시되 그가 저를 그리스도로 가득 차고 그의 복음의 축복으로 충만하게 넘치게 하여 여러분에게로 다시 데려가 주시기를 구해 주십시오.

은혜, 은혜가 당신과 함께 있기를 기원합니다.

1637년, 애버딘, S. R.

101
얼스턴 2세에게
고난, 마지막 구원의 소망, 신자는 안전하게 보호 받음, 시험들로 받은 해를 보상 받음

>

주님 안에서 사랑하는 귀한 분이여, 은혜와 사랑과 평안이 당신에게 있기를 바랍니다. 당신에게서 소식을 듣고 싶습니다. 저는 여전히 소망의 죄수로 남아 있으며 주님의 아침 하늘이 동트고 그의 봄날이 밝아올 때까지 순종하여 잠잠히 기다리는 것이 주님을 섬기는 것이라고 생각합니다. (하나님께서 몇 년간 우리를 이 땅에 악마들과 사람들 사이에 그리고 악마의 불꽃과 시험 아래 보내셔서) 우리가 이곳 원수들 사이에서 잠시 고난 받는 것이 우리 인생의 주요 사명의 하나라는 것을 저는 확신합니다. 만약 그렇지 않다면 주님께서 우리가 모태에서 나올 때에 우리 앞에 천국을 대기시켜 놓으시고 우리가 이 울퉁불퉁하고 가시덤불인 인생에 우리 발을 내딛지 않고서도 우리의 본향으로 가게 하셨을 것입니다. 무한한 지혜께서 선하게 생각하신 대로 다소간에 우리 각자에게 고난의 조각을 잘라 주신 것을 볼 때 하나님과 천사들과 사람들과 악마들에게 주목 받아야 할 사람

들처럼 불과 물, 악마들, 사자들, 사람들, 손해들, 괴로운 마음들을 견뎌냄으로 우리의 연약하고 상처 입기 잘하는 본성을 강하게 하며 단련되도록 하는 것이 우리의 본분입니다. 오, 우리의 눈물에 귀머거리이며 벙어리요 그것을 만드신 하나님처럼 꿈쩍하지 않고 든든히 서 있을 하나님의 작정을 향해 앉아서 울고만 있다면 얼마나 어리석은 일입니까! 그가 작정하시고 행하시는 것을 변경시키거나 더 좋게 하겠다고 누가 나설 수 있겠습니까?

우리의 감옥에 창을 내고 하나님과 천국 본향을 바라보면서 왕이 베푸는 석방소식을 간절히 기다리는 차꼬에 채워진 사람처럼 "주님, 당신의 나라가 임하시옵소서! 오, 신랑이여 오소서! 오, 날이여, 아름다운 날이여, 오, 영원한 봄날이여, 우리의 캄캄한 밤 하늘을 헤치고 동터 와서 빛나라!"고 외치는 것이 좋습니다. 만일 매일 감옥 벽에서 작은 돌이 부서져 내리고 이로 인하여 마침내 사슬이 닳아져서 끊어지고 구멍이 그가 오래 소원하던 자유에 이를 넓게 만들어지리라는 확신이 팔과 다리에 100킬로그램의 철 덩이에 매여 있는 죄수에게 주어진다면 그는 시간이 감옥 벽에 구멍을 내고 그의 쇠사슬을 끊어버릴 때까지 인내하며 기다릴 것이라고 저는 확신합니다. 주님의 소망 있는 죄수들은 시련 아래서 그와 같은 처지에 있습니다. 세월이 이 진흙 집에서 작은 돌 하나, 그리고 또 하나 이렇게 떼어낼 것이며 마침내 시간이 넓은 문의 넓이만큼 만들어서 갇힌 영혼을 천국의 자유로운 대기로 보낼 것입니다. 시간이 지금 다리와 팔에 있는 쇠빗장을 조금씩 갈아내며 우리의 고생거리들을 너덜너덜하게 구멍투성이로 닳게 하며 마침내 아무것도 아닌 것이 되게 할 것입니다. 제가 알기로는 어제 제가 고난 받았던 것은 결코 다시 와서 저를 괴롭히지 못하리라는 것입니다.

오, 우리가 새로운 소망을 내뿜으며 매일 그리스도의 무릎에 새로운 순종을 드릴 수만 있다면! 확실히 큰 무게를 가진 영광의 중함이 훨씬 더 크고 영원한 무거움으로 늘어나서 가볍고, 짧게 자르고, 짧은 기간 있는 십자가들의 무게와 길이를 모두 보상하게 될 것입니다. 우리의 물은 얕을 뿐이어서 우리 턱까지 이르지 못할 것이고 우리의 숨을 멈추게 하지는 못할 것입니다. (제가 그리스도로부터 눈을 빌릴 수 있다면) 저는 마른 땅을 보며 그것이 가깝다는 것을 볼 수 있을 것입니다. 그런데 왜 우리는 역경을 비웃으며 잠깐 생겼다가 쉬 사라지는 우리의 시험들을 경멸할 수 없겠습니까? 저는 그 영광이 나타나는 것을 바라고 즐거워하고 있으니 우리가 바라는 것은 불확실한 영광이 아닙니다. "난 그렇게 생각해," "그럴 수도 있지"라는 가느다란 실에 우리의 소망이 매달려 있는 것이 아닙니다. 우리의 닻에 단단히 묶여 있는 굵고 단단한 밧줄은 영원한 진리이신 그분의 맹세와 약속입니다. 우리의 구원은 하나님의 변할 수 없는 본성의 강한 기둥에 하나님 자신의 손으로, 그리스도 자신의 능력으로 묶여 있는 것입니다. "나 여호와는 변역지 아니하나니 그러므로 너희 야곱의 자손들아 너희가 소멸되지 아니하느니라"(말 3:6). 우리는 믿을 만하고 확고부동한 반석 위에서 놀며 춤추며 뛸 수가 있습니다. 그 바다은 안전하고 강해서 지옥의 흔들어 댐과 마귀들의 흔들어 댐과 세상의 공격들을 견디낼 것입니다.

　오! 우리의 바다가 온통 불이 붙은 것 같을 때에 우리의 믿음이 높고 거만한 바람과 파도를 헤쳐나갈 수만 있다면! 오, 얼마나 자주 저는 잡은 것을 놓치는지요! 저는 물에 빠져 허우적대며 반쯤 물에 잠겼습니다. 마귀가 이 전투에서 유리한 지역을 차지한 것을 제가 알고 있으니 그는 자기가 잘 알고 있는 저의 부패한 본성 속에서 싸우고 있기 때문입니다. 아! 그것이 그에게 피붙이같이 가까운 친구니 우리에게 못된 짓을 안 할 수가 없는 것입니다. 그러므로 끝까지 구원하시며 많은 아들들을 영광으로 인도하시는 그분께서 아직도 저의 구원을 바로잡아 주십니다. 하루에도 스무 번씩 저는 저의 천국을 헝클어 놓으며 그리고는 엉망으로 헝클어진 일을 그리스도께 가져가서 그것을 바로잡아 주며, 그 실의 바른 끝을 찾아 주며, 그의 손으로 직접 저의 영원한 영광을 다시 감아 주시고, 저의 흠집 내고 망가트린 구원에 그의 거룩하고 은혜로운 손을 대 달라고 떼를 쓰는 것입니다. 정말로 어리석은 아이가 넘어지는 것과 이마에 상처 내는 것과 이 장난감 저 장난감을 달라고 우는 것과 성급하게 뛰는 것과 병듦과 어린아이의 질병을 막는 일은 귀찮은 일입니다. 아이가 그 모든 것을 통과하고 그 수렁을 빠져 나오기 전까지 아이 보는 사람들에게 적잖은 성가심과 고생거리를 안겨야 하는 것입니다. 그와 같이 신자는 그리스도께 성가신 일의 조각이며 얽힌 실타래입니다. 그러나 하나님께 찬양 드리는 것은 그리스도께서 그가 잃어버린 인생에게 처음 스승이 되신 이후에 많은 망가진 구원들과 많은 얽힌 실타래들을 고치셨던 것입니다. 오, 그가 없이 어린 아이들인 우리가 무엇을 할 수 있단 말입니까! 얼마나 빨리 우리는 모든 것을 망가뜨립니까! 그러나 우리의 무게에서 우리의 연약한 무릎에 작게 올려놓을수록, 그리고 강한 반석이신 그리스도께 우리 자신이 더 많이 의지할수록 우리에게 더 좋습니다. 그리스도께서 우리의 방해를 언제나 취하신 것이 좋습니다. 그리고 그리스도께 많은 짐과 무거운 것들을 내려놓고 그리스도를 우리가 가진 것의 전부로, 우리의 구원의 뿌리와 꼭대기로, 처음과 나중이 되게 하는 것이 우리의 천국입니다. 주님, 여기서 우리가 멈추겠습니다.

자, 이 스승에게, 넉넉하신 주님께 당신을 부탁 드립니다. 그가 오실 때까지 꼭 붙드십시오. 그의 죄수를 기억해 주십시오.

은혜, 은혜가 당신에게 함께 하시기를 바랍니다.

1637년, 애버딘, S. R.

102
칼리의 지주에게
영적인 태만, 타협의 위험, 모든 죄의 뿌리인 자아, 자기포기

>

존경하는 각하, 은혜와 사랑과 평안이 당신과 함께 하기를 바랍니다. 당신의 영혼이 잘되는 것을 듣고 싶습니다. 당신의 영혼이 그리스도와 구원에 대해 깊은 관심을 가지고 있다는 확신이 제게 있습니다. 주님 안에서 제가 당신에게 간청하오니 자신들의 믿음과 경건이 자기들의 것이기 때문에 최고라고 생각하는 게으른 신자들의 안일함을 벗어나 천국을 얻기 위해 더 수고하며 열심을 내십시오. 그들은 많은 사람들과 시대가 가장 좋아하는 그런 신앙 방식으로 여름과 겨울을 지내며 냉랭한 습관과 생활로 만족해

하며 자신들의 믿음을 가장 좋은 날씨와 피부를 상하지 않게 하는 것에 가장 잘 맞도록 모양을 짜고 오리고 새기고 있으며 하나님의 일에 시대의 흐름에 맞추어서 열기와 냉기를 함께 내쉬는 것입니다. 이것이 그들이 천국으로 항해하면서 더 좋은 것을 버리고 사용하는 나침반인 것입니다. 사랑하는 이여, 그러한 사람들에게서 떨어지시고 있는 힘과 호흡을 다하여 구원을 위한 달음질에 진력하십시오. 그리스도의 나라를 취하는 데에 강권력을 사용하십시오. 그리스도와 그의 모든 추종자들은 그들이 산 정상에 이르기 전에 혹독한 소나기와 진땀을 견뎌내야 했습니다. 그러나 우리의 연약한 체질은 우리가 잘 때 우리 머리맡으로 와서 우리 곁에 눕는 천국을 가지고 싶어하니 우리가 따뜻한 옷을 입은 채 천국에 가려고 하는 것입니다. 그러나 그곳에 이른 모든 사람들은 중도에서 발이 젖었으며 그들의 얼굴을 가려야 하는 강한 폭풍을 만났고 진퇴양난과 오르락 내리락 하는 일과 많은 원수들을 만났습니다.

사람이 자기 정욕들을 가지고 천국에 들어간다는 것은 불가능합니다. 이러한 물품들은 거기서 환영을 받을 수가 없습니다. 오, 인내를 가지고 우리의 경주를 달리는 것을 방해하는 돈주머니들과 짐들을 앞질러 가기를 우리는 얼마나 싫어하는가요! 하나님을 기쁘시게 하기 위하여 우리의 본성을 불쾌하게 하고 화나게 하는 것은 작은 일이 아닙니다. 오, 만일 우리 자신의 의지에서, 우리 자신의 지혜에서, 우리 자신의 안락과 세상적인 욕심으로부터 한 자, 아니 반 치라도 옮기는 것이 (그리고 우리 자신을 부인하여 "내가 아니고 그리스도, 내가 아니고 은혜, 내가 아니고 하나님의 영광, 내가 아니고 하나님의 강권하시는 사랑, 내가 아니고 내 안에서 왕으로 나를 주관하시는 그리스도의 능력입니다"라고 말하는 것도) 어렵다면, 오! 나, 내 자신, 내 욕심, 내 안락, 내 이익에서 떠나 "나의 주님, 나의 구주, 나의 왕, 나의 하나님, 나의 주님의 뜻, 나의 주님의 은혜"로 돌아서는 일이 우리 본성에게 어떤 고통이 되며 어떤 죽음이 되겠습니까! 저 우상, 저 매춘부 같은 녀석인 내 자신이라는 우상은 우리 모두가 절하는 우두머리 우상입니다. 무엇이 하와를 타락시켰습니까? 그 못된 자신이 아니면 무엇이 그 금단의 열매에게로 달려가게 했단 말입니까? 무엇이 형제살인자로 아벨을 죽이도록 유인했습니까? 길들여지지 않는 그 자신입니다. 누가 옛 세상으로 그들의 길을 타락으로 몰고 갔습니까? 그들 자신과 그들의 쾌락이 아니면 누구겠습니까? 솔로몬으로 우상과 많은 이방인 아내들에게 빠져들게 한 원인은 무엇입니까? 하나님보다 쾌락을 더 좋아하는 자신 외에 누구란 말입니까? 다윗을 사로잡아 간음으로 처음 덫에 걸리게 한 미끼는 그의 자기정욕이 아니면 무엇이며 그리고 나서 살인에 빠지게 한 것은 자기신뢰와 자기영광 아니면 무엇이겠습니까? 무엇이 베드로로 하여금 자신의 주님을 부인하게 했습니까? 자신이라는 조각과 다치지 않으려는 자기사랑이 아닙니까? 한 조각의 자기사랑과 변덕스러운 자신을 우상화하는 것이 아니라면 무엇이 유다로 하여금 은 삼십 개에 자기 주님을 팔게 하였습니까? 무엇이 데마로 하여금 복음의 길을 떠나 이 세상을 끌어안게 하였습니까? 자기사랑과 자신의 이익에 대한 사랑입니다.

모든 사람들이 자신의 죄에 대해 악마를 원망합니다. 하지만 큰 악마, 모든 사람의 가신(家神)은 사람들의 가슴 속에서 먹고 눕는 가신으로 모든 것을 죽이는 우상, 곧 자신입니다. 오, 자신을 부인하고 그 자리에 그리스도를 모시는 사람은 복이 있습니다! 오, 제가 자신이 아니라 그리스도만을, 내 정욕이 아니라 그리스도만을, 내 안락이 아니라 그리스도만을, 내 명예가 아니라 그리스도만을 가질 수 있다면! 오, 아름다운 말씀이여, "이제는 내가 사는 것이 아니오 오직 내 안에 그리스도께서 사신 것이라"(갈 2:20). 오, 모든 사람이 자기자신, 자신의 자아, 자신의 안락, 자신의 쾌락, 자신의 신뢰, 그리스도보다 더 높이 세운 우상들인 자신의 스무 가지 일들과 자신의 백 가지 것들을 버릴 수 있다면! 친애하는 각하, 당신이 젊은 때의 정욕들 속에 그리스도보다 더 높이 세웠던 당신 자신의 옛 자아, 자기정욕, 자기 우상을 기억하시리라는 것을 저는 압니다.

존경하는 각하, 제가 사랑으로 인하여 자유롭게 말한 것을 용납하시기 바랍니다. 하나님께서 저의 증인이시니 당신의 영원한 행복을 위한 저의 진실한 소원에서 제가 이렇게 거침없는 말을 했습니다. 당신의 태양은 지난번 제가 당신을 보았을 때보다 더 낮아졌고 저녁하늘과 해질녘이 더 가까워졌습니다. 밤이 오기 전에 당신의 일을 마치도록 힘쓰시고 그리스도께서 당신 자신이 되게 하시며 당신의 사랑과 마음을 주님께 친숙하게 하십시오. 많은 사람들이 비참하게 넘어지고 그분에게 거짓이 되는 이때 그리스도와 그의 진리 곁에 서십시오. 당신이 그와 그의 진리를 사랑하기를 바랍니다. 당신을 주님 안에서 견고하게 하도록 당신과 함께 제가 힘을 얻도록 하십시오. 저는 금면류관과 거기에 달려 있는 나라보다 저의 주님의 아름다운 십자가를 더욱 귀히 여깁니다.

주님께 대한 저의 기도에 당신을 잊지 않을 것을 약속합니다. 주님께서 저를 다시 그리스도의 복음을 가지고 여러분들에게 돌아갈 수 있도록 기도로 저를 도와주시기를 바랍니다. 은혜, 은혜가 당신과 함께 하시기를 바랍니다.

1637년, 애버딘, S. R.

카도니스의 존 고든 2세에게
젊음의 위험, 이른 결심

>

주님 안에서 매우 사랑하는 분에게, 은혜와 사랑과 평안이 당신에게 있기를 바랍니다. 당신의 영혼의 상태에 대한 소식을 매우 듣고 싶으니 그것이 제 기도와 신중한 생각들의 상당한 부분을 차지합니다. 각하, 귀중한 보화와 상급이 당신이 지금 관여하고 있는 이 짧은 시합에 달려 있다는 것을 기억하십시오. 당신의 영혼이 영원토록 행복할지 불행할지는 당신의 짧고 재빨리 흐르는 모래시계를 잘 다루었는지 못 다루었는지의 그 작은 순간에 달려 있습니다. 주님을 만날 수 있을 때에 찾으십시오 주님께서 당신을 기다리십니다. 당신의 영혼은 상당한 가치가 있습니다. 많은 양의 금이나 은으로 높은 하늘에 닿을 만큼 쌓아도 그것을 살 수가 없습니다. 다른 사람들처럼 살아가는 것과 세상이 부끄러운 것이라고 공언하는 드러나는 죄가 없다는 것이 당신을 천국에 데려다 주지 못합니다. 당신과 천국 사이에 공손함과 적당한 신중함을 쌓을 만큼 쌓아도 저주 받은 상태에서 당신을 한 자도 아니, 한 치도 옮길 수 없습니다. 그러므로 구원을 찾기에 힘쓰시고 당신의 의지와 재능과 기질과 젊은 시절의 쾌락의 왕성한 욕망들을 당신의 손으로 그리스도께 드리십시오. 젊음이 얼마나 위험한 때인지 체험이 당신을 가르칠 때까지는 알기 어려울 것입니다. 그것은 푸르고 젖은 목재와 같습니다. 그리스도께서 그것에 불을 놓으시려고 해도 불이 붙지 않습니다. 부패한 본성이 젊음이라는 대단한 후원자를 가지고 있기 때문에 보통이 넘는 노력이 여기서 필요합니다. 빛을 대항하여 죄를 짓는 것은 당신의 촛불을 끌 것이며 양심을 둔하게 할 것이며 거기에다 여러 덮개들과 껍질을 씌워 가책을 적게 느끼거나 적게 인식하게 할 것입니다. 그렇게 되면 악마는 고삐를 끊어버리고 자기 멋대로 말 탄 자를 태우고 함께 달아나는 미친 말과 같습니다.

사도가 알았던 죄의 속임수를 깨닫도록 힘쓰십시오. 기도와 성경 읽기와 거룩한 친구관계와 거룩한 대화를 당신의 즐거움으로 삼도록 애쓰십시오. 즐거움이 들어오게 되면 당신은 그리스도의 감미로우심을 점점 냄새 맡을 것이며 마침내 당신의 영혼이 그리스도의 감미로움으로 당신의 머리 꼭대기까지 잠길 것입니다. 그때에 당신은 주님과 함께 산꼭대기에 이르러 영적인 사랑의 황홀함과 보이시고, 드러내시고, 생생하게 느끼고 깨달아진 그리스도의 영광과 탁월하심을 알게 될 것입니다. 그때 당신은 그리스도에게서 자신을 풀어 낼 수가 없을 것이며 다시 옛 애인들에게 당신의 영혼을 묶을 수가 없을 것입니다. 그때, 그때까지는 결코 당신의 영혼의 모든 보폭과 거동과 걸음과 회전이 올바른 선율이나 영적인 조화 상태에 있는 것이 아닙니다.

그러나 만일 이 세상과 거기에 속한 모든 정욕이 당신의 즐거움이라면 그리스도께서 당신을 가지고 무엇을 만드실 수 있을지 모르니 당신은 영광과 자비의 그릇이 되는 금속일 수가 없습니다. 주님이 살아 계시거니와 수천, 수만의 사람들이 하나님과 진노와 심판이 자기들에게 무섭지 않기 때문에 안심함으로 속고 있습니다. 하나님을 두려워하는 가운데 억제하며 꾸짖는 양심의 경고들에 머물러 있으십시오. 그리스도께서 당신 안에서 움직이시고 행하시며 말하시고 생각하신다는 것을 다른 사람들이 보도록 하십시오. 그가 당신 안에 계신다면 당신의 행위는 그의 향기를 풍길 것입니다. 타고난 본능이 새들로 보금자리를 짓게 하고 어린 새끼들을 기르게 하며 다른 곳들보다 숲이나 삼림이나 들판과 같은 곳들을 좋아하게 하는 것처럼 그리스도의 갓난아이들에게도 본능이 있습니다. 타고난 본능은 다른 나라들보다 모국을 좋아하게 합니다. 거듭나고 초월적인 은혜의 본능은 당신으로 하여금 위에 있는 본향을 사랑하며, 손으로 짓지 아니한 집으로 덧입기를 사모하며, 여기 아래 있는 당신의 빌린 감옥을 빌린 감옥이라고 부르며, 그것을 하인같이, 나그네같이 보게 합니다. 나그네의 눈과 모습이 멸시하는 듯이 보이며 불만스러운 눈길을 보내면서 그의 마음이 그의 눈을 따라서 소리치는 것입니다. "피이, 이것은 나의 본향만 못해."

　　제가 당신에게 권하는 것은 매주마다 한두 번씩 모자라는 것은 채우고 잘못한 것은 고치며 당신이 부패의 찌꺼기들을 더 쉽게 다스릴 수 있도록 매일 화나 격노나 정욕이나 방종과 같은 죄나 그 조각을 벗어버리라는 것입니다. 하나님께서 당신에게 아내를 주셨습니다. 아내를 사랑하십시오. 아내의 마음을 만족하게 하며 주님을 위하여 당신 자신의 샘을 떠나서 어떤 물도 마시지 마십시오. 낯선 우물들은 독입니다. 하나님의 사람인 윌리엄 달그레이시 목사나 다른 하나님의 일꾼들로부터 부패를 대항하는 새로운 방법을 힘써 배우십시오. 당신이 죽음을 정면으로 쳐다볼 수 있으며 당신의 영혼을 영원에 맡길 수 있는 그런 상태에 이르렀다는 것을 깨닫기까지는 곤히 잠들지 마십시오. 제가 당신을 만난 이후에 당신의 인생의 짧은 실이 몇 자, 몇 치가 지나간 것이 분명합니다. 그리고 그 실은 끝이 있습니다. 당신은 그 끝에 매듭을 지어 하루나, 아니 손가락 넓이만큼도 늘일 만한 손이 없습니다. 듣는 것과 보는 것과 흙집의 바깥 벽들이 무너져내리고, 생명이 포위된 토성을 사망과 심판에 넘겨 주며, 당신의 시간이 썰물처럼 빠져나가 바닥이 드러 났을 때, 아마 지금 감미로울 수 있는 쾌락-우상들에 대해 당신이 어떤 생각을 가지시겠습니까? 그때 당신은 주님의 은총을 사려고 어떤 뇌물이나 대가를 드리겠습니까? 그때 당신이 용서를 얻기 위해 어떤 값을 지불하시겠습니까? '만일 정말 내가 재판을 받으면 불과 유황의 풀무로 들어가게 되는가? 만일 여기에 이르면 내가 받을 것이 정말 깜깜한 어둠밖에 없을까? 내가 여기에 오게 된다면 정말 하나님 앞에서 쫓겨나 하나님의 하사관들인 마귀와 둘째 사망의 권세에 넘겨질 것인가?' 라고 생각하는 것은 잘못하는 것이 아닙니다. 가상으로 당신의 영혼을 그러한 상태에 두어 어떤 두려움이 당신을 사로잡을지 그때 당신이 죄의 길에서 즐겼던 것에 대해 어떻게 생각하게 될지를 고려하십시오. 오, 사랑하는 이여, 주님을 위해 깨어 바르게 살고 당신의 비천한 영혼을 사랑하십시오. 당신이 저의 이 편지를 본 후에 당신에게 말하십시오. "내가 받은 이 경고에 대해 주님께서 추궁하실 것이다."

그리스도께서 당신의 가족 안에 머무르게 하십시오. 이상한 삯꾼을 당신의 목사로 받지 마십시오. 당신의 아이들을 축복합니다. 은혜가 당신께 있기를 바랍니다.

1637년, 애버딘, S. R.

104 윌리엄 고든에게
그리스도의 가치에 대한 증언, 죄와 영적인 갈등을 인식할 때 은혜의 표지

>

사랑하는 형제여, 은혜와 사랑과 평안이 당신에게 있기를 바랍니다. 당신에게 답장을 쓰려고 오래 별러 왔는데 좋은 때가 왔습니다. 주님께서 불 붙이신 저의 풀무가 타올라 보는 사람들에게 하나님께서 사랑으로 그들의 마음에 경고가 되게 하는 것이 저의 바람이며 저의 진정한 소원입니다. 그리스도의 발과 그의 낡아 헤어진 옷들과 그의 마디지고 검어진 십자가에서 떨어진 티끌이 제게는 왕들의 금면류관과 시간이 좀먹는 그들의 쾌락보다 더 감미롭습니다. 만일 제가 온 마음으로 저의 주님 예수께 대하여 올바른 증언을 하지 않는다면 저는 거짓말쟁이와 거짓 증인이 될 것입니다. 저의 말이 그를 높이지 못한다는 것을 압니다. 그는 자신의 영광을 높

이기 위해 발 밑에 디딤판이 필요하시지 않습니다. 그러나 오, 그의 젊은 애인들의 판단 속에서 제가 그를 하늘 높이, 열 하늘의 폭과 길이만큼 높일 수만 있다면! 우리는 모두 그리스도를 너무 좁고 너무 짧게 조각하며 그의 사랑에 대한 생각들을 우리 멋대로 그것에 아주 부적절하게 만들었습니다. 오, 사람들이 그의 사랑과 그의 아름다움에 사로잡힌다면 얼마나 좋겠습니까! 사람들이 우상과의 놀음에 빠져 있으니 거기에는 한 영혼의 사랑이 마음대로 다닐 수 있는 공간의 반쪽도 없는 것입니다. 사람의 사랑이 오로지 맨 뼈다귀를 물어뜯느라 마음이 굶주려 있고 말라붙은 젖가슴을 빨고 있습니다. 모든 사람을 위한 사랑과 선함과 풍족함의 세상을 가지신 이에게로 오지 않으려고 하는 사람들이 궁핍한 것은 당연할 수밖에 없습니다. 우리가 잠깐 있을 피조물의 차가운 연기에 우리의 얼어붙은 마음을 녹이려 하지만 열도, 생기도, 빛도 얻을 수 없습니다. 이런 것들은 본래 자기들이 가지고 있지 않은 것을 줄 수가 없기 때문입니다. 오, 우리가 이 가시덤불을 헤치고 이 못된 애인들의 무리에서 벗어나 그리스도를 향한 사랑에 빠지고 병들 수 있다면 얼마나 좋겠습니까! 우리의 비틀거리며 어리석은 영혼을 위한 발판과 방과 감미로운 안락을 우리 주님 안에서 찾아야 합니다. 이날 이후로 그리스도의 사랑 외에는 모든 사랑을 멸시하고, 그리스도 외에는 모든 신들을 멸시하고, 그리스도 외에는 모든 구원자들을, 그리스도 외에는 모든 사랑할 만한 자들을, 그리스도 외에는 모든 영혼의 구혼자들과 사랑을 구걸하는 자들을 멸시하는 것이 제 능력 안에 있기를 바랍니다.

당신의 영혼 속에 은혜와 사랑의 건강한 일을 보이는 표지가 없다고 하소연하셨습니다. 답변으로 당신의 만족을 위해 (하나님께서 더 보내실 때까지) 요한일서 3장 14절을 생각하십시오. 당신의 죽어 있음과 의심하는 것들에 관한 자책에 대해서는 그리스도께서 당신의 무력감과 당신을 함께 취하시기를 바랍니다. 의사이신 그리스도께서 취급하시는 것은 구멍이 나고 고름이 흐르고 부러진 뼈들로 가득한 치료가 필요한 몸들입니다. 건강한 그릇들은 중보자이신 그리스도의 재능에 소용이 없습니다. 세리들과 죄인들과 창기들과 매춘부들은 그리스도께서 사시려고 하는 상품들입니다. 그리스도의 끌어당기는 팔의 범위 안으로 죄인들을 데려오는 유일한 일은 당신이 적어 보내 온 것들인 죽음과 죄에 대한 각성입니다. 그것은 자책들을 가져옵니다. 그러므로 의식을 가지고 탄식하여 당신을 괴롭히는 모든 복통과 쑤심과 영혼의 탈진에 대해 더욱 분명히 인식해야 합니다. 고통이 많을수록, 밤을 지새는 것이 많을수록, 열이 많을수록 더욱 좋습니다. 많은 사람들이 성한 마음으로 죽어가는 때에 그리스도를 부르러 보내며 성급히 부르짖기를 빨리 오셔서 그 유혈을 막고 그의 손과 고약으로 상처의 구멍을 봉해 달라고 하기까지 죽음에 이를 정도로 피를 흘리는 영혼은 대단히 좋은 질병입니다. 우리는 그런 식으로 지옥의 고통과 무서움을 아주 약간 맛보게 되는 것입니다. 아니, 그리스도께서 천국으로 만드시겠다고 약속하신 그런 지옥을 하나님께서 제게 보내 주시기를 바랍니다. 아! 저는 그 길에서 멀리까지 이르지 못하여 애절하게 외칠 것입니다. "훌륭하고 능한 의사이신 주 예수님, 여기 당신에게 신음하는 환자가 있나이다."

우리가 잘못 알고 있는 것은 승리가 없다는 것입니다. 우리는 그것을 은혜가 없는 것의 표시라고 주장합니다. 아니, 저는 싸움이 없는 것이 은혜가 없는 표시라고 말합니다. 하지만 승리가 없는 것이 그러한 표시라고 말하지 않겠습니다. 만일 저의 불과 악마의 물이 공중에서 천둥같이 부딪힐지라도 저는 크게 두려워하지 않을 것입니다. 불이 있는 곳이라면 비록 제가 한편으로 씨름하며 행하며 싸우며 탄식할지라도 제가 그리스도께 맡기고 묶였으니 불꽃이 꺼지지 않게 하는 것과 저의 믿음이 떨어지지 않게 아버지께 기도하는 것이 그리스도께서 하실 일이기 때문입니다. 기도가 단번에 바울의 마귀(육체에 가시 곧 사탄의 사자)를 문 밖으로 내몰지는 않았습니다만 주님은 그것들을 하나하나 시험해 보시며 바울로 하나님의 도움을 입어 잘 감당해 나가도록 하셨으니 하나님께서 말뚝을 박아 경계를 정하시고 그 시합을 조절하셨던 것입니다. 머릿돌이 튼튼하다면 의심하지 말고 과연 그런지 시험해 보는 것은 잘하는 일입니다. 우리가 은혜를 가지고 있는지 의심하는 것과 은혜를 가졌는지 시험해 보는 것 사이에는 커다란 차이가 있습니다. 앞의 것은 죄가 될 수 있으나 뒤의 것은 선한 것입니다. 그리스도에 대한 우리의 권리를 시험하고 그리스도에 대한 확고한 일을 이루는 일에 우리는 너무 무관심합니다. 거룩한 두려움은 우리의 내부에 우리를 배반할 원수가 있는지 진영을 살피는 것이며 모든 것이 단단하고 확실한지를 살피는 것입니다. 순풍 앞에서는 잘 나가는 틈이 많이 벌어진 배들과 자기의 회심을 믿고 있는 신자들이 안전하게 나아가다가 폭풍이 그들을 가라앉히기까지는 뱃바닥에 괸 물을 알지 못하고 있기 때문입니다. 각 사람은 하루에 두 번씩 아니면 더 자주 촛불을 가지고 철저하게 들춰보고 조사해야 할 필요가 있습니다. 제가 이 어두운 세상을 향해 다시 촛불을 들 수 있도록 주님께서 제게 자리를 주시도록 저를 위해 기도해 주십시오.

은혜, 은혜가 당신에게 있기를 바랍니다.

1637년, 애버딘, S. R.

켄무어 부인에게
천국에 이르는 길의 어려움, 그리스도의 사랑

>

친애하는 귀한 부인에게, 은혜와 사랑과 평안이 당신에게 있기를 바랍니다. 주님께서 저를 애버딘에 안전하게 데려다 주셨습니다. 저는 제가 만나는 모든 사람들의 마음에 자리를 잡았습니다. 제게 웃지 않는 얼굴은 없습니다. 단지 이 도시에 사는 사람들은 무뚝뚝하고 냉정하고 의례적입니다. 그들은 천주교도들과 어떤 신앙에도 분명하지 않은, 종교에 냉담한 갈리오의 본성을 가진 사람들로 구성되어 있습니다. 유배되고 입이 봉해진 죄수와 알고 지낸다는 것이 여기서는 지혜롭지 못한 일로 여겨집니다. 그러나 그리스도의 십자가의 수치는 저의 수치가 되지 않을 것입니다. 킨스베리의 시도는 갤러웨이의 주교가 제가 반역을 범했다고 나서서 말했기 때문에 잠잠해진 것 같습니다. 그래서 저는 제 영혼을 허망한 토대나 혈육에 붙들어 매지 않도록 하신 하나님께 감사드립니다. 장막 안에다 단단히 매는 것이 좋습니다.

　제 자신의 죄들을 바라볼 때, 저의 옛 죄책들이 되살아나는 것과 저의 사랑이 자주 그리스도의 사랑을 의심하는 것을 발견합니다. 정말로 세상은 천국에 이르는 길에 대해 너무 안일하게 생각하고 있으며 많은 사람들이 천국에 대해 눈멀고 비극적인 속임을 당하게 될 것이라고 저는 생각합니다. 차갑고 냉랭한 "주여, 주여" 외에는 소란뿐이기 때문입니다. "의인이 겨우 구원을 받으리라"고 했으니 그것은 우리가 생각하고 있는 것보다 더 좁고 더 험한 길이 틀림 없을 것입니다. 기독교신앙에 대해 좀 더 분별력이 있는 견해를 가지는 것이 좋습니다. 제가 기독교 신앙에 대해 그 이름 글자 이상 안 적이 있었는지 의심하고 있기 때문입니다.

　저는 저의 주님에 대해 거짓말을 하지 않을 것입니다. 저는 그의 감미로운 임재로 자주 많은 기쁨과 말할 수 없는 위로를 받았으니 그가 저를 이곳으로 보내신 것입니다. 저의 이 나그네 집이 저의 궁전과 제 기쁨의 정원이 될 것과 그리스도께서 팔려간 불쌍한 요셉에게 친절히 대해 주실 것을 믿으니 그는 형제들에게서 떨어져 있는 것입니다. 만일 죄에 대한 생각과 임금이신 예수님과 함께 가졌던 아름답고 아름다웠던 잔칫날들을 기억하는 비통함이 저를 식히지 않았거나 저의 감미로운 기쁨을 시름하게 하지 않았더라면 저는 때때로 지나치게 뜨거워지고 지나치게 기뻐했을 것입니다. 오, 그리스도의 사랑은 얼마나 감미롭고, 그의 사랑은 얼마나 지혜로운지요! 그러나 믿음은 잠깐 미루고 믿으라고 합니다. 아버지가 고용한 하인들에게 하듯이 일 년에 두 번씩 아들들에게 품삯을 주지 않는다고 아들들이 마음이 상할 이유는 없는 것입니다. 하나님의 상속자들은 품삯으로 사는 것보다 소망으로 사는 것이 더 좋습니다.

　부인, 그리스도께서 당신의 모든 사랑을 가지시려고 어떤 일을 하셨는지, 그리고 그분에게 드려야 할 사랑을 당신의 아이에게 주는 것을 그분이 허락하지 않으시리라는 것을 부인께서 아십니다. 당신의 사랑 안에 그리스도를 위한 좋은 처소를 마련하십시오. 정말로 그리스도께서 "내가 꼭 진 캠벨을 나의 것으로 가져야겠다"고 말씀하셨다고 저는 생각합니다. 그는 당신의 마음을 낚아 천국으로 몰아가시기 위해 많은 노를 물속에 집어 넣으셨습니다. 그가 잡으신 것을 가지시도록 하십시오. 당신을 잡았을 때 잘 잡았다고 생각하실 것입니다. 우리의 피난처를 의뢰하고 그곳을 향하여 문을 열어 놓는 것이 좋습니다. 주님의 칼이, 주님의 칼이 스코틀랜드를 향하고 있기 때문입니다! 하지만 감람나무 꼭대기에 두세 개의 열매는 남을 것입니다.

만일 한마디가 고통 중에 있는 제 형제에게 도움이 된다면 부인께서 기꺼이 그리고 즉시 말씀해 주시고 더한 것도 해 주시리라고 저는 믿습니다. 이제 오직 지혜로우신 하나님과 가시떨기 가운데 계셨던 당신의 유일하고 유일하신 이가 당신에게 함께 하시기를 바랍니다. 당신의 귀여운 아이에게 그리스도 안에서 많은 입맞춤과 많은 축복을 적어 보냅니다. 그의 아버지의 하나님의 축복과 과부와 고아에게 할당된 축복이 당신과 그의 것이 되기를 바랍니다.

애버딘, S. R.

켄무어 부인에게
고통의 용도, 고통 아래서의 두려움, 그리스도께서 영광을 받으시기를 소원함

>

부인, 은혜와 사랑과 평안이 부인에게 있기를 바랍니다. 부인과 그 사랑스러운 아이로부터 소식을 듣고 싶습니다. 그런 이유로 제가 부인을 편지로 성가시게 해 드립니다.

요사이 저는 앤워스에 보금자리를 짓는 참새와 제비가 복 있는 새들이라고 생각하고 있습니다. 주님께서 저의 모든 교인들을 황폐하게 하셨습니다. 아! 저는 가끔 이렇게 말합니다. "어찌하여 주께서 저와 다투시는지를 제게 알려 주십시오." 오, 땅이여, 땅이여, 내게 가해진 악행을 덮지 말아다오. 이 어두운 밤에 친구를 적으로 잘못 본 것은 저의 믿음 없는 의심이라는 것을 제가 압니다. 하지만 주님께서는 제게 아무런 시비도 제기하지 않으셨습니다. 저는 그에게 떼를 씁니다만 그는 좋은 말씀으로 제게 주십니다. 저의 죄와 저의 젊은 날의 죄들로 인하여 매를 맞기에 마땅하다는 것을 생각할 때, 많은 십자가들 중에서 저의 주님 예수를 위하여 고난을 받는 최고의 십자가를 고르고 뽑아 제게 주신 주님께 얼마나 큰 은혜를 입었는지요! 제게 사슬이 있어야 한다는 것을 아시고 그는 제게 많은 위로로 적셔진 금사슬들을 채워 주셨습니다. 제가 슬픔을 가져야 한다는 것을 아시고 (오, 인생의 보존자시여! 제가 범죄하였습니다) 저를 위해 기쁨이 넘치는 슬픔, 곧 정직하고 영적이고 영광스러운 슬픔을 골라 주셨습니다. 저의 십자가들은 형이신 저의 주님 그리스도의 다정한 마음에서 긍휼과 사랑의 손가락을 거쳐 옵니다. 그러므로 그것들은 감미롭고 단 것이 들어 있습니다. 오, 죄의 큰 썩은 덩어리 같은 제가 무엇이길래 제 아버지의 집에서 가장 명예로운 회초리인 금회초리로 양육되고 매를 맞기에 합당한 자식으로 여김을 받으며 거기에 더하여 저의 맏형이신 주님과 함께 유산의 상속자로 여김을 받는단 말입니까? 그의 신실한 증인들은 마찬가지로 매를 맞았습니다.

제가 감사해야 하고 기뻐해야 하는 것이 당연하다고 여겨지기를 바랍니다. 그러나 그리스도 안에서 저를 보는 사람들과 사랑하는 사람들은 육체의 눈만 가지고 저의 하나를 열이라고 부르고 저는 그들의 생각에 대단한 인물입니다. 저의 증인이 위에 계시거니와 제 안에 그 반대를 말하며 그들의 가당치 않은 실수를 비웃는 수많은 생각들이 있다는 것입니다. 만일 제 속안이 들여다보인다면 저의 썩은 것이 드러날 것이고 저는 하나님을 사랑하는 모든 사람들로부터 사랑과 존경을 잃어버릴 것이며 대신에 동정을 받을 것입니다. 오, 저들이 저를 낮추어보고 그리스도를 더 높일 수만 있다면! 만일 제가 주님의 미움과 불쾌감을 느끼지 못했더라면 제가 저의 주님의 은혜와 권능을 입어서 기뻐하며 만족함으로 즐거워하여 사람들과 천사들과 악마들과 땅과 천국과 지옥과 해와 달과 모든 하나님의 피조물이 보는 앞에서 하나님의 영광이 저의 아픔과 고통들 위에 올라타며 승리하시기를 원했을 것입니다.

그러나 그의 아름다운 영광이 저와 같은 불결한 피조물을 통과하여 더러워지지나 않을까 염려스럽습니다. 만일 제가 그리스도를 영화롭게 하는 죄 없는 존재가 될 수 있다면 제게 손해와 아픔과 고통과 극심한 비천함이 있다고 하여도 제 영혼이 얼마나 기쁘겠습니까! 그러나 저는 이것과 거리가 멉니다. 그의 사랑이 저를 죄수가 되게 했고 저의 손과 발을 묶었다는 것을 그가 아십니다. 그러나 저의 주님 예수를 섬기고 그의 사랑을 말하도록 제가 놓임과 놓인 손과 놓인 마음을 가질 수 없다는 것이 저의 고통입니다. 저는 그것을 행할 혀나 붓을 가지지 못했다는 것을 고백합니다. 그리스도의 사랑은 제 찬양이 미치지 못하며 천사 가브리엘과 하나님의 보좌 앞에 서 있는 모든 천군들의 생각을 뛰어넘습니다. 저의 깨끗하지 못한 혀와 저의 더러워진 마음이 다른 사람들로 그리스도의 사랑에 대한 찬양을 높이 부르도록 나서는 것을 생각하면 슬프고 낙심이 됩니다. 제가 할 수 있는 모든 것이란 합창대를 크게 하며 그리스도를 찬송하는 소리가 커지기를 바라는 것입니다. 저의 죄가 거의 사람들에게 보이지 않았으니 나여 불쌍하고 불쌍한지고! 아직도 제 속에 있는 피가 흐르는 감춰진 상처들은 어느 사람의 눈에도 보이지 않습니다. 그러나 만일 저의 감미로운 주님 예수께서 여전히 닦아 주시고, 씻어 주시고, 발라 주시고, 고쳐 주시고, 싸매 주시지 않았더라면 그 상처들은 썩고 문드러져서 저의 수치가 되었을 것입니다.

저의 고통의 끝이 무엇이 될지 모릅니다. 저는 단지 제 십자가의 한 쪽 끝만 보았을 뿐입니다. 다른 끝은 어떤 것이 될지 시온에 자기 불을 가지신 분이 알고 계십니다. 지옥 불을 통과해야 한다 할지라도 그가 저를 인도하시기를 바랍니다. 저의 주님께 감사 드리는 것은 그리스도께서 제게 더 많은 일을 하시리라는 것을 알고서 지금처럼 기다리며 입을 다무는 것이 저의 기쁨이라는 것입니다. 오, 저의 안락, 기쁨, 쾌락이 영원토록 찬양을 사서 그리스도께 드리기 위한 담보나 보증으로 놓여질 수만 있다면! 그러나 저는 이것과는 거리가 멉니다. 그리스도의 사랑의 깊은 빛 속에서 비천한 영혼이 자기가 이룰 수 있는 것보다 더 많이 할 수 있다는 소원을 가지며 그리스도께서 영광을 받으시리라는 자유분방한 소원들을 기른다는 것은 쉬운 일입니다. 그러나 실제에서는 저는 전혀 아무것도 아닙니다. 저는 그리스도께 가난밖에 드릴 것이 전혀, 전혀 없습니다. 그가 제 영혼과 제 사랑을 달려들어 사로잡은 것 외에는 (오, 오, 그가 그렇게 하십니다!) 저는 그를 위해 아무것도 가진 것이 없습니다. 그리스도는 진심으로 파산자와 그의 영혼과 육체를 붙들어 주시나 저는 그리스도를 위해 내놓을 만한 아무것도 없습니다. 그러나 만일 그가 제 사랑을 압류해 가시고 다시 돌려주지 않으신다면 제 영혼이 얼마나 기쁘겠습니까!

부인, 당신에 대한 그리스도의 권리가 더욱 많아지고, 당신이 계속 앞으로 나아가시며, 당신이 그에게 더욱 가까워졌다는 것을 들으면 기쁘겠습니다. 저는 그리스도를 영화롭게 할 수 없지만 다른 모든 사람들로 그리스도의 집으로 항해하도록 하고 싶습니다. 제가 당신을 당신의 가장 사랑하는 이의 잔칫집으로 초대할 수 있으면 좋겠고 저의 말로 그렇게 하고 싶습니다. 그때에 당신은 전에 결코 보지 못한 그리스도 안에 있는 사랑의 새로운 신비를 보게 될 것입니다.

부인께서 그리스도의 죄수에게 다른 사람들처럼 무관심하고 차갑지 않으신 것에 대해 많은 힘을 얻었습니다. 그것이 저의 주님의 장부에 기록되기를 바랍니다. 질투심이 많은 저의 남편이 저의 우상들을 깨뜨리신 것을 제가 많이 슬퍼하지 않는 것은 그것들이 저를 위하여 무엇을 하지도 않으며 할 수도 없기 때문입니다. 저의 주인은 그들의 도움이 필요하지 않으십니다. 다만 그것들이 그를 돕는 일에 쓰여질 필요가 있었을 뿐입니다. 부인, 제가 담대히 앤드루 캔트 씨, 제임스 마틴 씨, 레이스 여사의 기도에 당신과 당신의 아이를 기억하도록 말했습니다. 그 아이가 어떤지 제게 알려주시면 좋겠습니다. "요셉의 머리에 임했던, 그리고 자기 형제들로부터 떨어진 자의 머리 꼭대기에 임했던" 축복과 "가시떨기 가운데 계셨던 이의 선한 뜻"이 그 아이와 당신에게 나타나기를 바랍니다. 부인, 약간의 경험으로 저는 당신에게 그리스도에 대해 좀 더 말할 수 있게 되었습니다. 만일 당신이 찾으시면 전에 결코 몰랐던 그런 보고(寶庫)와 감추인 보화와 금맥이 그리스도 안에 있다고 저는 여전히 주장합니다. 그러니 와서 보십시오.

당신을 하나님의 가장 귀한 자비에 부탁드리며 이만 줄입니다.

1637년 6월 17일, 애버딘, S. R.

107

존 헨더슨에게
실천적인 제안

>

사랑하는 친구여. 당신이 구원 받기를 진심으로 바랍니다. 주님을 알며 그리스도를 찾으십시오. 당신은 죽을 수 없는 영혼을 가졌고 흙으로 된 집은 무너질 것이니 당신의 비천한 영혼을 위하여 거처를 찾으십시오. 천국이 아니면 아무것도 아니고 그리스도가 아니면 아무것도 아닙니다! 집에서 기도를 실천하시고 심판과 죽음에 대해 자주 생각하십시오. 당신이 구원 받는 문제에 느슨해진다는 것은 위험합니다.

구원을 받는 사람이 적습니다. 사람들이 하나씩 둘씩 천국에 가고 온 세상은 죄 가운데 놓여 있습니다. 원수들을 사랑하고 모든 일에 제가 가르친 진리를 따르십시오. 사람들을 두려워하지 말고 하나님께서 당신의 두려움이 되게 하십시오. 당신의 시간이 얼마 남지 않았으니 그리스도를 찾는 것이 당신의 일과가 되게 하십시오. 당신이 들에 있을 때에 하나님께 말할 수 있습니다. 죄를 인하여 상한 마음을 구하십시오. 그것이 없이는 그리스도를 만나지 못할 것입니다. 이것을 당신에게 뿐만 아니라 당신의 아내에게도 말하는 것입니다. 당신의 누이가 두려움과 의심 속에서도 그리스도의 사랑을 굳게 잡기를 바랍니다. 그녀에게 의심하지 말라고 하십시오. 그리스도께서 그녀를 사랑하시며 그녀의 이름을 생명책에 기록하셨기 때문입니다. 그녀의 구원이 빠르게 오고 있습니다. 그리스도이신 그녀의 주님은 오시는 데 느리지 않으시며 자신의 약속에 느슨하지 않으십니다.

은혜가 당신에게 있기를 바랍니다.

애버딘, S. R.

108

알렉산더 콜빌에게
설교할 수 없는 것에 대한 비탄, 그리스도를 사모함

>

매우 존경하는 분에게,

은혜와 사랑과 평안이 당신에게 있기를 바랍니다. 제가 영주님께 보낸 편지를 받으셨는지 또 그분께서 평안하신지를 알고 싶습니다. 그분이 저의 높으신 주님과 임금께 충실하고 정직하시다면 저는 그분에게 더 바랄 것이 없습니다.

저는 모든 면에서 잘 있고 주님의 장부에 영원토록 빚쟁이로 남아 있어야 하니 모든 찬양을 그에게 돌립니다! 오직 저의 침묵만이 저를 고통스럽게 합니다. 천국 밖에서 저의 주님 그리스도 다음으로 제가 한 가지 기쁨을 가지고 있었으니 그것은 곧 믿음이 없는 이 세대에게 그를 설교하는 것이었는데 그들이 그것을 빼앗아가 버렸습니다. 그것이 제게는 불쌍한 사람의 외눈과 같았는데 그들이 그 눈을 감겨 버린 것입니다. 제게 가해진 악행과 불쌍하게 버려진 그의 신부가 주님 앞에 설 것을 저는 압니다. 그리고 제 십자가의 다른 쪽과 주님께서 그것으로부터 무엇을 가지고 오실지는 제가 볼 수 없을지라도 그 소망은 늦춰지지 않을 것이며 그리스도께서 저의 구원을 위해 길을 떠나셨다는 것을 저는 믿습니다. 그는 천천히 걷지 아니하시고 한 걸음에 열 개의 산을 뛰어 넘으십니다. 한편 제게 진정한 사로잡힘이 없어서 그의 사랑으로 인해 제가 괴로워하고 있습니다. 그리스도가 오시면 오래 머무시지 않지만 분명한 것은 그가 비천한 영혼에게 입김을 부심은 지상천국입니다. 바람이 북쪽으로 불고 그가 떠나가시면 바람이 서쪽으로 돌아서고 그가 자기의 죄수를 찾아오실 때까지 저는 죽습니다. 그러나 그는 저를 그의 문 밖에 자주 세워 두시지 않습니다. 그를 위한 고통에 대해 저는 충분한 보상을 받았습니다. 오, 저의 갇힌 것 외에는 온 스코틀랜드가 저와 같기를 바랍니다! 오, 저의 고통으로 그가 찬양을 받으시게 할 수 없는 것이 얼마나 저를 고통스럽게 하는지요! 오, 만일 저 (안쪽과 바깥쪽) 하늘과 땅이 종이요 모든 강과 샘과 바다가 먹물이어서 제가 그 모든 종이에 (안팎으로) 모든 사람들과 천사들이 읽을 수 있도록 그에 대한 찬미와 사랑과 탁월함을 가득히 적을 수만 있다면 얼마나 좋을까요! 아니, 이것은 작은 일입니다. 저는 천국을 그리스도께 빚졌으니 제가 비록 새 예루살렘의 문 앞에서 들어갈 수 없게 될지라도 저의 사랑과 찬양을 담을 넘겨 그리스도께 보내 드리기를 정말 소원합니다. 아, 시간과 날들이 그와 저 사이에 놓였으니 우리의 만남이 연기된 것입니다! "오, 언제 밤이 지나고 날이 밝아 우리가 서로 보게 될까!" 외치는 것이 제가 할 일입니다.

제가 영주님께 편지를 드렸는데 그분에게 저의 일을 전해 주시기 바랍니다. 저를 향한 그분의 관심에 대하여 제가 기도하는 일밖에 해 드릴 수 없다는 것과 왕으로서의 그리스도의 명예가 의심을 받고 있는 지금 그리스도께서 그의 증인들의 명단에서 그분을 빼지 않으시기를 진심으로 바란다고 전해 주십시오. 그분이 그리스도의 옷자락을 치켜들고 그리스도의 머리에 왕관을 씌워 드리는 도구가 된다는 것은 그분의 명예가 될 것입니다. 그분의 참된 명예와 지위를 사랑하기 때문에 이것이 그분을 위한 저의 진실한 소원이라는 것을 전해 주십시오.

이제 당신을 축복합니다. 그리스도의 죄수의 기도가 당신에게 이르기를 바랍니다. 당신이 성령 안에서 섬기는 그의 감미로운 임재가 당신과 함께 하시기를 바랍니다.

1637년 6월 23일, 애버딘, S. R.

109

윌리엄 그렌디닝에게
그리스도의 아름다움을 추구함, 그가 고난을 받으며 보려고 했던 것, 그리스도의 구하러 오심

>

사랑하는 형제여, 그리스도의 이름을 위해 고난 받는 이 명예로운 일에 오시게 된 것을 진심으로 제가 환영하는 것은 그가 우리 둘을 같은 일을 하게 하셨습니다. 진실로 저는 그것을 저의 화관과 면류관으로 여깁니다. 만

일 주님께서 이 일을 위하여 제게 피와 생명을 요구하셨더라도 제가 그의 힘을 의지하여 그런 방식으로 그리스도의 명예와 영광에 마땅한 빚을 기꺼이 갚아 드렸을 것입니다. 그리스도의 사랑에 친숙해지십시오. 그리하면 그리스도 안에서 새로운 금맥과 보화들을 찾지 못하는 일은 없을 것입니다. 아니, 진실로 우리는 그리스도에게서 떨어져 우두커니 서서 그에게서 가득 채우려고 나아가지 않고 있습니다. 하지만 그가 두 가지 일을 하신다면 첫째로 커튼을 거두시고 자신의 거룩한 얼굴을 그대로 드러내시는 것이요 그리고 둘째로 그의 아름다움과 영광을 보도록 우리의 흐리고 침침한 눈을 씻어 주시는 것입니다. 그는 많은 애인들을 찾으셔야 합니다. 아주 가까이서 그를 쳐다봄으로 그를 보고, 듣고, 냄새를 맡고, 만지고, 포용하는 것 외에 저는 다른 행복을 찾고 싶지 않습니다. 그러나 오, 많은 물로 끌 수 없는 그의 사랑의 감미로운 타오름을 제가 느낄 때 닫힌 문들과 베일과 휘장과 두꺼운 구름들이 저를 고통으로 몰아 넣습니다. 오, 그리스도의 사랑이 저를 보고 움찔 놀라며 저를 비껴서 분다고 생각할 때 저는 얼마나 슬픈 시간들을 가지게 되는지요! 만일 주님께서 자신의 사랑을 시장에 내놓으신다면 그가 친히 그 값을 정하시리라고 생각합니다. 제가 더 커지고 더 넓어진 아주 큰 영혼을 가져서 그의 사랑으로 흘러 넘치기까지 가득 채워질 수 있다면 만 년 동안 지옥에 있는 것도 마다하지 않을 것입니다.

오, 제가 무엇이길래 그런 분을 사랑하고 그 높고 높으신 분에게 사랑을 받는단 말입니까! 천사들도 그를 쳐다보기에 부끄러워하는 것을 생각하면 죄 많은 눈으로 무한한 광명을 모독하는 저는 무엇이란 말입니까! 오, 그리스도께서 가까이 오시고 가만히 서 계셔서 저로 그를 올려다볼 수 있게 허락하신다면! 보는 것은 가난한 사람의 특권이니 공짜로 아무것도 내지 않고 태양을 볼 수 있는 것입니다. 만일 제가 영원토록 저의 아름다우신 주 예수를 바라보고 또 쳐다보는 것밖에 다른 일이 없다면 저는 왕의 인생을 사는 것입니다. 아니, 제가 아름다운 천국 문 밖에서 머물러 있어야 한다고 생각하면 저는 문구멍으로 들여다보아 저의 가장 사랑스러우시며 아름다우신 주님의 얼굴을 뵙는 것만으로 영원토록 행복할 것입니다. 오, 크신 왕이여, 어찌하여 그리 멀리 계십니까? 어찌하여 산 너머에 머무십니까? 오 사랑스러운 이여, 어찌하여 지체하심으로 비천한 사람을 고통스럽게 하십니까? 주님의 영광스러운 임재가 없는 긴 시간은 제게 갑절의 죽음이며 갑절의 지옥입니다. 우리는 만나야 하고 저는 그를 보아야 하고 저는 그가 없으면 안됩니다. 그리스도에 대한 주림과 사모함이 그리스도를 즐거워하여야 하는 필연성을 가져와서 어떤 대가를 치르더라도 저는 그리스도를 잃지도 않을 것이며 잃을 수도 없다는 것을 그리스도께 확인시켜 드리지 않을 수 없습니다. 저는 그의 사랑을 제멋대로 주관할 수도 없고 명할 수도 없기 때문입니다. 아니, 지옥과 그 안에 있는 모든 고통이 저 하나에게 임하여도 제가 사랑하는 것을 막지는 못할 것입니다. 예, 저의 주님 예수께서 저를 사랑하고 싶지 않으시다고 가정할지라도 제가 가진 연약한 사랑을 물린다든지 가두는 것은 제 힘과 능력으로 막을 수 없지만 그것은 그리스도께 반드시 튀어 나갈 것입니다. 저는 천국의 기쁨을 물리고 오로지 그의 사랑으로만 살고 싶습니다. 그리스도의 사랑의 따뜻함과 불 외에는 제게 기쁨이 없기를 바라며 다른 것을 제가 구하지 않는다는 것을 하나님께서 아십니다. 만일 이 사랑을 제게서 가져가시면 저의 모든 행복과 기쁨이 송두리째 무너질 것입니다. 그러므로 그리스도께서 비천한 죄수에게서 그의 사랑을 빼앗아 가시는 그런 큰 손해를 제게 입히지 않으시리라고 저는 믿습니다. 그것을 제게서 가져가시는 것은 너무 가혹한 일입니다. 본래 친절이신 그가 냉혹하실 리가 없습니다.

사랑하는 형제여, 감미로우신 주님의 쇠사슬에 대해 싫증을 내지 마십시오. 우리가 그리스도께 아주 가까워졌기 때문에 고난을 받는 것입니다. 저의 고귀하신 왕께 대하여 냉혹한 생각을 품지 마십시오. 그의 십자가를 즐거워하십시오. 당신의 구원이 잠을 자지 않습니다. 오실 이가 자신의 약속에 대해 느슨하시지 않으십니다. 하나님의 시기적절한 구원을 기다리십시오. 언제일까? 얼마나 남았을까? 하고 묻지 마십시오. 풀무에서 그는 당신에게서 찌꺼기 외에는 아무것도 잃은 것이 없게 하실 것을 저는 기대합니다. 당신의 적들을 용서함으로 온유함 가운데 당신의 뜻을 하나님께 맡기십시오. 그러면 당신의 판결이 하나님께로부터 웃음으로 돌아올 것입니다. 우리 신랑의 날이 빠르게 흐르고 있습니다. 긴 발과 짧은 발로 가는 것 같은 이 세상은 두 부류로 나뉠 것입니다. 당신의 열흘(계 2: 10)이 끝나기를 기다리며 면류관을 기대하십시오. 그리스도께서 마지막에 당신에게 어둠을 주시지 않을 것입니다.

당신의 아내와 아버님께, 그리고 베일리 씨에게 저의 안부를 전해 주시고 이 편지를 그에게 보내십시오.

그리스도의 죄수의 기도가 당신에게 있으며 주님의 임재가 당신과 동행하시기를 바랍니다.

1637년 6월 6일, 애버딘, S. R.

110

로버트 레녹스에게
그리스도를 깎아 내리는 사람들의 어리석음, 만족하시는 이는 그분임, 그에 대한 찬사

>

사랑하는 형제여, 은혜와 사랑과 평안이 당신에게 있기를 바랍니다. 주 예수 안에서 당신에게 부탁드리는 것은 영원한 생명의 일을 확고하고 분명하게 하시라는 것입니다. 각 사람이 어떤 씨를 심었는지 모든 사람의 일이 스스로 말해 줄 것이니 썩은 씨를 심지 마십시오. 오, 육신에 씨를 뿌리는 사람들을 제가 얼마나 많이 보는지요! 아, 주님께서 심판하기에 충분히 익고 희어진 이 세상을 거두시려고 낫을 대실 때 그것이 어떤 수확이 되겠습니까!

저는 당신에게 거룩함과 성화(聖化)를 추천하며 그리고 현재의 이 악한 세상에서 자신을 깨끗하게 보전하시라고 권합니다. 우리는 자신의 몽상을 말하며 우리가 가지고 있는 희망으로 우리의 육체에게 알랑거리기를 즐깁니다. 우리가 자신의 영혼들에게 거리낌이 없고 솔직하고 정직하고 예민하여 시간이 뜨거운 여름에 눈처럼 녹을 때 그들이 잘 마시고 즐길 수 있도록 그것들이 달여지게 한다면 지혜일 것입니다. 오, 죽음과 최후심판

의 이쪽에서 영혼으로 모든 것을 포기하게 하는 것이 얼마나 어려운 일인 지요! 이 세상에서 떠나며 갈 것이라고 말은 하지만 우리의 마음은 그 자리에서 한 발짝도 떼려고 하지 않습니다. 아! 자기들의 영혼과 힘이 천국에 올라가 있고 거기서 그들의 마음이 살고 바라고 즐기고 기뻐하기 때문에 이 땅에는 오르락내리락 하는 자기들의 흙으로 된 몸 외에는 아무것도 가지지 않은 천국적인 마음을 가진 사람이 아주 적다는 것을 압니다. 아! 사람의 영혼들이 날개가 없습니다. 그리하여 밤낮으로 자기들의 보금자리를 떠나지 않으며 그리스도와 친하려고 하지 않습니다. 선생이여, 당신으로 한 가지 일에, 곧 그리스도께 매달리게 하여 그의 감미로움과 탁월함의 맛에 친해지도록 하시며 당신의 사랑으로 이 세상에 기웃거리지 못하게 하십시오. 하나님의 은혜밖에는 아무것도 당신을 위하여 나설 수 있는 것이 없을 그날에는 그것이 당신을 위해 아무것도 할 수 없을 것이기 때문입니다. 당신은 여러 해 동안 헛된 일을 취하며 피조물들 사이를 허송세월하며 방황해 왔는데 바람에 달리는 배처럼 당신이 곧 집에 갈 때가 되었으니 그리스도 위에 선하고 최고이며 확고한 일을 세우십시오. 피조물들은 유익하지 않으니 적어도 영혼에 유익함이 없습니다. 행복을 구하는 당신의 애절한 주림을 진정시킬 수 있는 것은 무한한 하나님의 신성(神性)입니다. 다른 것으로는 당신의 욕망의 만족이 여전히 채워지지 않을 것입니다. 만일 그가 당신의 욕망 속에 열 세상을 집어넣어도 모든 것들이 빠져나가 당신의 영혼은 여전히 소리칠 것입니다. "아이고, 배고파 죽겠네." 하지만 당신 안에 일곱의 영혼과 일곱의 소원이 있을지라도 그리스도 안에서는 당신에게 충분하다고 저는 확신합니다.

오, 만일 제가 유대인이나 이방인들 모두에게, 온 세상에게 저의 주님 예수를 사고 싶게 하고, 사랑스럽고, 사모할 만하고, 아름답게 할 수 있다면! 유대인들과 이방인들의 눈과 마음에 사랑과 덕과 은혜와 감미로움과 비할 데 없는 영광의 완전한 화려함 가운데 계신 그리스도를 전하기 위해 그가 저의 혀를 자신의 도구로 삼으신다고 하면 천국의 저의 지분이 그것을 위해 없어져도 좋습니다! 그러나 이러한 일들에 누가 자격이 있겠습니까? 오, 그리스도를 수많은 사람들에게 보기에 아름답고 사랑스럽게 하도록 천사들의 혀의 도움을 받을 수만 있다면! 오, 어떤 피조물의 눈도 아직 보지 못한 사랑스러움과 아름다움과 감미로움이 그리스도 안에 그렇게 많이 있는 것을 생각하면 이 세상은 그를 얼마나 보지 못하며 그들이 그의 사랑에서 얼마나 멀리 떨어져 있는지요! 저는 모든 사람이 그의 영광을 보며 많은 사람들을 그 신랑의 방에 들여보내 그의 높고 깊고 넓고 끝이 없는 사랑의 참여자가 되게 하였으면 좋겠습니다. 온 세상으로 그리스도께 가까이 와서 그를 보라고 하십시오. 그러면 그들은 그때 제가 그에게 말할 수 있는 것보다 더욱 많은 것을 볼 것입니다. 오, 제가 그의 사랑을 바다 가득히 가지기 위하여 담보나 보증을 세울 수만 있다면! 제가 완전히 점유할 때까지 그를 열망하고 사모하는 것을 만족시킬 만큼 그리스도에게서 아주 많이 손에 넣거나, 아니 오히려 그것을 점점 늘릴 수 있다면! 우리가 만나게 되리라는 것을 저는 알고 그 안에서 기뻐합니다.

사랑하는 이여, 당신이 받은 그리스도의 진리에 굳건히 서십시오. 어떤 바람에도 굴복하지 말고 이겨내십시오. 그리스도께서 당신의 닻이 되게 하고 당신이 평안 중에 뵙기를 기대하는 유일한 그가 되게 하십시오. 주님께서 저를 여러분에게 보내셔서 그의 백성을 먹이시도록 그의 죄수인 저를 위해 기도해 주십시오.

은혜, 은혜가 당신에게 있기를 바랍니다.

1637년, 애버딘, S. R.

111
제임스 해밀턴에게
그리스도의 머리 되심을 위한 고난, 그리스도께서 설교 중에 그에게 오심

>

주님 안에서 매우 사랑하며 존경하는 분에게,

은혜와 사랑과 평안이 당신에게 있기를 바랍니다. 우리의 친분은 만나서 된 것도 아니고 서신으로 된 것도 아니고 같은 아버지의 자식들로, 같은 진리를 위해 고난 당하는 자들로 말미암은 것입니다. 우리가 지금 추방

313

과 투옥을 당하면서 서 있어야 할 명제가 과연 그리스도께서 자신의 교회를 다스리셔야 할 것인지 아닌지에 관한 것임을 어떤 사람도 의심하지 못하게 하십시다. 오, 비록 저의 죄 많은 팔이 어깨뼈로부터 떨어져나갈지라도 왕관을 그의 머리에 쓰고 계시도록 붙들 수 있기를 바랍니다! 오, 주님 안에서 매우 사랑하는 형제여, 당신의 계속되는 두려운 시련에 대하여는 아! 그 고귀하고 영광스러운 뜻을 위하여 저보다 백 배나 더 많은 일을 한 그리스도의 군사에게 위로의 말을 하는 저는 무엇이란 말입니까! 그러나 세상이 감당하지 못한 사람들은 사막과 산과 동굴과 토굴에서 이리저리 헤맸다는 것과 신비로운 그리스도의 한 지체가 천국 밖에 있는 한, 주님 예수께서 그 지체를 새 예루살렘의 문 안으로 끌어들이실 때까지 매를 맞게 되어 있다는 것을 저는 압니다. 그 몸의 발가락이나 손가락 한 개라도 남김없이 그 성 안으로 들어가게 될 것이며 그는 마지막에 반드시 그렇게 하실 것이기 때문입니다. 어린양과 용 사이에 벌어진 전투에서 맞고 튀어서 아름다우신 주님께 가는 화살이든지 아니, 오히려 먼저 그를 맞히고 나서 그에게서 튕겨져 나와 그의 종들에게 오는 화살들을 인내로 맞는 것 외에 우리의 본분이 무엇이겠습니까? 만인보다 뛰어나신 이의 아름다운 얼굴을 먼저 치고 나서 우리의 죄 많고 검은 얼굴에 불어 온 바람을 저는 감미로운 겨울바람이라고 생각합니다. 만일 바람이 그를 거쳐 우리에게 왔다면 그 바람은 그리스도의 향기로운 냄새를 가졌으며 그것은 하나의 십자가보다 더 나은 것이라고 생각합니다. 당신 주변에 경비원이 있다는 것과 당신의 안전을 위한 시중과 수행이 당신을 추적하는 자들의 힘이나 기만행위보다 훨씬 낫다는 것을 저는 압니다. 싸움이 있을 때에는 우리의 대피소나 요새 가까이 있는 것이 좋습니다. 우리가 우리를 핍박하고 그를 대적하는 사람들을 저항할 수는 없지만 우리의 호소문들이 읽혀지는 다음 날의 재판까지 우리의 피와 상처를 가지고 있을 수는 있습니다. 오늘이 그리스도의 날이 아닐지라도 내일은 그의 날이 될 것임을 저는 확신합니다.

제가 갇혀 있으면서 하는 모든 것에 대해서 때때로 제게서 흘러나오는 한마디는 "아, 너무 적다"는 것입니다. 제가 참으로 슬퍼하는 것은 부러지고 비어 있는 갈대 속에 무엇이 있으리라고 생각하는 것입니다. (제가 드린 것이 아무것도 없으니) 값을 지불하지 않는 공짜의 바람이 빈 갈대에 분다고 그것을 제 공으로 돌리지 말기를 바랍니다. 저는 그에게 큰 부담이 되는 빚쟁이입니다. 저는 외칩니다. "나는 낮아지고, 세상의 모든 뛰어난 것들은 낮아지고 낮아지라! 그리스도는 높아지시고 높아지시기를!" 저 아름다운 이, 저 거룩하신 이가 오래 오래도록 높이 계시기를 바랍니다! 저의 저주는 그를 사랑하지 않는 이들에게 있을 것입니다! 그의 영광이 저의 갇힘과 고통에서 자라나 솟아오른다면 제가 얼마나 기쁘겠습니까! 분명히 제가 그의 죄수가 된 이후 그는 제 영혼의 노른자위와 중심을 가지셨습니다. 그리스도는 이제 제게 새로운 그리스도가 되셨으며 그의 사랑은 이전보다 새롭습니다. 이제 더 이상 그와 다투지 않으니 그의 사랑이 그것을 그치게 했습니다. 저는 자신을 그의 사랑 아래 맡겼습니다. 그에게 은혜 입은 것과 그의 친절함에 영원토록 신세진 것을 인해 저는 물속에서라도 노래하며 소리치며 널리 알리고 싶습니다. 제가 그리스도께 고맙게 여기는 것을 그만 두겠다고 제안하지 않을 것이니 그럴 수가 없기 때문입니다. 모든 것, 영원토록 모든 것이 그리스도의 것입니다! 더 이상의 어떤 시련이 제 앞에 있을지 저는 모릅니다만 제가 아는 것은 그리스도께서 물 건너 저편에서, 십자가의 저 편에서, 사람들의 악행이 없는 곳에서 구원 받은 저의 영혼을 가지실 것입니다.

제게 오직 한 개의 눈이 있었는데 그들이 그것을 감겨 버렸습니다. 제 기쁨의 꽃인 그리스도 다음으로 저의 유일한 기쁨은 저의 가장 감미롭고 감미로우신 주님과 그의 나라의 영광을 설교하는 것이었으니 비천한 사람의 외눈을 감기게 하는 것이 그들에게는 잔인한 것으로 보이지 않았던 것 같습니다. 저는 고통이 저의 아름다운 분을 찬양할지 알아보고 있으며 벙어리의 혀가 저의 가장 사랑하는 분의 영광을 증진하도록 한 곡조나 시온의 샘 중의 하나를 일으킬 수 있는지 시험하고 있습니다. 오, 그가 벙어리 죄수로부터 자신을 위한 어떤 영광을 이루신다면!

당신의 기도에 감사를 드립니다. 거기에 찬양을 더하십시오. 제가 할

수 있는 대로 갚아드릴 것입니다. 당신이 그리스도의 유언에 몰두하시기를
권합니다. 제가 감미로운 유언 안에 있는 죽은 이의 선한 뜻을 그의 친구
들에게 전할 수 있기를 바랍니다. 죄수의 마음에서 우러나는 찬사를 그리
스도께 말씀드리십시오. 두려워하지 마십시오. 당신의 열흘(계 2: 10)은 끝
날 것입니다. 시온 산을 대항하여 모인 자들은 그들의 눈이 눈구멍에서 썩
을 것이며 그들의 혀가 입안에서 탈 것이나 그리스도의 말라버린 정원은
스코틀랜드 안에서 다시 푸르게 자랄 것입니다. 주 예수께서 스코틀랜드를
위하여 천국에 숨기신 말씀을 가지고 계시는데 아직 발표되지 않은 것입
니다.

은혜가 당신과 함께 있으시기를 바랍니다.

1637년 7월 7일, 애버딘, S. R.

112

스튜어트 여사에게
개인적인 무가치, 거룩함을 사모함, 키질하는 때

>

부인, 은혜와 사랑과 평안이 당신에게 있기를 바랍니다. 제가 편지를 쓰지
않은 일에 대해 그렇게 섭섭하게 여기시니 송구스럽습니다.

저는 제가 아닌 다른 사람으로 판단을 받고 있습니다. 만일 제가 불에
던져진다면 녹아 버려서 색칠한 본성의 조각들로 무너져내릴 것이라고 염
려합니다. 정말로 하나님의 일꾼들이 보아 줄 만한 어떤 것이 제 안에 거
의 없습니다. (제가 그의 일하심을 부인할 수 없는 바) 제 안에 그리스도
께 속한 어떤 것이 있다면 그것은 단지 빌려온 불의 온기요 제 자신이나
간신히 덥게 할 뿐이지 곁에 있는 사람들을 덥게 할 수는 없습니다. 당신
과 다른 사람들이 제가 가지고 있다고 믿는 것을 정말로 저는 가지고 싶
습니다. 그러나 여러분은 저의 겉모습과 종이에 쓴 몇 마디를 보셨을 뿐입
니다. 오, 그가 종이 은혜나 혀 은혜보다 나은 것을 제게 주시기를 바랍니
다! 만일 결핍이 저를 아프게 하는 것이 없었더라면 저는 산산조각이 난
집을 가졌으며 오래 전부터 구걸하러 다녔을 것입니다. 하지만 그리스도께

서 얼마의 굶주림을 제게 남기셨는데 그것은 슬기롭기보다는 열렬해서 자주 이렇게 말하려고 합니다. "만일 내가 그리스도를 사모하는 것처럼 그가 나를 사모하신다면 우리는 오래지 않아 만날 것이다. 만일 내가 그의 친구들을 사랑하는 것처럼 그리스도께서 나의 친구들을 사랑하신다면, 내가 이 편지를 당신에게 쓰고 있는 동안에도, 우리는 서로의 품안으로 달려가게 될 것이다."

그러나 그리스도를 향한 이 지루하고 애타는 사랑에는 지식보다는 의지가 더 많이 작용하는 것입니다. 영혼 안에 있는 그리스도의 사랑은 일찍 추수하고 싶은 마음을 일으키려고 하기 때문입니다. 하지만 만일 제가 그에 대한 어떤 사랑을 가졌다면 그리스도께서는 저에 대한 사랑과 그의 사랑을 이끌 지혜를 가지신 것입니다. 제가 가진 최선의 것에도 저와 그것 모두를 저주할 만큼의 상당한 찌꺼기를 함께 가지고 있다는 것입니다. 만일 그 이상이 아니라고 하여도 우리는 (이렇게 말할 수 있다면) 새 사람의 허물들과 질병들과 연약함을 용서하며, 우리의 경건한 죄와 성화의 죄와 영적인 사랑의 찌꺼기와 거품들을 없애버릴 구주가 필요한 것입니다.

불쌍하고 불쌍하여라, 나여! 죄의 추한 옛 몸, 사탄의 바로 그 형상을 문질러 닦고 씻어 버리기 위해 그리스도의 일이 얼마나 필요한지 아는가! 무엇보다도 제가 확실히 아는 것은 그리스도께서 우리들 가운데서 하셔야 할 일이 있으시다는 것입니다. 저의 검은 것을 아름다움으로, 저의 죽음을 생명으로, 저의 죄를 성화로 만드실 그리스도의 이 일 외에는 제가 건너야 할 마지막 바다의 이편에서 다른 천국을 바라지 않습니다. 저는 제가 거룩하게 될 때인 그날을 몹시 기다립니다. 오, 아직 닦여지지 않은 얼룩들이 많습니다! 오, 제가 표범과 흑인의 피부를 변하게 하며 그리스도의 아름다움으로 그것을 바꿀 수 있다면! 만일 저의 검은 것과 그리스도의 아름다움을 (우리가 보통 말하는 대로) 마구 섞어놓는다면 그의 아름다움과 거룩함이 저의 더러움을 삼켜 버릴 것입니다. 그러나 오, 저는 아직 옛 아담의 모양과 색깔을 버리지 못했습니다. 우리 중에 가장 훌륭한 사람이라도 가증스러운 죄와 죄의 옛 몸의 냄새를 아직 가지고 있다고 저는 믿습니다.

그리스도를 고용하여 그의 피와 죽음으로 일하게 하여 더러운 영혼에게서 하나님께 깨끗한 일을 이루어 드릴 수 있는 사람들은 영원토록 복이 있습니다. 우리가 양지바른 언덕의 성화와 십자가가 전혀 없는 봄날뿐인 거룩함을 가지려고 하는 것이 우리의 죄라고 저는 알고 있습니다. 죄는 마치 우리가 종이나 유리로 만들어진 것처럼 우리를 유약하게 만듭니다.

그리스도와 함께 산 채로 불타는 것, 그리스도와 함께 고문을 받는 것이나, 녹은 뜨거운 납이 입과 배에 쏟아지는 것을 제가 어떻게 생각할지를 자주 생각하곤 합니다! 하지만 저의 약간의 연약한(정말로 연약할 뿐입니다) 경험을 가지고 미루어 보건대, 만일 그리스도와 지옥의 고통이 함께 결혼했다면, 그리고 만일 다른 곳이 아니라 오직 거기에서만 그리스도를 만날 수 있어서 제가 지옥의 풀무 속으로 들어가는 것밖에는 전혀 그리스도를 찾을 수 없다면, 영혼들이 그리스도께 맞닿도록 하기 위해 저는 하나님을 위하여 지옥의 가장 뜨거운 곳에 거처를 달라고 할 것이라고 믿습니다. 그러나 하나님께 감사하는 것은 제가 더 좋은 처소에서 그를 만날 것입니다. 우리는 값싸게 그리스도를 가지는 것입니다. 그가 우리를 위해 시장에 내놓아졌으니 믿는 자들에게는 오월의 이슬같이 감미롭고 촉촉한, 이 생의 여름의 소나기 고생만을 가지고 우리는 그를 얻는 것입니다.

당신과 저 자신이 신비로우신 그리스도께서 그의 아내를 위해 우시도록 도와드리기를 바랍니다. 오, 우리가 스코틀랜드에서 묻히신 그리스도를 위해, 그리고 예언을 하였기 때문에 죽임을 당한 살해된 두 증인들을 위해 슬퍼할 수만 있다면! 우리가 하나님께 매달리고 졸라대어 우리의 묻히신 주님과 묻힌 그의 두 증인들을 일어나게만 할 수 있다면! 땅과 흙과 돌이 스코틀랜드에서 그리스도와 복음을 무너뜨리지 못할 것입니다. 제가 둘째 성전과 그 영광을 보게 될 수 있을지는 모르지만 주님은 그것이 다시 일어나지 못할 것처럼 저를 속이셨습니다. 저는 그리스도께 그의 다시 돌아오심을 환영하고 싶습니다. 집으로 다시 오시는 이에게 저의 기쁨과 저의 영광과 저의 사랑이 있기를 바랍니다.

그리스도의 키질이 성도 안에서 쭉정이와 알곡을 각각 다른 장소에 두며 그의 금에서 우리의 찌끼를 드러내어 부패와 은혜가 명명히 보여서 그리스도께서 풀무 속에서 "저것은 내 것이고 이것은 네 것이다. 거품, 찌끼기, 박해자들에 대한 너의 메스꺼움, 너의 참지 못함, 너의 불신앙, 너의 다툼, 이것들은 네 것이다. 그리고 믿음, 기다림, 사랑, 기쁨, 용기는 내 것이다." 말씀하시는 것보다 고통의 더 좋은 용도를 알지 못합니다. 오, 제가 그리스도의 시종의 하나로, 그의 하인의 하나로 죽게 하소서!

저는 당신의 마음과 그리스도께서 함께 결혼한 것을 압니다. 이혼하지 않는 것이 좋습니다. 그러한 남편과 만나 결혼한 것을 후회해서는 안 됩니다. 그의 죄수인 저를 위해서 기도해 주십시오. 은혜, 은혜가 당신에게 있기를 바랍니다.

1637년, 애버딘, S. R.

113
휴 맥케일에게
우리의 부족과 질병의 유익, 말로 표현할 수 없는 그리스도

>

존경하며 사랑하는 형제여, 은혜와 사랑과 평안이 당신에게 있기를 바랍니다. 당신의 편지를 잘 받았습니다. 편지를 인하여 감사드립니다.

만일 그리스도께서 우리 안에서 일하실 말라 있음과 죽어 있음을 가지지 않으셨다면 저의 말라 버린 뿌리는 실제로 얻은 것보다 더 많은 이슬과 여름 비를 가지려고 했을 것입니다. 만일 이용할 재목이 없다면 재능은 죽고 알려지지 않을 것입니다. 은혜가 우리의 모자람 속에서 일하며 이리저리 바쁘게 움직이는 일터가 있다는 것을 압니다. 그래서 저는 죄책을 인해서가 아니라 그리스도께서 자신의 은혜를 왕성하게 하시고 민첩하게 하실 죄책을 인하여 하나님께 감사를 자주 드립니다. 제가 저의 주님 예수의 고약이 필요한 종기를 가진 것에 얼마간 만족합니다. 질병은 유익이 있으니 우리의 마르고 문둥병이 든 피부를 만질 감미로운 의사의 손과 그의 거룩하고 부드러운 손가락을 끌어온다는 것입니다. 그리스도를 침대 곁에 오시도록 하는 것은 복 있는 질병입니다. 주님께서 "몸이 아픈 것은 좀 어

떤가?"라고 하시면 온 밤을 앓아도 괜찮습니다.

진실로 저는 빈 것과 부족한 것밖에는 그리스도를 위해 가진 것이 없습니다. 취하시든지 버리시든지 그는 다른 것을 제게서 받으실 수 없습니다. 저 자신과 저의 궁핍을 그에게 팔아야 합니다. 하지만 저는 그를 위하여 낼 돈이 없습니다. 만일 그가 저를 향한 자신의 사랑에 아름다운 진짜 도장을 찍으시고 그리스도의 사랑의 큰 몫을 제게 주신다면 (제가 어떻게 하든지 손으로 잡고 싶은 것이니 천국을 잃는 것도 마다하지 않습니다) 그의 십자가 아래서 저는 사모하며 노래하며 갈 것입니다. 그러나 참으로 안타까운 것은 바람이 말라버린 죄수에게 불어오니 많은 사람들이 저를 뭔가 대단한 사람으로 여긴다는 것입니다. 그러나 실상은 제가 빈약하고 가냘픈데 많은 사람들은 넘친다고 믿습니다. 만일 바꾸는 일을 제가 마음대로 할 수 있다면 저는 기쁨을 그리스도의 사랑과 믿음으로 바꾸고, 따사한 햇볕 대신에 더욱 큰 믿음을 가지며 그리스도를 전하고 자랑할 기회를 만들고 저 사랑스러운 이, 저 아름다우신 이, 저 가장 감미롭고 가장 사랑하는 주 예수를 스코틀랜드의 많은 귀들과 마음들에 간절히 사모하도록 하기 위하여 많은 탄식과 슬픔을 가지고 어두운 그늘을 걷는 것도 만족할 것입니다. 만일 이 세 나라에서 그리스도를 시장에 내놓고 그리고 상인들에게 와서 그리스도와 같이 좋은 상품을 사라고 설득하는 것이 제가 할 수 있는 일이라면 저는 그리스도와 사람의 아들들 사이에 아름다운 많은 거래를 성사시켰을 것이라고 생각합니다.

저는 겸손하여 낮은 돛으로 항해할 수 있으면 좋겠습니다. 저는 그리스도의 명예를 사모하여 소원들이 날개들을 가지고 바퀴들을 타고 재빠르며, 힘있고, 신속하게 달렸으면 좋겠습니다. 그러나 주님께서 여기에서 제가 목말라 할 수 있는 것만큼 지혜로우시며 제가 사람들과 천사들에게 나타내기를 사모할 수 있는 것 이상 자신의 명예를 위해 무한히 더 열심이 있으시다는 것입니다. 그러나 오, 사람의 아들들에게 그리스도의 나라가 오게 하기 위해 주님께서 제 소원들을 제 손에서 취하시고 거기에 천 배나 더하시며 영적인 성향을 뿌리셔서 그것들이 더 높고, 더 깊고, 더 길고, 더 넓어질 수 있기를 바랍니다! 저의 가장 긴 자(尺)도 그리스도에게는 너무 짧고, 저의 깊이는 얕고, 그리스도를 향한 저의 애정의 폭은 비좁고 바닥에 닿을 뿐입니다.

오, 온 세상에서 그리스도께서 모든 것이 되도록 사람들에게 길을 예비 시키는 재주와 재능이여! 재능의 배후에는 애정이 있고 애정의 배후에는 사랑의 의무가 있습니다. 오, 제가 그리스도께 드릴 수 있는 것이 얼마나 적은지, 그리스도는 제게 얼마나 많이 주셨는지요! 오, 저는 은혜를 얻으려 고 율법에게 졸라대고 율법의 법정에서 애걸했던 바보였으며 그런 식으로 힐책만 받은 것을 생각할 때 은혜의 찬양, 사랑의 찬양을 부를 수 있다면! 그러나 이제 저 심판자의 권세를 저는 부인합니다. 제가 은혜의 사람이기 때문입니다. 저는 예수님 외에 율법이나 어떤 주인에게도 물 한 모금도 주 고 싶지 않습니다. 이것에 대해 제가 깨닫게 되기까지는 의심과 두려움과 공포로 죽은 것 같았습니다.

저는 새 법정, 새 주인, 예수님의 이름과 그의 제의로 사신 새로운 구원 을 자랑합니다. 옛 사람이 원한다면 율법에게 가서 한탄을 하며 그쪽에 가 서 알아보라고 하십시오. 왜냐하면 그가 그 법정에서 심판을 받았기 때문 입니다. (저와 그리스도가 함께) 새 사람이 율법의 법정에서 소리를 높이 는 것을 듣지 못할 것입니다. 이것이 저와 제 십자가에 더 부드럽고 더 쉬 운 길입니다. 그리스도께서 저의 귀향을 반기시며 저를 데리고 들어가셔서 저와 제 재판관 사이에 셈할 것에 대해 간단히 처리하신 것을 볼 때에 저 는 틀림없이 그리스도의 사람이며 그의 소작인이며 그의 신하입니다. 그리 스도를 위한 고난은 다른 방식으로는 감당할 수 없다고 저는 확신합니다. 그러나 저는 그리스도를 위해 고난 당하는 모든 사람들에게 저의 도움과 믿음을 주어서 제가 십자가 쉽고 가볍다는 것을 알아낸 그런 방식으로 그들도 잘 다루고 감당하기를 바랍니다.

은혜가 당신에게 있기를 바랍니다.

1637년 7월 8일, 애버딘, S. R.

114 알렉산더 고든에게
우리 안에 재료를 찾는 값없는 은혜

>

사랑하는 형제여, 은혜와 사랑과 평안이 당신에게 있기를 바랍니다. 만일 그리스도께서 저와 같으셔서 시간이 그에게 영향을 주어 그를 변하게 하거나 내일이 제게 새 날인 것처럼 그에게도 새 날이 되거나 새 마음을 가지게 한다면 저는 그리스도와 잘 지내거나 언약을 지킬 수가 없었을 것입니다. 그러나 저는 그리스도는 그리스도이시고 그는 사람이 미치지 못하는 무한한 하늘 높이 멀리, 멀리 계신다는 것을 알게 되었으니 이것이 우리의 진정한 행복입니다. 죄인들은 상처를 낼 뿐이나 그리스도께서 그것들을 고치시고, 빚을 지나 그는 갚으시고, 넘어지나 그는 일으키시고, 죽음을 만드나 그는 살리시고, 자기들을 위한 지옥을 짓고 구덩이를 만드나 그리스도께서는 그들을 건져내십니다. 이제 하나님의 값없는 은혜와 팔린 영혼들을 위하여 주어진 값없는 속전과 같은 것이 항상 있는 것을 하나님께 찬양합니다. 오직 아! 제가 그리스도께 달려가며 그렇게 좋은 구주에게 저의 불결하고 말라버린 손을 내미는 것을 제 속에서 즐거워하는 것을 죄책이 부끄럽게 여기도록 만듭니다. 그러나 물에 빠진 사람이 바위로 헤엄쳐가는 것이나 파선한 영혼이 그리스도께 정박하는 것은 부끄러운 일도 자만도 아닙니다. 만일 제가 죄가 있다고 생각하면 그리스도께서 그냥 지나가시도록 할 수는 없습니다.

우리는 걸인들이 부자들에게 구걸하는 것과 같은 자존심은 좋은 것으로 여깁니다. 누가 우리같이 가난하며 누가 자기의 순금을(계 3: 18) 파는 사람처럼 부자이겠습니까? 그러므로 우리가 하늘의 지붕 밑에서 우리의 모자람을 가지고 (죄더러 원하면 고발하라고 하십시오) 그리스도께 낮게 엎드려서 기어들어가는 것밖에는 다른 방법이 없는 것이 우리에게 가장 좋다는 것입니다. 저는 또한 그의 십자가에 좋은 명성과 소문을 드려야 할 이유가 있습니다. 오, 저의 보잘것없고 빈약한 고통이 그리스도께 무슨 가치가 있겠습니까! 그의 명예와 영광을 위하여 만일 그가 저를 부르신다면 단번에 일곱 지옥의 고통 아래에 제 등을 내민다고 하여도 그가 제 손에서 무엇을 받으실 만하겠습니까! 그러나 아! 제 영혼은 물이 빠져나간 바닥 위로 가는 배와 같습니다. 저는 모래에 묻히고 저의 사랑은 좌초되어 어떻게 다시 물위에 떠오르게 할지 모르겠습니다. 너무 차갑고 죽어 있어서 어떻게 그것이 불꽃이 될지 알 수가 없습니다. 저의 사랑이 그리스도께 드린 만남이여, 부끄럽고 부끄럽구나! 화, 화로다 나여! 제가 애인인 그리스도를 가졌으나 그를 사랑함이 없는 것입니다! 제가 사랑스럽고 사모할 주님을 가졌고 그는 사랑 받으실 만하여 저의 사랑과 마음을 달라고 하시는데 그에게 드릴 것이 없습니다! 사랑하는 형제여, 그리스도께 더 바짝 다가가 그 안에 있는 새로운 보화를 보십시오. 그 안에 있는 사랑과 감미로움과 위엄과 탁월함에 대한 천사들의 놀람과 하늘과 땅의 놀람을 보십시오.

저는 당신을 잊지 않았습니다. 우리 주님이 저를 다시 여러분에게 보내셔서 그리스도로 채워지고 충만하게 하시도록 저를 위해 기도해 주십시오.

은혜, 은혜가 당신에게 있기를 바랍니다.

1637년, 애버딘, S. R.

존 벨에게 — 장로
이름을 믿는 것의 위험, 피상적인 일이 아닌 회심, 확신을 권면함

>

사랑하는 친구여, 은혜와 사랑과 평안이 당신에게 있기를 바랍니다. 당신의 편지를 오랫동안 자주 기다려 왔습니다만 당신의 영혼과 몸이 건강하시다면 저는 적잖이 위안이 됩니다.

주 예수 안에서 당신에게 간청하는 것은 위에 있는 본향을 생각하시라는 것입니다. (무덤의 어둠 전에 오는 황혼, 밤이 오기 전에 당신의 해가 낮게 드리워진) 노년이 당신에게 임하였을 때 당신의 발을 배에 딛고 이 생에 등돌리기 전에 그리스도에게 의논하시기 바랍니다. 많은 사람들이 수치스럽고 심한 과오가 없다고 이 일에 속고 있으니 좋은 열매를 맺지 않는 나무는 불에 소용되는 것입니다. 거듭나지 않은 사람은 하나님 나라에 들어갈 수가 없습니다. 일상적인 정직이 사람들을 천국에 데려다 주지 못할 것입니다. 아! 자신들의 영혼 속에서 하나님을 두려워하여 신음하는 밤이나 죄로 인하여 쑤시는 마음을 가진 적이 없는 사람들이 그리스도를 만난 적이 있다고 생각하고 있는 것입니다! 주님께서 당신에게 빛과 그의 뜻에 관한 지식을 주셨음을 제가 압니다. 그러나 그것이 전부가 아니며, 그것이 당신의 변화를 성취하지 못합니다. 저는 당신이 깨어있는 영혼이 되며 구원의 문제에서 당신을 속이지 말기를 바랍니다.

사랑하는 형제여, 하나님의 촛불을 들고 자신을 살피시고 당신 안에 하나님의 생명과 그리스도가 계신지 확인해 보십시오. 구원은 모든 사람의 문에 던져진 것이 아닙니다. 많은 사람들이 배를 타고 바다와 육지를 건너 먼 곳에 있는 나라로 가면서 대부분의 여정을 자면서 갑니다만 사람들이 자는 동안에 천국에 도달하지는 못합니다. 의인이 겨우 구원을 받습니다. 많은 사람들이 당신이나 저처럼 빨리 달리나 상(賞)과 화관을 놓칠 것입니다. 하나님께서 제게 구원을 보내시고 실망에서 저를 건지시면 저는 다른 것을 구하지 않습니다. 사람은 천국까지 한 걸음이거나 뛰어넘으면 된다고 생각합니다. 그러나 그렇게 적은 사람이 (바다 모래처럼 많은 사람들 중에 단지 하나님이 말씀하신 것처럼 약간의 남은 자만) 구원을 받는다면 우리 자신이 떨며 우리의 불쌍한 영혼에게 묻기를 "너는 어디로 가느냐? 밤에 너는 어디서 지내려고 하느냐? 너의 천국 유산의 소유권과 서류들이 어디 있느냐?"고 물어야 할 이유가 있지 않겠습니까? 저는 문에 열쇠를 돌렸지만 오히려 그렇게 하여 잠그게 했던 한 사람을 알고 있습니다. 많은 사람이 자신들이 생각한 대로 기뻐 뛰며 들어갈 것입니다. 그러나 조심하십시오, 당신이 당신의 구원을 잘못 던져놓고 모든 것이 잘 됐다고 생각하고 당신의 영혼을 느슨하고 불확실하게 하진 않았나 살펴보십시오. 당신의 건물과 주춧돌을 보십시오. 그리스도의 흔적들이 당신 안에 있는지 이 세상을 당신 뒤로 돌렸는지 확인해 보십시오. 저녁 때인 지금이 당신의 일과를 그칠 때이며 밤에 거할 곳을 확인해야 할 바로 그때입니다. 믿는 가운데 있는 것이 당신의 구원입니다. 많은 사람들이 그 문제를 소홀히 하지만 그것은 크고도 중대한 일입니다.

자, 주님께서 그의 은혜로 당신이 그 일을 능히 이루어 내도록 해 주시기를 바랍니다.

1637년, 애버딘, S. R.

116

자신의 교우들에게

자신들의 영혼과 하나님의 영광을 위한 관심의 촉구, 자신의 목회와 주님을 즐거워함, 그들의 영혼을 위한 노력, 시대의 오류에 대한 경고, 타락한 자들에 대한 엄중한 말, 그리스도에 대한 찬탄, 모든 이들에 대한 확언

>

그리스도의 날에 나의 면류관이요 기쁨인 주님 안에서 나의 사랑하고 사모하는 이들이여, 은혜와 평안이 하나님 아버지와 주 예수 그리스도로부터 여러분에게 있기를 바랍니다.

제가 자주 언급했던 여러분과 그리스도와의 결혼관계가 잘 지속되는지, 여러분이 주님을 알려고 계속 힘쓰는지 정말 알고 싶습니다. 낮이나 밤이나 제 생각은 여러분에 관한 것입니다. 여러분이 자는 동안에 여러분의 영혼이 반석으로부터 떨어지지나 않을까 걱정하고 있습니다. 저의 주님 예수와 이 무너진 교회 다음으로 여러분이 저의 근심과 또한 저의 기쁨의 대부분을 차지하고 있으니 여러분은 억압 받는 그리스도의 죄수의 눈물과 근심과 두려움과 매일의 기도의 제목입니다. 제가 저의 높으시고 높으신 분, 저의 고상하고 존귀하신 주, 저의 주님 예수를 위하여 갇힌 것처럼 저는 여러분을 위해서도 갇힌 것입니다. 어쩌면 제가 따뜻한 저의 보금자리에 누워 있을 수도 있었을 것이며, 저의 팔로 기름진 세상을 안으며, 제 장막의 말뚝을 더 단단히 죄었을 수도 있었을 것입니다. 제게 노하여 저를 포도원에서 쫓아낸 저의 어머니의 아들들인 저의 형제들과 함께 얼마 동안 제 영혼과 여러분에게 안락의 복음을 노래했을 수도 있었을 것입니다.

제가 넘어져서 주님의 양 떼인 여러분을 진창으로 끌고 가며 사람들에게 밟힌 풀을 먹이며 더러운 흙탕물을 마시게 했을 수도 있었을 것입니다. 그러나 정말로 전능하신 분은 저에게 무서움이었고 그의 두려움은 저를 떨게 했습니다. 오, 주님, 저의 목회가 제게 그리 소중하지 않았는지, 그리스도 예수 저의 주님만큼 그렇게 소중하지 않았는지 판단해 주시옵소서! 제가 주님의 발 앞에 목동의 두 막대기들을 내려놓은 이후 제가 당한 슬프고 괴로운 안식일들을 하나님은 아십니다. 저는 자주 이런 말을 했습니다. "무고히 나의 대적이 된 자가 나를 새와 같이 심히 쫓도다. 저희가 내 생명을 끊으려고 나를 구덩이에 넣고 그 위에 돌을 던짐이여"(애 3:52, 53). 그리스도 다음으로 저의 유일한 기쁨, 저의 즐거움의 눈동자는 저의 주님 그리스도를 설교하는 것이었는데 그들이 제게서 그것을 강제로 뽑아 버렸습니다. 그것은 제게 비천한 사람의 외눈과 같았습니다. 그들이 눈을 멀게 하였고 그리스도의 유산에 대한 제 빛을 꺼버렸습니다. 그러나 저의 눈은 주님을 향하고 있으니 제가 하나님의 구원을 볼 것과 저의 소망이 항상 잊혀지지 않을 것을 믿습니다. 만일 여러분이 문인 그리스도를 통해 오지 않고 담을 넘어 양의 우리로 오는 낯선 사람의 소리를 따라간다면 저의 근심은 그것을 그치게 할 아무것도 바라지 않을 것이며 이렇게 말할 것입니다. "내게 사는 것이 무슨 유익이 있으리요?" 만일 그 사람이 금으로 된 토대인 (이미 여러분에게 놓여진) 그리스도 예수 위에 자기의 마른 풀이나 지푸라기를 세우고 여러분이 그를 따른다면, 여러분에게 분명히 말씀 드리건대 그 사람의 일은 불타고 하나님의 불에 살아 남지 못할 것입니다. 여러분이 회개하지 않는다면 여러분과 그 사람은 둘 다 영원한 불에 들어갈 위험에 처할 것입니다.

오, 제가 그리스도를 위해서 그리고 여러분을 위해서 당할 수 있는 어떤 고통과 어떤 근심과 어떤 손해라도 그리스도의 사랑을 여러분에게 사 줄 수 있는 담보로 놓을 수만 있다면! 그리고 주 그리스도 다음으로 저의 가장 사랑하는 기쁨들을 여러분과 영원한 멸망의 간격에 놓을 수만 있다면! 제가 하늘이나 땅만큼 넓은 종이와, 바다와 땅에 있는 모든 강들과 샘들을 먹물로 가지고, 가장 사랑스럽고, 가장 아름다우시며, 가장 사랑하는 이의 사랑과 가치와 탁월함과 감미로움과 합당한 찬양을 기록할 수 있다면! 그리고 여러분이 그것을 읽고 이해할 수만 있다면! 만일 여러분에게 행한 저의 목회가 그 지역에 있는 작은 신부와 그 신랑과의 결혼을 이루어 낸다면 제가 무엇을 더 바라겠습니까? 만일 저의 주님에게서 (제가 여러분을 위해서 그 앞에 서 있으니) 여러분 모두의 구원을 받아낼 수 있다면 저는 얼마나 넉넉한 죄수이겠습니까!

오, 여러분 모두를 그리스도의 그물에 잡히게 하려고 저는 어떤 먹이를 가졌었던가요! 오, 그때 제가 주님의 낚싯줄과 그물을 던져 많이 건져올렸던 것입니다! 그때 일찍부터 늦게까지 여러분에게 말하느라고 가슴이 탈진해 아프고 등이 쑤시며 몸이 만신창이가 되었었습니다! 저의 증인이 하늘에 계시거니와 여러분의 천국은 제게 갑절의 천국이며 여러분 모두의 구원은 제게 갑절의 구원이 될 것입니다. 만일 여러분이 제 앞에서 우리 아버지의 집에 대해, 위에 있는 거처에 대해 확신을 가지신다면 하나님의 선하신 기쁨에 따라서 저의 목사직분 정지와 천국을 수백 년 동안이라도 연기하는데 서명할 것입니다. 제가 여러분과 그리스도 사이에 아름다운 혼인의 언약을 세우지 않았는지, 제가 신랑과 여러분 사이에 중매를 서지 않았는지, 제가 여러분을 대하여 하늘과 땅을 증인으로 세우고 우리를 보았던 해와 빛의 손과 그 교회의 들보와 벽들의 손에서 기록들을 취할 것이니 성찬 절기와 여러 다른 때에 그리스도와 여러분 사이에 서로 끌렸던 아름다운 많은 밀회와 만남이 있었다는 것을 여러분의 양심이 여러분에게 증거했고 여러분의 날들이 고백하지 않았습니까? 신랑이 여러분에게 보낸 팔찌, 보석, 반지, 사랑의 편지들이 있었습니다. 여러분이 얼마나 아름다운 예물을 받았는지, 여러분의 신랑과 여러분이 살 집이 어떤지, 신랑의 탁월함과 감미로움과 힘과 권세와 그의 나라의 영원함과 영광과 그의 헤아릴 수 없는 사랑의 깊이가 어떠한지를 들으셨습니다. 그는 그의 피부가 검은 아내를 찾으려고 고통과 불과 수치와 죽음과 무덤을 지났고, 그녀를 위해 소금바다를 헤엄치며, 율법의 저주를 겪으며, 그와 같이 당신을 위해 저주가 되셨던 것입니다. 그리고 그때 여러분이 동의하며 말했습니다 "제가 그를 받아들입니다."

제가 여러분에게 권하는 것은 여러분에게 지금 오고 있는 사람이 발명한 새롭고 낯선 누룩을 조심하라는 것인데 그것은 하나님의 말씀과 다르며 거스르는 것으로 우리 교회의 선언과도 다른 것입니다. 우리의 완전한 입법자이신 그리스도의 찬성이 없이 주님의 성찬을 받을 때에 무릎을 꿇는다든지, 세례 받을 때에 십자가를 긋는다든지, 사람의 날들을 지키는 미신과 우상에 대해 제가 여러분을 가르쳤습니다. 미사 드리는 사제의 하얀 가운이나 복장, 바알 제사장의 옷을 용납하지 마십시오. 나무로 된 제단에 무릎을 꿇는 혐오스러운 일이 여러분에게 오고 있습니다. 우상을 미워하여 멀리 피하십시오. 그리스도의 어떤 찬성이 없이 설교를 무너뜨리려고 하는 지독한 이단과 로마교적이고 미신적인 오류가 가득한 아비 없는 새 예배지침서가 읽히는 것을 어떤 경우라도 듣지 마십시오. 사생아들인 사제들에게 순종할 이유가 없습니다. 그들은 불법적이고 가증스럽고 미신적입니다. 적그리스도의 더러운 자궁 속에 있는 모든 의식들, 간음의 큰 모친인 로마교회의 모든 산물은 거절되어야 합니다. 그들이 여러분을 어디로 인도하는지 여러분은 알고 있습니다. 여러분이 받은 교훈에 계속 머무십시오. 여러분은 저로부터 하나님의 온전한 뜻을 들었습니다. 그리스도의 옷에 천 조각을 덧대지 마십시오. 그리스도를 사람들에게 핍박 받은 그대로 그의 누더기 옷과 손해를 그대로 받으시고, 그리스도의 십자가를 여러분의 등에 지고 신음하며 헐떡거리며 산을 오르는 것으로 만족하십시오. 만일 여러분의 주님 예수께서 여러분 곁에 계시며 지켜 주시지 않는다면, 여러분의 대적들에게 대항하는 여러분의 뜻을 지켜 주시지 않는다면 저를 거짓선지자로 여기십시오.

제가 여러분을 떠난 후에 여러분 중에 많은 이들이 선한 옛길에서 떠나 개가 토했던 것으로 다시 갔다는 말을 듣고 제 영혼이 비통해 했습니다. 제가 이 사람들에게 말합니다. 제 입으로 여러분들에게 말한 첫마디가 요한복음 9장 39절이었던 것이 하나님의 특별한 인도하심이 아닐 수 없습니다. "예수께서 가라사대 내가 심판하러 이 세상에 왔으니 보지 못하는 자들은 보게 하고 보는 자들은 소경 되게 하려 함이니라." 여러분과 저의 첫 만남이 우리가 세상의 두려운 심판자 앞에서 함께 서는 날이 될 수 있는 것이 불가능한 것이 아닙니다. 저의 크신 왕과 주인이신 하나님의 아들의 이름과 권세로 제가 이 사람들에게 소환장들을 쓸 수 있습니다. 우리가 법정에 서는 날까지 제가 그들의 영혼과 몸을 구류할 것입니다. 그들의 영원한 저주가 산 자와 죽은 자의 큰 재판장의 친필로 천국에서 서명되고 날인될 것입니다. 그들이 회개하지 않는다면 저는 그들의 유죄선고에 '아멘' 하며 그들의 얼굴에 대고 그런 것을 항변하는 증인으로서 일어설 준비가 되어 있습니다. 복음의 진노는 율법의 진노보다 무겁습니다. 중보자의 비난과 진노는 갑절의 진노이고 그런 진노는 그 사람들에게 당연한 분량입니다. 제가 그들을 거기에 묶여 있는 사람들로 남겨둘 것이니 그들이 회개하고 고칠 때까지 피할 길이 없을 것입니다.

제가 여러분과 함께 있을 때 주일을 어떻게 보냈는지 여러분이 증인들이었습니다. 오, 하나님의 날을 훔친 죄받은 도둑이여, 그가 그 많은 안식일들을 여러분에게서 되찾으시려고 할 때 당신이 전능하신 이에게 무엇이라 답하겠습니까? 저주하는 자와 욕하는 자와 경건을 조롱하는 자가 자기 혀가 불타는 넓은 불과 유황의 못에서 탈 때 무엇을 하겠습니까? 혀와 폐와 간과 뼈들과 모든 것이 고통스러운 불에 끓고 튀겨질 때 술 취한 자들이 무엇을 하겠습니까? 그때에 그는 독한 술통에서 멀리 떨어지게 될 것이며 지옥에는 그를 위한 냉수의 우물이 없습니다. 비열한 자, 탐욕스러운 자, 핍박하는 자, 속이는 자, 자기 흙 배를 결코 채울 수 없는 흙벌레는(시 17:14) 금과 은이 타서 재가 되며 그가 심판자 앞에 서서 답해야 하며 그의 보잘것없는 진흙 천국을 버려야 할 그리스도의 날에 어떻게 되겠습니까! 그리스도께서 자기의 타작마당에 있는 모든 것을 키질하시는 때인 타작의 날에 시간을 따라 돌아가는 무신론자들과 여름에는 이런 신과 이런 신앙을 가지고 겨울에는 다른 신과 다른 신앙을 가진 자들에게 그리고 모든 장날과 시장에 걸맞은 양심을 가지며 그 영혼이 기름친 이 바퀴, 시간,

세상, 인간의 계명을 따라 쫓아가는 자들에게 영원토록 화, 화가 있을 것입니다.

오, 무심한 무신론자와 잠자는 자가 "하나님, 우리의 목사들이 우리를 잘못 인도하더라도 그들을 용서하소서, 우리는 그들이 명한 대로 할 수밖에 없습니다"라고 말하며 모든 것을 비껴 빠져나가며, 자기의 머리를 시대의 가슴에 대고, 자기의 양심을 대리인에게 넘기고, 지옥불의 연기가 자기 목구멍에 올라오고 그의 서글픈 침대에서 내려오게 하기까지 그렇게 자는 것입니다! 오, 그러한 사람이 깨어날 수만 있다면! 많은 저주가 겹칠하고 금칠한 위선자들에게 있습니다. 어두운 운명이 거짓말하는 자와 하얀 혀를 가진 아첨꾼들에게 있고 하나님 얼굴에서 나온 길이 이십 규빗 넓이 십 규빗 되는 하나님의 두려운 진노의 날아다니는 책이 그 집에 들어가 도적질하는 자와 하나님의 이름으로 거짓 맹세하는 자들의 영혼에 임합니다(슥 5:2, 3).

저는 간통이나 간음이나 근친상간이나 그 같이 사악한 더러운 정욕이 들끓는 사람들에게 소돔의 불꽃보다 더 뜨거운 영원한 불길이 있을 것을 선언하는 바입니다. 정결한 예루살렘에는 그같이 더러운 개들에게는 어떤 자리도, 아니 발 디딜 곳도 없습니다. 여러분 중에 많은 이들이 이렇게 발뺌하려고 할 것입니다. "우리가 잘 몰랐으니까 하나님이 용서하실 것이다." 저는 옛 답변을 새롭게 말합니다. 심판자가 자기의 모든 천사들을 데리고 타오르는 불꽃을 가지고 오시리니 하나님을 알지 못하는 자들과 믿지 않는 모든 자들에게 진노하심이 돌아갈 것입니다(살후 1:8). 제가 자주 여러분들에게 안심이 여러분을 죽일 것이라고 말했습니다. 지금의 많은 남자와 여자들처럼, 천국에 있는 모든 성도들처럼, 모든 사람이 자기들이 믿음을 가지고 있다고 말합니다. 여러분이 말하는 것처럼 모두 믿습니다. 그래서 모든 더러운 개도 위에 있는 깨끗한 천국에 걸맞게 아주 깨끗하고 아주 착하다고 합니다. 모든 사람이 회심과 중생을 가지고 있습니다. 하지만 그것은 정당하게 얻은 것이 아닙니다. 저들은 죄로 인해 탄식하는 밤이 없었습니다. 그들에게 회심은 잘 때 꿈속에서 일어난 것입니다. 한마디로 심판

날에 지옥은 텅 빌 것이고 천국은 가득 들어차겠군요! 아! 믿고 구원 받는다는 것이 쉬운 일도 아니고 대수롭지 않은 일이 아닙니다. 마지막에 많은 사람이 천국 문에 멈추어야 할 것입니다(눅 13:25). 사람들이 자기들의 믿음을 꺼내 볼 때 아무것도 아닌 것이나 환상을 꺼낼 것입니다. 오, 한탄스러운 실망이여! 제가 여러분에게 바라고 그리스도의 이름으로 부탁드리니 그리스도와 구원의 확실한 일을 이루십시오.

오, 여러분 가운데 어떤 신자들이 있다는 것을 알고 제가 여러분에게 씁니다. 마음이 상한 불쌍한 신자들이여, 구약과 신약에 있는 그리스도의 모든 위로가 여러분의 것입니다. 여러분이 어떠한 아버지와 남편을 가지고 있습니까! 오, 제가 붓과 먹물이 있고 그분에 대해 쓸 재주를 가지고 있다면! 하늘과 땅이 하나로 굳어져 엄청난 순금으로 변한다 해도 저 같이 불쌍한 죄수에게까지 미치는 한 영혼을 향한 그리스도의 사랑에 비하면 천분의 일의 가치도 없을 것입니다. 오, 그것은 대단하고 신비한 사랑입니다! 사람과 천사들이여! 너희 힘과 능을 한데 합쳐보라. 그래도 너희는 그것을 땅에서 들어올리거나 움직이게 못하리라. 만 개의 세상들이나 천사들이나 셀 수 있는 많은 세상들이나 천사들의 새로운 세상이 더한다 하여도 그리스도의 탁월함과 아름다움과 사랑을 달 만한 저울의 막대가 되게 하지 못할 것입니다. 열 개의 지구를 하나로 만들고 열 개의 지구나 온 세상보다 큰 장미가 자라게 한다고 하십시다. 그것의 아름다움이 어떻겠으며 얼마나 아름다운 향기를 토하겠습니까! 그러나 모든 하나님의 낙원에 있는 가장 아름다운 장미인 우리 주 예수 그리스도의 숨결에서 나오는 한줄기 바람, 그 아름다운 얼굴을 한 번 보는 것이 아름다움과 향기에서 모든 상상할 수 있는 만들어진 영광을 넘어 무한할 것입니다! 저는 사람이 그리스도에게 달려가는 것을 막을 수 있을지 의심이 갑니다. 제가 온 땅에 선포하여 이방인이나 유대인이나 땅 위에 있는 온 세상과 마지막 나팔이 울리기까지 태어날 모든 이들을 모아 그리스도 주위에 모이게 하여 서서 그의 아름다움과 감미로움을 보고, 놀라고, 경탄하고, 숭배하게 할 수 있으면 저 자신을 복된 사람으로 여기겠습니다.

그의 불은 다른 어떤 불보다 뜨겁고 그의 사랑은 일상적인 사랑보다 감미로우며 그의 아름다움은 다른 모든 아름다움을 뛰어 넘습니다. 제가 힘들고 슬플 때 그의 사랑의 모습들 중의 하나만 보아도 세상의 좋은 것을 많이 가진 것보다 제게 낫습니다. 오, 여러분이 그와 사랑에 빠지면 제가 얼마나 좋을까요! 여러분으로 그를 사랑하게 도울 수 있다면 제 영혼이 얼마나 기쁠까요! 하지만 우리 가운데 어느 누구도 그를 만족할 만큼 사랑할 수가 없습니다. 그는 아버지의 사랑하시는 아들이요, 하나님의 기뻐하시는 아들이십니다. 아버지의 사랑은 모두 그에게 있습니다. 오, 모든 인류가 자신들의 모든 사랑을 모아서 그에게 드릴 수만 있다면! 그를 초대하십시오. 제가 자주 여러분에게 원했던 것처럼 아침과 저녁 기도시간에 그를 여러분의 집에 모셔 들이십시오. 특별히 그가 강단들과 교회들에서 떠밀려 난 지금 여러분의 집에 그를 위한 거처가 없게 하지 말고 그가 들에 계시도록 하지 마십시오. 만일 여러분이 힘으로 천국을 빼앗으며 그리스도와 그의 십자가를 위해 여러분의 얼굴에 바람을 맞는 것을 만족해 한다면 저는 그리스도의 십자가 시련의 얼마를 가진 이로 여기 있으니 제가 말할 수 있는 것은 그가 항상 제게 친절하셨으며 그는 제가 그를 위해 고난을 받는 동안 친절하심에서 (제가 이렇게 말할 수 있다면) 자신을 이기셨습니다. 그것에 대해 저는 말하고 싶습니다. 그리스도의 십자가가 사람들이 말하는 것처럼 그리 나쁜 것이 아닙니다. 감미롭고 가볍고 편안한 것입니다. 태산 같은 금덩이나 국교도들의 모든 명예와 집과 영광 때문에 제가 그를 위해 고난 받는 중에 사랑의 찾아오심과 그가 입맞추실 때 그의 입에서 나오는 숨결과 저의 주님의 즐거운 미소와 사랑의 포옹들을 잃지 않을 것입니다. 그리스도께서 제 사랑의 노른자위와 중심을 가지고 계십니다. "나는 나의 사랑하는 자에게 속하였고 나의 사랑하는 자는 내게 속하였구나."

오, 여러분이 그리스도께 모두 꼭 붙잡혔으면 좋겠습니다! 주님 안에서 나의 정말 사랑하는 이들이여, 저의 목소리를 변하게 하여 주님의 손으로 맞춘 혀를 가지고 그리스도에 대해 말할 수 있는 재능을 가져 제가 저 가장 아름답고 가장 명예로우신 신랑의 가치와 높음과 큼과 뛰어남을 여러분에게 드러낼 수 있다면 좋겠습니다! 제가 주님의 자비로, 주님 예수의 탄식과 눈물과 가슴의 피로서, 여러분의 비천하고도 고귀한 영혼들의 구원을 빌어, 여러분에게 간청하는 것은 그 산에 오르라는 것입니다. 그래서 여러분과 제가 장자들의 총회가 있는 어린양의 보좌 앞에서 만날 수 있게 되는 것입니다. 주님은 그곳이 만남의 장소가 되게 하셨으니 여러분과 제가 우리의 손을 들어올려 생명 나무로부터 열매를 따 먹고 우리가 함께 즐기며 하나님과 어린양의 보좌에서 흘러나오는 생명의 강에서 마시도록 하신 것입니다!

오, 여기서 여러분의 손바닥 넓이만큼과 한 뼘 길이의 날들이 얼마나 짧은가요! 여러분의 시간의 한 치가 여러분과 제가 헤어질 때보다 짧아졌습니다. 영원, 영원이 날개를 달고 날아서 오고 있으니 그때 모든 사람의 흑과 백이 밝혀질 것입니다. 오, 벌레들이 여러분의 눈구멍에서 집을 짓고, 뺨에서 살을 먹으며, 몸이 여러 개의 마른 뼈로 변할 때, 이 겉은 화려하나 속이 썩은 열매와 헛되고 헛되며 보잘것없는 세상에 대해 여러분이 얼마나 천하게 생각하겠습니까! 이웃들과 다른 사람들이 하는 것처럼 하나님을 섬기는 일상적인 자세가 여러분을 천국으로 데려다 줄 것으로 생각하지 마십시오. 적고, 적은 사람이 구원을 받을 것입니다. 악마의 마당은 붐비고 사람이 많으니 그는 인류의 대다수를 자기 부하로 가지고 있습니다. 저는 천국으로 향하는 여러분의 길에 이 세상이 가시덤불이라는 것을 압니다. 여러분은 그곳을 통과해야 합니다. 주님과 친하시고 그리스도를 꼭 붙잡으며 그의 목소리만 들으십시오. 그의 이름을 찬양하시고 그의 날을 구별하여 거룩하게 지키십시오. "서로 사랑하라"는 새 계명을 지키시고 성령께서 여러분의 몸 안에 계시도록 하시며 정결하고 거룩해지십시오.

세상을 사랑하지 말고 거짓말하지 말고 진리를 사랑하고 따르십시오. 하나님을 배워 아십시오. 제가 가르친 모든 것을 마음에 지키십시오. 하나님께서 제가 여러분과 멀리 떨어져 있을 때 그것에 대해 셈하실 것입니다. 모든 악과 악의 모양을 버리며 선을 주의 깊게 따르고 화평을 추구하며 그것을 따라가십시오. 여러분의 왕을 공경하고 그를 위해 기도하십시오. 여러분이 하나님께 기도할 때 저를 말해 주십시오. 저는 여러분을 잊을 수가 없습니다. 제가 여러분과 함께 있을 때 자주 말했고 지금 다시 적습니다. 스코틀랜드에 임하고 있는 주님의 진노의 때리심이 무겁고 슬프고 고통스럽습니다. 화, 화, 화로다, 이 창기의 땅이여! 그들이 그의 손에서 하나님의 진노의 잔을 받아 마시고 토하고 쓰러져 다시 일어나지 못하기 때문입니다. 소망의 죄수들인 여러분, 안으로, 안으로, 안으로 빨리 여러분의 피난처로 들어가 주님의 진노가 지나가기까지 숨으시기 바랍니다. 이 땅의 목자들을 따르지 마십시오. 해가 그들에게 지고 있기 때문입니다. 주님께서 살아 계시거니와 그들은 여러분을 그리스도에게서, 그리고 선한 옛 길에서 떠나게 하고 있습니다. 하지만 주님은 그 거룩한 도시를 지키실 것이며 이 말라 버린 교회를 장미같이, 주님께 복을 입은 밭처럼 다시 움이 돋게 하실 것입니다.

주 예수 그리스도의 은혜가 여러분 모두에게 함께 하시기를 기원합니다. 그리스도를 위해, 그리고 여러분을 위해 갇혀 있는 그리스도의 죄수의 기도와 축복이 여러분 모두에게 함께 하기를 바랍니다. 아멘.

1637년 7월 13일, 애버딘, S. R.

117 킬콘쿠하 부인에게

가장 시급한 영혼의 일들, 세상의 어리석음, 온통 사랑스러우신 그리스도, 펜이 그리스도의 말할 수 없는 아름다움을 나타내지 못함

>

부인, 은혜와 사랑과 평안이 당신에게 있기를 바랍니다. 많은 사람들이 가까이 있는 집을 바라보는 이때에 부인이 하늘에 계신 아버지의 집을 향하여 당신의 얼굴을 본향으로 돌렸다는 소식을 듣고 기뻐합니다. 하지만 당신의 주님이 여기서 찾을 수 없는 다른 생명과 영광으로 당신을 부르신 것입니다. 그러므로 당신에게 권하는 것은 구원에 이르도록 당신이 가지고 있는 약정과 권리증을 분명하게 하시기를 바랍니다. 당신이 이 세상에 절

실하고도 중요한 업무를 가지고 오셨는데 당신의 귀중한 영혼과 그것의 영원한 구원과 관련하여 그리스도와 만날 약속을 가지고 오신 것입니다. 여기서 당신이 이생에서 가진 가장 절실한 업무이며 이것 외에 다른 업무들은 단지 장난이요, 깃털이요, 꿈이요, 환상일 뿐입니다. 이것이 가장 시급한 것이며 첫번째 이루셔야 할 일입니다.

그리스도와 당신 사이에 만남을 성취시키는 방편들이 복음에 제시되어 있습니다. 만일 거기 있는 당신의 임무를 게을리하면 그리스도 앞에서 그 언약을 찢는 것이며 그 혼인을 포기하는 것으로 그 일에 관해서는 더 이상 교류가 없게 될 것입니다. 제가 알기로는 그리스도가 아닌 다른 애인들이 당신을 쫓아다닌다는 것과 당신의 영혼이 많은 청혼자를 가지고 있습니다만 제가 당신께 청하는 것은 당신의 영혼을 정결한 처녀로 만들어 오직 한 분만 사랑하시라는 것입니다. 당신의 사랑이 하늘보다 높고 이 땅의 가장 낮은 곳보다 깊고 이 세상보다 넓을지라도 오직 그리스도만이 당신의 영혼의 모든 사랑을 받으실 만합니다. 많은 사람이 아, 너무나 많은 사람들이 집에 찾아오는 모든 구애자들에게 자기 영혼을 매춘부로 만듭니다. 그리스도와의 결혼은 당신의 사랑과 마음으로 하여금 문을 닫고 모든 다른 불법적인 구혼자들의 길과 눈에서 벗어나며 모든 다른 이들에게 신속한 답변을 하는 것입니다.

"나는 이미 그리스도께 가기로 약속했습니다. 혼사는 결정된 것이고 나의 영혼은 이미 남편이 가졌으니 두 남편을 가질 수는 없습니다." 오, 그리스도의 향기름이 어떤 향기를 뿜는지, 사람의 아들들 가운데 가장 아름다운 이의 아름다움이신 그의 아름다움이 얼마나 황홀한지, 가장 사랑스러운 이의 목소리! 그의 소리가 얼마나 감미롭고 힘이 있는지 세상이 알기만 했더라면 얼마나 좋을까요! 분명코 그리스도가 오시면 영혼의 사랑을 가지고 달아나시니 막을 수가 없습니다. 제가 그의 탁월함과 영광을 완전하게 결코 볼 수는 없다는 것을 생각하면 꽃과 꽃의 만발함과 열 세상의 영광과 풍족함의 최고의 뛰어남을 즐기는 것보다 오히려 저는 그의 가장 아름답고 가장 멋진 얼굴의 (그는 천국처럼 보입니다!) 반 쪽만이라도 보려고 그리스도의 문에 있는 구멍을 들여다볼 것입니다.

주님, 제게 저의 지분으로 새 예루살렘의 주민들 누구에게나 주어지는 그리스도의 분량 중에 가장 미천한 것을 주십시오. 그러나 제가 아는 바로는 주님은 구두쇠가 아니십니다. 그는 주실 수 있으시니 저의 비좁은 영혼이 받을 수 있는 것에 더욱 넘치게 주시는 것이 그에게 어울리는 일입니다. 만일 수십억의 세상이 있고 사람과 천사로 가득한 많은 하늘들이 있다고 할지라도 그리스도께서 우리 모두의 필요를 공급하시고 모두에게 채워주시는 일이 결코 모자라지 않을 것입니다. 그리스도는 생명의 우물이십니다. 하지만 바닥까지 얼마나 깊은지 누가 알겠습니까? 우리의 영혼은 사랑을 가지고 있어서 어떤 아름다운 것을 사랑하지 않을 수 없습니다. 오, 얼마나 아름다운 분이며, 얼마나 유일한 분이며, 예수님은 얼마나 탁월하며 사랑스럽고 황홀한 분인가요! 에덴 동산과 같은 수십억 개의 낙원인 세상들의 아름다움을 하나로 합치고 모든 나무와 모든 꽃과 모든 향기와 모든 색깔과 모든 맛과 모든 기쁨과 모든 사랑스러움을 하나로 합쳐 보십시오. 오, 얼마나 아름답고 놀라운 세상이 되겠습니까! 하지만 비 한 방울이 만 개의 세상 전체의 바다와 강과 호수와 샘에 아무것도 아닌 것 이상으로 그것이 가장 아름답고 가장 사랑스러우신 그리스도에게는 보잘것없다는 것입니다.

오, 그리스도는 천국의 신비이며 땅의 신비입니다! "그 전체가 사랑스럽구나"(아 5:16)고 한 신부의 말은 얼마나 놀라운 말입니까! 오, 어두운 영혼들은 이 아름다운 이에게 오지 못할 것이며 자신들의 모든 사랑을 그에게 가져오지도 못할 것입니다! 오, 제가 수천 번, 아니 일만 번, 일만 명의 아담의 후손들을 초대하며 설득하여 주님 예수께 모이게 하여 그들이 와서 사랑으로 채울 수만 있다면! 오, 무한한 탁월함과 사랑스러움에 끝이 없고 밑이 없으며 비교할 수 없는 그리스도 예수와 같은 이가 있는데 그렇게 적은 사람들이 그를 가지니 영원토록 안타까울 뿐입니다! 오, 오, 너희 불쌍하고 마르고 죽은 영혼들이여, 어찌하여 너희 빈 그릇과 빈 영혼을 가지고 여기 이 크고 아름답고 깊고 감미로운 생명의 우물에게 와서 너의 빈 그릇들을 채우지 않는가? 오, 그리스도는 아름다움과 가치에 있어 그렇게 크신데 우리는 그렇게 좁고 쪼들리고 얕고 행복이 없습니다. 하지만 사람들이 그를 받아들이려고 하지 않습니다.

그들은 자기들의 사랑을 비참하게 잃어버리고 이 사랑스러운 이에게 주려고 하지 않는 것입니다. 아! 이 오천 년간 아담의 어리석은 자들, 집안을 망하게 하는 자들(잠 18:9)은 그들의 사랑과 열정을 검은 애인들과 검은 창기들에게, 죽은 피조물과 망가진 우상들과 이러저러한 쓸모없는 피조물 조각에다 허비하고 낭비하였으며 그들의 사랑과 마음을 예수께 가져오지 않았습니다. 오, 저 아름다움이 그렇게 적은 애인을 가지다니 안타까운지고! 그리스도를 제쳐두고 다른 애인들에게 달려가는 이 세상의 바보들에게 화, 화가 있으리로다! 오, 저 아름다움이 한 도시나 한 나라에서 서너 마음을 겨우 얻으니 비참하고, 비참하고, 비참하도다! 피조물의 허영에 대해서는 그렇게 많이 말하고, 그렇게 많이 쓰고, 그렇게 많이 생각하지만, 크시고 헤아릴 수 없고 아무리 놀라도 부족할 주님 예수께 대해서는 그렇게 적게 말하고, 그렇게 적게 쓰고, 그렇게 적게 생각하다니! 주 예수를 홀로 내버려 두는 이 가련하고 비천한 세상을 제가 왜 저주할 수 없단 말입니까?

오, 저주 받은 영혼들이여! 오, 잘못된 세상이여! 오, 눈멀고 거렁뱅이 같고 불쌍한 영혼들이여! 오, 혼이 나간 바보들이여! 너희가 그리스도에게서 그렇게 도망하니 어떻게 그에게 그렇게 할 수 있는가? 그리스도와 같이 놀라운 것을 사들이는 사람도 그렇게 적고 매매하는 일도 그렇게 적다는 섭리를 제가 감히 탓하는 것이 아닙니다. (오, 주님의 길은 깊고도 높아 측량할 수 없으리라!) 오, 사람이 한 번만이라도 지혜로워지고 그리스도를 지나치거나 잘못보지 않아서 자신들의 지옥과 사랑에 빠지지 않을 수 있다면! 그러나 우리는 가까이 가서 그리스도로 우리 자신을 채웁시다. 그리고 그의 친구들로 마시고 취하게 하며 우리의 텅 비고 깊은 소원들을 예수로 만족하게 합시다. 모두 와서 이 살아 있는 우물에서 마시십시오. 와서 마시고 영원히 사십시오. 와서, 마시십시오. 환영합니다.

"어서 오라." 우리의 신랑이 말했습니다. 좋은 뜻을 가지고 그리스도를 얻지 못한 사람이 없습니다. 온 사람치고 환영 받지 않은 사람이 없습니다. 온 사람치고 길 떠난 것을 후회하는 사람이 없습니다. 그와 함께 있었던 모든 사람들은 그를 칭찬합니다. 그를 아는 사람이나 천사들은 제가 말하는 것보다 더 많은 것을 말하며 그들이 말할 수 있는 것보다 그에 대해 더욱 많이 생각합니다. 오, 제가 우리 주님의 사랑에 싸여 어지러워지며 어리둥절해질 수 있다면! 오, 제가 거기에 차꼬에 매이고 사슬로 매일 수 있다면! 오, 그를 보고 싶어 아프다면 감미로운 아픔입니다! 오, 예수의 사랑을 위해 죽는다면 살아 있는 죽음이며, 선한 죽음이며, 사랑스러운 죽음입니다!

오, 제가 이러저러한 우상이 없다고 마음이 상하고 영혼이 아파해야 한다니! 화, 화로다, 저의 빗나간 마음의 허물이여, 피조물에 넋이 나가 그것을 달라고 울면서도 그리스도의 사랑으로 영혼이 채워지지 않는 것을 인해 아파하거나 괴로워하거나 가책이 되거나 근심하지 않는 나의 빗나간 마음의 허물이여! 오, 저의 사랑하는 이여, 가까이 오소서! 오 저의 가장 아름다운 이여, 왜 그리 멀리 계십니까? 여기로 오셔서 제가 당신의 놀라운 사랑으로 만족하게 하소서. 오, 아름다운 연합이여! 예수와 함께 하는 아름다운 교제여! 얼마 동안의 지옥의 고통이 그 값이라고 한다면 제가 값을 치르고 저 사랑하는 이를 살 수 있으리라! 그리스도께서 그의 괴로워하는 애인들에게 안타까워하시고 그리스도의 없음으로 탄식하며 애원하는 이들에게 오셔서 상한 마음을 어루만져 주실 것을 믿지 않을 수 없습니다.

그리스도의 사랑 없이 누가 행복할 수 있습니까? 그리스도의 사랑을 갈망하며 간절히 사모하며 연모하며 쓰러지지만 그것을 얻지 못하는 것보다 지옥과 같은 천국이 무엇이겠습니까? 이러한 지옥과 천국이 서로를 통하여 짜여 있는 것이 아닙니까? 이러한 고통과 기쁨, 즐거움과 슬픔이 하나는 씨실에, 다른 하나는 날실에, 한 피륙에 있는 것입니다! 그러므로 그리스도께서 우리로 만나게 하사 영혼과 그리스도가 서로의 팔로 묶도록 하시기를 바랍니다. 오, 검은 것과 아름다움, 비천과 영광, 높음과 낮음, 한 영혼과 그리스도가 서로 입맞추는 것을 보니 어떤 만남이 이와 같겠습니까! 아니, 모든 것이 이루어지기까지는 제가 말하는 일과 쓰는 일에 싫증을 낼 수도 있지만 그리스도와 그의 사랑을 제대로 표현하는 일에 제가 얼마나 거리가 먼지요! 저는 느낌도, 맛도, 냄새도 말할 수 없고 쓸 수도 없습니다. 직접 오셔서 느끼고 냄새를 맡아보시고 그리스도와 그의 사랑을 맛보십시오. 그러면 당신이 그것이 말로 할 수 있는 것이 아니라고 하실 것입니다. 송이꿀이 얼마나 단지 적는 것은 송이꿀을 맛보고 빠는 것만큼 즐겁지 못한 것입니다. 그리스도와 하룻밤 사랑의 침대에서 쉬는 것은 마음이 생각하고 혀가 말할 수 없는 것을 말해 줄 것입니다.

우리가 그리스도를 가졌으면 우리는 십자가를 두려워할 필요가 없고, 천국의 이편에 있는 어떤 일을 인해서도 탄식하거나 슬퍼할 필요가 없습니다. 우리의 십자가들은 성령의 기쁨과 양심의 평화에게서 결코 피를 흘리게 하지 않을 것입니다. 우리의 기쁨은 높은 곳에 쌓여 있어서 시험들이 올라와 끌어내릴 수가 없습니다. 이 세상이 그리스도에게 으름장을 놓을 수 있지만 감히 때리지는 못합니다. 만일 치면 그들이 반석을 내려칠 때 자기들의 팔이 부러질 것입니다. 오, 우리의 보물들을 그리스도의 손에 맡기며 우리의 금과 면류관을 지켜 달라고 그에게 드릴 수만 있다면! 부인이여, 그리스도와 함께 있기 위하여 이 가시밭 인생을 힘써 헤쳐 나아가십시오. 이 구름 낀 어두운 날에 그에게서 눈을 떼지 마십시오. 밤에는 당신의 마음으로 그와 함께 누우십시오. 그리스도를 섬기는 것을 세상에서 배우지 마시고 직접 그에게 길을 물으십시오. 세상은 거짓된 모방이며 따라가기에는 속이는 인도자입니다.

당신 남편에게 사랑의 안부를 전해 주십시오. 제가 여기에 쓴 것은 모두 그에게 바라는 것입니다. 우리 하나님의 감미로운 임재, 영원히 지속되는 선한 뜻과 우리 주님 예수의 따뜻하고 사랑스러운 위로가 당신에게 있기를 바랍니다. 당신의 기도로 그의 죄수를 도와주십시오. 제가 당신을 위해 기도합니다.

118

크레이그홀 경에게

그리스도를 위해 일어섬, 두려움이나 사람의 약속에 따르는 위험, 그리스도의 보답, 성령을 거스르는 죄

>

각하, C라는 사람에게서 각하의 편지 한 통을 받았고 최근에 A. B. 씨로부터 다른 한 통을 받았는데 각하께서 어떻게 해야 할지 당황하고 계시다는 것을 알았습니다. 그러나 진리와 그리스도가 각하의 평안과 안락을 방해하는 것처럼 보인다고 각하께서 오해하지 말도록 간청을 드리는 바입니다. 각하, 한 죄수가 당신에게 이렇게 쓰고 있다는 것을 잊지 마십시오. "주님께서 살아 계시는 한, 만일 당신이 이 땅에 있는 배교자들에게 당신의 손을 내밀어 이 땅에서 한때 아름다웠던 그리스도의 장막을 부수며 스코틀랜드에 적그리스도를 끌어들이는데 머리카락 넓이만큼이라도 손을 잡았다면 주님께로부터 진노가 당신과 당신의 집에 있을 것입니다." 왕에 대한 무서움이 당신을 사로잡고 당신이 자신의 보금자리에서 평안히 누우며 가장 가까운 해안에 정박하기를 바란다면 그리스도를 더럽고 추잡한 명예들과 바꾸는 많은 (아주, 아주 많은) 방법들이 있습니다. 그러나 만일 왕이 얼마의 일 때문에 자신이 당신의 하나님이 되어야 한다고 (결코 그렇게 되는 일은 없을 겁니다) 당신에게 주지시킨다면 당신의 진흙 신은 죽을 것이라는 것을 명심하십시오.

당신의 양심이 당신을 대항하여 폭풍이 일어나고 당신이 세상적인 조언자들에게 불평을 할 때 그들은 말할 것입니다. "이것이 우리에게 무엇이란 말인가?" 그리스도께서 약하시다거나 구원하시지 못하실 것이라는 말을 마십시오. 당신이 회피할 수 없는 두 가지 불 중에 약한 것을 택하십시오. 약간의 몇 년이 우리를 모두 우리의 심판자 앞에서 우리의 검은 것과 흰 것을 드러낼 것입니다. 영원이 당신이 알고 계신 것보다 더욱 가깝습니다. 깨달은 양심이 발동하며 당신을 정면으로 쳐다보며 당신 안에서 "당신

은 악한 길을 가고 있습니다"라고 소리치고 있는데 변절의 길로 계속 가는 것은 성령을 거스르는 죄로 가는 걸음입니다. 이 땅의 많은 사람들이 그 죄에 가까이 있는지 그렇지 않은지 있는 그대로를 저는 알지 못합니다. 만일 제가 고난을 받고 있는 이 길이 평강의 길과 구원에 이르는 왕도가 아니라면 저는 길이 전혀 없다고 믿습니다. 천국에 이르는 길에는 사람들이 믿는 것처럼 그런 넓음과 여유가 없습니다.

오늘이 그리스도의 날이 아닐지라도 내일은 그의 날일 것입니다. 제가 확실히 믿는 것은 우리 주님이 스코틀랜드에서 자기의 황폐된 옛 장소와 무너진 집을 수리하실 것이며 이 광야가 장미같이 필 것입니다. 존경하고 친애하는 각하, 야곱의 집에게 자신의 얼굴을 숨기신 그를 기다리시고, 그를 찾으십시오. 당신의 영혼이 살기 위하여, 그리고 당신이 주님의 상속으로 기뻐하시기 위하여 신랑의 다시 돌아오는 것을 잠깐 인내하며 기다리십시오. 제가 제 영혼과 생명을 걸어 보증하는 것은 만일 당신이 짓눌리신 그리스도와 함께 이 폭풍을 취하신다면 당신의 하늘이 신속하게 맑아질 것이며 당신의 아름다운 아침이 밝아올 것입니다. 그리스도께서 지금 "너희도 가려느냐?"고 말씀하고 계시는 것이 (사실인 것으로) 생각하십시오. 스코틀랜드가 잠에 빠지고 그리스도께서 홀로 애쓰시도록 내버려둔 이때에 당신이 그와 함께 머물며 당신의 고난 받으시는 구주와 함께 한 시간 밤잠을 원하신다면 지금 당신은 그리스도께 감사드리는 아주 좋은 기회를 가지는 것입니다.

제 자신이 약하고 나약한 사람인 것을 고백합니다. 제가 처음 이 그리스도의 야영지에 왔을 때 저는 이 전쟁을 지탱해 나가거나 이 전투에서 견뎌낼 아무것도 없었고 지금도 나아진 것이 거의 없습니다. 하지만 제가 고난으로 온전케 되신 우리 구원의 주, 거룩하게 되신 대장으로부터 갑옷과 무기와 힘을 발견한 후부터는 저는 그리스도를 위한 고난을 왕의 인생이라고 여깁니다. 우리의 모자람이 그리스도를 위해 자격을 갖추게 한다는 것을 알았습니다. 각하께서 그런 친교와 교제에 이르는 것을 단념한다고 쓰실지라도 만일 당신이 지금 곤경에 처해 있는 그의 명예를 위해 당신의 재산과 지위와 명예를 그리스도께 숭고하게 당당하게 넘겨드리면 그는 다정하게 후하게 갚아 주실 것이며 상급으로 왕의 말씀을 주실 것입니다. 그리스도의 "오라"에 위험을 무릅쓰십시오. 그러면 당신이 "나를 훈계하신 여호와를 송축할지라"(시 16:7)고 말하시게 된다는 것을 맹세할 수 있습니다. 존경하는 각하, 두 나라에 있는 많은 눈들이 지금 당신을 보고 있고 주님의 눈이 당신을 바라보고 계십니다. 남자답게 그리스도를 위해 행동하시고 이 선한 일을 그르치지 마십시오. 절대적인 순종에 서명하시고 그것을 주님의 손에 맡기십시오. 당신의 도움을 구하고 있는 당신의 신음하며 근심하는 어머니인 교회의 축복과 기도를 획득하고 획득하십시오. 이생에서 백 배 이상 얻게 되는 그리스도의 채권을 (그는 자신의 말씀을 지키시고 지킬 능력이 있는 왕이십니다) 받으십시오.

만일 당신이 약한 중에 그리스도를 무시하는 성급한 약속을 왕에게 했다면 그런 수치스럽고 불결한 행위가 지속되게 하는 더 이상의 죄를 짓지 말아야 합니다. 과실을 일으키는 자에게 화, 화가 있으리라는 것을 기억하십시오. 그리스도의 입에서 나온 이 저주는 율법의 저주보다 더 무겁습니다. 그것은 중보자의 진노이고 빛을 본 사람들에게는 갑절의 진노입니다. 이럴까 저럴까 하는 번민에서 자신을 해방시키십시오. 진리가 당신의 손에 올 때 그것을 꼭 붙잡고 다시 진리를 새롭게 찾거나 구하러 나가지 마십시오. 당신이 아는 것이 아니라 원하는 대로 양심으로 믿게 하는 것은 쉽습니다. 당신의 빛을 감옥에 던져 넣고 하나님의 진리를 불의로 가두는 것은 쉽습니다. 그러나 그 죄수는 감옥을 부술 것이며 당신에게 비길 데 없는 고문이 될 것입니다. 당신의 빛을 두려워하여 경외함으로 서십시오. 그것이 하나님께로 왔기 때문입니다. 다가올 세대를 위하여 적그리스도가 다시 들어오는 것을 대항하여 서 있는 증인들로 이생에서 등록되는 것이 어떤 명예가 될 것인지를 생각해 보십시오. 두 길과 양 쪽을 보고 있는 당신의 생각이 그들이 따르라고 당신에게 권하는 그 길에는 수치가 있다고 소리치고 있다고 저는 분명히 알고 있습니다. 이 기름진 세상과 재치와 안락의 연기(시 37:20)에 참여하는 자와 협력자들인 그 길은 더럽고 거짓된 행위의 강한 냄새를 풍깁니다.

죽은 자 가운데서 다시 살아나신 이인 평안의 주, 영원한 언약의 피로 말미암은 자기 양들의 큰 목자께서 당신을 견고하게 하시고 바른 빛을 주시고 그리스도를 따르도록 이끄시기를 바랍니다. 당신의 부친과 모친, 그리고 당신의 아내에게 안부를 전해 주십시오.

은혜가 당신과 함께하시기를 바랍니다.

1637년 8월 10일, 애버딘, S. R.

110
제임스 플레밍에게
영광을 그리스도께 돌림, 영적인 죽음, 찬양을 도움, 목회

>

주님 안에서 사랑하는 이에게,

은혜와 사랑과 평안이 당신에게 있기를 바랍니다. 당신의 편지는 갇혀 있는 제게 힘이 되었습니다. 사랑하는 형제여, 주님의 십자가에서 제가 어떠한 감미로움을 찾았는지 당신께 알려 드리지 않을 수 없습니다. 하지만 아, 제가 그를 위해 무엇을 하며 무슨 고통을 받겠습니까! 만일 저 혼자 세상이 생긴 이래 내린 빗방울처럼 많은 생명을 가졌을지라도 저 사랑스러우신 이, 우리의 가장 사랑하는 이를 위해서는 그것들이 너무 보잘것없다고 여길 것입니다만 저의 고통과 번민이 저의 고난을 넘어서는 것은 제가 그의 사랑에 대한 찬양을 다른 사람에게 나타낼 방법들을 찾을 수가 없다는 것입니다. 혀로도, 붓으로도, 고난으로도 제가 많은 사람들을 그와 사랑에 빠지도록 부추길 수가 없습니다. 하지만 제가 성령으로 즐거이 섬기는 그는 제가 그의 힘을 의지하여 행하며 고난 받으려고 한다는 것을 아시니 그렇게 함으로 제가 이 땅의 수많은 사람들에게 저의 주님 예수를 사랑스럽고 감미롭게 하려는 것입니다.

저같이 버림받은 죄인으로부터 자기의 영광스러운 대의를 위해 어떤 찬양이나 영광이나 또는 어떤 증언을 받으신다는 것은 하나님의 신비로움에 속한 일이라고 저는 생각합니다. 그러나 그리스도께서 일하실 때 그는

질문을 하실 필요가 없으시니 그는 스스로 영광스러우실 것입니다. 그의 영광이 처음에 비참한 공허에 비추어 사람과 천사, 그리고 그렇게 많은 피조물을 위한 아름다운 집을 세움으로 그의 선함과 권능과 지혜를 선포하게 하신 것을 볼 때에 만일 제가 타서 재가 된다고 할지라도 저의 해체된 몸의 그을음과 가루 속에서라도 그는 자신을 위하여 영광을 일으키실 수 있다는 것을 저는 압니다. 그의 영광은 그의 목적입니다. 오, 제가 그에게 붙어서 그것을 저의 목적으로 삼을 수 있다면! 저는 그와 함께하는 교제를 아름답고 감미롭게 여길 것입니다. 그러나, 아! 제 편에 있는 죄책을 아는 사람이 별로 없습니다. 이러한 선한 대의가 저의 더러운 손에서 망가지고 결딴나지 않는 것이 신비로운 일입니다. 그러나 저의 아름다운 주 예수께서 어떤 엄청난 일을 찾으셨으니 저의 부족함을 인하여 그의 값없는 은혜, 비할 데 없고 견줄 데 없는 사랑의 편리한 시장을 여셨으니 이것을 저는 기뻐합니다. 오직 저의 혐오스러운 비천함과 궁핍만이 그리스도와 그의 영광스러운 은혜의 풍성함을 저로 얻을 자격이 있게 합니다. 그는 제게서 아무것도 받으려고 하지 않으셨으니 그렇지 않았다면 저는 모자랐을 것입니다. 그리스도와 저 사이에 있었던 보이지 않는 은밀한 계산을 아는 사람이 없습니다만 그의 사랑, 그의 한없는 사랑은 떠나 있으려고 하지도 않으며 그에게 가까이 머물러 있으려고도 하지 않습니다. 그러나 바란 것도 아니며 대가도 없이 올 때 제가 마땅히 해야 할 만큼 그것을 환영하지 못하는 것입니다.

　당신이 저와 함께 찬양하기를 원한다고 쓴 것에 대해 저의 마음이 얼마나 기뻤는지요. 빚쟁이에게 빚을 갚도록 도와주는 것은 자선이기 때문입니다. 그러나 모든 사람이 저를 도와준다고 하여도 저의 이름은 그의 회계장부에 엄청난 금액이 지불되지 않은 것으로 남아 있을 것입니다. 하지만 그의 귀한 종들이 그렇게 감미로운 채권자에게 저의 빚에 대해 말씀 드리는 것 자체만으로도 저의 마음이 평안해 집니다. 제가 진심으로 제 영혼과 다른 이들을 위해 베푸신 그의 무한한 사랑의 잔치를 가지고 싶어하지 않는지 그가 저를 자신의 저울에 올려놓고 달아보시기를 바랍니다. 제가 아는 한 가지 사실은 그가 모든 만들어진 생각들을 뛰어넘으시기 때문에 눈이나, 마음이나, 혀를 가지고 그의 뛰어나심에 전혀 가까이 갈 수가 없다는 것입니다. 모든 나라들이 그 앞에서는 아무것도 아니며 아무것도 아닌 것보다 못할 뿐입니다. 그는 천국의 영역에 앉아 계시고 땅의 거주자들은 그 앞에 메뚜기들과 같습니다. 오, 사람들이 그를 찬양하기를 바랍니다!

당신의 개인적인 처지에 대해 한탄하셨습니다. 아! 저는 당신과 같은 분에게 말할 수 있는 사람이 못됩니다. 제가 여기에서 가졌던 모든 감미로운 임재는 다른 사람들에게 나타내어 알도록 하는 목적이 있다는 것을 제가 압니다. 그러나 제가 죽은 것 같음과 버림받았다는 큰 근심과 깨달음이 있기 전까지는 결코 저 높으시고 존귀하신 그리스도께 더 가까이 있을 수가 없다는 것을 알았습니다. 우리의 영혼이 사랑하는 이가 없기 때문에 그런 상태에서 우리가 불안함과 영적인 참지 못함 같은 것을 가지고서 시끄러운 소리를 내는 때, 즉 결핍에 대한 인식이 그리스도에게 향하는 열린 문을 만든다고 저는 생각합니다. 우리가 죽은 것 같음을 느끼기 때문에 뒤로 가고 있다고 생각할 때 우리는 앞으로 가고 있는 것입니다. 더 많이 느낄수록 더 많이 살아 있는 것입니다. 느낌이 없으면 생명이 없다는 것을 말합니다. 우리의 상처들과 아픈 것들을 그리스도께 가져가는 것보다 그리스도와의 더 아름다운 교제는 없습니다. 그러나 저 자신은 그가 이 낯선 땅에서 기꺼이 사랑과 깊은 감미로움의 새로운 보물들을 열어 보이시고 사랑의 심방과 자신에게 가까이하도록 허락하셨기 때문에 제가 갇힌 이후에 그리스도의 선함과 사랑에 대해 저 자신 부끄럽기만 합니다. 저는 그의 사랑으로 채우는 것이 젊고 푸른 천국이라고 생각합니다. 그가 즐거이 오시고 바닷물이 들어오고 바다가 가득 차며 왕과 비천한 죄수가 잔칫집에 함께 있으면 십자가의 검은 나무는 깃털만큼도 무겁지 않습니다. 저는 그리스도께 명예롭고 영광스러운 증언 외에는 아무것도 할 수 없습니다.

저는 주님께서 그의 적진을 뚫고 나아가며 자신의 고통으로 승리하신다는 것을 알고 있으니 이 눈 먼 세상은 고통이 그리스도의 무기이며 그것으로 그가 승리하시리라는 것을 보지 못하는 것입니다. 시온과 다투고 있는 저들은 그가 하시는 일을 알지 못하니 자신들이 견습공과 하인으로 일을 하고 있으면서 성도들을 단련시키는 일을 하고 있는 것입니다. 사탄의 손도 또한 그들을 통해 하나님의 자비의 그릇들을 녹이고 있고 하나님의 집에서 그들의 일은 왕의 식탁에 쓸 그릇들을 문질러 닦아 깨끗하게 하는 것입니다. 우리의 아버지께서 그의 막대기들은 반드시 거두시고 그들은 자신을 위해 쓰시려고 잘 보관하실 것이기 때문에 저는 그들이 승리하는 것과 편안히 시온에 앉아 있는 것을 보고 놀라지 않을 것입니다. 주님은 자신의 집에 불이 없게 하실 수가 없습니다. 그의 풀무는 시온에 있고 그의 불은 예루살렘에 있습니다. 그러나 대적들은 주님의 뜻과 생각을 알지 못합니다.

당신의 목회에 대한 불평에 대해서 말씀드립니다. 저는 지금 제가 하는 모든 일이 너무 적다고 생각합니다. 솔직함, 자유, 깨어 있음, 성실함은 당신이 고통을 받을 때 엄청난 큰 위로로 당신에게 넘쳐 흐르게 할 것입니다. 개인적인 심방과 가르침, 힘들인 설교, 양 떼들에 대한 공정하고 정직하고 아낌없는 경계로 그리스도의 어린양들을 치는 것은 고통 받는 자의 최고의 명예입니다. 신부를 그리스도께 중매하는 일에 충성스러우며 고생함으로 그리스도께 칭찬을 받는 그들은 만 배나 복이 있습니다. 사랑하는 형제여, 제가 쓰는 것보다 당신이 많은 것을 생각하리라는 것을 저는 압니다. 그리스도께서 그리스도 자신이나 그들을 위하여 아무것도 할 수 없다고 두려워하면서 그렇게 많은 사람들이 그를 부인하는 이때에 당신의 의도가 주님의 힘을 의지하여 부당한 대우를 받으시는 주님을 받들며 당신이 드러내어 자신을 그리스도의 사람이라고 말하는 것을 저는 기뻐합니다. 사람들이 지금 이단이라고 부르며 비웃고 조롱하는 이 것, 이 길만이 구원에 이르는 길이 아니면 저는 영원토록 버림받은 사람입니다. 그리스도께서 자신의 종의 고난을 그의 나타나시는 날에 자신을 위한 좋은 일로 받으시리라는 것을 저는 지금 확언하는 바입니다. 그리고 오래지 않아 그가 우리 모두에게 오실 것이고 사람들은 자신의 검은 것과 흰 것을 하나님과 천사들과 사람들 앞에서 드러내게 될 것입니다. 우리 주님이 멀리 계시지 않습니다. 오, 우리가 기다리며 충성할 수 있다면! 떨기나무 가운데 계시던 이의 선한 뜻, 우리 주님 예수 그리스도의 부드러운 은총과 사랑과 은혜가 당신에게 있기를 바랍니다.

당신의 기도로 저를 도와 주십시오. 다른 형제들에게 주님을 위해 용기를 가지라고 제가 바란다고 전해 주십시오.

1637년 8월 15일, 애버딘, S. R.

휴 맥케일에게
율법, 그리스도의 통치 아래 있는 세상

>

사랑하는 형제여, 사람들이 은혜의 땅에서, 그리고 중보자의 젖가슴에서 쓴 율법으로부터 단 것으로 배 불릴 수 있다는 것을 당신이 아십니다. 그리고 이것이 죄인들에게는 가장 안전한 길입니다. 새 언약에는 비록 그리스도께서 만든 어느 침대에도 들어가 잠자게 되어 있지는 않지만, 지친 죄인들이 들어가 쉬도록 만든 침대가 있기 때문입니다. 율법은 그리스도의 은혜로 인하여 결코 제 운명의 심판자가 될 수 없습니다. 만일 제가 율법에서 더 좋은 것을 얻을 수 없을지라도 (복음 안에서 저를 겸손하게 하며 낮추게 하는 심히 고통스러운 판결을 찾을 수 있습니다) 율법은 배반자를 법정까지 따라가서 그가 그리스도께 이를 때까지 밀어대는 거친 좋은 친구라고 생각합니다. 우리는 우리에게 겁을 주어 예수께로부터 달아나게 하며 달의 세상이요, 괴물이요, 몽상이며, 자만이 그 부모인 우리 자신의 의를 내세워서 율법으로 빚의 청산을 독촉하는 우리 자신을 책망해야 할 것입니다. 믿는 자보다 더 겸손한 사람이 있을 수는 없습니다. 물에 빠지는 사람이 바위를 붙드는 것은 자만이 아닙니다.

저는 이 혼란스러운 세상의 바퀴가 주님께서 뜻하시는 대로 구르며, 멈추며, 따라가는 것을 기뻐합니다. 어느 쪽으로부터 바람이 불든지 주님으로부터 우리에게 부는 것입니다. 어떤 바람도 우리의 배를 뒤집을 수 없습니다. 그리스도의 노련함과 그의 영광스러운 지혜가 승객들이 곤란에 처할 때 보증이 되고 밑받침이 되어서 그가 자신의 손으로 그들을 안전하게 자신의 아버지께서 아시는 경계 안에 있는 해안인 우리의 본향에 내려놓으실 것입니다.

사랑하는 형제여, 그리스도의 십자가에 움찔 놀라지 마십시오. 그것이 가장 어려운 처지에 이를 때 그리스도께서 당신을 위해 어떤 일을 하실지 아직 보이지는 않습니다. 그가 자신의 은혜를 지킬 것이니 당신이 괴로움을 당할 때에 그리고 당신의 구원이라는 예정된 탄생을 출산할 때까지 하실 것입니다(습 2:3). 당신은 그가 만드신 화살의 하나입니다. 그가 당신을 놋벽을 향해 쏘신다고 하여도 당신의 활촉은 상하지 않을 것입니다. 수많은 편지들과 친구들의 어려움 때문에 제가 오랫동안 하려고 한 것을 실행할 수가 없습니다. 하루가 40시간이라고 하더라도 한 시간의 여유도 가질 수 없습니다.

저를 잊지 말고 기도해 주십시오. 은혜가 당신에게 있기를 바랍니다.

1637년 9월 5일, 애버딘, S. R.

121
보이드 경에게
젊을 때 그리스도를 찾음, 젊음의 유혹, 그리스도의 탁월하심, 귀족들이 관심을 두어야 할 그리스도의 대의

>

존경하는 각하, 은혜와 사랑과 평안이 당신에게 있기를 바랍니다. 당신께서 짧은 날의 아침에 그리스도를 마음에 두시고 그의 왕관과 나라의 명예를 사랑하신다는 말을 들으니 기쁩니다. 제가 각하께 간청하는 것은 이제 당신의 사랑을 만들기 시작하시되 그것이 오직 그리스도만을 위하여 존재하는 것 외에 어떤 주형(鑄型)에서도 주조하지 마십시오. 당신의 사랑이 지금 형성되고 만들어지고 있으니 그것이 그리스도께 가장 좋은 것이기 때문입니다. 만일 그것이 여리고 어릴 때 그리스도 아닌 것이 그것을 잡으면 그리스도는 당신에게 낯설고 이상한 세계가 될 것입니다. 당신의 영혼의 거처를 우선 그리스도께 정하도록 약속하시고 당신의 첫 언약을 지키시며 예수께서 당신이 정직하다는 것을 아시도록 그를 따르십시오.

활을 당기기 전에 화살을 다루고 바르게 하는 것은 쉬운 일입니다. 그러나 일단 쏘아서 공중으로 날아간 후에는 당신이 어떤 힘을 가지고도 그것을 다스릴 수 없습니다. 만일 당신의 사랑을 지금 그리스도께만 조준하시고 그의 아름다운 얼굴이 당신이 쏘는 과녁의 중심이라면 복된 일입니다. 당신의 사랑이 잡고 있는 것에서 놓여서 움직이되 우상을 향하여 날아가며 낯설고 이상한 애인을 찾아서 매춘부같이 쏘다니는 여행을 한다면 당신은 그 화살을 다시 불러들이거나 당신의 사랑의 주인이 되게 할 능력이 없을 것입니다. 그리고 당신은 당신이 가지고 있지 않은 것을 그리스도께 드리지 못할 것입니다.

제가 이 말씀을 드리는 것은 젊음 자체가 천국과 그리스도를 가져올 수 있다고 하는 뜻은 아닙니다. 각하, 제 말을 믿으십시오. 젊음이 얼마나 위험한 유혹들의 보금자리인지 믿어지지 않는 것입니다. 당신의 인생의 이 부분이 얼마나 경솔하고, 어리석고, 거만하고, 헛되고, 무모하고, 조급하고, 불경건하고, 하나님에 관해 무관심한지. 그래서 마귀는 이때에 자기와 자기보다 더 악한 일곱 귀신들을 위해 정돈이 되고 청소가 된 방을 찾는 것입니다. 그때 감정은 말 안장에 올라타고 치솟으며 가만 있지 않으며 옛사람은 혈기와 정욕과 대단한 의지와 빈약한 이성과 손과 발과 방탕한 눈과 세속적인 귀를 자기 하인으로, 자기 뜻에 따라 오고 가는 대기중인 왕의 대신들로 삼는 것입니다. 그때 어린 양심은 어린 나무의 가지처럼 나긋나긋합니다. 그것이 모든 길에, 모든 신앙에 열려 있고 모든 방탕한 흐름이 그것에 넘치게 됩니다. 젊음과 은혜, 그리스도와 젊은이는 얼마나 감미로운 한 쌍이며, 얼마나 영광스러운 멍에입니까! 이것은 모든 마을에서 찾을 수 없는 만남입니다. 그리스도께 있었던 어떤 사람도 각하께 그의 존귀함에 맞는 보고를 드릴 수가 없으니 그리스도는 그의 존귀함에 걸맞게 말로 표현할 수도, 소개될 수도 없기 때문입니다. "와서 보라"가 그를 말하는 가장 충실한 사신(使臣)이니 적은 설득이 이것이 있는 곳을 얻게 할 것입니다. 그리스도의 사랑을 나타내는 데에 거짓말하거나 진리의 선을 넘어서는 것은 불가능합니다. 천사들의 강화(講話)와 스랍들의 온 회중이 쓴 사랑의

349

글이 (그들의 모든 지혜를 합치고 녹여서 하나가 되게 하여도) 영원토록 진리에 이르지 못하며 있는 그대로의 사실을 충분히 드러내기에 이르지 못할 것입니다. 예수 안에 있는 그 견줄 데 없는 탁월함의 무한함과 끝없음은 대단한 말입니다. 그의 비할 데 없는 사랑의 나머지나 부스러기나 약간만이라도 제게 주셨으면 좋겠습니다. 그러면 제가 다른 천국을 결코 얻는 일이 없어도 (이 복된 불이 계속 탈 것이니) 저는 영원토록 행복할 수밖에 없을 것입니다. 그러므로 이곳에 오셔서 양식을 위하여 지혜 있게 당신의 돈을 풀어놓으십시오. 이곳에 와서 당신의 사랑을 드리십시오.

저는 당신에게 이것을 말씀드릴 이유를 가졌으니 만일 당신이 그리스도를 점유하며 즐거워하지 않는다면 당신은 그의 신부에게 냉정한 친구가 될 것입니다. 왜냐하면 아내에게 호의를 가지게 하는 것은 남편에 대한 사랑이기 때문입니다. 지금 당신의 지위에서 할 수 있는 대로 당신의 울고 있는 어머니를 위해, 핍박을 받으며 망가진 교회인 당신의 어머니를 위해 힘을 쓰는 것은 당신의 가문에 축복이요, 명예중의 명예요, 명성의 꽃이 된다고 저는 맹세할 수 있습니다. 만일 당신이 그녀를 사랑하며 그녀를 위해 분발하며 못된 파수하는 자들(아 5:7)이 그녀에게서 빼앗은 웃옷을 되찾아 오기 위해 보이드의 작위를 잃을 것을 무릅쓴다면 진실로 그녀의 남편이 당신을 위하여 가만히 계시지 않을 것입니다. 머리에 여러 왕관과 자신의 손바닥에 세상의 나라들을 가지신 그에게는 귀족 신분의 조각이 아무것도 아닙니다. 저택과 명예와 영광과 부함과 집안의 평안과 권세자들의 호의가 모두 그의 손가락 끝에 달려 있습니다. 오, 당신의 명예를 그리스도와 그의 예루살렘에게 드린다는 것은 얼마나 영광스러운 일이겠습니까?

당신은 시온의 친자식들 중의 하나입니다. 당신의 자랑스러운 신앙을 가진 부모님들이 그리스도의 심부름을 위해 당신을 기쁘게 내 줄 것입니다. 그러므로 제가 하나님의 자비하심을 의지하여 예수의 죽음과 상처를 빌어, 당신의 영광스러운 유산에 대한 소망을 빌어, 그리고 당신이 강가에 이르러 당신의 발을 어두운 무덤에 들여놓을 때 가지게 될 기쁨이 넘치는 임재의 위안과 소망을 빌어 당신에게 간청하는 것은 그리스도의 진리와 그의 자유로운 나라의 명예를 위하여 용기를 내시라는 것입니다. 당신이 어린 꽃이요, 해 앞에 푸를지라도 얼마나 빨리 죽음이 당신의 핀 꽃을 떨어뜨리며 뿌리와 가지와 잎을 말릴지 당신이 모르기 때문입니다. 그러므로 당신이 그리스도를 위하여 해야 할 일을 자세히 적고 선행의 자산을 만들기를 늦기 전에 시작하십시오. 보기에는 당신이 유리한 점을 가지고 있습니다. 그리스도의 장막이 무너지기를 기다렸다가 그 판자를 가지고 도망하여 그것들로 시온의 무너진 터에 자기들의 보금자리를 지으려는 이 사람들과는 달리 그리스도를 위하여 무엇을 하여야 할지 살펴보십시오. 한때 이 땅에서 아름다웠던 그리스도의 장막의 말뚝을 뽑으며 줄을 끊고 휘장을 찢는 비천한 인생들을 보지 못하는 사람들은 눈이 먼 것입니다. 적그리스도가 그 장막을 자기 어깨에 메어 도망을 하고 있습니다. 그리스도와 복음이 스코틀랜드에서 사라질 때 당신의 가문이 잘 되리라고, 이 땅의 귀족들과 잘 지내리라고 꿈꾸지 마십시오. 그리스도께서 사시는 한, 당신의 강줄기는 도랑이 될 것이며 당신의 땅의 티끌은 유황이 될 것이며, 올빼미와 까마귀가 당신의 집에 살며, 당신의 식탁이 있던 곳에 찔레와 쐐기가 자랄 것입니다(사 34:9, 11).

주님께서 그리스도와 그의 복음을 스코틀랜드에 담보로 주셨습니다. 파수꾼들이 잘못에 빠져 그 담보의 자기들의 분량을 잃어버렸고 하나님께서 그들의 오른 눈과 오른 손을 말리시며 목자들의 막대기들을 부러뜨리신 것과 사람들이 아무짝에도 쓸모가 없는 맛없는 소금을 위하여 자기들의 마음을 쏟아 장사하고 있는 것을 보지 못하고 있습니다. 만일 귀족들인 여러분도 그 보증을 버리며 예수의 인정된 대적들과 함께 시온의 논쟁을 변호하기를 거절한다면 당신들은 그것과 상관이 없게 되는 것입니다. 아! 자신들의 검과 생명과 명예와 집들을 잃어버릴 위험을 무릅쓰고 그리스도를 우리 손에 쥐어 주었던 이 땅의 예전의 귀족들의 용기와 열심이 지금 어디로 갔습니까? 지금 만일 귀족들이 자신을 숨기며 언덕의 양지바른 곳에서 바람이 하나님의 성전을 무너뜨릴 때까지 웅크리고 있다면 그들은 그리스도를 떨쳐버릴 뿐 아니라 그들의 후손의 영혼을 죽이는 잘못을 범하고 있는 것입니다. 마치 그리스도께서 훔친 물건이나 되는 것처럼 사람들이 보증할 수 없다는 듯이 자기의 옷자락으로 그리스도와 자기의 신앙고백을 가리는 것이 지혜의 이름으로 행해지고 있습니다. 이것이 현명한 일로 여겨지지만 그들 자신이나 그들을 닮은 사람들이 자신들에 대해 무슨 생각을 하든지 간에 그들의 가증한 침묵이 그리스도의 나라의 멸망이기 때문에 하나님은 그런 사람들을 단지 귀족 멍청이나 얼간이로 여기시는 것입니다. 아, 신랑의 아주 절친한 친구가 되는 것과 그리스도의 피 흘리시는 머리를 가지는 것과 그의 버림받은 대의를 위해서 우리의 감미로 우신 주님 예수와 그의 왕관을 위해 정당하게 하나님의 지혜로 싸우는 것은 진정한 명예와 왕관이 될 것입니다! 그러나 저는 각하께서 그리스도의 명예를 마음에 간직하시고 주님과 그의 진리를 위해서 선지자가 말한 대로 거리에 있는 한 사람인 것을 믿을 것입니다. 그의 풍부한 은혜와 감미로운 임재와 약속된 보혜사의 영원한 위로에 각하를 부탁드리며 이만 줄입니다.

1637년 9월 7일, 애버딘, S. R.

122 풀크 엘리스에게
아일랜드의 친구들, 섭리 속의 어려움, 빛에 충실하지 못함, 그리스도의 지속적인 필요

>

주님 안에서 귀하고 존경하는 분이여, 은혜와 사랑과 평안이 당신에게 있기를 바랍니다.

1. 저는 우리가 단지 편지로 아는 사이가 아닌 것이 기쁩니다. 우리에게 같은 아버지가 계시다는 것을 알면 우리가 서로의 얼굴을 본 적이 없을지라도 그것은 적은 문제입니다. 저 자신 그리스도와 같이 훌륭하고 명예로운 대장의 진영을 따르기에 아주 못 미치는 사람이라는 것을 고백합니다. 아! 사람들이 저 같이 쓸모없는 사람에게 어떤 것을 기대하고 있다니 탄식할 일입니다. 만일 그리스도께서 그에 대한 저의 못나고 짧고 좁은 사랑을 가지고 무엇을 하신다면 그것은 제게 놀라운 일일 뿐입니다. 정말

로 그것은 내세울 만한 일이 못됩니다.

2. 아일랜드에 있는 우리의 사랑스럽고 사랑하는 교회에 관하여는 저의 마음이 그 황폐케 됨을 인하여 심히 비통합니다. 그러나 저는 주님께서 단지 포도나무들을 가지치기하고 계시는 것이지 그것들을 쓰러뜨리거나 뿌리째 뽑으시려고 하는 것이 아님을 믿습니다. (우리가 타락한 이후에는 항상 절뚝거리며 비뚤어져 있어서 우리가 본래 마음의 무신론자요, 섭리를 올바로 받아들이지 않는 것을 생각할 때) 종들이 말 안장에 앉고 주인들은 걸어가기 때문에 마치 사람의 아들들에게 기쁨과 슬픔을 재어서 나누어 주는 하나님의 자(尺)가 구부러지고 공정하지 못한 것처럼 우리는 절뚝거리는 섭리라고 헛되이 생각하고 있습니다. 하지만 주님은 선과 악을 배분하시되 어떤 이에게는 그 중 하나를 다른 이에게는 그 둘을 조금씩 세분하여 정확하고 공평한 저울에 그것을 달아 주시는 것입니다. 날씨의 좋고 나쁨으로 복음을 재는 것은 어리석은 짓일 뿐이니 신자들의 화창한 햇빛은 이생에서 그들에게 비추지 않습니다. 만일 주님께서 우리가 겪고 있는 같은 섭리를 거꾸로 뒤집으셔서 성도들이 먼저 천국과 영광과 안락을 즐기게 하신 후에 슬픔의 므두셀라의 날들과 비참한 나날을 겪도록 일들을 정하셨더라면 우리는 얼마나 투덜거리겠습니까? 짧은 천국은 천국이 아니라고 생각할 것입니다. 확실히 그의 하시는 일들은 알 수가 없습니다.

3. 당신이 마음의 무신론의 악에 대해 한탄하였습니다만 어느 누구보다도 가장 심한 무신론자에게 당신이 그것을 써 보내신 것입니다. 아, 하나님께서 심으신 식물이 우리 영혼 속에서 드러내야 할 경외심과 두려움을 빛이 찾지 못하는 것입니다! 얼마나 우리는 본성으로 다른 이들과 같이 불의로 하나님의 진리를 억압하며 포로로 잡아두며, 하나님의 빛을 묶여 있는 죄수가 되게 합니까? 그리고 그 죄수가 하나님을 믿음으로, 얼마의 거룩한 순종의 실천으로 감옥을 부수고 나올지라도 얼마나 자주 우리는 그 죄수를 손으로 붙잡으며 우리의 빛을 다시 차꼬에 가두어 버립니까? 확실히 낮은 곳에 있는 집에서 연기가 발생하여 높은 곳에 있는 집을 가득 오염시키듯이 우리 영혼의 낮은 부분인 이 세상에 대한 애정으로부터

나와서 더 높은 부분인 양심(본래의 것이든 새로워진 것이든)에게 올라가는 것입니다. 만일 우리가 더 많은 순종을 실천하면 좀 더 완전한 빛을 가질 것입니다. 다른 모든 잘못을 제외하고라도 우리 영혼에 있는 하나님의 촛불에 가한 악행 이것 하나만으로도 우리를 고발할 충분한 구실이 될 것이라고 저는 생각합니다. 이러한 일에는 하나님의 빛을 경외하여 서도록 애쓰는 것 외에 다른 도리가 없습니다.

빛이 우리에 관한 이야기를 하지 않을까 하고 우리는 듣고 싶어하지 않습니다. 그러나 빛이 (법 없는 주인인) 의지 옆에 자리잡은 것이 하나님과 상관없이 된 것이 아니기에 그러한 이웃이 우리의 판단에 영향을 미치고 우리의 빛을 어둡게 하는 것이 놀라운 일이 아닙니다. 우리가 옛 사람의 행위를 거슬러 저항하고 우리의 못된 반쪽을 거스르는 세력을 일으켜 죄의 왕국의 통치를 고발하고 비난하고 책망하고 판결하며 슬픔으로 탄식하게 하는 것과 더 나아가 새 언약 안에서 우리의 죄를 대적하는 법을 만드는 것이 필요하다는 것을 알았습니다. 한 번 그리스도께서 육체로 죄를 정죄하셨으니 우리는 다시 반복하여 그것을 정죄하여야 합니다. 만일 예수님의 은혜와 같은 것이 없었더라면 저는 오래 전에 이미 천국을 포기하고 하나님을 뵈올 기대를 포기했을 것입니다. 그러나 은혜, 은혜, 값없는 은혜, 아무것도 요구하지 않는 그리스도의 공로, 희고도 아름답고 커다란 구주-자비(피조물-자비나 율법-자비나 천사-자비보다 천 배나 높고 그런 것들과는 전혀 다른 종류입니다)가 물에 빠진 우리 죄인들이 헤엄쳐 가야 할 바위였었고, 바위임에 틀림이 없습니다. 그 값없는 언약을 인친 저 거룩한 피로 새롭게 씻는 것과, 성취하신 구속을 새롭게 적용하는 것이 비천한 죄인들에게 날마다 시간마다 이루어져야 할 일입니다. 우리가 천국에 이를 때까지는 출혈이 완전히 멈추지는 않을 것입니다. 그러므로 우리는 새롭고 산 길로부터 평안을 우리 영혼에 돌리도록 결심해야 하며 문둥병이 든 영혼을 치료하신 예수님, 사랑하시는 예수님이 천국 문의 이쪽에서 우리의 노래가 되어야 합니다. 그리고 우리가 그 성을 차지하였을 그때에도 우리는 영원토록 노래해야 합니다. "우리를 구원하시고 자기 피로 우리를 씻으신 어린양이 존귀, 존귀하시도다."

저는 모든 구속 받은 이들에게 이 노래를 배우게 하며 그리스도의 사랑을 마시고 취하라고 권하고 싶습니다. 오, 가장 아름답고, 가장 높으시고, 가장 사랑스러우신이여, 우물을 열어 주소서! 그을리고 목마른 나그네들이 주님의 이 사랑으로 마시고 취하게 하시옵소서! 저는 이 놀라운 사랑으로 땅 위에 어린 새 예루살렘, 새로운 작은 천국을 세우는 것이 가능하다고 생각합니다. 하나님께서 이 사랑을 제게 더 보내 주시든지 아니면 제가 그의 사랑으로 가득 차게 될 수 있는 물 건너편의 그곳으로 빨리 데려가시기를 바랍니다. 저의 연약함은 모자람을 좋아하지 않습니다. 저는 그리스도의 사랑에 대한 배고픔을 잘 견뎌내지 못한다고 고백합니다. 제가 그리스도께 못되게 구는지 모르지만 간절히 기다리는 자들을 애가 타게 하고 지연시키는 그의 섭리의 사슬의 한 고리를 고치고 싶습니다. 저 자신에 대해서는 그리스도께서 그 사랑을 좀 더 베풀어 주시기를 바랍니다. 하지만 그리스도께서 제게 구두쇠라고는 감히 말할 수 없습니다. 만일 제가 그의 사랑을 풍족히 가졌다고 한다면 저는 죽습니다. 저는 불평하며 외치는 상황까지 이르렀습니다. "주 예수여, 주의 손을 더 이상 쥐지 마옵소서."

귀한 이여, 제가 갇혔을 때 저로 당신의 기도를 가지게 하십시오. 은혜가 당신에게 있기를 바랍니다.

1637년 9월 7일, 애버딘, S. R.

123

제임스 린지에게
버려둠과 그 유익, 버림받은 자의 기도, 복음이 버림받은 자에게 주는 영향

>

사랑하는 형제여, (주님의 길과 일하심에 관하여 무지하고 나태한 관찰자인 제게) 하나님의 오심과 가심과 얇아지심과 넘치심과 안아 주심과 입맞추심과 찡그리심과 때리심으로 하나님께서 당신과 함께 지내시는 것을 지속적으로 날마다 관찰하는 것은 제게 큰 충격을 줍니다. 만일 제가 그러한 상황에 이르러서 그를 계속 쳐다보며 제가 부족한 때를 알고 처신을 잘

한다면 저는 저의 처지를 감사했을 것입니다.

1. 버려 두심에 관해 말씀드립니다. 저는 그것이 더 좋은 결실을 위해 양분을 모을 때까지 몇 해 동안 메마르고 빈약한 땅에 있는 풀이 난 밭과 같다고 생각합니다. 금을 얻을 수 있는 곳에서는 달빛으로도 금을 모으는 것이 가능합니다. 오, 그가 멀리 떠나 계시는 때와 같은 음산한 밤에도 제가 기어서 한 걸음 아니 반 걸음이라도 예수님께 가까이 갈 수만 있다면 저는 그것을 행복한 떠나 계심이라고 생각할 것입니다!

2. 만일 사랑하는 이가 단지 시험하기 위하여 또는 더 겸손하게 하기 위해 물러가시며 새로운 성냄을 집 바깥으로 흘리지 않는다는 것을 알았다면 저는 그의 버려 두심을 받아들이고 그의 떠나 계심에 대해 잠잠할 것입니다. 그러나 그리스도의 사들인 떠나 계심이 (저의 죄로 사들인 것입니다) 양 쪽에 고름이 흐르는 두개의 종기라면 저는 어느 쪽으로 기댈 수 있습니까?

3. 밤과 그림자가 꽃들에게 좋고 달빛과 이슬이 계속 내리쬐는 해보다 나은 것처럼 그리스도의 떠나 계심도 특별한 용도가 있으니 그 안에 어떤 힘을 돋구는 덕이 있고, 겸손에 활기를 주며, 배고픔을 간절하게 하며, 믿음이 뻗어나가도록 아름다운 밭을 제공하며, 보이지 않는 것을 잡도록 손가락을 단련시킨다는 것을 저는 압니다.

4. 그리스도께서 자신과 떨어져서 조그만 거처를 빌리시되 우리의 정욕들에 딸린 뒷방을 빌리시며 또한 그분과 그러한 돼지가 우리 영혼에서 집을 함께 쓰려고 하시는 그것은 자비의 신비요, 은혜의 신비입니다. 그리스도께서 들어오실 때 그것들이 그 작은 방으로 들어가 웅크리고 쭈그려 그분의 발 아래 죽어 엎드러져 있는 듯이 보이지만 그것들은 빈번이 다시 벌떡 일어나는 것입니다. 그리스도의 십자가에 못 박혔던 옛 사람의 한 발이나 한쪽 다리나 팔이 못을 빼거나, 다시 벌떡 일어나는 것입니다! 하지만 그리스도께서는 이 사납고 잘못 길러진 이웃 옆에서도 이 모양 저 모양으로 성도들 속에서 천국을 만드실 수 있습니다. "주 예수님, 여기서 무엇을 하고 계십니까?"라고 제가 말해서는 안됩니까? 하지만 여기에 그가

계셔야 합니다. 그러나 저는 이러한 깊이와 놀라움에 빠지도록 저의 발을 헛디디고 싶지 않습니다. 왜냐하면 값없는 은혜와 무한한 공로가 죄와 같이 메스꺼운 손님 옆에 그리스도와 우리에게 거처를 주었기 때문입니다.

5. 성화와 우리의 정욕을 죽이는 일이 기독교 신앙의 가장 어려운 부분입니다. 우리가 간지러울 때 웃는 것처럼 우리가 새 예루살렘을 볼 때 기뻐 뛰는 것은 어느 정도 자연스러운 일입니다. 기쁨은 그리스도께서 입맞추실 때는 통제 아래 있는 것도 아니고 우리의 동의에 따르는 것도 아닙니다. 그러나 오, 우리 중에 얼마나 많은 이들이 그리스도를 둘로 나누어 그의 반 쪽만 가지려고 합니까! 우리는 그의 직분인 예수, 그리고 구원을 가집니다. 그러나 "주님"은 귀찮은 낱말입니다. 순종하며 우리의 구원과 완전한 거룩함을 이루어 내는 것은 성가시고 폭풍이 몰아치는 그리스도의 북쪽입니다. 우리는 그러한 것에서 도피하며 돌아섭니다.

6. 당신의 질문, 곧 버림받은 자들이 그리스도께 나아가는 일에 관해서 말씀드립니다. (그러한 일은 아무도 할 수 없으니 그들 중 아무라도 그리스도 안에서 아버지께 올 수가 없으며 그렇게 하지도 않을 것입니다. 왜냐하면 그리스도께서 그들을 위해 죽지 않으셨고 율법으로 하나님과 공의가 그들을 따라 잡을 것이기 때문입니다.) 우선 제가 말씀 드리는 것은 당신에게 저보다 더 훌륭하고 학식 있는 이들 곧 딕슨, 블레어와 해밀턴 씨 같은 이들이 당신을 만족시킬 수 있을 것입니다. 하지만 제가 생각하는 바를 다음과 같이 간단히 말하겠습니다.

첫째, 사람과 천사들을 향한 모든 하나님의 정의는 우리를 지으신 자이시며 토기장이이신 하나님의 절대적이고 주권적인 자유의지의 행위에서 나오는 것이며 우리는 단지 흙일 뿐입니다. 만일 그가 아담에게 선악을 알게 하는 나무에서만 먹고 에덴동산의 다른 모든 나무에서는 먹지 말라고 명하셨다면 그 명령은 의심할 바 없이 "모든 나무의 과실은 먹되 선악을 알게 하는 나무의 과실은 먹지 말라"고 명하신 것과 마찬가지로 의로웠을 것입니다. 그 이유는 순서상으로 그의 의지가 그의 정의에 앞서기 때문이며 그의 의지인 것이 그의 정의이기 때문입니다. 그는 자신을 벗어나서 어떤 것들이 의롭기 때문에 일들을 계획하시지 않습니다. 하나님께서는 자신 밖에 있는 어떤 것들에게서나 사람이나 천사들의 행위에서도 거룩함과 성결과 의로움을 찾으실 수 없으며 그럴 필요도 없으십니다. 마치 불이 자연적으로 가벼워 위로 올라가고 흙은 무거워 밑으로 가라앉은 것처럼 그의 의지는 근본적으로 거룩하고 의로우며 거룩함과 의의 최고의 법칙이기 때문입니다.

둘째, 하나님께서 버림받은 자들에게 하신 말씀인 "그리스도를 믿으라. 그리하면 너희가 구원을 얻으리라"는 정당하고 옳은 것입니다. 왜냐하면 그의 영원하고 본질적으로 의로운 의지가 그렇게 실행하며 예정했기 때문입니다. 자연 이성이 그것에 반박한다고 가정하지만 이것은 복음의 깊고도 특별한 신비입니다. 하나님은 가시적인 교회의 모든 버림받은 자들에게 "믿는 자는 구원을 얻으리로다"라는 약속을 믿도록 의무를 지우셨습니다. 그리고 하나님께서 부과하신 의무는 그의 주권적인 자유의지에서 나온 것이기에 첫번째에서 말한 것처럼 아주 의로운 것입니다.

셋째, 의로우신 주님은 그의 계명을 훼방한 버림받은 자들과 모든 이성 있는 피조물에 대한 권리를 가지고 계십니다. 이것은 어렵지 않습니다.

넷째, 하나님께서 버림받은 자에게 구하시는 것은 그들이 그리스도를 의지하되 그들이 자신의 의를 포기하고 전적으로 겸손하게 수고하고 무거운 짐진 자로서 시온에 놓여 있는 반석이신 그리스도께 기대는 것입니다. 그러나 그가 그러한 것을 구한다고 저들이 자신들의 죄를 미워하는 것 없이 인류의 구주로서 그리스도를 의지하는 것을 말하는 것이 아닙니다. 그리스도를 의지하면서 죄를 미워하지 않는다는 것은 상상이지 믿음이 아닙니다. 믿음은 언제나 깊이 뉘우치는 마음의 이웃입니다. 죄에 대해 얼마간 상하고 뉘우치는 마음이 없는 곳에서 믿음이 있을 수 있다는 것은 불가능합니다. 하나님께서 어떤 사람도 헛된 생각을 하지 못하게 명하신 것이 분명합니다.

다섯째, 그리하여 버림받은 자들은 그리스도께서 특별히 자신들을 위해서 죽으셨다는 것을 절대적으로 믿게 되어 있는 것은 아니라는 것입니다. 진실로 버림받은 자들이나 다른 자들이 거짓을 믿게 되어 있는 것은 아니기 때문입니다. 단지, 만일 그들이 처음에 지치고 눌리며 죄를 싫어하며 양심에 정죄를 받고 율법의 심판으로 죽기까지 맞아 쓰러진다면 그리스도께서 자신들을 위해서 죽으셨다는 것을 믿어야 하며 진정으로 복음에 제시된 대로 그를 받아들여야 하는 것입니다. 그리고 그에게 와서 그와 사귐이 따르는 것은 믿음의 제2차적이며 부수적인 행위입니다.

여섯째, 버림받은 자들이 겉으로는 하나님을 경히 여기거나 잘못 믿는 죄가 있는 것이 아닙니다. 그들이 그리스도와 복음의 약속들을 자신들에게 특별하게 적용하지 않을 뿐입니다. 그들에게 죄가 되는 것은 그들이 거짓으로 여겨 믿지 않는 것 때문인데 그것은 하나님께서 그들에게 믿어야 한다고 말씀하시지 않았다는 것입니다.

일곱째, 공의는 버림받은 자들을 벌할 권리가 있습니다. 마음의 교만으로 인하여 자신의 의를 신뢰하고, 자기에게 오는 모든 자에게 구주가 되시는 그리스도를 의지하지 않기 때문입니다. 하나님께서 정당하게 그들에게 이렇게 하라고 하신 것이니 아담 안에서 그들이 행할 능력을 완전하게 가지고 있었기 때문입니다. 사람들은 자기들의 무능력을 사랑하고, 자신들을 의지하며, 자기들의 의를 부인하고 모든 지친 죄인들을 위한 의를 가지신 그리스도께 그것들을 가져오기를 거절하기 때문에 죄를 짓는 것입니다.

여덟째, 우리 자신의 의를 부인하고 어찌할 수 없는 죄인들의 유일한 의가 되시는 그리스도를 믿으며 겸손히 상한 마음으로 그를 의지하며 기대며 머무는 것과 그리스도께서 개인적으로 우리를 구원하실 의도와 경륜을 가지고 나 곧 존, 토머스, 안나를 위해 죽으셨다고 믿는 것은 다른 것입니다. 1. 앞의 것이 먼저이며 나중의 것은 순서상 항상 뒤따릅니다. 2. 첫째 것은 믿음이고 둘째 것은 믿음의 열매입니다. 3. 첫째 것은 버림받은 자들과 가시적인 교회의 모든 사람에게 지워진 의무이고 나중 것은 오직 상하고 지친 자들, 오직 하나님께로부터 택함을 입고 효과 있게 부르심을 입은 자들에게 지워진 의무입니다.

아홉째, "나는 그리스도께서 개인적으로 나 곧 존, 토머스, 안나를 위해서 죽으셨는지 모르겠다. 그러므로 나는 그를 의지하지 않는다"고 말하는 것은 헛된 주장입니다. 이유는 당신이 지치기 전에 먼저 하나님의 의도와 선택의 경륜을 믿는 것이 믿음이 아니기 때문입니다. 먼저 당신의 의도와 영혼을 보십시오. 만일 당신이 죄가 짐이라는 것을 발견하고 그 짐 아래서 그리스도께 의지할 수 있고 의지하신다면, 또 만일 이것이 일단 있다면 자, 오셔서 특별히 믿으시거나 아니면 나아가 당신의 구원에 관한 하나님의 선한 의지, 계획, 은혜로운 목적을 느끼며 감성으로 적용하십시오(제 판단으로 이것은 믿음의 열매이지 믿음은 아닙니다). 그리하여 버림받은 자들에게는 악의가 있고 그리스도를 멸시하기 때문에 그들이 죄가 있으며 공의는 그들을 대항하는 법을 가지고 있는 것이며 (이것은 신비인 바) 그리스도께서 그들을 위해 죽지 않으셨기 때문에 그들이 그리스도께 올 수가 없는 것입니다. 그러나 그들의 죄는 그리스도께 올 수 없는 그들의 무능력을 즐기고 있는 것이니 자기의 사슬을 사랑하는 자는 사슬에 매일 만한 것입니다.

이만 줄입니다. 저의 매임을 기억해 주십시오.

1637년 9월 7일, 애버딘, S. R.

124 제임스 해밀턴에게
그리스도의 영광은 자기 백성의 연약함으로 영향을 받지 않으신다

>

사랑하는 귀한 형제여, 하나님 아버지와 우리 주 예수께로부터 평안이 당신에게 있기를 바랍니다. 제가 무엇인가를 생각할 때, 안으로는 그렇게 보잘것없다는 것을 발견하는데 저의 겉모습은 그럴듯한 빛을 발한다는 것을 생각할 때 저는 무너져내립니다. 그리스도의 영광이 그렇게 깨끗하지 못하고 순결하지 못한 통로를 따라 흐르면서 더러워지지 않는다는 것이 놀라운 신비입니다. 그러나 저는 사람들의 찌꺼기와 오물 속에서도 그리스도는 그리스도이실 것이라는 것을 압니다. 그의 재능과 그의 빛나는 지혜와 그의 아름다움은 어둠과 약함과 죽음 속에서, 정말이지 아무것도 아닌 것에

서 가장 잘 드러납니다. 아무것도 돈도, 가치도, 선함도, 생명도, 공로도, 전능하심이 영광을 끌어오기를 즐거워하시는 땅이 아니라는 것을 압니다. 오, 그리스도의 집의 벽 안쪽과 그분 옆에 있는 방이 얼마나 아름다운지요! 그에게서 떨어져 있는 거리가 저를 슬프게 합니다. 오, 우리가 서로의 팔 안에 있었으면! 오, 우리 사이에 중간에 있는 것들이 사라졌으면! 그리스도와 완전히 보조를 맞춘다는 것은 어려운 일이라는 것을 저는 알았습니다. 그가 웃으실 때 저는 거의 그것을 믿지 않고 그것이 사실이기를 바랄 뿐입니다. 그러나 저는 피곤과 절망에 압도되어 높은 산을 바라보고 있는 작은 사람과 같습니다. 제가 오르려고 하지만 원하는 만큼 제 여정에 진전이 없다는 것을 깨닫습니다. 하지만 저는 그가 밤일지라도 저를 집으로 데려가실 것을 믿습니다. 적그리스도가 자기의 종들 사이에서 매우 분주하다는 것에 저는 놀라지 않습니다. 하지만 저의 왕관을 쓰신 왕께서 보시고 살펴보시며 시온의 안전을 위해 일어나실 것입니다.

저는 편지 쓰는 일과 저를 방문하는 친구들로 인해 몹시 지쳐 있습니다. 제가 할 수 있는 것은 시간이 허락하는 대로 빠뜨리지 않을 것입니다. 제가 힘이 들어 간결한 것을 용납하시기 바랍니다. 주님의 죄수를 기억해 주십시오. 당신을 잊지 않을 것입니다.

은혜, 은혜가 당신에게 있기를 바랍니다.

1637년 9월 7일, 애버딘, S. R.

125
가이트거스 부인에게
십자가를 지는 본으로서 그리스도, 아이들이 사랑 받아야 할 범위, 성도가 죽는 이유

>

경애하는 분이시여, 은혜와 사랑과 평안이 부인에게 있으시기를 기원합니다. 부인과 자녀들이 어떻게 지내는지 듣고 싶었습니다.

제가 부인께 권하는 것은 당신의 여정에 기운을 잃지 말고 낙심하지 마시라는 것입니다. 길이 당신의 본향까지 예전보다 그리 멀지 않으니 길어야 한 걸음이나 한 치 정도 지나면 오래지 않아 영광스러운 면류관이

당신의 팔이 닿는 곳에 있게 될 것입니다. 당신의 주님 예수께서 그 산 꼭대기에 이르시기 전에 진땀을 흘리시며 숨을 몰아 쉬셨습니다. 그는 "아버지여, 나를 구해 주십시오"라고 말씀하시는 데까지 이르셨습니다. "나는 물 같이 쏟아졌으며 내 모든 뼈는 어그러졌으며"(시 22:14)라고 말씀하신 이가 그였습니다. 그리스도께서는 마치 저들이 그를 형차에 매달아 친 것 같았습니다. "나의 마음은 촉밀 같아서 내 속에서 녹았으며 나의 힘이 말라 질그릇 조각"(시 22:14, 15)같다고 하셨습니다. 당신 앞서서 그의 거룩한 발이 밟으신 그 길을 당신이 더욱 사랑하시리라고 저는 확신합니다. 십자가들은 십자가에 못 박히시고 고통을 받으신 그리스도의 냄새를 가지고 있습니다. 당신의 주님께서 길에서 당신을 홀로 죽도록 내버려 두지 않으실 것을 저는 확신합니다. 위로자께서 베일 속에 숨으시고 당신이 그를 찾으나 빈 자리만을 발견할 때 당신은 괴로운 시간들을 가지게 될 것입니다. 찾는 자가 자기 영혼이 사랑하는 자를 만나지 못할 때 이는 단지 차가운 "좋은 날"일 뿐입니다. 그러나 하나님께서 그리스도 자신을 보내셔서 그의 아름다운 본 모습으로 나타내실 때까지는 그의 불친절도 친절한 것이며, 그의 떠나심도 사랑스러우신 것이며, 그의 가면도 아름다운 모습입니다. 그의 감미로운 위로를 당신의 것이 되게 하시고 그리스도를 낯설어 하거나 부끄러워하지 마십시오. 친근히 대하시는 것이 그에게 최고입니다. 그의 좋아하시는 것입니다. 당신의 겨울 폭풍이 끝날 때 주님의 여름이 올 것입니다. 당신의 슬픔이 기쁨의 아이와 함께 있으니 그가 나중에 당신에게 좋은 일을 이루실 것입니다.

당신의 자녀에 대하여 주님이 허락하시는 것보다 더 무거운 짐을 들어 올리지 마십시오. 그리스도께서 계셔야 할 마음의 노른자위에 그들을 두지 마시고 마음의 옆 자리를 그들에게 주십시오. 그렇게 하지 않으면 그들은 당신의 우상들이지 당신의 아이들이 아닙니다. 만일 주님께서 폭풍이 오기 전에 그들 중에 누구를 자기 집으로 데려가시면 잘 데려가시는 것입니다. 과수원 주인이 한여름이 오기 전과 추수의 햇빛을 받기 전에 자기의 나무에서 두세 개의 열매를 따낼 수도 있는 것이며 그의 하인이나 과원지기가 주인이 그렇게 한다고 나무라는 것은 옳게 보이지 않습니다. 주님께서 자신이 원하시는 어느 계절이든지 자신의 열매를 따도록 하십시오. 그들은 당신에게 잃어버린 것이 아니고 잘 보관 되어 우리 주님의 진귀한 보물들이 놓여 있는 천국에 있는 보물 상자에 넣는 것입니다. 거기에 있는 것은 모두 거칠 것이 없는 물품들이니 죽음이 새 예루살렘의 벽 안에서는 어느 것도 사로잡을 법이 없는 것입니다.

모든 신자들은 죄로 인해 오래된 낡은 벽시계와 같아서 떼어 내려야 하고 문질러 닦고 수리하여 전보다 더 나은 틀에 넣어 다시 설치해야 합니다. 죄는 몸과 영혼을 녹슬게 했고 우리의 사랑하시는 주님은 죽음으로 우리를 끌어내려 문질러 닦으시고 죄의 뿌리와 찌꺼기를 완전히 씻어 정결하게 하십니다. 그리하여 우리가 전보다 더 나은 틀에 설치될 것입니다. 그러니 힘내십시오. 천국이 당신의 것입니다! 그것은 아주 적은 수의 사람이 할 수 있는 말입니다.

이제 양의 큰 목자이시며 평강의 그 하나님께서 우리 주님 그리스도의 나타나실 날까지 당신을 견고하게 하시고 세우시기를 바랍니다.

1637년 9월 7일, 애버딘, S. R.

126

매튜 모워트에게
나는 누구인가? 그리스도를 위하여 일하기를 사모함, 불신앙, 얼굴을 숨기시는 그리스도의 사랑, 그리스도의 모욕

>

경애하는 형제여, 당신의 편지를 받고 기운을 얻었습니다. 만일 저의 고통으로 주님을 섬길 수 있다는 것을 제가 알았다면 주님께서 그의 집 벽에 난 구멍을 막으시려고 저를 구멍마개나 시온의 새 건물의 틈새를 막는 자갈로 사용하신다고 할지라도 그가 하시는 대로 그의 손에서 모든 것을 받아들일 것입니다. 청지기나 시종이나 그와 같이 주님의 집에서 섬기는 어떤 자리이든 정말로 (진심으로 사랑하는 형제여, 제가 거만한 자세로나 돌려서 말하는 것이 아닙니다) 저 자신이 그러한 일을 할 자격이 없다고 생

각합니다. 아니, 저는 문 뒤에 설 자격도 없습니다. 만일 저의 머리와 발과 몸이 그리스도의 집에 반쪽만 들어가 있고 반쪽은 나와 있어서 제가 그 집에 계신 주님의 아름다운 얼굴을 볼 수만 있다면 그것이 저의 연모하며 상사병이 든 소원들을 진정시켜 줄 것입니다.

하나님의 사람들이 일하며 우리 주 예수 그리스도의 이름으로 말하고 있다는 것을 들으면 저는 저 자신이 그 마을에서 쫓겨나 언덕에 눕고 바위와 빈 들 사이에서 사는 부랑자요, 버림받은 자일 뿐이라는 생각이 듭니다. 오, 제가 그리스도의 행랑채에라도 들어갈 수 있거나 그의 집에 있는 헛간에서 촛불이라도 들고 있을 수 있다면! 그러나 이것이 하나님의 지혜를 어둡게 하는, 시비를 걸며 믿지 않는 마음에서 나오는 부질없는 공상이라는 것을 저는 압니다. 그리고 당신의 허물은 바로 저의 것이니 저는 주님의 순전한 말씀 그대로 믿지를 못합니다. 제가 왕의 말씀과 믿음을 가지고 있음에도 불구하고 저는 즐길 장난감을 가져야 하고 그리스도와 악수를 해야 하며 그의 말씀에 대한 보증이나 담보나 증인을 가지고 있어야 하지 그렇지 않으면 저는 버림을 받았다고 여기는 것입니다! 오, 저는 불신앙으로 만들어졌고 제 발이 땅에 닿지 않는 곳에서는 헤엄을 칠 수가 없는 것입니다! 아, 저의 시험 중에 그리스도는 속이는 시내요(렘 15: 18), 빚쟁이나 거짓말쟁이로 보이는 것입니다! 우리는 우리를 꿈 속에 빠트리는 시험들이 꾸며대고 궁리한 대로 그리스도를 만들어 낼 수 있습니다. 시험들은 그리스도를 언제나 그분답지 않게 보여 주며 우리는 어리석게도 시험하는 자에게 귀를 기울입니다.

만일 제가 한마디 구원의 말씀을 어느 누구에게라도 전할 수 있다면 제 영혼이 얼마나 기쁘겠습니까! 그러나 가장 큰 악인 제 자신이 자주 그리스도의 십자가를 오해합니다. 만일 우리가 지혜가 있어서 안락이 어리석은 우리들을 죽인다는 것을 알았다면 비록 우리의 욕구들과 환난 사이에 본성적인 부랑자가 있다손 치더라도 우리의 게으른 안락을 유익한 십자가와 바꾸거나 거래할 수 있는 시장을 찾을 것입니다. 그러나 어떤 사람들은 자기들이 좋아하지 않는 약을 위해서 많은 돈과 금을 지불하고 자기들이 병 들지 않고 건강하기를 바랄지라도 병(病)을 사는 것입니다. 하지만 형제여, 그 집의 정직하시고 신실하신 주님과 다투지 말라는 제 권면을 (그러나 저 자신이 그것을 따르지 못합니다!) 받아들이시기 바랍니다. 왜냐하면 그는 가시든지 오시든지 정말로 떠나실 때에도 은혜로우십니다. 은혜와 사랑과 사랑스러운 친절하심이 그리스도의 등 쪽에도 있으니 그가 떠나실 때 눈과 감각들과 그리고 마음에 머물던 그 아름다운 태양의 형상인 그 얼굴 모습은 그가 떠나신 후에도 마음에 거대한 사랑을 그 뒤에 남기는 것입니다. 사랑하는 자의 문에서 그의 두드린 소리가 떠나가신 후에도 기쁨과 슬픔의 지분들을 함께 남기는 것입니다. 그리하여 우리는 그가 돌아오실 때까지 먹을 것이 있는 것이며, 떠나실 때 그는 더욱 많은 사랑을 받으시고, 떠나신 후에는 이전보다 더하며, 해가 기우는 저녁 때에는 자주 가장 사모함을 받으십니다.

그리스도의 십자가에 관하여는 저 자신이 만든 일 외에는 제가 그것으로부터 아무런 해를 받지 않았습니다. 제가 그리스도의 약을 잘못 조제해서 저를 상하게 했으니 놀랄 일이 아닙니다. 십자가는 그리스도의 등에 얹혔던 이후로 항상 향기로운 냄새를 가지고 있으니 이 1600년 동안 그리스도의 냄새를 가지고 있습니다. 아니, 그보다 더 오래되었으니 아벨이 처음 십자가에 손을 대고 그의 어깨에 올려놓은 후부터 오늘날의 모든 사람에게 이르기까지 오랜 기간이기 때문에 모든 신자들은 그것이 어떠하다는 것을 알고 있었습니다. 저는 그리스도 예수께서 이 십자가에 그런 관계를 가지시고 마치 그것이 자신의 정당한 재산이라고 주장하시고 그리스도 자신의 소유로 셈하시게 될 것처럼, "우리 주 예수의 십자가"(갈 6: 14), "그의 능욕"(히 13: 13)이라고 불리는 것을 기뻐합니다. 만일 그것이 죄가 그렇듯이 순전히 악한 것이었다면 죄의 창조자도 아니고 그 주인도 아닌 그리스도께서 그것을 소유하시지 않으셨을 것입니다.

저는 시온에 놓인 그 돌을 들어올리려고 하는 (악이 지혜를 가지고 도망가 버려서 의지는 높은데 지혜는 낮은) 그리스도의 대적들을 보고 이상하게 생각합니다. 진실로 그것은 저들이 올리거나 움직일 수 있을 만큼 그런 내려앉는 땅에 놓여 있는 것이 아닙니다. 우리가 그들의 뱃속에 있고 그들이 우리를 삼킬지라도 그들은 메스꺼워서 우리를 다시 토하여 낼 것입니다. 저는 시온과 그 남편이 함께 잠들지 않는다는 것을 압니다. 우리 주님께서 다시 한 번 스코틀랜드의 시온 산의 말라 버린 언덕에 그의 이슬로 물을 주시며 그가 오래 전에 그러셨던 것처럼 내려오셔서 새 결혼을 다시 하실 것을 믿습니다. 우리의 언약을 기억하십시오.

저에 대한 당신의 권면에 대한 변명은 필요하지 않습니다. 아! 병든 사람들이 음식을 미루는 것처럼 많은 사람들이 빛 옆에 앉아서 그것을 사용할 줄을 모릅니다.

은혜가 당신과 함께 있기를 바랍니다.

1637년 9월 7일, 애버딘, S. R.

127
로월란 부인에게
최선의 선택인 예수와 확실해져야 함, 뗄 수 없는 십자가와 예수, 근심은 단지 일시적임

>

부인, 제가 뵌 적은 없어도 그리스도 안에서 부인께 서신으로 담대히 말씀을 드리고자 합니다. 많은 사람들이 불신앙으로 돌아서는 이때에, 당신을 향한 그분의 사랑이, 그분 자신 만큼 오래된 그분이 당신에게 자신의 뜻과 마음을 알려 주심으로 당신의 영혼을 향한 그리스도 안에 있는 그의 사랑의 친절을 나타내시기를 기뻐하셨으니, 저는 우리의 주님 예수 안에서 당신을 인하여 기뻐합니다.

오, 이 세상과 죄의 어두운 나라를 떠나서 우리 신랑의 새 나라로 건너가 하나님의 아름다우신 아들의 사랑을 알고 그 사랑에 사로잡히게 된 당신이 성취한 아름다운 변화여! 부인, 제가 주님 안에서 당신께 간청하는 것은 지금 확실한 일을 이루시되 옛 집이 무너졌고 바닥까지 뒤집어졌는지, 그리고 당신의 영혼의 새 건물이 그리스도께서 직접 세우신 것인지를 확인하시라는 것입니다. 그렇게 되면 바람이나 폭풍이 그것을 흔들 수 없고 무너뜨릴 수도 없을 것입니다. 지금 많은 사람들이 그리스도를 상상으

로 붙잡고 있으니 당신이 만난 이가 바로 그분, 오직 그분인가를 분명히 하십시오. 그의 향기로운 냄새, 그의 사랑스러운 음성, 그의 아름다운 얼굴, 영혼 속에서 하시는 그의 일은 거짓말하지 않습니다. 만일 그가 진정 그리스도라면 이런 것들이 곧 말해 줄 것이며 또한 성도들을 향한 당신의 사랑이 바로 그가 그분이라고 말한다고 생각합니다. 그러므로 저는 말합니다. 당신이 그리스도 자신을 소유하시고 그의 아버지의 축복과 함께 그를 소유하는 것을 분명히 하십시오. 그의 아버지께서 당신에게 그를 허락하실 것입니다. 당신의 처지는 아주 나빠질 수 있습니다. 그러나 만일 그것들이 여기에서 나빠지지 않는다면 당신에게 더 좋을 수가 없고 더 잘 될 수도 없습니다.

천국에서나 천국 밖에서 더 나은 것이 없으니 당신이 만난 일보다 더 감미롭고 더 탁월한 것이 없습니다. 그러므로 그리스도를 꼭 잡으십시오. 기쁨, 많은 기쁨을 당신은 그에게서 얻게 될 것입니다. 그러나 그와 함께 그의 십자가를 즐겁게 받아들이십시오. 그리스도와 그의 십자가는 천국 문에서 헤어질 것이지만 그리스도와 그 십자가는 이생에서는 떨어질 수 없습니다. 천국에는 십자가를 둘 곳이 없기 때문입니다. 한 방울의 눈물, 하나의 한숨, 하나의 슬픈 마음, 하나의 두려움, 하나의 손해, 근심되는 하나의 생각은 거기서 거처를 찾을 수가 없습니다. 그것들은 죽음의 이편에 있는 바람부는 땅과 이 넓은 여관에 있는 우리 주님의 흔적들일 뿐입니다. 근심과 신자들은 함께 결혼하지 않습니다. 아니 만일 했다고 하더라도 천국이 이혼을 시킬 것입니다. 그의 감미로운 함께하심이 근심과 고통의 쓴 것을 삼켜 버린다는 것을 저는 알았습니다. 그리스도께서 제 십자가에 대해 말씀하시기를 "반은 내 것이다"하시며 이 고통을 저와 함께 나누셔서 큰 몫을 자신이 가져가시는 것이 감미로운 일이라고 생각합니다. 아니, 저와 저의 전체 십자가가 모두 그리스도의 것입니다. 오, 그리스도는 얼마나 놀라운 자산입니까! 성도들은 그의 지혜와 탁월함의 보물들을 깊이 파야 할 것입니다!

부인을 우리 주님의 선한 뜻과 부드러운 자비에 부탁드리며 아름다우신 주님 예수 안에서 이만 줄입니다.

1637년 9월 7일, 애버딘, S. R.

128

보이드 부인에게
불완전함, 그리스도를 사모함, 그리스도의 대권은 세상의 권세와 모순되지 않음

>

존경하는 믿음의 부인이여, 은혜와 사랑과 평안이 당신에게 있기를 바랍니다. 부인의 편지를 받았습니다. 그리스도를 향한 생각이 당신에게 머물러 있으며 당신의 뜻이 어떻게 해서라도 강권으로 천국을 빼앗으려 하신다는 것을 들으니 저는 더 기쁠 수가 없습니다. 그것을 차지하는 일은 작은 일이 아닙니다. 또한 졸림과 감사치 않음을 경계하기 위해서 상당한 깨어 있음과 감사함이 있어야 합니다. 하나님과 지속적으로 동행하려고 할 때 도둑 행세를 하며 호롱불을 빼앗아가는 거짓 빛을 나무랄 아주 상당한 이유를 우리는 가지고 있습니다. 우리의 여행은 하루에도 열 번씩 열 개의 조각으로 부서집니다. 그리스도는 우리에게서 단지 깨어지고 반쪽이 나고 지친 일만을 가지실 뿐이니 아! 너무나 빈번히 보잘것이 없습니다.

저는 신랑에게 상당히 가까이 다가간 적이 있습니다. 그러나 가까이 이를 때 제 악함을 깨닫고서는 부끄러워서 그의 면전에서 다시 도망치려고 합니다. 그러나 아직 그의 영혼을 새롭게 하시는 사랑에 대한 갈망이 부끄러워하는 저를 꼼짝 못하게 합니다. 아주 혐오스러운 죄의 덩어리인 제가 그렇게 아름답고 거룩하신 주님, 영원토록 사시는 그렇게 높고 고귀하신 분의 곁에 서다니 저는 무엇이란 말입니까! 그러나 그리스도께서 저와 같은 자에게까지 낮아지셨으니 수치스러움이 물러가고 그의 낮추시는 사랑에 사라집니다. 진심으로 저는 왕의 내전의 한구석이라도 차지하는 것에 만족하려고 합니다. 오, 만일 제가 제 연약한 소원들의 저쪽 건너 끝에 있다면 얼마나 좋을까요! 그때는 저의 주님이시며 애인인 그리스도께서 살아 계시며 통치하시는 곳에 있게 될 것입니다. 거기서 저는 그의 얼굴을 보며 그의 비할 데 없는 사랑의 넘치는 감미로움으로 영원토록 위로를 받

을 것입니다. 그러나 지금 제가 제 소원들의 이쪽 밑에 있으니 숙여진 머리와 사모하는 마음을 가지고 썩음과 죽음이 흙의 몸을 비벼 닦아내고 새롭게 하며 죄의 옛 사람의 뼈들을 사라지게 할 때까지 우리에게서 멀리 떨어져 계시는 아름다운 예수님을 먼발치서 바라보고 있는 것입니다. 그러는 동안에 사랑하는 이에게 그를 사랑하기를 좋아한다는 말을 전함으로 우리는 행복한 것입니다. 그때까지는 그의 집 주변을 맴돌면서 창문으로 들여다보고 불쌍한 영혼의 탄식과 소원을 예수님께 문구멍을 통하여 보내면서 하나님께서 만나게 하실 때까지 구혼하며 쫓아다니는 기쁨이 있는 것입니다. 하나님께 감사드릴 것은 아주 낮아지고 "주 예수여, 제가 당신을 뵈온 지 오래되었습니다"라는 안타까운 말을 하는 그때에도 우리의 날개들이 자라며 감미로우신 예수님의 부재(不在)가 그를 향한 소원과 사모함의 새로운 깃털이 나게 한다는 것입니다. 벨벳 십자가를 가진 사람은 없지만 십자가는 하나님께서 가지실 것으로 만들어진다는 것을 저는 압니다. 그러나 진실로 어느 누구도 십자가를 스스로 가질 수 있는 것은 아니지만 저는 "오, 내가 그리스도의 십자가를 마음대로 팔 수 있으면 좋으련만" 말하지 않을 것입니다. 그렇게 되면 그것과 함께 기쁨과 위안과 사랑의 체험과 인내와 신랑의 감미로운 방문을 팔아야 하기 때문입니다. 그러므로 우리가 돈을 내지 않고 거저 십자가를 가지게 된 것을 하나님께 감사해야합니다. 확실히 십자가들을 사는 것이나 파는 것이 허락된 일은 아니지만 그리스도를 위하여 십자가들을 파는 것보다 사는 것이 훨씬 낫다고 저는 확신합니다.

그리고 부인께서 언급하신 그리스도의 즐거운 오심과 가심에 관하여는 사랑이 허락하는 대로 저는 그것을 감당합니다. 제가 지혜롭다면 마치 밤과 낮이 시간의 친절한 동반자요 공유자로서 자기들 사이에 시간을 나눠 갖는 것처럼 그리스도께서 기쁨과 근심을 성도들의 인생의 동반자들로 가지게 하실 것이며 그것들의 각각이 우리의 날에 지분을 가져야 되는 것으로 제게는 충분합니다. 그러나 만일 이곳에서 근심이 우리 인생의 더 욕심 많은 동반자라고 할지라도 기쁨의 날이 밝아와서 우리의 모든 슬픈 시간을 충분히 보상할 것임을 저는 확신합니다. 한 피륙 안의 날실과 씨실처럼 저의 주님 예수께서 신랑의 오심과 그의 슬픈 떠나심으로, 흰 것과 검은 것으로, 좋은 것과 나쁜 것으로, 저의 작고 한 뼘 길이의 시간을 그가 원하시는 대로 짜시기를 바랍니다. 장미가 가시에게 이웃 되게 하십시오. 하지만 부끄럽게 되지 않는 소망이 시온에서 탄식하는 자들에게 소망의 서신과 전갈을 보냈으니 그것이 그렇게 오래 걸리지는 않을 것입니다. 우리가 강 건너에 이르면 그리스도께서 십자가들을 아래로 던져 버리시며 영원토록 천국을 높이 올리실 것입니다! 지옥은 아래로, 죽음도 아래로, 죄도 아래로, 근심도 아래로! 영광은 위로, 생명은 위로, 기쁨은 영원토록 위로! 이런 소망 가운데 저는 지체하지 않으실 그가 오실 때까지 그리스도의 품에서 조용히 잘 것이며 만일 마귀와 죄의 발자국과 불신의 마음의 외치는 소란이 저를 깨우지 않는다면 저는 그렇게 자고 싶습니다. 그러나 현재로는 제가 그리스도의 십자가를 고소할 아무것도 없습니다. 아, 제가 오직 그리스도 안에서만 즐거워할 수 있기를 바랍니다!

부인, 당신의 아들들이 예수님을 위하여 더욱 힘쓰기를 기대합니다. (우리의 대적들이 거짓되게 문제를 설명한 것처럼) 마치 그리스도와 권세가 한 지붕 아래서 같이 살 수 없는 것 같지만 그리스도와 권세 사이에는 위험이 있거나 어떤 문제나 갈등이 없는 것입니다. 문제가 된다면 그리스도와 권세를 가진 사람들 사이에 있을 뿐입니다. 권세는 그리스도를 위하며, 그리스도로부터 나오며, 그에게 가까운 친척입니다. 그러니 어떻게 그가 그것과 충돌할 수 있습니까? 아니, 사실은 흙으로 된 벌레와 신들이 그리스도를 대적하여 일어나는 것입니다. 만일 부인의 태의 열매가 그리스도의 조력자들이 된다면 당신은 하나님을 기뻐할 좋은 근거를 가지게 되는 것입니다.

부인께서 저와 저의 동생을 향하여 가지신 선한 마음으로 바라실 수 있는 모든 것은 예수의 죄수의 기도이니 제가 부인과 당신의 집과 자녀들을 그에게 부탁드립니다.

1737년 9월 8일, 애버딘, S. R.

129

재닛 케네디에게
천국의 거처들, 그림자인 땅

>

사랑하는 자매여, 은혜와 사랑과 평안이 당신에게 있기를 바랍니다. 당신의 편지를 받았습니다. (처녀들이 따라가고 싶어하는) 당신 속에 있는 그리스도의 은총은 지옥이나, 아니면 이 더럽혀진 세상의 악한 냄새를 피우는 대기에서 오는 바람으로는 사라질 수 없다는 것을 저는 압니다. 이 전염병동의 울타리에서, 이 더럽히는 세상의 오염에서 멀리 떨어져 앉으십시오. 당신의 취미, 당신의 사랑, 당신의 소망을 천국에 두십시오. 당신의 사랑과 당신의 주님을 서로 다른 나라에 있게 한다는 것은 좋지 않습니다. 당신의 사랑하는 자를 따라 위로, 위로 올라가 당신과 그가 함께 있도록 하십시오.

한 왕께서 천국에서 당신을 부르러 사람을 보냈습니다. 믿음으로 그는 당신에게 새 예루살렘을 보이시며 성령을 따라서 당신을 데리고 천국에 있는 모든 휴식처와 주택들을 보이시며 말씀하십니다. "이 모든 것이 네 것이다. 이 왕궁은 너와 그리스도의 것이다." 만일 당신이 하나님의 택하신 자이기만 하면 그리스도께서 당신과 자신을 위해 한 집을 세우실 것입니다. 이제 그것은 당신과 많은 다른 사람들을 위한 것입니다. 당신의 여정에 당신이 가져갈 수 있는 것인 당신의 양심, 믿음, 소망, 인내, 온유, 선함, 형제애를 가지고 가십시오. 이런 품목들은 당신이 가시는 저 높고 새로운 나라에서 아주 값비싼 것들입니다. 세상의 허영과 쓰레기인 다른 물건들에 관하여는 그것들이 단지 쓰레기들이니 가져가시지 않는 것이 잘 하시는 것입니다. 당신이 여기서 그것들을 찾으셨으니 여기다 남겨 두시고 그 집이나 지키라고 하십시오.

당신의 해는 많이 기울어 낮아졌습니다. 밤을 대비하여 당신의 거처에 가까이 계십시오. 한 사람씩, 한 사람씩 우리는 이 큰 시장에서 나가, 마을이 텅 비고 두 개의 큰 숙소인 천국과 지옥이 채워질 것입니다. 마침내 땅

371

에는 빈 벽과 탄 재만 남을 것이니 떠나는 것이 좋은 것입니다. 적그리스도와 그의 일꾼들이 지옥을 채우고 많은 사람을 유인하느라 바쁩니다. 별들과 큰 교회의 빛이 하늘에서 떨어지고 있으며 많은 사람들이 무엇인지 알 수 없는 것들을 간절히 쫓느라고 잘못된 길로 빠지며 미혹을 받고 자신들의 믿음으로 만족하며 자신들의 장자의 권리를 팔고 있습니다. 그리스도를 붙잡은 것을 힘주어 쥐십시오. 진실로 저는 그를 저의 소유 중 최고의 재산으로 여깁니다. 감옥에서 그는 저의 동반자입니다. 그를 가짐으로 그가 자기의 감미로운 어깨를 저와 십자가 아래 놓으시면 저의 십자가가 열 개의 쇳덩어리 산과 같이 무거울지라도 저의 십자가는 단지 깃털일 뿐입니다. 저는 그리스도를 선택한 것을 아주 즐거워하니 그는 하늘과 땅에서 저의 최고의 선택입니다. 저는 그가 저보다 앞서 천국에 계신 것을 기뻐합니다. 하나님께서 즐거운 만남을 주시고 또한 한편으로 여행을 즐겁게 하고 숨이 가쁜 경주자를 응원하시려고 길을 위한 여행비용을 주시니 그것은 그리스도를 사랑하는 짐을 말하는 것입니다. 제가 산을 오르느라고 숨이 찰 때 그는 새로운 호흡을 시키십니다.

이제 평강의 하나님께서 그의 나타나시는 날까지 당신을 견고하게 하시기를 바랍니다.

1637년 9월 9일, 애버딘, S. R.

마거릿 리드에게
십자가의 유익, 만일 우리가 그리스도의 것이라면

>

사랑하는 귀한 자매여, 은혜와 사랑과 평안이 당신에게 있기를 바랍니다. 만일 당신이 믿음 안에 세워져서 굳게 서 있으며 복음의 소망에서 떠나지 아니하면 아무리 힘든 세상이 당신을 향하여 찌푸릴지라도 당신은 진정으로 주님께 복을 받은 것입니다. 천국이 있다는 것과 그것이 한낱 꿈이나 환상이 아니라는 것이 좋은 것입니다.

사람들이 천국이 있다는 것을 부인하지 않으나 그곳에 이르는, 사람이 만들지 않은 길이 있다는 것을 부인하는 것이 이상한 일입니다. 당신은 천국이 있다는 것을 그리스도에게서 배우셨습니다. 천국을 위해 싸우십시오. 그리스도를 위해 싸우십시오. 하나님께서 당신의 것이 되게 하실 수 없는 이 계모(繼母)인 세상의 힘든 십자가를 순순히 잘 참아내십시오. 그것이 쉽지 않다는 것을 제가 인정하며 당신의 짐을 제가 가볍게 해 드릴 수 있었으면 좋겠습니다. 하지만 저를 믿으십시오. 주님께서 당신의 것이 되게 하실 수 없는 이 세상은 단지 하나님의 창조의 찌꺼기요, 쓰레기요, 거품이며 주님의 고용된 종들의 몫이라는 것입니다. 사라질 것들이지 상속재산이 아닙니다. 그것은 새 예루살렘 밖에서 머물러 있어야 할 개들에게 던져진 딱딱한 뼈다귀이니 그것으로 그들이 자기들의 욕구들을 채우기보다는 이만 부러뜨릴 것입니다. 우리 주님께서 당신을 위하여 예비하신 것은 당신의 아버지의 축복이요, 그리스도의 장자의 상속입니다. 제가 당신에게 분명히 말씀 드리는 것은 당신의 후손도 역시 그 땅을 상속하게 될 것이니 그것이 그들에게 약속되었기 때문입니다. 사람들이 그들 각자에게 일천 짜리 어음에 수천을 준다 하여도 하나님의 어음은 좋고 더 나은 것입니다. 당신이 태어나시기 전에 당신을 위하여 십자가의 개수와 크기와 무게가 정해졌으니 당신의 주님께서 당신이 그것들을 통과하도록 이끄실 것입니다. 그리스도를 확신하십시오. 그리하면 그 땅의 축복을 그리스도께서 보장하실 것입니다. 많은 신자들이 겉모양으로는 따라가지만 그들은 유리 같은 신자들이라는 것을 저는 압니다. 핍박의 톡 치는 것이 스무 개의 조각으로 부서지게 하여 세상이 그 깨진 조각들을 보고 비웃을 것입니다. 그러므로 확고한 일을 이루십시오. 그리스도께서 당신의 신앙의 초석을 놓으셨다는 것을 아십시오. 바람과 비와 홍수가 그의 지으신 것을 쓸어가지 못할 것입니다. 그의 일들은 영원토록 서는 것보다 짧은 날을 가지지 않을 것입니다. 만일 제가 시온에 놓여 있는 그 돌, 주춧돌, 모퉁잇돌에 저의 약한 등을 기대거나 제 무거운 짐을 내려놓지 않았다면 저는 고난 중에 스무 번이나 망했을 것입니다. 이 돌에서 떨어지는 것을 저는 결코 원하지 않습니다.

평안의 하나님께서 그리스도 예수의 나타나시는 복된 날까지 당신을 견고하게 하시고 세워 주시기를 바랍니다. 하나님께서 당신에게 함께 하시기를 바랍니다.

애버딘, S. R.

제임스 보티에게
영적인 어려움들이 해결됨
>

사랑하는 형제여, 은혜와 사랑과 평안이 당신에게 있기를 바랍니다. 당신의 편지를 받았습니다. 당신에게 감사를 드립니다. 하지만 당신이 묻는 모든 주제에 답할 시간이 제게 없으니 서신을 전달하는 이가 당신에게 말해 줄 수 있을 것입니다.

1. 당신이 의심과 연약한 믿음으로 그리스도께 잘못할 때 너무 멀리 가기 전에 당신의 생각을 돌이키는 것은 잘하시는 일입니다. 왜냐하면 이런 일은 그리스도를 욕되게 하는 것이며 그를 거짓말쟁이로 만드는 것이니 우리의 왕에게 그렇게 말했다면 교수형이나 참수형을 당했을 것입니다. 하지만 배반한다고 그리스도께서 항상 교수형에 처하시는 것은 아닙니다. 그가 신자의 구속을 백 번씩 기록하시며 하루에도 일곱 번 이상 우리를 책벌할 법을 가지고 계시지만 사람이 자기를 섬기는 아들을 아끼듯이 그가 우리를 아끼시니 괜찮습니다. 아무리 자기의 젖을 빠는 아이를 죽일 수 있는 법이 있을지라도 마음이 연약한 어머니는 그 법을 실행하지 못하는 것입니다.

2. 당신이 그리스도와 만날 분명한 약속을 가지고 있고 당신이 그와의 약속을 지킴으로 분명하고 확실한 이점을 가지고 있으며 구원이 날인을 통과하는 그런 때에 이르렀을 때에 당신의 넘어지는 것에 관련하여 저는 두 가지를 말하고자 합니다. 첫째, 만일 당신이 언약의 끄트머리에 당신의 이름을 거의 읽기 어렵게 쓴다고 가정한다면 확정되고 날인된 구원은 통과되며 성취될 것입니다. 천국에 만연된 어리석은 자의 편에 다소간 이상

한 속임수나 실수가 있어서 어떤 사람의 구원이 날인을 통과한 적이 있다고는 결코 생각할 수 없는 일입니다. 가장 중대하고 진지한 구원의 일에 그리스도께서는 우리의 어리석음을 웃으실 만한 충분한 이유를 가지고 계시며 자신의 공로들을 우리에게 입혀 주셔서 우리가 짐을 질 수 있게 하신다고 저는 생각합니다. 둘째, 주민들이 자기 분량에 따라 지불하는 것이 새 언약의 감미로운 법이고 새 도시의 특권입니다. 새 언약은 이렇게 말하지 않습니다 "세세한 것까지 아주 정확한 복종을, 모자라면 저주 받음." 그리스도께서는 가난한 사람들이 드리는 것을 받으십니다. 진실함만 있으면 미천한 분량일지라도 작은 것도 만족해 하십니다. 모자라는 금액과 약간의 보잘것없는 순종도 용납될 것이며 그가 받으실 것입니다.

우리의 친절하신 주님께서 예전의 선하신 마음을 아직도 가지고 계신다는 것을 모르십니까? 그는 상한 갈대를 꺾지 아니하시고 꺼져가는 등불도 끄지 않으십니다. 바람이 불면 다시 불꽃이 피어 오를 때까지 자신의 손으로 감싸십니다. 율법은 "마음을 다하여, 뜻을 다하여, 힘을 다하여"라는 세 개의 엄포를 동반합니다. 당신과 저 같이 가난한 사람이 어디서 이 엄청난 금액을 다 채울 수 있단 말입니까? 만일 그 지불이 우리 주머니에서 나와야 한다면 우리의 주머니에 손을 넣어봤자 바람(風)이나 그보다 못한 것을 꺼낼 것이(아니 너무나 분명합니다) 저를 염려하게 합니다.

그러나 새 언약은 그 조건으로 수북이 쌓는 말(斗)과 정량의 순종을 요구하지 않으니 용서가 늘 자리잡고 있기 때문입니다. 그래서 저는 이러한 결론을 내립니다. "그리스도와 우리 사이의 일들이 수북이 쌓지 않은 양 때문에 무효가 된다고 생각하는 것은 정확한 지불이 아니면 아무것도 아니라고 하는 옛 아담의 교만한 주장이다."

우리는 여전히 하나님을 우리의 업적으로 소유하려 하며 우리의 공로로 그의 친절함을 사려고 합니다. 비열한 자만은 마귀의 정직이며 그리스도의 공로를 부끄러워하며 하나님께 "정말 고맙습니다" 하며 모자를 벗지 않으며 (저 바리새인의 불길한 "하나님, 내가 당신께 감사하나이다"를 제외하고 말입니다) 그리스도께 무릎을 꿇지 않으려고 하기 때문입니다. "안녕" 하면 다시 "안녕" 할 뿐이며 만일 그리스도께서 겉모습으로 친절함을 숨기시거나 모르는 체하시면 그것은 정말로 발길질하고 콧방귀를 뀌며 그리스도의 친절함을 무시하는 것입니다. 자만은 말합니다. "만일 그가 한패가 되려고 하지 않으면 보내라." 그리스도께서 자신을 내놓으실 때 이 도둑을 조심하십시오.

3. 그러므로 당신이 언약 속에 있는지 아닌지 하는 속삭임들에 대해 이상히 여기지 마십시오. 자만은 은혜언약의 일을 흐트러뜨리고 그리스도께서 완전한 상인이 되지 못하게 할 것입니다. 특별하고도 간단하게 당신에게 말씀드립니다. 첫째, 진실로 거듭난 모든 사람들은 자기들의 낙심의 수준을 정확하게 말할 수 없다는 것입니다. 그리스도께서 많은 사람의 경우에 그들이 어렸을 때 시작하셔서 그들이 스스로 알아채기 전에 큰 소란이나 소음이 없이 그들의 마음에 슬쩍 들어가셔서 그들과 친해지시는 것입니다. 결코 괴로워하는 밤을 가지게 한 적이 없는 값싼 회개를 즐기는 많은 사람들이 눈이 가려져 있다는 것을 인정합니다. 그리스도의 약이 꿈 속에서 저들에게 일한 것입니다. 그러나 저런 경우에는, 만일 그리스도께서 정말 안에 들어와 계시다는 다른 표지들이 있으면 "주 예수님, 어떻게 들어오셨습니까? 문으로 들어 오셨습니까? 창문으로 들어 오셨습니까?"라는 질문에 답하지 않으신다고 그에게 따져 묻지 마시라는 것입니다. 그가 오신 것으로 맞아들이십시오. "바람이 임의로 불매." 온 세상의 지혜는 왜 바람이 한 달간 동쪽에 있어야 하고 육 주간 서쪽에 있을 수 있고 한나절 동안 남쪽이나 북쪽에 있는지 그 이유를 완전하게 설명할 수 없습니다. 당신은 영혼으로 들어오시는 그리스도의 흔적이나 발자국을 아무리 애를 써도 찾을 수 없을 것입니다. 때때로 그는 잠자는 사람의 옆을 걷는 사람처럼 조용히 걸어 오셨다가 문을 슬쩍 빠져나가셔서 그가 거기에 계셨다는 것을 아무도 눈치채지 못하게 하실 것이기 때문입니다. 둘째, 진실로 거듭난 사람은 하나님만을 위해 하나님을 사랑해야 하며 당신이 하나님 자신을 위해서보다도 하나님의 은사들을 인하여 하나님을 더 사랑할까봐 염려하노라고 주장합니다. 저는 답합니다. 궁극적인 목적으로 하나님을 사랑하는

것과 그를 사랑하는 촉매와 동기들로서 그의 은사들을 인하여 그를 사랑하는 것은 함께 성립될 수 있습니다. 마치 아들이 어머니를 사랑하는 것은 그녀가 가난할지라도 자기의 어머니이기 때문에 사랑합니다. 또한 사과를 주기 때문에 어머니를 사랑할 수도 있는 것입니다. 은사들이 당신의 사랑의 유일한 이유이며 바탕이라고 말하지 않기를 바랍니다. 그것에 대한 더 나은 바탕이 있는 것 같습니다. 그럼에도 불구하고 구멍이 그 안에 있으면 속히 막아야 합니다. 셋째, 그리스도가 떠나 계실 때 당신이 원하는 만큼 탄식을 느끼지 않는다고 했습니다. 저는 답합니다. 중생 얻은 자는 그가 떠나 계실 때는 언제나 탄식하며 또 모두 같은 정도로 탄식한다는 것을 저는 부인합니다. 사람이 그리스도를 사랑하는 데에 많고 적음이 있고 그리스도의 떠나 계심을 느끼는 것에서도 많고 적음이 있듯이 탄식의 정도에서도 차이가 있는 것입니다. 하지만 얼마 정도는 가지고 있어야 합니다. 때때로 그들은 주님이 계시지 않은 것을 섭섭해 하지 않으니 그때는 슬퍼할 수 없는 것입니다. 그러나 그것이 오래 가지는 않습니다. 적어도 항상 그렇지는 않다는 것입니다. 넷째, 어떤 진리들이 다른 것보다 당신에게서 중히 여겨진다는 것에 대해 자신을 책망하셨습니다. 잘하셨습니다. 하나님은 지극히 작은 것에나 가장 큰 것에나 참되시고 그는 당신에게도 틀림없이 그러하실 것입니다. 당신은 한 면에서는 그가 참되시고 다른 면에서는 거짓되다고 해서는 안됩니다. 주님께서는 그의 모든 문서에서 자신을 거스르신 적이 결코 없기 때문입니다. 중생을 얻은 가장 훌륭한 사람들이 여기서 넘어졌을지라도 항상 당신은 당신의 발을 지키도록 힘쓰십시오.

4. 자기들의 마음이 하나님 성령의 전인 진정으로 중생을 얻은 사람의 상태와 더러움과 부패가 가득한 당신의 상태를 비교하면서 당신은 아무 말도 못하고 실망하여 때때로 진심으로 그리스도를 당신의 소유라고 감히 부르지 못하고 있습니다. 저는 답합니다. 첫째, 중생을 얻은 가장 훌륭한 사람이라도 자신의 더러운 것들과 이런 말을 제가 쓸 수 있다면 일생 동안 그들의 뒤에서 잡아당기는 찌끼주머니를 가지며 그들이 원하여 씻지만 그들의 가슴 안에 더러운 것이 있으리라는 것입니다. 그러나 이것이 우물

에 가는 것을 막게 해서는 안됩니다. 둘째, 아주 적은 양의 정욕이 있으며 우상에게 곁눈질하거나 약간 눈길을 주기도 하지만 어느 정도의 사랑은 찾을 수 있습니다. 영광이 우리의 사랑을 틀림없이 순결하게 하고 완전하게 할 것이지만 그때까지는 완벽하게 순결할 수는 없을 것입니다. 그러나 만일 우상이 주인노릇을 하며 마음 전체와 집의 열쇠들을 가지게 되며 그리스도께서는 단지 심부름이나 하는 아랫것이 되게 한다면 모든 것이 잘못된 것입니다. 그러므로 잘 살펴보십시오. 셋째, 두 종류의 낙담이 있습니다. 하나는 불신앙으로 우상을 자기 눈의 티끌이라고 결론짓고 (그 결론을 의심하며) 곁눈질하는 것입니다. 또 우상을 곁눈질하고 있다는 것을 깨달았을 때 그 죄로 인하여 탄식하는 또 다른 낙담이 있습니다. 이것은 좋은 것이니 감사할 일입니다. 그러므로 여기서도 살펴보십시오.

5. 예수의 사랑에 대한 확신은 당신이 들어온 것 중에서 가장 위안이 되는 소식이라고 말씀하셨습니다. 답합니다. 그것이 스무 개의 구멍을 막고 많은 반대를 해결합니다. 그 사랑은 그 안에 드러내는 것을 가진다고 믿습니다. 오, 저와 같이 당신도 그것을 알고 느꼈더라면! 제 잔치에 당신이 동참하기를 원하니 그것은 제게 감미롭고 감미로웠습니다. 주님께서 이 사랑을 제게 주지 아니하셨더라면 저는 벌써 애버딘의 대로(大路)에서 쓰러졌을 것입니다! 그러나 당신은 인내로 기다리십시오. 잔치가 그리 멀지 않으니 당신이 이르기 전에 배부를 것입니다. 주님의 곡식창고에는 그의 모든 자녀들을 흡족하게 할 만큼 있으며 그의 저장고에는 저들의 모든 목마름을 가시게 할 만큼의 넉넉한 포도주가 있습니다. 계속 배고파하십시오. 그리스도를 배고파하는 가운데 양식이 있습니다. 그를 결코 떠나지 말고 배고픈 소원들로 가득 찬 접시를 가지고 주린 영혼들의 조르는 것을 즐거워하시는 그가 채워 주실 때까지 그를 성가시게 하십시오. 만일 그가 지체하셔서 당신이 그의 발 앞에 지쳐 쓰러진다 하여도 떨어져 있지 마십시오.

6. 잘 알고 있는 우상에 대한 자각이 있을 때 기도하면서 건전한 위로를 찾을 수 있는지에 관하여 저의 견해를 물으셨습니다. 저는 답합니다. 첫

째, 우상은 우상으로서 건전한 위로와 함께 설 수는 없습니다. 다곤의 발에서 얻어진 위안은 속임수요 허풍입니다. 하지만 건전한 위안과 우상에게 눈길을 준 것에 대한 후회는 눈물과 기쁨처럼 함께 잘 머물 수도 있습니다. 그러나 이것이 당신을 해롭게 하지 못하게 하십시오. 당신의 격려를 위해서 말하는 것이니 흠이 섞여 있는 것을 깨달을지라도 당신이 할 수 있는 우리의 기쁨의 최선을 이루십시오. 둘째, 후회나 슬픔이 없는 자각만으로는 충분하지 않습니다. 그것을 얻을 수 있다면 눈물을 주고 가져오십시오.

7. 당신이 혼자 있을 때보다도 이웃과 함께 기도할 때 때때로 더욱 간절함에 이르게 되는 데 거기에 위선이 있는지 없는지에 관하여 물으셨습니다. 저는 답합니다. 항상 이러하다면 의심할 것 없이 위선의 기미가 거기에 있으니 조심하여야 합니다. 그러나 아마도 버림 받음은 혼자 있을 때 있을 수 있고 함께하심은 여러 사람과 함께 있을 때에 있을 수 있으니 그러면 그 상태는 잘못이 없습니다. 약간의 칭찬은 어쩌다가 차가운 마음을 비비는 것이 될 수 있고 열과 생명이 돌아오게 할 수도 있습니다. 그러나 그것이 열의 타당한 원인은 아닙니다. 그러므로 하나님께서 그의 값없는 은혜로 우리의 악취가 나는 부패에 대해 자신의 일을 하실 것입니다. 그러나 악기를 연주함으로 선지자에게서 분노를 없애고 예언하기에 적합하도록 만드는 것과 같이 부패함은 단지 단순한 기회요 사건일 뿐입니다(왕하 3 : 15).

8. 당신이 그리스도께서 하룻밤도 당신과 함께 지내지 않으시려 한다고 그리스도의 짧은 방문들을 푸념하셨습니다. 밤에 잠자리에 들 때는 따뜻하나 아침에 일어날 때는 춥다는 것입니다. 저는 답합니다. 그의 물러나심을 슬퍼하며 그의 머무시는 것과 동행하심을 간절히 사모하는 당신이나 그 감미로운 손님을 아는 다른 어떤 사람들도 저는 나무랄 수가 없습니다. 그는 그의 얼굴을 본 모든 사람들의 애정을 사로잡아 버리고 끌어당기기 때문입니다. 그가 저를 쳐다보시고 자신의 아름다운 사랑의 모습을 제게 보이신 이후에 그는 저의 마음을 온통 빼앗아 가 버리셨습니다. 정말로, 정

말로 그가 그것을 즐기시기를 바랍니다. 제가 그에게서 그것을 가져오기 전에는 그가 오랫동안 가지고 계실 것입니다. 그러나 당신이 해야 할 일을 말하겠습니다. 그에게 잘 대해 드리고 자리를 내어 드리되 상석을 드리고 당신이 가지고 있는 미천한 부분에까지 그를 환영하도록 하십시오. 좋은 식사와 친절한 접대는 손님들로 여관을 더 사랑하게 만듭니다. 하지만 때때로 그리스도께서 단지 시험하시려고 다른 곳에서 일을 하시기도 하십니다. 그때에는 당신이 그에게 왕의 식탁을 드릴지라도 그는 떠나실 것이니 죄로 인해서가 아니라 단순히 시험하시려고 떠나심이 분명합니다.

9. 당신은 적은 양이라도 성령의 감동과 당신의 마음의 본성적인 기쁨 사이에 차별을 두기를 원했습니다. 답합니다. 사람이 자기 아내를 자기 아내로서 기뻐하고 즐거워하는지 아니면 그녀 자신은 미워하되 그녀의 몸 때문에 그녀를 사랑하여 그녀가 병이 들면 슬퍼하지 않으면서 자기 정욕의 만족을 위해 그녀를 즐거워하며 기뻐하는지 말할 수 있을 것입니다. 그와 같이 사람이 하나님을 기뻐하는 것과 그의 음탕한 본성적인 쾌락은 드러나게 되는 것입니다. 만일 주님을 손상시킬 수 있는 모든 일에 대해 탄식한다면 그것은 그에 대한 일편단심의 사랑을 말하는 것입니다.

10. 감성이 믿음을 이기는 이유를 물으셨습니다. 답합니다. 감성은 우리의 이기적이고 연약한 본성에 더 친하고 가까운 친척입니다. 그런 경우에 믿음이 건전한 것인지를 물으셨는데 답을 드립니다. 만일 그것이 쫓겨날 수 있는 것이라면 그것은 믿음이 아니기 때문에 건전하지도 않고 불건전하지도 않습니다. 단지 감성이 믿음의 행위를 불어버리기 전에는 믿음일 수 있고 믿음이었습니다.

마지막으로, 약속들이 당신에게 자리잡으려고 하는데 젊은 시절에 지은 죄들에 대해 회개하지 않은 느낌이 적용을 방해할 때 어떻게 해야 할지를 물었습니다. 만일 그것이 살아 있는 감정이라면 굳게 적용하십시오. 이 경우에 손을 내밀어 하나님의 이름으로 당신의 음식을 먹으라고 답을 드립니다. 만일 거짓이어서 젊을 때의 죄들이 회개 되지 않았다면 믿음과 회개치 않음은 함께 설 수가 없으니 감정과 적용도 이루어질 수 없습니다.

형제여, 짧은 것을 용서하시기 바랍니다. 시간이 촉박하여 이 일에 저의 마음을 쓸 수가 없으니 하나님이 허락하시면 다음 기회로 미루어야겠습니다. 형제여, 저를 위해 기도해 주십시오. 은혜가 당신에게 있기를 바랍니다.

1637년, 애버딘, S. R.

132
던구에이 부인에게
예수냐 세상이냐, 스코틀랜드의 시련과 소망

>

부인, 그리스도와 어떻게 지내시는지 당신의 소식을 듣고 싶습니다. 그리스도와 당신이 한때 만나신 것으로 저는 확신합니다. 당신이 잡으신 것을 굳게 하시기를 바랍니다. 천국으로 향하는 길에는 멈춤과 당김과 많은 해로가 있고 우리는 가끔 뱃멀미를 합니다만 그 항해는 필요하고 우리는 어떻게 해서든지 그리스도와 함께 승선해야 합니다. 저는 우리가 가고 있는 나라가 좋다는 것과 우리가 아직 살고 있는 세상의 연기 나는 이 집에 묵는 것은 좋지 않다는 것을 믿습니다. 아! 우리가 그 연기와 우리의 발목을 꽉 잡는 진흙을 얼마나 좋아하는지요! 그리스도를 뒤쫓고 우리 자신을 휘장 꼭대기에 있는 바위에 단단히 매면 우리는 행복할 것입니다. 그리스도와 사탄이 지금 두 진영을 이끌고 있습니다. 스코틀랜드가 두 진영으로 나뉘어진 것과 그리스도께서 사랑의 흰 깃발을 가지고 나오셔서 그것을 자신의 군사들의 머리 위에 치켜올리셨습니다. 다른 대장인 용은 커다란 검은 깃발을 가지고 나와서 외치고 있습니다. "세상, 세상! 안락, 명예, 성한 몸, 부드러운 침대." 그리고 그들은 누워서 그리스도를 혼자 애쓰라고 내버려 둡니다.

제 충언은 이것이니 당신이 나와서 그 무리를 떠나시고 그리스도께서 당신의 동료가 되게 하시라는 것입니다. 그들에게 진흙과, 진흙을 사랑하는 이 세상을 가지라고 하십시오. 그리스도께서 더욱 가치 있고 고상한 자산이니 그를 얻는 사람은 복이 있습니다. 그가 집을 지키지 않으시고 또

겁쟁이들과 함께 화롯가에 앉아 계시지 않는 것을 보면서 폭풍이 일어나기 전에 모든 것을 대비하고 그리스도와 전장에 나가도록 준비하는 것이 좋습니다. 모양만 내는 것으로는 그리스도께 충분하지 않습니다. 오, 그를 위해서는 모든 것이 너무 작을 뿐입니다! 제가 주 예수께 드릴 선물이 없으니 화, 화, 화로다, 나여! 저의 사랑은 너무 보잘것없어 그에게 내놓기도 부끄럽습니다. 오, 제가 하늘처럼 넓고 바다처럼 깊어서 그것을 기꺼이 그에게 드릴 수만 있다면! 제가 당신에게 단언하는 것은 하나님께서 스코틀랜드를 위하여 붉은 포도주를 만드시려고 포도를 짜고 계시다는 것입니다. 그리고 이 땅이 마시고 토하고 쓰러질 것입니다. 그의 원수들은 그것의 독한 것과 찌꺼기를 마실 것입니다. 그러나 스코틀랜드의 말라 버린 나무는 다시 꽃이 필 것이며 그리스도께서 그녀와 재혼을 할 것이며 풀무에서 꺼내어 자기의 아내를 집으로 데려갈 것입니다. 그러나 아, 우리의 눈이 그것을 볼 있다면 좋으련만, 시간을 창조한 그는 아십니다. 은혜가 당신에게 있기를 바랍니다.

1637년, 애버딘, S. R.

133
로버트 블레어에게
개인적인 무가치, 하나님의 은혜, 다른 사람을 위한 기도

>

경애하는 형제여, 당신과 같은 이가 저에 대해 좋은 생각을 가지고 제 안에 무엇이 있는 줄로 생각하고 있는 때 당신이 저에게 편지를 쓰지 않는 것에 대해 당신이 제시한 이유는 저에게 많은 생각을 하게 하며 정신을 바짝 차리게 합니다. 사실은 저 자신이 절실히 느끼는 바 오, 저는 얼마나 궁핍한지, 저의 상상하던 재산은 얼마나 보잘것없는지, 제가 얼마나 가진 것이 없는지요! 제가 그분 앞에서는 수정과 같이 맑게 드러나 보이는 바, 저를 꿰뚫어 보시며 제 안에 있는 작은 흠까지 보시는 그는 제가 생각하고 확신하는 것을 말하고 있다는 것을 아십니다. 하지만 사람들은 저를 구멍이 크고 넓은 체를 통해 걸러 보고 있습니다.

사랑하는 형제여, 모든 신자들 중에 가장 작은 자의 분량도 저 같은 자에게는 너무 과분한 것입니다. 이것이 자화자찬을 끌어내려는 속셈으로 보이지 않게 하기 위해 저는 더 이상 그것에 대해 말하지 않으렵니다. 저의 가치라는 것은 그리스도의 속죄 받은 죄인이요 병든 자라는 것뿐입니다. 저에 대한 그의 관계는 제가 병자이고 그는 제게 필요한 의사라는 것입니다. 아! 얼마나 자주 저는 그리스도에게 매었다 풀었다 하는지요! 그가 묶으시면 저는 풉니다. 그가 세우시면 저는 무너뜨립니다. 그가 저를 위해 구원을 정돈하면 저는 망가뜨립니다. 저는 그리스도를 밀쳐냅니다만 하루에 스무 번이라도 그가 다시 저를 받아주십니다. 저는 저의 나라와 유산을 잃어버리고 제가 가진 것을 떨어뜨립니다만 그리스도는 제 뒤에 계셔서 계속 저를 따라 오시며 제게서 떨어진 것을 구푸려 집어올리십니다. 만일 제 의지가 저의 스승이었다면 제가 천국에 있으며 제 머리에 면류관을 썼다고 할지라도 저는 천국을 잃어버릴 것입니다. 제 자신도 잃어버릴진대 제가 주 예수를 떠나보내며 잃어버리는 것이 무슨 놀랄 일이겠습니까? 오, 그리스도께 제 신용이 깨어지고 저의 빈약하고 무가치한 속박과 믿음을 근거로 법적으로 아무것도 그에게서 빌려올 수 없으니 영원토록 제게 잘된 일입니다! 그리스도에 대한 제 믿음과 명성이란 것은 저는 하나님께서 도무지 믿지 못할 하나의 피조물이란 것입니다.

저는 시험들에 놀랐고 지금도 놀라고 있으며 천국에 이르는 안내자도 없었습니다. 오! 제가 저 놀랍고 뛰어나며 탁월한 일인 하나님의 은혜라고 부르는 그리스도 안에 있는 값없는 구속의 방식에 대해 무슨 말을 해야 될지 모르겠습니다! 불쌍하고 불쌍한 제가 율법으로 사형선고를 받아 지옥과 저주라는 의의 감방에 끌려가 칼에 채이고 감옥에 갇혔을 때, 비천한 자인 제가 높으신 예수, 영원히 다정하신 예수, 부드러운 마음을 가지신 예수님을 발견했을 때 (아니, 그가 먼저 저를 보셨고 아셨습니다) 그는 천사들이나 스랍이나 그의 지으신 어느 것에서라도 값이나 대가를 받는 것을 단호히 거절하셨다는 것을 알았습니다. 그러므로 제가 이것을 인하여 그를 찬양하는 것은 구속 받은 이들의 전체가 천국에서 아무것도 내지 않고 사는 것입니다. 우리가 보유하는 것은 세를 시늉만 내도 되는 것보다 나은 것입니다. 우리는 모두 부동산 자유 보유자들입니다. 우리의 영원한 소작료가 단지 감사뿐인 것을 보니 아! 화로다, 나여! 제가 가진 것은 엎질러진 감사뿐이요, 절뚝거리며 깨지고 쏟아진 찬양만을 그에게 드리는 것입니다. 저의 은전(銀錢)은 만일 값없는 공로가 거기에 찍혀 있지 않으며 그것과 저를 씻지 않았더라면 그리스도께 유효하거나 쓸모가 없었을 것입니다! 그리고 저의 침묵에 대해서는 이제 좀 더 잘 파악하게 되었습니다. 만일 저의 높으시고 고상하신 분, 저의 존귀하고 뛰어나신 주님이 말씀하시기를 "잠자코 가만히 있어라. 내가 너에게 간힘을 두니 아무에게도 말하지 말라"고 하신다면 저는 기꺼이 만족하며 저의 불이 재밑에서 빛이나 불꽃 없이 꺼져가게 할 것입니다! 다른 도리가 없습니다. 주님에게서 명을 받았으니 누구에게도 줄 수가 없습니다.

당신이 프랑스로 가는 것에 관하여는 그렇게 하는 것이 잘 하시는 것입니다. 야영지가 그리스도의 보통 사용하는 침대입니다. 아래에 있는 이 낮은 집에서는 이동침대가 사랑하는 자에게 친근한 것입니다. 당신의 화난 어머니가 자기에게 있는 거처와 방을 당신에게 주지 않는 것을 볼 때에 주님께서 아는 어떤 백부장들에게 당신을 보내실 수도 있다는 것을 주님 외에는 누가 알겠습니까? 당신이 첫 번째 것을 가지지 못한 것을 생각하면 그리스도께서 낯선 얼굴들에게로 당신을 부르시는 것은 두 번째 바람이 될 것이 분명합니다. [당신이 원하는 대로 당신의 어머니인 교회의 혜택을 받을 수가 없으니 그것이 당신에게 첫 번째 바람이 될 수 있었습니다. 그러므로 이 다른 바람 — 외국으로 가는 섭리의 부르심 — 으로 항해하십시오 — 보나르 각주] 오, 주님께서 이 시들고 말라버린 과부의 언덕인 시온 산에 다시 찾아오셔서 물을 주시기를 바랍니다.

사랑하는 형제여, 당신이 우리의 가장 사랑하는 분에게 제 이름을 말해 준다면 저는 그것을 위로로 생각할 것입니다. 당신이 어디에 있든지 저는 당신을 기억할 것입니다. 오, 주님께서 스코틀랜드의 달빛을 햇빛과 같이, 일곱 배나 더 밝은 햇빛으로 만들어 주시기를 바랍니다. 저는 어디로 가야 할지 답변을 받지 못했습니다. 계속 기다리렵니다. 예수께서 저의 사랑을 가지시기를 바랍니다. 그들이 원하는 대로 일들이 되라고 하십시오. 저는 그리스도와 할 일이 더욱 많습니다만 우리가 더욱 가까워졌으면 하고 바랍니다.

양 떼의 큰 목자이신 평강의 하나님께서 친히 오실 때까지 당신을 굳게 세우시고 든든하게 하시기를 기원합니다.

1637년 9월 9일, 애버딘, S. R.

134

윌리엄 리게에게
율법, 은혜, 우리 자신을 위한 섭리를 지어냄, 그의 사랑에 지시하려고 함

>

존경하는 귀한 분에게, 탄식이 가득하며 죄를 슬퍼하는 당신의 편지가 저를 겸손하게 합니다. 그러나 당신이 율법 쪽으로 너무 많이 간 것 같다고 말씀 드리고 싶습니다. 당신이 율법의 지지자가 되시면 유익을 얻지 못할 것입니다. 저는 당신이 율법의 사람이 아니고 은혜의 사람이라고 생각했음에도 불구하고 당신이 자신을 대적하는 쪽을 지지하려 한다는 확신이 듭니다. 당신의 죄책이 어떠하든지 그것이 하나님의 사랑의 바다에 빠진다면 그것은 큰 바다에 빠진 피 한 방울과 같을 뿐입니다. 여기서는 그리스도의 죽음이 그 "옛 사람"을 만나게 하여 그로 자신의 형벌을 받게 하는 것밖에는 할 수 있는 일이 없으니 그리스도 안에서 그가 형벌을 받은 것입니다. 율법은 당신의 못된 반쪽에 대해서만 힘을 행사하기 때문입니다. 그러므로 책망이 있어야 할 곳에 책망이 있게 하시고 새 사람으로 분명히 말하게 하십시오.

"내가 죄의 몸 곁에 앉아 있어 검고 그을었을지라도 게달의 장막처럼 아름답도다." 저는 여기서 율법으로 정죄 받은 죄인이 호소할 수 있는 은혜의 변호와 그리스도의 흰 보좌 이상 구할 것이 없습니다. 당신의 편지로부터 얻은 유익은 제가 당신처럼 부드럽고 민첩하지 못한 것이 저를 겸손하게 한다는 것입니다. 만일 제가 젊은 시절 이후로 살아오면서 세상의 어

느 목사나 또는 어느 사람이 부응할 수 있는 가장 어두운 과정을 이루어 왔다는 것을 알지라도 그리스도께서 제 안에서 부르심의 일을 찾으실 수 있다고 확신합니다. 제가 살아오면서 자신의 섭리를 그리고 천국 문에 이를 때까지 자신을 위한 안락과 평화스러운 목회와 저를 비추는 태양을 만들었으니 제가 하나님께 대하여 그토록 어리고 미숙한 생각들을 했던 것입니다! 또한 황무지나 들판에 거하면서 저 같은 자를 거들떠보지 않으려고 하는 잠자는 악마를 생각했습니다. 그와 같이 저는 뻐꾸기둥지를 짓고 평안히 죽어 바보의 천국에서 살 것을 꿈꾸었던 것입니다. 그러나 제가 여기에 온 이후로 그리스도께서 침묵의 벙어리 안식일로 인하여 (이것은 제가 알기로는, 저 외에 아무에게도 사용한 적이 없는 최근에 생긴 핍박입니다) 제게 노하시지 않았다는 논리가 저를 설득하곤 했습니다. 저는 자주 아무것에도 개입하지 않고 누워서 저의 모든 기쁨을 기꺼이 팔아 왕이신 예수의 인정된 자유 소작인이 되고 승인된 확신을 얻으려고 했습니다만 저는 백지만을 봅니다. 저의 가장 큰 소원은 이 두 가지입니다.

1. 그리스도께서 저를 치료하려고 손을 붙잡고 가시는 것과 환자를 맡아 주시는 것입니다. 제가 그의 손에서 죽지 않으리라는 것을 저는 압니다. 하지만 여기에서 제가 아직 의심이 있을 동안에 (눈이 없는) 근심이 그리스도의 사랑에 가리개를 칠 뿐이라고 구름 사이로 믿습니다.

2. 제가 여기 온 이후에 그는 자주 자신의 감미로운 사랑의 짧은 일별 (一瞥)을 가지고 오시기를 즐거워하십니다. 제가 그의 사랑을 찬양하도록 도울 사람이 아무도 없고 (제가 그의 전에서 행했다고 생각했던 것처럼) 제 자신의 몸으로 그를 섬길 수도 없기 때문에 저는 그 우물가에 집을 정하여 살며 그를 찬양하며 높이는 소원과 열망을 가지고 죽습니다. 그러나 아! 그의 영광을 위하여 만일 천국의 제 지분을 포기하는 소원을 가진다고 하여도 저 같은 사람이 아주 사랑하는 주님에게 어떻게 선한 이름을 올려 드릴 수 있겠습니까? 제가 그리스도의 사랑에 대한 제 뜻을 가지게 되고 한 번 머리끝까지 하나님의 아들의 믿어지고 깨달아지고 보여진 사랑에 잠길 수 있다면 제가 가지고 싶어하는 유일한 행복의 소원들이 성취

된 것이라고 확신합니다. 그러나 사실은 저의 믿음과 회개가 부족하고 그리고 제가 그리스도와의 입맞춤을 우상으로 만들기 때문에 제가 그와의 교제를 방해하고 있습니다.

저는 그리스도의 사랑이 제 강줄기에 흐르는 것을 보지 않고는 앞서거나 나설 수가 없습니다. 저는 그가 윗길로 오시기를 기다리고 바라보는 데 그의 지혜가 저를 비껴서 아랫길로 오십니다. 그와 같이 저는 그리스도를 인도할 올바른 재능이 없습니다. 우리가 그리스도의 사랑을 가졌을 때 그것을 바르게 인도하는 일에는 재능과 지혜가 요구되는 것입니다. 그의 길은 우리의 길과는 얼마나 다른가요! 아, 저는 얼마나 그에 대해 조금만을 보는가요! 제가 가문 여름에 타버린 건초처럼 마를 때, 제 뿌리가 시들었을 때, 그때는 제가 그리스도의 사랑을 바다처럼 가득하게 마시고 싶다고 생각하지만 이내 저는 잔을 제 얼굴에서 사라지게 하곤 합니다. 하지만 마치 그가 저를 굶주림으로 매일의 양식이 되게 하신 것처럼 저는 지연 외에는 아무것도 얻을 수가 없습니다. 제 자신이 굶주림으로 굶주렸다고 생각합니다. 풍부하신 주 예수께서 심히 굶주린 사람을 만족하게 하시기를 바랍니다. 은혜가 당신에게 있기를 바랍니다.

1737년 9월 10일, 애버딘, S. R.

135 크레이그홀 부인에게
그리스도의 십자가의 위로, 그리스도를 위한 소원들

>

경애하는 그리스도인이신 부인, 은혜와 사랑과 평안이 당신에게 있기를 바랍니다. 제가 그 감미롭고 영광스러운 사귐에 관하여 부인에게 적어 보내지 않을 수 없으니 저는 이 잘자라고 번영하는 십자가 아래서 예전 어느 때보다 저의 가장 기뻐하시는 왕과 감미롭고 영광스러운 사귐을 가지고 있습니다. 물이 주 예수 안에 있는 소망의 호흡과 기쁨이 넘치는 용기를 끊지 못하는 것이 주님의 오른 손으로 성취하신 구원입니다. 왜냐하면 주님께서 친히 자신의 비천한 병사와 진영(陣營)에 계시기 때문입니다. 저는 십자가가 그리스도의 손으로 정직한 믿음의 끝에 묶여 있는 것을 봅니다. 그리스도께서 묶으신 것을 풀려고 애쓰고 있는 우리는 바보들입니다.

제가 하나님의 위로들을 생각하면 주 예수의 십자가에 대한 제 짧은 인생의 세를 팔거나 양도하는 것에 동의하지 않을 것입니다. 그리스도께서 자신의 피로 성화되고 복된 십자가들에 대한 권리를 사셨으니 그것들이 제게 불어와서 물 건너 오랫동안 소망하던 집에 도착하게 하리라고 저는 믿습니다. 그리스도께서 사시는데 저는 팔아버린다면 좋은 일이 아닐 것입니다. 시간과 죽음이 제 손에서 고통들을 완전히 가져간다는 것을 저는 압니다. 저의 험악하고 거친 날의 이 차갑고 서리 긴 저녁놀이 끝나는 밤에 우리는 완전한 이별을 할 것입니다. 달든지 시든지 그리스도께서 약간의 일이나 지분을 제 영혼 안에 가지고 계시면 제 영혼에 잘된 일입니다. 만일 그가 그것의 한쪽 끝에 계신다고 한다면 제게 잘될 것입니다. 그리스도의 십자가를 거스르는 오류들을 공표하기보다는 제가 죽는 것이 낫습니다. 십자가는 죄를 죽이는 것과 믿음의 성장을 위한 그리스도의 정직한 구원의 수단이라고 제 손으로 쓴 확인서를 가질 것입니다.

포스를 건너온 후 예전보다 그리스도의 탁월하심에 대해 더욱 강한 확신을 가지고 있습니다. 제가 이 흙 집에 있어서 그에게서 떠나 있는 동안 저는 그분 안에 있다기보다는 그분의 주위에 있는 것입니다. 저의 가장 사랑하는 그리스도의 사랑으로 머리끝까지 차는 것이 어떤 넘치는 기쁨이 되는지를 확인하고 시험하는 그 이유만으로 저는 천국에 있는 것입니다. 아, 아름다운 이가 영원토록 저의 마음을 가지시기를 바랍니다! 그러나 그것이 그에게 너무 보잘것없다는 것입니다! 오, 제 마음이 그를 위해 좀 더 훌륭하고 좀 더 가치가 있었으면! 오, 제가 영원의 이편에서 얼굴을 맞대고 그를 만날 수 있다면! 그리고 그가 제게 주시는 그의 사랑의 아주 적은 미량으로 굶주리고 허기질 수 있도록 제가 그에게 청할 허락을 받는다면! 오, 제가 마음대로 할 수 있는 그리스도의 사랑의 조각가요 청지기라면! 그리하면 제 그릇을 크게 만들어 (아, 좁고 얕은 영혼이여) 그의 사랑의 바다로 가져갈 것입니다. 그것을 향한 제 굶주림은 제가 언젠가 그의 사랑으로 만족하게 되리라는 믿음으로 주리고 빈약합니다. 제가 담을 수 없는 줄을 알면서 저는 그것을 가지고 싶어하는 것입니다. 오, 주 예수여, 주님께서 비할 데 없는 주님의 사랑의 결핍으로 불쌍한 영혼들을 지치게 하시며 고통스럽게 하는 것을 즐기며 즐기고 계십니까? 오, 주님의 처분은 너무 심한 것이라고 저는 감히 말하고 싶습니다! 저는 주님 자신이 끝도 밑도 없는 긍휼이시라는 것을 압니다. 저는 주님께서 긍휼과 사랑으로 차고 넘치는 하나님이신 것을 압니다. 그러나 아! 아주 조금만 제게 옵니다. 제가 조금밖에 가질 수 없기 때문에 멀리 떨어져서 그 사랑을 바라보느라 죽습니다. 하지만 소망은 말합니다. "오래지 않아 이 섭리는 비천한 사람들을 더욱 사랑스럽게 볼 것이다." 그리고 제게도 그러할 것입니다.

은혜가 부인의 영혼과 함께 하시기를 바랍니다.

1637년 9월 10일, 애버딘, S. R.

136 킬콘쿠하 부인에게
힘으로 빼앗는 천국

>

부인, 은혜와 사랑과 평안이 당신에게 있기를 바랍니다. 당신의 편지를 받았습니다. 아주 많은 사람들이 넘어지는 이때에 부인께서는 이 핍박 받으며 부당한 취급을 받는 그리스도의 대의를 사랑하며 소유하시며 예수님의 사랑에 상당히 사로잡히셨다는 것이 저는 진심으로 만족스럽습니다. 힘겨워 하지 마시고 사람들이나 천사들의 혀로 표현할 수 있는 이상의 것들이 없는지 와서 확인해 보십시오. 만일 천국에 이르는 문을 당신이 찾는다면 그 길은 그분 안에 있거나 그분이 그 길입니다. 당신이 원하는 모든 것은 예수 안에 쌓여 있습니다.

자신의 모든 것이 당신의 것이라고 그가 말씀하십니다. 그의 나라까지도 그와 당신 사이에 나누고 싶어하십니다. 그의 보좌도 그의 영광도 그렇게 하십니다(눅 22:29, 30; 요 17:21; 계 3:21). 그러므로 저 포위된 집으로 그리스도께 나아가도록 힘쓰십시오. 시험하는 악마들과 사람들과 군대들이 밖에 있는 자들을 들어가지 못하도록 집 주위에 널려 있기 때문입니다. 그 집은 힘으로 빼앗을 수 있는 것입니다. 그 길은 부드럽고 편안하지 않으며 당신의 날씨도 화창하고 즐겁지 않을 것입니다. 하지만 보이지 아니하시는 하나님의 얼굴과 그 아름다운 성을 본 사람들은 손해나 십자가를 상관하지 않습니다. 어떤 값을 지불하더라도 당신이 안에 들어가셔야 합니다. 그 성을 차지하기 위하여 돈이나 당신이 가진 모든 것을 잃어버릴지라도 중단하지 마십시오. 그것의 권리는 당신에게 주어진 것이니 당신의 주 예수님의 유언으로 당신에게 남기신 것입니다. (당신의 친구인 그리스도께서 돌아가시면서 당신에게 남긴 유산이 얼마나 아름다운지 아십시오!) 단지 소유하는 일만 남아 있습니다. 그러므로 주님의 힘을 의지하여 일어나십시오. 물을 건너가서 그 좋은 땅을 소유하십시오. 그것은 감람나무와 포도나무가 있는 땅보다 더욱 좋은 땅입니다. 거기에 달마다 열두 종류의 과실을 맺는 생명나무가 당신 앞에 있고 하나님과 어린양의 보좌에서 흘러나오는 수정과 같은 생명의 맑은 강이 거기에 있기 때문입니다. 당신의 시간이 짧으니 시간을 낭비하지 마십시오. 자신의 나라와 영광에 당신을 부르신 이는 은혜로우시고 신실하십니다. 그 도시는 값을 지불함과 약속으로 당신의 것입니다. 그러므로 어떤 낯선 우상이 당신의 것을 가지는 것을 방해하지 못하게 하십시오. 악마는 낙원의 순진한 상속자들을 속여왔으며, 말하자면, 우리를 금단의 열매를 맛보라고 유혹함으로 우리의 당연한 유산으로부터 끌어내고 있습니다. 그러나 우리 주님 예수께서 악마가 사는 일보다 더 큰 일을 하셨으니 넘어간 재산을 되찾으신 것이고 가난한 상속자들에게 아낌없는 유산을 가지게 하신 것입니다. 우리가 하늘에 있는 우리 맏형의 영광을 안다면 우리는 거기서 그를 보고 싶어하며 천국에 대한 생각으로 가득 찼을 것입니다. 아이들인 우리는 이 땅을 아름다운 동산이라고 생각합니다. 그러나 그것은 단지 하나님의 묵밭이요 거칠고 차갑고 쓸모없는 땅일 뿐입니다. 여기 있는 모든 것은 사라집니다. 우리 자신에게 그리스도에 대해 확신을 가지게 하는 것이 우리의 행복입니다.

당신의 남편에게 안부를 전해 주시고 제가 당신에게 쓴 것은 그에게도 바라는 일이며 당신을 하나님의 부드러운 사랑에 부탁 드립니다.

1637년 9월 13일, 애버딘, S. R.

로버트 레녹스에게
그리스도의 사랑을 체험하는 것이 늘어남, 확신하게 되는 구원

>

사랑하는 귀한 형제여, 제가 갇혀 있는 동안에 당신을 잊지 않았습니다. 당신이 그리스도를 바라보고 있는 것을 알며 제가 권하는 것은 당신이 보는 것을 따라가시라는 것입니다. 저는 이제 체험으로 전에 당신을 보았을 때보다 (그리스도는 사람들이 그에 대해 말할 수 있는 모든 것보다 무한하게 높이 계시고 너머 계시지만) 그리스도에 관하여 더욱 많은 것을 말씀 드릴 수 있습니다. 저는 그의 사랑에 머리꼭대기까지 잠겨 버렸습니다. 그리스도를 위하여 모든 것을 팔고, 팔고, 파십시오. 만일 이 세상 전체가 저울대라고 하여도 그리스도의 사랑의 무게를 지탱할 수 없을 것입니다. 사람들과 천사들도 그 끝에 닿기에는 팔이 짧습니다. 겉칠하고 화려하게 회칠한 세상의 창백하고 천한 흙덩이 조각에 당신의 발을 내려놓으십시오. 그리스도와의 한 시간 입맞춤이 세상의 세상만큼 가치가 있습니다.

사랑하는 이여, 구원의 일을 확실하게 하시기 바랍니다. 모래 위에다 짓지 마시고 기초를 시온의 반석에 놓으십시오. 이 세상과 당신의 의지와 정욕에 대해 죽기를 힘쓰시고 그리스도께서 당신 안에서 다스리는 권세와 왕의 보좌를 가지시도록 하십시오. 세상이 당신의 얼굴을 외면할지라도 그리스도와 함께 걸으십시오. 그리스도께서 싸움에서 이기시리라는 것을 제가 약속합니다. 당신의 목자들이 당신을 잘못에 빠지게 하고 있습니다. 그리스도의 말씀이 아니면 한 발자국도 그들을 따라가지 마십시오. 로마교회의 예배지침서를 읽는 것을 받아들이지 마십시오. 흰 옷을 입으신 어린양과 함께 걷는 것처럼 옷을 깨끗이 하십시오. 제가 받는 부당한 일들은 천국에 기록이 되어 있습니다. 우리의 크신 상전과 심판자께서 우리 모두에게 임하셔서 해 앞에서 우리의 검은 것과 흰 것을 드러내실 것이니 깨어 있어 하나님의 사랑 안에서 자기를 지키는 사람은 복이 있습니다. 신랑의 목소리를 분별하는 것을 배우시고 기도와 성경을 읽는 것에 전념하십시오. 당신은 자주 저의 설교를 들으셨습니다. 제가 가르친 교훈이 구원에 이르는 유일한 길임을 제 심장의 피로 증언하고자 합니다. 사랑하는 형제여, 거기서 떠나지 마십시오. 제가 당신에게 쓰는 것은 당신의 아내에게도 쓰는 것입니다. 천국과 그리스도를 마음에 두시고 당신이 얻으신 그리스도에 대한 사랑의 불꽃을 보존하십시오. 만일 당신이 그것을 간직하고 있으면 그리스도께서 그것에 바람을 보내실 것이며 당신의 마지막 평강이 될 것입니다. 우리의 시온에 불이 있지만 우리 주님은 풀무에서 나오는 순전해지고 깨끗해진 새로운 신부를 찾고 계십니다. 우리가 청교도들이라고 놀림을 받지만 제가 당신께 분명히 말하는 것은 세상의 모든 권세가 우리를 이기지 못할 것입니다. 죄 많은 사람이 당신께 쓰지만 그 사람들이 스코틀랜드의 어린 감람나무와 주님께 복을 받은 밭이 될 것과 "그리스도는 높이, 높이 반대하는 세력들은 낮게, 낮게"라고 선포될 것입니다.

저를 위해 기도해 주십시오. 제게 더욱 고통스러운 일이 결정되고 있습니다.

크리스천 머리와 그녀의 딸에게 저의 사랑을 전해 주십시오. 저녁의 끝에 있는 그녀가 조금 더 기다리기를 바랍니다. 왕께서 오십니다. 그리고 그는 그녀가 전에 보지 못한 것들을 가지고 계십니다. 천국은 꿈이 아닙니다. "와서 보라"가 그녀에게 잘 가르쳐 줄 것입니다. 은혜, 은혜가 당신에게 있기를 바랍니다.

1737년 9월 13일, 애버딘, S. R.

토머스 코벳에게
경건한 권면, 그리스도를 따름

>

사랑하는 친구여, 당신을 잊지 않았습니다. 당신이 그리스도를 만날 때까지 뒤쫓아가시면 저는 기뻐할 것입니다. 제 양심이 제게 즐거움의 잔치이니 제가 그리스도의 사랑을 인하여 당신을 우리의 신랑에게, 그리고 아버지 집에 이르는 왕도(王道)에 두려고 오직 한마음으로 싸웠다는 것입니다. 사랑하는 형제여, 만일 당신이 그 길을 간다면 당신은 아주 큰 복을 받은 사람입니다.

제가 믿기는 당신과 그리스도가 한때 만났다는 것입니다. 그와 갈라서지 않게 되기를 바랍니다. 하나님의 사람인 윌리엄 달그레이시의 가르침을 따르십시오. 만일 당신이 제가 가르친 것에서 털끝만치라도 떠난다면, 사람들이 두려워서 그렇게 했든 또는 좋아서 그렇게 했든, 아니면 이 세상에 있는 안락을 좋아해서 그랬든, 저는 마지막에 당신에게 재앙이 임할 것이라고 하늘과 땅을 증인 삼아 말씀드립니다. 이곳에다 당신의 보금자리를 짓지 마십시오. 이 세상은 딱딱하게 잘못 만들어진 침대인지라 그 안에서는 당신의 영혼을 위한 안식이 없습니다. 깨어 일어나서 서둘러 이 세상이 찾지 않는 저 보배이신 그리스도를 찾으십시오. 당신의 밤이, 그리고 당신의 상전이신 그리스도께서 눈깜짝할 사이에 당신에게 임할 것이니 당신의 손바닥 넓이 만큼의 시간이 당신을 기다려 주지 않을 것입니다. 폭풍이 그를 뒤따른다고 하여도 그를 붙잡으십시오. 오늘이 당신과 그리스도의 날이 아닐지라도 내일은 당신과 그리스도의 날이 될 것입니다. 저는 그리스도를 위한 매임과 갇힘의 즐거움을 이 더럽고 때묻은 세상의 모든 기쁨과 바꾸지 않을 것입니다. 저는 그리스도와 사랑의 침실을 가지고 있으며 그와의 사랑에 빠졌습니다.

제가 당신에게 쓰는 것을 당신의 부인도 따르기를 바랍니다. 그녀의 숨이 식어지고 안면근육이 풀어질 때 그리스도께서 그녀에게 얼마나 귀한 분인가를 생각하게 하십시오. 오, 제가 그리스도와 저 사람들 사이에 혼인이 성사되도록 한 것을 알면 사람이 적든 많든 제 영혼이 얼마나 기쁘겠습니까! 만일 그렇지 않다면 저는 그들을 대적하는 증인이 되는 재앙이 될 것입니다. 기도를 실천하며 세상을 사랑하지 말고 겸손하여 자신에 대해 낮게 여기십시오. 원수를 사랑하고 그들을 위해 기도하십시오. 하나님 밖에는 아무도 알지 못할 때 진리를 말하여 거리낌이 없게 하십시오. 여러분 모두를 위해 기도하지 않고는 저는 먹지 않을 것입니다. 저를 위해 기도해 주십시오. 당신과 저는 위에 있는 아버지의 집에서 서로 만나게 되기를 바랍니다. 당신의 눈이 그리스도께 있다는 것을 들으면 기쁠 것입니다. 그를 따르고 붙잡고 떠나지 마십시오. 주 예수께서 당신의 영혼과 함께 하시기를 바랍니다.

1637년, 애버딘, S. R.

조지 던바에게
고난 중의 그리스도의 사랑, 성도의 후원과 마지막 승리

>

주 안에서 존경하며 매우 사랑하는 형제에게, 은혜와 사랑과 평안이 당신에게 있기를 바랍니다. 당신의 말씀이 많은 사람들에게 격려가 되었기 때문에 제가 갇혀 있는 동안에 당신으로부터 오는 글을 기다리면서 저는 잠잠히 있었습니다. 그리고 이것이 제가 당신에게 편지를 쓰지 않은 이유이기도 합니다. 그러나 이제는 침묵을 깨고 말하지 않을 수 없습니다. 이제까지 저는 죽음과 천국의 이쪽 편에서 그리스도 안에서 그렇게 많은 것들을 발견하게 되리라고는 결코 생각하지 못했습니다. 오, 그리스도로부터 떨어지는 위로의 이삭들로 여기서 가질 수 있는 천국적인 기쁨의 황홀함이여! 바로 그 약조금과 우리의 열망하는 수확의 첫 열매들 속에 있는 그 가치와 의미를 알지도 못하고 생각하지도 못하는 우리는 얼마나 바보들입니까! 우리들의 유산은 얼마나 감미롭고, 얼마나 감미로운가요! 오, 그때는 틀림없이 개인적인 가득 참이 있을 것입니다! 저의 주 예수께서 이 감미로운 십자가를 잘못 만드시거나 망가뜨리지 않으셨다는 것을 제가 알았으니 그는 금속과 찌꺼기를 갈라내시려고 불과 녹는 금을 계속 보고 계셨던 것입니다.

오, 예수 저의 주님께 진 사랑의 빚을 아는데 얼마나 많은 시간이 걸려야 하는가요! 그는 자기 사람의 믿음이 불에 타 재가 되게 하시지 않을 것이며 에브라임의 뒤집지 않은 전병처럼 불속에서 불쌍한 신자로 반쪽만

익게 하시지 않을 것입니다! 이것이 시온에 불을 가지시고 예루살렘에 풀무를 가지신 이의 지혜입니다. 저는 시험이나 십자가들에 뇌물을 주고 아첨하든지, 악마나 이 세상에 돈을 주어 보내든지, 머리카락의 반쪽 굵기 만큼의 진리를 팔아 저들의 환심을 얻으려고 노력할 필요가 없을 것입니다. 영원토록 자기 종의 담보이신 그가 힘 있게 그 모든 것을 주도해 나가실 것입니다. 저의 감옥이 자물쇠도 문도 없다는 것을 저는 알았습니다. 제가 갇힘 속에서 자유하고 저의 사슬들은 썩은 짚으로 만든 것이니 그것은 믿음의 잡아당김을 견뎌내지 못할 것입니다. 만일 지옥에 있는 이들이 자기들이 결코 해방될 수 없다는 것을 안다면 우리의 십자가들과 자기들의 고통을 바꾸고 싶어하며 언제나 우리들의 갇힘에 있기 위하여 이만 년의 족쇄를 차는 고통을 받으려고 하는 이들이 있을 것이라고 저는 확신합니다. 그러므로 십자가 안에서 한숨짓고 두려워하며 의심하며 실망하는 우리들은 그리스도께 잘못하는 것입니다.

우리의 고통은 우리의 영혼과 마찬가지로 그리스도의 피에 씻겼습니다. 왜냐하면 그리스도의 공로가 하나님의 자녀들의 십자가에 축복을 가져오기 때문입니다. 그리스도께서 우리의 시험들의 금전채무증서를 가지고 계시니 모든 출옥 죄수들은 구속주가 지불한 무한하고 엄청난 금액에 관련하여 법과 정의로 풀려나게 될 것입니다. 우리의 고난들은 우리에게 그것들에 대한 무사통과를 빚진 것입니다. 악마들, 사람들, 십자가들은 우리의 빚쟁이들입니다. 죽음과 모든 폭풍들은 우리의 빚쟁이들인지라 요금을 받지 않고 우리의 요동치는 돛단배를 물 위로 가게 하여 여행자들을 자신들이 잘 아는 안전한 땅에 내려놓을 것입니다. 그러므로 우리는 죽지만 살 것입니다. 우리는 이미 어느 정도 물 위에 있습니다. 우리는 정혼을 했고 우리의 지참금이 지불되었습니다. 우리는 이미 정복자들보다 나은 자들입니다. 만일 마귀와 세상이 우리 주님과의 혼사가 어떻게 될지 알았다면 우리를 자기 손에서 떨어지게 하려고 죽음을 고용했을 것이라고 확신합니다.

우리의 고통은 단지 저 검은 나라의 파산과 파멸일 뿐입니다. 그러나 잠시 동안 적그리스도는 어린양을 따르는 자들의 뼈와 죽임을 당한 몸을 가지고 놀아야 할 것입니다만 우리는 시온 산 꼭대기에 어린양과 함께 있는 십사만사천 명과 함께 설 것입니다. 적그리스도와 그의 추종자들은 골짜기 바닥에 있을 것이고 우리는 언덕의 유리한 고지에 있을 것이며 우리의 시험들은 항상 밑에 있을 것입니다. 우리의 머리는 항상 호흡할 수 있는 물 위에 있을 것입니다. "죽은 자 같으나 보라 우리가 살고" 살아 있는 죽음, 산 죽음이 바로 우리의 것이라는 것을 제가 전에 들은 적이 없습니다. 우리의 죽음은 보통 죽음과 다른 것입니다. 그리스도의 재능, 그의 손재주와 그의 탁월한 기술의 작품이 우리의 살아 있는 죽음에 나타날 수 있는 것입니다. 우리의 모든 고통이 그리스도의 손가락을 통해 나왔다는 것과 그가 거기에 단것을 뿌리고 천국과 고통을 당하는 자들 위에 머무는 영광의 영의 약간을 우리 잔에 넣으셔서 그 안에서 지옥의 냄새가 나지 않도록 하셨다는 것을 주님께 찬양드립니다. 사랑하는 형제여, 당신은 저보다 이 모든 것을 잘 아십니다. 제가 이러한 일들을 당신에게 말하는 것이 물을 바다에 쏟는 것과 같지만 제가 주님께 찬양을 드리도록 당신께서 도와달라고 요청하는 것이 좋겠다고 생각했습니다. 오, 제가 그에게 얼마나 많은 찬양의 빚을 졌는지요! 저의 빚을 예수님께 갚는 것을 시작할 수 있도록 제가 자유로운 상태에 있었으면 좋겠습니다. 당신의 기도와 찬양으로 도와주시기를 구합니다. 당신을 잊지 않겠습니다.

1637년 9월 17일, 애버딘, S. R.

140
앤워스 교우들에게
그리스도의 오심을 바라며 진리 안에 살 것을 권면함, 주일성수와 가정예배와 성찬과 같은 의식을 지키는 성경적인 방식, 심판이 예상됨

>

주님 안에서 진심으로 사랑하는 이들이여, 은혜와 사랑과 평안이 하나님 우리 아버지와 그리스도 우리 주님께로부터 여러분에게 있기를 바랍니다.

저는 하나님의 나라를 향한 여러분의 여행에 여러분의 진행과 진보에 대해 간절히 듣고 싶습니다. 천국 밖에서 저의 유일한 기쁨은 여러분에게

뿌려진 하나님의 씨가 자라서 추수에 이르는 것을 듣는 것입니다. 제가 여러분과 함께 있을 동안에 때를 얻든지 못 얻든지 제게 주신 은혜의 분량에 따라 여러분의 마음을 훈계하고 일깨우기를 쉬지 않았으며 제가 하나님의 모든 뜻을 여러분에게 전했기 때문에 저는 모든 사람의 피에 대해 거리낄 것이 없습니다. 이제 다시 크고 두려우신 이름으로, 만왕의 왕이시며 만주의 주가 되시는 탁월한 권위에 의지하여 제가 여러분에게 부탁하며 훈계하며 또한 하나님의 인자하심으로, 그리스도의 심장으로, 그리스도 예수 우리 주님 앞에 여러분의 나타날 것으로, 하나님의 책에 기록된 모든 재앙들로, 거룩한 성인 새 예루살렘의 여러분의 지분으로 여러분에게 간청하오니 제가 많은 증인들 앞에서 하나님 앞과 그의 거룩한 천사들 앞에서 여러분에게 전한 대로 하나님의 진리를 지키시라는 것입니다. 이제 많은 사람들이 그리스도 예수님을 버리는 마지막 때가 왔고 오고 있습니다. 그리고 그가 여러분에게 말씀하십니다. "너희도 가려느냐?"

제가 여러분에게 욕설이나 모독이나 저주로 주님의 복된 이름을 욕되게 하는 것과 주님의 안식일을 더럽히는 것을 금하라고 미리 경계하였음을 기억하십시오. 그날은 아침부터 저녁까지 기도와 찬양과 말씀을 듣는 것과 하나님의 성품과 말씀과 사역을 생각하며 묵상하면서 자신의 말이 아니라 하나님의 말씀을 논하고 말하는 것으로 드리며 그리고 매일 아침과 저녁에 여러분의 집에서, 모든 사람이 듣는 데서 공적으로 기도함으로 주님을 거룩하게 하는 것을 바랐습니다. 그리스도 우리 주님의 본을 따라서 제가 여러분에게 전한 양식을 따르지 않으면 아무를 막론하고 주님의 성찬을 받는 것을 금하게 했으니 그것은 여러분이 우리의 왕과 한 식탁에 잔치 손님으로 앉아서 먹고 마시고 빵과 포도주를 서로 나누는 것이기 때문입니다. (제 영혼이 그 성찬에서 하나님의 위로로 힘을 얻은 것을 교회 벽의 기둥과 돌들이 증거할 것입니다!) 그리고 세례 받을 때에 십자가를 긋는 것은 불법적이며 그리스도의 예식에 어긋나는 것입니다. 그가 지정하신 안식일 외에는 어느날도 그리스도의 탄생이나 죽음이나 부활이나 승천을 기념하기 위해 설교나 하나님께 드리는 공적인 예배를 위하여 성별하여 지켜질 수 없습니다. 그러한 일들이 지켜지는 것은 부당하며 자의적 예배이며 그리스도의 말씀에 근거하지 않은 것입니다. 하나님을 예배하는 데에 그리스도의 언약과 말씀에 근거하지 않은 모든 것은 부당합니다. 또한 신성화한 피조물 앞에서 하나님을 예배하며 떡과 포도주 앞에서 무릎 꿇음으로 그리스도를 높이는 우상숭배는 부당합니다. 여러분은 자만과 시기와 악의와 분노와 미움과 다툼과 논쟁과 거짓말과 욕설과 훔치는 것과 건초와 곡식과 가축을 사고 팔고 빌리고 빌려 주는 것과 주고 받는 것과 장사와 계약에서 이웃을 속이는 것을 버리고 겸손하고 근신하며 정중해야 합니다. 여러분의 손으로 일해야 하고 하나님께서 여러분에게 주신 것으로 만족해야 합니다. 하나님과 그의 뜻을 알기를 배워야 하고 제가 여러분에게 정성으로 가르친 문답교리를 마음에 간직하고 그것을 여러분의 집에서 들에서 밤에 누울 때 아침에 일어날 때 그것을 암송해야 합니다. 여러분은 하나님의 아들을 믿어야 하고 그의 계명들을 지키며 죽음과 심판이 여러분 앞에 있으니 늦기 전에 여러분의 심판자와 셈할 것을 배우십시오.

만일 여러분이 제가 여러분에게 풍족히 전한 말씀의 기근과 결핍이 있다면 (단지 가난하고 빈 사람인 저 자신을 위해 어떤 것도 과장하지 않고 하나님의 영광을 위해 제가 말하는 것은 여러분은 다른 어느 사람들 못지 않게 제가 여러분과 함께 있었던 9년간 많은 말씀을 받았습니다) 시간을 잃어버린 것에 대해 슬퍼하고 회개하십시오. 여러분이 마른 젖을 빨아야 하고 말라 버린 우물에서 길어야 되는 것을 인하여 제 영혼이 여러분을 안타깝게 생각합니다. 오, 여러분이 여러분의 가장 사랑하시는 그리스도 예수님, 하나님의 어린양을 높이 여기시기를 바라니 제가 기쁨으로 여러분에게 그의 덕과 기림을 전했으며 그는 능력으로 비춰 주시며 동행하셨습니다. 그리고 여러분과 제가 그리스도와 함께 가졌던 주님의 잔칫집에서의 많은 아름다운 날들과 영광스러운 잔치들을 기억하시기를 바랍니다!

그러나 만일 제가 여러분을 떠났다고 해서 마음대로 죄를 짓고, 제가 전한 진리의 말씀을 잊어버리고 하나님의 은혜를 헛된 것으로 돌리는 사람이 여러분 중에 있다면 그러한 사람들에게 제가 불순종의 아들들을 대항하여 앤워스의 강단에서 설교했던 모든 하나님의 재앙들과 저주들을 여기서 제 손으로 저의 주님 그리스도의 이름으로 적는 바입니다! 주님께서 살아 계시는 한, 주 예수께서 제가 지금 적고 있는 것을 이루실 것입니다. 사랑하는 형제들이여, 그러므로 제 기쁨을 채워 주시기를 바랍니다. 주님의 크고 무서운 이름을 두려워하십시오. 저와 같이 하나님을 찾으십시오. 스코틀랜드의 심판은 잠자지 않습니다. 깨어 회개하십시오. 주님의 칼이 북쪽에서 남쪽으를 그리고 땅의 모든 구석까지 갈 것이며 그 칼이 우선적으로 여러분의 피로 취할 것입니다. 만일 여러분이 여러분의 길과 행위를 고치고 전심으로 주님께 돌아가지 않으면 제가 여러분을 치는 증인으로 일어설 것입니다.

또한 주님 안에서 저의 사랑하는 이들이요, 저의 기쁨이요, 저의 면류관인 여러분에게 청하는 것은 예수 그리스도의 죄수인 저의 고통을 인하여 낙심하지 말라는 것입니다. 저는 하나님의 기쁨과 위로로 충만합니다. 제 구원을 의지하여 제가 지금 고난 받는 것이 저의 왕이며 높으신 주권자 예수님의 명예를 위한 것임을 알고 확신합니다. 이 도시가 제 감옥입니다만 그리스도께서 그것을 제 궁전, 기쁨의 정원, 즐거움의 들과 과원으로 만드셨습니다. 또한 저는 비록 매였지만 하나님의 말씀은 매이지 않았다는 것을 압니다. 제 영혼은 또한 자유 감방에 있습니다. 그의 위로들은 제 영혼에 감미롭고 감미롭습니다. 저의 펜이나 혀나 마음은 나그네 된 이 집에서 저를 향한 가장 사랑하는 이의 그 친절함과 사랑과 긍휼을 표현할 말이 없습니다.

제가 여러분에게 부탁하는 것은 그리스도를 두려워하며 사랑하고 손으로 지은 집이 아니라 위에 있는 여러분의 아버지 집을 찾으시라는 것입니다. 이 미소 짓는 흰 피부를 가진 세상이 여러분을 속이고 있습니다. 만일 여러분이 하나님보다 그것을 더 찾으면 그것은 여러분의 마음을 영원한 근심에 빠뜨릴 것입니다. 아! 제가 여러분에게 그리스도에 대해 많은 선한 말을 하고 그를 여러분에게 추천하였지만 여러분 중의 많은 사람들을 그와의 사랑에 빠지게 하지 못했습니다. 그리고 그것이 여러분의 죄였던 것만큼 그것은 제 근심입니다! 그러나 다시 한 번 제가 여러분의 사랑에 대해 생각하며 전체가 아름다우신 그를 즐거워함으로 주님 안에서 여러분을 권하고 간청하고 강권하도록 허락하시기를 바랍니다. 저는 여러분에게 왕의 말씀을 드렸으니 여러분이 그것을 후회하지 않으실 것입니다

여러분은 밤낮 제 기도 속에 있습니다. 저는 여러분을 잊을 수가 없습니다. 제가 여러분 모두를 위해 기도하지 않으면 먹지도 마시지도 않을 것입니다. 저는 여러분 모두와 각자가 저를 위해 기도해 주시길 부탁 드립니다. 은혜, 은혜가 여러분과 함께 있기를 바랍니다.

1637년 9월 23일, 애버딘, S. R.

141
얼스턴 2세에게
십자가 아래서 번영함, 진실함과 그리스도 안에 세워질 필요

>

존경하는 각하, 은혜와 사랑과 평안이 당신에게 있으시기를 기원합니다. 저는 잘 있습니다. 그리스도께서 제 안에서 승리하시니 그 이름을 찬양합니다. 제게는 모든 것이 있습니다. 저는 아무에게도 짐을 지우고 싶지 않습니다. 이 땅과 거기에 가득 찬 것이 저의 아버지의 것이라는 것을 제가 알았습니다. 주님의 십자가는 감미롭고 감미롭습니다. 하나님의 축복이 주 예수의 십자가에 있습니다! 저의 대적들은 (자기들의 의도와는 달리) 제가 복을 받도록 공헌을 했습니다. 이곳은 저의 궁전이지 감옥이 아닙니다. 특별히 주님께서 고난을 받고 팔려 그의 형제들에게서 떨어져 있는 자신의 비천한 요셉에게 빛을 비추시며 웃으실 때 그러합니다. 하지만 때때로 그는 자신을 숨기시며 그리고 율법의 날이 있고 제 안에 고소의 법정이 열리는 바 하나님의 이름으로 열린 것인지 저는 모릅니다. 하지만 오, 저의 게으름이여! 저의 보이지 않는 죄책감이여! 저는 그리스도를 위하여 고난을 받는 자는 그리스도의 보물상자의 열쇠를 가지고 있어서 자기가 원하는 때에 마음에 넘치는 위로를 꺼낼 수 있다고 상상했습니다. 하지만 이제 고난 받는 자와 증인은 다른 불쌍한 죄수와 마찬가지로 문 밖에서 서야

하고 아이들처럼 겸상에서 먹는 것을 즐거워해야 한다는 것을 알았습니다.

이 십자가는 제게 천국이 이웃집이 아니며 또한 쉽게 빼앗을 수 있는 성이 아니라는 것을 알게 하였습니다. 저는 또한 위선자 노릇을 하는 것은 힘든 일도 대단한 지혜도 아니라는 것을 알았습니다. 우리는 모두 자신을 갑절의 값을 받고 팔려고 하며 (열을 스물이라 하며 스물을 백이라고 하는) 사람들로부터 우리 자신을 거반 하나님으로 여기도록 하거나 구름에서 떨어진 사람들로 여기도록 하는 데 익숙해져 있습니다. 그러나 오, 진실함이여, 진실함이여, 진실함이 무엇을 의미하는지 제가 알았더라면!

각하, 기초를 단단히 놓으십시오. 그러면 당신은 쉽게 움츠리게 되거나 흔들리지 않을 것입니다. 기초부터 일을 단단히 하시고 거기에 만일 당신의 닻이 휘장 안에 있는 든든한 기반에 묶여 있다면 당신의 배는 모든 폭풍을 거슬러 정박해 있을 것입니다. 진실로 저는 이것이 모든 것이며 그리스도를 얻게 한다고 생각합니다. 다른 모든 것은 그림자요, 꿈이요, 환상이요, 아무것도 아닙니다.

각하, 저의 사랑을 당신의 모친에게 전해 주십시오. 사랑과 은혜가 모친께 있기를 바랍니다. 모친께서 천국으로 계속 나아가기를 바랍니다. 제가 편지 쓰기를 약속 했던 바 제게는 주님을 섬기는 일에 부족한 것이 없다고 전해 주십시오. 그리스도께서 저와 같이 비천한 사람의 덕을 입고 계실 수는 없습니다.

은혜, 은혜가 당신과 함께 있으시기를 바랍니다.

1637년 9월 22일, 애버딘, S. R.

142

윌리엄 리게에게
그리스도의 권능과 사역을 아는 것에서 오는 시련 속의 위로, 부패, 값없는 은혜

>

매우 존경하는 귀한 분에게, 은혜와 사랑과 평안이 당신에게 있기를 바랍니다. 만일 제가 저의 주 예수께서 친히 감옥의 열쇠를 가지신 것과 그의 죽음과 피로 우리 자신뿐 아니라 우리의 십자가들에 복을 주신 것을 알지

못했다면 저는 얼마나 슬픈 죄수가 되겠습니까! 만일 고생들이 우리가 천국의 이편에 있는 동안 우리를 우리 주님의 감시 속에 두도록 하는 그의 하사관들이라면 그것들은 우리를 향하여 주관할 권리가 없다는 것을 저는 확신합니다. 저는 또한 그것들이 경계선을 넘어가지 못하며 천국에 우리와 함께 들어가지 못하리라는 것도 확신합니다. 그것들이 "다시 사망이 없고 애통하는 것이나 곡하는 것이나 아픈 것이 다시 있지" 아니한 그곳에서는 환영을 받지 못할 것이기 때문입니다. 그러므로 우리는 그들을 뒤에 남겨 두게 될 것입니다. 아, 제가 그리스도의 십자가를 다루는 것처럼 이 죄, 이 저주스럽고 비천한 죄의 몸을 다루는 좋은 법을 가질 수 있다면! 아니, 참으로 그 무법자인 육신과 그리스도의 새로운 피조물 곁에 살고 있는 못된 이웃의 난폭함을 비교할 때 저는 제가 십자가를 진다고 하기보다는 오히려 십자가가 저와 그것을 지는 것이라고 생각합니다.

그러나 아! 저를 짓누르고 아프게 하는 것이 이것입니다. 예수 그리스도께서 자기 성도들 안에서 못된 아류, 부패, 죽음, 냉랭함, 자만, 정욕, 세상적임, 자기사랑, 안일, 거짓과 그보다 더한 것들의 세상에 이웃으로 계시니 그러한 것들은 제 안에서 발견되는 바 매일 새 사람에게 폭력을 가하는 것입니다. 오, 하지만 우리가 낮게 항해하며 값없는 은혜, 값없는, 값없는 은혜에 매달릴 이유가 있는 것입니다! 언제나 그 길을 찾을 수 있었음을 하나님께 찬양 드립니다. 저의 한 발이 천국에 있고 저의 영혼이 반쯤 그곳에 들어갔다고 할지라도 만일 자유의지와 부패함이 저의 절대적인 주인들이라면 저는 결코 천국에 완전히 들어가지 못할 것입니다. 그러나 그리스도께서 우리의 본향을 향하여 열어 놓으신 그 감미롭고, 새롭고, 산 길은 안전한 길입니다! 저는 함께하심과 가까이하심이 더욱 큰 진미라는 것을 전보다 이제 더 잘 알게 되었습니다. 하지만 신랑은 창문으로 문구멍으로 들여다보고 계십니다. 오, 그와 제가 강 건너편에 있는 아름다운 마른 땅에서 함께 있기를 바랍니다.

은혜가 당신과 함께 있기를 바랍니다.

1637년 9월 30일, 애버딘, S. R.

143

윌리엄 글렌디닝에게
시련의 감미로움, 시간의 빠름, 죄의 만연

>

사랑하는 형제여, 은혜와 사랑과 평강이 당신에게 있기를 바랍니다.

당신이 아직도 위그타운에서 주님의 죄수로 있는지 그렇지 않은지 저는 당신의 처지를 잘 모르고 있습니다. 그것이 어떠하든지 저는 우리 주님 예수께서 당신을 살피시고 계시다는 것과 자신의 십자가의 금으로 된 끝인 자신의 사슬들을 감당하도록 당신을 높이셨다는 것을 압니다. 또한 그는 당신을 위해 특선의 명예로운 십자가를 고르셨습니다. 당신께서 그것에 대해 크게 기뻐하고 위안을 삼으시기를 바랍니다. 저는 그리스도의 십자가에 대하여 아주 좋은 것밖에는 할 말이 없습니다. 저의 졸렬한 말이 그리스도나 그의 감미롭고 쉬운 십자가를 결코 충족시키지 못하리라고 생각합니다. 그가 우리에게 구하시는 것은 우리가 끔찍이 사랑하는 이 흙으로 지은 집, 이 어머니 감옥, 이 땅과 다투는 것입니다. 진실로 그리스도께서 제 등불을 돋우시고 저의 빛을 타오르게 하실 때, 더러움과 진흙이 어떻게 흙으로 만들지 않은 영혼에게 그렇게 깊은 사귐을 가지며, 또 우리의 영혼이 사랑과 관련하여 사랑하는 그리스도께 잘못을 한 흉측한 창녀인 이 세상을 우상으로 만들게 한 그런 데에서 나왔다는 것은 가장 놀라운 일 중의 하나라는 것입니다.

얼마나 빠르게, 얼마나 빠르게 우리의 배는 항해하고 있는가요! 얼마나 오랫동안 바람이 이 해안들과 죽어가고 멸망하는 일들의 이 땅에서 우리를 불어 떼어내려고 하는가요! 우리의 배는 일방통행으로 항해하며 한 시간에 몇 마일을 질주하여 영원으로 우리를 재촉하는데 우리의 사랑과 우리의 마음은 뒤쪽으로 달리고 있으며 안일과 불법의 쾌락과 헛된 영광과 멸망할 풍부함을 향하여 헤엄을 치며 제가 알지 못하는 곳에 바보의 둥지를 틀고 바닷물이 들어오는 곳에 알을 낳고 우리의 부서진 닻 조각들을 이 떠다니며 멸망하는 인생인 이 세상의 가장 좋지 않은 터에다가 붙잡아

매고 있는 것입니다! 반면에 시간과 조수는 우리를 또 다른 생명으로 실어가고 있으니 우리의 등잔에 기름이 점점 줄어들고 우리의 모래시계도 모래가 점점 적어지고 있습니다. 오, 우리의 빌린 감옥의 헛된 미모에게서 우리의 눈을 떼어 우리의 본향을 생각하며 주목하며 갈망하는 것은 얼마나 지혜로운 길이겠습니까! 주님, 주님, 저를 집으로 데려 가십시오!

저 자신에 대해 말씀드립니다. 불쌍하고 약하며 죽어가는 양이 폭풍 속에서 허름한 담벽이나 언덕의 움푹 패인 곳을 찾는 것처럼 이 폭풍에서 천국에 있는 피난처를 제가 사모할 이유가 있다고 생각합니다. 아무도 저기 제 머리 위에 있는 저의 자리를 빼앗을 수 없다는 것을 압니다. 그러나 확실히 고달픈 몸은 안식과 푹신한 침대에, 낡은 범선은 해안에, 지친 여행자는 집에, 숨을 헐떡이는 말은 목표지점에 있게 될 것입니다. 저는 이생에서는 죄와 죄의 쓴 열매들밖에는 아무것도 볼 수가 없습니다. 오, 죄는 어떠한 짐입니까! 죄의 몸과 같은 힘센 주인에게 끄덕이며 '예'와 '아니오' 하는 것은 어떤 굴종과 어떠한 비천한 속박입니까! 진실로 제가 그러한 일을 생각할 때 그리스도께서 저와 같이 말라 버린 가지로 불과 재를 만드시지 않는 것이 놀라울 뿐입니다. 제 죄가 생각나면 저는 그리스도의 발 아래 누워 저를 밟아 달라고 청하고 싶었습니다. 그러나 죄가 변할 수 없는 그의 언약을 깨뜨릴 수 없으리라고 그가 맹세하신 것을 볼 때에 주님께서 다리와 팔에서 족쇄를 푸시고 이 죄의 몸을 멸하여 이 흙으로 지은 둥우리에 구멍이나 틈새를 만들어 새가 날아가며 갇힌 영혼이 자유롭게 될 때까지 저는 버릇 없이 자란 다른 아이들 사이에서 자리를 잡고 나머지 아이들과 함께 그 집의 주님을 성가시게 해야 하는 것입니다. 한편, 그리스도의 사랑을 약간 맛봄도 감미롭고, 신랑과의 결혼에 대한 소망이 저를 계속 기쁘게 기다리도록 하여 그리스도의 여름새들이 생명의 나뭇가지에서 노래할 때 저는 우리의 아주 사랑하는 이와 그의 신부가 함께 그들의 집에 돌아옴을 노래하는 것을 도와주도록 하나님께서 장단을 맞춰 주실 것입니다. 제가 이것을 생각할 때 겨울과 여름과 해와 날과 시간이 제게 즐거움을 이루어 그것들이 저의 이 헝클어지고 연약한 인생의 실을 짧게 하여 죄와 비참을 지나게 하고 눈 깜짝할 사이에 저를 저의 신랑에게 데려다 줄 것이라고 생각합니다.

사랑하는 형제여, 포도원의 주님께서 제게 많은 사람들에게 그의 의를 다시 가르칠 기회를 허락하시도록 저를 위해 기도해 주십시오.

은혜, 은혜가 당신에게 있기를 바랍니다. 당신의 아내에게 안부 전해 주십시오.

1637년, 애버딘, S. R.

144 보이드 부인에게
무가치함에 대한 인식, 은혜에 대한 의무, 그리스도의 떠나 계심, 나라의 상황

>

부인, 지금까지 부인에게 편지를 쓰려고 했지만 사람들이 제 안에 뭔가 있다고 믿는 것이 (실제로 그렇지 않다는 것을 제가 알고 있는데) 저로 하여금 아무에게도 편지 쓰는 것을 즐거워하지 못하게 했습니다. 신앙을 시장이나 여러 사람들 앞에 내놓는 것은 쉬운 일입니다만 아! 그리스도께 아름답게 보이는 것은 그렇게 속히 되는 일이 아닙니다.

저의 주님은 제가 저 멀리 처져 있는 지친 사람인 것을 아십니다. 제가 그리스도께 많은 사랑을 받았지만 그에게 돌려드린 것은 거의 아니, 아무것도 없습니다. 저의 흰 쪽은 사람들에게 글로 드러났습니다만 가까이 그리고 내부에서는 많은 어두운 일들과 지친 걸음을 하며 자랑할 것이 없게 하는 큰 원인들이 있음을 깨닫습니다. 하지만 자책들이 참되다는 것을 알지라도 그것들로 시험하는 자의 강박하는 자세는 제 생각에는 정직하지 못한 것이며 불한당 같습니다. 저의 평강은 그리스도께서 저와 같은 자들 안에서 당신의 물건을 내놓으시고 파시려고 하는 것이니 구원에 이르는 은혜를 말하는 것입니다.

저는 모든 신자들이 은혜와 연애하기를 바랍니다. 우리의 모든 노래들은 그의 값없는 은혜에 대한 것이어야 합니다. 우리는 그것을 찾는 데에 너무 게으르고 무관심할 뿐이니 은혜야말로 우리가 이땅에서 가지는 모든

풍족함이며 영광의 싹입니다. 제가 값없는 은혜를 드러낼 수 있으면 좋겠습니다. 저는 율법의 사람이었고 율법 아래 있었고 저주 아래 있었습니다만 은혜가 저를 그 가혹한 주인에게서 벗어나게 했으니 이제 은혜의 자유인이 된 것을 기뻐합니다. 저의 땅과 상속이 저의 새 왕이신 그리스도에게서 받은 것임을 생각할 때 천국을 가지게 된 것에 대하여 저는 아무에게도 공을 돌리지 않습니다. 무한한 지혜께서 죄인들이 자유 부동산 소유자가 되게 하는 이 놀라운 방법을 고안했던 것입니다. 이것은 아담의 때에 있었던 옛 방식보다 훨씬 나은 천국에 이르는 길입니다. 어떤 사람의 비어 있음이나 모자람이 그리스도에게 이르는 장애가 될 수 없고 그의 구원을 방해할 수 없다는 훌륭한 장점을 가지고 있으니 그것이 제게는 더 이상 좋을 수가 없습니다. 우리의 새 주인어른이 빚쟁이들과 아담의 방탕한 상속자들과 걸인들과 저는 자들과 소경들을 면제대장에 기록했습니다. 천국과 천사들도 우리가 죄와 지옥에서 빠져 나오는 길을 가진 것에 놀랄 것입니다. 그리스도께서 만드셔서 포로가 된 자들을 지옥으로부터 빠져 나오게 하는 그러한 뒷문은 저의 좁은 소견으로는 이해할 수 없는 것입니다.

사제들이 저를 추방하려고 한다고 들었습니다만 더욱 은혜를 받을 일이며 다른 일은 없을 것이니 저는 환영할 것입니다. 이 흙 집 부스러기와 땅과 바다 건너편 모든 것이 제 아버지의 것입니다. 저의 아름다우신 주님께서 은혜의 새로운 말(斗)로 저의 고통을 매수하셨더라면 저는 부자가 될 것입니다만 저는 지금 오랫동안 예전과 같이 높은 한사리를 만나지 못했습니다. 바닷물은 완전히 빠졌고 성령의 바람은 고요합니다. 저는 바람 한 점 사거나 바닷물에게 요청하여 다시 흘러오게 할 수가 없습니다. 단지 주님께서 바닷물을 보내셔서 제가 돛을 올리고 그리스도를 높여 드릴 수 있을 때까지 저는 강변과 해안에서 기다릴 뿐입니다. 하지만 그의 떠나 계심을 인한 근심은 감미롭고 "내 마음에 사랑하는 자를 너희가 보았느냐?"라는 탄식들은 그 나름대로의 즐거움이 있습니다. 오, 오래 기다리던 그의 돌아오심을 인한 굶주림을 제가 모을 수 있다면! 만일 그리스도께서 본질, 제 자신의 본질이어서 제가 그 안에서 사랑하고 호흡하며 또한 그가 없이는 제가 살 수 없다면 제 영혼은 참 좋을 것입니다. 그가 떠나실 때 저는 웃을 수 없지만 뒤에 용돈을 남기거나 돌아오겠다는 맹세를 하지 않고는 집을 결코 나서지 않으십니다. 만일 그가 떠나 버렸고 짐꾸러미들을 모두 가져가 버리셨다면 제게 비참하고 비참한 일입니다! 그에 대해 꿈꾸는 것조차도 감미롭습니다. 그의 돌아오심을 열망하는 소원의 집을 짓고 마른 것이든 젖은 것이든 근심과 걱정과 그리움과 탄식의 편물을 짜는 것은 마음의 생각들을 감미롭게 하고 새롭게 할 수 있으니, 왜냐하면 그가 방문을 하거나 불쌍한 친구를 찾아볼 여유가 없기 때문이라고 말할 수 있기 때문입니다. 주님의 구름이 땅을 불쌍히 여겨 빗물을 내릴 때까지 촉촉한 이슬은 비를 대신하여 유익을 주니 식물에게 푸르름을 지속시켜 줄 것입니다. 진실로 저는 그리스도의 촉촉한 이슬이 주님의 비가 내릴 때까지 하늘에서 오는 기쁜 소식이라고 생각합니다.

화, 화로다 나여, 스코틀랜드에 있는 주님의 포도원을 인함이로다! 그 집의 아버지가 아이를 끌어안고 먹이고 입을 맞출지라도 우리의 불쌍한 어머니가 자기 자리를 떠났고 우리의 아버지가 집을 포기했으니 자녀들에게 고통과 슬픔입니다. 우리의 아버지와 어머니가 그렇게 맞지 않는다는 것을 보는 것은 가슴 아픈 일입니다. 하지만 서자들은 먹을 수만 있다면 상관하지 않습니다. 오, 주님, 스코틀랜드의 꺼져가는 불에 물을 붓지 마옵소서. 신자들이 천국으로 가는 길은 이상합니다. 우리의 원수들은 자주 우리를 먹고 마시며 우리는 그들의 위와 뱃속을 지나서 천국으로 가며 그들은 하나님의 교회를 소화 시키지 못한 채 자기들의 손에다 토하여 내는 것입니다. 그들이 우리를 감옥에 가두는 동안에도 우리는 우리의 여행을 진행하고 있습니다.

제가 갇혀 있을 동안에 친절히 대해 주며 제 편을 들어주기를 부끄러워하지 아니한 당신의 아드님에게 감사하다는 말을 전해 주십시오. 그의 나이가 젊은 지금 그리스도께서 청년의 섬김을 받으신다면 제가 기쁠 것입니다. 젊고 싱싱한 사랑을 그리스도께 드린다는 것은 그를 아주 만족하게 할 것입니다. 그가 그리스도의 도장 찍힘을 받는다면 그리스도의 도장과 낙인은 젊은 영혼에 깊숙이 박힐 것입니다. 그가 그리스도를 찾기를 진정으로 바랍니다. 지금의 귀족들은 주님께 건성 친구일 뿐이기 때문입니다.

하나님 아버지의 은혜와 가시떨기 가운데 계셨던 이의 선한 뜻이 부인과 함께 하시기를 바랍니다.

1637년, 애버딘, S. R.

마리온 맥노트에게
그리스도의 사랑의 만조(滿潮)

>

사랑하며 사랑스러운 자매여, 은혜와 사랑과 평안이 당신에게 있기를 기원합니다. 저는 잘 있으니 하나님께 영광을 돌립니다. 제 속에서 두려움과 자책의 법정 앞에 있었으나 저의 감미로운 주님께서 그의 얼굴에서 가면을 벗으시고 말씀하셨습니다. "네 마음껏 입맞추라." 저는 저의 왕 예수의 친절하심을 덮어 두거나 감추지 않을 것입니다. 요단 강물의 범람함과 같이 그는 비천한 죄수의 영혼에 들어오셨습니다. 저는 둑과 언저리까지 가득 찼으니 그리스도의 위로의 거대한 만조가 제게 흘러 넘치고 있습니다. 저는 십자 인 사제들의 웃음을 저의 울음과 바꾸지 않을 것입니다. 그들은 저를 저의 왕과 즐기라고 여기에 보낸 것입니다. 그의 향기는 아름다운 냄새를 발합니다. 신랑의 사랑이 제 마음을 빼앗아 가 버렸습니다. 오, 사랑, 사랑, 사랑이여! 오, 감미로워라, 나의 높으신 왕의 사슬이여! 저는 불도, 고문도 상관하지 않습니다. 저의 새 애인, 저의 둘째 남편, 저의 첫 주님을 위해 소금바다를 헤엄친다 하여도 그것이 제게 얼마나 좋은지요! 제가 하나님의 이름으로 부인에게 부탁하는 것은 만군의 주님의 포도원에 들어온 들짐승들을 두려워하지 말라는 것입니다. 거짓 선지자들은 꼬리입니다. 하나님은 스코틀랜드에서 그 꼬리들을 자르실 것입니다. 평안을 가지시고 위축되지 마시고 낙심하지 마십시오.

저의 불쌍한 양 떼들을 위해 기도해 주십시오. 저들의 구원을 위한 것이라면 제 영혼에 어떤 고행이라도 받을 것입니다. 저의 수고한 곳에 삯꾼이 들어가는 것이 저의 생명을 탄식으로 마치게 할까봐 두렵습니다. 거기서 저는 천사와 씨름했고 이겼습니다. 숲과 나무와 목장과 산들이 저의 증인들이니 제가 그리스도와 앤워스 사이에서 아름다운 만남을 가졌습니다.

당신의 남편, 사랑하는 칼튼, 그리고 사랑하는 형제 녹브렉스에게 사랑의 안부를 전합니다. 그리스도의 죄수를 잊지 마십시오. 당신의 손으로 쓴 편지를 기다립니다.

1637년 11월 22일, 애버딘, S. R.

146
존 고든에게
차지하기 어려운 천국, 많은 이들이 미치지 못함, 우상의 죄를 책망함, 그리스도를 닮음

>

사랑하는 형제여, 당신의 영혼의 처지를 진심으로 알고 싶고 당신이 천국과 구원에 대한 일을 분명히 이루었는지를 확인하고 싶습니다. 기억하십시오.

구원은 그리스도께서 소수의 사람에게만 주시는 그의 진미입니다.

천국을 차지하는 것은 힘써 땀 흘리며 분투하는 일입니다.

그리스도께서 그 집을 사서 죄인들에게 주며 사람을 왕의 자유 소작인들과 자유 소유권자들이 되게 하려고 자신의 피를 흘리셨다는 것입니다.

많은 사람이 천국을 향해 출발을 하지만 뒤로 넘어져서 산의 정상에 도달하지 못합니다. 악마가 달콤한 냄새 나는 꽃을 그들의 코에 대니 그들이 그것에 홀려 앞으로 나아가기를 잊어버리거나 그만두기 때문에 그것이 마음과 다리를 잡아당겨 그들이 주저앉고 포기해 버리는 것입니다.

많은 사람들이 꽤 멀리 나아가며 많은 면에서 변화가 있었으니 에서가 했던 것처럼 눈물까지 보이고, 유다가 그랬던 것처럼 진리를 인하여 배고픔을 참아내고, 발람이 그랬던 것처럼 의인의 죽음을 죽기를 바라고 사모하며, 사울이 그랬던 것처럼 아름다운 고백을 하며 주님을 위해 싸우고, 바로와 시몬 마구스가 그랬던 것처럼 하나님의 성도들에게 기도해 달라고

하며, 가야바가 그랬던 것처럼 그리스도에 대해 예언하며 말하고, 아합이 그랬던 것처럼 심판을 두려워하여 천천히 걸으며 슬퍼하고, 예후가 그랬던 것처럼 큰 죄와 우상을 버리고, 헤롯이 그랬던 것처럼 하나님의 말씀을 기쁘게 듣고 말씀에 따라서 많은 일에 자기 생활을 고치고, 그리스도의 종이 되겠다고 제안한 사람처럼(마 8: 19) "선생님이여 어디로 가시든지 저는 따르리이다." 그리스도께 말하며, 성령을 거슬러 죄를 지은 버림받은 자가 그랬던 것처럼 많은 사람들이 다가올 생명의 은사들을 맛보고 성령의 놀라운 은사의 참여자가 되며 하나님의 선한 말씀을 맛본다는 것(히 6장)을 기억하십시오. 하지만 이 모든 것들은 땡그랑거리는 색깔 입힌 금과 은도 금한 구리와 천한 금속일 뿐입니다. 이러한 것들이 기록된 것은 우리 자신을 시험하여 햇빛에 그을리고 말라 버린 신자들이 도달할 수 있는 곳보다 우리가 더욱 그리스도께 가까이 가는 걸음이 되기까지 쉬지 말라는 것입니다.

당신의 우상-죄들을 가지고 천국에 들어갈 수 없다는 것을 기억하십시오. 그리고 이것들과 헤어지지 않으려고 하는 사람들은 근본적으로 말과 모양으로만 그리스도를 사랑하는 것으로 그것은 쓸데 없는 짓입니다.

하나님의 우체부인 시간이 얼마나 빨리 지나가는지 그리고 당신의 정오가 이미 지났고 오후가 올 것이며 그 후에는 저녁이, 그리고 나서 마침내 당신이 볼 수 없어 일하지 못하는 밤이 온다는 것을 기억하십시오. 당신의 마음을 당신의 여행이 끝나는 곳에 두시고, 주님께 당신의 회계를 계산하여 드릴 것에 두십시오. 오, 밤에 당신이 주님의 오심을 기쁘게 환영해 드린다면 얼마나 복된 일입니까! 제때에 자기들의 영혼이 바른 길을 걷고 있는 사람들은 얼마나 복된 이들입니까! 당신이 소유한 물질과 자녀와 안락과 세상적인 만족을 인해 그의 크신 이름을 찬양드리니 이것들은 그가 당신에게 주신 것들입니다. 마음의 겸손과 온유함으로 그리스도와 같이 되기를 힘쓰십시오. 세상과 짝하거나 거기에 빠지지 않도록 하십시오. 그것이 당신이 의지하는 당신의 신이나 당신의 애인이 되게 하지 마십시오. 그것이 당신을 속일 것이기 때문입니다.

모든 일에 그리스도와 그의 사랑을 당신에게 추천합니다. 그가 당신의 마음과 사랑의 꽃을 가지시도록 하십시오. 그리스도 외에는 모든 것에 헐값을 매기십시오. 당신이 떠나라는 소환을 받고 육체로 있는 동안 행한 모든 행위에 대한 답변을 하려고 당신의 재판관 앞에 섰을 때에 아무런 도움도 주지 못할 진흙과 더러운 것을 당신의 생각 속에서 깎아 내리십시오. 주님께서 모든 일에 당신에게 지혜를 주실 것입니다. 하나님의 이름이 거룩하고 존귀하시니 당신이 말하는 중에 하나님을 거룩하게 하시라고 제가 당신에게 간청하는 바입니다. 근신하여 깨어 있으십시오. 악한 이들과 짝하는 것은 죄이니 많은 사람들이 그것 때문에 천국에 들어가지 못했습니다.

당신에게 새롭고 이상한 교훈을 가르치려고 하는 낯선 사람의 목회를 당신이 받아들일 것이라고 저는 믿지 않을 것입니다. 만일 제가 하나님의 말씀 안에 있는 그의 쉽고도 온전한 뜻을 당신에게 전하지 않았다면 저의 구원이 그것을 입증하기를 바랍니다. 이 편지를 당신의 아내에게도 읽어 주시고 사랑의 안부를 그녀에게 전해 주시며 제가 당신에게 쓴 것을 조심스럽게 행하라고 요구하십시오. 당신과 당신의 사람들을 위해 기도합니다. 주님께서 저를 여러분에게로 다시 보내시도록 당신의 기도로 저를 기억해 주십시오. 은혜가 당신에게 함께 있기를 기원합니다.

1637년, 애버딘, S. R.

147

로버트 랜드 부인에게
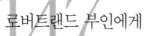
고난은 깨끗하게 한다. 세상의 헛됨. 그리스도의 지혜로운 사랑

부인, 은혜와 사랑과 평안이 당신에게 있으시기를 바랍니다. 당신의 영혼이 잘 되는 것과 주님의 경작과 노고를 따라서 젊었을 때부터 당신에게 낯설지 아니했던 주님의 막대기에서 열매가 당신에게서 자란다는 것을 들으면 매우 기쁠 것입니다. 그가 불속에서 우리에게 있는 찌꺼기를 태워 버리시려고 하는 것은 주님의 친절입니다. 하나님 나라에 들어가기 전에 우

리에게 얼마나 키질이 필요한지 그리고 없애야 할 불순물이 우리에게 얼마나 있는지 누가 알겠습니까? 천국에 들어가는 문은 아주 좁기 때문에 자만과 자아 사랑과 우상 사랑이라는 우리의 매듭들과 혹들과 덩어리들을 망치질로 떼어내고 낮게 구푸린 다음 그 좁고 가시 많은 입구를 기어들어 가야 하는 것입니다.

지금 저로서는 집과 거처를 그리스도의 화롯가에 세우고 단단하고 믿을 만한 토대이신 주춧돌 그리스도 위에 저의 천막을 세우는 것이 가장 아름답고 천국적인 삶이라는 것을 알았습니다. 오, 제가 거기에 도달할 수 있고 저 자신이 세상의 빚쟁이가 아니며 세상에 매인 애인도 아니라고 선언할 수 있다면! 제가 이 세상의 사랑을 더 이상 세내거나 매수하는 것을 생각하지 아니하며 어찌하든지 하나님의 모든 창조물의 호의와 반목을 (특별히 하나님의 피조물의 지하실이요 진흙인 이 헛된 땅을) 상관하지 말았으면! 제가 이 세상으로부터 무엇을 가졌습니까? 세낸 거처와 몇 년 간의 방과 빵과 물과 불과 침대와 등불은 모두 저의 왕과 주님의 장려금입니다. 어떤 피조물이 아니라 오직 그분에게 감사를 돌립니다.

하나님께서 하나님이시고 그리스도는 그리스도이시며 땅은 땅이고 악마는 악마이고 세상은 세상이고 죄는 죄고 모든 것은 있는 대로인 것을 하나님께 감사드립니다. 왜냐하면 그가 저의 광야에서 제게 가르치신 것은 주 예수와 허영인 피조물을 섞지 말고 혼합하지 말며 그리스도나 그의 아름다운 사랑을 세상과 거기에 있는 것과 한 실이나 한 편물에 잣거나 꼬지 말라는 것이기 때문입니다. 오, 제가 그리스도만 오직 붙잡고 간직하며 다른 것과 섞지 않을 수만 있다면 얼마나 좋겠습니까! 오, 제 몹쓸 자아의 값과 가치를 깎아 내리고 그리스도의 값을 두 곱, 세 곱 올리며 수백만 배까지 그리스도의 값과 가치를 늘리고 높일 수만 있다면 얼마나 좋겠습니까! (제가 감히 이렇게 말할 수 있고 정당하게 불평할 수 있다면) 제가 저의 너그러운 주님 그리스도 예수께 아주 굶주리도록 가르침을 받아서 저의 영혼이 붙잡혀 있는 그의 영리한 사랑이 저를 날게 합니다. 하지만 저는 그를 사랑하며, 제가 볼 수 없는 그분의 사랑을 갈망하며 사모하고 죽도록 훈련을 받았습니다. 한 비천한 영혼이 그리스도에 대한 굶주림을 가득 채울 수 없어서 가리고 숨겨진 애인을 사랑하여 애가 타는 것과 그의 사랑으로 굶주린다는 것은 놀라운 일입니다. 세상에 다른 것들이 풍성한데 그리스도를 인한 굶주림으로 주린다는 것은 어려운 일입니다. 그러나 분명한 것은 우리가 그리스도의 사랑의 스승들이고 청지기들이며 주인들이며 연회장이었다면 지금보다 우리가 더 야위고 더 먹지 못했을 것입니다. 그리스도께서 열쇠들을 가지고 계시며 그리스도의 감미로운 숨결과 그의 성령의 영향력 있는 바람과 대기가 원하는 대로 불도록 하시는 이의 선한 뜻의 손에 붙들려 있을 때 우리의 음식이 우리에게 더욱 유익을 끼치는 것입니다.

그리스도의 나타내심과 기다림에 관련하여 그리스도의 부재(不在)로 말미암는 참을 수 없는 참음과 같은 것이 있다는 것을 저는 압니다. 그의 사랑을 기다리며 그의 은혜로운 바람의 불어옴과 돌이킴을 참고 기다리는 사람들은 만족하게 될 것입니다. 그리고 그런 기다림에 잃어버리고 숨겨진 주 예수를 찾느라 서두르며 큰소리로 떠들며 야단법석을 치는 사람들은 잘 될 것입니다. 어떤 식으로든지 하나님께서 그와 함께 먹게 하십니다. 만일 그가 오시기만 하신다면 그가 어디에 구멍을 냈는지 어떻게 자물쇠를 열었는지 문제 삼지 않을 것입니다. 가령 그리스도께서 지옥의 불못 저편에 서서 저에게 "네 발로 걸어서 내게 오지 않으면 너는 결코 나를 가질 수가 없다"고 외치신다고 가정하면 저는 그리스도와 제가 만났다는 것으로 만족할 것입니다. 그리스도와 그의 하시는 일을 트집 잡으려고 하는 우리는 어떤 바보들인가요! 그는 사람의 생각이 미치지 못하는 곳에 자신의 길을 가지고 계시니 어떤 발도 그를 따라갈 재주가 없습니다. 하지만 우리는 여전히 뒤떨어진 학생들이며 학과의 반도 못 미치고 천국 문에 이를 것이며 영원히 우리에게 지혜를 줄 태양이 우리 영혼 속에 떠오르게 할 때까지 시간에 붙들려 있는 한 우리는 여전히 어린애들입니다. 얼마나 우리가 우리의 아름다운 천국과 우리의 구원을 엎지르며 망가뜨리고 있는지, 그리고 어떻게 그리스도께서는 매일 우리의 타락한 영혼 속에서 이 뼈, 저

뼈를 제자리에 다시 갖다 맞추시는지, 그리고 새 예루살렘의 이편에서는 아직도 용서 받으며 치료 받는 은혜가 필요하다는 것을 우리는 압니다. 십자가들이 우리를 위해 만드신 그리스도의 세공품이며 그리스도는 십자가들을 가지고 우리의 악과 부패의 조각들을 떼어내며 자신의 형상대로 우리를 본뜨고 그리신다는 것을 저는 알았습니다. 주님께서 자르고, 주님께서 새기고, 주님께서 상처 내시니, 주님께서는 자신의 아버지의 형상을 우리 안에 이루게 하시고 우리가 영광에 걸맞도록 하시려고 어떤 일이든 하시는 것입니다.

제가 당신을 잊지 않았으니 우리 주님께서 그의 의를 설교할 수 있는 기회를 제게 허락하셔서 제가 그에게서 듣고 본 바를 말할 수 있게 해 주시도록 저를 위해 기도해 주십시오. 지금 그리스도의 대장간에 있는 시온을 잊지 마십시오. 하나님께서 지금 새 일을 하고 계십니다. 은혜, 은혜가 당신에게 함께 하시기를 바랍니다.

1638년 1월 4일, 애버딘, S. R.

148 아일랜드에 있는 신자들에게

때때로 펄바을 통과하는 천국길, 그리스도의 가치, 신앙을 분명히 함, 자기 부인, 타협하지 않음, 신실함의 검증, 그리스도의 영광을 위한 자신의 소원

>

주님 안에서 매우 사랑하는 하늘의 부르심을 입은 이들에게,

은혜와 사랑과 평안이 하나님 우리 아버지와 우리 주 예수 그리스도로부터 여러분에게 있으시기를 바랍니다. 저는 항상, 특별히 제가 매여 있는 지금 (그리스도 저의 주님을 위한 가장 감미로운 매임입니다) 여러분의 믿음과 사랑을 들으며 우리의 왕, 우리의 가장 사랑하는 이, 우리의 신랑께서 지칠 줄 모르고 여전히 머물러 여러분을 자기 아내로 구애하시는 것과 또한 죄인들의 박해와 조롱이 그 구혼자를 집 밖으로 쫓아내지 못했다는 것을 듣고 매우 기뻤습니다. 제가 주님 안에서 여러분에게 분명히 말씀 드리는 것은 여러분에게서 쫓겨나 흩어진 하나님의 사람들이 여러분에게 그

리스도의 바른 향기와 흔적을 나타냈으며 그리고 이 길, 제가 지금 고난 받는 이 길, 세상이 조롱하며 비웃는 이 길, 바로 이 길만이 천국에 이르는 왕도가 아닐지라도 (만일 제가 열 개의 천국을 가져도) 저의 구원은 거기에 있다는 것입니다. 만일 이것이 천국에 이르는 유일한 구원의 길이 아니라면 (아, 만일 그렇다면 저는 속아 넘어간 가련한 사람일 것입니다!) 저는 결코 하나님의 얼굴을 뵙지 못할 것입니다. 오, 여러분이 그것에 대한 죄수의 말을 받아들이시기를 바라오니 (아니, 여러분이 그것에 대하여 가장 위대하신 왕의 말씀을 가지고 있는 줄 압니다) 지금 여러분에게 구원에 이르도록 계시된 것 외에 다른 그리스도나 그를 예배하는 다른 방식을 찾는 것은 여러분에게 지혜로운 일이 되지 못할 것입니다. 그러므로 제가 여러분의 얼굴을 결코 보지 못하였지만 저의 빈약한 경험으로부터 여러분을 이 선한 길에 굳게 세우고 힘을 북돋울 수 있기를 바라며 여러분에게 (존경하는 여러분께, 아직 양 떼들 사이에 있는 신실한 여러 목사님들에게, 그리스도의 진리를 진실하게 고백하는 여러 신자들에게, 또는 신랑에게 단지 곁눈질만 하는 약하고 지친 방황하는 이들에게) 편지를 쓰는 것을 용납하시기 바랍니다.

제가 아주 큰 확신으로 (우리의 가장 높으시고, 가장 위대하시고, 가장 사랑스러우신 주님의 영광을 위하여 말하게 하십시오!) 단언하기는 (비록 제가 그리스도 안에 있는 어린아이이며 붙잡고서야 겨우 걸을 수 있을 정도이며 성도 중에 가장 작은 자보다 더 작고 가장 미천한 자이지만) 우리는 사람의 아들들 가운데 가장 아름다우신 분에게 드려야 할 사랑과 공경에서 20퍼센트 정도에도 못 미친다는 것입니다. 만일 천국, 아니 열 개의 천국을 저울에 다는 것이 가능하다면 저는 그것들 모두보다도 그리스도의 향기를 더욱 중히 여길 것입니다. 정말로 그는 천국의 아주 좋은 반쪽이며, 모든 천국이며, 모든 천국보다 더 나은 분이니, 그에 대한 저의 증언은 만일 우리의 고통이 그를 사는 비용이 된다면 극심한 고난의 열 번의 일생, 열 번의 죽음, 열 번의 지옥의 고통, 열 번의 풀무, 모든 극렬한 고통도 그리스도를 얻기에는 너무나 보잘것없는 것입니다. 그러므로 그를 위한 여러분의 고난과 고생을 인해 낙심하지 마십시오. 저는 가장 감미로우신 예수께 드려야 할 우리들의 이 좁은 영혼 속의 이 지극히 짧은 사랑에서 그리스도의 머리 꼭대기에 올라가 그리스도의 자리를 차지하려는 모든 정욕들에게, 모든 낯선 애인들에게, 지옥이며 고통이며 수치라고 선언하며 외치는 바입니다. 오, 가장 높으신 이여, 오, 가장 아름다우신 이여, 오, 가장 사랑스러우신 이여, 모든 못된 애인들에게서 당신의 소유를 데려가소서. 우리가 영원토록 그리스도를 대여하고 임차하기 위해서 우리 일생의 영광의 지분과 일생의 좋은 것들을 넘겨버리고 팔 수 있다면! 오, 얼마나 우리는 시간의 이편에서, 죽음의 강물 이편에 있는 일들을 사랑하느라고 어쩔 줄 몰라 하며 정신이 빠져 있는가요! 어디서 우리가 그리스도께 견줄 만한 것이 되거나 그와 동등하거나 아니면 더 나은 것을 피조물들 중에서 찾을 수 있단 말입니까?

이 세상은 모두 거짓에서 나왔고 모든 사랑은 우리의 가장 사랑하는 이에게 있습니다. 제가 저의 웃음과 기쁨과 안락과 그리고 모든 것을 그를 위해 팔며 울고 계시는 그리스도의 진영에서 밀짚 침대와 근소한 빵과 약간의 물로 만족할 수 있기를 바랍니다! 그의 베옷과 재가 가마솥 밑에서 타는 가시나무 소리를 내는 것과 같은 어리석은 자의 웃음보다 낫다는 것을 저는 압니다. 그러나 아! 우리는 그리스도의 아름다운 얼굴에 불어대는 차가운 북풍을 향해 얼굴을 내밀려고 하지 않습니다. 우리는 형통한 날의 신앙을 아주 좋아하며 죄가 우리에게 만든 대로 마치 우리가 흰 종이로 만들어진 것처럼 연약한 피부를 가지고 있어서 그리스도께서 보증과 자필과 봉인을 우리에게 주셔서 우리가 천국 문에 이를 때까지 아름다운 여름만 있기를 마음에 바라면서 꼭 덮은 가마를 타고 천국에 실려가기를 바라는 것입니다!

우리 중에 얼마나 많은 사람들이 여기에서 속으며 시련의 날에 넘어지는지요! 여러분 중에 이런 인(印)을 가진 사람 몇이 있습니다. 제가 아는 A. T. 씨가 만일 여러분을 떠났다면 유감스러운 일입니다. 그가 그리스도의 편을 감히 떠나버렸다고는 믿고 싶지 않습니다. 그에게 제가 보낸 이 편지를 보여 주시기 바랍니다. 제가 한때 그리스도 안에서 그를 사랑했으니 갑작스럽게 그에 대한 생각을 바꿀 수가 없습니다. 그러나 사실은 여러분 중에 많은 이들과 여러분의 이웃인 스코틀랜드 교회의 아주 많은 사람들이 자기들의 권리증서가 의문시될 때까지는 소작료가 없이 지내는 것과 자기들의 보유조건이 무엇인지 알지 못하는 소작인과 같습니다. 지금 제가 확신하게 된 것은 우리 각자에게 우리가 어떤 조건으로 그리스도를 보유하게 되었는지 물을 것이라는 것입니다. 우리는 오랫동안 소작료 없이 지내 왔기 때문입니다. 우리는 발을 적시지 않고 그리스도를 만났고 그와 그의 복음은 우리 문까지 약간의 비용으로 왔지만 이제는 우리가 그를 따르기 위해 발이 젖어야 합니다. 우리의 악한 습관들, 젊었을 때부터 안락에 빠진 사람들의 나쁜 풍조가 그릇에서 그릇으로 옮기지 않은 모압과 같아서(렘 48 : 11) (흐르지 않은 물처럼) 우리로 더러운 찌꺼기를 이루게 했으니 우리가 흔들릴 때 우리의 가라앉은 찌꺼기들이 올라와 보이게 되는 것입니다. 많은 사람들이 그리스도를 건성으로 붙잡으며 바람이 그들과 그리스도를 갈라놓고 있습니다. 정말로 돛이 부러져 바다에 빠지는 그때는 그리스도를 의지하여 헤엄을 쳐서 마른 땅까지 가는 재능이 필요합니다.

하나님의 자녀들은 어려운 시련의 때에 베드로가 했던 것처럼 자신의 주이신 그리스도를 붙잡을 때까지 숲의 가려진 곳에 자신을 숨기고 폭풍이 지나갈 때까지 거기서 숨어 기다려야 합니다. 우리 모두는 상처가 나지 않는 길을 알고 있으며 일편단심의 마음을 가진 사람도 그리스도를 부인하는 것과 두려운 실족을 집어넣을 옆주머니를 차고 있습니다. 오, 그리스도께서 세상의 방백들과 다투고 계실 때 그리스도께 정직하고 충성스러운 것은 얼마나 귀한 일입니까! 저는 여러분 모두가 이 시련이 그리스도께로부터 왔으며 여러분이 사들인 것이 아니라는 것을 생각하시기를 바랍니다. 이것이 그의 집에 있는 모든 그릇들을 시험하는데 사용하는 그리스도의 일상적인 불입니다. 그리고 그리스도께서는 지금 그의 보물들을 해와 달이 비추는 곳으로 끌어내셔서 자신의 집에 금의 무게가 얼마나 있으며 은도금한 구리의 무게는 얼마나 있는지 알아보시며 자신의 돈을 계산하려고 하십니다. 털끝만치도 원수들에게 굽히거나, 절하거나, 승복하지 마십시오. 그리스도와 그의 진리는 나뉠 수 없습니다. 그리스도의 진리는 얼마는 취하고 얼마는 버릴 수 있는 넓이와 높이를 가지고 있지 않습니다. 아니, 복음은 작은 머리카락과 같아서 폭이 없으니 둘로 쪼개어질 수 없습니다.

그리스도와 적그리스도를 새끼 꼬거나 혼합물이 되게 할 수 없으니 여러분이 그리스도를 찬성하든지 아니면 반대해야 합니다. 그리스도와 그의 왕다운 특권들과 그의 진리나 그의 마지막 유언의 가장 작은 손톱넓이 만큼을 사소한 것들의 새 목록에 집어넣고, 그리스도의 유언에 사람이 채워넣을 수 있는 잉크가 묻지 않은 종이의 여백을 만들며, 진리와 그들이 하찮은 것이라고 하는 것을 범벅으로 섞어서, 적그리스도의 물품이 더 잘 팔리게 함께 섞어 만드는 것이 단지 사람의 재주요, 사제와 그들의 대부(代父)인 (불법의 사람) 교황의 재주입니다. 이것은 양심이 완고함으로 만들어졌고 교회 문틀보다 큰, 새긴 형상이 자유롭게 통행할 수 있는 목구멍을 가진 사람들의 고안이며 날조된 꿈일 뿐입니다.

제가 확신하는 것은 그리스도께서 우리의 흑과 백을 그대로 드러내시게 될 때, 그가 시간과 세상을 끌어 내리시고 그것의 영광이 잘려서 그 영화를 잃어버린 오월의 꽃과 같이 하얀 재로 놓여질 그때에는 우리의 왕과 입법자의 예배와 영광에 관련된 어떤 것을 감히 사소한 것으로 여기는 사람은 거의 아니, 전혀 없을 것입니다. 아! 이 잘못 가며 눈먼 세상이 그리스도의 흥망성쇠가 사람의 판단에 따라 이루어지지 않는다는 것을 알았으면 좋겠습니다! 사람이 쓸모없는 푼돈을 대하듯이 공공연하게 그를 대하니 그리스도께서 그렇게 가볍다는 것입니까? 그들은 지금 그리스도를 아주 약간의 중량에 동전 몇 파운드나 실링으로 깎아 내리고 있습니다. 그리고 바람이 동쪽에서 부는가 아니면 서쪽에서 부는가에 따라서 일 펜스나 일 파운드, 또는 하나나 백이라고 산정하고 있습니다. 그러나 주께서는 그를 달아보셨고 평가하셨습니다.

"이는 내 사랑하는 아들이요 내 기뻐하는 자니 너희는 저희 말을 들으라." 그의 가치와 그의 중함은 변함이 없습니다. "그리스도는 높이, 높이 모든 피조물의 영광은 그 앞에서 아래로, 아래로!" 외치는 것이 우리가 할 일입니다. 오, 제가 그를 높이고 그의 이름을 높이고 그의 보좌를 높일 수 있다면! 제가 알며 또 확신하는 바는 그리스도께서 이 비천하고 말라 버리고 햇빛에 그을린 스코틀랜드 교회에서 다시 높아지시고 크게 되실 것이며, 우리의 불꽃이 바다를 건너 여러분과 다른 자매 교회들을 따뜻하게 할 것이며, 이 무너진 다윗 집의 장막, 다윗의 아들의 황폐한 곳이 다시 세워질 것이라는 것입니다. 지금 죽어 장사 된(계 11:9) 두 증인과 충성스러운 신앙인들의 투옥, 십자가, 박해와 시련이 피난의 뒷문과 뒤쪽 출구를 가질 것이라는 것입니다. 죽음과 지옥과 세상과 고문들은 모두 두 조각으로 찢어지고 갈라져서 우리로 거침이 없는 열린 통로를 만들어 통과할 자유를 줄 것을 저는 압니다. 풀무에서 다시 하나님의 좋은 금속을 꺼낼 것이고 찌꺼기와 오물만 뒤에 남을 것입니다. 그리하여 우리는 그리스도께서 승리하신다고 미리 선언할 수 있는 것입니다. 그는 시온 산의 왕으로 오르셨습니다. 하나님께서 그의 머리에 왕관을 씌우셨으니(시 2:6; 21:3) 누가 감히 그것을 다시 벗기겠습니까? 의심의 여지가 없이 그는 자기의 교회를 거스르는 비통한 반목들을 가지고 계십니다. 그러므로 그에 대해 말씀 합니다. "여호와의 불은 시온에 있고 여호와의 풀무는 예루살렘에 있느니라." 그러나 그가 시온 산에 자기 일을 행하실 때 시온을 미워하는 모든 자들은 먹고 마시는 꿈을 꾸고 있지만 실제로는 주리고 목마른 사람처럼 될 것이니, 보십시오, 그가 꿈을 깰 때는 기진하며, 그의 영혼은 허탈합니다. 또한 우리가 가진 유리한 점은 이것이니 그가 자기 아내의 모든 약점들을 해와 달 아래로 가져오지 않으시리라는 것입니다. 우리의 감미로운 주 예수께서 야단을 치면서 거리로 나가지 않으실 것이며 그와 우리 사이에 있는 일을 온 세상이 듣지 못하게 하시는 이것이 결혼의 노함과 남편의 노함의 정중함입니다. 그의 감미로운 찌푸리심은 지붕 아래만 머물 것이니 이는 그가 하나님이시기 때문입니다.

두 가지 특별한 일들을 여러분이 고려하셔야 합니다. 첫째, 여러분이 빈 등불을 가지고 있는 것은 아닌지 여러분의 신앙을 점검해 보고 분명히 하시라는 것입니다. 아, 안심, 안심이 세상 모든 사람들의 독이며 형틀입니다. 오, 얼마나 많은 신자들이 사람들 앞에서 금빛나는 광채를 가지고 다니며 금인 듯이 하지만 가짜이며 쓸모없는 금속인가요! 사람들이 "한 번 비췸을 얻고 하늘의 은사를 맛보고 성령에 참여한 바 되고 하나님의 선한 말씀과 내세의 능력을 맛보"(히 6:4, 5)는 곳까지 순풍에 돛단배처럼 얼마나 멋지게 잘 나가는가요! 하지만 이런 일은 단지 거짓된 변화의 상태이며 얼마 안 되어 그와 같은 이들은 암초에 부딪혀 부서져 항구에 이르지 못하고 지옥의 바닥으로 가라앉고 마는 것입니다. 오, 여러분의 피난처를 확인해 보시고 회심을 어떻게 이루었는지 확인하십시오. 그것이 희고 빛나는 고백 속에 가려져 있는 훔친 물건들이 아닌지 시험해 보십시오! 오래된 상처를 덮은 하얀 피부 속에서 곪는 양심입니다. 물 속에 보이지 않게 한 거짓은 위험하며 그것은 깨달은 양심의 바닥에 있는 균열이요, 틈새이니 때때로 빛을 거스려 타락하거나 죄를 범하는 것입니다. 그리스도의 거룩한 신앙이 많은 이들에게 헛된 명예를 얻기 위한 무대복장이 되며 그리스도께서 사람의 목적에 수종을 드시게 하다니 화, 화로다, 나여! 이것은 말하자면 왕의 옷으로 솥에 난 구멍을 막는 것과 같습니다.

둘째로 사람이 성화(聖化)된 자기부인(自己否認)으로 죄의 몸을 죽이고 없애기 전에는 그들이 결코 그리스도의 순교자들이나 신실한 증인들이 될 수 없다는 것을 아십시오. 오, 제가 저의 가신(家神)인 저 자신, 제 마음, 제 의지, 재능, 소유, 안락에 대해 주인이 된다면 저는 얼마나 복되겠습니까! 오, 우리가 세상과 악마에게서보다는 오히려 우리 자신에게서 건짐을 받아야 할 필요가 있습니다! 당신을 위해서 당신을 몰아내고 그리스도를 모시기를 배우십시오. 만일 제가 자아를 버리고 자신의 자리에 저의 주님 그리스도를 모시고 "내가 아니고 그리스도, 내 뜻이 아니고 그리스도의 뜻, 내 편안, 내 욕심, 내 연약한 명성이 아니고 오직 그리스도, 그리스도"라고 말할 수 있다면 얼마나 멋진 거래와 교환이 되겠습니까! 그러나 아! 우리 자신을 버리면서, 우리 우상인 자아(自我) 앞에 그리스도를 두면서, 우리는 아직 우리의 옛 우상을 어리석게 쳐다보고 있는 것입니다. 오, 불쌍한 우상인 나 자신이여! 언제나 네가 완전히 사라지고 그리스도께서 네 자리를 완전히 차지하신 것을 내가 보게 될 것인가?

오, 그리스도, 그리스도께서 제 자신의 모든 처소와 자리를 가지시기를 바라며 저의 모든 목표와 방향과 생각과 소원이 제가 아니라 그리스도를 따라다니며 정착하기를 바랍니다! "나는 내 자신이 아니고, 내 자신은 내 자신이 아니며, 내 자신의 것은 더 이상 내 자신의 것이 아니다"라고 말할 수 있을 정도로 우리 자신과 우리 자신의 것을 부인하는 데 이르지 못할지라도, 우리가 하는 모든 일에 이것을 목표로 삼는다면 그것이 받아들여질 것입니다. 아! 저는 그리스도인이 되는 흉내만 내며, 되고자 하는 뜻만 품다 죽게 될 것이라고 생각합니다. 새 언약의 중보자이신 그리스도께서 우리와 하나님 사이에 그 일로 오셨으니 죄인들의 모양을 한 미숙하고 어린 상속자들이 하나님이신 스승을 가지고 있다는 것이 우리의 위로가 아니겠습니까! 그러므로 우리의 구원이 그리스도께 바탕을 두었다는 것을 하나님께 감사 드려야 합니다. 제가 확신하는 것은 그 바탕은 결코 우리에게 속한 천국과 행복을 무너뜨릴 수 없다는 것입니다. 만일 그리스도의 값없는 은혜가 우리의 구원을 손에 쥐고 계신 것이 아니었다면 저는 일천 번이나 그 거래를 넘겨버렸을 것입니다.

여러분의 자매 교회를 위해 주님께 기도, 기도해 주시고 힘써 주십시오. 주님께서 어둡고 구름 낀 날에 자신의 흩어진 양들을 모으시려고 하는 듯이 보입니다. 오, 우리가 이 땅에서 제2성전의 영광을 볼 수 있도록 스코틀랜드에 다윗의 무너진 황폐한 옛 장막을 다시 주님께서 세우시기를 기뻐하신다면! 오, 유대인과 이방인들에게 저의 주님 예수의 영광을 되돌리기 위해 저의 작은 천국이 담보로 드려질 수 있다면! 그리스도께서 왕좌에 앉으시고 그의 영광이 온 나라에 특별히 이 세 나라에 전파되기 위한 것이라면 이슬이 저의 가지에 내리지 않고 저의 비천한 꽃들이 뿌리에서 말라도 좋습니다. 그러나 그는 저를 필요로 하시지 않는다는 것을 제가 압니다. 제가 그에게 무엇을 더할 수 있겠습니까? 그러나 오, 그가 저같이 더러운 통로로 자신의 높고 순전한 영광을 흐르게 하려고 하시는 것입니다!

그리고 그가 천국 이편에서 제가 가진 단 하나의 빈약한 기쁨인 그의 백성들에게 그리스도를 설교할 저의 자유로부터 꽃이 떨어지게 하셔서 제가 지금 그 일에 대해 죽었으나 그렇게 하심으로 그는 저의 침묵과 고통으로 높으신 왕을 위하여 영원토록 영광, 영광을 조각하시는 것입니다.

여러분께 간절히 부탁드리는 것은 제가 여러분을 잊지 않겠으니 여러분의 기도로 저를 도와주시기 바랍니다. 그리스도 안에 있는 저의 영혼으로 더불어 그 땅에 있는 신실한 목회자들과 명예롭고 귀한 신자들에게 인사를 전합니다. 영원한 언약의 피로 양의 큰 목자이신 우리 주님 예수를 죽은 자들 가운데서 일으키신 평강의 하나님께서 보시기에 기쁘신 것을 여러분 안에서 일하시는 가운데 모든 선한 일에 여러분을 온전케 하시기를 바랍니다. 은혜, 은혜가 여러분에게 있으시기를 바랍니다.

1638년 2월 4일, 애버딘, S. R.

149 로버트 고든에게
매력의 대상은 우리의 십자가가 아니라 그리스도의 십자가임, 그를 너무 적게 기대함, 영적인 죽어 있음

>

사랑하는 형제여, 은혜와 사랑과 평안이 당신에게 있기를 바랍니다. 요즈음에 제가 하려고 했던 모든 것을 말할 수는 없지만 당신의 두 편지에 답신을 보낸 것으로 알고 있습니다. "십자가를 즐기는 것이 아니라 그것을 달게 한 그를 즐거워한다"는 당신의 시의 적절한 말씀이 제게 알맞은 때에 왔습니다. 그리스도의 십자가를 따르는 위안과 부스러기가 얼마나 달았는지 저 자신을 거의 잊을 뻔했습니다. 저의 소원과 바람은 그리스도의 꿀방울이 떨어질 때 그의 위로들을 받아 먹기를 거절하지 아니할 뿐 아니라 기쁨을 저의 우상으로 만들거나 새로 찾은 천국으로 여기지 않는 것입니다. 그러나 제가 무슨 말을 해야겠습니까? 청하지 않았는데도 그리스도께서 아주 빈번히 그의 감미로운 위로들을 가지고 오시니 그에게 문을 닫는다면 그것은 죄일 것입니다.

제가 사랑에 빠져 구애하거나 열렬히 입맞춤을 사모하지 않을 때에 그리스도의 사과들을 좋아하며 즐거워하는 일이 옳지 못한 것은 아닙니다. (하지만 자연스럽게 일어나는 친절함처럼) 그것들이 그 나무로부터 바로 온다면 저를 향해 웃으시는 분에게 저도 웃지 않을 수 없습니다. 만일 그리스도께서 친히 오시지 않고 기쁨과 위로들만 홀로 왔다면 저는 그것들을 온 길로 되돌려 보내고 환영하지 않으리라고 생각합니다. 그러나 왕의 행렬이 올 때 그 가운데 왕께서 계시면 제가 얼마나 사랑의 홍수로 흘러넘치겠습니까! 너무 큰 사랑의 홍수가 자라는 곡식을 떨어뜨리고 저의 식물들을 뿌리째 흔들어 놓을까 염려하지 않습니다. 그리스도께서는 오시는 곳에 해를 끼치지 않으십니다. 하지만 분명한 것은 제가 신랑의 예물이나 지참금이나 사례금보다 신랑을 더 사랑하는 영적인 지혜를 가지기를 바랍니다. 제가 그의 기쁨보다는 그분 자신에게 더 가까이 가고 싶습니다. 기쁨은 단지 그리스도의 바깥쪽에 있을 뿐입니다. 저는 그의 마음에 인장(印章)처럼 안으로 들어가기를 바랍니다. 그의 사랑과 인자가 머무는 그의 심장 옆 안쪽에 말입니다. 저의 사랑하는 이가 저를 매혹시켜 버렸습니다. 하지만 그것은 양쪽의 동의로 된 일이며 충분히 납득할 만한 일입니다. 그러나 사랑하는 형제여, 이 주제를 마치기 전에 당신이 저와 함께 저의 왕을 찬양으로 높이도록 당신에게 말해야 될 것은 제가 그의 이름을 위하여 갇혀 있는 저의 괴로운 날에 지금 얻은 것을 주님께서 저를 위해 지난 14년간 보관해 오셨다는 것입니다. 그것은 그리스도 저의 주님의 아름다운 얼굴에서 오는 새롭고 성성하고 힘 있게 오는 향기 나는 위로들과 신선한 기쁨의 열린 상자입니다. 쓴 율법에게, 십자가들에게, 지옥에게 물러가라고 하십시오. 사랑, 사랑이 저의 옛 행위들로 인하여 저를 부끄럽게 합니다. 제가 달려야 할 경주나 해야 할 어떤 일이 있는지 없는지 모릅니다만 저는 그리스도께서 천국과 그의 궁전을 떠나서 어리석은 아이와 웃으시고 놀이하시고 즐기시러 내려오신 것 같아 보인다고 말하고 싶습니다.

제가 편지를 쓰는 많은 사람에게 이같이 마음을 터놓지는 못합니다. 제가 오해를 받으며 명성을 추구한다고 여김을 받을 수 있다고 생각합니다.

그러나 위에 계신 저의 증인이 아시거니와 저는 선한 이름이 그리스도께 돌려지기를 바랍니다. 그리스도께 구하지 않는 것이 우리의 어리석음이라는 것을 저는 깨달았습니다. 왜냐하면 우리의 새참이 우리의 만찬이 아니며 우리의 신랑이 보낸 예물이 결혼지참금이 아니며 우리의 약조금이 원금이 아니기 때문입니다. 그러나 저는 새참과 예물과 약조금으로 얼마나 많이 그리스도에게서 가지게 되는 것인지를 아는 사람이 거의 없다고 믿습니다. 우리들은 자기의 소유권이 미치는 전체의 영역을 알지 못하는 어린 상속자와 같습니다. 분명히 "오, 가장 감미로우신 주 예수여, 제가 오천 개의 파편이나 흙조각으로 나뉘거나 깨어져서 그 각각의 조각들이 당신을 영원토록 사랑할 마음을 가지며 모든 조각이 천국에서 사람과 천사들 앞에 당신을 찬양할 혀를 가졌으면 좋겠습니다"라고 말해도 부족할 뿐입니다. 그러므로 만일 저의 고통이 그리스도께 선함과 찬양과 영광을 돌릴 수 있다면 제 급료는 잘 지불된 것입니다.

각 사람은 그리스도의 사랑이 어떠한 생명인지 알지 못합니다. 그리스도를 위한 고난에 주춤거리지 마십시오. 그리스도께서 고난 받는 자들을 위하여 안락의자와 쿠션과 감미로운 평안을 가지고 계시기 때문입니다. 고급 식탁의 첫 찌꺼기를 담은 그리스도의 나무쟁반은 죄 있는 증인들을 위한 것입니다. 그러므로, 형제여, 그리스도 외에 누가 있습니까! 그가 나오실 때 당신의 혀를 모든 애인들에게서 거두십시오. 오, 모든 육체, 먼지와 재들, 천사들, 영화롭게 된 사람들, 세상의 모든 방백들이여, 그 앞에서 잠잠할지어다! 이리로 와서 우리의 신랑을 보십시오. 가만히 서서 영원토록 그를 보고 놀라십시오. 왜 우리가 그를 사랑하고 놀라고 입맞추고 사모하기를 그쳐야 합니까? 그와 저 사이에 여러 날이 있어 우리를 갈라놓은 것이 힘든 일입니다. 오, 언제런가! 언제런가! 나의 신랑의 집에 이르려면 얼마나 남았는가? 그리스도의 사랑을 즐기는 것을 더 이상 미루는 것이 고통입니다. 그러나 술 취한 사람은 넘어지며 실족할 수 있습니다. "상석(上席)은 미끄럽다"고 제게 적어 보내셨습니다. 제가 애지중지 하는 세상이 항상 지속되어 잔치가 제 보통의 음식이 되리라고 생각하지는 않습니다.

제가 차갑고 가시 많은 언덕의 북편에 이를 때 저는 겸손과 인내와 믿음으로 제 발을 딛게 할 것입니다. 그리스도를 위해 심부름을 하거나 그를 위하여 제 얼굴에 바람을 맞는 것을 싫어한다는 것은 제게 어울리지 않는 일입니다. 주님, 그리스도께서 손에 펜을 잡으시고 제 헌장에 서명하시는 것을 제가 본 것을 부인하는 거짓 증인이 되지 않게 하시옵소서.

사랑하는 형제여, 당신이 저를 볼 수 없다고 제게 한탄하셨습니다. 하지만 제가 마부였다면 저는 마음대로 갈 것입니다. 그러나 왕이 저를 자기의 마차에 태우시며 끌어당기시는데 저는 달아납니다. 아, 저는 여전히 못된 범죄자입니다! 오, 얼마나 감사가 없는지요! 저는 당신에게 어두움에 대한 인식을 벗겨드리고 싶지 않고 다만 이것을 말씀드리고 싶습니다. "스스로 변호할 수 있는 율법을 위하여 당신이 하는 것보다 더 잘 변호할 수 있도록 누가 변호비용을 당신에게 주었습니까?" 저는 당신이 자신의 가슴에 가지고 있는 고발을 그리스도께 가져가라고 하고 싶지 않습니다. "옛 사람"과 "새 사람"이 그리스도의 흰 보좌 앞에서 소환되게 하시고 그들이 그리스도 앞에서 대결하도록 하시며 각각 자신들을 위해 변론하라고 하십시오. 비록 새 사람이 신자를 검게 보이게 하는 항아리들 가운데 자기가 놓인 것을 못마땅하게 여기지만 그가 말하기를 "내가 게달의 장막 가운데 있을지라도 아름답도다"라고 말할 수 있다고 저는 믿습니다.

당신은 당신의 죽어 있음에 대해 슬퍼하지 말라는 저의 충고를 받지 못할 것입니다. 그러나 제가 적은 경험으로 아는 것은 (당신은 저보다 그리스도를 먼저 알고 계셨습니다.) 그리스도께서 사심으로 구속을 입은 사람이 예전에 우리가 버린 남편인 시어진 율법에게 가서 고소하는 것은 적합한 일이 아니라는 것입니다. 왜냐하면 우리가 율법 아래에 있지 아니하고 은혜 아래에 있기 때문입니다. 당신은 사람에게 신세를 진 것이 아니고 그리스도께 신세를 진 것입니다. 당신이 자신에 대해 슬퍼하는 것보다 그가 당신을 위하여 더욱 슬퍼하신다는 것을 저는 압니다. 제가 자책하는 일에 지쳤기 때문에 이 말을 하는 것입니다. 그리스도께서 저의 벙어리 안식일들과 저의 굳은 마음 때문에 제게 화를 내신다고 생각하는 것은 겸손이라고 생각했습니다만 그러나 이제는 단지 아프게 하는 상처들만 느낄 뿐입니다. 제가 원하든지 말든지 저의 근심은 제게 솟아 오릅니다. 하지만 저는 은혜의 마루에 누워 그리스도 앞에서 청원하며 죽기를 바랍니다.

중보자께서 저를 책망하시리라는 것을 부인할 수가 없습니다. 하지만 저는 모든 것을 그분에게 되돌려드릴 것입니다. 만일 그분이 화를 내시면 그분의 옛 장부들을 보시라고 할 것입니다. 그것 이상으로 그분이 제게서 받을 것이 없기 때문입니다. 그리스도께서 "나는 회개를 원한다" 말씀하시면 저는 그분에게 이렇게 답합니다. "옳습니다. 주님, 하지만 주님께서 제게 회개를 주시는 임금과 구주가 되셨습니다"(행 5:31). 그리스도께서 우리를 책망으로 묶으시면 우리는 그분을 약속으로 묶어야 합니다. 탄식하며 하나님 앞에서 티끌에 누우십시오. 그리고 거기에다 그리스도께서 그의 손으로 그 값을 지불하게 하시고 자신의 공로의 최우선적인 목적으로부터 친히 지불하시게 하십시오. 만약 그렇지 않다면 그는 우리를 위한 어떤 일에도 이르실 수가 없을 것입니다. 저는 모든 면에서 당신의 처지에 있으니 누구보다 마음이 굳고 죽어 있습니다. 그러나 저는 자면서 그리스도께 말합니다. 그러므로 우리가 그리스도를 위한 큰 시장을 열어서 우리 자신이 파산자로 선언하고 그리스도께 부르짖기를 돈 없이 값없이 오셔서 우리를 사서 우리의 속전을 지불한 분의 집으로 데려다가 우리로 그리스도의 자유 소작인이 되게 해 달라고 하십시다. 우리가 옛 빚을 지불할 수 없으니 우리는 그리스도의 자비의 새 빚을 지기를 거절할 수가 없는 것입니다.

우리는 최선을 다할지라도 모든 것에 못 미칠 뿐일 것입니다. 저로서는 그의 장부에 못된 빚쟁이로 영원토록 남아 있기를 바랍니다. 저는 그의 발에 입맞추며 새로이 진 빚에 머물러 있기를 바라야 합니다. 어떻게 그리스도의 사랑의 진정한 가득 참과 잔치에 이르게 되는지 저는 잘 모릅니다. 왜냐하면 그것을 살 수도, 청할 수도, 빌릴 수도 없지만 저는 그것이 없어서는 안됩니다. 저는 그것이 없을 수가 없습니다. 오, 제가 그를 찬양할 수 있다면! 예, 제가 그를 위하여 단 마음으로 순종하며 사랑함으로 죽는 것으로 묵묵히 만족하려고 합니다. 비록 제가 천국 문에서 들어가지 못하게 될지라도 저의 비할 데 없는 가장 사랑하는 분에게 저의 찬양을 들여 보내거나 아니면 견줄 데 없는 주 예수님에 대한 사랑의 노래를 담 너머로 보내어 그것이 사람들과 천사들 앞에서 그의 무릎에 닿기를 하나님께 소원합니다!

이제 은혜, 은혜가 당신에게 있기를 바랍니다. 당신의 아내와 딸과 형제인 존에 대한 저의 사랑의 안부를 전해 주십시오.

1638년 6월 11일, 애버딘, S. R.

150
킬말콤의 교인들에게
영적인 나태, 새 신자들에 대한 충고, 죽은 목회, 침체, 순종, 그리스도의 임재를 느끼지 못함, 확신이 중요함, 기도회

>

우리 주 예수 그리스도 안에서 매우 사랑하는 이들에게,

은혜와 사랑과 평안이 여러분에게 있기를 바랍니다. 여러분의 편지는 우리 교회가 우리 모두가 협력하는 도움을 요구하는 이때에 제게 지금 부과된 많은 양의 업무로 인하여 제 손에 들어오지 못했었습니다. 하지만 제가 여러분의 편지의 주요 부분에 대해서만 답신을 드리오니 이후에 편지 쓰기에 적합한 때를 택해 주시기 바랍니다.

저는 여러분 주위에 이 일을 하기에 아주 유능한 사람들이 있는 데 이러한 질문들에 편지로 답변해 줄 사람으로 저를 지목하시지 않았으면 하는 바람이 있습니다. 가장 훌륭한 사람이 할 수 없다는 것을 저는 압니다. 하지만 예수의 영이 감미로운 바람을 마른 막대기 조각에 불게 하셨으니 빈 갈대가 자기에게 자랑을 돌릴 수 없습니다. 그러나 목사가 이와 같이 바람을 불어오게 할 수는 없으니 그는 단지 자기를 통해 불도록 겨우 길을 내어드릴 뿐입니다. 이 성령의 바람은 맹렬하게 불 때가 있으니 매우 강하게 뚫고 지나가 철문을 통과해 나갈 때가 있다는 것을 아십시오. 이것은 다른 어떤 때보다도 그리스도를 위한 고난이 있을 때 빈번히 있는 일입니다. 예수님은 친히 고난 받는 자이셨고 또 고난 받는 자들에 대해 각

별히 친절하시기 때문에 병든 자녀들은 그리스도의 재미있는 것들을 가지고 놀게 될 것입니다. 오, 제가 고난 받은 자의 식탁의 곁상에서 남긴 것이나 부스러기라도 얻을 수 있다면! 여기서 여러분의 질문에 답을 드리기 위해 이만하겠습니다.

첫째로, 하나님의 맹세들은 여러분에 대하여 잠자며, 안락은 강하고 본성에 달라붙어서 약한 여러분에게 슬금슬금 들어온다고 적어 보내셨습니다. 저는 답합니다. 1. 우리가 천국에 들어 갈 때까지는 가장 훌륭한 사람일지라도 힘들 때가 있는 것이 분명합니다(아 5:2; 시 30:6; 욥 29: 18; 마 26:43). 본성은 게으름뱅이인지라 믿음의 수고를 즐거워하지 않습니다. 그러므로 질병이 끝나고 회복하는 중이라는 것과 냉기가 지난 발열과 같다는 것을 우리가 알기까지는 휴식을 취해서는 안 됩니다. 부패에 대하여 승리하는 믿음의 고요함과 평온함이 안심 대신에 마음에 자리잡아야 합니다. 그리하여 잠을 잘지라도 그리스도의 품에서 믿음의 잠을 자기를 바라야 합니다. 2. 또한 깊이 잠든 사람은 아무라도 졸음에 대해 심각하게 탄식할 수 없다는 것을 아십시오. 졸고 있는 영혼에 대한 근심은 어느 정도 영이 깨어 있다는 증거입니다. 그러나 이것이 곧 방종으로 변해 버리니 그런 방식으로 우리 속에 있는 은혜는 빈번히 남용이 되는 것입니다. 그러므로 우리의 깨어 있음을 살펴보고 있어야 합니다. 그렇지 않으면 잠이 우리의 깨어 있음을 벗어나 깊어질 것입니다. 죄를 살피는 것만큼이나 은혜를 살펴야 할 필요가 있습니다. 배부른 사람은 쉽게 잠이 들며 배고픈 사람보다 더 빨리 잠듭니다. 3. 도둑같이 여러분에게 슬며시 찾아오는 안심을 멀리하도록 여러분의 연약함을 인하여 두 가지를 말씀 드리겠습니다. (1) "약함에 대한 탄식들이 없는 것"은 천국이나 죄를 범한 적이 없는 천사들에게나 적용되는 것이지 땅에 있는 그리스도의 진영에 사는 그리스도인들에게는 그렇지 않습니다. 우리의 연약함이 우리로 말미암아 구속 받은 자들의 교회와 중보자께서 수고해야 하는 그리스도의 밭으로 만든다고 저는 생각합니다. 만일 땅에 질병이 없다면 의사도 필요 없을 것입니다. 만일 그리스도께서 연약함을 사라지게 하셨다면 그 자신의 소명도 사라지게 하셨을 것입니다. 하지만 연약함은 우리 중보자의 일터입니다. 죄는 그리스도의 유일하고 유일한 시장이요 장터입니다. 어떤 사람도 연약함과 질병을 좋아하지는 않을 것입니다만 저는 우리가 곪은 것과 통증에 대해 일종의 기쁨을 가질 수 있다고 생각하는 것은 그런 것이 없었다면 죽으셨던 주님이신 그리스도의 손가락이 우리의 피부에 닿지 않았을 것입니다. 저 자신에게 감사하는 것이 아니라 다만 제가 살아 있는 동안 그리스도께서 제게 오시고 저를 찾으시며 자신의 약과 고약을 가져오시는 일거리를 제 안에 가지게 하신 하나님의 깊은 지혜로운 섭리를 감사드리는 것입니다. 오, 죄인이 자신의 연약함을 그리스도의 강한 손에 맡기고, 병든 영혼을 그렇게 훌륭한 의사에게 드리며, 연약함을 그 앞에 내려놓으며 울면서 간청하며 기도한다는 것이 얼마나 아름다운 일입니까! 우리가 혀가 없을 때에도 약함을 말하며 부르짖을 수 있습니다. "내가 네 곁으로 네가 피투성이가 되어 발짓하는 것을 보고 네게 이르기를 너는 피투성이라도 살라"(겔 16:6). 교회는 그때 그리스도께 한마디도 할 수가 없었습니다. 그러나 피와 죄책이 거침없이 말하여 그리스도의 동정과 생명과 사랑의 말씀을 이끌어냈던 것입니다. (2) 우리의 연약함에 관해 말씀 드리자면 우리가 우리의 연약함 때문에 그리스도의 힘을 사용하도록 우리가 그것을 가지고 있다는 것입니다. 연약함은 우리를 가장 강한 것이 되게 합니다. 우리 자신의 힘이 없을 때 우리가 그리스도의 어깨에 실려서, 말하자면 그리스도의 다리로 걷는 것입니다. 만일 우리의 죄 많은 연약함이 구름까지 올라간다면 그리스도의 힘은 해에게까지, 하늘들의 하늘 위에까지 올라갈 것입니다.

둘째로, 여러분은 제게 새로 믿기 시작한 사람들을 권고하는 것이 필요하다고 말씀하셨습니다. 제 자신이 잘 시작하지 못했기 때문에 그것에 대해 거의 말씀드릴 수 없습니다. 하지만 정직한 출발은 그분에 의해서, 사랑스러우신 예수에 의해서 성숙될 것임을 믿으니 그는 빛과 어두움 사이에서 분투하고 있는 불쌍한 사람의 희미한 등불을 결코 끄신 적이 없으십니다. 만일 새로 믿기 시작한 사람들이 그리스도께 자신들을 재촉하며 자신의 영혼들을 그분에게 떠맡기며 감미로운 사랑의 한 모금만 달라고 졸라

댄다면 그들이 그리스도께 이르지 못하는 일은 없을 것입니다. 그의 사랑스러운 사랑의 지점과 발판에 일단 들어가십시오. 그러면 여러분은 그에게서 다시 넉넉히 얻게 될 것이라고 자신 있게 말합니다. 만일 어떤 새로 시작한 사람들이 그리스도에게서 떨어져나가 그리스도를 잃어버리면 그들은 결코 그리스도를 그리스도로 만나지 못한 것이니 그들이 잡은 것은 단지 예수를 닮은 우상이었던 것입니다.

셋째로, 여러분의 지역에 죽어 있는 하나님의 일에 대하여 한탄하지만 여러분에게 있는 성경이 혼인서약서라는 것을 기억하셔야 합니다. 그리고 그리스도께서 자신의 사랑을 여러분의 마음에 전달하시는 방식은 절대적으로 직접적인 설교에만 의존되어 있는 것이 아니니 마치 사람의 입술들에 매여 있지 않고는 전혀 회심도 없고 하나님의 생명도 없는 것은 아니라는 것입니다. 예루살렘의 딸들은 파수꾼이 할 수 없었던 것을 종종 해왔습니다. 그리스도께서 여러분의 목자가 되게 하십시오. 그는 들판의 담장 아래서 영혼을 얻으려고 애쓰실 수 있습니다. 양 떼들이 목자들의 장막에서 그를 찾도록 되어 있지만 그는 우리가 필요하신 것은 아닙니다. 그리스도의 일하심에 대한 굶주림이 양 떼들을 먹이는 일에 관심을 기울이지 않는 일꾼들 밑에서도 잘 자라게 하는 것입니다. 오, 우리가 모두 죽어 썩을지라도 마음 속 깊이 설교하실 수 있는 강단 위에 계신 그리스도를 사람을 뛰어 넘어 바라볼 수 있는 복된 영혼들이여!

넷째로, 만일 여러분 안에 계신 하나님의 영을 의롭게 한다면 하나님을 의롭게 하려고 자신들을 자책하는 것은 옳은 일입니다. 대개 사람들은 자신 안에서 사탄의 일과 죄에 대해서는 거의 반박하지 않고 하나님의 일에 대해서는 반박하고 있습니다. 하나님의 백성들의 얼마는 자신의 영혼 안에 있는 하나님의 은혜를 모욕합니다. 마치 어떤 불쌍한 사람들이 하듯이 무엇이 없다고 불평하고 투덜대고 있으나("난 가진 것이 없어," "모든 것이 사라졌어, 땅은 잡초와 마른풀만 자란단 말이야" 합니다) 그들의 기름진 수확과 은행의 돈이 그들을 거짓말쟁이로 만드는 것입니다. 그러나 저 자신에 대해서는 아! 그것은 저의 죄는 아니라고 생각합니다. 저는 이 죄를 지을 능력이 거의 없습니다. 그러나 제가 여러분을 권하는 것은 그리스도의 아름다움과 그의 감미로움을 인하여 그리스도에 대해 칭찬하는 말을 하시며 그의 은혜를 인해 여러분 자신들에게 그를 칭찬하시라는 것입니다.

다섯째로, 빛은 있으나 아파하는 것에 이르지 못한다고 말씀하셨습니다. 만일 이러한 탄식이 신약성경에 기록되어 있는지, 이곳(롬 7: 18)이 그와 같은지를 살펴보십시오. "원함은 내게 있으나 선을 행하는 것은 없노라." 그러나 모든 사람이 탄식하는 데에 바울의 마음을 가지는 것은 아닙니다. 종종 우리 안에서 탄식하는 것은 그리스도께서 영혼 안에서 이루시는 새 일에 대한 초라한 험담이며 비방에 불과합니다. 그러나 탄식의 문제를 말씀 드리고자 합니다. 제가 말하고 싶은 것은 영광스러운 빛은 실제로 보이시며 드러나신 주님 안에서 사랑하며 찬양하며 안식함으로 완전히 실현될 것이지만 그 빛은 흙의 몸으로 있는 지금의 처지에서는 없습니다. 왜냐하면 우리가 여기 있을 동안에는 우리의 좁고 보잘것없는 순종보다 빛이 모든 면에서 더 넓고 길기 때문입니다. 그러나 만일 빛이 있고 마땅히 이루어야 할 것으로 우리가 보고 아는 것을 완수하지 못하는 것을 인한 자책하는 생각과 근심은 우리 주님께서 행한 것으로 받아 주신다는 것입니다. 우리의 정직한 근심과 진지한 의도들은 우리가 가진 것을 하나님께서 받아 주시고 우리가 가지지 못한 것을 용서해 주시기를 간청하는 그리스도의 간구와 더불어 우리가 국경을 넘어 율법이 완전한 영혼을 얻는 곳인 다른 나라에 있을 때까지 우리의 생명이 되어야 합니다.

여섯째로, 그리스도께서 떠나 계실 때, 은혜의 수단들을 사용하고 싶지만 형식적이고 건성으로 하는 실행을 인하여 그것들을 사용한 후에는 자책이 생긴다고 하셨습니다. 그리스도의 떠나 계실 때에는 그 일이 뒤로 처진다는 것을 저는 인정합니다. 그러나 만일 위로 없음과 그의 감미로운 임재에 대한 느낌이 없다는 것을 의미한다면 떠나 계심은 그리스도께서 우리를 시험하시는 것이지 단순히 그를 거스른 죄 때문은 아니라고 생각합니다. 그러므로 우리의 순종이 어린 아이들에게 항상 있어야 할 단 음식인 기쁨으로 달고 감미로워지지 않을지라도 복종하는 일에 느낌은 적고 의지는 많아야 하며 우리의 순종에 형식적인 것이 적어야 합니다. 그러나 우리는 그렇게 생각하지 않습니다. 마치 영혼들이 바람 앞에 순조로운 배처럼 더 이상 돛을 올려야 할 필요가 없을 때까지 많은 사람들이 바람이 서쪽에서 순조롭고 항해가 기쁨과 흥분으로 가득 차지 않으면 순종이 형식적이며 생명이 없는 것이라고 생각한다고 저는 믿습니다. 저는 그렇게 생각하는 사람들과 마음이 같지 않습니다. 그러나 만일 그리스도의 떠나 계심이 그의 역사하시는 은혜를 거두시는 것을 의미한다면 그러한 떠나 계심 아래서 은혜의 수단들을 사용하려는 의지가 무슨 의미가 있을지 저는 모르겠습니다. 그러므로 그러한 순종에 신중함으로 겸손하시고 의지가 있음을 인하여 감사하십시오. 신랑이 때때로 자기 신부가 반쯤 잠들었을 동안에도 그녀를 돌아보기 때문입니다. 여러분의 주님은 여러분이 보지 못하는 동안에도 일하시며 돕고 계십니다. 또한 제가 여러분에게 권하는 것은 순종에 형식적인 것을 인하여 그리고 생명이 없는 죽은 것 같음을 인하여 탄식하라는 것입니다. 죽은 것 같음을 인하여 여러분이 바랄 수 있는 것만큼, 할 수 있는 것만큼 낮아지십시오. 여러분의 영적인 순종에 나서지도 않고 힘쓰려고 하지 않는 죄의 둔하고 느린 몸뚱이를 책망하십시오. 죄의 부패와 몸을 책망하여 만든 조서들과 탄식들은 사랑스러우신 예수께 얼마나 감미로운 것이겠습니까! 제가 이렇게 말할 수 있다면 저는 이런 식으로 그리스도를 성가시게 해 드리며 사도가 한 것처럼(롬 7:24), "오호라, 나는 곤고한 사람이로다. 이 사망의 몸에서 누가 나를 건져내랴?"라는 외침으로 귀가 멍멍하게 해 드리고 싶습니다. 여러분 안에서 죄의 법을 대항하는 저항은 죄가 여러분에 대해 더 이상 법을 가지지 못하게 되는 법적인 근거가 됩니다. 여러분의 저항이 논의되고 판결되기를 추구하십시오. 그리하면 그리스도께서 여러분의 편이신 것을 알게 될 것입니다.

일곱째로, 그리스도께서 마음을 다한 섬김이나 받으시지 그렇지 아니하면 아무것도 받으시지 않는다고 여러분은 주장합니다. 만일 위선자들이 그에게 하는 것과 같이 반쪽 마음이나 거짓된 섬김을 그가 받지 않으실 것이라는 것을 의미한다면 저는 그렇다고 인정합니다. 그리스도께서는 정직이 아니면 아무것도 받으실 수 없습니다. 그러나 마음이 어느 정도 뒤로 처졌을 때 그리스도께서 전혀 섬김을 받지 않으신다는 것을 의미한다면 천국의 제 지분과 세상에 제가 가질 만한 모든 것을 걸어 그것이 진실이 아니라고 할 것입니다. 만일 여러분이 속박이나 멈춤 없이 천국으로 갈 수 있다고 생각한다면 여러분은 홀로 가야 할 것입니다. 그가 우리의 찌꺼기와 결점들을 아십니다. 그리고 우리의 순종에 연약한 것과 죽은 것 같음이 우리의 십자가이고 우리의 즐기는 것이 아닐 때 감미로우신 예수께서 우리를 불쌍히 여기시는 것입니다.

여덟째로, 거짓말쟁이(요 8:44)는 그 일을 형식적이라고 책망한다고 하셨습니다. 하지만 여러분은 토대를 놓으신 여러분의 보증인을 찬양하며 또한 상당한 정도로 확신을 가졌다고 담대히 말하십시오. 이것에 대해 저는 말합니다. 1) 사탄의 노력에서 빠져 나오며 여러분 자신이 그것을 책망하거나 또는 살펴보고 나무라는 것은 잘못이 아닐 것입니다. 그러나 사탄이 그리스도와 여러분의 사이를 떼어놓으려고 하기 때문에 고소하는 일에 사탄의 계략을 주의하십시오. 2) 우리가 자신의 영혼을 더럽히고 자신을 혐오스럽게 만들 때 여전히 씻어 주시는 그리스도를 믿는 믿음을 가까이 하십시오. 크고 작은 허물에 대해 속죄의 피를 계속 찾으십시오. 우물에 이르는 문을 알고 거기 누우십시오. 3) 확신을 확고히 하십시오. 당신의 닻을 고정시키는 것입니다.

아홉째로, 분노의 분출이 여러분을 낙심하게 하여 전에 누린 것과 같은 그러한 성령의 기쁨이 넘치는 위로를 이생에서 다시 누리게 될 수 있을지 모른다고 하셨는데 그렇다면 "확신과 죄를 죽임 이후에 하나님의 자녀들은 일반적으로 감정과 기쁨으로 배부를 수 있는가?"라는 질문이 될 것입니다. 답을 드립니다. 경주자들이 경기장의 목표점에 이르기까지는 결코 금메달을 보지 못할지라도 출발점에서 그것을 보는 것으로 충분하다고 생각하는 것이 이상한 일이 아니라고 저는 생각합니다. 지혜로운 우리 주님은 우리가 항상 그리스도의 선물을 가지고 손가락을 놀리며 즐거워하는 것이 좋지 않다고 생각하십니다. 우리의 가장 사랑하는 이가 그의 신부와 즐기며 노닐 것이기에 그가 생각을 하시는 것 만큼 그녀를 목표점으로 이끄실 것입니다. 하지만 저는 새로운 위로들을 구하는 것이 다음과 같은 이유로 잘못된 것이 아니라고 판단합니다. 1) 마음으로 순종하며 위로의 분량과 시기를 그에게 맡기기를 만족하기 위해서 입니다. 2) 위로들이 우리로 찬양하는 것을 도우며 확신을 강하게 하며 그를 향한 우리의 소원들을 간절하게 하기 위해서 입니다. 3) 그것들이 우리의 기분이나 본성의 자만을 부추기게 하려는 것이 아니라 천국에 대한 보증이 되도록 해야 합니다. 저는 많은 이들이 전에 어느 때보다도 죄를 죽인 후에 더 큰 위로들을 얻는다고 생각합니다. 하지만 우리 주님은 여기서 주권적인 자유를 가지고 행하시며 털끝만치도 실수 없이 하시되 자신의 모든 자녀들을 향해 동일한 방식으로 행하시는 것은 아닙니다. 여러분과 함께 하는 주님의 백성들에 관하여 저는 여러분에게 말하기에 적합한 사람이 아닙니다. 그리스도께서 여러분 가운데서 영혼들에 개입하시는 것을 저는 크게 기뻐합니다. 사람들이 말하는 것처럼 회심에서 모든 획득은 처음 사는 것 안에 있는 것입니다. 많은 사람들이 헛되고 거짓된 기초를 놓고 회심을 하는 둥 마는 둥 하며 반도 안 되는 것으로 그리스도를 얻으며 죄를 인한 탄식의 밤도 없으니 이것은 느슨한 일을 이룰 뿐입니다. 여러분은 깊이 파시기를 바랍니다. 그리스도의 궁전 터나 새 거처는 두려워 떠는 지옥 위에 세우셨으니 가장 튼튼하고 그런 지옥 위에 세운 천국은 가장 분명한 역사이므로 겨울 폭풍으로 무너져 버리지 않을 것입니다. 신자들은 지혜가 성숙하기 훨씬 전에 자기들의 풍부한 재산을 알고 보게 되는 어린 상속자들과 같이 되지 않는 것이 좋습니다. 그렇지 않으면 술과 도박과 창녀들이 그들이 무엇을 하고 있는지 깨닫기 전에 재산을 빼앗아 갈 것입니다. 매를 맞음으로 사신 그리스도께서 가장 아름다우심을 저는 압니다. 4) 사적인 모임에서 격려하며 기도하기를 권합니다. 그것에 대한 보증으로서 다음 구절들을 보십시오. 사 2:3; 렘 50:4, 5; 호 2: 1, 2; 슥 8:20-23; 말 3: 16; 눅 24: 13- 17; 요 20: 19; 행 12: 12; 골 3: 16; 4:6; 엡 4:29; 벧전 4: 10; 살전 5: 14; 히 3: 13과 10:25. 석탄들이 많으면 좋은 불을 만드니 그것은 성도의 교제의 역할입니다.

　여러분과 그 교구에 있는 그리스도인 친구들에게 부탁드리오니 여러분의 기도에 저와 저의 양 떼들과 목회와 이번 총회에 있을지 모를 저의 전출과 이동을 위해 기도해 주시기 바랍니다. 우리의 어머니인 교회가 하나님께 진실하도록 기도해 주십시오. 시간이 부족하여 한 편지로 여러분 모두에게 드립니다. 우리 주님 예수 그리스도의 풍성한 은혜가 여러분 모두에게 있기를 원합니다.

1639년 8월 5일, 앤워스, S. R.

151
켄무어 부인에게
아이의 죽음에 대해, 그리스도께서 사람들의 슬픔에 참여하심

　>

부인, 은혜와 사랑과 평안이 당신에게 있기를 바랍니다. 여러 위로자가 당신에게 가까이 있고 또 약속된 위로자도 가까이 계시다는 것을 알고 있습니다만 제 머리에서 아직도 떠나지 않는 저의 슬픈 시절에 부인이 저를 위로해 주셨던 것을 알기에 광야의 처지에 있는 당신에게 말씀을 드리는 것이 (제가 그런 일을 별로 잘 할 수 없으리라는 것을 하나님께서 아시지만) 저의 본분이며 또한 여러 점에서 더욱 그러합니다.

　귀한 부인이여, 당신의 사랑하는 아이를 잃어버리는 일이 다른 아이에 연이어 일어났으니 당신이 염려하셨던 일입니다. 이제 전능하신 이가 당신이 두려워했던 일을 행하셨고 당신의 주님께서 정당한 훈계를 당신에게 주신 것입니다. 부인에게 바라기는 천국에서 이 잔을 달여서 만드신 그를 위하여 달게 마시며 그 십자가를 맞이하며 환영하시라는 것입니다. 제가 확신하는 바로는 심판과 쓴 쑥으로 당신에게 먹이시고 쓸개즙으로 마시게 하시는 것이(겔 36:16; 렘 9:15) 주님의 본심이 아니라는 것입니다. 당신의 잔을 사랑으로 달게 하신 것과 세상적인 기쁨의 영화와 꽃과 희고 붉은 꽃들까지 말라 버리게 하신 것은 당신의 마음과 사랑이 변질되는 것을 근원에서 막으시려고 하는 것 외에 다른 뜻이 없는 것입니다.

부인, 전능하신 이의 뜻에 서명하십시오. 손에 펜을 잡으시고 당신의 주님 예수의 십자가로 당신의 순종하는 의연한 아멘이 되게 하십시오. 만일 당신이 이 십자가가 누구의 것인지 묻거나 알기 원하신다면 저는 그것이 모두 당신의 것만은 아니며 그것의 상당한 반쪽은 그리스도의 것이라고 감히 말씀을 드립니다. 그렇다면 당신의 십자가는 사생아가 아니고 정당하게 출산한 것이며 티끌에서 난 것이 아닙니다(욥 5:6). 만일 그리스도와 당신이 이 고통을 반씩 나누어 가지며 그가 "반은 내 것이다"라고 말씀하신다면 무엇이 문제가 되겠습니까? 하나님의 말씀에 비추어볼 때 여기서 제가 옳다고 확신합니다: "그 고난에 참여함"(빌 3: 10); "그리스도의 남은 고난"(골 1:24); "그리스도를 위하여 받는 능욕"(행 5:41).

"그리스도께서는 내 것과 같은 십자가가 없었어. 그는 아이가 죽은 적이 없었거든. 그러니 이것은 그의 십자가는 아니야. 그런 의미에서 그는 이 십자가의 주인이 될 수 없지"라고 말하는 것은 하나님의 위로를 회피하려는 것뿐입니다. 그러나 저는 그리스도께서 당신과 결혼할 때 당신과 당신에게 따라오는 모든 십자가와 아픈 마음과 함께 결혼하였다고 생각합니다. 성경이 예외를 두지 않습니다. "[여호와께서] 그들의 모든 환난에 동참하사"(사 63:9). 그때에 그리스도께서 이 십자가의 첫번째 때림을 받으셨고 그리고 그것은 그에게서 튕겨져 나와 당신에게 왔으니 당신은 두 번째 그것을 가진 것이며 당신과 그는 그것을 반쪽씩 가지고 있는 셈입니다. 저로서는 그가 이 손실과 그와 같은 다른 모든 것들로부터 천국을 만들어내시려고 의도하셨다고 믿을 것입니다.

지혜가 그것을 고안했고 사랑이 기초를 놓았으며 그리스도께서 그것을 자신의 것으로 삼으셨고 당신의 어깨 위에 단지 그것의 한 조각만 올려놓으셨기 때문입니다. 사생아의 십자가가 아니라 하나님의 축복으로 출신이 좋은 것으로 기쁘게 받아들이시고 변화가 일어날 때까지 당신에게 할당된 시간의 나머지를 믿는 일로 사용하십시오. 당신에게 거짓말을 한 적이 없는 믿음으로 하여금 하나님의 하실 일이라고 말하게 하십시오. 당신께서 많은 하나님의 자녀들이 당신과 같이 괴로운 처지에 있다고 생각하지는 않으실 수 있습니다. 하지만 고난을 바꾸자고 하며 당신에게 족쇄를 씌우려는 사람들이 있다면 어떻게 생각하시겠습니까? 그러나 저는 당신의 것은 당신 혼자의 것이어야만 하며 또한 그리스도와 함께 하는 것이어야 한다는 것을 압니다.

주님께서 당신에게 세상적인 위로의 바닥까지 긁어내는 것 같이 해 오신 것이 제게 이상하게 보인다는 것을 인정합니다만 우리는 전능하신 이의 주권의 밑바탕을 볼 수가 없습니다. "그가 오른편으로 돌이키시고 왼편으로 돌이키시나 우리가 뵈올 수 없구나." 우리는 그의 섭리의 부서진 고리들 조각만 볼 수 있을 뿐입니다. 그가 자신의 섭리의 바퀴를 수선하시지만 우리는 그를 보지 못합니다. 오, 토기장이가 자신이 원하는 모양대로 진흙을 가지고 만들도록 허락하십시오! 누가 전능하신 이에게 지식을 가르칠 수 있겠습니까? 그가 마른 그루터기를 찾으실지라도 누가 "무엇을 하는 겁니까?"라고 말할 수 있겠습니까? 세상의 심판자가 당신에 대한 자비들과 켄무어 가(家)의 심판을 한 피륙에 짜시는 것을 보며 이상하게 생각하지 마십시오. 그는 서로 상이한 것들을 가지고 한 피륙을 만드실 수 있습니다.

그러나 저의 빈약한 충고가 사랑하며 존경하는 부인을 위해 죄를 멸하는 일이 어느 정도 진행되고 주님의 불이 당신에게서 떼어내야 하는 불순물이 어느 정도인지 알게 하였으면 좋겠습니다. 주님께서 당신을 칼질하며 자르고 평평하게 하시기에 당신의 울퉁불퉁함을 깨닫게 될 것입니다. 타오르는 불빛이 당신에게 없어야 할 불순물과 찌꺼기가 무엇인지, 시련의 불 속에서 펄펄 끓여서 없애야 할 어떤 거품이 본성에 있는지 당신이 보게 하는 것입니다. 무거운 고난이 무거운 죄를 대변하는 것이라고 말하는 것이 아닙니다. 십자가는 때때로 이러한 점에서는 거짓 선지자입니다. 그러나 우리 주님께서 주석과 쓸모없는 금속을 제거하신다고 저는 확신합니다. 주님이 풀무를 맹렬히 불어 그 불에 납이 살라져서 단련하는 자의 일이 헛되게(렘 6:29) 하지 않게 하신다고 하셨기 때문입니다. 이 일을 당연한 일로 받지 아니하여 근심이 이 복스러운 의도에 그와 협력하려는 당신의 빛을 삼켜 버리게 되지 않기를 저는 소망합니다.

부인, 저는 당신이 아니라 당신의 영혼 속에 거세게 밀고 들어올 당신의 슬픔을 대항하시도록 주님께서 하실 일을 기꺼이 청원하고자 합니다. 그 일에 도움이 당신의 능력 안에 있다고 생각하지 않기 때문입니다. 그러나 당신에게 허락된 위로들이 있다는 것을 말씀드립니다. 그러므로 그것이 부족하지 않게 하십시오. 당신이 기쁨으로 흘러 넘치는 영혼을 가질 때 기쁨은 즐거움의 무한한 바다에서 줄어드는 일이 결코 없을 터이니 그것은 마시거나 길어낸다고 줄어드는 것이 아닙니다.

"이 아이를 주신 자에게 되돌려 드릴 의무가 내게 있다. 만일 내가 사년간 그를 빌린 것이며 그리스도는 그에 대한 영원한 소유권을 가지셨다면 주님께서는 나와의 언약을 지키신 것이다. 만일 주님께서 그와 나를 죽음의 문턱에서 한 시간도 함께 만나지 못하게 하신다면 그렇게 하시는 것도 그의 지혜이다. 나는 만족한다. 나의 만날 약속은 연기되었지만 깨진 것도 포기된 것도 아니다"라고 말하며 주님 안에서 당신 자신을 위로하는 것이 그리스도인의 재능입니다. 부인, 제가 당신의 평안을 위해 당신과 슬픔을 나눌 수 있으면 좋겠습니다. 그러나 저는 단지 구경꾼이니 말하는 것이 제게 쉽습니다만 위로의 하나님이 당신에게 말씀하시고 자신의 사랑의 잔치로 당신을 달래 주시기를 바랍니다.

저의 양 떼를 떠나야 하는 것이 저를 아주 힘들게 하여 그것이 제 인생에 짐이 되게 합니다. 저는 죽기를 그렇게 사모한 적이 없습니다. 주님이 슬픈 진흙덩이를 도우시고 붙드시기를 바랍니다. 일꾼들은 적고 수확할 것은 많은 이 땅에서 윌리엄 달그레이시를 떠나보냄으로 당신이 잘못하실까 봐 걱정이 됩니다. 부인 아가일 경에게 그의 불쌍한 백성들을 위해 그리고 목사를 위해 필요한 것을 살피도록 말씀해 주십시오. 은혜가 함께하시기를 바랍니다.

1639년 10월 1일, 커쿠브리, S. R.

152

알렉산더 레이턴 박사에게 —
런던에 갇혀 있는 그리스도의 죄수

공적인 축복이 개인의 고난을 위로함. 천국에 비추어 보면 시련은 가볍다. 그리스도를 위해 고난 받을 만함

>

존경하며 경애하는 소망의 죄수에게,

은혜와 사랑과 평안이 당신에게 있기를 바랍니다. 그리스도의 죄수인 당신을 잊는 것은 주님께서 석방시켜 주신 저의 도리가 아닐 것입니다.

당신의 밤이 얼마나 길었는지를 제가 생각할 때 당신의 고난이 그렇게 오래 지속되었던 것은 그만큼 그리스도께서 당신을 값없는 은혜의 빚에 더 깊이 두시려고 하셨다는 생각이 듭니다. 그러나 주님께서 해방되고 승리하는 시온과 함께하는 공적인 기쁨 외에는 어떤 기쁨도 당신에게 주실 생각이 없으신 것은 아닌지요. 존경하는 분이여, 당신은 당신의 기쁨의 노래를 시온과 함께 누리시며 나누시며 당신의 신비로우신 그리스도를 영국에서 당신의 석방에 동반자로서 동료로서 가지는 것을 가장 좋아하실 것이라고 저는 생각합니다. 그리스도의 신부의 기쁨에 맴돌며 이웃하고 있는 당신의 기쁨이 공적으로 나타날 때 더욱 감미로울 것으로 저는 확신합니다. 만일 그리스도께서 저게 베푸신 은혜들을 반으로 나눠 제가 아닌 그의 신부에게 주셨더라면 그분에 대한 찬양은 지금보다 갑절이나 되었을 것이라고 생각했습니다. 하지만 지금 하나로 합쳐진 풍족한 두 은혜들이 우리 주님께로부터 찬양의 반 이상을 훔쳐갔습니다. 아, 은혜가 우리를 그렇게 속이며 우리들의 계산과 인식을 훔쳐가고 있습니다!

귀한 분이여, 하나님의 구원을 바라면서 계속 나아가시라고 당신에게 말씀 드릴 필요가 없으리라고 생각됩니다. 영원이 당신의 천국에 더할 것을 생각하면 당신의 안락과 피조된 기쁨의 시간에게서 빼앗긴 것이 그렇게 많은 것은 아닙니다. 당신께서 아시듯이 천국에서의 하루가 당신에게 갚아줄 것이니 (정말로 당신의 피와 갇힘과 근심과 고통을 너무 후하게

갚아 주어서) 영원이 당신에게 줄 수 있고 또 주게 될 영광의 넘침을 셈하는 일이 천사들의 이해력을 혼란하게 할 것입니다. 오, 강 건너편에서 당신에게 머무는 영광을 계산해 보며 견주어 볼 때 고난과 손실의 당신의 모래시계는 아주 적은 것이 될 것입니다! 시간이 당신을 따라다니며 당신의 시(詩)가 짧은 곳인 이곳에서는 당신이 즐기거나 노래할 여유가 없습니다. 그러므로 당신에게 만족할 수 없는 당신의 찬양을 재려면 고대인의 긴 수명이나 다른 태양이나 해시계로도 잴 수 없는 영원과 천국의 긴 날을 생각하셔야 할 것입니다. 한 뼘 길이의 당신의 시간이 구름이 끼었다고 할지라도 당신의 주님은 바울과 그의 사랑하는 종들의 고통을 받으셔서 측량할 수 없이 잘 갚아 주신 것처럼(롬 8: 18) 값없는 은혜의 소득과 보상 없이는 당신의 피와 족쇄를 받지 않으실 것이라고 생각하셔야 할 것입니다. 만일 그리스도의 지혜가 당신을 적그리스도의 눈엣가시로 만들고 시기거리로 만들었다면 당신과 같은 진흙조각을 일하시는 영광스러운 터로 만드신 이에게 감사를 드려야 합니다. 흙이 그를 찬양하도록 하시는 것이 토기장이의 의도였습니다. 당신의 흙이 그의 영광을 위하여 존재한다는 것이 당신을 만족하게 하시기를 바랍니다.

그런 주님을 위해 누가 충분히 고난을 받는다고 하겠습니까! 누가 영원한 영광의 넘치는 이자로 되돌려 받을 만큼 고통과 수치와 손해와 고문으로 은행에 넉넉히 채워 넣을 수 있습니까?(고후 4: 17). 그렇게 부한 주님과 거래하는 것은 얼마나 수지맞는 일입니까! 만일 당신의 손과 펜이 종이에 있는 영광을 얻으려고 여유만만 하였더라면 그것은 단지 종이의 영광일 뿐입니다. 그러나 지금 논란이 되고 있는 온 땅의 왕들의 주권자이신 사랑하는 왕 예수의 왕관과 홀(笏)의 특권을 위하여 공적인 십자가를 지는 것은 천국에 예약된 영광입니다. 존경하며 사랑하는 형제여, 만일 당신이 예수와 그의 감미로움과 탁월함과 영광과 아름다움을 저울 한쪽에 올려놓고 반대쪽에 그를 위한 당신의 고난의 소량(少量)과 미량(微量)을 올려놓는다면 두 가지로 드러날 것입니다. 1. 상상할 수 없을 정도로 비율이 맞지 않아서 비교 자체가 고통이 될 것입니다. 아니, 천국과 천사들의 산술로 계산을 시킬지라도 그 간격의 정도를 결코 헤아릴 수 없을 것입니다. 2. 저 높고 거룩하신 이를 달 만한 저울접시를 찾기 어려울 것입니다. 창조의 초석이 놓여진 이래로 시간이 가졌던 분초(分秒)만큼, 나무가 가졌던 잎사귀만큼, 구름이 가졌던 빗방울만큼의 피조물 천국들을 당신이 상상할 수 있어도 그것들은 저 끝없는 탁월함을 재고 달 수 있는 저울접시의 반도 만들지 못할 것입니다. 그러므로 당신이 그의 흔적들을 지니고 있으며 당신의 몸에 그의 죽으심을 가지고 다니시니 그 왕은 모든 소리와 생각을 벗어나 우리의 모든 생각들 위에 계시며 미치지 못하는 곳에 계십니다.

저 자신은 때때로 저 높이 되신 주님이 계신 비할 수 없는 영광의 접경과 외곽을 보고 놀람으로 배 불리는 것으로 만족합니다. 당신이 지금 그에게 드린 귀들은 그의 영광스러운 목소리의 음악을 듣는 통로가 될 것이기 때문에 당신은 지금 가지고 있는 것보다 더 많은 귀를 주시기를 바랄 수 있다고 저는 생각합니다. 저는 새긴 우상의 땅이 황폐하여진 후에 우리 주 예수께 드릴 유대인과 이방인의 새 신부를 위하여, 그리고 우리 주 예수께서 말을 타시고 그 짐승을 사냥하며 쫓아가시며, 또 영국과 아일랜드는 그리스도와 그의 의가 거주할 잘 청소된 방이 될 것을 믿고 기도하려고 합니다. 그가 스코틀랜드에서 무덤을 여셨으며 죽어 매장되었던 두 증인들이 일어나 예언을 하고 있기 때문입니다. 오, 군왕들이 자기들의 팔로 왕이신 그리스도의 옷자락을 나르면서 스스로 자랑하며 즐거워할 것입니다. 하나님의 아들에게 신부가 될 더 많은 사람들이 들어가도록 제가 하나님의 아들의 성전이 확장되고 예루살렘의 장막 줄이 길어지는 것을 본 후에 반 시간 있다가 죽어도 좋습니다! 오, 그 집, 그 새 집의 모퉁이나 주춧돌이 제 무덤 위에 세워지기를 바랍니다!

오, 저 위대한 모든 것이 되시는 그에게 누가 무엇을 더할 수 있겠습니까! 만일 그가 지금 있는 이것들보다 천만 배나 더욱 완전하게 해들과 달들과 새 하늘들을 창조하시며 다시 그 새 창조물 위에 천만 배나 완전하게 새로운 창조를 하시고 또 다시 영원토록 새 하늘들을 더하셔도 그것들은 그분 안에 있는 저 무한한 탁월함과 질서와 무게와 규모와 미와 감미로움에 결코 완전한 닮은꼴이 될 수 없습니다. 오, 우리는 그분을 얼마나 적게 보는가요! 오, 그분에 대한 우리의 생각은 얼마나 좁은가요! 오, 그분을 위하여 제가 고통을 가진다면! 그분을 위하여 수치와 손실을, 그분을 위하여 더 많은 진흙 인생을 가진다면! 그리고 그리스도께서 저의 사랑과 소원과 소망을 취하여 하늘로 올라가셨기 때문에 제가 땅에서 사랑과 소원과 소망 없이 다닐 수 있다면 좋겠습니다!

귀한 분이여, 그를 위한 당신의 고통이 당신의 영광인줄 저는 압니다. 그러므로 괴로워하지 마십시오. 그의 구원이 가까우니 지체하지 않을 것입니다. 저를 위해 기도해 주십시오. 그의 은혜가 당신에게 있기를 바랍니다.

1639년 11월 22일, 세인트 앤드루스, S. R.

폰트 여사에게 — 더블린의 죄수
시련 아래서의 후원, 주인의 상급

>

존경하며 사랑하는 부인, 은혜와 사랑과 평안이 당신에게 있기를 바랍니다. 제가 비록 그리스도의 죄수를 격려하는 말을 할 만한 사람이 못 된다고 저 자신 솔직히 인정하지만 당신이 고난 받으시는 목적과 당신이 기꺼이 고난을 받으려고 하심은 제가 당신에게 편지를 드려서 알고 지낼 만한 근거가 된다고 생각합니다.

부인께서는 고난을 받고 있지 않은 우리보다는 훨씬 유리한 것을 가지고 계시다는 것을 저는 압니다. 당신의 한숨이(시 102:20) 당신의 머리이신 주 예수의 귀에 기록된 청구서이기 때문이며 당신의 탄식(애 3:56)과 당신의 바라봄(시 5:3; 69:3)도 그러합니다. 그러므로 반은 말하고 반은 말하지 않은 당신의 의중이 간수의 허락을 구할 필요 없이 고위 사제들이나 주교들의 허락 없이 천국으로 곧바로 올라가며 따뜻하게 환영을 받는 것입니다. 그리하여 당신은 왕의 세 나라와 주권의 모든 열쇠를 가지신 그분에게 탄식과 신음으로 당신의 마음을 보낼 수 있는 것입니다. 당신의 소망이 결코 죽지 않으리라는 것을 저는 감히 믿습니다. 당신의 괴로움은 시온의 불의 일부입니다. 당신은 시온의 풀무를 이끄시는 이가 누구인지, 그리고 그의 불에 탄 신부의 재를 사랑하는 이가 누구인지 아십니다. 왜냐하면 그의 종들이 그들을 사랑하기 때문입니다(시 102: 14). 저는 이런 이유로 당신이 불에 탄다면 당신의 재가 주님을 찬양할 것이라고 믿습니다. 사람의 분노와 그들의 악함은 주님을 찬양하는 시가 될 것이기 때문입니다(시 76:4). 그러므로 가만히 서서 주님께서 이 섬을 위하여 하실 일을 살펴보십시오. 그의 일은 완전합니다(신 32:4). 국가들이 그의 일의 마지막 목표를 보지 못했습니다. 그의 나중은 처음보다 더 아름답고 더 영광스럽습니다.

당신이 잘 주관해 나가는 것보다 더 훌륭한 명예를 가진 것이니 당신의 간힘이 그러한 영광스러운 대의로 중하게 된 것입니다. 반대 받는 복음의 인장(印章), 간힘과 피와 고난의 인장은 모든 보통 신자들에게 맡겨진 것이 아닙니다. 화창한 날에 그리스도를 열심히 지지했던 얼마의 사람들은 고난을 당하게 되면 그리스도의 아름다움을 해칩니다. 그러므로 지혜가 좋게 생각하시는 대로 십자가를 지는 사람들이 그것들을 여기서 감당하도록 각자에게 나누어 주었다고 믿읍시다. 우리 주님께서 자기 자신의 고난들의 꽃인 그 부분에 당신을 세우셨으니 우리 모두는 당신께서 주님의 능력으로 시작하신 것처럼 그렇게 쓰러지지 않고 나아가시리라고 기대합니다.

섭리는 사람들과 악마들을 사용하여 크고 작은 하나님의 집의 모든 그릇들을 정결하게 하며 당신 안에서 동시에 두 가지 큰 일을 하니 하나는 예루살렘의 벽에 그리스도와 함께 묶이도록 하는 돌을 매끄럽게 하는 것과 다른 하나는 지옥이 그 둘레에 무덤을 만들지만 죽을 수 없는 이 비난받고 짓눌리는 복음의 영광을 증거하는 것입니다. 이 세 나라 안에서 당신과 그리스도의 웃는 신부 사이에 기쁨을 나누는 것은 당신에게 때에 알맞은 기쁨이 될 것입니다. (아일랜드와 영국에서) 비밀스러운 그리스도와 당신이 함께 웃을 때까지 당신의 탄식이 지속되면 어떻습니까? 당신의 시간이 정해졌고 당신의 고난의 날들과 시간들이 무한한 지혜에 의해 고려되었습니다. 만일 천국이 당신의 마음에 근심의 작은 것들을 보상하지 않는다면 저는 무한한 자비께서 당신을 기쁘게 여기시지 않는다고 말해야겠지만 만 사람 중에서 가장 뛰어난 분이신 중보자의 희고도 붉은 뺨의 첫 번 입맞춤이 아일랜드의 더블린에서 당신의 수감생활을 넘치게 갚아 줄 것이니 그때는 당신이 그리스도께 드려져서 응답되지 아니한 어떤 셈도 없을 것입니다. 만일 당신의 믿음이 가까운 기일을 보지 못할지라도 영원과 시간이 한 순간에 만날 때까지 당신의 소망이 그리스도께 새 하루를 드리도록 당신께 부탁을 드립니다.

지불된 금액은 굶주린 채권자에게 하루도 거르지 않고 지불됩니다. 천국의 채권과 총액에 대한 채무증서를 취하십시오(요 14:3). 만일 소망이 그리스도를 믿을 수 있다면 그는 지불하실 수 있고 또 하실 것을 저는 압니다. 그러나 모든 것을 당신이 마치고 감당한 후 사랑스럽고 사랑스러우신 예수를 위해 일천 번 죽는다 해도 그것은 단지 영원의 반 푼도 못됩니다. 모양과 숫자가 그 전체의 조화를 설명할 수 없습니다. 오, 그리스도의 영광의 남는 것이 넓고 큽니다! 그리스도의 영원한 영광의 항목들은 열거하기 어렵고 주체하기 힘듭니다. 만일 믿음과 소망으로 당신에게 있을 영광의 영원에서 열흘, 아니 천 년을 빌려올 수 있다면 당신은 손안에 넉넉히 받은 것입니다. 그러므로 소망의 죄수여, 기다리십시오. 달리며 서두르는 구원은 잠자지 않습니다. 적그리스도가 피를 흘리며 죽음의 길에 있습니다. 피가 가장 많이 흐를 때 그놈은 가장 아프게 우리를 뭅니다. 당신과 천국 사이에 계속 연락을 취하며 그리스도와 가까이 지내십시오. 그분은 천국에서 당신의 감옥의 열쇠를 가지고 계시며 자신이 원하실 때 당신을 자유롭게 하실 수 있습니다. 그의 풍족한 은혜가 당신을 후원할 것입니다. 당신의 기도로 저를 도와주기를 바랍니다. 은혜가 당신에게 있기를 바랍니다.

1640년, 세인트 앤드루스, S. R.

154 제임스 윌슨에게
의심하는 사람에 대한 충고, 하나님의 사랑에 대한 잘못된 관심, 시험, 기도에 관한 혼란, 감정의 결핍

>

사랑하는 형제여, 은혜와 사랑과 평안이 당신에게 넘치기를 바랍니다. 우리의 부하시고 오직 지혜로우신 주님께 찬양을 드리는 것은 그가 자신의 새로운 창조물을 깊이 관심을 가지고 다시 세밀하게 살펴보시고 당신 속에 있는 모든 부분을 시험하여 보시며 당신 속에서 그의 새 일의 티끌을 불어버리시고 계십니다. 아! 저는 당신의 질병을 치료하기에 적합한 의사가 아닙니다. 그의 수련의들이 망가진 영혼의 바퀴들이나 보폭이나 걸음을 바로잡는 데 아무것도 할 수 없을 때, 감미롭고 감미로우며 사랑스러우신 예수께서 당신의 의사인 것입니다. 제게 시간이 없습니다만 주님께서 저로 당신의 처지에 관심을 가지게 하셨으니 저는 입을 다물 수가 없으며 그러지도 않을 것입니다.

첫째로, 고린도후서 13장 5절로부터 당신이 그리스도 안에 있는지 아닌지, 또는 당신이 버림받은 자인지 아닌지 의심한다고 하셨습니다. 그 의심에 대해 세 가지를 말씀드립니다.

1. 당신이 모든 사람에게 사랑의 빚을 졌지만 누구보다도 사랑스럽고 사랑하는 예수께, 그리고 약간은 당신 자신에게 빚을 졌습니다. 특별히 새롭게 된 자신에게 빚을 진 것은 당신의 새로운 자아는 당신의 것이 아니고 다른 주인의 것이니 곧 주님의 성령의 작품이기 때문입니다. 그러므로 그의 일을 비방하는 것은 그에게 잘못하는 것입니다. 사랑은 악을 생각하지 않습니다. 당신이 은혜를 사랑하신다면 당신 자신 안에 있는 은혜를 나쁘게 생각하지 마십시오. 당신이 그것을 단지 버린 자식이나 본성의 일로 만들면 스스로 은혜에 대해 잘못 생각하시는 것입니다. 당신이 그리스도의 것이 아닐지도 모른다는 거룩한 두려움과 이에 더하여 자신의 것이 아니라 그의 것이 되고자 하는 열망과 소원은 사생아의 기질이 아니며 아니, 그럴 수도 없는 것입니다. 위대하신 변호사가 당신을 위해 힘써 변호하시

니, 오, 그리스도의 두려워하는 비천한 의뢰인이여, 변호사 옆에 서십시오! 다른 사람의 재산을 위해서가 아니라 자신의 사람을 위해 변호하시는 그러한 애인에게 머물러 옆에 계십시오. (제가 이런 말을 할 수 있다면) 그는 부당한 정복으로 부하게 되는 것을 싫어하시기 때문입니다. 그가 아직 당신을 위해 변호하고 계시니 (비록 질투로 가득 찼지만) 당신의 편지가 그 증거입니다. 만일 당신이 그의 것이 아니었다면, 당신의 생각들이 (당신에게 확신을 주려고 그 문제를 곰곰이 생각하게 하신 성령의 제안들이라고 제가 바라는 바) 그와 같을 수도 없고 "내가 그의 것인가?" 또는 "나는 누구의 것이란 말인가?"와 같이 진지할 수도 없습니다.

2. 당신이 당신의 소유주를 맹세코 부인하며 냉정하게 "저는 그의 것이 아니지요?"라고 말할 수 있습니까? 본성과 부패가 당신 안에서 새로운 시작들에 대해 뭐라고 말하는지 저는 상관하지 않습니다. 죄와 죄책감이 당신의 귀에 속삭이고, 당신이 형벌 받는 모습을 당신이 볼 때, 당신 자신에 관한 당신의 생각들은 외경이지 성경이 아니라고 저는 생각합니다. 주님께서 당신에 대해 말씀하시는 것을 들으십시오. "그가 평안을 말하리라." 만일 당신의 주님께서 "내가 너를 버린다"라고 말씀하신다면 그때는 제가 당신에게 떡 대신에 재를 먹고 쑥과 쓸개를 탄 물을 마시라고 할 것입니다. 그러나 그리스도께서 자신의 입으로 마태복음 15장 24절에 말씀하신 것처럼 "내가 너를 위해 오지 않았다"고 하시는 듯이 보일지라도 그렇게 말씀하시는 그의 의도는 힘을 주시고자 하는 뜻이지 속이려는 것이 아닌 것을 알 때에, 시험하시는 그리스도의 말씀은 그의 의도와는 달리 성경처럼 억지 해석하지 말아야 한다는 것을 말씀드립니다. 그러므로 여기서 믿음은 그리스도께서 먼저 말씀하시려고 하는 듯한 것을 반박할 수도 있고 당신도 그럴 수 있습니다. 제가 하나님의 사랑으로 당신에게 부탁하는 것은 당신 자신의 숯불에 물을 붓는 것과 같이 불신앙으로 은혜와 새로운 태어남에 대하여 그렇게 가혹하게 굴지 마십시오. 만일 당신이 죽게 되는 일이 있다면 (저는 그렇게 되지 않으리라고 알지만) 당신 자신을 죽이는 것이 어리석은 일일 것입니다.

3. 비록 당신이 잘 해내지 못할지라도 당신이 새로운 출생과 그리스도에 대한 권리를 사랑하기를 저는 바랍니다. 만일 당신이 지옥에 있게 되어 하나님의 형상과 하나님의 아름답고 아름다우며 멋지고 붉고도 흰 것을 가지셔서 비할 수도 상상할 수도 없도록 아름답게 되신 저 사랑스럽고 만배나 사랑스러우신 예수의 하늘 같은 얼굴을 보게 된다면 당신은 "오, 내가 나의 죄 많은 입으로 입맞춤을 지옥에서 천국으로 불어 올려서 향기로운 꽃밭 같고 향기로운 풀 언덕(아 5: 13) 같은 그의 뺨에 보낼 수 있다면 얼마나 좋을까!"라고 말하지 않고는 못 견딜 것입니다. 당신이 이렇게 말하기를 바랍니다. "오, 천국의 아름다운 광경이여! 나를 위해 십자가에 달리고 죽임 당한 사랑의 무한함이여, 나로 당신을 사랑하는 소원을 가지도록 허락하소서! 오, 하늘과 땅의 사랑의 꽃과 꽃의 만발이여! 오, 천사의 경이여! 오, 주님, 성부의 영원토록 인친 사랑이시여! 오, 주님, 하나님의 옛적부터의 즐거움이여, 나로 당신의 사랑 곁에 서서 들여다보고 놀라도록 허락하소서! 내가 더 이상 할 수 없어도 당신을 사랑하려고 하는 소원을 가지도록 허락하소서."

4. 우리는 무신론 중에 태어나서 그 집에서 나온 자식들이니 우리가 하나님의 사랑에 대해 질투심과 오해를 가지고 있다는 것이 결코 이상한 일이 아닙니다. 사람이신 그리스도께서 찬양할 신성 안에 단지 두 위(位)만 있으며 동일 본체이시며 함께 영원하신 독생자이신 하나님의 아들이 하나님의 친아들이 아니라고 믿도록 유혹을 받았다는 것을 어떻게 생각하십니까? 사탄이 "네가 만일 하나님이 아들이라면?"이라고 말하지 않았습니까?

둘째로, 당신이 무엇을 해야 할지 모르겠다고 말했습니다. 당신의 머리이신 그분도 한때 동일한 말씀, 아니면 그와 비슷한 말씀을 하셨습니다. "내가 고민하여 죽게 되었으니 무슨 말을 하리요?"(요 12:27) 믿음은 그리스도의 "무슨 말을 하리요?"에 이와 같은 말로 대답했습니다. "오, 시험 받으신 구주여, '무슨 말을 하리요?' 라고 물으십니까? '아버지여, 이때로부터 나를 구하옵소서' 라고 말하십시오." 기도하며 위로로 갚아 주실 그리스도를 기다리는 것 외에 어떤 길을 택할 수 있겠습니까? 그는 파산자가 아니니 그의 말씀을 붙잡으십시오. "아, 저는 기도를 못합니다"라고 당신이 말합니다. 답을 드립니다. 정직한 탄식은 살아 숨쉬는 믿음이며 귀에 대고 속삭이는 것입니다. 눈으로 위를 쳐다보면서 하나님을 향하여 "나의 탄식에 귀를 가리우지 마옵소서"(애 3:56)라고 하나님께 부르짖으며 탄식하는 곳에서는 생명이 믿음을 벗어난 것이 아닙니다.

"하지만 영적인 훈련에는 내가 무엇을 해야 합니까?"라고 물으셨는데 답을 드립니다.

1. 만일 당신이 특별히 해야 할 것을 안다면 그것은 영적인 일이 아닐 것입니다. 2. 저의 빈약한 판단으로는 당신이 먼저 다음과 같이 말해야 합니다. "비록 내가 현재로서는 내 자신의 구원에 대해 믿을 수 없을지라도 나는 다윗의 구원과, 어린양과 신부의 결혼을 믿음으로서 하나님께 영광을 돌리며 교회의 죽임 당하신 남편을 사랑하고자 한다." 3. 이렇게 말하십시오. "나는 나의 권리를 잃어버리지 않으리라. 그리스도께서 자신의 권리를 내게 넘겨 주신 것을 생각한다면 그것이 다시 물려지는 일은 없을 것이다. 그에 대한 나의 사랑이 물 한 모금의 가치가 없을지라도 그리스도는 있는 그대로를 받으실 것이다." 4. "기도를 전혀 하지 않는 것보다 스무 번이라도 기도를 흘릴 것이다. 나의 부서진 말들이 하늘로 올라가게 하여 그것들이 대천사의 금향로에 이를 때 동정이 많으신 대변자께서 나의 부서진 기도들을 함께 넣어 향을 내게 하실 것이다"라고 말하십시오. 말은 기도의 부속품일 따름입니다.

"오, 나는 마음이 굳어 죽었으니 혼란스럽고 우울한 생각들로 괴롭습니다"라고 당신은 말합니다. 답을 드립니다. 1. 사랑하는 형제여, 무엇이 당신으로 그렇게 결론짓도록 하였습니까? 누가 당신을 소유했는지 당신이 모른다고 했습니까? "오, 나의 마음이 강퍅하도다! 오, 믿음 없는 근심이 가득한 생각들이여! 그런고로 누가 나를 소유할지 모르겠다"라고 하는 것은 천국에 있는 천사들이나 영광을 입은 사람들 사이에서나 어울리는 말이지 여기 아래서 병들고 상한 영혼들이 치료를 받고 있는 그리스도의 병원에서는 지푸라기만큼도 쓸모 없는 말이라고 저는 주장합니다. 그리스도께서 당신의 마음에서 자신의 일을 마치시도록 시간을 드리십시오. 당신의 완고함을 깊이 느끼며 탄식하면서 계속 나아가십시오. 굳어 있음을 느끼는 것은 바로 부드러움이기 때문입니다. 2. 저는 당신에게 그리스도께서 은혜의 일을 시작하신 것에 대해 그를 찬양하는 시를 짓도록 권합니다. 그리스도께서 당신의 음악과 당신의 노래가 되게 하십시오. 모자람에 대한 불평과 느낌이 때로 당신의 찬양을 삼켜 버리기 때문입니다. 그런 생각들로 전혀 고통을 받지 않고 지옥에 가는 사람들에 대해 당신은 어떻게 생각하십니까? 만일 당신의 훈련이 지옥으로 가는 길이라면 오, 하나님, 저를 도우소서! 제가 불을 일으켜야 할 식어 버린 석탄이 있고 천국을 위한 빈 종이가 있나이다. 당신의 구원을 위해 저는 당신에게 그리스도를 담보로 저의 천국을 보증으로 드립니다. 그리스도께 당신의 우울함을 빌려 드리십시오. 사탄은 당신의 우울함에 방을 만들 권리가 없기 때문입니다. 위로자로부터 기쁨과 평안을 빌리십시오. 성령으로 당신 안에서 그의 일을 하시도록 하십시오. 그리고 믿음이 이것이라면 믿음의 느낌과 인식은 저것이라는 것을 명심하십시오. "느낌이 없으면 은혜도 없다"고 하는 것은 바른 생각이 아닙니다. 지난 이십 년간 당신이 살고 있었지만 당신이 살아 있다고 항상 실제로 인식하고 있었던 것은 아니라고 저는 확신합니다. 믿음의 삶이 그와 같은 것입니다.

그러나 아! 사랑하는 형제여, 평안의 말과 몇 마디 하는 것은 제게 쉬운 일입니다. 하지만 이사야는 당신에게 말합니다. "나는 평안을 창조한다"(사 57: 19). 당신이 아시는 것처럼 창조자 한 분밖에는 없습니다. 오, 당신이 천국에서 당신에게 보낸 평안의 편지를 가지게 되기를 바랍니다!

저를 위해 기도해 주시되 은혜는 신실하고 은사들은 능하여 혀와 펜으로 하나님을 영화롭게 하도록 기도해 주십시오. 저는 당신을 잊지 않을 것입니다.

1640년 1월 8일, 세인트 앤드루스, S. R

155

보이드 부인에게

이 땅의 죄들, 그리스도 안에 거함, 깨어 있는 믿음은 모든 것을 잘 본다

>

부인의 편지를 받았습니다만 교회의 일들로 여행을 하고 있어서 답장을 쓸 시간이 없었습니다.

주님께서 제게 땅에 있는 저의 두 번째 천국으로 돌아오게 하셨고 저의 염려하던 두려움을 기쁨으로 바꿔 주셨고 제가 속하여 일하는 교회에 커다란 해방을 주신 이때에, 제가 지금만큼 두려워할 이유를 가진 적이 없었습니다. 아! 울며 드린 그 기도가 하늘로부터 응답되어 기쁨으로 하늘에서 돌아왔는데 웃음의 찬양을 가질 수가 없는 것입니다! 오, 이 땅이 회개하며 찬양의 짐들을 그 아름다운 시온 산 꼭대기에 올려 놓을 수 있으면 좋겠습니다! 부인, 이 땅이 겸손해지지 않는다면 개혁은 이 시점에서 제게 믿음이 아니고 오히려 기적입니다. 그러나 분명코 그것이 기적이어야 하고 이미 된 것도 기적입니다. 우리 주님은 아무 대가도 받지 않으시고 자기 교회들에게 아름다움을 회복시키셔야 했습니다. 우리는 돈 없이 팔렸고 지금 우리를 산 자들은 그 거래에 대해 후회하고 있으며 그들이 우리를 산 것보다 더 싼 값을 다시 주려고 합니다. 그들은 야곱을 삼켰고 그의 백성을 떡처럼 먹고 있습니다. 이제 야곱은 그들의 태에서 살아 있는 아이로 자라고 있고 그들이 아이를 낳으려고 하고 있으니 해산이 될 것입니다. 주님께서 산파가 될 것입니다. 오, 이 땅이 에브라임과 같지 않기를 바랍니다. "저는 어리석은 자식이로다. 때가 임하였나니 산문(産門)에서 지체할 것이 아니니라." 부인은 그리스도의 무너진 터들을 다시 세우는 일에 귀하게 쓰임을 받을 자녀들로 축복을 받았습니다. 부인께서 그들이 그러한 일에 쓰임 받는 것을 좋게 여기실 것과 시온의 아름다움이 당신의 기쁨이라고 저는 믿습니다. 다른 흔적들이 그들을 낙심 시킬 때에 이것은 하늘에서 온 흔적과 증표이니 연약한 사람들로 그들의 잡은 것을 굳게 하도록 돕습니다.

부인이 그리스도에 대해 깊은 이해를 가시지기를 바라며 그리스도인에게 어울리는 것만큼 그를 똑바로 붙드시기를 바랍니다. 많은 사람들이 그리스도의 오고 가심에 그리스도를 잘못 보고 오해하고 있기 때문입니다. 당신의 모자람과 넘으짐은 당신이 가진 것에 당신 자신의 것은 아무것도 없으며 단지 빌려온 것뿐이라는 것을 선언하는 것입니다. 아니, 당신 자신도 당신의 것이 아닙니다. 다만 그리스도께서 자신을 당신에게 주신 것뿐입니다. 그리스도를 은행에 넣으십시오. 그러면 천국이 당신의 이자와 소득이 될 것입니다. 그분을 사랑하십시오. 당신이 그분을 아무리 사랑하여도 부족할 뿐입니다. 그리스도 안에서 당신의 집을 세우십시오. 그분이 당신 안에 사시도록 하시며 그분 안에 머무십시오. 그러면 당신은 그리스도로부터 내다볼 수 있게 되어서 강 이쪽에서 사람의 아들들이 쫓고 있는 흙으로 지은 천국들을 보고 비웃을 것입니다. 그리스도께서 당신의 손해들을 가지고 은혜의 큰 이익을 만들려고 생각하십니다. 그리스도께서는 당신에게서 아무것도 잃어버릴 것이 없을 것이니 당신의 죄들까지도 그러할 것은 당신이 이러한 일들로 인해 당신 자신을 미워하게 될지라도 그는 당신의 섬김과 마찬가지로 그것들을 이용할 것이기 때문입니다. 제가 바라는 것은 당신이 이생에서 가지는 모든 천국은 저 위에 있는 것에서 가져오는 것이며 당신의 닻을 그리스도 만큼 높고 깊게 던지는 것입니다. (오, 하지만 바닥까지는 아주 멉니다!) 만일 제가 지금과 같이 그리스도 안에 무엇이 있는 줄을 오래 전에 알았다면 그를 찾는 길을 향해 그렇게 늦게 출발하지는 않았을 것입니다.

북부(北部)에게 저를 다시 돌려보내라고 하신 그분에게 제가 무엇을 해드리거나 말할 수 있겠습니까? 무덤이 그분에게는 마른 뼈들을 가두는 확고한 감옥이 되지 못합니다. 저의 어리석은 근심과 불신앙이 말을 타고서 거만하고 무지하게 저의 주님의 섭리를 짓밟고 달렸으니 화로다, 나여! 그러나 저의 믿음이 자고 있을 동안에 그리스도는 깨어 계셨습니다. 이제 제가 깨어보니 그가 모든 것을 잘해 놓으셨다고 말하는 것입니다. 오, 무한한 지혜여! 오 비교할 수 없는 사랑과 친근함이여! 제가 가진 마음은 그리스도와 같으신 그런 주님에게는 너무 작고 쓸모가 없습니다! 어려운 시련 속에 있는 성도들이 자신의 뿌리에서 수액을 느낄 때 자신들과 햇빛에 그을리고 말라 버린 신자들 사이에서 얼마나 큰 차이를 발견하겠습니까! 십자가와 폭풍들이 그들에게서 꽃송이와 잎사귀들을 떨어뜨렸습니다. 불쌍한 세상 사람들아, 당신들의 한 뼘 길이의 웃음이 끝나고 섭리의 우는 쪽이 당신들에게 돌아올 때 당신들은 어찌할 터인가?

당신이 제 형제에게 베푸신 모든 호의를 그리스도의 셈에 올려 놓으니 그의 장부 안에는 많은 그와 같은 계산들이 있으며 그가 갚아 주실 것입니다. 당신이 시온에 놓인 돌 위에 점점 세워지시기를 바랍니다. 그러면 당신은 이 땅에 주님의 무너진 장막을 다시 세우는 일을 돕기에 더욱 알맞게 되며 그 안에서 당신은 공포의 대왕인 죽음에 붙잡힐 때 큰 평안을 만날 것입니다.

평강의 하나님이 부인과 함께 하시기를 바라며 우리 주님 그리스도의 날까지 흠 없이 지켜 주시기를 바랍니다.

세인트 앤드루스, S. R.

156 핑거스크 부인에게
믿음의 오해, 영적인 어둠은 은혜가 아니다. 끝없는 그리스도의 사랑

>

부인, 은혜와 사랑과 평안이 당신에게 있기를 바랍니다. 서로 아는 사이는 아닐지라도 한 그리스도인의 요청에 따라 권면의 형식으로 이런 일에 제가 아주 적합하지 못한 사람이지만 한두 마디 적어 보낼 용기를 내었습니다.

당신이 하나님을 찾기 시작하는 마음을 가지셨고 또 당신의 마음의 자세가 천국을 향해 바라보고 있다는 것을 듣고 그것을 인하여 빛들의 아버지께 찬양을 드립니다. 그것이 중보자이신 그리스도의 오른손의 일이며 작품이니 그가 마음을 새로운 기질로 입히신 것입니다. 그것을 인하여 저는 부인께서 율법의 복종과는 아주 다른 자발적인 사랑의 매듭으로부터 모든

것이 이루어지도록 당신에게 놓여진 순종의 매듭과 묶임을 보시도록 하고 싶습니다. 당신이 율법 아래 있지 않고 은혜 아래 있는 것을 알 때 그리스도의 속전을 지불한 율법은 우리의 모든 순종의 기초가 되는 것입니다. 마찬가지로 불신앙은 영적인 죄이며 본성의 빛으로는 잘 보이지 않는다는 것과 양심이 말하는 모든 것이 성경은 아니라는 것을 아십시오. 설령 오래 전에 범한 죄를 가지고 당신의 마음이 당신을 책망하는 증언을 한다고 가정합시다. 하지만 자신에 대해서 평안을 가지지 못한 많은 사람들이 하나님께는 용서를 받았기 때문에 당신은 당신의 마음이 말하는 것이 아니라, 당신에 대한 그리스도의 평가와 판결에 따라서 서기도 하고 넘어지기도 한다는 것입니다. 설령 당신이 하늘에 계신 남편의 사랑을 시기하는 것이 어쩌면 좋은 징조라고 가정할 수 있지만 그것은 죄가 되는 징조입니다. (제가 이렇게 말할 수 있다면) 어떤 행복한 죄들이 있으니 그것들 자체가 아니라 그것들이 믿음과 사랑에 이웃하고 있기 때문입니다.

귀한 부인이여, 제가 당신이 이것을 붙드시게 하고자 하오니 곧 옛적부터 계신 남편의 옛적부터 있는 사랑이 견고하고 확실하게 서 있다는 것입니다. 그가 세상의 모퉁잇돌을 놓기 전부터 당신을 사랑했고 그러므로 그는 자기의 마음을 바꾸실 수 없다는 이 작은 사실에 당신의 믿음이 매달리게 하십시오. 왜냐하면 그는 하나님이시며 자신의 사랑 안에 머무시기 때문입니다. 죄는 당신을 공의의 관할 아래 두기 때문에 당신 안에 있는 죄가 당신이 그에 대해 의심하거나 그가 당신에 대해 노하신다고 생각하게 함으로 좋은 판단이 아닙니다. 또한 당신의 구원의 짐을 구원하시기에 능하신 이에게 내려놓음으로 당신 자신이나 당신의 가치와 의에 대한 모든 신뢰를 버리는 것이 당신 안에 있는 추측이 아닙니다. 참된 믿음은 겸손하며 오직 그리스도 안에 있는 것 외에 다른 피할 길을 찾지 않는 것입니다. 당신이 그리스도께 존경과 높은 가치를 두시리라고 저는 믿습니다. 그리스도를 사랑하며, 그리스도께서 자기들에게 보배로운 사람들은 믿을 수밖에 없고 그리하여 구원을 받게 되는 것입니다. 그리스도에 대한 사랑이 그리스도를 애인으로 선택했기 때문입니다. 만일 당신이 그를 좋아하는 이로 택하는데 그가 당신을 다시 택하지 않는다면 그것은 전혀 하나님 같지 않은 것입니다. 아니, 당신이 그를 택한 것이 아니고 그가 당신을 택한 것이기 때문에 그 일에 그가 당신을 앞서 가시는 것입니다.

오, 그의 감미로움과 아름다움과, 하늘이나 땅이나 피조물을 아름답게 하거나 만들 수 있는 어느 것도 무한한 완전함 가운데 계시는 그분 안에는 없는 것이 없다는 것을 생각하십시오. 아름다운 태양과 아름다운 달도 그의 아름다움 앞에서는 검을 뿐이고 비추기에 부끄럽다고 여깁니다(사 24:23; 욥 25:5). 비천한 하늘들과 뛰어나신 예수! 연약한 천사들과 강하고 능하신 예수! 어리석은 천사의 지혜와 오직 지혜로운 예수! 짧게 사는 피조물과 오래 살며 옛적부터 항상 계신 분! 시간의 굴레 속에 있는 모든 것은 불행하고 병들고 비천하지만 예수는 오로지, 오로지 복되십니다! 만일 당신이 그 사랑 속에 빠져들어가면 (그는 당신이 그를 사랑하도록 허락하십니다.) 그를 향한 상사병의 열기로 달아오르고 타오를 것이니 그것은 둘째 하늘의 낙원이요, 어린 천국의 영광이 아니고 무엇이겠습니까! 부인이 이 사랑을 마시면 마실수록 더 여분이 있게 되고 이 사랑에 대한 더 큰 즐거움과 소원이 생깁니다. 모든 체면을 버리고 그의 사랑을 즐기는 것과 가득 참을 굶주려 하십시오. 그것이 천국의 접경과 국경이기 때문입니다. 그리스도께서 사랑을 받으시고 그에게 사랑의 속삭임과 사랑의 탄식들을 내쉬는 것보다 천국의 색깔이나 모양이나 광채에 가깝게 닮은 것이 없습니다. 그가 어떠한 분인지 기억하십시오. 수만 만의 천국의 애인들이 자기들의 가슴이 사랑으로 닳아 떨어진다고 하여도 그의 비할 데 없는 가치와 탁월함에 비하면 모두가 아무것도 아니며, 아무것도 아닌 것보다도 못할 뿐입니다. 오, 그의 사모할 만한 사랑스러움의 바다가 그렇게 깊고 넓은 것입니다! 영광을 입은 영혼들, 승리하는 천사들, 면류관을 쓰고 높임을 입은 천국의 애인들이 그의 사랑스러움 밖에 서서(시 16:2) 거기에 한계를 정할 수가 없습니다. 오, 죄와 시간이 우리와 저 높으신 왕 사이에서 사라짐으로 (영원의 꽃이요, 드높이 빛나는 아름다움의 꽃인) 높으신 위엄께서 지음 받은 영혼들의 조각들에 비추시고 영원한 비참의 조각들이요 구속

받은 죄의 덩어리들인 우리에게 이슬을 적시고 흘러 넘치게 하시기를 바랍니다!

아! 제가 무엇을 하고 있습니까? 영원히 계시며 천국의 음악과 노래가 미치지 못하는 곳에 계시며 우리 모두가 아무리 찬양을 불러도 모자랄 뿐인 그분을 높이는 데에 저는 말을 흘릴 뿐이고 할 말을 잃어버릴 뿐입니다. 그분의 끝없고 밑 없는 사랑에 부인을 부탁드립니다.

1640년 3월 27일, 세인트 앤드루스, S. R.

157 데이비드 딕슨 목사에게 — 아들이 죽었을 때
하나님의 주권, 고난을 통한 훈련

>

존경하며 사랑하는 형제여, 당신은 당신이 외딴 집과 같으며 십자가는 그 집에 있는 모든 아들들에게 해당되는 평생 소작료의 일부입니다. 제가 당신의 집안 시련을 당신에게서 좀 거들 수만 있다면 당신과 함께 고난을 받고 싶습니다. 하지만 제가 하나님에 대해 무엇을 알기 전에 당신께서는 그것을 가르치셨습니다. 당신의 주님은 일 년 중의 어느 때든지 원하시는 때에 자신의 장미를 꺾기도 하시며 자신의 과일들을 따실 수 있습니다. 각각의 일꾼은 그가 하시는 것처럼 자기가 원하는 때에 수확을 거둘 수는 없습니다. 당신은 그의 주권을 알며 흠모하도록 배우셨으니 그것은 그가 당신을 다스리시는 것이지만 자비로 광채를 입힌 것입니다. 그 아이는 정원에서 단지 화단을 바꾼 것이며 더 높은 곳, 해에 가까운 곳에 심긴 것이니 이 외지고 거친 땅에 있을 때보다 더 잘 자랄 것입니다. 당신의 주님께서 한 시간이라도 더 길게 그가 없는 것을 원치 않으셨다고 생각하셔야 합니다. 그를 빌려 준 기간이 다 지났기 때문에 (당신이 임차계약서를 읽었다면 아실 것입니다) 그가 자신의 것을 소득으로 가지도록 해야 하니 그것은 정당한 것입니다. 그것이 당신의 십자가의 감미로운 열매로서 은혜의 높음과 풍성한 양이라고 깨달으며 담대히 말씀드리는 것은 당신의 주께서 당신에게 허락하신 학교에서 그것을 이제 아시게 되리라는 것입니다.

그리스도께서 저의 사랑하는 형제인 데이비드 딕슨과 그에게 빌리고 빌려주고 주거니 받거니 하실 정도로 아주 친근히 대하시니 저는 만족합니다. 그와 같은 친구의 방문이 어떠한지 당신이 아십니다. "집에 와서 너의 것에 친숙해져라" 하시는 것입니다. 그의 명성을 의지하여 제가 확신하는 것은 그는 용돈을 남기셨으며 그 집을 자신의 것으로 더 좋게 만드셨다는 것입니다. 저는 자신이 하는 일을 충분히 알고 계시는 그의 사랑에 투정 부리지 않습니다. 그리고 이제 영광으로 가는 당신의 길에 놓인 십자가의 수가 제가 당신을 보았을 때보다 적어도 하나는 줄었다는 것입니다. 그것은 줄어들어야 합니다. 글래스고에서 당신이 설교하신 것은 그 성경 본문에 대한 옛 것이나 현대의 어느 강해보다 훌륭합니다. 그분은 자신이 하시는 것을 알고 계시니 읽고 바르게 이해하십시오. 그는 열매를 더 맺도록 하시기 위해 열매 맺는 나무를 자르고 치시는 것뿐입니다. 그가 당신에게 새로운 직무를 맡기신 것을 진심으로 축하드립니다.

사랑하는 형제여, 계속 전진하며 실망하지 마십시오. 당신의 소유 중 일부는 천국에 높이 계신 당신의 구주 곁에 있으니 당신은 당신의 소유를 뒤쫓을 것입니다. 시간의 실은 예전보다 한 치 짧아졌습니다. 서약이 맺어졌고 도장이 찍혔으니 고난이 앞에 있든지 없든지 당신은 당신의 껍질을 벗고 자라며 커져서 살고 승리하고 다스리며 정복자보다 나아야 합니다. 당신을 이끄시는 당신의 사령관은 정복자보다 나아서 당신을 그의 정복과 승리의 참여자로 만드십니다. 당신을 향한 사랑이 저를 강요하지 않았더라면 저는 물을 가지고 우물에 가지 않았을 것이고 하나님이 자기에게 무엇을 하시고 계신지를 저보다 더 잘 아는 분에게 말하려고 하지 않았을 것입니다.

당신의 아내와 존과 거기에 있는 모든 친구들에게 안부를 전해 주십시오. 제가 할 수 있는 대로 주님께 당신을 위해 기도하기를 쉬지 않을 것이니 당신의 기도로 저를 도와주십시오.

은혜가 당신에게 있기를 바랍니다.

1640년 5월 28일, 세인트 앤드루스, S. R.

158

보이드 부인에게 — 여러 친구들을 잃었을 때
죽을지라도 신뢰함, 제2차 원인은 상관하지 말아야 함, 평안에 관한 하나님의 생각들, 모든 것이 자비임

>

부인, 은혜와 사랑과 평안이 당신에게 있기를 바랍니다. 제가 편지를 쓰지 않은 것을 제가 갇혔을 때에 저를 위해 힘써 주셨던 부인을 무심하게 잊은 것이라고 여기지 마시기 바랍니다. 부인에게 유익이 될 수 있는 것을 말씀드리거나 써 보낼 수 있기를 원했습니다. 특별히 갑작스럽고 이상한 때림으로 당신의 형제들과 친구들을 데려가셨으니 우리가 주님의 깊고 헤아릴 수 없는 일들에 대해 깊이 생각할 수밖에 없는 지금은 더욱 그러합니다. 죄를 인하여 죽는 모든 사람이 죄 속에서 죽지 않는다는 것과 "아무도 전능하신 이에게 지식을 가르칠 수 없다"는 것을 부인께서 아실 것입니다. 그는 해명을 요구하는 우리의 고소에 아무 대답도 하지 않으시며 어느 누구도 "뭘 하고 계시는 겁니까?"라고 말할 수 없습니다. 당신의 형제들이 화창한 날들을 많이 보지 못했던 것이 사실입니다. 하지만 자신이 원하시는 때와 방법으로 자신의 질그릇을 만드시고 부수시는 위대한 토기장이의 주권을 공경하고 두려워하십시오.

아래 정원과 거기에서 자라는 모든 것은 전적으로 그의 소유입니다. 그의 절대적인 자유권은 법입니다. 꽃들이 그의 것입니다. 얼마의 햇과일이 있으면 그가 다른 것보다 일찍 따실 수도 있습니다. 믿으며 대꾸하지 않고 모든 생각을 그의 판단에 복종시키며 그의 의로운 행위에 투덜거리지 않는 것이 얼마나 놀라운 지혜입니까? 그가 행하셨으니 모든 육체가 잠잠해야 합니다! 만일 당신의 생각이 "오, 그곳!" "오, 그때!" "오, 만일 이것이 이랬고, 이것이 일어나지 않았다면!" "오, 이때와 이곳이 이 사건과 연결되어 있음이여!" 등의 제2차 원인들의 혼란한 회전과 바퀴에 당신의 생각이 머물렀다면 순종하며 신앙적으로 참는 것이 불가능합니다. 중심 동작과 으뜸 바퀴를 올려다보십시오. 자기 자녀들에게 죽음과 그의 방법을 정하신

사람의 창조자 하나님의 뜻을 보고 읽으십시오. 자기의 길들을 바로 찾을 수 있는 사람들은 이정표를 먼 곳에서 보고 산자락 이 끝에서 저 끝까지 꿰뚫어 보는 안목을 가지는 것입니다. "그의 판단은 측량치 못할 것이며 그의 길은 찾지 못할 것이로다!" 그의 섭리는 멈추지 않고 균형 있게 일정한 걸음으로 진행됩니다. 실로암의 망대가 가장 못된 죄인들에게 무너진 것은 아닙니다. 시간의 대여기간이 끝난 것이 아닙니까? 우리 주님이 세워 놓으신 천국의 모래시계가 다 끝난 것이 아닙니까? 그는 갚아야 할 빚을 때림으로 갚는 올바르지 못한 채무자는 아니지 않습니까?

그리스도를 믿는 부인이여, 저는 당신의 믿음이 (비록 당신이 그 십자가에 가까워서 피 속에 있을지라도) 당신은 그것 안에 있는 담즙과 진노에서 벗어나고 자유로워졌다는 것을 믿을 만큼 우리 주님의 판단에 아주 많은 사랑을 맡겨 드리시리라고 믿습니다. "무서움의 왕이 악인의 장막에 거하며 유황이 그 처소에 뿌려질 것이"(욥 18:15)라는 것을 부인할 수 없습니다만 부인, 당신이 그의 사랑을 믿고 사는 것이 안전한 것이니 그의 화살은 사랑과 자비로 도금이 되어 자기의 사람들을 향하며 그는 죽은 자들의 명부에서 당신과 당신의 사람들을 꺼내오는 방법을 아십니다. 우리 주님은 예외 없이 천 세대까지 진노를 베푸는 그런 눈을 가지고 계시지 않습니다. 당신이 율법 아래 있지 않고 은혜 아래 있으며 다른 남편에게 결혼한 것을 고려하면 진노는 당신이 따를 수밖에 없는 법관이 아닙니다.

부인께서 "멸시하는 것"이나 "낙심하는 것"은 제가 바라는 바가 아니며 그렇게 믿지도 않을 것입니다(잠 3:11). 그 재앙에 쓰인 모든 말과 구절들을 읽고 바르게 이해하십시오. 거기 있는 글자와 말들을 오해하지 마십시오. 주님을 따라가며 보십시오. 당신의 그리스도께서 놓으신 것보다 더 큰 무게를 율법에다 올려놓지 마십시오. 만일 율법의 청구가 그리스도로부터 답을 얻는다면 그것의 저주는 더 이상 효력이 없습니다. 만일 그가 당신을 가루로 만드실지라도 당신의 티끌과 가루가 그의 구원을 믿을 것이라고 당신이 결심하셨다고 생각합니다.

우리 주님께서 당신의 자녀들을 향하여 가진 사랑과 평안의 생각들을 누가 알려 줄 수 있겠습니까? 저는 그가 그들로 주님의 적들을 향하여 기록된 판결을 수행하는 데 유능하게 하시고 또한 그들이 "여호와삼마(겔 48:35) — 여호와께서 거기 계시다"라고 불릴 아름다운 성을 건축하는 일을 하며 자기 어깨에 돌들을 멜 것이라고 믿습니다. 그러므로 부인, 주님께서 당신의 부친의 집에 대해, 비록 심판이라 할지라도, 원하시는 대로 행하시게 하십시오. 다른 이들에게는 진노인 것이 당신과 당신의 집에는 자비인 것입니다. 하나님의 가장 거칠게 때리시는 중에서 사랑의 친절함을 주장하며 응대하는 것이 믿음의 일입니다. 당신이 시간을 위해 하려고 하는 것을 주님을 위해 행하십시오. 그러면 시간이 하나님께서 하신 일에 대해 당신의 마음을 평온하게 할 것이니 지금 주님께서 그것을 가지도록 하십시오. 이제 죽은 당신의 친구들은 더 이상 당신의 사랑이 필요한 처지에 있지 않으니 어떠한 사랑을 그들에게 품었든지 그것을 정당한 유산으로 그리스도께 돌아가게 하십시오. 오, 여러 낯선 애인들을 끊어버리고 그리스도에게 마음을 쏟는 것은 얼마나 아름다운 일입니까!

우리의 거반 죽은 애정들이 우리에게 권리가 있다고 믿는 것들과 헤어진다는 것은 대단한 일입니다. 하지만 그 종의 의지가 우리의 의지가 되어야 하니 그는 자신의 의지를 최소한으로 자기 주인의 의지를 최대한으로 계속 유지시키신 가장 훌륭한 종이십니다. 많은 지혜가 우리 주님께 있는 것이 분명한 것은 그가 자신의 사람들을 이 생애에 잠깐 동안의 지옥들과 짧은 기간 동안의 진노들을 들어가며 나오도록 어떻게 인도하실지를 아시며, 값없는 택함의 오래되고도 커다란 도장을 찍은 것이 조금도 흐려지는 것이 없이 사랑하는 자들을 안전하게 지켜 주시는 것입니다. 그의 무조건적인 은혜의 놋 산(슥 6:1)과 능하고 강한 섭리들이 든든하게 서고 그 언약은 천국의 날들처럼 영원토록 확실하게 설 것이니 그가 때리시고 바로잡으시도록 하십시오. 그의 때리심이 구원의 행위인 것이 틀림없으니 세상이 알지 못하는 자신의 사람들에 대한 치심은 중보자의 부드럽고 천국적인 손에서 오며 그의 매들은 우리의 영혼을 사랑하며 영혼을 구속하신 예수의 "사람이신 하나님"의 가슴에서 흘러나오는 사랑의 홍수와 강에 잠기고 물에 적셔진 것입니다.

그가 당신에게 갚아 주시고, 그가 당신에게 손가락질을 하시거나 손을 들어 올리시는 일이 결코 없게 될 영광의 처소로 데려가실 때까지는 인류의 보증인이신 그가 값을 치르고 획득하신 천국을 당신이 연기하는 것을 만족하시리라고 저는 기대합니다. 만족하시며 영광의 이익과 보증인 은혜에 욕심을 부리십시오. 당신의 알곡이 땅에 떨어질 때가 되었고 희고도 붉고 아름답고 아름다우신 예수께서 한창 핀 꽃에 오셔서 당신에게 낫을 대실 때가 가깝다고 믿지 않았다면 저는 이 편지를 쓰지 않았을 것입니다. 그러나 시간의 실이 짧고 당신이 천국과 그리스도의 추수에 들어갈 때가 된 것을 생각하면 제가 부인에게 써 보내 드렸던 그 손해는 여름소나기와 같아 단지 한두 시간만 옷이 젖을 뿐이며 새 예루살렘의 태양이 곧 젖은 옷을 말릴 것입니다. 특별히 고난의 비는 하나님의 형상을 더럽힐 수 없고 은혜로 하여금 그 색깔을 바래게 할 수 없습니다. 당신을 향하여 변하지 않으실 그분에 대해 당신이 변심하지 않으실 것이기 때문에 만일 당신에게 그러한 아침 구름이 끼었을 때 낮이 가깝고 (그가 당신을 죽이실지라도 당신이 떠날 수 없는) 그를 향한 당신의 기독교신앙의 시련이 갑절의 자비로 끝나리라는 것을 예언하지 않는다면 저는 약한 중에서 제 자신을 영적인 선견자라고 생각하지 못할 것입니다.

믿고 의지하는 것을 그리스도께서 사랑하신다는 것을 고려한다면 당신이 전에 가진 것만큼 믿음으로 그리스도를 더욱 꼭 잡으며 쥔 것을 더욱 세게 쥐고 그에게 더욱 가까이 매달려야 할 때입니다. 구원하시기에 능한 분에게 힘을 쏟는 영광은 우리가 생각한 것보다 훨씬 큰 것입니다. 때리시는 구속자를 믿는 섬김의 일은 순종의 귀한 부분입니다. 오, 우리를 위해 영원한 나라를 사신 그에게 우리가 천국의 짐을 넘겨 드리는 것은 그에게 어떤 영광이 되겠습니까! 오, 그의 사랑스럽고 무조건적인 은혜를 귀히 여기며 입맞추는 복된 영혼이여! 그리스도의 풍성한 은혜가 당신의 영혼에게 있기를 바랍니다.

1640년 10월 15일, 세인트 앤드루스, S. R.

159 아그네스 맥마스에게 — 아이가 죽었을 때
포기의 이유

>

사랑하는 자매여, 만일 우리 주님께서 당신의 아이를 데려가신 것이라면 그 아이의 임대기간이 끝난 것입니다. 그리고 주님께서 그 아이가 없어서 고통을 받는 것을 더 이상 원하지 않으신다는 것을 생각할 때 잠잠하여 토기장이가 자신이 생명을 주었던 질그릇과 흙 조각들에 대해 가진 주권과 자유를 예배하고 높이는 것이 당신의 할 일입니다.

자신이 하시는 일에 대해 아무런 설명이 없다고 전능하신 분을 아래에 있는 이곳의 하급법정으로 끌어내려 소환하려는 사람은 무엇입니까? 만일 당신이 아이의 대부금을 받고 (빌려온 그의 물건을 다시 그에게 돌려드려야 하는 것처럼) 주님께 웃으면서 아이를 다시 돌려드리시는 것이라면 그 아이는 없어진 것이 아니고 부름을 입었다고 믿으십시오. 그리고 나라를 바꾼 일이 그리스도께서 찾은 아이를 당신이 잃어버린 것이 아니며, 그 아이는 지금 당신보다 앞에 있고, 그리스도 안에서 죽은 자들은 다시 일어나리라는 것을 당신으로 생각하게 해야 한다는 것을 믿으십시오. 지는 별은 소멸하는 것이 아니며 다시 떠오르게 되어 있습니다. 만일 그가 자기의 꽃과 꽃송이를 던지신다면 그 꽃은 천국에 떨어져 그리스도의 무릎에 들어갈 것입니다. 그 아이를 시간에 잠깐 빌려 주었던 것처럼 이제는 영원에 드려진 것이니 영원은 당신도 데려갈 것입니다. 천국과 생명의 땅인 그리스도의 해안을 향한 당신과 그 아이의 승선의 차이는 단지 몇 년일 뿐이니 매일 닳아져서 짧아지고 있습니다. 짧고 빠르다고 여겨지는 여름이 당신에게 그 아이와 만남을 줄 것입니다. 그러나 뭐라고요? 그 아이를 만나요? 아니, 더 좋은 친구와 함께, 흰 말을 타고 있으며 영광 가운데 승리한 천국의 군대 대장과 지도자와 함께 만날 것입니다.

만일 죽음이 깰 수 없는 잠이라면 우리는 슬퍼해야 할 것입니다. 그러나 우리의 남편은 무덤에서 누워 잠자는 모든 사람의 침대 곁에 신속하게 오실 것이며 그들의 죽을 몸을 살리실 것입니다. 그리스도는 죽음의 보증인이셨으니 오셔서 모든 진흙 담보물을 풀어 자신의 오른편에 두시겠다는 자신의 말씀을 주셨습니다. 우리의 보증인이신 그리스도는 자신의 포로들을 되찾을 수 있는 죽음에 대한 담보권을 가지고 계십니다. 저 죽음의 어두운 좁은 통로에 있는 굴곡과 꼬불꼬불함을 아시는 주 예수께서는 천국에 이르는 층계의 계단들을 모두 헤아리셨습니다. 그는 오름 계단이 얼마나 긴지, 얼마나 많은 계단이 있는지 아시니 그가 친히 그 길을 오르셨기 때문입니다. "내가 전에 죽었었노라. 보라 내가 세세토록 살아 있어"(계 1: 18). 지금 그는 살아 계셔서 하나님의 오른편에 계시며 그의 옷은 죽음의 냄새 같은 것이 나지 않습니다.

당신의 고난이 자녀의 처지라는 냄새를 풍깁니다. 그 집의 자녀들은 그같이 양육을 받습니다(히 12:6, 7, 8). 고통은 새로운 생명이 아니며 단지 친아들들의 세이며 사생자들은 세가 그렇게 많지 않습니다. 그의 십자가를 즐거이 마음을 다하여 받아들이십시오. 그는 십자가로 아이를 죽인 적이 결코 없습니다. 그가 당신의 잔을 달여 부으셨으니 인내로 그리고 좋은 뜻으로 들이켜십시오. 그리스도께서 당신의 등에 십자가를 단단히 맨 매듭을 푸실 때까지 잠잠히 기다리십시오. 그가 구하려고 오시기 때문입니다. 자매여, 바로잡으시는 그의 수고에 적응하는 것을 배우시기를 바랍니다. 그더러 비틀어 짜게 하십시오. 그러면 당신은 깨끗해질 것입니다. 그는 아버지의 마음과 아버지의 손을 가지셔서 당신을 양육하시고 저 높은 집에 어울리도록 만드시기 때문입니다. 이 고난의 학교는 높이 있는 왕궁을 위한 예비 과정입니다. 당신의 모든 재앙이 주님의 모든 소환장을 말하게 하십시오. 그것들은 외칩니다. 1. "오, 헛된 세상이여!" 2. "오, 쓴 죄여!" 3. "오, 짧고 정함이 없는 세월이여!" 4. "오, 병과 죽음이 없는 아름다운 영원이여!" 5. "오, 왕 같고 왕자다운 신랑이여, 영광의 혼인을 서두르고, 짧게 감기고 곧 끊어질 시간의 실을 줄이고, 죄를 정복하소서!" 6."오, 시간의 흙언덕과 천국의 해안 사이에 그리스도 나의 주님께서 놓으신 금으로 만든 다리인 행복하고 복된 죽음이여!" 그리고 성령과 신부가 말합니다. "오라!" 그리고 당신이 그들에게 대답하십시오. "주 예수여, 오시옵소서! 어서 오시옵소서!"

은혜가 당신에게 있기를 바랍니다.

1640년 10월 15일, 세인트 앤드루스, S. R.

160 매튜 모워트에게
그리스도 안에 나타난 하나님의 사랑의 가치, 그리스도와 천국

>

존경하며 사랑하는 형제여, 당신에게 답장을 쓰는 저는 누구란 말입니까? 아! 저의 모든 책은 텅 빈 것뿐이며 하나님에 관하여 제게 보여 주지 못합니다. 저는 책들을 뛰어넘어 그의 사랑의 집으로 나아가 그에게 이르고 싶을 뿐입니다. 사랑하는 형제여, 당신이나 저나 그의 사랑이나 그의 지식에 이를 만한 사람들이 못됩니다. 아, 죄가 얼마나 우리를 혼란케 하고 어둡게 하였는지 우리가 그를 볼 수가 없습니다! 하지만 불쌍한 제 자신에 대해서 말씀드립니다. 저는 마음이 답답하여 견디기 어렵습니다. 왜냐하면 그가 당장에 벽을 무너뜨리고 천국으로부터 그의 지고(至高)한 아름다움을 가져와서 비할 데 없는 그의 희고도 붉은 얼굴을 보이셔서 천국에 이르기 전에 놀라운 광경으로 천국이 저를 만나도록 하지 않으시려고 하기 때문입니다. 위엄과 사랑이 겸손을 이루었다는 것을 당신이 아십니다. 죄인들을 향한 수수한 사랑이 위엄과 함께 그분 안에 머물러 있기 때문입니다. 당신은 그에게 그분 자신의 왕궁 예법과 그의 높으신 천국의 존칭들을 드려야 합니다. 최고로 높으신 주님께 대한 생각들을 만들어내는 저는 누구란 말입니까?

그는 이러한 생각들을 훨씬 넘어 얼마나 넓으시고 얼마나 높으시고 얼마나 깊으신지 저는 말할 수가 없습니다. (단지 당신처럼 그리스도와의 상사병에 깊이 든 사람에게는 모범이 될 수 없는) 저의 보잘것없는 실천으로 저는 그에 대한 저의 생각들과 존경에 보태며, 그를 좀 더 높이고, 하늘의 끝과 하늘들의 하늘까지 덮는 휘장보다 만 배나 넓은 마음과 사랑을

가져서 그 마음과 그 사랑을 가지고 그를 영접하고 싶습니다. 그러나 사랑하는 형제여, 당신의 고통인 그것이 바로 제 고통이기도 합니다. 저는 그에 대한 생각으로 정신이 혼란할 지경입니다. (제가 이렇게 말할 수 있다면) 하나님께서는 감미로운 주형(鑄型)으로, 사랑스러운 형상으로, 천국의 보석이신 사람 예수의 인물로 주조(鑄造)되었다는 것과 하나님께 이르는 가파른 오르막의 디딤판과 계단은 새롭고 살아 있는 길이신 그리스도의 육체라는 것을 저는 압니다. 그리고 하나님의 신성이 우리 인성과 혼인을 하여 머무는 저 진귀한 인성의 궤(櫃) 안에 믿음을 위한 발판이 있는 것입니다. 만일 제가 저 진귀한 금궤를 보는 것 외에 달리 할 일이 없거나 하나님께서 친히 죄인들인 우리가 가진 귀와 눈과 몸을 돌아보셔서 저의 죄 많은 입술로 영원토록 입맞춤을 그에게 입히게 되는 것을 생각하면 저는 천국에 있는 것이나 다름이 없습니다. 그리고 찬양 받으실 삼위께서 저의 빈약한 피조물 사랑이 우선적으로 사람이신 그리스도께 머무는 것을 아주 기뻐하신다는 것을 압니다. 그를 통하여 저는 그들 모두를 보게 됩니다. 이 도시에서 제가 해야 할 많은 일로 인하여 쓰는 일을 못하게 합니다. 그러나 저는 말한 것이 없으니 그에 대해 제가 무슨 말을 할 수 있겠습니까? 함께 가서 보십시다.

1640년, 세인트 앤드루스, S. R.

161 켄무어 부인에게
고난에 대한 하나님의 의도, 장래의 영광

>

부인, 은혜와 사랑과 평안이 당신에게 있기를 바랍니다. 부인은 훌륭한 남편을 잃으셨고 주님의 교회는 그렇게 활동적이며 충실한 친구를 잃었으니 저는 마음깊이 슬퍼합니다. 부인께서 오래 전에 그 일에 친숙해지셨으니 그 일로 그리스도께서는 당신을 자기와의 (그의 십자가에도) 교제에 참여하게 하시며 우리 가운데 아무에게도 자신의 일들을 설명하지 않으시는 주님의 선한 뜻에 당신의 영혼을 맡기라고 가르치신 것입니다. 그가 영광에 이르는 당신의 길에 있던 이 물을 통과하도록 이끄셨으니 얼마 남지 않았습니다. 그리고 우리를 떠나보내시며 어떤 사람을 다른 사람보다 앞서 시장에서 내보내시는 그의 지시는 존중을 받아야 합니다. 천국에서의 일 년의 기간이 비교할 수 없을 정도로 모든 괴로움을 삼켜 버릴 것입니다. 그때 축복의 기간이 하나님이 사시는 것만큼 길 것이니 완전하고 충분하게 보상되지 않겠습니까! 우리 주님께서 빚쟁이에게 시간이 당신에게서 가지고 간 것보다 훨씬 많은 것을 영원에서 주시리라는 은혜로운 약속들로 짐을 지우셨다는 것은 좋은 일입니다. 부인께서 근래 여러 해 동안 땅에서 나그네들과 외국인들로 살고 있는 그들이 집에 도착할 때와 그리고 우리가 생각하고 사랑하고 목말라 하고 있는 것인 저 영광이 어떠할지를 연구하며 생각해 오셨다고 저는 믿습니다. 그러나 우리는 그것을 있는 그대로 알 수도 없으며 생각할 수도 없습니다. 아무리 생각하고 아무리 사랑하여도 훨씬 못 미칠 뿐입니다.

오, 영광의 신성 가운데 있는 그리스도의 계심같이 그렇게 긴 장(章)이여, 아니 그렇게 큰 책이여! 이생에서 배고픔을 채우려고 하여도 만족하지 못했던 만큼이나 그의 자녀들이 보고 즐기라고 낮게 되신 지금의 그의 모습은 더 이상 있지 않을 것입니다. 부인께서는 하나님의 아들의 십자가에 빚을 지셨으니 그것이 당신의 마음에서 점차 피조물에 대한 사랑과 신뢰를 닳게 할 것입니다. 오히려 사랑의 의무가 이러한 은혜로운 섭리로 부인을 돌보시며 당신을 위하여 구원의 옷을 준비하고 계시며 주님의 입으로 명명한 새 이름으로 당신을 부르시며 당신을 위하여 영광의 면류관과 당신의 하나님의 손에 있는 왕관을 만드시는 그의 값없는 은혜를 위하여 일어나는 것입니다(사 62:2, 3). 당신은 그가 갚으시는 것을 천국만큼 미루셔야 하겠지만 그는 오랜 기간이 필요하지는 않으시며 빨리 오실 것이며 완전히 갚아 주실 것입니다. 당신은 그에게 드린 것이 아무것도 없지만 그는 당신을 위해 큰 대가와 속전을 주셨고 만일 거래가 다시 시작된다면 그가 이미 당신에게 주신 것보다 적게 주시지는 않을 것입니다. 그는 후회하시는 것과는 거리가 멉니다. 당신께서 시간이 사라질 때까지 그가 당신을 위하여 사서 준비하신 것의 보증밖에는 더 이상 바라지 않기를 바랍니다. 그것은 그것을 생각하도록 사람의 마음에 들어가지 않기 때문에 완전하게 가르치거나 쓰거나 생각할 수 없는 것입니다.

부인을 주 예수의 풍족한 은혜에 부탁드리며 이만 줄입니다.

세인트 앤드루스, S. R.

162 보이드 부인에게
이 땅의 죄, 작성된 기도문, 브라운주의

>

부인, 이 땅에 베푸신 보통 이상의 많은 은총에 대한 빚이 이 나라에 죄를 더하고 있다는 것을 저는 의심할 수가 없습니다. 주님께서 우리를 여러 민족들 앞에서 자신의 책에 은총을 입은 백성으로 올려놓으셨으나 우리가 포도원의 세를 지불하지 않았습니다. 우리는 이 복음보다 더 쉽게 복음을 가질 수도 있었습니다만 그것은 종이와 붓이 가진 생명 만큼만 가지게 했을 것입니다. 어떤 면에서 우리에게 자신의 사랑을 강요하시고 우리의 의사와는 달리 오직 우리를 사랑하신 그분에게 감사하여야 할 입장에 있습니다.

기도문에 대해 말씀드립니다. 부인, 저는 하나님의 말씀에서 그것에 대한 교훈이나 약속이나 실행의 실례(實例)를 찾을 수 없습니다. 우리의 교회가 그것을 허락한 적이 결코 없으니 사람들이 자기들이 좋아하는 대로 그것들을 만든 것입니다. 하나님의 말씀이 읽는 것과(딤전 4:3) 기도하는 것(살전 5: 17)으로 두 가지의 예배를 지시합니다. 읽는 것으로 하나님은 우리에게 말씀하십니다(왕하 22: 10, 11). 기도하는 것으로 우리는 하나님께 말씀을 드립니다(시 22:2; 28:1). 저는 기도문을 좋게 생각할 믿음이 없습니다. 저의 보잘것없는 의견으로는 그것들이 하나님의 예배에서 사라지기를 바랍니다. 그것을 사용하는 자가 "나의 반석이시요 구속자이신 여호와여, 내 입의 말과 마음의 묵상이 주의 앞에 열납되기를 원하나이다"(시 19: 14)라는 기도를 드릴 수 없다는 것을 생각할 때 그것들이 양자의 영의 열매나 영향이라고 생각할 수가 없습니다. 그러한 기도들은 종이와 붓으로 만들어 놓은 묵상이지 그것들을 사용하는 사람의 마음의 묵상은 아닙니다. 성도들이 그것들을 사용한 적이 없으며 하나님은 그것들을 명하신 적이 없습니다. 마음으로부터 하나님께 쏟아져 나온 것 외에 어떤 기도를 들으신다는 약속을 우리는 읽을 수가 없는 것입니다.

교회의 어떤 오류로 인한 분리된 예배, 개교회의 독립성, 가시적인 신자의 교회, 브라운주의자들의 다른 주장들에 관하여 말씀 드리자면 그것들은 하나님의 말씀에 배치된다는 것입니다. 그것들을 지지하는 하나님의 말씀이 없다는 것으로서 제가 이들의 기만에 반박하여 런던에서 출판중인 글이 있습니다. 주님께서 이 땅에 하나님의 언약에서 떠나 그러한 거짓된 허영을 따르는 사람들에게 책임을 물으실 것입니다.

최근에 당신의 딸 안드로스 부인을 만났습니다. 주님께서 그녀에게 아이와 순산을 주셨습니다.

부인을 그리스도의 풍족한 은혜에 부탁드리며 이만 줄입니다.

세인트 앤드루스, S. R.

163
제임스 머리의 부인에게
천국은 실재함, 그리스도에 기초하여 굳게 섬

>

경애하는 자매에게, 당신이 믿음 안에 서서 뿌리를 박으며 복음의 소망 안에서 흔들리지 아니하면 아무리 쓴 세상이 당신에게 찡그릴지라도 당신은 주님 안에서 복을 받으신 것입니다. 천국이 있으며 그것이 꿈이나 환상이 아닌 것이 좋은 일입니다. 사람들은 천국이 있다는 것을 부인하지 않지만 사람이 만든 길 외에는 그곳에 이르는 길이 없다고 부인하는 것이 이상한 일입니다. 당신은 천국이 있다는 것을 그리스도로부터 배우셨으니 천국을 위하여 그리고 그리스도를 위하여 싸우십시오. 계모인 이 세상의 구박을 잘 순종하여 견뎌내십시오. 하나님께서 세상을 당신의 것이 되게 하지 않으실 것입니다. 그것이 어렵다는 것을 제가 인정하며 당신의 짐을 가볍게 해 드릴 수만 있다면 좋겠습니다. 하지만 저를 믿으십시오. 주님께서 당신의 것이 되게 하지 않으실 이 세상은 단지 하나님의 창조의 찌끼요, 쓰레기요, 거품이며 주님의 천한 품꾼들의 몫이요, 떠날 것들이지 유산이 아니며, 세 예루살렘 밖으로 쫓겨난 개들에게 던져진 딱딱한 뼈라는 것입니다. 그들이 그것을 먹다가 자기들의 욕구를 채우기는커녕 이만 부러뜨릴 것입니다. 주님께서 당신을 위하여 예비하신 것이 당신의 아버지의 축복이요 그리스도의 장자 상속권이니 (만일 그것이 당신과 당신의 자손에게 좋다면) 당신의 자손이 그 땅을 상속하리라는 것을 명심하십시오. 그것이 그들에게 약속된 것이니 하나님의 채권은 마치 하나님께서 그들 각자에게 천 짜리 채권에 수천을 주시는 것처럼 좋은 것이기 때문입니다.

당신이 태어나기 전에 당신을 위하여 십자가의 수나, 크기나, 무게가 정해졌습니다. 그리고 당신의 주님은 그것들을 지나도록 당신을 인도하실 것입니다. 그리스도를 확신하십시오. 그러면 세상과 땅의 축복은 그리스도의 등과 손에 달려 있을 것입니다. 많은 신자들이 겉만 그럴듯한 유리로 된 신자들이라는 것을 알고 있습니다. 제가 핍박의 작은 두드림으로 그들을 스무 조각으로 부서뜨리며 세상이 그 파편들을 보고 비웃게 할 수 있을 것입니다. 그러므로 견고한 일을 이루십시오. 그리스도께서 당신의 신앙의 초석인가를 살피십시오. 혹심한 바람과 비가 그의 집을 무너뜨리지 못할 것이니 그의 사역은 영원토록 서 있을 것입니다. 만일 저의 약한 등과 짐을 시온에 놓여진 초석인 그 반석 위에 올려놓지 않았더라면 저는 고난 중에 스무 번이나 쓰러졌을 것입니다. 저는 이 반석에 앉았다 일어나는 것이 아니라 한 번에 그리고 영원히 머물 것입니다. 이제 평강의 하나님께서 예수 그리스도의 나타나실 날까지 당신을 견고하게 세워 주시기를 바랍니다.

세인트 앤드루스, S. R.

켄무어 부인에게
시대의 죄들, 실천적인 무신론

>

부인, 당신의 몸과 건강이 약하시니 좀 걱정이 됩니다. 바라기는 그것이 당신에게 진정한 교훈이 되는 것입니다. "우리의 바라는 것이 다만 이생뿐이면 모든 사람 가운데 우리가 더욱 불쌍한 자리라." 진실로 야곱의 하나님의 얼굴을 구하는 사람들은 구름 없는 날을 바라보며 건강하고 세상적인 좋은 생활여건에서 생을 즐기는 것과 같이 우리를 유혹하는 것들보다는 훨씬 월등한 삶을 여기서 소유해야 합니다. 만일 우리가 세상을 넘어서는 이러한 삶을 분명히 이룬다면 그것이 우리의 지혜일 것입니다. 세대가 얼마나 범죄가 넘치는지, 그리고 우리가 자신 속에 있는 죄를 관찰하는 데는 얼마나 둔하고 또 다른 사람들에게서 그것을 찾아내는 데는 얼마나 빠른지, 그리고 우리가 어떠한 얽매임 속에 있는지를 생각하는 것이 주님을 사랑하는 어느 사람이든지 지치게 하며 낙심하게 할 것입니다. 하지만 빈번히 현 세대를 불평할 때 우리는 주님의 일과, 세상을 다스리는 그의 지혜를 자신도 모르는 사이에 모욕하고 그에 대해 못된 소문을 일으키는 것입니다. "주는 선하사 선을 행하시오니." 그의 모든 길은 공평합니다.

부인, 제가 여러 다른 사람들에게 (아, 자신에게도 바라는 바입니다!) 이것에 대해 제시하였으니 하나님을 잘 읽고 배우시며 신성에 대해 진지한 생각을 하시되, 그리스도 안에 있는 신성과 그 사역과 그 유일한 사역에 대해 온종일 생각하시라는 것입니다. 아, 우리는 하나님과 별로 상관이 없으니, 하나님을 제쳐 두고 모든 일을 하고 있습니다! 하나님 없이 잠자고, 하나님 없이 먹고, 말하고, 여행하고, 세상의 업무를 보고, 우리의 사명을 행하고 있는 것입니다! 죽어 있음이 얼마나 많은 사람들의 마음에 자리잡고 있는지를 생각하면서, 사람들이 하나님 없이는 기도하지 않고 하나님 없이는 설교하거나 찬양하거나 성경을 읽거나 하나님께 말하지 않았더라면 좋았을 것입니다! 이 땅에 그리고 그의 백성들의 마음에 심각한 죽어 있음이 있음을 널리 탄식하고 있습니다. 오, 우리가 그것을 도울 수 있다면! 그러나 순간마다 붉은 포도주의 자신의 과수원에 물을 주시는 분이 그것을 하실 수 있습니다. 그가 자기를 방해하는 가시와 엉겅퀴들을 살라

버리시리라고 저는 믿습니다.

제가 부인을 위하여 하나님께 기도하기를 바랍니다만 많이 할 수는 없습니다. 그의 영원한 선하심이 당신과 함께 있기를 바랍니다.

7월 24일, 세인트 앤드루스, S. R.

보이드 부인에게
웨스트민스터 회의 진행 과정

\>

부인에게 은혜와 사랑과 평안이 있기를 기원합니다. 5월 19일에 부인의 편지를 받았습니다.

우리는 여기서 주님의 성전의 바른 측량을 위해서 대단한 논쟁으로 토의하고 있습니다. 때때로 적들이 하나님의 건축을 방해하도록 하나님이 허락하시기도 하지만 지금은 친구들인 (제가 그들에 대해 생각하기는) 은혜로운 사람들이 적잖게 그 일을 방해하고 있습니다. 독립적인 방식을 지지하는 토머스 굿윈, 제레미야 버로스와 너댓 사람이 우리 길을 막고 있으며, 장로교정치에 대해 열성적인 반대자들입니다. 우리는 장로회의 성경적인 권리에 대한 얼마의 제안, 특별히 예루살렘 교회(행 2, 4, 5, 6장과 15장) 그리고 에베소 교회의 경우를 제시했고 진리의 다른 근거들과 목사들을 세운 것이 단 하나의 교회에 속한 것이 아니라 장로들의 회에 속한 것이며 그 회에서 디모데와 다른 이들에게 안수했다는 입증된 사실을 가지고 진행하고 있습니다(딤전 4:14; 5:17; 행 13:1, 2, 3; 4:5, 6). 우리는 단 하나의 교회가 출교시킬 권리를 가지고 있지 않다는 것을 증명하고 있는데 이것은 독립정치 지지자들에게 뿐 아니라 다른 많은 사람들로부터 반대를 받고 있습니다.

사실 우리는 때때로 그 일에 비통한 마음을 가지고 있으며 저로서는 자기 선조들의 높은 곳들과 바벨론의 오염된 것의 찌꺼기밖에는 아무것도 보지 못하는 이 땅의 개혁에 대해 자주 실망하고 있습니다. "힘으로도 되지 않고 능으로도 되지 않으며 오직 주님의 신으로" 말미암는 것 말고는 하나님께서 아직 영국이 해방을 얻을 때가 되지 않았다고 생각하신 것처럼 여겨집니다. 가장 훌륭한 사람들도 거의 "반쯤 개혁한 것도 처음으로선 매우 잘한 것이다"라고 말하고 있는 것이 사실입니다. 그것은 다름이 아니라 "아직 성전을 건축할 때가 되지 않았다"고 말하는 것입니다. 그것 때문에 이 땅의 크고 아름다운 많은 집들이 황폐되어 있는 것입니다.

많은 재세례파, 반율법주의자, 가족주의자, 분리주의자들이 여기에 있습니다. 그들 중에 주요 인물들은 회중정치 지지자들입니다. 저로서는 스페인에 있었을 때보다 런던에 (많이 있다는 것을 의심하지 않지만) 바른 그리스도인이 몇 사람이나 있는지 아니, 제가 만난 많이 배우고 열심 있고 신실한 목사들을 제외하고는 잘 모르겠습니다. 바람직한 것인지는 몰라도 성도들의 교제가 문제, 곧 그리스도와 죄 사함 같은 큰 문제가 아닌 것이 저로 하여금 하나님께 찬양을 드리게 합니다. 여기에 있는 그리스도의 지체들처럼 예수께서 낯설었더라면 저는 슬프고 괴로운 처지에 있었을 것입니다.

귀족원은 부패한 사람들이며 우리 참석자들과 주장을 모두 증오하고 있습니다. 생명이 있는 곳은 하원인데 거기도 많은 사람이 자신의 신앙을 자기 마음대로 선택합니다. 해산하는 여인의 고통이 이 땅에 오고 있습니다. 우리의 군대는 요크까지 진군해 있고 뉴캐슬에 육천의 로마교도들과 왕당파들, 토머스 시드서프와 몇몇 스코틀랜드 주교제도파들을 몰아넣고 있습니다. (의회 군대가 얼마나 강하고 그들이 하나님과 언약을 맺은 이후로 하나님께서 많은 승리를 주셨고 왕이 얼마나 약한지를 고려할 때) 만일 하나님께서 그들을 우리 군대의 손에 넣으신다면 이 땅의 해방이 가깝다고 생각될 수 있습니다. 그러나 저는 그것을 믿기보다는 바라고 있습니다.

오늘 우리는 예배지침서를 치워버리기 위해여 예배 모범의 일부를 회의에 상정했습니다. 총회에서 논의할 것입니다.

당신의 아들 린드세이는 잘 있습니다. 거의 매주 그에게서 편지를 받습니다.

166

테일러 여사에게 — 아들이 죽었을 때
고통 중의 위로를 제안함

>

부인, 은혜와 사랑과 평안이 당신에게 있기를 바랍니다. 제가 당신과 세상적인 어떤 관계가 있는 것도 아니고 아는 사이도 아니지만 제가 머물고 있는 런던에 지금 있는 당신의 큰 아들의 증언과 요청에 따라서 무엇보다도 당신 안에 계신 예수 그리스도를 높이 여기기 때문에 그리스도 안에서 최근에 잠든 당신의 아들에 관하여 당신에게 저의 보잘것없는 생각들을 전할 마음을 가지게 되었습니다. 그는 저의 동료 사역자인 그리스도의 신실한 종인 블레어 목사의 목회 아래 얼마 동안 있었기 때문에 적지 않은 유익을 거두었으리라고 저는 기대합니다. 은혜는 어머니의 애정들을 뿌리 뽑는 것이 아니고 모든 것을 새롭게 하시는 이의 풀무에 그것들을 맡김으로 그것들이 세련되어지는 것입니다. 그러므로 죽은 아이에 대한 근심은 당신에게 아주 적은 양만 달아서 허락된 것입니다.

그리스도의 구속을 입은 사람들은 자신들의 근심이나 다른 감정들에 대한 통치권이나 주권이 없기 때문에 자기 멋대로 그리스도의 재산들을 허비할 수 없습니다. "너희는 너희 것이 아니요 값으로 산 것이 되었다"고 하였으니 당신의 근심은 당신의 것이 아닙니다. 그가 당신을 반쪽만 구원한 것이 아닙니다. 그러므로 당신은 그리스도의 십자가를 십자가가 아닌 것이 되게 해서는 안됩니다. 그가 당신에게 울라고 명하셨습니다. 사람의 마음을 가지시고 하늘에 오르셔서 긍휼이 많으신 대제사장이 되신 저 존귀하신 이가 땅에서 죽은 자를 위하여 우심으로(요 11:35) 당신의 동료와 친구가 되셨습니다. 그러므로 당신은 그 십자가를 사랑해야 합니다. 왜냐하면 그것이 당신보다 앞서서 한때 그리스도의 어깨 위에 있었으며 그가 친히 그것을 지심으로 당신의 십자가를 중보자의 광채로 입히시고 덮으셨기 때문입니다. 당신이 마시는 잔은 그리스도의 입술에 있었고 그가 마셨습니다. 그래서 그것은 그리스도의 냄새를 가지고 있으니 당신이 그렇게 달게 된 것을 싫어하지 않으시리라고 저는 생각합니다. 그러므로 들이켜시고 당신의 아들의 몸의 부활을 믿으십시오. 만일 지옥의 불똥이 그 높이 되신 머리인 예수로부터(지상의 왕들의 주가 되신 예수!) 떨어져 저를 태워 재가 되게 한다면 제가 (사람들 중에 가장 자격이 없지만) 그와 동료가 되고 그와 몫을 나누는 자가 되는 것을 알 때 저는 그와 함께 불 속에서 아름다운 죽음을 죽어야 하리라고 생각합니다. 그리스도의 가장 힘든 일들, 그의 십자가는 그로부터 천국의 많은 것들을 가지고 있는 것입니다. 그러므로 그리스도인으로서의 당신의 근심은 그 안에 그리스도께 친척이 되는 것을 가지고 있는 것입니다. 만일 당신의 근심이 사생자라면 (당신이 그리스도에 대해 그의 죽음과 고난에 연결되어 그와 가진 관계 때문에 그리스도의 집에 속한 것이 아니라면) 저는 더욱 당신의 처지를 동정해야 할 것입니다. 하지만 친절하시고 다정하신 예수께서는 지금 영화롭게 된 당신의 아들을 잃어서 짓는 당신의 모든 한숨에 사람의 심정을 가지고 말씀하십니다. "반은 내 것이다."

저는 그 땅에서 불려 나왔기 때문에 그의 죽음을 보지 못했습니다만 제가 믿는 사람들을 당신이 믿으신다면 (제가 거짓말하는 것이 아닙니다.) 그는 평화롭게 죽었습니다. 제가 당신의 아들 (그리스도 안에서 제게 매우 귀한) 휴(Hugh)가 하리라고 기대하고 진심으로 바라는 것처럼 그가 땅에서 그리스도를 많이 섬기지 못하고 죽은 것은 사실입니다. 그러나 만일 그가 섬길 장소를 옮긴 것이지, 일이나 주인을 바꾼 것이 아니라는 이것으로 벌충되지 않는다면 정말로 근심거리가 될 것입니다. "다시 저주가 없으며 하나님과 그 어린양의 보좌가 그 가운데 있으리니 그의 종들이 그를 섬기며"(계 22:3) 그가 이 천한 집에서 할 수 있었던 것과 똑같은 봉사를 지금 그 높은 곳에 있는 집에서 하고 있는 것입니다. 그것이 모두 같은 것입니다. 같은 일이며 같은 주인이며 단지 환경만 변한 것입니다. 그것이 당신의 사랑하는 아들에게 좋지 않은 거래라고 생각하지 마십시오. 그는 구리나 놋쇠 대신 금을, 시간 대신 영원을 가지고 있는 것입니다.

(당신에 대한 증인으로서 당신의 아들 휴를 제가 믿기 때문에) 저는 그리스도께서 당신에게 그가 죽었기 때문에 너무 슬퍼하지 말라고 가르치셨다고 믿습니다. 모든 이야기는 "너무 빨리 죽었어, 너무 젊어 죽었어, 인생의 아침에 죽었어"라는 것입니다. 이것이 전부입니다만 주권이 당신의 생각을 잠잠케 해야 합니다. 저도 당신의 처지에 있었습니다. 제가 두 아이를 가지고 있었는데 제가 여기 온 이후에 둘 다 죽었습니다. 모든 일의 최고이시며 절대자이신 조물주께서 자신이 행하신 일에 대해 어떤 설명도 주시지 않았습니다. 선한 농부는 한여름에 아니, 여름이 시작되는 첫 달 초순에 자기의 장미를 거두고 자신의 백합을 딸 수 있습니다. 그리고 그는 낮은 곳에서 그해 어느 때든지 햇빛을 더 많이 받는 곳, 더 많은 공기를 받는 더 높은 땅으로 어린 나무들을 옮겨 심기도 합니다. 그것이 당신과 제게 무엇입니까? 재산은 그의 것입니다. (제가 이런 말을 채용할 수 있다면) 시간과 바람의 창조자께서 여행자를 그렇게 일찍 도착하게 함으로 본성에 자비로운 상처를 입히신 것입니다. 아름다운 바람과 바람직한 조수와 빠르게 다가오는 해안, 특별히 모든 거주자들이 그들의 머리 위로 넘치는 영원한 기쁨을 가지고 있는 그 땅의 해안으로 들어오는 것을 불평하는 이들은 바다를 너무 사랑하는 사람들입니다. 그가 천국에 너무 일찍 들어간 것이라고 할 수 없습니다. 그의 열두 시간은 짧은 시간이 아닙니다. 거기에다 만일 당신이 그의 침대 곁에 있어서 그리스도께서 그에게 오신 것을 보았다고 한다면 그를 더 이상 놓아두고 싶지 않으신 그리스도의 넘치는 사랑을 미루게 할 수는 없었을 것이라고 생각합니다.

어머니가 눈을 감겨 줄 수 없는 낯선 땅에서 죽은 것은 그리 문제가 되지 않습니다. 누가 모세의 눈을 감겼습니까? 누가 그에게 수의를 입혔습니까? 제가 알기로는 아버지도 아니고 어머니도 아니며 친구도 아니고 오직 하나님께서 홀로 하신 일입니다. 마치 그가 태어난 침대에서 죽은 것처럼 스코틀랜드와 천국 사이에 빠르고 아름답고 쉬운 길이 있는 것입니다. 온 땅이 그의 아버지의 것입니다. 아버지 집의 어느 외진 곳도 죽기에 충분히 좋은 곳입니다.

(휴에 대해 말하는 것은 아닙니다만) 살아 있는 아이가 죽은 자보다 당신에게 더 근심이 될 수도 있습니다. 어느 때 하나님께서 그에게 회개를 주시기까지 기다리셔야 합니다. 그리스도께서도 당신과 제게 오랫동안, 분명히 제게는 더 오랜 기간 기다리셨습니다. 만일 하나님께서 그에게 회개 주시기를 거절하신다면 저는 다른 말을 해야 할 것입니다. 하지만 저는 그에게 더 좋은 일을 바랍니다.

그리스도께서 이 세상을 당신의 계모로 가지게 하신 듯합니다. 저는 당신의 처지가 더 나쁘게 되는 것을 원치 않습니다. 그것은 당신이 이 비천한 집의 자식이 아니고 단지 이방인이라는 증거가 될 것입니다. 그리스도께서 그것을 그냥 좋게 본 것이 아니고 그와 같이 천국으로 인도되는 것을 당신의 유일한 선으로 아십니다. 그가 당신에게 무료의, 값없는 은혜를 주신 이것을 은총으로 여기십시오. 당신은 그것에 대해 아무것도 지불한 것이 없습니다. 높고 고상하신 예수 그리스도의 어떤 것에 대해 누가 값을 매길 수 있겠습니까? 하나님은 당신에게 그를 위해 당신의 소유를 허비하는 것을 감당하도록 하셨습니다. 그것도 값없는 은혜의 일로 여기십시오. 그를 가지셨으니 당신은 진 자가 아닙니다. 당신이 그리스도를 얻으신다면 아무것도 당신을 쓰게 할 것이 없다고 저는 확신하는 바입니다.

은혜, 은혜가 당신에게 있기를 바랍니다.

1645년, 런던, S. R.

167

바바라 해밀턴에게
사위의 죽음, 하나님의 뜻

>

귀한 친구여, 은혜가 당신에게 있기를 바랍니다. 저는 하나님께서 당신의 사위에게 하신 일에 대해 내키지 않는 마음으로 편지를 씁니다. 단지 저는 당신이 모든 일들을 운행하시는 그리스도와 섭리의 가장 높고 가장 탁월한 행사를 멸시하지 않으시리라고 믿습니다. 분명히 보좌 앞에 있는 큰 책에 제정되고 결정되었고 결코 실수할 수 없는 손으로 날인하고 서명하여 우리에게 내려온 것은 우리들이 입을 맞추어야 하며 받들어야 합니다.

우리는 하나님의 정하신 일들이 그들의 열매를 딸 때 그 행사들이 그들의 때에 선하고 나쁘며 달고 시다는 것을 압니다. 하지만 현재로서는 하나님의 정하신 일의 후산(後産), 곧 그의 복된 의중과 그가 그의 거룩하고 흠 없는 계획의 모태에서 출산하는 선한 것을 우리는 보지 못합니다. 우리는 그의 일하심을 보고 있으며 우리는 탄식합니다. 그의 계획과 일하시는 목적은 감추어져 있고 땅 속에 있으므로 우리가 믿지를 못합니다. 사람들 사이에서 우리는 잘라낸 돌들과 목재, 여기저기 흩어져 쌓여 있는 집에 소용되는 재료들, 모든 자잘한 도구들, 망치, 도끼, 톱 등을 봅니다. 그러나 현재로서는 그 집, 많은 숙소들과 안락한 방들의 아름다움과 편리함을 우리가 볼 수도 없고 이해하지도 못하는 것입니다. 이런 것들이 아직은 건축자의 마음과 머리에만 있을 뿐입니다. 우리는 붉은 흙과 깨지지 않은 덩어리들과 패인 곳과 돌들을 보지만 여름과 백합들과 장미들과 정원의 아름다움을 보지 못하는 것입니다.

주님의 의도는 감추어져 있으니 만일 당신이 주님께 일하실 시간을 드린다면 당신의 아들이 거처를 바꾼 것이지 그의 주인을 바꾼 것이 아니라는 것이 당신에게 좋은 일이었다는 것을 아시게 될 것입니다. 그리스도께서는 이곳에서 그의 섬김을 받으시는 것이 좋지 않다고 생각하셨습니다. 하지만 그의 종들이 그를 섬길 것입니다(계 22:3). 그는 땅에서나 하늘에서나 우리나 우리의 섬김을 필요로 하시지 않습니다. 그러나 수고에 대해서 뿐만 아니라 단지 그리스도를 섬길 마음과 뜻에 대해서도 품꾼들에게 휴가와 품삯을 주시는 그를 바라보셔야 합니다. 그가 오랫동안 일하는 허락은 받지 않았지만 그러한 일꾼이 그리스도의 포도원에서 40년간 땀을 흘린 일은 그리스도의 계좌에 기록되는 것입니다. 왜냐하면 행위에 대한 의지를 받으시는 그가 그렇게 계산하시기 때문입니다. 아무도 주님께 셈하는 것을 가르칠 수 없습니다. 그는 빗방울을 헤아리시며 별들을 이름으로 아십니다. 공중에 떠 있는 크고 작은 모든 별에게 이름을 주는 것이 우리에게는 대단한 연구가 요구될 것입니다.

레위기 10장 3절을 보십시오. "아론이 잠잠하니" 그의 두 아들이 주님께 다른 불을 드리다가 죽임을 당한 일을 아실 것입니다. 당신의 생각들에게 잠잠하라고 명하십시오. 만일 뉴캐슬의 병사들이 이 일을 행하였더라면 당신은 분노해야 했을 것입니다. 그러나 무기는 다른 손에 있었던 것입니다. 매를 순순히 받고 그것을 정하신 이를 순종하셔야 합니다(미 6:9). 그리고 그 매 속에 하나님과 천국에 속한 어떤 것이 있다는 것을 아십시오. 하나님의 심판과 헤아릴 수 없고 끝이 없는 길의 위엄은 막대기 속에는 보이지 않으니 그것들을 보려면 지혜 있는 사람의 안목이 필요합니다. 만일 그 잃어버림에 당신과 함께 한 다른 이들의 고난이 당신을 가볍게 할수 있어도 당신은 그런 것을 바라지는 않으실 것입니다. 그러나 그는 잘못을 행하실 수 없습니다. 그는 멈추실 수 없으며 그 일을 행하신 그의 진행은 일정합니다. 저는 주님께서 죄의 멸함을 더욱 의도하신다고 압니다. 그가 당신의 집에 괜히 오시지 않도록 하시고 자비로운 방문의 수고를 잃어버리지 않게 하십시오. 우리에게는 때때로 불과 금속 모두 잃어버릴 것 같을지라도 대장장이이신 하나님은 헛되이 녹이시는 일이 결코 없습니다. 그러나 이 일에 저보다 당신이 더 낫다는 것을 저는 압니다. 낙심하거나 싫증내야 할 이유가 없습니다.

은혜가 당신에게 있기를 바랍니다. 예수 그리스도의 풍족한 위로가 당신의 십자가를 달게 하시고 그 아래서 당신을 도와주시기를 바랍니다.

1645년 10월 15일, 런던, S. R.

168 홈 여사에게 — 남편이 죽었을 때
회초리 속에 있는 하나님의 음성
>

사랑하는 자매여, 은혜와 사랑과 평안이 당신에게 있기를 바랍니다. 당신이 만일 당신의 젊을 때의 남편보다 더 나은 어떤 것을 가지셨다면 당신은 예수 그리스도께 빚을 진 사람입니다. 그렇다면 당신의 빚을 불평으로 갚지 마십시오. 근심은 의의 단 열매로 감소시킬 수 있습니다. 하지만 평온, 침묵, 순종, 믿음은 당신의 비통한 상실에 왕관을 씌웁니다. 울부짖는 회초리의 소리가 누구의 소리인지 당신은 아십니다(미 4:9). 주님의 이름과 위엄이 그 매에 새겨져 있습니다. 읽고 훈계를 받으십시오. 그리스도께서 남편의 자리를 차지하시게 하십시오. 그는 이제 당신의 도움이나 당신의 사랑이 필요하지 않습니다. 그는 그의 마음이 누릴 수 있는 만큼 그리스도의 사랑을 실컷 즐기고 있습니다. 저는 그것이 당신에게 피조물을 깎아내리라고 가르치는 비싼 값을 주고 산 경험이라고 고백합니다만 만일 그리스도께서 그것을 의도하신 것이라면 결코 그것이 비싼 것이 아닙니다. 그가 떠난 것, 그의 죽은 방식과 자세, 도구들, 장소, 시간에 대한 당신의 의심들은 당신이 둘째 원인들을 벗어나서 주님께서 그 일을 하셨기 때문에 잠잠하기 전에는 당신의 마음을 평안하게 하지 않을 것입니다.

만일 우리가 전능하신 분의 행사와 바닥을 알 수 없는 그의 길을 잰다면 우리는 하나님을 아주 잘못 볼 것입니다. 오, 우리가 하나님을 볼 수 있는 부분은 얼마나 적은지요! 그는 우리의 얕고 좁은 생각을 훨씬 넘어 계십니다. 어제의 피조물인 우리가 태어나기도 전에 그는 지혜로 세상을 다스리셨습니다. 그리고 우리가 벌레와 썩음 곁에 머물 때에도 다스리실 것입니다. 이 슬픈 손실로 인하여 천국적인 지혜와, 자기를 부인하는 것과, 죄를 죽이는 일을 배우십시오. (하나님께서 하시는 모든 일이 선하다는 것을 당신이 부인하지 않는다면) 당신이 땅에서 한 사람을 잃은 것이 헛된 것이 아니라는 것입니다. 천국에 대한 당신의 사랑과 마음이 너무 적었습니다. 그래서 주님의 시기하심이 이 일을 행하신 것입니다. 그가 당신과 당신의 모든 애인들과 다투시는 것이 사랑입니다. 그리스도께서 필요를 가지시며 자신에게 그러한 속박을 두신 것보다 저는 저 자신에 대한 큰 은총을 바랄 수는 없습니다. "그 사람을 내가 가져야 한다. 그러한 영혼이 없이는 내가 천국에서 살 수가 없다"(요 10:16). 그것을 믿으십시오. 그리스도께서 말씀하시는 것은 이해할 수 없는 사랑입니다. "내가 비록 내 아버지의 영광과 천국의 왕관을 즐기고 있지만 나는 아무리 거센 것일지라도 모든 수단을 동원하여 아무개의 동반을 영원, 영원토록 소유할 것이다."

만일 지혜의 눈을 가지고 지혜의 자식으로서 당신이 당신의 어머니인 하나님의 지혜를 옳게 여기신다면 당신은 이 잃어버림에 입맞추고 그 안에서 그리스도께 속한 많은 것을 발견하셔야 합니다. 믿고 순종하십시오. 예수의 위로의 수입과 시련의 결과를 당신의 모든 머리카락을 헤아리신 하늘에 계신 당신의 아버지께 돌리십시오. 그리스도를 당신의 사랑 속에 있는 그의 방으로 모셔 들이십시오. 그가 자기 자리에 계시지 않으실 수도 있고 그의 존엄에 맞지 않는 낮은 사랑의 자리에 계실 수도 있습니다. 그분에게 가해진 모든 잘못에서 그분을 회복시켜 드리고 남편으로 그분을 사랑하십시오. 과부에게 남편이신 그분은 그가 당신에게서 취하여 간 남편이 되실 것입니다.

은혜가 당신에게 있기를 바랍니다.

1645년 10월 15일, 런던, S. R.

169 한 그리스도인 친구에게 — 그의 아내가 죽었을 때
제1차 원인인 하나님, 고난의 목적

>

존경하는 친구여, 알아낼 길이 없는 지식을 가진 그의 방도와 순서에 따라서 당신도 따라가야 할 곳으로 지금 앞서 간, 사랑스럽고 좋은 아내를 잃은 일에 저도 당신과 함께 고난을 받고 싶습니다. 태어남과 사는 것에서 어제를 오늘보다 앞서 가게 하시며 이전 세대를 현 세대보다 앞서 있게 하시고, 어떤 꽃은 자라서 오월에 다른 꽃은 유월에 죽고 시들게 하신 그분은 영혼이 없는 사물에 관하여 정하신 순서에서 나무랄 데가 없습니다. 여기서도 또한 그는 어떤 순서를 정하셔야 하니, 한 사람이 다른 사람을 땅에 묻는 것입니다. 그러므로 주님께서 하신 일이니 당신이 입을 다물고 잠잠하기를 바랍니다.

피조물과 부차적 원인들이 죄 많은 오류 가운데서 하는 것은 당신의 아버지께서 지혜로 정하신 것이니 당신의 영혼과 천국이 그분의 발에 놓여 있는 것입니다. 그리고 당신의 아내의 날들도 그러합니다. 만일 그녀가 떠난 장소가 다른 곳이 아니라 죄의 감옥이었으며 그녀가 간 본향이 다른 곳이 아니라 그녀의 머리이신 구주께서 그 땅의 왕이신 곳이라면 당신의 근심은 적었을 것입니다. 그러나 영광과 영생으로 그리스도 안에서 죽은 자들이 부활할 것에 대한 당신의 믿음이 천사장이 큰 소리로 외치며 내려와 무덤에서 모든 죄수들을 그분에게 모을 그날의 아침과 동틀 때까지 당신으로 그녀를 사모하는 것을 멈추게 하리라고 저는 믿습니다. 이것을 믿는 것이 당신에게 최선이며 그분이 그렇게 하셨으니 잠잠히 있는 것이 당신의 지혜입니다.

하나님의 일에 훨씬 지혜롭고 훨씬 숙련된 주님의 시련의 학교에서 얻는 것이 많습니다. 그리스도께서 그의 병든 자들에게서 혈관을 열어 나쁜 피만을 빼시는 것이 우리의 행복입니다. 그리스도께서 그런 일을 행할 기술을 가지고 계시니 (우리의 부패함이 방해하지 않는다면) 바로잡는 일에 자비의 재능을 가지신 것입니다. 우리는 스스로 우리에게 남아 있는 주석과 납과 찌끼를 제거할 수가 없습니다. 만일 그리스도께서 최고의 장인이 아니라면, 만일 (그가 자기의 그릇이 녹을 때 가까이 계시지 않으시고) 풀무가 제멋대로 하게 버려 두었더라면 수고는 없어진 것이고 대장장이는 헛되이 녹인 것입니다. 하나님께서는 우리 중의 어떤 이들이 우리 주님 예수의 불과 땀과 수고를 잃어버린 것을 아십니다. 그릇이 거의 파손되고 하나님의 풀무와 매가 낭비되었으니 많은 선한 십자가와 고난의 남용이 의의 평강한 열매를 맺지 못한 채 허비된 것에 대하여 그들은 하나님의 위엄 앞에 답변을 해야 할 것입니다. 막대기가 저주를 받아서 열매가 거기에서 맺지 않는 것은 슬픈 일입니다. 만일 그리스도의 이슬이 내리지 아니하고 그의 여름 햇빛이 비치지 아니하며 그의 은혜가 그들로 하나님께 열매를 맺어드리도록 고난들을 쫓아가지 않는다면, 그것들은 우리에게 열매를 맺지 못하여 (찔레가 나기에 아주 기름진) 우리의 못된 땅이 귀찮은 잡초 숲으로 무성하게 될 것입니다. 선지자가 말한 대로(겔 7: 10, 11) 몽둥이가 꽃 피며 교만이 싹이 나고 포학이 일어나서 죄악의 몽둥이가 된 것입니다. 제가 당신을 본 이후로 제 처지가 이러한 여러 몽둥이 아래 있었습니다.

은혜가 당신에게 있기를 바랍니다.

1645년, 런던, S. R.

170 한 그리스도인 형제에게 — 그의 딸이 죽었을 때
앞서 간 딸에 대한 위로, 가장 좋은 남편이신 그리스도

>

주님 안에서 사랑하는 이에게, 제가 오랫동안 잠잠했던 것 같습니다만 그 렇다고 당신을 잊은 것으로 여기지 마시기를 바랍니다.

당신의 딸이 죽었다는 소식을 듣고 당신의 입장에서 마음이 슬펐지만 당신과 여러 증인들 앞에서 그 아이가 죽은 자의 부활에 대한 소망을 보여 준 것으로 많은 위로를 받았습니다. 심겨진 씨는 잃어버린 것이 아닌 것같이(고전 15:42, 43) (삼킨 것보다 심겨진 씨가 더 소망이 있기 때문입니다) 죽은 자의 부활도 그와 같습니다. 몸은 "썩을 것으로 심고 썩지 않을 것으로 다시 살며, 욕된 것으로 심고 영광스러운 것으로 다시" 사는 것입니다. "우리가 예수의 죽었다가 다시 사심을 믿을진대 이와 같이 예수 안에서 자는 자들도 하나님이 저와 함께 데리고 오시리라"고 하셨으니 당신이 결실과 추수를 기다리시리라 믿습니다. 그러므로 장자들과 성도들의 총회에 들어간 이들은 잃은 자들이 아닙니다. 우리가 먼저 간 이들을 따라 잡거나 앞지를 수는 없을지라도 우리도 신속하게 그들을 따라갈 것입니다. 차이는 그 아이가 당신과 당신의 어머니보다 면류관을 몇 달이나 몇 년을 앞서 받게 되는 좋은 점이 있다는 것입니다. 은혜의 생명에서 우리 자녀들이 우리를 앞지른다고 하여도 그것이 나쁘다고 할 수 없습니다. 그렇다면 영광스러운 생명을 얻는 데에 그들이 우리보다 앞선다고 우리가 슬퍼해야 할 이유가 무엇입니까? 그들이 영광을 얻고 우리 앞서 죽는 것보다 자녀들이 우리 뒤에 남는 것이 더 슬퍼할 이유가 되어야 할 것 같습니다. 모든 차이는 다소간에 빠르거나 느리거나 시간의 비천하고 굶주린 보잘것없는 사건들에 있는 것 같습니다. 그러므로 경건한 아이는 어려서 죽을지라도 백 살이 되어 죽은 것입니다. 선택이 그리스도의 것이요 당신의 것이 아니

지만 지금 당신이 그 아이에게 더 좋은 것을 줄 수는 없었을 것입니다.

친구여, 그 아이가 부모의 뜻에 반대하여 결혼을 했다고 당신이 말할 수는 없을 것이라고 확신합니다. 아마 살았다면 더 못된 남편의 손에 빠졌을지도 모를 일입니다. 하지만 당신은 그 아이가 더 좋은 남편을 만날 수 있었을 것이라고 생각하십니까? 만일 그리스도께서 당신 집안과 혼사를 이루신다면 그것은 영광이며 슬퍼할 일이 아니며 딸아이가 당신의 재산을 즐기기 전에 주님께서 당신의 사람들 각자에게 재산을 나누어 주실 것입니다. 그것이 대단한 사랑 아닙니까? 그 재산은 다른 이들이 줄 수 있는 것보다 큰 것입니다. 그렇게 좋은 신랑은 있을 수 없습니다. 더 좋은 신랑감을 말하는 것은 모독입니다. 영원한 왕과 군주는 당신보다 더 잘 그들을 지켜 주실 수 있습니다. 딸아이가 살아 있었을 동안에 당신이 그 아이를 그리스도께 의탁하고 그의 돌봄에 그 아이를 부탁하였으나 이제는 주님 안에서 죽은 모든 이들이 잠자고 있는 그의 품에 당신은 그 아이를 넘겨 준 것입니다. 당신은 땅에서 주님을 영화롭게 하기 위해 그 아이를 빌려 드리려고 하였을 것이며 그는 그 아이를 (다시 되돌리실 것을 약속하고) (고전 15:53; 살전 4:15, 16) 천국에서 자신을 신속하게 영화롭게 할 오르간으로 삼기 위해 빌리신 것입니다. 죄 없이 하나님을 영화롭게 하는 것이 죄가 가득하여 그를 영화롭게 하는 것보다 더 나은 것입니다. 딸아이에 대한 당신의 기도는 성취된 것이 확실합니다. 만일 주님께서 그 아이의 어머니에 대해 같은 방식으로 행하신다고 해도 저는 당신이 같은 마음을 가지시리라고 기대합니다. 그리스도께서 재앙을 당신에게 넘치게 하시지는 않을 것입니다. (제가 믿는 대로) 그 근원이 하나님의 사랑이라면 당신은 잃어버린 것들로 말미암아 오히려 풍족하게 될 것입니다.

제가 그리스도 안에 있기 전부터, 당신은 제가 표현할 수 있는 이상 더 좋은 것을 말할 수 있는 모든 것을 알고 계셨습니다. 은혜가 당신에게 있기를 바랍니다.

1646년 1월 6일, 런던, S. R.

171 한 그리스도인 여성에게 — 임종을 앞두고
죽음과 천국에 대한 견해, 염원

>

부인, 은혜와 사랑과 평강이 당신에게 있기를 바랍니다. 만일 당신과 우리 모두 앞에 있는 죽음이 다른 것이 아니라 친숙한 이별이나 변화이며 생명의 멸망이 아니라면, 죄의 삯으로서 그렇게 슬프고 어두운 터널과 가시 같은 골짜기를 통과하는 것은 하나의 고된 여행처럼 보일 것입니다. 그러나 당신의 발이 한 번도 그 검은 그림자를 밟지 않았지만 당신이 그 길을 알고 계시다고 저는 확신합니다. 생명의 잃어버림이 당신에게 유익이 됩니다. 만일 그리스도 예수께서 당신의 여행의 끝에서 종결이고, 결말이고, 거처가 된다면 두려워할 것 없으니 당신은 친구에게 가는 것입니다. 당신은 이 생에서 그와 교제하여 왔고 그는 당신의 사랑과 마음의 가장 큰 몫인 당신의 것에 대한 보증과 담보를 가지고 계시니 당신은 기쁨으로 죽음을 마주 대할 수 있습니다.

만일 마음이 천국에 있으면 당신의 나머지도 둘째 사망의 죄수로 갇혀 있을 수 없는 것입니다. 그러나 당신이 여기서 계신 것을 보았던 그가 다른 생에서도 같은 그리스도이시지만 그의 탁월하심, 아름다움, 감미로움, 빛남, 위엄의 광채가 그의 계신 모습 그대로 보이실 때 그가 여기 나타나셨을 때보다 훨씬 뛰어나서 당신은 그를 몰라볼 것이며 그는 새로운 그리스도로 보일 것입니다. 그의 입맞춤, 숨결, 포옹, 향기, 당신에게 부어졌던 그 이름의 기름은 여기보다 거기서 하나님께 관하여 더 많이, 그리고 천국과 영원과 신성과 위엄과 영광의 더욱 강한 향기를 가진 것을 보여 줄 것입니다. 마치 샘에 있는 물이나, 과수원이나 나무 옆에 있는 과일들이 수백 마일 떨어진 우리에게 운반되어 왔을 때보다 그들의 본래 감미로움과 맛과 멋에 있어서 훨씬 나은 것과 같습니다.

당신이 계신 지구의 한 작은 지점과 모든 하늘들 위에 높이 계신 아버지의 오른 편 사이에서 그리스도께서 자신의 감미로움을 운반하는 중에 약간이라도 잃어버린다든지 아니면 그의 신성이나 임재의 감미로움이 나빠질 수 있다는 뜻이 아닙니다. 그러나 당신이 새로운 분별력을 가질 때, 영혼이 더 깊고 큰 그릇이 되어 그리스도에 대해 더 많은 것을 담을 수 있을 때, 도구들(지금 그리스도를 태우고 있는 마차인 복음과 그를 실어 나르는 성례들)이 없어질 때, 변화가 당신 안에서 일어날 것입니다. 분명코 당신은 지금부터 몇 날이 지나서 그리스도와 아주 가까이 함께 있게 될 때처럼(눅 23:43; 요 17:24; 빌 1:23; 살전 4:17), 지금 그를 대면해 보았다거나, 가장 높은 샘의 포도주를 마셨다거나, 바로 그 샘에 이르러 싱싱한 사랑의 바다나 조수를 들이켰다고 할 수 없습니다.

의심할 바 없이 당신은 천국에 올라가 그리스도께로부터 무엇을 가져오는 일이라면 하룻길 여행이나 아니 며칠 걸리는 여행도 마다하지 않을 것입니다. 그렇다면 당신이 완전한 신성을 즐기기 위해서 직접 천국에 가는 여행은(그것은 잃어버린 시간이 아니라 얻은 영원입니다!) 얼마나 더 바라는 바이겠습니까! 거기서 그가 계신 대로의 놀라운 모습! 지금 우리와 계신 것처럼 평상복 차림도 아니고, 은혜와 감미로움의 밤이슬 한 방울이나 약간도 아닐 것입니다. 거기서 그는 원천(源泉) 위엄의 옷자락이나 단추 하나가 백만의 세상보다 더 풍족하고 더 값지고 더 진귀한 영광의 결혼예복을 입고 계십니다. 오, 그 우물이 깊습니다. 그때 당신은 땅에 있는 설교자들이나 허물 많은 사신(使臣)들이 그에 관해 가르치고 그의 아름다움을 설교한 것이 단지 그의 찬양을 망쳐놓고 방해했다고 생각하시게 될 것입니다.

아! 우리가 예루살렘의 딸들에게 그의 가장 높고 초월하시는 최고의 탁월하심을 그렇게 시시하게, 딱딱하게, 냉랭하게, 낮게 표현하고 있으니 우리는 단지 그리스도를 겁게 사랑스럽지 못하게 만들고 있는 것입니다. 진실로 저 자신이 이 일에 자주 죄를 범했습니다. 의심할 바 없이 천사들은 그리스도께서 타락한 귀신들과 함께 자기들을 넘어지지 않도록 자기의 발을 붙들어 주신 일에 대하여 자기들이 입은 은혜를 따라서 도리를 다 성취하지 못합니다. 물론 그들이 지음을 받은 능력의 최대한까지 가는데 뒤지지 않는다는 것을 저는 압니다. 그러나 다른 죄에 더하여 우리의 찬양에 죄가 있고 분량에서도 죄가 있습니다. 하지만 저는 여기서 그만두겠습니다. 제게 너무 깊습니다. 가서 보십시오. 우리가 당신과 함께 가고 싶습니다.

하지만 우리는 시간을 마음대로 정하는 주인들이 아닙니다. 만일 그 마지막 여행에서 예수 그리스도께서 당신보다 앞서서 그리하신 것처럼 당신이 길에서 뱀을 밟으며 그 일로 인하여 당신의 발꿈치를 상하게 된다면 그 상처의 흔적은 마지막 의인들의 부활 때까지 알려지지 않을 것입니다. 죽음은 단지 시간과 죄를 넘어서서 감미로우신 예수께 나아가는 장엄한 발걸음이니 그는 죽음의 이가 그를 상하게 했기 때문에 죽음의 가장 악한 것을 아셨고 느끼셨습니다. 우리는 이제 죽음이 이도 턱도 없다는 것을 알고 있으니 그것들이 부서졌기 때문입니다. 그것은 열린 감옥입니다. 천국 시민들은 무덤에 아무것도 지불하지 않습니다. 죽음의 권세를 가진 간수가 쓰러졌습니다. 찬양과 영광을 죽은 자들에게서 처음 일어나신 이께 돌립시다.

있을 수 있는 가장 괴로운 일은 당신 뒤에 아이들과 남편과 하나님의 교회를 비천한 상태에 버려두고 떠나는 일일 것입니다. 그러나 현재로서는 당신은 그들을 데리고 천국으로 갈 수 없습니다. 그들을 섭섭해 하시면 안 됩니다. 그리스도께서 자기 양들의 가장 보잘것없는 것 하나라도 잘못 헤아리시는 법은 없을 것입니다. 아들 하나님께서 자기의 아버지 하나님께 나라를 바칠 때에 어떤 남자아이도, 어떤 여자아이도, 어떤 비천한 자도 당신이 그들을 다시 보게 되는 그날까지 잃어버리시는 일이 없을 것입니다.

모든 비천한 품꾼의 저녁과 황혼이 다가옵니다. 이생에서 그리스도의 교회의 해가 지금 낮게 기울고 있습니다. 지금 싸우고 있는 무리 중의 한 사람도 한두 세대 안에 여기에 있지 않을 것입니다. 우리의 남편이 그들 모두를 불러 갈 것입니다. 그 과정이 끝날 때까지 우리가 시간과 혼인하지 않으면 훌륭한 사랑입니다.

예수께서 당신 앞서서 천국에 계신다는 것을 알고서 당신이 거기에 가는 것을 기뻐하시리라고 봅니다. 당신이 그곳에 이르러 처음 들어갈 때 당신은 그의 기름과 그의 몰약과 침향과 계피 향내를 맡을 것입니다. 이러한 그의 첫 인사가 당신으로 하여금 죽는 것이 결코 기분이 언짢은 일이 아니라는 것을 알게 할 것입니다. 가서 당신의 유익을 누리시고 당신이 여기 있는 동안 어디서나 그리스도의 사랑을 먹고 사십시오.

당신이 남겨 두는 교회에 관하여는 그 다스림이 그리스도의 어깨 위에 있고 그가 자기 성도들의 피를 인하여 신원하실 것입니다. 가시떨기는 오 천년 이상 타고 있지만 우리는 아직 이 불의 재를 결코 본 적이 없습니다. 그러나 잠깐 있으면 그 환상은 지체하지 않을 것이며 이루어질 것이며 거 짓말하지 않을 것입니다. 저는 머리이신 그리스도의 통치보다 제가 해야 할 일에 대해 염려하고 있습니다. 그는 심판을 행하셔서 승리를 반드시 이 루실 것입니다. 오, 우리가 우리의 감추어진 생명을 기다리기를 바랍니다! 오, 그리스도께서 덮개를 여시고 시간의 천막을 걷으시며 하늘을 가르고 내려오시기를 바랍니다! 오, 황혼과 밤이 가고 그날이 밝아오며 백합화 가 운데서 먹이시는 그가 그의 하늘의 나팔수에게 외치기를 "서둘러라 내려 가서 세상의 네 모서리를 접고 신부와 결혼하자!" 그의 은혜가 당신에게 있기를 바랍니다.

자, 만일 제가 당신께 은혜를 입었고 저를 신실하다고 생각하신다면 당신께 드리는 저의 마지막 간청은 제게 유산을 남겨 주시라는 것입니다. 곧 당신이 기도할 때 맨 마지막이라도 좋으니 저의 이름을 끼워달라는 것입니다. 그리고 바라기는 당신이 친하게 지냈던 신앙의 친구들의 기도들 속에도 있었으면 하는 것입니다.

1646년 1월 9일, 런던, S. R.

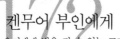

켄무어 부인에게
우리에게 빛을 질 수 없는 그리스도, 그리스도의 풍족함, 천국의 탁월함

>

부인, 은혜와 사랑과 평안이 당신에게 있기를 바랍니다. 왕의 빚을 갚고 자

기 종들에게 손해를 끼치지 않게 하시는 것이 예수 그리스도의 왕답고 훌륭한 관대함의 아주 작은 일입니다. 그의 돈은 당신의 것보다 나으며 그의 백 배는 천국의 소득이요 삯이니 당신의 소득보다 훨씬 나은 것입니다. 그런 방식으로 장부를 셈하는 것은 당신이 처음이 아닙니다. 그리스도를 당신의 마름으로 삼으시는 것이 좋으니 그는 자신의 비천한 하인들에게 이익이 되도록 일하시기 때문입니다. 그러나 (그리스도께서는 당신에게 잘못된 계산이나 지연된 소망으로 갚지 않으실 것이니) 만일 이생에서의 백 배가 그렇게 좋게 셈하여 준 것이라면 오, (긴 영원의 세월의 매일 매시간) 일 년 아니 장구한 세월의 전체 수입, 매 여름에 한 번이 아니라 매 순간마다 부한 나라의 엄청난 수입이 되는 그 땅의 세는 어떠한 것이 되겠습니까!

그 영광의 전체를 셈하는 데는 당신과 천사들의 모든 힘을 동원해야 할 것입니다. 그 넓은 땅의 모든 과실과 포도가 영광이나 기쁨의 가득 참이나 영원토록 지속되는 즐거움보다 못한 열매를 맺는 법이 없는 그러한 곳의 주인에게 소작인이 된다는 것입니다! 어떤 여름, 어떤 토양, 어떤 정원이 거기에 있을지, 해와 달이 거주자들의 발 밑에 있게 되는 저 가장 높은 곳의 일용품들이 어떤 것들이 될지는 당신의 상상에 맡기겠습니다. 진실로 그 땅은 돈이나 피나 추방과 부모나 남편이나 아내나 자식을 잃는 것으로 살 수 없습니다.

단지 우리는 더 나은 것을 할 수 없기 때문에 여기에 머무는 것뿐입니다. 감옥 안에 체류자들이 되며, 울며 한숨을 지으며 오, 눈물의 땅에 육십 년 또는 칠십 년 죄를 짓는 것은 필요이지 덕이 아닙니다. 여기서 자라는 모든 열매는 모두 죄로 양념이 되어 있고 간이 맞춰져 있습니다.

오, 장자들의 총회가 군대의 두 큰 진영으로 나뉘어서 얼마는 자기들의 본향에 있고 얼마는 본향으로 향하는 길에 있다는 것이 얼마나 아름다운 일입니까! 만일 이 좋은 땅의 주권자의 아름다운 얼굴을 더도 말고 한 번만이라도 보고, 그 견줄 데 없는 영광의 빛살과 광채와 비교할 수 없는 사랑의 원천의 기름짐과 감미로움과 진미를 영원토록 즐길 수만 있다면, 그

원천에 이르러 그와 함께 즐기기 위하여 손과 발로 기어서 일곱 번의 죽음과 일곱 개의 지옥을 지나는 것이 뜻 있게 지낸 여행일 것입니다. 오직 싫증내지 맙시다. 그곳까지의 거리가 우리가 처음 믿을 때보다 가까워지고 짧아졌습니다. 나그네들이 여관 주인과 다투며 그들의 숙박에 대해 불평하는 것은 지혜롭지 못합니다. 길은 나빠도 본향은 아름답습니다. 오, 부인이 언급하시는 곳에서 제가 여러 번 보고 맛을 본 것처럼 저는 단지 그 땅에서 나온 그런 포도송이와 무화과 열매를 가지고 싶습니다! 하지만 그것에 대한 소망은 마지막에 진심어린 환영이 있게 될 것입니다. 경주가 끝날 때까지 저는 금메달을 거의 보지 못할지라도 불평하지 않을 것입니다. 그는 주님이십니다! 우리의 고난이 다 마쳐진 다음에 그의 행차가 이 세 나라를 통과하시기를 바랍니다.

1646년 1월 26일, 런던, S. R.

173 제임스 거스리에게
스코틀랜드의 전망, 자신의 어둠, 그리스도의 능력

>

존경하며 사랑하는 형제여, 저는 진심으로 이 나라의 평안을 바라고 또한 그것이 마침내 강물처럼 바다의 힘있는 파도처럼 오리라고 믿습니다. 그러나 오, 우리가 그것을 받을 만큼 성숙하고 준비가 되었다면 얼마나 좋겠습니까! 수확 후에 감람나무 꼭대기에 두세 개 또는 너댓 개의 열매가 남아 있는 것이 모든 것이 끝나기 전에 큰일인 것 같습니다. 하지만 저는 두 나라에서 한 송이는 그 안에 복이 있기 때문에 구원을 받으리라고 알고 있습니다. 그러나 구원의 날이 밝아오는 것이 아주 가깝지는 않겠지만 구름이 주님의 포도원에 물을 주고 꽃을 피우도록 하기 위해서는 더 많은 피의 소나기를 내려야 합니다. 스코틀랜드의 찌꺼기가 아직 없어지지 않았습니다. 잉글랜드의 찌끼와 불순물도 사라지지 않았습니다. 우리 피의 더러운 것도 "심판의 영과 소멸의 영으로 정결하게" 되지 않았습니다. 그러나 제가 이 비통한 문제에 너무 몰두한 것 같습니다.

저에 대해 말씀드리자면 천국 밖에서 예수 그리스도와 교제하는 것 외에 제가 성도들의 마음과 기도 속에 있는 것보다 더 귀하게 여기는 것이 없습니다. 그날이 동틀 때까지 그가 백합화 가운데서 먹이시리라는 것을 저는 압니다. 하지만 저는 그리스도와의 교제를 깨닫는 일에서 아주 낮은 처지에 있으며 제 영혼이 얼마나 가라앉았는지 제가 어디에 있는지도 잘 모르며 이제 어느 누가 가까이 할 수 없는 빛에 거하시는 그에게로 오직 어둠을 지나서 갈 수 있는지를 의심하고 있습니다. 분명히 천국에 이르는 사람들은 그리스도 안에 쌓은 것이 있습니다만 저는 제 것이 어디 있는지 모릅니다. 다른 사람의 구원을 믿는 것과 그리스도께서 송이꿀과 샤론의 장미와 성도들의 낙원과 에덴과 천국의 장자가 되시는 것을 아는 것과 그 땅의 경계를 멀리 떨어져서 보지 못하는 것이 저에게는 충분할 리가 없습니다.

그러나 제가 무엇을 말하겠습니까? 아무것도 아닌 것과 죄가 가득하여 일할 만한 아무것도 없는 곳에서 은혜가 새로운 피조물이 되게 하시는 이분이 주님이 아니라면 저는 끝장났을 것입니다. 만일 당신이나 당신과 함께 있는 사람들이 제가 그의 사랑이 필요하다는 것을 (제가 제 상태를 어떻게 표현해야 할지 모르니) 그저 긁적거린 별 내용 없는 편지 한 통이라도 저를 위하여 그리스도께 전해 줄 수 있다면 저는 제 영혼이 여러분에게 매였다고 여길 것입니다. 지금 보좌 앞에 흰 옷을 입고 서 있는 많은 아름답고 깨끗한 이들이 한때 저와 같이 검은 죄인이었다는 것을 제가 알기 때문입니다. 만일 그리스도께서 죄인을 씻으려고 말씀을 주신다면 그것은 검은 악마들을 아름다운 천사들로 만드시는 말씀보다 그에게 큰일이 아닐 것입니다. 단지 값없는 은혜의 재능이 일하게 하십시오. 제게는 담보를 줄 보증인이 없으며 중보자께서는 모든 완전함 가운데 계시기 때문에 중보자가 필요 없으십니다. 그러나 제가 필요한 것을 그가 아십니다. 오직 보통 이상의 값없는 은혜가 필요할 때 사람들로 빛의 양에서 수백만 마일 떨어져 있게 하여 그들이 이김과 짐 사이에 서도록 하는 것이 그의 지혜의 깊이입니다.

그리스도께서는 오천 년 이상 사랑으로 은혜를 더하여 오셨습니다. 후에 태어난 상속자들은 더욱 많은 죄를 가지고 있기에 그리스도께서 더 많은 실험과 진심어린 사랑의 수많은 시도를 다른 이들에게 해 오셨으니 그리스도께서 수많은 구속에 관하여 부인할 수 없고 반박할 수 없는 회계사라는 것을 믿지 않기 때문입니다. 그래서 그는 이제 말씀하십니다. "병이 심한 곳에서는 의사의 은혜롭고 친절한 재능이 더욱 필요하다." 제가 알기로는 어떤 죄인도 무한한 은혜가 당황하게 되는 처지에 이르게 되지 않을 것이니 중보자께서 이 사람이나 저 사람을 구원하시기 위해 어려움이나 많은 소란을 가지실 것입니다. 죄인들의 무수한 지옥도 무한한 은혜를 다 써 버릴 정도에 이를 수는 없습니다.

당신의 아내와 거기에 있는 친구들에게 저의 사랑을 전해 주십시오. 당신이 아는 사람들 가운데서 제가 위로자들을 찾을 수 있게 해 주십시오. 스코틀랜드를 잊지 마십시오.

1646년 1월 30일, 런던, S. R.

켄무어 부인에게
시련은 성도들을 해롭게 할 수 없다. 그리스도를 보는 것의 복됨

>

부인, 주님께서 이 두 나라와 다투시는 것이 단지 시작이라는 것과 우리가 주님께서 낫을 대시기에 걸맞게 익어 희어졌다는 것이 정말 그런 것 같습니다.

부인께서 처하신 특별한 상황에 대하여 어떤 이는 아주 슬픈 일이라고 말할 수 있습니다. 만일 마른 땅을 적시는 값없는 은혜의 샘이 없었고 시들고 말라 버린 뼈에 불어온 영원한 바람이 없었더라면 우리는 망했을 것입니다. (많은 죽음들의 모태에서 우리를 꺼내 오시려고) 그리스도의 수레바퀴들은 독수리같이 날개가 달려 있습니다. 제가 가진 모든 것이란, 그리스도께서 구원하시려고 하는 모든 선한 뜻을 보이실 것이라고 믿고 싶은 것입니다. 부인에 관하여는 우리 주님 예수께서 당신을 대적하려는 어떤 계획을 행하시는 것이 아니라 당신을 구원하고 구속하기를 원하신다는 것입니다. 그는 그것이 당신을 일으켜 세우는 것 외에는 당신이 넘어지기를 가만히 기다리는 분이 아닙니다. 그의 구속하는 방식은 황홀하게 함과 붙잡음입니다. 영광스럽게 된 죄인들의 기적들이 땅에서보다 천국에 더욱 많습니다. 부인, 당신의 어느것도, 당신의 잎사귀 하나도, 시들지 않을 것입니다.

진실로, 어린양을 따르는 것이 최고의 삶입니다. 그러나 당신이 그의 본향인 그의 나라에서 그분을 뵐 때 당신은 전에 그를 본 적이 없다고 생각하실 것입니다. "모든 믿는 자에게서 기이히 여김을 얻으시리라"(살후 1:10). 지금 당신의 모든 슬픈 날들, 흔들림, 변화, 손해, 부족, 고민이 얼마나 당신과 멀리 떨어져 있게 될지 아시게 될 것입니다. 당신은 십자가를 보고 계십니다. 이제 그것이 당신 머리 위에 있고 주권을 가지고 있는 것처럼 죽이겠다고 위협하는 것 같습니다. 그러나 그때는 그것이 당신의 생각 아래에 멀리 떨어져 있는지, 아니면 당신의 생각이 그것 위에 높이 있어서, 이제 당신이 이 모든 것들을 넘어서고 위에 있기 때문에 그것이 당신의 위안을 높이는 것 외에는 당신이 젊었을 때나 늙었을 때나 이곳이나 저곳에서나 이 앞잡이나 저 앞잡이에 의해 있었던 예전의 십자가들에 대해서는 한 번의 생각도 빌려 줄 여유가 없게 될 것입니다.

오랜 나이와, "옷같이 낡아지리니"는 창조의 가장 아름다운 얼굴에 적혀 있습니다(시 102:26). 아담으로부터 둘째 아담의 나타날 때까지 사망은 왕 노릇하고 모든 것을 통치합니다. 그 최고의 상속자가 죽었습니다. 주님께서 주신 그의 자녀들은 그를 따릅니다. 우리는 여기에 있는 생명에 대해 자유롭게 말할 수 있습니다. 천국이 없다면 경건에 많은 이익이 없었을 것입니다. 그러나 하나님의 백성들에게는 안식이 있습니다. 사람이신 그리스도께서 지금 많은 그의 지체들 앞에서 천육백 년간 그것을 가지고 계십니다. 그러나 그것은 헤어지지 않습니다.

은혜가 당신에게 있기를 바랍니다.

1646년 2월 16일, 런던, S. R.

175

알드로스 부인에게
어머니의 죽음에 관하여, 천국의 행복과 주 안에서 죽는 것의 복됨

>

부인, 은혜와 사랑과 평안이 당신에게 있기를 바랍니다. 기독교 신자인 당신의 어머니의 죽음으로 우리 날 수의 경계를 정하신 분께서 잘 익은 곡식 이 한 다발을 자신의 곳간에 들이는 것을 좋게 여기신 것 같습니다. 억센 바람도 불지 않았는데 열매들이 저절로 나무에서 떨어질 때 겨울이 다가온 것이 더욱 분명합니다. 이제 어머니는 겨울이 없는 곳에 계시니 장소는 약간 변했으나 구주는 변하지 않은 것입니다. 단지 어머니는 전에 서신(書信)들과 사신(使臣)들을 통하여 들었던 것을 이제 전해 들으시는 것이 없이 그가 친히 계신 곳에서 즐기고 계신 것입니다.

어머니에게 죽음이 전혀 새로운 일이지만 천국은 오래 전에 준비되어 있었습니다. (가장 높은 그의 보좌에서 즐기시며, 영광을 입으시고, 사람들과 천사들보다 비할 데 없이 높이 되셔서 보좌를 노래로 감싸는 위에 있는 영화롭게 된 거문고 타는 자들과 음악가들의 큰 무리를 가지신) 그리스도께서 그녀에게 저 천국의 들판에 있는 첫여름 장미나 첫 열매만큼 새롭고, 아니면 길고 더러운 길의 슬픈 일들로 숨이 막히고 헐떡이는 여행자에게 낙원처럼 그녀에게 새로울 것이니 아주 새로운 일입니다.

부인, 그곳에 있는 아름답고 흰 군대 가운데 계시는 어린양의 빛나며 경탄할 만한 아름다운 얼굴에 첫 시선을 던지는 것과 그리고 그 원천에서 새롭고 싱싱한 생명의 물을 첫 번 들이켜고 즐기는 것과 함께 얼마나 큰 상급이 그녀의 모든 봉사와 그녀의 하나님과의 동행과 그녀의 탄식에 주어질 것인가를 당신도 쉽게 판단하실 것입니다. 우리가 지금 즐기는 이생의 기간보다 훨씬 더 많이, 기한 없이 그 얼굴을 즐길 것은 말할 것도 없습니다. 그리고 거기까지 가는 일에 그녀가 죽음으로 이 일의 역할을 감당하도록 허락하는 것밖에는 다른 비용이 들 것이 없습니다. 왜냐하면 죽었다가 살아 계신 이에 의해서 그녀가 둘째 사망에서 해방되었기 때문입니

다. 둘째 사망에 비해 첫째 사망은 무엇이란 말입니까? 끝이 없는 둘째 사망에 비하면 손가락 하나의 피부에 난 긁힌 자국만큼도 안됩니다. 이제 그녀는 일 년에 네 번 이상의 여름이 있는 상당히 넓은 땅에 영원토록 아무런 돈도 내지 않고 머물게 되는 것입니다. 오, 거기서는 얼마나 아름다운 봄철인가요! 영원히, 영원히 저 크고 영원토록 활짝 피어 있는 샤론의 장미의 향내여! 거기서는 노래하는 삶이 있을 것입니다! 그 넓은 들에 벙어리 새는 한 마리도 없습니다. 모두 노래하며 천국과 기쁨과 영광과 통치를 새로 만난 땅의 높으신 왕께 돌릴 것입니다. 예수 그리스도께서 그 땅을 얻기 위해 그렇게 비싼 값을 치르셨으니 그 땅은 진실로 아름다운 것입니다. 그리고 그는 그 땅의 영광입니다. 당신 자신에게 그날이 동터올 것에 대한 틀림없는 기대와 당신의 영혼도 같은 왕과 나라의 결실을 가지게 된다는 소망만큼 (진실로 이것이 충분한 듯이 보지이만) 다른 무엇이 어머니의 일에 대한 당신의 슬픔을 가라앉히거나 누그러뜨리지 못할 것입니다. 확실히 그것에 대한 소망은 이 두 나라에 일들이 아주 어두워 보일 때 우리가 여기 있는 동안 본향에서 멀리 떨어져 있는 지친 영혼들에게는 굉장히 큰 힘을 줄 것입니다. 하루종일 험한 길을 헤매고서 밤에 편히 쉴 소망마저 없다면 얼마나 비참한 일이겠습니까! 그러나 그가 당신을 위해 거처를 마련하셨습니다.

이제 더 이상 말씀드릴 수가 없습니다만 평강의 하나님께서 당신의 마음을 끝까지 지켜 주시기를 기도합니다. 이만 줄입니다.

1646년 2월 24일, 런던, S. R.

176 M. O. 에게
타락한 교회에 대한 어두운 전망, 큰 근심의 원인인 신자들의 오해, 그리스도의 날

>

선생이여, 다른 사람들이 무엇을 생각하든지 현재로서는 이 시대에 관련하여 저는 이 나라들에 진노와 심판을 말하는 것 외에는 아무것도 쓸 수가 없습니다. 만일 그 땅에 있는 당신이나 어느 사람이 진리 안에서 복음을

받았다면 (당신과 그들이 그렇게 했다고 확신합니다) 이곳에서는 많은 사람들이 그 믿음에서 떠나고 있고 우리의 고난은 아직 끝나지 않았습니다. 그러나 한때 그리스도께서 그곳과 스코틀랜드에 있는 성도들에게 자신의 탁월함과 영광의 능력으로 나타나셨으니 제가 그 일의 목격자였다는 것을 감히 증언하며 그것을 위해 감히 죽고자 합니다.

제가 하나님께 기도하는 것은 아무도 당신을 속이지 못하게 하고 당신에게서 면류관을 빼앗지 못하게 하여 달라는 것입니다. 지옥이나 또는 지옥의 문들이 그리스도께서 한때 여러분에게 행하신 것을 무너뜨리거나 훼방하거나 헛일이 되게 할 수는 없는 것입니다. 오직 여러분에게 전파된 "우리가 들은 바요 눈으로 본 바요 주목하고 우리 손으로 만진 바"인(요일 1:1) "태초부터 있는 생명의 말씀" 외에 저는 새로운 빛을 용납할 수 없고 어떤 이들이 헛되이 자랑하는 새로운 영을 받아들일 수가 없습니다. 그 빛과 그 선한 옛길을 걸었던 수많은 사람들이 천국에 갔고 지금 보좌 앞에 있습니다. 진리는 하나이지 여럿이 아닙니다. 그리스도와 적그리스도가 둘 다 지금 전장에 있고 공격을 퍼붓고 있습니다. 그리스도의 비천한 배는 피의 바다를 항해하며 승객들은 고열로 뱃멀미하고 있어서 서로간에 오해하고 있습니다. 제가 바라는 것은 그리스도께서 깨어진 돛단배를 육지로 끌고 가시는 것입니다. 저는 우리가 여기서 가지고 있던 썩은 평안을 즐기는 것보다는 차라리 그리스도께 닿기 위하여 헌 널빤지나 부러진 판자를 타고 살든지 죽든지 헤엄을 치려고 합니다. 주님께서 한 가족의 아이들이 서로 하나가 되게 하시려고 우리에게 혹독한 과정을 겪게 하려는 것 같습니다. 저는 그리스도께서 여기 있는 나라들에 값없는 은혜의 거대한 계획을 가지셨다고 생각합니다만 그의 바퀴들은 산과 바위를 지나 굴러야 합니다. 그는 이 땅에서 피 속이나 불 속이나 광야가 아닌 곳에서는 신부에게 구혼한 적이 결코 없으십니다. 우리가 위로들로 꿀을 섞고 설탕을 바른 우리 자신이 골라낸 십자가를 가질 수는 없는 것입니다. 그 집의 모든 자녀들이 저와 함께 그리고 저를 위하여 울 때 저는 십자가를 대단하게 생각하지 않을 것이며, 우리가 즐거이 성도간의 교통을 나눈다면 고난 당하는 것은 대단한 것이 아닐 것입니다. 그러나 성도들이 성도들의 고난을 즐길 때, 구속을 입은 자들이 구속을 입은 자들을 상하게 할 때 그것은 힘든 일입니다.

저는 한 택한 천사가 다른 택한 천사와 싸워야 하는 것과 같은 고통이 땅에서나 세상에서나 더 이상은 없으리라고 생각한 적이 있습니다. 그러나 성도간의 교제를 멸시하기 때문에 우리는 전에 들어본 적이 없는 새로 만든 십자가들이 필요한 것입니다. 신자들은 그리스도가 아니며 그에게는 잘못 판단하는 일이 없습니다만 우리에게는 많습니다. 우리가 같은 천국을 즐길 때까지 완전히 한마음을 가질 수 있게 될지 의문스럽습니다. 우리의 별빛은 우리를 우리에게서 숨기고 또 우리를 서로에게서 숨기고 그리고 그리스도를 우리 모두에게서 숨깁니다. 그러나 그리스도는 우리에게서 숨기실 수 없습니다. 그 땅에 있는 우리 아버지의 모든 자녀들이 한마음이 되고 그들이 단번에 받은 진리에게서 흔들리거나 떠나는 일이 없기를 저는 바랄 것입니다. 그리스도는 그 복음 안에 계셨으며 사제들의 시대에 계셨던 그는 지금도 동일하게 계십니다. 복음은 몰락할 수 없으니 그것이 당신을 자유하게 할 것이며 당신을 감당해 낼 것입니다. 그리스도는 복음의 주체시니 하나님의 택하신 자이시며 피로 물들인 옷을 입고 보스라에서 오십니다. 아일랜드와 스코틀랜드가 그의 밭이 되어서 그가 그곳에서 양떼를 먹이시고 백합들을 모으실 것입니다. 가령 어떤 이들이 아일랜드에서 그리스도의 영원함과 복음의 감미로운 여름과 기름진 잔치를 항상 즐기고서 천국에 결코 이르지 못한다면 그것이 바람직한 삶이라고 생각할 수 있겠습니까! 그리스도의 향내, 그의 사랑의 사과, 그의 향기름은 이 낮은 흙집에서 최상의 천국입니다. 아! 보좌가 있고 그렇게 많은 왕궁과 그것들을 채우기에 머리가 아직 모자라는 수천만 개의 왕관이 있는 곳인 자기의 나라에서 왕은 그때 어떠하겠습니까? 아, 그곳에 거하는 사람들이 그 나뭇가지 아래에서 영원토록 노래하는 곳인 낙원 한가운데서 놀라운 나무가 자라고 있습니다! 생명의 과실들로 늘어진 가지를 창으로 들여다보며 그 안에 들어가는 마지막 사람이 되는 것이 제게는 너무 벅찬 일입니다.

그곳에 있는 그리스도인들에게 안부를 전해 주시기 바랍니다. 우리 각자의 언약을 기억하십시오. 은혜가 당신에게 있기를 바랍니다.

1646년 4월 17일, 런던, S. R.

177

얼스턴 1세에게
가장 훌륭한 자들에게 고난을 주시는 그리스도의 방식, 값없는 은혜에 대한 의무, 십자가를 참음

>

선생이여, 만일 우리가 선택하여 십자가를 가지는 것이라면 우리는 그것에서 벗어나려고 담보를 세우려고 하든지 아니면 단것이 쑥과 담즙을 삼켜 버리도록 꿀이나 설탕을 발라서 가지려고 했으리라는 것을 제가 그리스도에 관하여 무엇을 알기 오래 전부터 당신은 이미 알고 계셨다고 믿습니다. 그리스도께서 자기 집의 아들들을 양육하시는 방법을 알고 계십니다. 당신은 당신을 향한 그분 자신의 섭리의 방식을 취하시도록 그에게 허락하셔야 하며 비록 거칠더라도 그를 용납하십시오. 그가 당신을 위해 참으신 것처럼 당신도 그를 위하여 많은 인내를 가지도록 당신에게 요구하셨습니다. 제가 확신하기로는 당신의 잔 속에는 약간의 쓸개즙이 없는 것은 아니지만 그가 당신을 괴롭히고 당신의 영혼을 상하게 하기로 하셨다고 당신이 생각하지는 않으실 것입니다. 그의 백성이 비단과 장미의 섭리를 가질 수 없을 때 그들은 그가 자기들을 위해 만드신 것으로 만족해야 합니다. 당신은 동행하는 사람도 없이 천국에 가는 것이 아닙니다. 그리고 당신을 앞서 간 사람들의 길이 피와 고난과 많은 괴로움들을 통과했다는 것을 당신이 아실 것입니다. 아니, 대장이신 그리스도께서도 죽도록 피를 흘리시면서 낙원의 문턱을 넘으셨습니다. 사도가 십자가의 "남은 것" 또는 "부스러기"라고 말한 것처럼(골 1:24) 특별히 그리스도께서 전체의 완전한 십자가를 지셨고 그의 신자들은 단지 약간이나 부스러기 조각만을 진다는 것을 생각하면 본성적으로는 당신이 다른 사람들처럼 본래 꼿꼿하였었지만 구푸리는 것을 배우셨으며 십자가의 울퉁불퉁한 나무에서 자라는 사과나 단 열매들은 먹기에 신 맛도 있지만 또한 달다는 것을 아셨으리라고 저는 생

각하지 않을 수 없습니다.

당신께서 언제나 은혜의 빚쟁이로 있으면 저는 당신을 만 번이나 행복한 사람이라고 여길 것입니다. 분명히 그리스도께서 값없는 은혜에 당신을 머리끝까지 잠기게 하셨기 때문입니다. 그 빚을 영원까지, 임마누엘의 땅까지 가지고 가십시오. 거기에서 당신은 그리스도의 영원한 빚쟁이들이 온 집에 가득히 당신 앞에 있다는 것을 발견하게 될 것이니 크게 부끄럽지 않을 것입니다. 그렇습니다. 이 낮은 곳에 있는 은혜의 나라는 훌륭하고 귀한 의사이신 그리스도께서 생사를 무릅쓰고 치료하시는 그리스도의 병원이요 병자들의 객실일 뿐입니다. 그리고 당신이 물가에 가까이 이르셨다면 (저는 그렇게 알고 있습니다) 선생이여, 제가 당신에게 드릴 수 있는 모든 말씀은 이것이니 당신 앞에 있는 그 땅은 참 괜찮은 나라이며 당신의 것으로 다 지불이 된 것이라는 것을 그 땅의 냄새로 저는 느끼고 있습니다. 진심으로 당신을 환영하실 그가 당신 앞에 계십니다. 위에 있는 위로의 풍족한 젖가슴을 빠는 것과 아버지의 집에서 그리스도의 새 포도주를 마신다는 것은 믿었던 것보다 훨씬 대단한 일입니다. 그것은 그 집의 머리 되신 이와 수많은 왕관을 쓴 왕들을 위해서 영원부터 양조되었기 때문입니다. 거처가 그렇게 좋은 곳이니 길에서의 덜거덕거림은 큰 문제가 되지 않습니다.

양 떼의 크신 목자를 죽은 자들에게서 다시 일으키신 그가 영원한 언약의 피로 당신을 끝까지 세워 주시기를 기원합니다.

1646년 5월 15일, 런던, S. R.

178
길레스피 여사에게
아이의 죽음에 대하여, 하나님은 우리를 세상에서 구원하시기 위하여 고난을 주신다

>

사랑하는 자매여, 주님께서 당신에게 임하셔서 아이 아키발드를 데려가셨다는 것을 들었습니다. 부인께서 남편이든 자식이든 어떤 피조물에게 당신의 신뢰와 사랑의 무게를 얹는 것은 속는 일이며 피조물은 그 무게를 감

당할 수가 없고 당신의 신뢰로 인하여 아무것도 없는 데까지 가라앉아버린다는 것을 아시기 바랍니다. 그러므로 그리스도께서 당신의 길에 가시울타리를 세우시는 것과 같은 이런 종류의 모든 섭리를 인하여 당신은 그리스도께 빚쟁이이십니다. 그렇게 하여 당신은 그의 은혜로우신 의도가 당신이 원하시든지 말든지 당신을 구원하시려고 하는 것임을 깨닫게 되기 때문입니다.

주 그리스도께서 당신의 의지와 즐거움의 주인이 되시는 것이 큰 자비이며, 그의 길이 아주 아름다운 것은 당신이 지금 여행하고 있는 본향에 당신의 남편과 아이가 앞서서 도착하였다는 것입니다. 당신이 세상에 개입되어 있는 일이 아무리 작을지라도 당신은 그 안에서 거슬리는 일들을 경험하셨습니다. 만일 당신이 그 집의 자식이었다면 세상은 자기 자식처럼 아주 다정하게 대해 주었을 것입니다. 천국 밖에서는 당신이 가진 것이 거의 없으니 아이도 거기 있고 남편도 거기에 있습니다. 하지만 더욱이 당신의 머리요, 친족이요, 구속자께서 버림받을 위험에 처한 자들에게 집을 마련해 주신다는 것입니다. 이제부터는 그런 깨진 물동이와 말라 버린 우물에서 당신의 위로를 긷지 마십시오. 만일 주님께서 안식으로 끌어당기신다면 그는 끄시는데 당신은 서 있으려고만 하는 사람이 되셔서는 안됩니다.

정말로 안방에 열 명의 아이들로 가득 찬 것보다 당신의 처지가 제게는 더욱 안심할 만합니다. 주님께서는 자신의 은혜로 당신이 남편과 자식을 잃는 것도 감당할 수 있으리라는 것을 아셨고 또한 당신이 너무 약하고 부드러워서 권위 있는 존경과, 경건과 지식으로 유명한 가운데 살며 활약하는 품위 있는 남편의 처우를 잘 견뎌낼 수 없다는 것을 아셨던 것입니다. 이러한 처우의 무게가 당신을 상하게 하며 깨뜨릴 것이기 때문입니다. 그의 판단은 헤아릴 수가 없으니 그는 어떤 섭리가 당신에게 그리스도를 가장 귀하게 여기도록 할지 아는 재능을 가지신 것입니다. 그러므로 당신의 마음이 "이것은 잘못 짜여진 섭리다"라고 하지 마십시오. 일곱 눈을 가지신 그리스도께서는 마가렛 머리를 위하여 자기 앞에 살아 있는 남편과 아이들의 선한 것과 영광으로 옮겨진 남편과 아이들의 선한 것도 가지신 것이 분명합니다. 이제 그가 당신을 향한 자기의 뜻을 알리셨으니 "그리스도께서 나를 위하여 지혜롭고 은혜로운 선택을 하셨으니 나는 대꾸하는 말을 한마디도 않겠다"고 하십시오. 당신의 마음으로 아무것도 탓하지 말게 하시고 불신앙으로 그리스도께 해를 끼치는 중상모략을 하지 못하게 하십시오. 왜냐하면 그가 당신을 홀로 두지 않을 것이며 그리스도께서 가지고 계신 당신의 사랑에 대한 권리를 갖지 않는 자들과 창기놀음을 하도록 허락하시지 않을 것이기 때문입니다. 제가 바라는 것은 당신이 이것을 읽을 때에 엎드리어 세상을 떠난 이들과 아직 살아 있는 이들을 그분에게 떠넘기시라는 것입니다. 당신을 위해서 그가 모든 것을 가지시도록 하시고 그를 기다리십시오. 그가 오시고 지체하지 않으실 것입니다. 믿음으로 살고 하나님의 평강이 당신의 마음을 지키도록 하십시오. 그는 죽지 않으니 당신은 그의 것입니다.

저의 아내가 당신의 아픔에 마음을 같이하며 사랑의 안부를 당신에게 전합니다.

1649년 8월 14, 세인트 앤드루스, S. R.

179

윌리엄 거스리에게 — 군대가 던바에서 패배한 후 스털링에 있고 서쪽의 경건한 사람들이 침입자들에게 순응하기로 했다고 거짓되이 혐의를 받을 때. 당시 공적인 결의에 대한 논란과 견해차가 일어났음.

어두운 시련 아래서의 침울, 순응의 위험

>

존경하는 형제여, 우리의 본향으로 가는 길이 이렇게 숨이 차고 쓰러질 것 같은지 저는 미처 상상하지 못했습니다. 제가 할 일이란 저의 보금자리에서 죽고 저의 죄 많은 머리를 숙여 경배하며 그가 왕관을 쓰시게 하며 그리고는 끝이라고만 생각했습니다. 제가 많은 고난을 받아왔지만 이것은 제가 이제까지 걸어온 길에서 가장 짙은 어두움이요 가장 험난한 걸음입니다. 아직도 고통이 남아 있다는 것을 저는 알고 있으니 염려컨대 포도원을 지키는 자들로부터 올 것 같습니다. 당신에게 청하오니 여러분에게 들어가는 이 영혼의 장사꾼들에게서 멀리 떨어져 있으라고 당신의 사람들에게 단단히 주의를 주시라는 것입니다. 만일 말씀에 밝혀진 길이 바로 그 길일진대 이 영혼 장사꾼들과 상인들은 구원의 길을 보여 주지 않는다는 것을 우리는 압니다. 아, 아! 저는 불쌍하게 되었으니 저는 완전히 버려졌고 천국의 제 몫은 사라졌으며 제 소망은 비천한 것뿐입니다. 만일 여기서 길을 벗어났더라면 저는 멸망했고 주님께로부터 끊어진 것입니다. 그러나 저는 친절하신 그리스도를 비난할 수가 없습니다. 만일 그것이 단지 허락만 된다면(그의 위대하심과 높으심을 공경하여 직접 말씀하시게 하십시오) 저는 증인들 앞에서 그가 "이것이 그 길이다. 너는 그 길을 걸어가라" 하셨다고 그의 손을 내보일 것입니다. 그는 자신이 보증하신 것을 반박하실 수가 없기 때문입니다. 저는 심히 쇠약하고 약간 잠자는 것 같고 이 몸을 벗어 버리고 싶다는 것을 인정합니다. 하지만 저 두려운 자의 손길과 폭풍이 전혀 미치지 않는 저 좋은 땅의 그늘과 은밀한 곳 아래에 있고 싶어하는 이것이 저의 연약함입니다. 하지만 저는 바보입니다. 제 머리 위에 있는 저의 거처는 아무도 비싼 값을 매기거나 차지할 수 없으니 그리스도께서 저를 위해 마련해 주셨기 때문입니다.

사랑하는 형제여, 저를 도와주시고 저의 기쁨이기도 한 당신과 함께 있는 이들의 기도의 도움을 얻게 해 주십시오. 당신이 의도적으로 순응할 것이라고 많이 의심을 받고 있으니 당신뿐만이 아니고 당신과 함께 하는 모든 사람들도 그러하다는 것입니다. 저의 기쁨을 채우는 것은 대수롭지 않은 일입니다만 성령의 아주 강한 위로로, 저 명예의 식물인 예수 그리스도의 온유하심으로, 흰 보좌가 세워질 때 당신의 마지막 셈할 것과 하나님 앞에 나타나는 것을 빌어 그의 얼굴을 진지하게 찾는 사람들과 그의 인친 자들에게 간곡하게 청하는 것은 그들의 그럴듯한 언변에 속지 말라는 것입니다. 저의 마음은 그런 속이는 자들에게 연합한다는 생각을 하는 것조차도 떨립니다.

은혜, 은혜가 당신에게 있기를 바랍니다.

세인트 앤드루스, S. R.

180
길버트 커 대령에게
주님의 대의를 위한 용기. 섭리에 관련한 의무는 지켜야 한다. 이것의 안전함

>

존경하는 귀한 분께, 주님께서 일하라고 부르시고 때때로 그렇게 하시고는
자신을 숨기시며 자기 백성들의 믿음을 시험하시는 것은 의미심장한 일입
니다. 제가 바르게 이해했다면 주님께서 적들에게 대항하라고 당신을 부르
신 것입니다. 그리고 (저의 연약한 판단으로는) 자기들의 칼을 거두는 자
들은 크롬웰의 군대에 의해 자행된 이땅에 대한 부당한 침략과 이 나라에
있는 주님의 백성들의 피 흘리는 범죄에 열심을 더하는 것이며 그 책임을
자신들에게 돌리는 것입니다. 왜냐하면 주님의 자녀들에게 쥐어진 칼들은
악을 행하는 자들에 대한 진노와 보복을 행사해야 하기 때문입니다. 자기
의 무너진 나라를 위하여 주님께서 나오시는 시간은 기드온과 삼손에게
임했던 것과 같이 주님의 성령의 바람에 달려 있습니다. 그것은 하나님 안
에 있는 권세 있고 왕다운 주권의 행위입니다. 선생이여, 당신은 섭리의 기
회들을 잡으셔야 하고 그를 기다려야 합니다.

이 땅의 침략자들에게 당신이 취하신 특별한 대처에 대해서는 제가 그
것에 반대하는 마음이 없으며 그들의 행위가 불법의 비밀을 실행하고 있
다고 생각합니다. 왜냐하면 바벨론은 여러 이름들의 자리이기 때문입니다.
선생이여, 예수 그리스도의 두 번째 나타나실 때까지 이 논란이 결정되지
않은 채 남아 있게 하며 그날까지 우리의 청원이 심의되지 않은 채 그냥
남아 있게 하십시오. 저는 우리의 뜻이 정당하다는 것을 믿으며 무덤에 눕
기를 바랍니다. 땅의 모든 왕들의 왕께 복종하지 않는 사람들의 대단함을
칭찬하는 것에 관하여는 저는 말할 것이 없습니다. 예수의 증인들의 피는
바벨론의 외곽에서와 이 사회의 외곽에서 찾아진다고 판단합니다. 저는 주
님의 길이 길버트 커 대령의 힘이요 영광이라고 믿습니다. 그리고 그가 진
정으로 경건한 자들의 피에 대하여 곧 심문하여 주실 분을 섬기는 일에

허비된다면 (그것은 그리스도 안에서 값지고 귀한 것이라고 저는 고백합니다) 저는 그에 대한 저의 지분이 없는 것도 만족할 것이니 이 사람들은 스코틀랜드의 경건한 사람들이었다는 아름다운 교훈을 남기고 피를 흘린 것입니다.

존경하는 선생이여, 믿고 낙심하지 마십시오. 당신의 어깨를 스코틀랜드에서 멸시를 당하시는 예수의 영광 아래에 대시고 그를 위하여 증언하십시오. 그는 스코틀랜드에 흰옷을 입고 그와 함께 다니게 될 많은 이름들을 가지고 계십니다. 이 멸시 받는 언약은 왕당파들, 분파주의자들, 무신론자들을 무너뜨릴 것입니다. 하지만 잠깐 있으면, 보십시오, 그가 오십니다. 피에 물들인 옷을 입으시고 걸어오실 것입니다. 오, 언약을 어긴 것으로 인하여 영국과 다시스의 배들과 그들의 벽으로 둘린 도시들에 다가올 주님의 슬프고 두려운 날이여!

집권자들이 동의한다면 (오, 주님께서 이것으로든지 또는 다른 방식으로든지 당신을 덮고 있는 구름을 제하시기를 바랍니다) 적과의 협상이 괜찮겠지만 그것은 거의 기대하기 어렵습니다. 그러나 할 도리를 다하며 묵묵히 믿음으로 계속 나아가십시오. 만일 당신이 망한다면 당신이 주님께서 그러한 섭리를 취하신 피조물의 첫 번째 경우가 될 것입니다. 선생이여, 제가 당신에게 진정으로 바라는 것은 "죽은 자 같으나 보라 우리가 살고", "온종일 죽임을 당하나 넉넉히 이기느니라"는 말씀을 기억하시라는 것입니다. 여러분의 무덤과 묻힌 뼈들에게 생명의 기운과 따뜻함이 있을 것입니다. 그러나 주님께서 높은 길로만 오시리라고 기대하지 마십시오. 낮은 길로도 오실 수 있는 것입니다. 오, 하나님에 대해 우리가 아는 것은 심히 적고 그는 얼마나 신비로우신지요! 알려지신 그리스도는 하나님의 가장 큰 비밀 중에 속합니다. 하나님의 사랑 안에서 자기를 지키시고 그렇게 하기 위해서 크신 왕과 (제 영혼이 그의 구원과 참된 행복을 사모합니다) 주님을 위하여 사람의 모든 규례와 주님께서 요구하시는 대로 이 나라의 기본적인 법도들에 복종하고 따르십시오. 선생이여, 당신은 이 나라[스코틀랜드]와 다른 두 나라[잉글랜드와 아일랜드]의 주님의 백성들의 마음과 기도에 있습니다. 주님은 말씀하십니다. "포도송이에 복이 있으니 멸하지 말라."

은혜, 은혜가 자기 형제들에게서 떨어진 이의 머리에 있기를 바랍니다. 가시떨기에 거했던 이의 선한 뜻이 당신과 함께 하시기를 바랍니다.

1650년 11월 23일, 퍼스, S. R.

181
길버트 커 대령에게
그리스도의 대의는 우리에게서 봉사와 고난을 받으실 만하다.

>

"이 묵시는 정한 때가 있나니 그 종말이 속히 이르겠고 결코 거짓되지 아니하리라. 비록 더딜지라도 기다리라"(합 2:3).

매우 존경하는 분이여, 당신의 검이 그리스도의 대의를 위하여 일하는 데 유명해진 것만큼이나 당신의 사슬들이 같은 대의를 인하여 그리스도를 위하여 지금 크게 빛나고 있습니다. 자원하여 행동과 피, 행함과 고난을 그리스도께 드릴 수 있는 사람들은 복이 있습니다. 피 흘리기까지 대항하는 것이 저 보배로우시고 아무리 높여도 부족할 뿐인 구속의 주님께는 작은 일이니 그는 당신에게 관심을 가지는 사람이 아무도 없을 때 당신이 그에게 드릴 수 있는 것보다 더 값진 피, 곧 하나님의 피를 드리셨습니다(행 20:28). 만일 당신이 죽임을 당했고 하나님의 백성들이 전멸했다는 소식을 듣게 된다면 폭풍의 몰아침 아래에서 빨리 저 높은 곳에 있는 왕궁의 담 아래로 가기를 바라며 악천후에 시달리고 망가진 돛단배가 안전하게 영원토록 평온한 항구에 도착하기를 사모할 한 사람을 저는 알고 있습니다.

그리스도께서 당신으로부터 얼마나 섬김을 더 받으실지 저는 알지 못합니다. 당신이 포로가 되어 그리스도를 섬기는 것으로 충분합니다. 그러나 제가 무엇을 안다면 그것은 자비로운 패배처럼 보입니다. 귀족들과 지도자들이 그리스도에게서 떨어져 나가며 밤이 선지자들에게 오고 있으니 우리가 그것을 막아 달라고 기도해야 합니다. 왜냐하면 떨어진 별이 다시 하늘에 올라 비취는 것은 흔한 일이 아니기 때문입니다. 그리고 이것이 날이 밝아오기 직전의 칠흑 같은 어둠이 아니겠습니까? 선생이여, 분명코 태양이 스코틀랜드 위에 다시 떠오를 것이지만 제가 그날을 보게 될지 또는 얼마나 가까울지는 "그 거하시는 온 시온 산과 모든 집회 위에 낮에는 구름과 연기, 밤이면 화염의 빛을 만드신" 여호와, 그분께 맡길 것입니다. 그러나, 선생이여, "사막이 백합화같이 피어 즐거워"할 것입니다. 우리의 가장 높으신 왕의 머리에 왕관을 씌워드릴 수 있는 어깨나 팔을 가진 사람은 복이 있으니 그의 수레는 사랑으로 장식이 되어 있습니다. 이 가장 높은 하늘 위에 만들어진 수천만 하늘들과 천사들이 헤아리기에 피곤하기까지 아니 그것들보다 더 많고 또 그것들 위에 더 많이 있다고 하여도 그 모든 것들 위에 주 예수님(당신은 그의 것입니다)의 높은 보좌를 놓기에는 너무 낮은 자리일 뿐입니다. 피조물 하늘들은 그에게 걸맞는 위엄의 자리로서는 너무 낮습니다. 그러므로 (죄로 인한 고난 가운데서) 그 자신의 십자가에 가장 가까이 있는 그 유일한 십자가를 당신을 위해 골라내어 위로로 입혀 주신 당신의 주와 왕에 견줄 만한 이는 없으니 용기를 가지고 다가올 영광과 여기서 그를 따르도록 당신을 택하신 그분 안에서 자신을 위로하십시오. 우리 바보들은 우리 자신이 고른 십자가를 가지고 싶어하며 우리의 쓸개와 담즙을 달게 하고 우리의 불을 식히며 우리의 죽음과 무덤을 인생의 열로 덥게 하려고 합니다. 그러나 많은 자녀들을 영광으로 이끄셨으며 하나도 잃어버리신 적이 없는 그가 우리의 최고의 교사이십니다. 제가 병들었을 때 그가 보호자와 위로자가 되기를 바랍니다. 우리가 파산한 상속자이며 자유의지 대신에 그리스도께서 교사가 되시며 우리가 더 이상 우리 것이 아니라면 저는 그것을 복된 파산이라고 생각합니다. 저는 이 땅에 임한 진노로 인하여 마음이 상하고 지쳐 있으며 떠나게 해 달라고 그리스도께 구할까 하는 생각으로 유혹을 많이 받았습니다. 만일 그랬다면 어느 사람의 탄원을 위하여 우리의 변절에 대한 증인이 되지는 않으리라는 것입니다. 그러나 갑작스러운 뱃멀미가 날 때 그냥 해안에 머물렀더라면 좋았을 걸 하는 것이 저의 유약함이라는 것을 저는 압니다. 비록 제가 저 사모하는 나라에 곧 도달하게 될 것이고 바뀌는 일이 없을 것이니 아무도 저의 거처를 빼앗을 수 없다는 것을 알면서도 말입니다.

선생이여, 많은 눈이 당신을 보고 있습니다. 아름다운 말로 영혼을 팔아먹는 당신의 주변에 있는 많은 사람들을 당신이 따르지 아니한 것에 대해 경건한 사람들은 크게 힘을 얻고 있습니다. 사랑하는 이여, 만일 당신이 지금 들어선 길이 그리스도의 길이 아니라면 그때는 오, 화로다 나여, 저는 영원히 버림받은 것입니다. 그러나 진실로 길버트 커 대령에 대한 주님의 처우는 은혜의 신약과 언약이 모든 피조물 천사들의 엄숙한 모임과 총회가 자기들의 모든 지혜를 다 모아도 생각해 내지 못한 작품이라는 것을 제게 증명해 주었습니다. 그리스도께서 만드신 변화에 대해서 당신이 아무 것도 지불하지 않았으며 또 당신이 값없는 은혜를 가지고 천국에 가시게 되었으니 그러므로 당신이 그의 소유가 되었으므로 다른 길을 따르지 마십시오. 이 길, 이 길만이 그 길이라고 저의 구원을 담보로 (단지 비천한 맹세일 뿐입니다) 놓습니다만 저의 구원은 무엇이란 말입니까? 그러나 그리스도께서 그것이 그 길이라는 것을 친히 보증하십니다. 선구자께서 당신보다 먼저 가셨고 그는 안전하게 도착하셨습니다. 그리고 "큰 환난에서 나오는 자들인데 어린양의 피에 자기 옷을 씻어 희게" 한 사람들과 같은 아름다운 친구들이 당신 앞서 갔으니 이 약속들이 이제 그들에게 이루어진 것입니다. "이기는 그에게는 하나님의 낙원에 있는 생명나무의 과실을 주어 먹게 하리라." "하나님께서 모든 눈물을 그 눈에서 씻기시매 다시 사망이 없고 애통하는 것이나 곡하는 것이나 아픈 것이 다시 있지 아니하리니 처음 것들이 다 지나갔음이러라." "하나님을 섬기매 보좌에 앉으신 이가 그들 위에 장막을 치시리니 저희가 다시 주리지도 아니하며 목마르지도 아니하고 해나 아무 뜨거운 기운에 상하지 아니할지니 이는 보좌 가운데 계신 어린양이 저희의 목자가 되사 생명수 샘으로 인도하시고 하나님께서 저희 눈에서 모든 눈물을 씻어 주실 것임이러라."

선생이여, 저는 당신이 더 나은 일을 하실 수 없다고 생각합니다. 양의 선한 목자를 죽은 자 가운데서 일으키신 평강의 하나님께서 당신을 온전하게 하시기를 바랍니다.

182
길버트 커 대령에게
고난을 받는 자들에 대한 위로의 생각, 시대의 어두움, 그리스도의 고난에 교제함, 그의 섭리에 만족함
>

존경하는 귀한 선생이여, 당신께서 이 고난을 받고 있는 땅에서처럼 잉글
랜드에서 계속 갇혀 계시다는 소식을 들었습니다. 그러나 당신이 어디로
가시든지 많은 나라들보다 더 넓으신 당신의 그늘을 벗어날 수 없습니다.
거처와 나라들은 바꾸실 수 있습니다만 당신께서 해 저 너머나 아침 별이
떠오르는 저 먼 곳으로 포로로 잡혀갈지라도 같은 주님께서 당신 앞에 계
실 것입니다. 아직 이혼 청구서를 받지 않은 당신의 어머니에게 유대를 위
하여 기록한 말씀이 들렸으니 "딸 시온이여, 해산하는 여인처럼 애써 구로
하여 낳을지어다. 이제 네가 성읍에서 나가서 들에 거하며 또 바벨론까지
이르러 거기서 구원을 얻으리니 여호와께서 거기서 너를 너의 원수들의
손에서 속량하여 내시리라"(미 4 : 10) 하십니다. 잉글랜드는 당신을 되돌
리도록 책임을 져야 할 것입니다. "내가 북방에게 이르기를 놓으라. 남방에
게 이르기를 구류하지 말라"(사 43:6). 그것은 혈육이 비웃는 교훈입니다.
"또 내게 이르시되, 너는 이 모든 뼈에게 대언하여 이르기를 너희 마른 뼈
들아. 여호와의 말씀을 들을지어다. 주 여호와께서 이 뼈들에게 말씀하시
기를 내가 생기로 너희에게 들어가게 하리니 너희가 살리라"(겔 37:4, 5,
6). "바다가 그 가운데 죽은 자들을 내어주고"(계 20 : 13). 버윅은 스코틀
랜드의 포로들을 돌려보내야 하고 그들과 길버트 커 대령을 보내야 합니
다. "너희의 구속자요, 이스라엘의 거룩한 자 여호와가 말하노라. 너희를
위하여 내가 바벨론에 보내어 모든 갈대아 사람으로 자기들의 연락하던
배를 타고 도망하여 내려가게 하리라"(사 43 : 143). "너의 쫓겨간 자들이
하늘가에 있을지라도 네 하나님 여호와께서 거기서 너를 모으실 것이며
거기서부터 너를 이끄실 것이라"(신 30:4). "만군의 여호와가 말하노라. 내
가 내 백성을 동방에서부터 서방에서부터 구원하여 내고 인도하여다가 예

루살렘 가운데 거하게 하리니 그들은 내 백성이 되고 나는 성실과 정의로 그들의 하나님이 되리라"(슥 8:7, 8). 선생이여, 당신은 백성을 등록하시는 주님에 의해 기록이 되었고(시 87:5, 6) 그 집과 후손의 하나로 여김을 받았습니다(시 22:30). 두려워하지 마십시오. 낙심하지 마십시오. 당신의 모든 머리카락이 센 바 되었습니다.

하나님의 백성들이 바라는 것은 당신의 매임이 좌로나 우로나 치우침이 없이 연약한 자들을 강하게 하고 적들의 입을 막는 데 본보기가 된 것같이 당신이 지금 가는 곳에서의 고통이 (우리가 주님 안에서 당신에 대해 믿음을 가지며 또 겸손히 당신 안에 있는 그의 은혜를 자랑스럽게 여기고 있습니다) 향기롭고 고무적이며 이 명예로운 뜻과 같이 악마들과 사람들의 모든 공작과 계획을 대항하여 영국에서 이기게 되는 것입니다. 제가 지금 쓰고 있는 펜에 저의 마지막 몇 방울의 식어가는 피밖에 다른 잉크가 없다고 하여도 저는 지금 이것을 지지하려고 합니다. 선생이여, 우리는 어떤 인생도 높이고 싶지 않습니다. 다만 죄 있는 사람에게 베푸시는 신성의 충만이요 샘이신 예수 그리스도로부터 오는 은혜의 비침과 광채가 그리스도에 대한 선한 생각을 이 비천한 땅에 널리 전하는 것을 진심으로 바라고 있으니 파당들과 왕당파들에게 죽임을 당한 수많은 무덤들과 영혼들이 제단 아래서 하늘을 향하여 크게 부르짖고 있습니다.

선생이여, 주님께서 시온의 신원의 해를 위하여 일어나시는 것이 얼마나 가까운지는 말씀 드릴 수 없지만 멀지 않다고 저는 보고 있습니다. "여호와의 칼이 하늘에서 족하게 마셨은즉"(사 34:5) 보십시오, 그것이 잉글랜드와 스코틀랜드에 있는 그의 원수들의 잔당에 임할 것입니다. 잉글랜드를 인하여 내게 화로다! 그 땅이 피로 적셔지며 그 티끌이 기름으로 배 불리며 그 즐거운 땅이 사막이 되고 그 땅의 티끌은 날릴 것입니다. 그들이 회개하지 않으면 그들의 벽을 쌓은 도시에, 그들의 즐기는 땅에, 그들의 강한 배에 심판이 임할 것입니다.

당신께서는 지금 일어나고 있는 것과 같이 철저한 시련의 때를 보신 일이 없으리라고 저는 생각합니다. 하지만 그 일은 더욱 어려운 상태로 빠져들어 많은 사람들이 그 대의를 떠날 것입니다. 우리는 모두 우리를 세우도록 제시된 언약을 받아들였기 때문입니다. 그러나 우리의 길은 변하지 않은 채 그대로 있겠지만 그리스도께서는 약간의 남은 자만 가지게 되실 것이니, 있다면 약간의 귀족, 약간의 목사, 약간의 신자들을 가지실 것입니다. "영광과 욕됨으로 말미암으며 악한 이름과 아름다운 이름으로 말미암으며 속이는 자 같으나 참되고 무명한 자 같으나 유명한 자요 죽는 자 같으나 보라 우리가 살고 징계를 받는 자 같으나 죽임을 당하지 아니하고"(고후 6:8, 9) 이것이 오직 당신 혼자만의 처지는 아니니 당신 앞서 간 모든 성도들이 경험한 운명이었습니다. 그것은 그리스도의 십자가와 하나이며 바로 똑같은 십자가입니다. 그러나 똑같이 남아있는 자들에게 가지가지의 형편과 다양한 여건이 있지만 그것은 그리스도의 고난이기도 하며 동시에 당신의 고난입니다. 선생이여, 군인들에게 넘겨진 것과 포로가 된 것이 선지자 이사야가 말한 그분의 고통을 닮았습니다. "그가 곤욕과 심문을 당하고 끌려갔으니"(사 53:8). 그렇습니다. 그가 결박을 당했습니다(요 18:12). 대의가 하나님의 진리일 때 고난의 광채와 얼굴은 한층 더 아름다운 것이니 그것은 죄인들의 거역한 일을 참으시고 부끄러움을 개의치 않으셨던 그리스도의 고난의 모양과 색을 가지고 있습니다.

오, "그리스도께서 수치를 받으시고 그리스도께서 모욕을 받으셨다"는 것은 참으로 놀라운 말입니다. 하지만 머리가 세상에서 그렇게 취급을 받으신 것처럼 그 지체들이 또한 그러한 것입니다. 진실로 그리스도의 어느 것이나, (이렇게 말할 수 있다면) 그의 가장 나쁜 것도, 그의 모욕과 그의 부끄러움도 사랑스러운 것입니다. 그가 고난을 당하신 물질적인 십자가에 대한 미신적인 사랑과 거룩한 무덤에 대한 맹목적인 사랑은 혐오스러운 바보짓이지만 그의 고난 속에서 그와 교제하는 것은 가장 사모할 만한 일입니다. "오직 너희가 그리스도의 고난에 참예하는 것으로 즐거워하라"(벧전 4: 13). 그런 의미에서 주님의 입술이 닿은 잔은 비록 그 속에 죽음이 있을지라도 더욱 감미로운 맛을 가지고 있으며, 무덤은 그가 그 안에 누워 계셨기 때문에 훨씬 부드럽고 더욱 안락한 침대이며, 사랑하는 이가 심판하기 위하여 가로질러 오실 하늘과 구름의 영역은 만일 우리가 그가 가시는 땅을 더욱 사랑한다면 피조물 하늘에서 어느 것보다 사랑스러운 부분입니다. 그러나 이 모든 것은 영적인 방식으로 이해할 수 있는 것입니다. 선생이여, 주님께서는 당신을 부르셔서 주님의 성령과 그의 영광이 머물게 하시고 이러한 섭리에 당신의 영혼이 아멘 하라고 하신 것입니다. 그리고 우리에게 그렇게 많은 방식으로 복음을 멸시하고 언약을 깨뜨린 잘못을 범한 이 죄 많은 땅을 황폐케 하시기로 지금 선포하신 하나님의 판결에 우리가 자원하여 따르도록 요구하고 계십니다.

정말로 이 일에서 당신에게 편지를 쓰는 사람보다 더 실패한 사람은 없을 것입니다. 왜냐하면 저는 현재의 도전과 교회의 분열로 인한 지나친 근심으로 제 건강을 아주 위험한 상태로 몰아갔고 지나친 탄식으로 제 영혼을 괴롭혔기 때문입니다. 이러한 일이 그에게 항의하는 것이며 무모한 항변이라는 것을 알았으니 다스리는 일(政事)이 그의 어깨 위에 있는(사 22:22) 것입니다. 성부께서 그리스도에게 영광스러운 신뢰를 두셨습니다. "못이 단단한 곳에 박힘 같이 그를 견고케 하리니 그가 그 아비 집에 영광의 보좌가 될 것이요, 그 아비 집의 모든 영광이 그 위에 걸리리니 그 후손과 족속 되는 각 작은 그릇, 곧 종지로부터 항아리까지리라"(사 22:23, 24). 우리의 믿음이 없는 판단은 악한 의도를 가진 대적들의 번영에 시비를 걸어서 우리가 경건한 자들의 패배와 약탈당함과 포로로 잡힘과, 그의 백성들의 살육 당함과, 이 땅의 황폐함과, 칼보다도 더 못된 이 나라의 기아와 기근에 대항하여 씨름하고 있는 것입니다. 그러나 이것은 주님의 계시된 작정을 대항하는 죄입니다.

그의 지혜가 말합니다. "약탈과 황폐함이 스코틀랜드에게 더 낫다." 그러면 우리는 대꾸합니다. "아닙니다." 그리하여 우리는 그리스도에게 정치를 잘못한다고 그를 의지하는 일은 소용이 없는 일이라고 탓합니다. 그러나 그분은 정사를 그의 발로 질질 끄는 것이 아니라 그의 어깨에 메신 것입니다. 안전한 곳에 잘 박힌 못은 부서지지 않으며 가장 작은 종지라도 그에게 걸리면 안전하지 않은 법이 없습니다. 하늘과 땅, 구속 받은 사람들과 타락하지 않은 천사들의 모든 무게가 그의 어깨 위에 있는데 제가 그의 백성을 향한 그리스도의 특별한 돌봄과 섬세함에 무엇을 더할 수 있다고 어리석게 상상하다니 저는 바보입니다. 자신의 집의 그릇들과 칼을 보존하시고 둘째 성전으로 그 그릇들을 다시 가져오신(스 1:8, 9) 그는 순가락이나 베드로가 잡혔을 때 잃어버리지 않도록 하신 낡은 신보다(행 12:8) 자신의 구속된 자들을 더욱 섬세하게 돌보실 것이 틀림없습니다. 오, 은혜가 그리스도께서 그의 약한 자들과 어린 상속자들을 가르치는 것을 감당하도록 하시는 것입니다! 그러나 우리는 그의 다스림의 행위 아래 있는 것을 참지를 못하니 우리는 우리 자신의 것이 되는 것을 너무 좋아합니다.

오, 온전히 그리스도의 것이 되며, 온전히 그 안에 있으며, 피조물의 소유에서 완전히 벗어나 그리스도 안에서 온전하여지며, 그리스도 안에서 믿음으로 살며, 단번에 하나님의 아들의 영원한 위엄과 영광으로 옷 입어서, 그것으로 그가 그의 모든 친구들과 따르는 자들을 상속 참여자가 되게 하신 것은 얼마나 아름다운 일인지요! 그리고 임마누엘의 높고 복된 땅에서 거하며, 성령의 바람 외에는 바람이 불지 않는 곳의 그 달콤한 공기 속에 살며, 보좌 아래와 어린양에게서 흐르는 정결한 생명수 외에는 어떤 바다나 홍수도 범람하지 않으며, 달마다 열두 가지 과실을 맺는 생명나무 외에는 아무 식물이 없는 곳에서 사는 것은 얼마나 감미롭겠습니까! 우리가 여기서 죄를 짓고 고난을 당하는 것 외에 무엇을 합니까? 오, 밤이 지나고 그림자가 달아나며 구름이나 밤이 없는 그 길고 긴 날의 아침은 언제 동터올 것인지요! 성령과 신부가 말씀합니다. "오라." 오, 어린양의 신부가 준비되어 신랑이 "오라!"고 말할 때는 언제입니까!

귀한 선생이여! 기도를 들으시는 분께 제가 당신에 대해 말씀드릴 것입니다. 오, 그런 방식으로 저를 도와 주십시오!

예수의 영이 당신의 영과 함께 하시기를 바랍니다.

1651년 5월 14일, 세인트 앤드루스, S. R.

183

길버트 커 대령에게
스코틀랜드를 덮은 먹구름 아래서의 위로, 스코틀랜드를 떠나지 말라는 권면

>

매우 존경하는 귀한 분께, 저는 하나님의 사람들이 왜 그리스도의 뜻을 위해 기꺼이 피를 흘릴 준비가 되어 있는 사람들의 갇혀 있음에 관심을 기울이지 않는지 이해할 수가 없습니다. 또한 저는 온 땅의 주님께서 우리를 대적하기 위해 보낸 사람들과 가진 불확실한 갈등 속에서 당신이 죽지 않았다는 것은 당신으로 말미암아 된 것이 아니라고 알고 있습니다.

주님 안에서 사랑하고 존경하는 분이여, 당신께서 이 땅을 떠날 생각은 전혀 하지 마시라고 권하는 바입니다. 주님께서 노하셔서 이 온 땅을 구름으로 덮으셨다는 것을 보며 실감하고 있습니다. 저도 그와 같은 유혹을 받기는 했지만 만일 우리가 이 땅에 주님의 남아 있는 자들과 연합하여 머문다면 주님께서 지구상에 어떤 에덴동산이나 낙원에 있는 것만큼이나 우리에게 해를 끼칠 생각이 없으시다는 것을 알며 저는 오히려 노하시는 예수 그리스도 곁에서 스코틀랜드에 남아 있고자 합니다. 그는 영국에 있는 모든 종류의 대적들을 향하여 진노를 쌓고 계십니다. 비록 제가 영국에서 그의 번쩍이는 칼의 영광을 본 적이 없지만 저는 성도들이 주님께서 죽인 자들의 피에 자기들의 발을 적시게 될 것이라는 (복수심과는 다른) 순전한 생각들로 위로를 받습니다. 선생이여, 진실로 당신이 자신에 대해 너무 낮게 생각하며 평가하셨기 때문에 당신께서 기도를 들으시는 분 앞에서 그러한 생각들과 연약한 소원에 이를 수밖에 없으리라고 생각합니다. 저로서는 갇혀 있는 당신을 생각한다면 당신이 제시한 평가나 당신이 자신에 대해 가지는 생각에 동의할 마음이 전혀 없습니다. 제가 알기로 자신의 백성들을 전가(轉嫁)된 의의 무거움을 따라서 저울질하시는 그분 앞에서 제가 당신이 다소간에 작은 분이 아니라는 것을 알지라도 말입니다.

사람은 잘못 보는 일이 있어도 그리스도는 당신을 잘못 보실 수가 없습니다. 값없는 은혜의 산정과 평가가 당신을 당신이 되게 하십니다. 당신

이 찬양하는 것 외에는 결코 갚을 수 없는 그의 영원한 빚쟁이가 되는 것을 저는 보고 싶습니다. 진심으로 당신은 그 빚밖에는 풍족함이 없습니다. 그리고 저는 당신이 채권자들 중에서 가장 훌륭하신 이인 예수 그리스도께 관여되어 있는 것을 좋아하시리라고 생각합니다. 그의 장부에 기록되어 있는 것으로 당신은 많은 기쁨과 감미로움을 가지시게 될 것입니다. 저 자신도 그렇게 되기를 바라며 아무것도 없는 것에서 하늘들의 하늘 끝보다 높이 그렇게 많은 은혜의 영광의 풍성함을 일으키시고 사랑의 계획을 고안하여 영광을 입은 흙덩어리들이 값없는, 영원토록 값없는 은혜의 짐을 지고 눌린 빚쟁이로 영원히 있게 하신 그리스도의 의도를 당신께서도 귀히 여기기를 바랍니다. 선생이여, 당신은 그렇게 큰 당신의 유산에 대한 소작료를 계산할 수가 없습니다.

은혜가 당신에게 있기를 바랍니다.

1651년 5월 18일, 에든버러, S. R.

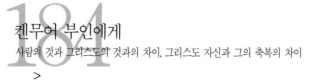

184

켄무어 부인에게
사람의 것과 그리스도의 것과의 차이, 그리스도 자신과 그의 축복의 차이

>

부인, 은혜와 사랑과 평안이 당신에게 있기를 바랍니다. 우리는 키질하며 시험하는 때를 만났습니다. 당신의 호흡이 지난 20년간 당신이 걸어오셨던 줄곧 같은 마음과 같은 길로 목표를 향하여 달려올 수 있도록 이바지한 것을 기뻐합니다. 그것이 평강의 길이 아니라면 우리는 여전히 죄 가운데 있으며 그 길을 놓친 것입니다. 주님께서 우리가 아주 자랑하는 자만을 녹슬게 하셨고, 이제 마지막에 많은 선지자들에게 해가 진 것이 사실입니다. 그러나 낙망하지 마십시오. 사람은 단지 사람이고 하나님은 더더욱 하나님으로 나타나시며 그리스도는 여전히 그리스도이십니다.

부인, 저보다 강한 자가 저를 거의 넘어뜨리며 저를 낙심하게 했습니다. 그러나 그리스도의 것과 사람의 것 사이를 분별하는 것은 얼마나 놀라운 자비이며 은혜의 은사들의 모양과 색깔과 광채가 우리의 연약한 눈을 부시게 하고 현혹시키는 것은 얼마나 놀라운 일인지요! 오, 그것이 비록 피조물의 천국과 피조물의 은혜라고 할지라도 저는 그리스도에게 미치지 못하는 모든 것들에 대해 죽기를 원합니다! 거룩함이 그리스도는 아니며, 생명나무의 꽃봉오리들과 꽃들이 생명나무 자체는 아닙니다. 사람들과 피조물은 우리와 그리스도 사이에 자기들을 묶어 놓아서 그리스도께서 그와 우리 사이에 있는 모든 것들을 떼어 내려고 많은 수고를 하셨습니다. 지금 왕도 군대도 귀족도 재판관도 요새도 파수꾼도 경건한 신자도 우리의 길을 방해하지 않습니다. 영국의 가장 화려한 것들과 가장 뛰어난 것들이 녹이 슬고 그들의 광채가 빛을 잃었습니다. 오직, 오직 그리스도만이 그 푸르름과 아름다움을 보존하시며 그가 계셨던 그대로 남아 계십니다. 그의 뛰어나심이 모든 이해를 넘어서니 그가 점점 더 우리의 생각에 뛰어나시고 우리의 감각에 점점 더 감미로우시다면 얼마나 좋겠습니까! 제가 좀 더 그에게 가까이 갈 수 있다면 아무것도 상관하지 않을 것입니다. 하지만 그가 제게서 달아나지 않으시지만 제가 그에게서 달아나고 그는 저를 쫓아 오십니다.

부인께서 전에 가진 무시당하는 주님의 대의과 언약에 대하여 여전히 귀히 여기신다고 들었습니다. 부인, 거기에 머무십시오. 성부와 성자와의 더 가까운 교제와 사귐으로 저는 그 길에 기꺼이 진력을 다할 것이며 믿음을 가지고 죽은 것 이상 아무것도 바라지 않을 것입니다. 또한 스코틀랜드에서 죽임 당한 경건한 사람들의 피를 땅이 덮지 못하게 되고 이 땅에 있는 성도들의 고난이 끝날 때 주님께서 그들의 피에 대해 갚아 주실 것을 기대합니다.

가시떨기 가운데 계셨던 이의 선한 뜻이 당신과 함께 하시기를 바랍니다.

1651년 9월 28일, 글래스고, S. R.

185

랄스턴 부인에게
죽는 것보다 사는 것을 바라야 하는 의무, 경건한 자들의 생각에 있는 연합의 부족

>

뛰어나신 주님 예수 안에서 매우 경애하는 분이여, 간절한 소원으로 제가 당신이 그 항구에 매우 가까이 나아가셨다는 것을 들은 이후에 당신이 어떠하셨는지 소식을 듣고 싶던 차에 감사하게도 이제 당신이 회복되고 있다고 듣게 되었습니다. 당신으로서는 영광의 저택들이 있는 항구에 들어가는 것이 가장 좋았을 것이라고 생각하시겠지만 여기에 좀 더 머무시는 것이 당신의 가족들에게 적잖은 위안이 될 것입니다. 그러므로 주님 안에서 매우 존경을 받는 부인이여, 당신께서 시온과 함께 시온의 여러 가지 환난에 좀 더 참여하게 되셨지만 진심으로 당신을 환영하는 바입니다. 정말로 당신께서 그를 대적하는 세상으로 다시 돌아오셔서 그의 욕을 감당하는 것이 당신에게 손해가 아니라 오히려 명예를 크게 더하는 것이라고 생각하신다고 저는 믿고 있습니다. 그것은 말하자면 천국에서 가질 수 없는 유익이기 때문입니다.

그곳에서는 거주민들이 일치하여 어린양을 찬양하며 칭송하는 노래를 부르기로 합의하였지만 여기, 멀리 떨어진 여기에서만 우리가 그의 명예를 위해서 수치와 반대를 받을 기회가 있기 때문입니다. 그러므로 이것으로 다가올 생명의 영광과 함께 십자가의 명예를 생각하면서 성도들은 여기에서 완전히 행복하고 영광스럽게 여기는 것입니다. (제가 그리스도의 십자가의 신비를 가장 잘 들여다볼 때 생각한 것은) 핍박의 폭풍이 그리스도를 향해 일어나고 있는 때 안식의 땅으로 재빨리 달아나는 것은 대단한 이기심이라는 것입니다. 게으르고 꾀부리기 잘하는 사람들은 어떤 경우에서도 안락을 좋아하고 있으니 그보다 더 부끄러운 일이 없는 것입니다. 영광 중에 계신 그와 같이 되기를 바라는 일에 너무 조급하여 그의 고난을 무시하고 멀리 달아나는 것보다는 그의 십자가 안에서 그리스도를 쫓으려고 하는 것이 실상 훨씬 더 영광스러운 일입니다. 신 것을 받으려고 하지 않는 사람은 단 것을 달라고 할 자격이 없다는 말이 있습니다. 저는 그리스도의 나그네 옷이 우리와 같은 사람들이 입어 어울렸던 그 어떤 옷보다 더욱 명예로운 것이라고 생각합니다. 특별히 그가 우리의 불쌍하고 비천한 출신을 자신에게 걸맞도록 영화롭게 하실 것을 생각할 때 그렇습니다. 이 땅에 있는 저와 같은 많은 사람들이 마치 그리스도의 십자가가 그를 따르는 모든 자들에게 주는 사랑의 지분이 아닌 것처럼 그리스도의 십자가를 그렇게 흘겨보고 있으니 화로다 나여! 분명히 그것은 우리의 엄청난 무지에서 비롯된 것입니다.

믿음은 지극히 적은 불의를 범하기보다는 차라리 좋은 뜻으로 그를 위해 고난을 받으려고 한다고 생각합니다. 그러나 감정은 어떤 속박도 좋아하지 않습니다. 믿음은 그 영향력을 억제하며 주권을 가지고 자주 세속적인 사람을 꼼짝 못하게 하며 그리하여 때때로 육신과 영 사이에 다툼이 일어납니다. 영은 위로부터 오는 것이 아니면 어떤 안도감과 해방감도 느끼지 못하는 반면 육신은 그저 조건을 살피지 않고 어디서 오는 것이든지 해방감을 가지려고 합니다. 그리스도의 음성을 들으며 낯선 자를 인정하지 않으려고 하는 것이 그리스도의 양들의 표지인 것처럼 오직 하늘에서 오는 명령들만 받으려고 하는 것이 믿음의 표지입니다. 그가 속박을 받으라고 뜻을 나타내시면 믿음은 속박을 받으며 그 거스르는 일에 반발하여 대꾸하지 않는 것입니다. 그가 "너 소망의 죄수여, 너 자신을 보이라" 하시면 믿음은 때와 방법을 찾고 순종하여 나서며 그때까지는 가만히 있는 것입니다. 하지만 육신은 항상 서두르며 우선적이며 가장 가까운 안락이 그가 제일 좋아하는 것입니다. 우리가 이상한 신들을 따라가지 않도록 하기 위해 자신의 얼굴을 감추시는 때인 지금 주님은 자기 사랑하는 백성들이 그가 친히 그들에게 분량을 달아서 주신 훈련을 받도록 하시는 것입니다. 그가 자신을 다시 나타내실 때 우리의 변화를 알 것입니다.

감정의 화려한 자유 속에 머무는 것보다 믿음의 감옥에 잠깐 머무는 것이 훨씬 안전합니다. 근래의 고통스러운 변절을 대항하는 하나님의 보배로운 종들의 진실한 증언만큼 이 깨어진 비천한 땅에 하나님께서 머물러 계시고 치료하고 계심을 은혜롭게 증명하는 것을 찾을 수가 없습니다. 하지만 만일 주님께서 남은 자를 우리에게 남겨두지 않으셨더라면 우리가 소돔과 같고 고모라와 같았을 것입니다. 자신의 사랑에 언제나 어떤 증거를 남기셨던 오직 지혜로우시고 아낌없으신 우리 하나님께 찬양을 드립니다! 시험의 시간이 모두에게 아주 어두웠기 때문입니다.

그러나 어떤 이들에게는 많은 빛을 보이셨고 약간의 도움으로 도우셨습니다. 또한 그는 자신에게 능하고 귀한 다른 이들에게는 여전히 구름 아래 머물도록 내버려 두셨습니다. 그러나 이런 일에 그의 지혜의 신비는 너무나 높아 모든 육체로 하여금 티끌 가운데 겸손히 엎드리게 하여 오직 그의 붙드시는 힘과 후한 사랑 외에는 아무것도 자랑하지 못하게 한다고 저는 분명히 말할 수 있습니다. 그럼에도 그의 정하신 때가 오면 그의 종들로 그들이 지금 볼 수 없었던 것을 보게 하실 것입니다. 그러나 한편 아! 주님의 종들 사이에 있는 생각들과 감정의 비통한 차이들을 바라보는 것보다 우리를 더 고통스럽게 하는 문제는 없습니다. 이것은 당신도 많이 생각하신 문제라고 생각합니다.

제가 믿는 것은 우리의 모든 사랑하는 존귀한 친구들이 그리스도의 명령을 따라서 사탄이 그것을 통해서 유익을 얻지 못하도록 그 틈새를 다시 잇는 것이니 주님의 사랑하는 자들 사이에 연합이 손상되는 것보다 사탄의 목적에 부합하는 것은 없기 때문입니다. 그에 대한 우리의 여러 요구들 속에 "그 안에서 모든 건물이 서로 연결되어 사랑으로 세워지는" 것이 있어야 한다고 저는 생각합니다. 이 요구에 대한 응답을 받는 것은 비천한 교회에 큰 도움이 될 것입니다. 그리고 만일 주님께서 우리를 기뻐하신다면 이 일에 관하여 이스라엘에게 아직 소망이 있는 것입니다. 그러나 그렇지 못하다면 다른 곳들처럼 주님께서 이 땅에서 자기의 장막을 무너뜨리시는 유력한 흔적을 증명한다고 볼 수 있습니다. 만일 그가 그렇게 하신다면 우리는 슬픈 날을 가지게 될 것입니다. 그러나 그의 불쌍히 여기시는 긍휼을 생각하는 것이 믿을 근거를 다르게 제시하니 아직 그가 완전한 해방을 주시지 않았지만 그 근거에 의해 우리에게 소망의 문을 열어 주실 것입니다. 우리의 소망이 주님으로부터 아직 무너진 것은 아닙니다. 사람들과 육적인 이성이 그렇게 말했을 뿐입니다. 왜냐하면 이것 중에 아무것도 전능하신 분에게 굴레나 규정이 되지 않기 때문입니다! 정말로 시온의 가장 얕은 물은 이제 불어남의 첫 발이 될 것입니다. "만군의 여호와의 열심이 이를 이루시리라"(사 9:7)는 것 외에 내놓을 다른 이유가 제게는 없습니다. 그것을 믿으며 이만 줄입니다.

1651년 10월, S. R.

186
그리젤 풀러턴에게
다른 이들이 냉랭할 때 열심히 그리스도를 따르라고 권면

>

부인, 제가 (이제 영광으로 복을 받고 완전하게 되신) 당신의 귀한 어머니 (마리온 맥노트의 부인, 1643년에 죽음)와 가졌던 관계를 기억하며 당신도 (또한 제가 영원토록 버림을 받지 않는다면 생명과 평강의 길인) 그 길을 바라보고 있다는 것을 확신하면서 주님의 언약을 인하여 제가 하나님께 기도하지 않을 수 없는 사람들을 잊는다는 것은 너무 염치없는 일이 될 것입니다.

저는 현재의 비통한 견해차에 대해 아무것도 말씀 드리고 싶지 않습니다 다만 만일 제가 하나님과 가까이 하고 있거나 또한 가까이 한 적이 있었더라면 (제가 결코 따를 수 없다고 확신하는 바) 다른 길은 사람의 길이라는 것입니다. 현재의 권력[크롬웰 정부]에 관하여 말씀 드리자면 제가 그들에게서 고난을 받았고 더 받을 것 같습니다. 하나님께서 그들과 다투고 계십니다. 내 영혼아, 그들의 비밀에 참여하지 말지어다! 단지 주님 안에서 당신이 그리스도 앞에 나타날 것을 빌어 제가 당신에게 바라고 구하고 간청하는 것은 주님의 길과 그곳에 살았던 은혜로운 사람들이 밟았던 걸음을 따라가시라는 것입니다. 주님께서 생명과 능력으로 그들과 동행해 주셨습니다. 그 땅에 있던 사람들이 하나님과 어떤 교제를 가졌으며 그의 길에서 얼마나 많이 서로서로 세워 주고 도와주었는데 지금 그 땅에는 그러한 일들이 거의 없다는 것을 생각하면 저의 마음이 슬프기 짝이 없습니다. 당신의 어머니가 생전에 그곳에서 당신 주변에 있는 많은 사람들에게 하나님을 찾도록 힘을 쓰고 격려했습니다. 제가 당신에게 바라는 것은 당신께서 그런 방식으로 어머니를 따르고 당신의 형제들과 다른 이들에게 말하여 그들이 하나님의 길을 바라보도록 격려를 받게 하시라는 것입니다. 늦기 전에 그 일이 필요합니다. 당신이 지금 주님 안에서 자는 하나님의 종을 계승하고 따르기 위해 그곳에 불분명한 사람이 아닌 은혜로운 목사를 어떻게 세울 수 있는지를 알아보십시오. 경건의 모양과 경건의 능력 사이에는 크고 넓은 차이가 있습니다. 가장 증인이 적을 때 가장 뜨겁습니다. 많은 사람에게 죽어 있음과 이 땅의 황폐함이 큽니다. 주님과 그의 얼굴을 찾는 사람은 복이 있습니다.

당신의 남편에게 그리고 모든 친구들에게 안부를 전해 주시기 바랍니다. 그리스도 안에 있는 아무 사람도 잊고 싶지 않습니다.

1653년 3월 14일, 에든버러, S. R.

187

길버트 커 대령에게

죽어 있음, 부흥의 소망, 하나님과의 거리, 가까움을 즐김

>

주님 안에서 존경하는 분이여, 당신이 어떠하신지는 우리 중에 있는 몇 사람에게 보낸 당신의 편지를 통하여 알려지고 있습니다. 하지만 우리의 대부분이 바짝 말라 버린 땅에 거주하며 산다는 것이 저 앞서서 그리스도 안에 있었던 적잖은 사람들의 탄식입니다. 주님의 백성이 비가 내리지 않은 땅과 같습니다. 이 땅이 사랑하는 이의 정원이요, 주님이 순간마다 물을 주시고 가꾸시는 포도원이라는 것을 사람들이 부인하지는 않지만 아! 자신의 숨어 있는 자들에게 새 힘을 주셨던 때때로 하늘에서 오는 생기의 불어옴과 감화는 어디 있습니까?

그가 뒤로 물러나시는 이유는 우리에게 알려지지 않았습니다. 부인할 수 없는 한 가지 사실은 저 높은 주권의 행사들과 은혜의 통치는 천사들과 사람들의 눈으로 볼 수 없다는 것입니다. 정말로 "이것을 행하라. 그리하면 그가 그의 동산에 숨을 내쉬며 바람을 불게 하리라" 같이 자유로운 약속의 확고한 방식으로는 되지 아니하며 마치 그가 스코틀랜드에 있는 그의 숨은 자들에게 아픔과 애씀과 기도와 탄식과 은혜로운 사모함으로

높은 곳에서 오는 방문을 얻어내지 못하며 사막에 소나기를 내리게 할 수 없다고 선포하신 것 같습니다. 아마 현실적인 해방과 영적인 해방이 함께 오며 곧 왕위에 오르실 그의 통치의 선함을 우리로 실감하게 하시는 것은 무덤에서 우리가 "우리의 뼈들이 말랐고 우리의 소망이 사라졌나이다"라고 말할 때일 수도 있습니다. "저는 벤 풀에 내리는 비 같이 땅을 적시는 소낙비 같이 임하리니 그의 날에 의인이 흥왕하여 평강의 풍성함이 달이 다할 때까지 이르리로다"(시 72:6, 7). "저는 궁핍한 자의 부르짖을 때에 건지며 도움이 없는 가난한 자도 건지며 저는 가난한 자와 궁핍한 자를 긍휼히 여기며 궁핍한 자의 생명을 구원하며 저의 생명을 압박과 강포에서 구속하시리니 저의 피가 그 목전에 귀하리로다"(13, 14절). 우리가 그런 방식으로 아름다운 계절이 오도록 기도할 수는 없을지라도 그리스도께서는 오실 때 친히 좋은 날을 대동하고 오실 것입니다. "산꼭대기의 땅에도 화곡이 풍성하고 그 열매가 레바논 같이 흔들리며 성에 있는 자가 땅의 풀같이 왕성하리로다"(16절).

예언을 적용하면서 있는 그대로가 아니라 제가 원하는 대로 적용하는지도 모릅니다. 주님의 권능으로 서서 (아, 우리는 얼마나 많이 누워있는지요!) 먹일 그분, 그 한 목자가 그들 위에 세워질 때 그의 법을 기다리는 섬들은(이 섬이 그들 중에 가장 큽니다) 이 말씀을 바라보아야 합니다. '내가 그들에게 복을 내리며 내 산 사면 모든 곳도 복되게 하여 때를 따라 비를 내리되 복된 장마비를 내리리라"(겔 34:26). 그와 같은 소나기의 모든 빗방울은 얼마나 사모할 만한 것인가요! '내가 이스라엘에게 이슬과 같으리니 저가 백합과 같이 피겠고 레바논 백향목 같이 뿌리가 박힐 것이라. 그 가지는 퍼지며 그 아름다움은 감람나무와 같고 그 향기는 레바논 백향목 같으리니"(호 14:5, 6). "잣나무는 가시나무를 대신하여 나며 화석류는 질려를 대신하여 날것이라 이것이 여호와의 명예가 되며 영영한 표징이 되어 끊어지지 아니하리라"(사 55: 13). "내가 광야에는 백향목과 싯딤나무와 화석류와 들감람나무를 심고 사막에는 잣나무와 소나무와 황양목을 함께 두리니"(사 41: 19). "대저 내가 갈한 자에게 물을 주며 마른 땅에 시내가 흐르게 하며 나의 신을 네 자손에게, 나의 복을 네 후손에게 내리리니." 그것은 헛된 수고나 열매 없는 농사가 되지 않을 것입니다. "그들이 풀 가운데서 솟아나기를 시냇가의 버들같이 할 것이라"(사 44:3, 4) 그러나 언제 이런 일이 스코틀랜드에 있게 될지는 예언하는 것보다 믿는 것이 낫고 이 수레의 바퀴를 마음대로 움직이시는 그분과 다투기보다 잠잠히 바라고 가만히 앉아 있는 것이 (그것이 우리의 힘입니다) 더 낫습니다.

하지만 이것이 우리의 말라 있음을 반은 만족하고 있으면서 우리들의 죽어 있음을 즐기며 경건한 갈증과 연모함도 거의 사라져 버린 우리에게 어떤 것을 말해 주기는 어렵습니다. 의심할 바 없이 우리는 그의 감화를 훼방했고 우리를 위한 그의 일하심을 찬성하지도 않았으며 미소조차 짓지도 않았습니다. "나를 살리소서, 나를 살리소서"(시 119편). 여덟 번이나 간청을 하는 그의 간절함에 우리는 별로 상관이 없었습니다. 돌이나 벽돌처럼 가만히 있어 주님께서 하시기만을 많이 바랐습니다. 마치 그것들이 더 이상 좋게 가꾸어질 수 없는 것처럼 우리는 그의 일을 낭비하였습니다. 그러나 그가 바람을 불게 하심을 막고 헛되게 하는 것이 우리의 힘으로 되지 않는 것이 좋은 일입니다. 그가 원하시는 대로 그의 바람이 불기 때문입니다. 단지 우리가 순간마다 자기 포도원에 물을 주시는 그의 이슬과 소나기 아래로 구부리며 마음을 조용히 기댈 수 있다면 우리는 얼마나 즐겁고 행복하겠습니까! 그가 벽 뒤에 서 계실 때, 그가 산들을 뛰어 넘어오실 때, 그가 자기 동산에 오셔서 즐기실 때, 그가 백합 가운데서 먹이실 때, 그의 향이 향기를 발할 때, 그가 두드리시고 물러가시며 아무 곳에서도 찾을 수 없을 때, 우리는 그의 두드림에 문을 열지도 아니하고 깨닫지도 못하며, 열쇠구멍으로 그의 손을 들이미시는 것을 감지하지도 못하고, 그리스도의 걸음과 움직임에 어떤 관심도 두지 않고 있는 것입니다. 아, 우리가 얼마나 하나님의 작은 부분만을 보고 있는지요! 오, 우리가 하나님을 얼마나 배우지 않는지요! 얼마나 우리가 좀처럼 하나님을 읽지 않고 저 위대한 알려지지 않는 모든 것의 모든 것, 영광스러운 신성, 그리스도 안에 계시된 신성에 대해 생생한 이해를 가지고 시를 짓는 일을 하지 않는지요! 우리가 우물에서 멀리 떨어져 살고 있으면서 우리가 말랐고 흥이 없다고 맥없이 탄식하고 있는 것입니다. 우리는 갈한 것이 아니고 오히려 말라 있습니다.

선생이여, 이렇게 낮추는 것 속에 인위적인 자만이 있을 수 있습니다. 그러나 저로 말하자면 저는 그가 어떤 분인지, 그의 아들의 이름도, 그가 어디 계신지도 모릅니다. 저는 그리스도께서 아주 대단하시다는 소문을 들었고 그것이 전부입니다. 오, 그에게 가까이 함이 무엇입니까! "하나님 안에 있는 것", "하나님 안에 사는 것"이 어떤 것입니까? 그것이 어떤 집이 되겠습니까! 사람들이 자기들의 집과 가정에서 얼마나 멀리 떨어져 있습니까? 하나님 안에서 발견되는 방들과 거실들과 안전과 거룩한 보호의 감미로움을 얼마나 알지 못하고 있는지요! 오, 얼마나 떨어져 있는지! 얼마나 방황하는지! 자아와 피조물과는 얼마나 자주 교제하는지! 여기에 "침상이 짧아서 능히 몸을 펴지 못하며 이불이 좁아서 능히 몸을 싸지 못함"(사 28:20) 같은 일이 있지 않습니까? 언제쯤이나 우리가 오직, 오직 하나님 안에서 사는 것에 이르며 모든 비천한 피조물의 아무것도 아닌 것과 어제의 그림자와 같은 것들에게서 떨어질 수 있겠습니까! 그런 것들은 창조되기 한 시간 전에는 어둡고 황량한 없음이요, 텅 빈 공허였던 것으로 만일 주님께서 거기 영원토록 놓여 있게 하셨더라면 영원토록 그렇게 있을 수밖에 없었을 것입니다!

"그는 땅 위 궁창에 앉으시나니 땅의 거민들은 메뚜기 같으니라. 하늘을 차일같이 펴셨으며 거할 천막같이 베푸셨고 귀인들을 폐하시며 세상의 사사들을 헛되게"(사 40:22, 23) 하시는 그는 위대하신 분이십니다. 그리고 그분, 오직 그분만 계시니 그 외에 다른 그는 없습니다(사 43: 10, 11, 13- 25). 사람들이나 천사들이나 혹은 그들 중의 아무라도 그들은 그에게 하나의 그가 될 수 없습니다. 그러나 살고, 숨쉬며, 죽는 아무것도 아닌 것이 기껏해야 병든 흙 조각일 뿐인 사람이요, 천사도 그에게는 단지 조금 더 탁월하고 살아 있고 이해력이 있는 아무것도 아닌 것일 뿐입니다. 하지만 우리는 그에게서 멀리 떨어져 살고 있습니다. 우리가 하나님을 벗어날 때 우리는 죽고 싶습니다. 오, 우리가 하나님 없이는 얼마나 아무것도 아닌 존재인가를 알았으면 좋겠습니다!

선생이여, 당신의 간힘을 우리의 마음에 두기를 원합니다. 당신에게 아침과 같은 것이 준비되었다는 그의 표명이나 그의 출발에 관한 어떤 것을 듣는다면 우리가 기쁘고 힘을 얻을 것입니다. 우리가 당신에게 낙심하지 말라고 충고할 필요가 없기를 바라며 당신 안에 거하는 기름 부음이 당신을 많이 가르치시리라고 확신합니다. 말씀하시는 꿈을 고대하십시오. "보라, 주 여호와께서 장차 강한 자로 임하실 것이요, 친히 그 팔로 다스리실 것이라. 보라, 상급이 그에게 있고 보응이 그 앞에 있으며"(사 40 : 10).

오직 지혜로우신 하나님께서 당신을 그의 영광의 능력을 따라서 기쁨으로 모든 참음과 오래 견딤에 이르도록 온전한 힘으로 강하게 하시기를 바랍니다.

1653년 7월, 세인트 앤드루스, S. R.

188 길버트 커 대령에게
이 땅의 처지

>

존경하는 분께, 주님의 주권적인 임재가 영국이나 모든 곳에서 동일하며 그의 기뻐하시는 대로 마음을 지배하신다고 선언하시는 그분의 선한 손을 인하여 주님을 찬양합니다. 거룩한 섭리의 책은 그의 계시된 말씀 안에 있는 그의 계시된 뜻의 방주(謗註)이니 만일 우리가 이곳저곳에서 그가 쓰신 것을 읽고 이해할 수만 있다면 우리에게 많은 것을 말씀하실 것입니다.

당신은 그가 당신에게 부족하지 않으시다는 것을 알고 계십니다. 집들과 땅들이 그의 것입니다. 주님께서는 아브라함을 본토에서 그가 알지 못하는 땅으로 인도하셨습니다. 제가 비록 이땅의 병든 상태와 잠자고 있는 목회와 언약을 깨뜨림과 수많은 죽어 있는 신자들로 인하여 심히 염려하고 있지만 주님께서 당신이 이 땅을 떠나는 일에 대하여 자신의 마음을 나타내지는 않으셨다고 봅니다. 이 모든 것들은 에브라임에게 여기저기 있었던 흰머리카락입니다. 만일 하나님께서 우리를 홀로 내버려 두셨더라면 우리의 멸망은 아주 자명한 것이며 우리는 눈구멍에서 썩을 것입니다. 그러나 아무에게도 계시하지 않은 자비의 결말과 자격이 없는 땅을 향한 주님의 마음 안에 있는 평화의 생각들을 확신하는 저는 무엇이란 말입니까? 제가 당신을 뵙게 되면 기쁘기 이를 데 없을 것입니다. 또한 당신의 거처 문제에 당신의 인도자와 보호자가 되어 주기를 원하시는 그분이 당신을 인도하시기를 바랍니다. 저로서는 제 몸이 아주 약하며 매일 소환장을 받고 있습니다만 저는 잠잠히 앉아서 그 소환장들을 읽지 않고 있습니다. 저의 영혼에 관하여는 주님과의 교제가 있어서 훨씬 자유로워졌고 예전의 것에서 멀어졌습니다. 은혜의 수단을 사용하는 일에 죽어 있음과 안심과 불신과 하나님에게서 멀어짐이 이전보다 더 널리 퍼져 있습니다. 세 번째 교수를 구하는 일에 당신의 도움이 필요합니다. 저는 이 대학에서 바람과 악천후 속에 있습니다. 콜빌 박사는 제임스 샤프를 지지하고 저는 윌리엄 레이트를 지지하지만 결과는 알 수가 없습니다. 저의 아내가 당신에게 안부를 전합니다.

　　은혜가 당신에게 있기를 바랍니다.

1654년 4월 2일, 세인트 앤드루스, S. R.

존 스코트에게
불참에 대한 변명

>

존경하며 사랑하는 형제여, 불쌍하고 비천한 저만큼 당신이 속한 하나님의 교회로부터 많은 덕을 입은 사람이 없습니다. 그러나 몸이 연약하여 주님께서 에든버러로 가는 짧은 여행도 실행하지 못하게 하셨으니 그곳에 가는 여행은 더더욱 할 수가 없습니다. 이것 외에는 아무것도 방해하지 않는다는 것을 믿으십시오. 주님께서 여기서 제게 지우신 것을 따라잡을 수가 없습니다. 그러므로 저는 주권에 순종하기를 바라며 잠잠히 있을 것입니다. 만일 주님을 향한 저의 기도들과 최선의 소원들이 그의 일을 향상시키는 데 어떤 식으로든지 공헌할 수 있다면 저의 진정 소원은 저 광야, 제가 첫 번 호흡을 신세진 곳, 그리스도의 이름이 거의 불려지지 않았던 곳으로 생각되는 그곳에서 경건의 실천과 능력이 장미같이 피어 오르는 것입니다.

간절히 바라고 기도하기는 그의 이름이 여러분 가운데 크게 되는 것이며, 간청하는 것은 주님의 원수들의 이름들이 흙에 기록되는 것과 "천하 만국 중에 그 왕 만군의 여호와께 숭배하러 예루살렘에 올라오지 아니하는 자에게는 비를 내리지 아니하실" 것과 주님께서 시온 산에 있는 모든 집회 위에 영광을 창조하실 것을 당신이 믿는 것입니다.

이만 줄입니다.

1655년 6월 15일, 세인트 앤드루스, S. R.

190

켄무어 부인에게
병들었을 때를 위한 생각들, 다가올 생명에 관하여

>

부인, 제가 너무 오랫동안 입을 다물고 있어서 지금 입을 열기가 부끄러울 정도입니다. 부인께서 몸이 약하시다는 것을 들었으니 그것은 시간이 이곳에서 당신에게 줄 수 있는 것보다 더 많은 찬양할 시간을 당신이 가지게 될 곳인 더 긴 생명을 바라보도록 어떤 교훈을 당신에게 전하고 있는 것입니다. 그것이 많은 사람들에게 손실이 되겠지만 분명코 부인, 당신은 아무것도 잃어버리는 것이 없을 것입니다. 그리고 진실로 우리가 지금 처해 있는 날들이 어떠한지를 생각할 때 만일 항해하는 것이 주님께서 하시는 일이 아니었다면 폭풍이 이렇게 심할 때 조용한 항구에 있었더라면 좋았을 것입니다. 앞서 가신 이께서 먼저 도착하셨으니 바다에서 깨어진 배를 항구에 안전하게 들어오도록 도우시고 앞서 가신 이를 따르는 뱃멀미하는 승객들을 땅에 안전하게 내리도록 도우실 것입니다. 많은 죽어 있음이 사람들에게 넘치고 있습니다만 살리시는 부활이요 생명이신 그분 안에 많은 생명이 있습니다. 오, 우리의 감추어진 생명의 지분은 우리 밖에 있으며 사람들의 손 안에 있는 것은 얼마나 작고 보잘것없는 것들인지요! 오직 지혜로우신 하나님만이 부족한 것을 채우십니다. 당신이 모자라면 모자랄수

524

록, 당신의 기쁨이 떨어지면 떨어질수록, 더 많은 것이 은혜의 약속으로 주어지게 되어 있습니다. 부인께서 켄무어에서, 루스코에서, 서쪽 지방에서, 에든버러에서, 잉글랜드 등에서 보지 못했던 비가 하늘로부터 한꺼번에 엄청난 양으로 쏟아져 내릴 것입니다. 어린양의 혼인 만찬은 아무리 새참을 많이 먹었다고 하여도 물리는 법이 없을 것입니다. 부인, 젖을 빨 때부터 당신을 가르쳐 오신 그분이 언제 자기가 햇빛을 비치며 사랑의 방문을 할지를 알고 계신다는 것을 아십시오.

계속 넘쳐 흐르는 은혜가 당신과 함께 하시기를 바랍니다.

세인트 앤드루스, S. R.

101
켄무어 부인에게
피조물의 불친절, 자기 자녀들을 사람들에게 상처 받도록 허락하시는 하나님의 주권

>

부인, 제가 오랫동안 침묵하며 편지 쓰는 일에 게을렀음을 후회할 이유가 있다는 것을 인정합니다. 또한 부인께서 잘 대해 주심으로 당신에게 빚을 진 사람들이 당신에게 발뺌으로 얼버무리려고 하는 것을 들으니 안타깝기 그지없습니다. 당신은 구부러진 것이 강하지도 않고 오래가지도 않는다는 것을 아시며 마찬가지로 이러한 일들이 티끌에서 나온 것이 아니라는 것도 알고 계십니다. 인생들의 무모하고도 죄 많은 번잡이 하늘에 계신 가장 거룩한 분의 손으로 다스려진다는 것으로 이해한다면 감미로운 것입니다. 오, 사람이 하나님과 화목할 수만 있다면 좋겠습니다! 우리가 압박자들을 단지 목수의 손에 들린 톱이나 도끼처럼 단지 피동적인 도구로 볼 수 있다면 그것은 우리의 지혜일 것이며 우리에게 많은 위로를 줄 것입니다. 그들이(시므이가 그랬던 것처럼, 삼하 16 : 10) 그렇게 할 수밖에 없었지만 하나님께로부터 명을 받은 것은 아니라고 할 수 있습니다.

부인, 지난 여러 해 동안 주님께서는 당신에게 가깝거나 혹은 멀리 있는 고난을 통하여 거룩하고, 거룩하며, 흠 없는 주권의 책을 잘 읽고 생각하라고 가르치셨습니다. 앞잡이가 누구든지 간에 모든 것을 지으신 이요

토기장이인 분에게 진흙이 대꾸하는 것은 아무것도 아닌 피조물로서는 전혀 합당하지 않은 일입니다. 그분께서 당신에게 허물이 없도록 하시기를 바랍니다. 하지만 시온의 공공연한 악들이 우리 중 몇 사람에게 깊숙이 느껴지지 않고 우리의 마음에 아무런 인상도 주지 않을 때 우리가 국내적인 시련들로 괴로움을 당한다는 것은 이상한 일이 아닙니다. 그러나 당신은 당신의 최고의 기쁨보다 예루살렘을 더 좋아하도록 하나님께로부터 배우셨습니다. 부인, 낙심하셔야 할 이유가 없습니다. 지체되지 아니하는 꿈을 기다리십시오. 그것이 나타날 것입니다.

오직 지혜로우신 하나님께서 당신과 함께 하시며 하나님, 당신의 하나님께서 당신을 축복하시기를 바랍니다.

1657년 6월, 세인트 앤드루스, S. R.

존 스코트에게
우울한 세대, 경건을 증진하는 수단들

>

사랑하는 형제여, 낙심하지 마십시오. 주님 안에서 그리고 그의 능력의 힘으로 강하여 지십시오. 주님께서 당신과 함께 계셔서 낙심한 자들을 일으키며, 냉랭한 자나 죽어 있는 자들이나 다른 사람을 죽게 하는 자들을 격려하며 깨우치도록 당신을 강하게 하시는 것은 풍성한 은혜라고 생각합니다. 결국에는 당신에게 평안이 있을 것을 믿으십시오. 시대가 암울합니다. 하지만 꿈이 지체하지 않을 것이며 반드시 나타날 것이라고 저는 확신하고 있습니다. 주님께서 우리의 묶여진 속박을 푸실 것입니다. 아, 혼자일지라도 그리스도의 아름다운 유익을 위하여 강하여 변함없는 자로 발견되는 사람은 복이 있습니다.

저의 진정한 충언은 당신께서 집사와 장로를 세우는 일과 치리(治理)를 소홀하게 하는 어떤 일이든지 조심하시라는 것입니다. 제2치리서(治理書)가 준행되어야 하며 당회가 깨끗해져야 합니다. 교리문답을 가르치는 것과 개인적인 심방과 그리스도 안의 유익과 회심의 상태에 관하여 일일

이 그들에게 말하는 것이 거의 실천되지 않고 있습니다. 가정 금식의 실행이 하나님의 규례로 거의 인정되고 있지 않습니다. 당신이 경건을 증진시키며 합심하여 기도하며 가정에서 개인적인 금식으로 하나님을 예배하는 것에 관하여 경건한 형제들을 개인적으로 권면하면 좋겠습니다.

당신을 인도하시고 살리시고 힘 주실 그의 은혜에 맡깁니다.

세인트 앤드루스, S. R.

193

제임스 더럼에게 —
글래스고의 목사, 더럼이 죽기 며칠 전에 씀
사람의 길은 하나님의 길이 아님

>

선생이여, 당신의 건강이 점점 약해져서 듣거나 읽는 것도 힘들게 하리라는 것을 알지 못했더라면 벌써부터 당신께 편지를 드렸을 것입니다. 많이 말하지 않겠습니다. 그 길을 당신이 알고 계시며 당신이 다른 사람들에게 인도자의 재능과 죽음 저 너머에 있는 본가의 영광을 다른 이들에게 가르쳐 오셨습니다. 신랑이 "와서 보라" 하실 때 순종하고 나가서 그를 만나는 것이 당신의 유익이 될 것입니다. 그의 나라의 높은 집에 가기로 되어 있는 그런 획득이 비록 하나님의 교회에는 진정 손실이지만 우리의 손해가 되지는 않을 것입니다. 하지만 우리는 이것을 생각하고 하나님은 저것을 생각하십니다. 그는 잘못하실 수 없으시며 오직 지혜로우신 하나님이시니 우리 중의 아무라도 필요하시지 않습니다. 만일 모세나 다른 선지자들이 육체적으로 남아 있는 것이 필요했더라면 그는 다른 방식을 취하실 수 있으셨을 것입니다. 그분이 "그들을 내게 맡기고 너는 이리로 올라오라"고 하실 때 누가 감히 당신에게 아내나 자식을 염려하라고 주장할 수 있겠습니까? 또는 누가 당신에게 살거나 죽으라고 강요하여 마치 그러한 일이 우리 멋대로 되는 것이고 우리의 날 수를 정하신 그분 홀로의 것이 아닌 것처럼 할 수 있겠습니까? 만일 그것이 그분에게 선하시다고 생각하시면 당신의 선구자와 인도자를 따르십시오. 당신이 그곳에 가 보신 적이 없으니 그곳은 당신에게 낯선 땅입니다. 하지만 그 땅은 좋으며, 보좌 앞에 있는 친구들은 사랑스러우며, 보좌에 앉으신 이는 그분 한 분으로도 충분한 천국이 되십니다.

은혜, 은혜가 당신에게 있기를 바랍니다.

1658년 6월 15일, 세인트 앤드루스, S. R.

104 켄무어 부인에게
시련, 영혼의 죽어 있음, 거짓 안심의 위험

＞

부인, 부인께 오랫동안 소식을 드리지 못해 송구스럽습니다. 당신의 흔들림과 방황은 젖을 빨 때부터 당신이 의지했으며 옛적부터 당신의 하나님이셨던 분이 알고 계십니다. 거기에서 당신에게 소중했던 피조물들의 덧없는 손실은 "오직 죽지 아니함을 가지신" 분의 소득이 늘어나도록 좀 더 쉽게 감당할 수 있는 것입니다.

하나님을 아는 모든 사람들에게 있는 영혼의 죽어 있음에 대한 보편적인 탄식이 있습니다. 부인, 이 일에 당신에게 편지를 쓰는 사람도 다른 이들과 마찬가지로 깊이 처져 있으며 시간이 끝나기 전에 강하고 치열한 싸움이 있을 것 같아 걱정하고 있습니다. 하지만 만일 주님께서 모든 사람에게 믿음의 당당한 승리로 관을 씌우신다면 문제가 되지 않습니다. 하나님은 의의 두려운 일들로 우리를 가르치십니다. 우리는 많은 일들을 봅니다만 아무것도 깨닫지 못합니다. 우리의 잔이 씁니다. 흰머리카락이 여기저기에 났습니다. 많은 귀족들과 통치자들이 바뀝니다만 영혼과 몸의 얽매임은 여전합니다. 우리는 시대의 조류에 따라서, 사람들의 풍조에 따라서 믿음으로 사는 것은 적고 느낌으로 사는 것은 많습니다. 파수꾼들은 졸고 백성들은 지식이 없어 망하고 있습니다. 해에게 등을 돌리고서야 우리가 어떻게 밝아질 수 있겠습니까? 우리가 샘을 떠났으니 어떻게 시들지 않을 수 있겠습니까? 흰돌을 받고 그 위에 새 이름이 새겨지는 일꾼이 되는 것이 저의 유일한 소원입니다. (거인 신자들과 많은 별들이 하늘에서 떨어지고 하나님께서 영국의 섬 위에 그릇마다 진노를 쏟으시지만 우리는 앉아서 양지바른 곳에 안주하고 있는 지금) 영원의 문제에서 속는 것이 회복 불능의 얼마나 큰 재앙인지를 생각하는 것은 (오, 저는 때때로 아니, 드문드문 합니다) 적절한 일이라고 여겨집니다. 그리고 만일 제가 심판주의 오른편에 있게 될 많은 사람들을 지지하는 증거 문서들을 가지고서 그리스도께서 받아 주시는 증언을 받지 못하게 되어 왼편의 염소들 사이에 놓여지게 된다면 어찌하겠습니까? (마 7:22; 25:8-12, 33; 눅 18:25-27). 그렇게 속는 일이 있을 것입니다. 많은 사람에게 그러한 일이 닥칠 것입니다. 만일 그것이 목회적인 거룩함이나 안일한 거룩함의 미사여구로 제 자신의 영혼이나 다른 사람들을 충분히 속일 수 있는 아주 많은 재주를 가진 제게 일어난다면 어찌하겠습니까!

친애하는 부인, 저는 널리 퍼져 있는 안심이 두렵습니다. 우리는 거의 깨어 있지 않으며 (저는 주로 저 자신에 관련해서 말하는 것입니다) 우리는 거의 싸우고 있지도 않습니다. 저는 유령을 보고 무서워서 진땀을 흘리며 자신의 무서움이 커질까 두려워 친구들에게 그것을 말하려고 하지 않는 밤중에 여행하는 사람과 같습니다. 그러나 저는 확신합니다. 주님께서 오실 때가 가까울 때 우리의 본성과 어린 시절과 청년 시절과 장년과 노년의 죄들에 대한 우리의 장부에 대한 셈을 이중으로 고쳐 쓰고 새로운 것을 만든다면 안전할 것입니다. 만일 그리스도께서 제가 저 자신에 대해 가지고 있는 것이 아닌 저에 관한 다른 기록된 진술을 가지신다면 어떻게 되겠습니까? 확실히 그는 올바르십니다. 만일 그것이 저 자신의 실수하고 죄 많은 잘못된 계산을 반박한다면 아! 저는 그때 어디에 있어야 합니까? 하지만 부인, 저는 전혀 실망하지 않습니다. 그리스도께서 사랑의 새로운 혼인 약정서를 만드셨고 자신의 피로 보증하셨다는 것을 저는 알고 있으니 떨고 있는 신자들은 부끄러움을 당하지 않을 것입니다.

은혜가 당신에게 있기를 바랍니다.

1658년 5월 26일, 세인트 앤드루스, S. R.

켄무어 부인에게
만연하는 쇠퇴와 침체와 하나님의 처우에 대한 무관심, 장래의 일들

>

부인, 주님께서 당신에게 시간을 좀 더 연장하셔서 당신이 눈을 감기 전에 이 쓰러지고 무너진 땅과 교회를 되살리시는 주님의 오른손의 일을 볼 수 있게 하시니 저는 기뻐합니다. 최근에 저도 죽음의 문을 두드렸었지만 들어가지는 못하고 잠깐 되돌려 보내졌습니다. 아직 제가 주님을 위해 어떤 일을 할 수 있으면 좋으련만 아! 죽어 있음이 영혼에 드리워져 있습니다! 죽어 있음이 하나님에게서 먼 거리를 만듭니다. 부인, 최근에 주님께서 당신에게 하나님을 섬기고 그를 사랑하는 자들과 그를 섬기지 않는 자들 사이에 분명한 차이를 보게 하셨습니다. 당신이 그리스도의 길을 유일한 최선의 길로 여기며, 그리스도를 세상의 신이나 재물의 신과 바꾸지 않을 것이며, 당신이 그리스도께 "만인 중에 뛰어나신 이"라는 증언을 하실 수 있으리라고 저는 생각합니다. 우리 중의 많은 사람들이 처음 사랑에서 떨어져 나간 것이 사실입니다.

그러나 그리스도께서는 자신을 위하여 신부들인 우리에 대한 첫사랑을 새롭게 하시고 하나님을 찾는 자들을 동서남북 그리스도의 이름이 거의 불려지지 않았던 모든 나라에서도 우리 조상들이 알지 못했던 수만큼 늘이고 계십니다. 그러나 아, 떨어진 많은 별들, 하나님께 가까이 갔으나 이내 애석하게 가까운 해안에 떨어진 별들에 대해 무슨 일을 하며 무슨 말을 하겠습니까? 그렇습니다. 우리가 풀무에 던져졌지만 녹지 않았고 탔습니다만 깨끗해지지 않았습니다. 우리의 찌끼는 옮겨지지 않았고 우리의 불순물은 우리 속에 남아 있습니다. 풀무 속에서 우리는 투덜거리고 낙심하며 더 이상한 것은 졸고 있다는 것입니다. 불이 우리 사방에서 타고 있는데 우리는 그것을 마음에 두고 있지 않습니다. 흰머리가 우리에게 있으나 우리가 그것을 알지 못합니다.

이제 우리의 사랑을 천국으로 보내 버리는 것이 바람직한 삶일 것입니

다. 우리에게 정해진 변화를 기다리며 다음과 같이 묵상한다면 우리에게 잘 어울리는 것입니다. "해와 달 저 너머에 새로운 세상이 있지 않은가? 저 위에 있는 어린양에게 할렐루야를 부르며 거문고를 켜는 복된 친구들이 있지 않은가? 한숨지으며 죄짓는 헛된 생활에 빠져 있을 이유가 무엇인가? 오, 손으로 짓지 아니한 저의 위에 있는 우리 집으로 덧입기를 항상 바라면서 우리가 여전히 웃고 먹고 잠자는 죄수로 앉아 있으며 여행을 위하여 가장 좋은 것들을 꾸리지 않는다면 우리의 지혜는 어디 있는가?" 아! 우리가 거기에 가기 전에 위에 있는 것들을 맛보며 영광을 냄새 맡으려고 하지 않습니다! 아니, 우리는 흙 집의 새로운 임대를 위하여 시간과 계약을 맺으며 시간을 따라가려고 합니다. 보십시오.

그가 오고 계십니다! 우리는 졸면서 우리의 의무들을 해방의 사건에 대한 문제로 넘겨 버립니다. 그러나 부서지고 묻혀 버린 언약을 인하여 겸비해져야 하는 가장 시급한 일들은 모두 잊어버립니다. 그리고 우리의 모든 괴로움은 주님은 느리시고, 적들은 쾌재를 부르며, 경건한 사람들은 고난을 받으며, 무신론자들은 모독하고 있다는 것입니다. 아! 우리는 기도하지 않습니다. 단지 그리스도께서 힘으로 능으로 피로 물들인 옷을 입으시고 높은 길로 오지 않으시는 것을 우리는 이상히 여기고 있습니다. 그가 낮은 길로 오시면 어떠하겠습니까? 진실로 우리는 마치 우리가 전능하신 이에게 지식을 가르칠 수나 있는 것처럼 그의 손에 규칙을 놓으므로 죄를 짓는 것입니다. 오직 지혜로우신 하나님께서 홀로 행하시도록 하십시오. 그러면 그가 잘 운행하실 것입니다. 우리는 구부러졌다고 생각하고 말하겠지만 그는 곧은 길로 이끄십니다. 유방이 젖으로 가득한데 죽는 사람들이 있다는 것은 옳습니다. 하지만 우리는 하나님께서 그들에게 그렇게 대우하시는 것에 화를 냅니다. 아, 그의 발 밑에 어둠이 있고, 그의 장막에 어둠이 있고, 그의 보좌에 구름이 둘려 있을 때, 그의 감추어진 길들에서 제가 그를 높일 수만 있다면 좋겠습니다! 부인, 바라고 믿고 인내하며 기도하는 것이 우리의 생명입니다. 그는 늦지 않으실 것입니다.

주 예수께서 당신과 함께 하시기를 바랍니다.

196

제임스 거스리, 로비트 트레일과 에든버러 성에 갇혀 있는 다른 형제들에게

그리스도를 위해 고난 받음에 대하여, 자기 백성과 항상 같이 하시는 하나님, 견고함과 변치 않음

>

존경하며 매우 사랑하며 경애하는 그리스도의 죄수들에게, 여러분이 지금 받고 있는 고난이 그리스도의 대의를 위한 것이지 사람의 이익을 위한 것이 아니라는 점에서 저는 아주 분명하게 최고의 확신을 가지고 있습니다. 만일 이 일이 사람을 위한 것이라면 그만둡시다. 그러나 우리가 하나님을 위하여 변명한다면 우리 자신의 안전과 사람의 해방은 평안이 되지 않을 것입니다.

"하나님의 구원"이라는 구원이 있는데 그것은 깨끗하며 순수하고 영적이며 혼합되지 않고 하나님의 거룩한 말씀에 가깝습니다. 우리가 구하고자 하는 것은 바로 하나님께서 자기 백성들에게 증거하신 하나님의 은총이요, 단순한 기쁨이 아니라 하나님의 택하신 자들의 기쁨과 선함입니다. 그리고 분명한 것은 제가 그의 증인들 가운데 가장 연약한 자요, 그들 중에 가장 비천한 자들 중에도 들지 못할 자라는 것이며 그 대의가 저의 믿지 못하는 연약함으로 해가 될까 염려하고 있지만 주님의 대의와 백성의 구원과 상관이 없는 석방은 바라지 않을 것입니다. 저로서는 시온이 노래할 때 노래하며 그리스도께서 승리하실 때 승리하는 것으로 족합니다. 시온이 슬퍼하는데 기뻐한다면 그것은 불행한 기쁨이라고 여겨야 할 것입니다. "한 마리도 남기지 않는 것"(출 10:26)이 여러분의 평안일 것입니다.

만일 그리스도께서 저를 가지셨다면 피묻은 수의에 싸여 무덤에 있어도 좋고 단두대에서 네 조각이 되어 무덤으로 가든지 말든지 하여도 좋습니다. 저는 고난으로 이 귀한 진리를 인쳐야 할 그의 빚쟁이입니다. 그러나 아! 곤경에 빠지면 제 약함과 악함과 못남을 생각하면 감히 아무 말도 못합니다. 하지만 여러분은 두려워하지 마십시오. 여러분은 혼자 있지도 않

으며 혼자 있게 되지도 않을 것이니 아버지 하나님께서 여러분과 함께 계십니다. 여러분이 관계하는 것은 때에 맞지 않는 일이 아니라 시의 적절하며 필요 절실한 직무입니다. 주관하시는 이를 두려워 하십시오. 그리스도는 그 성의 주인이며 열쇠를 가진 주님이십니다. 약속들로부터 오는 시원하게 하는 샘물과 원기를 새롭게 함이 풀무의 찌푸림보다 훨씬 낫습니다.

그리스도의 대의를 따르는 데에 주변의 특성들과 허식과 아첨과 변명을 가지고 물러서며 타협하며 점잔을 빼고 양보하려는 함정들과 유혹들을 저는 알고 있습니다. "악마와 함께 먹으려면 긴 수저가 필요하다"는 말이 있습니다. 세속적인 타협들로부터 거리를 유지하고 자신의 계시들로 말씀하고 계시는 빛들의 아버지로부터 오는 은총과 새롭게 하시는 빛에, 그 샘에 아주 가까이하십시오. 이것이 바른 건강이며 구원입니다. 천사들과 사람들과 시온의 장로들이 우리를 보고 있습니다. 하지만 이 모든 이들은 무엇입니까? 그리스도께서 우리 곁에 계시고 우리를 보고 계시며 위에서 모든 것을 기록하십니다. 기도에 많이 힘쓰며 사람은 적게 바라봅시다.

스코트 씨와 나머지 모든 사람에게 안부를 전해 주십시오. 축복이 자기 형제들로부터 떨어져 있는 이의 머리 위에 임할 것입니다. 요셉은 열매를 가득 맺는 우물 곁에 있는 나뭇가지입니다.

은혜가 여러분에게 있기를 바랍니다.

예수 그리스도의 나라와 참음에 동참하는 여러분의 사랑하는 형제이며 친구로부터.

1660년, 세인트 앤드루스, S. R.

197

크레이그 여사에게 — 장래가 촉망되는 그녀의 아들이 프랑스의 강에서 수영하다 물에 빠져 죽었을 때
포기의 아홉 가지 이유

>

부인, 부인은 지금과 같이 풀무 속에서 그리스도를 배워 오셨으니 어떤 찌꺼기든 어떤 믿음의 빛남이든 드러날 것이며, 또 드러나야만 합니다. 당신의 아들 토머스 씨가 세상을 떠났다는 소식을 들었습니다. 비록 제가 분별하는 데는 상당히 둔하지만 그가 이 도시에서 죽어간다고 염려했을 때에 저는 장래가 촉망되는 그 젊은이에게서 중생의 영적인 향기로움과 부활의 소망을 본 목격자였습니다. 그 일이 어디서, 어떤 증인들 앞에서, 어머니가 침대 곁에 있을 때 열병으로든지 아니면 먼 나라에 있을 때 다른 방식으로든지 어떤 방식일지는 주님의 흠 없고 거룩한 계획 안에서 작성되고 신중하게 정해진 일이므로 (주님께 고귀한 사랑하는 족장들도 애굽에서 죽었으니 매장하는 자가 없었습니다. 시 79:3) 당신에게 가장 안전한 일은 잠잠하며 하나님의 거룩한 섭리에 대하여 당신의 마음이 불평하거나 초조한 생각들을 내지 못하도록 다스리시는 것입니다.

1. 그 사람은 싸움의 위험을 벗어났으니 그 보배로운 젊은이는 완전해지고 영화롭게 된 것입니다.

2. 만일 그 젊은이가 어머니가 곁에서 지켜보는 가운데 오랫동안 누워서 고통을 받았더라면 여러 면에서 고통과 괴로움이 당신에게까지 연장되었을 것이고 매 순간순간이 작은 죽음이었을 것입니다. 이제 거룩하신 존엄께서 한꺼번에 당신의 귀에 그 소식을 가져오셨으니 슬픔이 여러 갈래로 나뉘지 않은 것입니다.

3. 그것이 어제 생각된 일이 아니며 작년에 정해진 것도 아니며 옛적부터 계신 하나님의 뜻으로 된 것입니다. 그러니 누가 전능하신 이에게 지식을 가르칠 수 있습니까?

4. 경건한 순종 외에는 어머니의 생각을 진정시키고 마음을 가라앉히는 다른 방법이 없습니다. 질그릇에게 평안과 위로에 이르는 가장 신속한 길은 토기장이와 만물을 만드신 자의 때림입니다. 그것이 당신의 부분에 단단히 묶여 있을 때 거룩하신 주님께서 묶인 것을 푸신다면 저는 당신의 빛이 굴복하리라는 것을 알며 당신의 마음도 굴복하리라고 기대합니다. 전능하신 주님과 밀고 당기는 가운데 있는 것은 바람직하지 않습니다. 당기는 대로 따르도록 하십시오. 그가 강하십니다. 그리고 "뜻이 하늘에서도 이루어진 것같이 땅에서도 이루어지이다"라고 말하십시오.

5. 그의 거룩한 방도와 지시는 존중해야 합니다. 때때로 남편이 아내보다 앞서고 때때로 아들이 어머니보다 앞섭니다. 오직 지혜로우신 하나님께서 그렇게 정하신 것입니다. 그는 부름을 받은 것이지 버림을 받은 것이 아니므로 모든 일에 감사해야 합니다.

6. 슬픈 상황에 대해 너무 많이 생각하지 마십시오. "어머니가 마지막 숨을 거두는 것을 보지 못했어. 시신에 옷을 입힐 수도 그의 무덤에서 울 수도 없었어. 그는 타향에서 있었어!" 땅에 있는 어떤 나라에서도 천국에 이르는 것은 똑같이 가깝습니다.

7. 이 일은 티끌에서 나온 것이 아닙니다. 오직 지혜로우신 주님이 주신 이 약과 식물을 먹고 튼튼해지십시오. 주님께서 십자가 위에 기록하신 것을 읽고 그의 뜻을 바르게 맞추고 이해하는 것이 믿음의 재능이요 기술입니다. 그가 우리를 향하여 평안과 사랑을 주려는 생각을 하시고 마지막에는 우리에게 유익하게 하시려고 하는데 종종 우리는 십자가의 말씀과 의미를 오해하며 그의 회초리들에 대해 쓸데없다고 하며 비방과 실수로 그의 위엄에 부담을 드립니다.

8. 그것은 한 가족에게 임한 개인적인 치심일 뿐이며 괴로움을 당한 요셉과 고난을 받으나 아! 죽어 있고 무감각하고 허물 많은 하나님의 백성들을 대항하여 쏜 공적인 화살들과는 상관이 없습니다. 지금이 야곱의 환난의 날입니다!

9. 시험을 의도적으로 삼켜 버리고 그것을 소화시키려고 하지 않거나 믿음으로 승리함이 없이 기억에서 없애려고 하는 것은 나쁜 자세입니다. 낙심하는 것을 금하신 주님은 또한 무시하는 것도 금하십니다. 그러나 고난을 당하는 것보다 생각하는 것은 쉽습니다. 오직 지혜로우신 주님만이 인내를 주십니다.

다른 젊은이를 집으로 부르는 것은 잘못이 아닐 것입니다. 저는 켄무어 여사의 형편을 인하여 적잖이 괴로워하고 있습니다. 당신이 그녀를 보게 되면 저의 진지한 관심을 전해 주십시오. 저의 아내도 진심으로 당신에게 그녀에 대해 관심을 가지며 당신의 현재 상태에 대해 마음으로 많이 아파하며 당신과 함께 괴로워하고 있습니다.

은혜가 당신에게 있기를 바랍니다.

1660년, 세인트 앤드루스, S. R.

제임스 거스리에게
팝박을 통해 견고해짐, 순교의 복됨

>

사랑하는 형제여, 세상에 속한 사람들이 푸른 채소처럼 번성하고 하나님의 백성들은 도살할 양같이 여김을 받으며 온종일 죽임을 당하는 거룩한 섭리의 움직임에 우리가 적잖이 비틀거리지만 아주 빈번히 약속의 말씀으로 위로를 받고 있습니다. 약속의 말씀과 섭리의 일은 모두 그분에게서 오는 것이며 그의 길들은 공평하고 곧고 거룩하고 흠이 없습니다.

저에 관해 말씀을 드리자면 제가 하나님의 섭리들을 생각할 때 그가 저의 가려져 있는 은밀한 가증한 행위들을 사거리에 가서 만천하에 드러내실 수도 있었으며 그랬다면 그것은 그리스도의 거룩한 이름과 보배로운 진리에 적지 않은 모욕이 되었을 것입니다. 그러나 그가 자비로 이러한 일들을 덮어 주셨고 고난의 더욱 명예로운 대의들을 만드시고 조각해 내셨으니 우리는 그러한 사랑을 받을 자격이 없습니다.

사랑하는 형제여, 많은 것이 고통의 길과 자세에 달려 있으니 특별히 그리스도의 보배로운 진리들은 아주 천국적인 강직함과 온유와 두려움 가운데 가진 소망의 이유로 소유될 수 있는 것입니다. 그리고 온 땅의 왕들의 통치자이신 우리 주 예수 그리스도의 왕관과 절대적인 통치는 정당하게 보증이 되었습니다. 분명코 시온 산에 계신 성부 하나님께서 세우신 왕 그리스도께서 통치하실 것이며 그의 맹세한 언약은 묻혀 버릴 수는 없는 것입니다. 우리가 먼저 언약을 실천적으로 깨뜨리고 나서 같은 잘못을 계속 저지르고 그것을 정당화함으로 인한 우리의 법적인 위반이 우리의 가장 감미로운 주님을 몹시 노엽게 하리라는 것을 부인할 수는 없습니다. 그러나 이 땅에 자기 옷을 더럽히지 아니한 적은 이름들이 있고 흔들린 감람나무의 꼭대기에 있는 너댓 개의 열매와 같이 주님께서 긍휼을 베푸실 거룩한 씨가 있으니 그들의 눈이 자기들을 지으신 주님을 바라볼 것입니다. 사람들이 당신에게 하려고 하는 계획을 이상하게 생각하지 마십시오. 추방이라면 온 땅이 주님의 것입니다. 아니, 종신 징역이라면 주님께서 당신의 빛과 자유가 되실 것입니다. 아니, 가혹한 공개 처형이라면 하나님의 나라는 수많은 영화롭게 된 순교자들과 증인들로 가득 차 있으며 그들 중에 예수 그리스도는 최고의 증인이시니 그는 그런 대의를 위하여 태어나셨고 세상에 오셨습니다.

만일 당신이 모든 권세보다도 그리스도를 더 좋아한다는 것을 세상을 향하여 증거하신다면 당신은 복이 있습니다. 그러면 주님께서 이 땅에 있는 그의 상하고 멸시 받는 증인들의 순전함과 그리스도인다운 충성스러움을 다음 세대를 위해 빛나게 하실 것이며 그 남자 아이(계 12:5참조)를 하나님 앞과 그 보좌 앞으로 들어 올리실 것이며 어머니를 위해 광야에 피할 곳을 예비하시며 땅으로 그 여인을 돕게 하실 것입니다. 두려워하지 마십시오. 떨지 마십시오. 당신의 대적들을 용서하시고 축복하며 저주하지 마십시오. 당신과 제가 잠잠하며 슬퍼하고 괴로워할지라도 주님의 심판과 진노가 슬프고 무거울 것이니 그것이 스코틀랜드 교회의 신실치 못한 파수꾼들에게 머물러 있습니다. 제단 아래에 있는 영혼들이 의를 구하며 울고 있으니 응답이 이미 돌아오고 있습니다. 주님의 구원이 지체하지 않을 것입니다.

아내와 어린아이들의 짐을 주님께 맡기십시오. 그가 당신과 그들을 돌보십니다. 당신의 피는 그의 보시기에 보배롭습니다. 주님의 영원한 위로가 당신을 지켜낼 것이며 소망을 주실 것이니 당신의 구원이 (비록 석방은 아닐지라도) 결정되었기 때문입니다.

1661년 2월 15일, 세인트 앤드루스, S. R.

로버트 캠벨에게
주교정치와 교황정치에 지속적으로 대항함

>

경애하는 형제여, 지금이 모든 사람이 거의 자기 일을 구하고 예수 그리스도의 일을 구하지 않는 때라는 것을 당신이 아십니다. 당신은 산꼭대기에 있는 봉화처럼 혼자 있습니다만 실망하지 마십시오. 그리스도께서 친히 수많은 다수이시니 수백만도 넘습니다. 모든 나라들이 그를 대항하여 모일지라도 그가 마지막에 가난한 자들과 어려움에 처한 자들의 외침에 일어나시리라는 것을 의심하지 마십시오.

저에 관해 말씀을 드리자면 저는 지금 영원에 가까이 왔습니다. 만 개의 세상이 있다손 치더라도 저는 시대의 부패를 거슬려 대항하는 일에서 물러서지 않을 것이며 스코틀랜드의 입을 다물고 있는 수많은 벙어리 파수꾼들의 뻔뻔한 배신에 동조하지도 않을 것입니다. 그러나 제가 해야 할 마지막 일은 행위로나 법적으로 언약을 깨뜨린 것과 주님의 백성들의 양심에 부과된 모든 선언들과 모든 교황적이고 미신적이며 우상적인 사람들의 명령들을 대적하는 항의를 가지고 천국에 계신 의로우신 재판장 앞에 나아가는 것이라고 생각합니다. 언약을 맺은 개혁의 무너짐과 교황정치와 불법의 도입이 비밀리에 이제 이 세 나라에 발을 내딛기 시작했습니다. 자기의 옷을 깨끗이 지키려는 사람들은 "만지지 말고 맛보지 말며 손대지 말라"는 명령을 받고 있습니다.

사랑하는 형제여, 주님은 당신이 "견고하며 흔들리지 말고 주의 일에 열심을 내도록" 부르고 계십니다. 우리의 존귀하시고 왕 되신 주님이 길을 떠나셨으니 오실 것이며 지체하지 않으실 것입니다. 그가 오실 때 깨어 있는 것으로 발견되는 종은 복이 있습니다. 사람을 두려워하지 마십시오. 주님께서 당신의 빛이요 구원이시기 때문입니다. 당신이 홀로 처해야 한다는 것이 얼마간 안타깝고 위안이 없는 것이 사실입니다. 그러나 우리의 보배로우신 주님께서도 그러하셨습니다. 아버지 하나님께서 당신과 함께 계시니 당신은 혼자가 아닙니다. 제가 그 일에 대해 육체적으로 목격자가 되지 못할 수도 있습니다만 저는 그가 신속히 오셔서 우리의 어둠을 옮기며 공식적으로 서약한 언약으로든지 아니면 자신의 영광스러운 방식으로든지 왕관을 쓰신 왕으로서 영국이라는 섬에서 영광스럽게 빛나시리라는 것을 믿습니다. 그리고 저는 그것을 그의 무한한 지혜와 선함에 맡깁니다. 이것이 하나님의 구원을 사모하고 연모하면서 죽어가는 사람의 소망과 확신입니다.

오직 주님 안에 있는 것 외에 어떠한 권위에 서명으로든지 다른 방식으로든지 무제한적인 복종을 허락하여 덫에 걸리는 연합이나 행위들을 주의하십시오. (언약이나 하나님의 말씀이나 개혁교회의 훌륭한 모범에 따르는) 모든 깨끗한 자기방어가 지금 완전히 왜곡되고 정죄 받고 있습니다. 그리스도에게서 취한 그의 왕권의 화관이 지금 멸망할 권력의 머리에 얹혀졌으니 그것은 그리스도의 영광의 눈에 격분을 일으킬 아주 큰 우상임에 틀림이 없습니다. 사랑하는 형제여, 끝까지 견디는 자는 구원을 얻으리라는 것을 알고, 이기는 자들에게 주어진 약속을 기억합시다.

하나님의 풍족하신 은혜에 당신을 부탁드리며 이만 줄입니다.

1661년, 세인트 앤드루스, S. R.

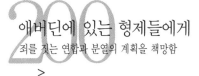

애버딘에 있는 형제들에게
죄를 짓는 연합과 분열의 계획을 책망함

>

주님 안에서 존경하며 매우 사랑하는 분들이여, 은혜와 평안이 우리 하나님 아버지와 주 예수 그리스도로부터 여러분에게 있기를 바랍니다. 우리 중에 어떤 이들이 여러분의 "믿음의 역사와 사랑의 수고와 우리 주 예수 그리스도에 대한 소망의 인내"를 듣고서 하늘과 땅의 모든 족속에게 이름을 주신 분에게 무릎을 꿇고 감사를 돌렸고, 복음의 향기로움과 능력 안에서 그리스도의 이름을 거의 부르지 않는 애버딘과 같은 곳에서 흰옷을 입고 그리스도와 함께 걷게 될, 그리스도께 보배로운 약간의 이름들을 그리스도께서 가지게 되리라는 것을 적잖이 기뻐했습니다. 우리는 그것을 (우리가 그의 아들 안에서 진심으로 섬기기를 원하는 하나님은 아십니다) "광야와 메마른 땅이 기뻐하고 사막이 백합화와 같이 피어 즐거워하며"(사 35: 1)라는 예언의 성취로 여깁니다. 그러나 지금 여러분이 흔들리고 있으며 한때 하나님의 도(道)라고 인정했던 것에서 속히 떠난다는 것을 들으니 천 번 죽는 것보다 더 우리를 슬프게 합니다.

사랑하는 이들이여, 양들은 자기들의 이름을 부르시는 그리스도를 따릅니다. 그들이 낯선 자를 따르려고 하지 않고 오히려 그에게서 도망하는 것은 그들이 낯선 자의 음성을 알지 못하기 때문입니다. 여러분은 그 길을 알고 있으니 구속의 날까지 그것으로 인침을 받았습니다. 그리고 여러분은 성령을 받았으니 믿음에 대해 들음으로 말미암은 것입니다. 여러분이 그 길에 안식이 없다는 것을 깨닫게 되지 않는 이상 그 길을 벗어나지 마십시오. "많은 사람이 장로교정치에서처럼 주교정치 아래서 회심했지만 경건한 사람들이 주교들을 반대하는 증언을 했다"고 말하는 사람들에게 귀를 기울이지 마십시오. 회심에 쓰임을 받은 사람들은 주교정치를 그 모든 의식과 함께 혐오했고 자기들의 고난으로 그것을 승인한 적이 없기 때문입니다. 우리는 하나님의 신실한 사신들의 맹세나 고난으로 보증한 경우들이나, 어느 누가 여러분이 지금 버리고 있는 그 길에서 떠나 죄가 되는 분리로 한 걸음 나아가 여러분이 지금 지향하는 그 길에서 은혜 속에 잘 되고 성숙했고 주님께서 함께하셨다는 징조의 실례(實例)들이 있는지 알고 싶습니다. 그러나 우리는 그것을 버리고 저주스러운 오류의 길로 나아갔던 많은 사람의 증거들을 댈 수 있습니다. 일단 하나님의 길을 떠나면 밤에 어디서 지내야 할 것인지는 여러분의 능력 안에 있지 않다는 것입니다. 우리가 알기로는 많은 사람들이 평안과 하나님과의 교제를 잃어버리고 말라 버린 상태에 빠졌고 자기의 애인들을 찾을 수 없으므로 자기들의 첫 남편에게 돌아갈 수밖에 없었던 것입니다.

만일 여러분들이 한때 무너뜨렸던 것을 지금 다시 세우며 여러분들이 세운 것을 다시 무너뜨린다면 우리가 여러분에게 간청하건대 하나님의 길과 대의의 악의적인 반대자들에게 어떠한 넘어짐이 있을지를 곰곰이 생각해 보십시오. 그렇게 함으로 여러분 자신을 범죄자로 만들어야 하겠습니까? 만일 여러분이 그런 이유로 주님께서 "엄위함이 기치를 벌인 군대" 같게 하신 우리의 예루살렘의 벽을 무너뜨리는데 손을 내민다면 그것이 얼마나 경건한 사람들에게 상처를 주며, 신앙을 오염시키며, 복음의 영광을 가리며, 많은 사람들의 믿음을 흔들며, 모든 사람의 손을 약하게 하겠습니까? 왕들이 와서 그 궁전들과 그 성벽들을 보았을 때, 그들이 놀랐고, 혼란하여 급히 떠났고, 두려움이 거기서 그들을 사로잡았으며, 해산하는 여인의 고통이 임했던 것입니다. 만일 여러분이 포도원의 울타리를 무너뜨리는 죄에 참여자들이 된다면 우리는 탄식할 것이니 그것을 인하여 비통한 하나님의 진노가 오늘날 이 세 나라에 있는 왕족과 많은 귀족과 크고 아름다운 가문들과 모든 사제들의 집단을 쫓고 있는 것입니다. 여러분의 사랑하는 형제들이 약하고 기진 하였을 때 여러분이 우리를 떠나고 이 복된 연합으로부터 떨어져 나간다는 것을 우리더러 믿으란 말입니까? 우리가 믿기는 여러분이 우리를 떠날지라도 주 예수 그리스도께서 금촛대 사이를 걸으실 것이며 우리와 함께 계실 것입니다.

주님 안에서 사랑하는 이들이여, 우리는 여러분에 대해 좋은 일들이 있기를 바랄 수밖에 없습니다. 스코틀랜드의 밭고랑으로 탄식하게 하는 사람들이 여러분에게 오는 때에 여러분이 다른 복음의 길로 넘어간 것이 엄청나게 수치스러운 것이며 (전에 우리가 몰랐던) 그 갑작스러운 변화가 지금 여러분들을 사로잡았다는 것과 관련하여 우리가 여러분 대신에 책망을 받을 때 무엇을 답변해야 할지를 모른다는 것을 여러분에게 숨길 수 없습니다. 사랑하는 형제들이여, 그리스도께서 지금 손에 풀무를 가지고 계시며 지금이 또한 주님의 날이니 가마솥같이 탈 것이며 그리스도께서 지금 은을 단련하는 자같이 앉으셔서 레위 자손을 정결하게 하시며 그들을 금과 은같이 깨끗하게 하셔서 그들이 주님께 의로 제사를 드리도록 하게 하실 것을 잊지 마십시오. 그리고 그의 (자기들의 것이 아닙니다) 인내의 말씀을 지키는 자들은 온 땅에 그들을 시험하기 위해 임할 시험의 때를 면하게 될 것입니다.

만일 여러분이 가시적인 하나님의 성에서 (그 안에서는 매일 스코틀랜드에서, 이 땅 사방에서, 수많은 사람들이 그리스도께 몰려들고 있습니다) 모든 비회심자들을 쫓아낸다면 그들이 숲의 사자들이나 들짐승에게나 예수회의 사람들이나 사제 교사들이나 다른 유혹자들에게 넘어가지 않겠습니까? 집권자들은 그들에게 복음을 듣도록 강요할 권세가 없고 여러분 또한 그들을 다스릴 교회적인 권세를 가지지 않았습니다. 그들은 모태로부터 복음이나 그리스도를 향한 사랑을 가지고 온 것도 아닙니다. 그래서 그들은 어떤 신앙이든지 자기들의 부패한 본성에 가장 부합하는 것을 좋아합니다. (그리스도의 값없는 은혜의 일터요 그리스도의 후릿그물인) 가시적인 교회에서 수많은 회심하지 않은 자들, 세례 받고 가시적으로 영국과 모든 개혁 교회들에 속한 은혜 언약 속에 있는 자들을 배제시키는 것과 여러분 자신은 안으로 안전하게 들어온 후에 이 모든 이들에게 (여러분이 생각하기에 이들이 구원에 이르도록 택함을 받은 사람들이 아니기 때문에) 주님의 은혜로우신 부름의 문을 닫아 버리는 것은 주님께서 성경에서 지지해 주신 방식도 아닙니다.

만일 여러분이 유아들과 당신의 사랑이 회심자라고 판단할 수 없는 모든 사람들을 그리스도께 대한 가시적인 권리나 이익을 가지지 않은 이방인들이나 이교도들 속에 포함시킨다면 주님께서 어떻게 애굽을 자기 백성이라고 부르시고 앗수르를 자신의 작품이라고 하시며 모든 이방인들을 주님과 그의 그리스도의 나라라고 부르실 수 있겠습니까? 촛대도 집도 여러분의 것이 아닙니다만 그리스도께서는 자신의 주권에 따라서 이를 세우기도 하시고 버리시기도 하시며 그것을 세우시거나 무너뜨리시기도 하십니다. 우리가 비록 죄인들의 우두머리이지만 겸손히 우리 자신을 시온의 아들들과 그리스도의 씨의 아들들이라고 판단하는 것입니다. 만일 여러분이 우리에게서 떠나고 그곳에서 촛대를 옮기면 하나님 아버지께서 재판장이 되시기 바라며 주님께서 여러분더러 왜 우리에게서 떠나라고 명하셨는지를 알려 주시기 바랍니다. 우리는 이 보이는 교회를 비록 검고 흠이 있으나 그리스도께서 주님이요, 의사요, 주인으로서 다스리시는 병든 자, 절름발이, 불구자, 손 마른 자들의 병원이요 객실로 간주합니다. 우리 주님께서 우리와 여러분 모두에게 시중을 드신 것같이 우리는 아직 그리스도 안에 있지 않은 사람들을 시중들 것입니다. 그러므로 한 아버지의 자식들인 형제들이여, 눈물과 마음에 넘치는 탄식으로, 우리 주님 예수 그리스도의 사랑으로, 그의 고난과 우리 모두를 위해 갚으신 보배로운 대속으로, 성령의 위로로, 우리 주님 예수의 두려운 재판정에 여러분이 설 것을 빌어, 진실하게 간청하고 권하고 탄원하며 하나님과 "그의 나타나실 것과 그의 나라를 두고 산 자와 죽은 자를 심판하실" 그리스도 앞에서 부탁드리니 자신들의 영혼처럼 여러분을 귀하게 여기는 사람들의 영혼과 마음을 아프게 하지 마십시오. 하나님의 백성의 총회를 버리지 마십시오. 우리 분리하지 맙시다.

여기 파이프 지방에 있는 하나님의 백성 중 적잖은 사람들이 (제가 지금 그들의 이름으로 쓰고 있습니다) 감히 말하기를 만일 여러분이 떠나게 되면 여러분은 우리와 금촛대를 그리스도와 함께 버리는 것이 되고 우리가 심히 염려하는 바 스코틀랜드에서 예수 그리스도께서 귀하게 여기시는 수많은 사람들의 마음과 기도에서 여러분 자신들을 떠나게 하는 것이 될 것이라고 합니다. 그러므로 여러분이 아직 밟지 않은 길로 결심하고 실천하기로 정하기 전에 우리 모두 합하여 함께 통회의 날을 정하고 같은 구주를 통하여 우리의 아버지 하나님의 마음과 뜻을 물읍시다. 편안한 때에 우리 서로의 얼굴을 봅시다. 그리고 그리스도의 은혜를 간구하며 위안을 받으십시오. 중도에서 넘어지지 마십시오.

여러분의 응답을 기다리며 영원의 언약의 피로 말미암아 양의 큰 목자이신 우리 주님 예수를 죽은 자 가운데서 다시 일으키신 평강의 하나님께서 여러분을 그의 뜻을 행하는 모든 선한 일에 온전하게 하시고 여러분 가운데 일하셔서 예수 그리스도로 말미암아 하나님께서 보시기에 기쁘시도록 하시기를 바랍니다. 여기서 줄입니다.

세인트 앤드루스, S. R.

역자 후기

러더퍼드의 편지는 새뮤얼 러더퍼드가 태어난 지 400년이 지났지만 서구 기독교회에서 교파를 막론하고 지금까지 주님을 사랑하는 사람들로부터 깊은 사랑을 받아오는 기독교 고전입니다. 이 편지를 편집하여 출판한 책이 30여 종이 훨씬 넘습니다. 이 편지에 대해 청교도 목사인 리처드 백스터는 말하기를 "성경을 제외하고 세상이 이러한 책을 본 적이 없다"고 말했고, 유명한 설교자 찰스 스펄전은 이 편지에 대하여 다음과 같은 말을 했습니다. "여기서 우리는 영적인 황홀함을 얼마나 풍족하게 가지는지! 러더퍼드는 모든 사람이 아무리 칭찬한다고 해도 모자랄 뿐이다. 힘센 날개를 가진 독수리같이 그는 가장 높은 하늘에 올라서 흐릿함이 없는 눈으로 하나님의 사랑의 신비를 들여다본다. 우리에게는 신비롭고, 경외심을 일으키며, 초인적인 어떤 것이 러더퍼드의 편지에 있다. 우리가 죽고 사라진 뒤 세상은 스펄전이 러더퍼드의 편지가 순전한 사람의 모든 저서 중에서 발견될 수 있는 가장 영감에 가까운 것이라고 주장했다는 것을 알기 바란다." 존 웨슬리도 스코틀랜드 방문 중 이 편지를 발견하고는 발췌하여 자신의 『기독교 총서』(Christian Library) 시리즈 28권으로 포함시켰고 허드슨 테일러도 중국선교를 하면서 이 책을 즐겨 읽었으며 그의 아가서 주석 『연합과 친교』는 이 편지의 영향을 받은 것으로 알려져 있습니다.

러더퍼드의 편지를 번역하게 된 것은 번역자인 본인이 이 편지의 발췌본을 읽고 큰 감동과 유익을 받았으며 교우들과 동역자들에게 전해 주고 싶은 마음에서 비롯되었습니다. 혼자 읽고 즐기는 것을 이 편지가 용납하지 않았기 때문입니다. 그의 편지는 참된 목회자의 모습과 진정한 경건이 무엇인가를 한 번 읽으면 잊기 어려운 아름다운 시적인 언어로 깊이 마음에 아로새겨 놓습니다. 그의 편지 초기 편집본들이 서문을 "이 편지는 어떤 사람의 추천사가 필요하지 않습니다"라고 시작한 것과 같은 맥락에서 이 편지에 대한 최선의 소개는 "한 번 읽어 보십시오"라는 말이 되어야 할 것 같습니다. 옛 스코틀랜드 영어로 된 편지를 한글로 옮기면서 예상보다 많은 시간이 소요되었지만 하나님께서 그 땅을 축복하셨을 때의 경건이 우리 한국교회에 소개됨으로 하나님의 교회와 백성들이 유익을 얻기를 바라는 마음 간절합니다.

　이 편지는 총 365편이지만 저자가 출판을 염두에 두고 쓴 편지는 아니기 때문에 같은 내용의 반복 등을 고려하여 200편을 선정하여 번역했습니다. 번역하는 데에 최고의 편집본으로 불리는 A. 보나르 판(1891년)을 주로 사용했고, 찰스 톰슨 판(1836년), 토머스 스미스 판(1891년), 그리고 로버트 맥워드 판(9th edition, 1765년, Glasgow)을 참고하였습니다. 저의 작은 수고가 주님을 사랑하며 그의 이름을 위하여 고난 받는 모든 이들에게 유익이 되기를 바랍니다.

2002년 8월
런던 New Malden에서 역자 이강호

● 독자 여러분들께 알립니다!

'CH북스'는 기존 '크리스천다이제스트'의 영문명 앞 2글자와
도서를 의미하는 '북스'를 결합한 출판사의 새로운 이름입니다.

세계기독교고전 43

새뮤얼 러더퍼드의 편지

1판 1쇄 발행 2005년 7월 30일
2판 1쇄 발행 2019년 6월 14일

발행인 박명곤
사업총괄 박지성
편집 신안나, 임여진, 이은빈
디자인 김민영, 디자인집
마케팅 김민지
재무 김영은
펴낸곳 CH북스
출판등록 제406-1999-000038호
전화 031-911-9864 **팩스** 031-944-9820
주소 경기도 파주시 회동길 37-20 CH그룹사옥 4층
홈페이지 www.chbooks.co.kr **이메일** ch@chbooks.co.kr
페이스북 @chbooks1984 **인스타그램** @chbooks1984
네이버 밴드 @chbooks

ⓒ CH북스 2019

CH북스는 여러분의 정성이 담긴 원고를 기다리고 있습니다.
원고 투고는 ch@chbooks.co.kr 로 내용 소개, 연락처와 함께 보내주세요.

세계기독교고전 목록

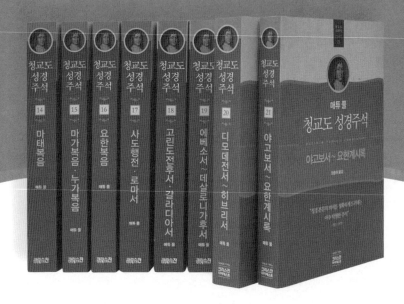